정부기업관계론

-이코노믹 거버넌스를 찾아서-

김정렬 · 장지호

도서출판 대영문화사

머리말

『정부와 기업: 산업정책의 정치경제』라는 제목으로 책을 출간한 지도 10년이 넘었다. 뉴 밀레니엄의 시작과 함께 출판되어 1980년대 이후 국내외 사회과학계를 풍미한 국가론과 제도론을 중심으로 산업정책과 규제개혁의 다양한 쟁점들을 검토했다. 특히 책의 말미에서 거버넌스 모형의 중요성을 강조할 정도로 선구적인 시도도 있었지만 교과서로서 완결성과 포괄성에는 많은 문제점을 지니고 있었다.

더불어 책의 출간 이후 시간이 흐르면서 새로운 책의 필요성은 더욱 절실해졌지만 여러가지 이유로 작업이 지연되었다. 하지만 2009년 7월 "정부기업관계론의 재정립과 실천적 응용"을 중심으로 작성한 연구계획서가 2년간 한국연구재단의 연구비 지원을 받게 되면서 새 책의 출간 작업이 탄력을 받게 되었다.

위 책의 취지와 전통을 계승한 『정부기업관계론: 이코노믹 거버넌스를 찾아서』는 필진의 교체를 비롯해 수록 내용의 80% 이상을 전면적으로 대체했으며, 특히 산업정책과 규제개혁이라는 기존의 대립 구도를 초월해 앞의 책 말미에서 단서를 제공한 이코노믹 거버넌스의 구현에 주력한 점이 특징이다.

한편 이 책에 활용된 정부-기업 관계 사례분석과 미래 검토는 주로 공저자가 최근에 발표한 논문들을 재활용하는 형식을 취하고 있다. 하지만 논문을 활용한 교과서 구성의 한계를 극복하기 위해 장 간 중복의 최소화나 논리적 연계의 강화에 주력했을 뿐만 아니라 제1편의 정부-기업 관계 일반론을 통해 전체적으로 연계된 지도(map)의 기능을 부여했다.

4개의 장으로 구성된 제1편에서는 이 책의 취지와 구성을 독자들에게 설득하는 일에 주력했다. 이러한 이유로 1장은 정부기업관계론의 과거와 현재 및 미래를 조망했다. 또한 2장에서는 산업정책과 규제개혁의 분야별 쟁점들을 소개하는 일에 주력했다. 그리고 3장과 4장에서는 국제 비교의 관점에서 주요 국가의 정부-기업 관계를 포괄적으로 조망하는 한편 동아시아 고도 성장에 대한 다양한 접근 방법을 소개했다.

8개의 장으로 구성된 제2편에서는 사례분석의 형식을 채용했다. 먼저 전반부의 4개 장은 앞의 책에서 채택했던 산업별 사례분석의 파편성을 극복하기 위해 금융, 인력, 기술이라는 경제 성장의 3대 변수에 주목하는 분류 체계를 채택했다. 다음으로 최근 부각된 지역산업정책의 중요성에 부응하기 위해 각기 클러스터와 녹색성장에 초점을 부여한 2개의 장을 할애했다. 특히 여기에 대한 논의는 지방정부를 축으로 한 다양한 정책참여자들 간의 로컬 거버넌스 형성이 지니는 중요성에 착안했다. 또한 지난 책에서 상대적으로 소홀히 취급한 규제개혁 분야의 비중을 확대하기 위해 2개의 장을 배치했다. 여기에서는 시장 자율을 중시하는 규제개혁의 요구에 부응하기 위해 철강, 조선, 자동차 등 기존 제조업 분야보다는 미디어나 물과 같은 신성장 동력산업을 집중 분석 사례로 선정했다.

3개의 장으로 구성된 제3편에서는 이론과 현실을 포괄하는 정부-기업 관계의 미래상을 다각도로 모색했다. 우선 정책 도구의 견지에서 산업정책 연구의 새로운 방향성을 제시했을 뿐만 아니라 한국 사회의 주요 담론인 재벌 체제의 양면성을 검토했다. 그리고 전문가 설문과 시나리오 분석 결과를 토대로 정부-기업 관계의 논리와 전망을 제시했다.

2011년 5월
김정렬 · 장지호

차 례

제 3 부 정부-기업 관계의 미래상

P·a·r·t

01

정부-기업 관계 일반론

Chapter 01

정부기업관계론의 연구와 교육*

제 1 절 정부기업관계론의 의미와 지향

행정학의 분과로서 정부기업관계론은 국부 증진과 분배문제를 다루어 온 정치경제학의 응용이론이자 실용주의적 재구성을 추구한다. 이 점에서 우리는 상대적으로 가치함축적인 정치학(사회학)과 경제학(경영학) 간의 대립과 모순을 완화하기 위해 행정학의 가치중립적이고 학제적인 성격에 착안하고자 한다.

정부(국가)와 기업(시장) 간의 관계에 대한 연구와 교육은 동서양을 막론하고 매우 오랜 역사를 지니고 있다(Sapiro & Taylor, 1990). 하지만 행정학의 분과로서 정부기업관계론이 체계적으로 논의되기 시작한 것은 비교적 최근의 일이다. 이러한 결과가 초래된 주요 원인은 정부기업관계론의 원류인 정치경제학 연구의 이원화 경향과 밀접한 관련성을 지니고 있다. 더불어 이러한 이원화 경향은 정부기업관계론의 교육과정에서도 예외가 아니다.[1)]

정부기업관계론의 형성과 발전 과정에서 목격되는 이원화 현상은 각기 국가(state)와 시장(market)의 절대적인 우위를 상정하는 진보와 보수라는 이념 체계와 더불어

---

* 이 장은 김정렬(2010b)을 토대로 작성했다.

1) 민주화 이후 우리가 직면한 경제난은 국내외적으로 경제제일주의 사고의 확산을 초래했다. 따라서 이러한 추세에 부응하기 위한 실용주의 교육은 행정학 관련 교과과정에 경제교육을 추가하는 것이다. 이때 행정학 관련 학과의 경제교육은 시장 논리의 맹목적 수용보다는 정부와 기업의 상대적 특성에 대한 이해가 전제된 차별적이고 독창적인 방식으로 이뤄져야 한다.

구조와 행위라는 대비적 방법론에 기인하는 바가 크다. 정치학(사회학) 진영에서 이뤄지는 관련 연구가 상대적으로 정부개입(시장실패)의 논리와 구조방법론에 초점을 부여하고 있음에 반해 경제학(경영학) 진영에서는 시장 자율(정부실패)과 행위방법론이 중시되고 있다. 나아가 행정학계에서는 정부개입의 논리를 중시하는 산업정책(정부개입 자본주의: 선택적 개입과 전략적 유인)과 시장 자율의 논리를 강조하는 규제개혁(자유시장 자본주의: 탈규제와 민영화) 논의를 중심으로 이러한 연구 전통을 경쟁적으로 수용해 왔다.

하지만 최근 행정학계에서 활성화된 신제도주의와 거버너스 논의는 이러한 이원화 경향을 극복할 수 있는 주요 단서를 제공한 것으로 평가할 수 있다. 먼저 신제도주의는 행위와 구조를 매개하는 제도 개념을 통해 연구 방법의 중범위화를 선도하고 있다. 다음으로 거버넌스는 정부와 기업이라는 행위자 간의 상호 협력 강화를 통한 시너지 창출이 지니는 중요성을 강조한다. 특히 한국은 전통적으로 서유럽이나 영미를 대표하는 사회민주주의적 복지국가(계급 타협)나 신자유주의적 경쟁국가(시장경쟁)보다는 동아시아의 보편적 특성인 신중상주의적 발전국가의 기치 하에 공동체 자본주의의 이상을 구현해 왔다. 이때 공동체란 역사적 요인에 의해 둘 이상의 행위자들이 모여 유기적 분업을 이루는 사회를 의미한다. 따라서 정부와 기업 간의 건설적 협력 관계, 즉 이코노믹 거버넌스(economic governance)의 이상과 직결된 우리나라의 공동체 자본주의는 개발연대의 고도성장기를 통해 예외적으로 강력했던 정부 주도 하에 분배와 성장이라는 상반된 이해관계를 비교적 성공리에 조정해 왔다.

결국 앞서 제시한 포괄적 문제 인식을 토대로 이뤄지는 정부기업관계론의 연구와 교육에 대한 내용분석은 기본적으로 산업정책과 규제개혁 모형을 대비하는 방식으로 진행하고자 한다.[2] 이때 내용분석의 방법은 이론적(학제성)·현실적(포괄성) 측면 모두에서 명확한 경계선을 확정하기 어려운 정부기업관계론의 특성상 국내외 대표적인 성취에 주목하는 질적 비교 방법을 채택하고자 한다. 더불어 학술지와 교과서에

---

2) 정치경제모형의 관점에서 산업정책은 상대적으로 개입적이고 진보적인 신중상주의나 사회민주주의를 기반으로 한다. 반면에 규제개혁은 상대적으로 방임적이고 보수적인 신자유주의나 케인스주의와 가까운 편이다. 이 점에서 신제도주의는 정부-기업 관계의 연구와 교육을 통합하는 대안적 접근으로서 의미를 지니고 있다. 한편 좀더 구체적으로 정부-기업 관계를 매개하는 개별 정책의 측면에서 산업정책은 중소기업정책, 과학기술정책, 노동정책, 환경정책 등과 상대적으로 가까운 편이다. 반면에 규제개혁은 경쟁촉진정책, 금융정책, 재정정책, 무역정책 등과 연계되는 경우가 많다. 하지만 산업정책과 규제개혁 모두 상대방과 친숙한 정책들을 자신의 정책 도구로 활용할 수 있다는 점에서 포괄적이지만 독립적인 정체성은 약한 편이다.

부가해 관련 연구기관의 보고서나 실무 현장의 교육 프로그램들도 연구의 범위에 포함시키고자 한다.[3]

하지만 정부기업관계론을 비롯해 행정학 각론 분야 연구와 교육 경향에 관한 기존의 양적 분석에서 주로 채택하고 있는 핵심적 분석 기준인 연구 성격(이론적 연구와 실증적 연구), 연구 방법(질적 연구와 양적 연구), 연구 범위(국내 비교, 국제 비교), 연구 분야(농림수산업, 제조업, 서비스업, 신성장 동력) 등을 활용해 포괄적인 추세나 함의를 도출하는 일에도 유의하고자 한다(홍성걸, 2005). 나아가 신제도주의와 거버넌스로 대표되는 최근의 경향과 관련하여 현실적인 함의도 간략하게 제시하고자 한다(Peters & Pierre, 1998).

더불어 교육과정에 대한 분석은 연구 경향에 대한 분석과 마찬가지로 산업정책과 규제개혁을 중심으로 한 국내외 대학의 행정학 교육과정(교과서)에 초점을 부여하고자 한다. 하지만 국내외 유관 실무교육기관의 단기 특별 교육과정도 간접적으로 참고하고자 한다. 이 점에서 여기에서의 교육과정 분석의 목표는 이론과 현실을 포괄하는 실용적이고 중도적인 안을 제시하는 일에 부여될 것이다.

제 2 절 정부기업관계론의 연구 경향과 특징: 산업정책과 규제개혁

정부와 기업 간의 상호작용에 관한 상반된 접근 방법은 크게 정부(국가)의 개입을 중시하는 산업정책 연구와 기업(시장)의 자율을 중시하는 규제개혁 연구로 대별된다. 따라서 여기에서는 산업정책과 규제개혁 패러다임의 변화를 둘러싼 국내외 주요 연구 경향과 성과를 쟁점별로 간략하게 소개하는 기회를 마련하고자 한다.

1 산업정책 연구의 기원과 전개

고도로 개입적인 강한 국가의 논리를 반영하는 산업정책 모형의 역사적 기원은 절

3) 한국개발연구원, 산업연구원 등 국책연구기관들이 발간한 정부와 기업 관련 보고서들은 해당 기관의 홈페이지는 물론 국책연구기관들의 통합이사회 역할을 수행하는 경제인문사회연구회 홈페이지에 신성장 동력, 규제개혁, 지역 개발 등 분야별로 요약된 자료집이 제공되고 있다.

대국가 시대를 풍미한 중상주의적 국가개입정책(보호무역과 지대 추구)으로 거슬러 올라간다(Sapiro & Taylor, 1990). 하지만 중상주의 정책 기조는 오래지 않아 산업혁명의 확산으로 강화된 자유시장의 논리에 자리를 양보하게 되었고, 이후 자유시장은 산업화를 주도한 선발 산업국가 그룹의 지배적인 경제관리 패턴으로 자리하게 된다.

이 점에서 산업정책론의 현대적 기원은 19세기 말 후발성(the degree of backwardness)의 논리에 기초해 따라잡기(catch-up) 방식의 산업화를 추구한 독일과 일본의 독특한 경제관리 방식에 기인한다(Chang, 1993). 더불어 20세기 중반 전성기를 누렸던 구소련과 라틴아메리카 및 북유럽 국가들의 개입적 경제관리도 산업정책과 선택적인 친화력을 지니고 있다.[4] 하지만 산업정책의 체계화를 선도한 직접적 촉매제의 역할은 전후 '55년 체제'로 지칭되는 일본의 고도 성장과 뒤이어 일본과 유사한 방식으로 세계시장에 본격적으로 진출한 동아시아 신흥 공업국가들의 인상적 경제성과를 지적할 수 있다(World Bank, 1993).[5]

1970년대 중반 이후 심화된 선발 산업국가들의 산업경쟁력 약화 원인을 규명하고 그 대안을 제시한다는 실천적 목표 하에 본격적으로 시작된 산업정책 연구는 주로 미국과 유럽 학자들을 중심으로 이뤄졌다(Amsden, 1989; Deyo, 1989; Krugman, 1995). 하지만 대안 제시를 위한 아이디어의 원천으로 동아시아 국가들을 상정했기 때문에 국가주의나 조합주의 이론에 기초한 관련 지역 연구가 폭발적으로 증가하는 경향을 나타내었다. 실제로 이러한 연구들은 클린턴이 주도한 미국 경제의 부활에 크게 기여한 것으로 평가되고 있기도 하다.[6]

따라서 정부의 전략적이고 차별적인 시장개입을 요체로 하는 산업정책의 정당성은 다양한 각도에서 설명이 가능하다(장하준, 2006: 219-252). 첫째, 미국의 초대 재무

4) 1930년대 스탈린이 주도한 구소련의 신경제정책, 1950년대 남미의 수입대체산업화, 1960년대 서유럽의 케인지언 복지국가 등은 시행 초기에는 상당한 경제 성과를 산출한 것으로 평가되고 있다.

5) 산업정책이란 국가경제 및 특정 산업의 생산성과 경쟁력을 향상시킬 목적으로 정부가 다양한 정책수단들을 통해 산업활동을 주도하고 조정하는 행위이며, 특히 적극적 산업정책이란 공공경제정책 속에 목표 지향적이고 전략적인 사고를 주입시키는 정부활동을 의미한다(Johnson, 1984: 8). 이러한 산업정책은 전체적이고 집합적인 경제 조건들을 향상시키는 데 목적을 두는 거시경제정책이 아닌 특정 부문시장에서의 효율성 향상을 목적으로 수행되는 정부의 차별적 시장 육성정책을 의미한다(Tyson & Zysman, 1983).

6) 물론 이러한 주장에 대해서는 시장주의자들의 반론이 존재한다. 1990년대 중반 클린턴 정부 집권기에 이뤄진 미국 경제의 부활은 1980년대 초 레이건 정부가 주도한 대규모 규제개혁 조치가 10년 정도의 시차를 두고 이룩한 성과라는 주장이다.

장관이었던 알렉산더 해밀턴이 이론화한 이래 다양한 국가들이 활용해 온 유치산업 보호론이다. 부모가 자립 능력이 없는 아이들을 일정 기간 돌봐야 하듯이 선진국 따라잡기를 시도하는 개발도상국가들의 경우 자국의 유치산업에 대한 정부의 전략적인 유인과 규제가 요구된다는 것이다. 일례로 14~16세기를 통해 영국은 자국의 전략적 육성 대상이었던 모직산업을 보호하기 위해 직물제품에 대한 수입관세 부과, 원모 수출 금지, 외국인 숙련 노동자의 유치 등과 같은 정책 도구를 활용했다.

둘째, 1993년 세계은행이 그 성과를 인정한 동아시아의 경제 기적이 특수한 제도의 역할에 기인하는 변칙 사례가 아니라는 점이다. 서구의 산업정책 반대론자들은 엘리트 관료, 효과적인 관료조직, 협력적 정부-기업 관계 등이 구비되지 못한 상태에서 선별적 산업정책이 성공적으로 추진되기 어렵다는 점을 강조한다. 하지만 시장 기제가 성공적으로 작동하기 위해 안정적인 계약제도나 특허제도 및 사법 체계가 필요하듯이 유능한 관료나 관료조직도 프랑스 사례가 시사하듯이 서구에서 형성 불가능한 선결 요건은 아니라는 점이다.

셋째, 산업정책은 보조금이나 보호관세와 같은 특정한 정책 도구에 일방적으로 의존하지 않았다는 점이다.[7] 일본에 대한 사례분석 결과가 시사하듯이 산업정책의 핵심 성공 요소에는 보조금과 보호관세를 초월해 기업가적 비전, 유도적 계획, 발전연합, 행정지도, 중간조직, 국영기업, 금융통제 등이 포함된다. 일례로 서유럽이나 동아시아 강소국들은 최근까지도 국영기업을 활용한 경제 성장과 효율성 제고를 산출해 왔다.

넷째, 세계화라는 환경 변화가 산업정책의 종말을 의미하지 않는다는 점이다. 경제관리의 자유화를 선도해 온 세계화가 최근 심화된 것은 사실이지만 WTO 체제가 앞으로도 순항할 것이라는 증거는 불충분하다. 일례로 개발도상국가의 불명확한 노동기준이나 환경 기준이 불공정 경쟁을 조장하고 있는가에 대한 논쟁은 '1불 1표' 원칙을 고수하고 있는 세계은행이나 국제통화기금(IMF)이 아니라 '1국 1표' 원칙을 채택하고 있는 WTO 체제 하에서 논의가 이뤄지고 있다는 점에서 그 진로를 속단하기 어렵다.

하지만 1990년대 중반 이후 신자유주의적 세계화가 확산되고 1997년 말 동아시아 금융 위기가 촉발되면서 산업정책론에 대한 관심이 급격히 위축된 사실을 부인하기는 어렵다. 물론 외부 환경의 변화를 반영하는 산업정책 연구의 급격한 침체 현상은

---

7) 동아시아 고도 성장 논쟁을 주도한 다양한 접근 방법은 제4장에서 소개하고자 한다.

〈표 1-1〉 한국 행정학계의 산업정책 연구 주제

연구 주제	논문 수	백분율
자본주의, 경제 발전 및 민주화	5	7.0
산업화 전략 전반, 산업구조 조정, 금융 및 재정정책	7	9.9
국가/정부 역할, 국가자율성, 정부의 산업 참여 등	10	14.1
정책 네트워크, 정부-기업 관계	12	16.9
이익집단 및 연합체(산업협회 등)	4	5.6
개별 기업 연구	2	2.8
해외 투자와 글로벌 생산, 통상/무역정책	5	7.0
개별정책, 정책 변화 및 정책효과	21	29.6
이론의 소개 및 검증	5	7.0
계	**71**	**100.0**

출처: 홍성걸(2005).
주: 1973-2004년간 한국행정학보, 한국정책학회보, 한국정치학회보, 한국사회와 행정연구, 행정논총, 정부학연구 등에 게재된 논문 71편을 대상(한국학술정보 키워드 검색)으로 산정한 수치임.

최근 다소 회복되는 추세에 있다. 그러나 세계화의 영향력과 후발성의 이점을 대부분 상실한 우리의 새로운 현실을 감안할 때 전통적인 산업정책 연구는 새로운 진로 모색이 절실히 요구된다.[8)]

참고로 국내 행정학계의 산업정책 연구 경향을 분석한 홍성걸(2005)에 따르면 1980년대 후반에서 1990년대를 통해 관련 연구는 꾸준히 증가해 왔다. 하지만 2000년대 초 이후 산업정책 연구는 점차 감소하는 추세로 전환되었다. 하지만 전통적인 산업정책의 고전적 주체인 중앙정부나 개입적 정책 도구의 대명사인 정책금융이나 행정지도에 대한 관심보다는 지방 수준에 초점이 부여된 지역혁신 체제나 과도기적

8) 산업연구원(2004)은 우리 경제·산업 발전에 긍정적인 3대 메가트렌드는 디지털·네트워크 기술의 성숙, IT·BT·NT·신소재 기술의 융합, 남북한 경제 협력·통합 등인 반면에 부정적인 3대 메가트렌드로 인구구조의 고령화, 환경과 천연자원 문제의 심화, 기술패권주의 등을 지목했다. 이를 토대로 산업구조의 고도화 추세는 앞으로도 계속 지속될 것으로 예측했다. 그리고 41개 유망산업을 14개로 중분류해 제시한 2020년 한국의 유망산업은 차세대 반도체, 바이오 신약·장기, 유비쿼터스 네트워크, 차세대 디스플레이, 신개념 컴퓨터, 차세대 자동차, 콘텐츠사업, 의료 서비스, 차세대 에너지, 로봇, 첨단 화학소재, 첨단항공·해양 운송기기, 초정밀 기기부품, 첨단기계설비 및 시스템 등으로 나타났다.

전환기에 착안해 경로 의존에 주목하는 신제도주의 접근이 강화되는 추세를 나타내고 있다.

이 점에서 최근 목격되고 있는 연구 경향과 추세는 산업정책의 재도약과 직결된 문제로 평가된다. 먼저 육성 대상 산업의 선정과 관련해 전통적인 제조업보다는 지식정보산업의 중요성에 부응하는 사례분석이 활성화되고 있다는 점을 지적할 수 있다. 일례로 권기헌(2004)은 세계화 시대를 맞이하여 국가경쟁력을 좌우할 핵심 산업으로 정보산업(금융업, 보험업, 유통업 등)을 지목한 상태에서 전략적 정보정책(정보 기반의 강화)이 지니는 중요성을 역설했다. 또한 이상직 외(2003)는 지식기반 사회의 등장과 함께 중요성이 배가되고 있는 서비스산업에 대한 효과적 지원 방안을 강구하기 위한 사전 준비 작업의 일환으로 서비스 업종군 분류 체계를 정비했다. 더불어 이러한 추세는 이명박 정부가 신성장 동력의 발굴과 육성에 대한 강력한 의지를 천명하면서 지식경제부와 관련 기획단 및 위원회를 중심으로 다양한 정책제안이 이뤄지고 있다.[9]

다음으로 산업정책의 주체와 관련하여 중앙정부를 초월해 지방정부나 블록정부의 가능성을 적극적으로 모색하고 있다는 점이다. 특히 중앙정부 수준에 초점이 부여된 산업정책의 주체가 지방정부 수준으로 급속히 전환되고 있다는 점에 착안해 다양한 수준의 지역산업정책 네트워크의 제도화가 지니는 중요성에 주목했다.[10] 이와 관련하여 노무현 정부가 추진했던 지역혁신 체제나 이명박 정부가 제시한 광역개발 구상이 대표적인 사례다.[11] 또한 EU, APEC 등 지역연합체가 활성화되면서 초국가 수준의 산업정책이 목격되고 있다. 특히 미국의 경제 패권에 대항하기 위해 유럽연합(EU)이나 동아시아 차원의 정책대응이 필요하다는 주장들이 자주 목격되고 있다.

또한 산업구조의 변화 추세와 관련하여 직접적 정부개입 방식보다는 간접적 정부개입 방식의 효과성에 주목하는 연구들이 제시되고 있다는 점이다. 이와 관련하여 이

9) 2008년 9월 지식경제부는 신성장동력기획단, 콘텐츠코리아추진위원회 등과 공동으로 녹색성장과 일자리 창출을 이끌 신성장 동력으로 해양 바이오 연료, 태양전지, 연료전지, 원전 플랜트, 무선통신, 반도체, 디스플레이, LED 조명, 나노융합 등 22개를 선정해 집중 육성하기로 결정한 바 있다(연합뉴스, 2008. 9. 22).

10) 지역경영, 지역혁신 체제, 녹색성장 등과 같은 지역산업정책의 구현 사례에 대해서는 제2편을 통해 집중적으로 소개하고자 한다.

11) 이명박 정부가 제안한 3차원 지역 발전 체제(4+α 초광역개발권, 5+2 광역개발 구상, 163개 기초생활권)는 자치단체의 경계를 초월하는 광역경제권의 구현을 통해 자원 투입의 효율성과 산출 성과의 극대화를 추구한다는 점에서 특징을 지니고 있다. 특히 5+2 광역개발권(수도권, 충청권, 호남권, 대경권, 동남권+강원특별권, 제주특별권)별로 특화산업을 전략적으로 육성하는 일에 주력하고 있다.

원권(2000)은 1997년 경제 위기 이후에 정부개입에 의해 이뤄진 빅딜의 필요성과 경제적 효과를 체계적으로 분석하여 빅딜에 대한 전문적인 평가 기준을 마련하고 이미 실행된 빅딜을 산업정책과 경쟁정책 관점에서 평가했다. 아울러 빅딜 종결에 따른 새로운 산업 재편 후 독과점화가 심화된 산업에서 경쟁 가능 시장 내지 유효 경쟁이 이뤄질 수 있는 현실적인 방안을 제시했다. 그리고 박태영(2000)은 IMF 구제금융기구에 산업자원부 장관으로 재직하면서 경험했던 주요한 정책 사례들을 중심으로 한국 산업과 새로운 산업정책의 방향을 진지하게 모색했다.[12] 더불어 지식경제부(2010)도 신성장 동력 육성에 부합하는 정부의 역할로 민간의 투자 의사 결정에 예측가능성을 높일 수 있는 정보 제공 등 간접적 촉진자로서 정부의 역할에 주력, 규제 완화와 정보 제공 시스템 등 이미 구축된 투자 관련 기반의 지속적 관리 · 발전과 함께 신성장 동력 업종 분류 등 신규 과제와의 종합적 운영 체계 구축, 정부 R&D 투자의 민간 투자 유발 효과 분석을 통해 정부투자 우선순위 설정에 참고하는 한편 이를 통해 한정된 정부 재원의 효과적 사용 추진 등을 설정했다.

더불어 신중상주의(국가주의와 조합주의)로 대표되는 거시적 분석과 신자유주의(신고전주의)로 대표되는 미시적 분석을 초월해 신제도주의로 대표되는 중범위 분석에 주목하는 연구들이 활성화되고 있다. 이때 신제도주의자들이 선호하는 중범위 분석은 산업별 특성 차이를 반영하는 정부-기업 관계의 다양성에 초점을 부여하고 있다. 즉, 정부와 기업 간의 발전 지향적 협력은 경제관리에 필요한 정보의 공유와 기업 간의 조정문제를 해결함으로써 경제 성장의 기반으로 작용한다(Okimoto, 1989). 그러나 정부와 기업 간의 친밀한 관계는 신고전주의가 지적하듯이 지대 추구적 관계로 변질할 가능성 또한 크기 때문에 좀더 정밀하고 다차원적인 분석이 요구된다는 것이다.[13]

---

12) 박태영(2000)은 현재 우리나라 산업이 직면한 구조적 문제점으로 부문 간 불균형 구조, 고비용-저효율 구조, 무역구조의 취약성과 수출의 수입 유발로 인한 부가가치 누출구조, 세계 경제 질서의 변화에 대한 대응 능력의 저하, 창조적이지 못한 기술 개발 능력, 산업인력 수준의 미흡, 높은 물류 유통비용, 정부와 민간기업의 역할 재조정 실패 등에 주목했다. 또한 그는 선진 산업구조의 형성을 위한 제도적 틀과 관련하여 경제 주체 간 역할의 재설정과 신산업정책의 분야별 추진 방안에 주목했다. 나아가 21세기 한국 산업의 발전 비전으로 산업 간 구조조정(고부가가치화와 국제 분업구조에의 적응), 산업내 구조조정(첨단기술화), 지식기반 신산업의 창출, 풀세트형 구조와 상호 보완형 구조의 종합 등을 제시했다.

13) 김시윤 · 김정렬(2002)은 정부-기업 관계의 이념형인 포괄성과 투명성 및 신뢰성을 분석 기준으로 삼아 한국의 대표적인 전략산업인 전자산업과 자동차산업의 정부-기업 관계를 비교 분석했다. 이에 따르면 1980년대 중반 이전까지 자동차산업과 전자산업의 정부-기업 관계는 부분적인 차이에도 불구

나아가 최근에는 국제 비교의 활성화와 더불어 신제도주의를 부분적으로 수정한 사회적 구성주의 등과 같은 새로운 시각들이 출현하고 있다. 산업복지 개혁정책의 성패에 관한 3국간 비교 연구를 통해 새로운 비교접근법으로 사회적 구성주의를 제시한 콕스(Cox, 2001)는 비교 대상 국가인 덴마크·네덜란드·독일이 비슷한 문화·역사·제도를 소유하고 있음에도 산업복지 개혁정책에서 상이한 결과가 초래(네덜란드와 덴마크가 대폭적인 복지개혁에 성공한 반면, 독일은 그렇지 못했음)된 이유를 사회적 구성주의, 즉 각 국가의 사회적 행위자 또는 정책 행위자들이 산업복지 개혁을 어떻게 인식하는가 또는 개념화하는가 등의 여부에 따라 차이를 설명하고 있다.

2 규제개혁 연구의 기원과 전개

작은 정부의 논리를 반영하는 규제개혁(규제정책) 모형의 확산은 20세기 이후 서구에서 본격화된 행정국가화 현상에 대한 반작용의 성격을 지니고 있다.[14] 특히 제2차 세계대전 이후 급속히 팽창한 행정국가(서구의 복지국가와 동아시아의 발전국가)의 형성 과정에서 산출된 공공 부문의 비효율성은 1970년대 초 석유 위기라는 충격에 직면하여 작은 정부로의 회귀를 추구하게 된다.

신우파(New Right)를 표방한 대처와 레이건이 주도한 1980년대의 규제개혁 패러다임은 시장화 기조 위에서 탈규제와 민영화를 중심으로 추진되어 왔다. 먼저 신자유주의에 기초한 대처의 관리혁명(managerial revolution)은 '국가의 경계를 원상 복구(roll-back)', '행정 규모의 감축', '공공지출의 감축', '관료구조의 효율화' 등과 같은 목표를 달성하기 위해 민영화에 초점을 부여했다.[15] 다음으로 신보수주의를 표방한 레이건은 1960년대 중반 이후 비대하고 오만하며, 통제할 수 없는 조직으로 묘사되

하고 대체로 유사했던 것으로 분석되었다. 하지만 1980년대 중반 이후 심화된 경제자유화와 민주화 추세 속에서 각기 지대 추구와 발전 지향이라는 차이를 드러냈다.

14) 산업정책과 대비되는 규제개혁의 의미는 바람직한 경제·사회 질서를 구현하기 위해 국가 또는 지방자치단체가 시장에 개입하여 경제적·물리적 강제를 통해 사회 구성원의 의사결정과 행동을 제약하는 규제활동의 양적·질적 변화를 총칭하는 의미로 이해될 수 있다. 하지만 규제개혁(규제정책)이라는 중립적 개념 속에는 탈규제와 민영화와 같은 시장 친화적 유전자가 내재되어 있다.

15) 대처는 작은 정부의 핵심적 원칙으로 경제성, 효율성 및 효과성의 관점(3Es; Economy, Efficiency, Effectiveness)에 주목했다. 이는 개입 지향적인 사회민주주의가 표방한 공동체주의나 사회 정의와는 분명히 구분되는 시각이다.

기 시작한 연방정부를 개혁하여 좀더 효율적이고, 덜 정치적이며, 대중의 의사에 좀 더 부응하는 방향으로 개혁한다는 목표에 따라 탈규제를 중시했다. 이처럼 민영화와 탈규제로 대표되는 규제개혁 패러다임의 기풍은 이전의 행정개혁들과 마찬가지로 합리적 접근보다는 정치적 접근의 산물로 평가되지만 적어도 영미 국가를 중심으로 기대 이상의 성과를 산출한 것으로 평가된다.

1970년대 이후 심화된 재정난의 시대를 맞이하여 서구 각국은 경제활성화의 대안으로 산업정책과 병행하여 규제개혁을 추진했다. 특히 시장의 부활에 초점이 부여된 규제개혁 패러다임은 자유시장의 양대 기반 이론으로서 신자유주의와 신공공관리를 적극적으로 수용했다. 이때 자유시장이란 시장실패에 주목하는 개입적 시각과 달리 정부실패를 우려하는 자율적 시각을 선호한다.[16] 나아가 민영화와 탈규제를 중심으로 전개된 자유시장(규제개혁)의 당위성에 관한 이론적 논거는 크게 소유구조, 시장구조(경쟁), 관리의 질(quality of management), 기능적 적합성(functional matching) 등으로 구분이 가능하다(김정렬 · 한인섭, 2009).

첫째, 민영화의 이론적 논거 가운데 가장 전형적인 것은 재산권(property right)이론과 공공선택(public choice)이론인데, 이들은 공공조직과 민간기업의 소유구조의 차이를 강조한다. 재산권 이론에 따르면, 민간조직은 이윤에 대한 권리(entitlement to residual)가 명백하게 규정되어 있는 반면에, 공공조직들은 그러한 권리가 분산되어 있거나 불확실하기 때문에 생산성을 향상시키기 위한 유인(incentives)이 존재하지 않는다고 한다(Alchian, 1965). 이러한 주장은 공공선택론에 의해서도 지지받고 있다. 이들은 정치인과 관료들이 공익이나 일반 국민들의 의도보다는 자기 자신의 이익을 추구한다고 본다. 정책은 표(votes)를 최대화시키도록 설정되며, 예산을 팽창시킴으로써 관료들은 높은 봉급을 추구한다고 주장한다. 관료들은 예산 변화에 대해 납세자들보다 많은 정보를 가지고 있기 때문에 공공의 지출 감시 체제 내부에 정보 비대칭이 존재하며, 그 결과 공공 부문의 노동조합으로 하여금 임금 인상 등을 요구할 수 있는 다양한 근거를 제공해 주는 것으로 인식되고 있다. 요컨대, 재산권이론과 공공선택론의 기본적인 관점은 공공조직들이 이윤 동기가 결여된 상태에서 예산극대화와 모험 회피, 과잉 고용과 고임금과 같은 목표를 추구하는 경향이 있다는 것이다.

둘째, 재산권이론과 달리 경제학자들은 소유권 그 자체가 아니라, 시장구조(market structure)를 경제적 성과와 연관시킨다(Ott & Hartley, 1991). 재산권이론에 대한

16) 시장실패와 정부실패에 대해서는 제2장을 통해 좀더 자세하게 설명하고자 한다.

이들의 비판적 논지는 공적 소유권을 사적 소유권으로 전환시키더라도 경쟁이 존재하지 않을 경우에는 독점공기업이 독점기업으로 전환되는 데 불과하기 때문에 사회적 산출이 증가하는 것은 아니라는 것이다. 이러한 관점에서 이들은 시장구조가 독점적인지 또는 경쟁적인지의 여부가 경영 성과에 영향을 미치는 중요한 요소라고 한다.[17] 이들에 따르면, 공기업은 시장이 아니라 정부에 그 생존을 의존하고 있기 때문에 타성과 비효율, 그리고 소비자의 요구와 수요에 대한 반응이 약화되는 경향이 있다고 한다.[18] 특히 독점시장에 존재하는 공기업은 안정된 시장이 확보되어 있기 때문에 이러한 노력을 할 만한 동기가 극히 결여될 수밖에 없으며, 그 결과 경영 성과에도 많은 차이가 나타나는 것으로 파악한다. 요컨대, 시장 기능이 제대로 발휘될 수 있는 조건이 충족되지 않을 때에는 경쟁이 유발되지 않으며, 그 결과 시장구조가 경영 성과를 제고하는 데 아무런 영향도 미칠 수 없다는 것이다. 이런 관점에서 이들은 소유권의 이전가능성을 약화시키는 자본시장에서의 거래비용, 무임승차의 문제 및 정보의 불완전성에 관한 문제나 인수 위협으로부터 경영권을 보호하기 위한 기업조직의 제도적 장치들에 관심을 기울인다(이영기, 1996).[19]

셋째, 공공조직과 민간조직 간의 성과 차이의 원인을 파악하기 위해 최근에는 소유권과 시장구조 이외에 조직의 지위(organizational status) 변화와 그로 인한 관리의 질적 차이에 주목할 필요성이 제기되고 있다. 이들은 정부와의 계약 등으로 인해 민간기업들이 공기업보다 정부에 더욱 의존하거나 정부조직의 속성을 띠는 경우가

---

17) 비커스와 야로(Vickers & Yarrow, 1989)는 경쟁 요소를 도입하려는 노력을 민영화(privatization)와 구별하여 '자유화(liberalization)'라는 개념으로 정의하고 있다. 공기업의 성과에 영향을 미치는 근본적인 원인이 시장구조인지 혹은 소유구조인지의 여부에 관해 좀더 자세한 논의는 바이닝과 보드먼(Vining & Boardman, 1992: 205-239)을 참고하기 바란다.

18) 시장에의 노출 정도 또는 보조금에의 의존성은 공공조직과 민간조직을 구별해 주는 중요한 기준이 된다. 즉, 민간조직의 경우에는 시장에서 처벌과 보상이 자동적으로 이뤄지기 때문에 비용 절감이나 운영효율성 등을 확보해야 할 유인이 작동하는 반면에 정부의 보조금에 의존하는 조직은 정치적 영향이나 '공익'이라는 다중적이고 모호한 이유에 기초하여 비용 절감을 하지 않거나 덜 강조하게 된다는 것이다.

19) 인수 위협(takeover)으로부터 경영권을 보호하기 위한 장치로는 주식의 대량 매입 규제, 자사주의 매입, 주식 분산의 지연이나 증자의 기피, 무의결권 우선주 등이 있다(이영기, 1996: 93-95). 이와 동일한 관점에서 슬라이퍼와 비시니(Shleifer & Vishny, 1994)는 노동시장에서 경쟁을 통한 압력은 경영자의 방어적 행위(entrenchment practices) 때문에 실효성을 상실한다고 주장한다. 예컨대, 경영자들은 자기가 가진 기술과 능력에 의존적인 기업전략을 채택하거나, 자기와 연관된 노동자들과 암묵적 계약을 체결하는 등의 행위를 할 수 있다. 이런 방식으로 노동시장에서 자기들의 가치를 다른 경영자보다 상대적으로 높이려고 하기 때문에 이러한 보호행위를 하는 경영자는 대체할 수 없는 존재가 되어 버린다는 것이다.

있음에 주목한다. 이런 점에서 공식적인 법적 지위(status)와 실질적인 조직 특성에 차이가 있음을 지적하고, 공기업의 소유구조를 민간기업으로 전환하더라도 반드시 성과가 향상된다고 볼 수는 없다고 비판한다. 또한 성과 향상을 위해 경제이론에서 강조하는 시장의 경쟁은 중요하지만, 이러한 시장의 경쟁 압력은 조직 형태에 따라서 달라질 수 있다고 한다(Dunsire, et al., 1988). 즉, 자본시장의 압력은 소유권이 쉽게 이전될 수 있는 기업과 그렇지 않은 기업들에게 차별적인 영향을 미치기 때문에 시장의 압력이 성과에 미치는 영향을 파악하기 위해서는 조직 형태의 차이를 식별해야 한다는 것이다. 요컨대, 이들은 소유권 변화 그 자체가 아니라 소유권 변화에 따른 경영자율성과 통제권의 변화로 인해 경영 성과가 달라지며, 시장의 압력도 조직 형태에 따라 달라진다고 본다(Salamon, 1981). 이런 관점에서 이들은 경영진의 안정성, 적절한 유인구조, 명확한 성과평가 기준, 올바른 감시장치 등과 같은 관리구조가 확보된다면, 공적 소유권이나 독점적 상황에서도 경영 성과가 반드시 악화되는 것은 아니라고 주장한다(Anderson, 1995).

넷째, 민영화와 성과에 관한 또 다른 논의는 기능적합성 접근 방법(functional matching approach)이다. 여기서는 독점이 존재하지 않는 상황에서는 민간기업과 비영리조직 및 정부조직이 가장 효율적이고 효과적으로 수행할 수 있는 저마다의 기능이 있다고 본다. 예컨대, 경찰 기능은 정부조직에 적합하고, 간호 서비스는 비영리조직에 적합하며, 건설이나 제조업은 민간기업이 효율적으로 운영할 수 있다는 것이다. 경찰권이 남용될 경우에는 개인의 생명이나 자유를 손상시킬 수 있기 때문에 책임성 확보를 위해 정부가 직접 담당하는 것이 바람직하다. 간호 서비스의 경우에도 책임성이 중요하지만, 이러한 공공 서비스에는 동정심이나 자발성 및 사명감 등이 더 중요하기 때문에 비영리조직에게 적합하다. 민간기업도 그런 사람들을 고용해서 보상할 수는 있지만, 그것은 이윤이나 시장점유율 등을 감소시키지 않은 범위 내에서만 가능하다. 제조업이나 기타의 서비스 지원 기능은 경쟁적이고 이윤 추구적인 조직들에 적합하다. 이런 기능들은 개인의 자유나 동정심과 같이 생산 과정에서 고려해야 할 특이 사항은 없다. 재산권이론이나 시장이론, 혹은 조직이론 등이 소유구조나 시장구조(경쟁) 혹은 관리의 질 등과 같은 단일한 기준을 강조하는 것과 달리 기능적 적합성 접근 방법은 기능에 따라서 요구되는 가치(책임성, 효율성, 공정성 등)가 다르므로 기능별로 여러가지 기준을 적용해야 한다고 주장하는 점에서 차이가 있다.

결국 경제적 제도주의에 초점이 부여된 지금까지의 논의를 종합적으로 살펴보면, 전통적인 민영화와 탈규제 논의는 민간기업의 상대적 우월성에 초점을 두었으나, 소유구조의 변화 그 자체가 성과를 향상시키는 것은 아니라는 것이 일반적인 인식이다. 경쟁의 중요성은 여전히 강조되지만, 이와 함께 내부조직과 관리의 질이 강조되고 있음에 주목할 필요가 있다. 이는 조직경제학이나 경제적 관점에서 촉발된 민영화 논의가 전통적인 조직이론이나 관리이론의 관점에서 재조명되고 있음을 의미하는 것이다. 이에 따라 재산권이론이나 경제이론이 소유구조나 시장구조 등을 민영화의 유일 최선의 논거로 제시하고 있는 것과 달리 최근에는 소유구조나 시장구조와 같은 요인들도 조직 특성이나 상황적 특성에 따라서 달라지는 것으로 인식되고 있다. 이러한 변화는 기존의 논의들이 공공과 민간을 이분법적으로 구분한 것과 달리 실제로는 공공과 민간 및 비영리 부문 내에(within sectors) 다양한 조직 형태가 존재할 뿐 아니라, 각 부문이 상호 중첩되어 경계가 모호해지는 특성이 존재한다는 인식에 바탕을 두고 있다. 이러한 관점에서 볼 때, 공기업 민영화에 관한 향후의 논의들은 단순히 소유구조나 시장구조를 강조하는 데 그치지 않고, 좀더 구체적인 상황에서 민영화의 대상과 시기 등을 결정할 수 있는 민영화의 기본틀을 구축하는 데 초점을 기울여야 할 것으로 보인다.

한편 이러한 문제 인식을 반영하는 국내의 관련 연구들이 본격적으로 시작된 시기는 영미 국가와 15년 내외의 시차가 발생한 1990년대 중반 이후다. WTO 체제의 출범에 부응하기 위해 1994년 김영삼 정부가 세계화를 표방하면서 강화된 관련 논의는 1997년 말 발생한 IMF 구제금융 체제를 극복하기 위한 대안으로 김대중 정부가 탈규제와 민영화를 채택하면서 급속히 확산되었다. 물론 신중상주의적 개입국가의 전통이 강했던 한국에서 신자유주의적 경쟁국가로의 전환이 순탄하게 이뤄진 것은 아니지만 공공 부문 구조조정의 일환으로 민영화와 탈규제가 본격적으로 추진되었기 때문이다.

참고로 국내 행정학계의 규제개혁(규제정책) 연구 경향을 분석한 최병선·이혜영(2001)에 따르면, 1990년대 이후 활성화된 관련 연구는 초기에는 정책결정의 공공성을 중시하는 한국 행정학계의 기풍 속에서 상대적으로 중립적인 분야별 정책연구의 경향을 띠었을 뿐만 아니라 환경규제를 중심으로 재규제 논의도 다수 산출되었다. 하지만 2000년대 이후 정부의 정책 기조가 신자유주의와 신공공관리를 중시하는 방향으로 전환되면서 관련 연구도 탈규제나 시장 친화적 규제 수단을 강구하는 방향으로 급변했다. 특히 이러한 경향은 경제학자나 경영학자들이 주도한 관련 학계나 연구기관에서는 급진적 편향성이 목격되고 있다.

물론 규제개혁 연구에 내재된 편향성에도 관련 논의들이 정부 규제의 본질에 관한

〈표 1-2〉 한국 행정학계의 규제정책 연구 주제

연구 주제	논문 수	백분율
정책결정 과정	5	10.4
정책집행 과정	7	14.9
규제기관 및 관료 행태	4	8.3
이익집단 및 공익단체	2	4.2
규제 효과와 개선 방안 사례연구	5	10.4
규제정책 수단	6	12.5
규제개혁	9	18.9
지방자치와 규제	4	8.3
위험과 위험관리	6	12.5
계	**48**	**100.0**

출처: 최병선·이혜영(2001)을 토대로 재구성.
주: 1992~2000년간 한국행정학보, 한국정책학회보, 한국정치학회보, 한국행정연구, 행정논총, 주요 대학의 박사학위 논문 총 48개를 대상으로 산정한 수치임.

일반론을 정립하는 일에 기여한 점을 부인하기 어렵다. 일례로 시장실패(자연독점, 외부효과성, 공공재, 정보비대칭, 형평성, 사회 정의 등)나 정부실패의 유형화에 관한 연구들이 여기에 해당한다. 그리고 규제정책의 결정 과정을 설명하는 공익이론과 사익이론(의회 지배 이론, 대통령 중심 이론, 규제기관 자율성 이론, 역동적 제도주의 등), 규제정책 집행의 파급 효과를 설명하는 규제영향평가, 규제연구의 경향을 파악하기 위한 각종 사례연구 등이 여기에 해당한다(안문석·최진욱, 2005).[20]

나아가 최근 강화된 규제개혁의 주요한 쟁점들은 다음과 같다. 첫째, 규제개혁 추진 체제에 대한 논의는 규제개혁위원회의 제도적 위상 확보와 관련된 관련 논의들이 대부분이다(최대용, 2003). 또한 추진전략은 대체로 양적 측면에 주목하는 규제 철폐(완화) 단계에서 질적 측면에 주목하는 규제품질관리 단계를 지나 최종적으로 규제관리 단계로 이행한다는 가정하에 한국의 현실을 검토하고 있다. 그리고 추진 체제와 전략에 관한 논의는 OECD가 발간한 국가별 규제개혁 보고서를 중심으로 비교연구가 이뤄지고 있다.

20) 안문석·최진욱(2005)이 분석한 한국행정학보의 규제연구 경향은 이론적 연구 215편(당위성 58편, 정책결정 및 집행 과정 66편, 효과, 운영 및 영향 91편), 사례연구 120편(경제적 규제 48편, 사회적 규제 72편)으로 나타났다.

둘째, 규제개혁의 도구에 관한 논의는 비개입적 규제대안의 발굴과 적용에 초점이 부여되어 있다(김용우, 2000). 규제순응의 제고와 직결된 시장 지향적 규제대안의 탐색은 1997년 제정된 행정규제기본법이 명시한 규제영향평가의 의무적 고려 사항이다. 이때 규제대안의 구체적 유형으로는 정보 제공 및 교육, 경제적 유인, 성과 기준, 사후적 통제, 공동규제, 자율규제, 자율협약 등을 들 수 있다(김태윤, 1999). 그리고 규제 대안에 부가해 규제 거버넌스, 규제일몰제, 규제절차, 규제협상 등도 유용한 규제개혁 수단으로 활용된다.

셋째, 규제개혁의 경제적 효과는 영미의 경험을 간접적으로 원용하거나 우리나라 역대 정부의 사례를 집중 분석하는 방식을 채택하고 있다(조성한, 1997; 사공영호 외, 2000; 이종한 외, 2004).[21] 일례로 우리나라 규제개혁위원회와 산업연구원이 공동으로 수행한 분석 결과에 따르면 정부 규제의 절반을 철폐한 1998년의 규제개혁은 이후 5년간 106만 6,521개의 일자리 창출, 18조 6,926억 원의 국민 비용 절감, 5,900억 원의 정부 비용 절감 등의 효과를 산출할 것으로 추정되었다(하병기 외, 1999).

3 산업정책과 규제개혁 모형 간의 비교와 진로

한 나라의 성공적인 경제관리 방식과 관련하여 경쟁 관계를 형성해 온 규제개혁과 산업정책 간의 논쟁은 오랜 역사를 지니고 있다. 이 점은 자본주의 경제 체제의 등장이 본격화된 16세기 이래 시장실패라는 개입 논리와 정부실패라는 방임 논리를 둘러싸고 전개된 일련의 논쟁 과정을 통해 잘 나타나고 있다. 중상주의 열풍의 후원 속에서 16, 17세기를 풍미한 국가개입주의와 산업혁명의 위력에 편승해 18, 19세기를 주도한 자유방임주의는 20세기의 개막 이후에도 반전을 거듭해 왔다.

규제개혁으로 대표되는 작은 정부의 논리는 소극정부를 가정한다. 따라서 적극정부를 가정하는 행정국가관이 득세한 20세기 전반기와 중반기를 통해 결코 매력적인 대안으로 부상하지 못했다. 일반적으로 정부의 규모와 권력은 개입할 사회문제가 많을수록, 시장실패 현상이 심화될수록 증대하게 된다. 일례로 서구 자본주의 국가들은 20세기 초 대공황을 거치면서 급격히 증대한 복지 수요에 부응하기 위해 케인지언

21) 규제개혁의 주요한 효과로는 생산성 증대와 가격 하락, 기술혁신의 촉진과 소비자 선택 기회의 확대, 경제성장률의 개선, 정부의 효율성 제고, 고소득 일자리의 창출, 국민생활의 질 향상, 부정부패의 근절, 국제 교류와 외국인 투자의 활성화 등을 지적할 수 있다(OECD, 1997).

사고에 기초한 거시경제정책을 통해 정부의 팽창에 동참했다. 또한 동아시아 국가들은 서구에 대한 따라잡기를 위해 강력한 국가자율성과 능력을 토대로 시장에 대한 간섭과 통제를 마다하지 않았다.[22]

하지만 1970년대 중반 이후 행정국가의 논리는 급격히 쇠퇴하게 된다. 하강 국면의 서구 경제를 급습한 1973년의 석유 위기가 장기 침체와 재정적자를 가속화시키는 촉매제로 작용했기 때문이다. 이에 서구 각국은 사회민주주의 복지국가의 추진 과정에서 확대된 정부 역할의 축소에 관심을 기울이기 시작했다. 또한 동아시아 국가들은 1980년대 이후 세계화와 정보화로 대표되는 새로운 경쟁환경에 대응하기 위해 고도성장기를 통해 제도화된 전통적 정부상에 대한 변신 노력을 가속화시키고 있다.

그러나 규제개혁 모형의 확산이 산업정책 모형으로 대표되는 적극정부의 종말을 의미하지는 않는다. 이점은 규제개혁의 선도국인 영미 국가에서 1990년대 중반 이후 클린턴의 민주당과 블레어의 노동당이 표방한 신중도 노선이 각광받은 사실을 통해 잘 나타나고 있다(Driver & Martell, 1998). 더불어 최근에는 미국발 서브프라임 모기지 사태가 전 세계적인 경기 침체를 유발하면서 금융자본에 대한 정부규제 강화 시도가 이뤄지고 있다.

지금까지의 논의를 통해 알 수 있듯이 산업정책과 규제개혁 모형은 이론적·방법론적 측면은 물론 현실적·이념적 측면에서 상당한 차이점을 지닌다. 먼저 이론적·방법론적 측면에서 양 진영이 구축한 확고한 정체성은 신중상주의와 신자유주의, 역사적 제도주의와 경제적 제도주의 등으로 진화하고 있다. 다음으로 현실적·이념적 측면에서 전통적인 좌우 구도를 계승하는 중도 좌파와 중도 우파의 경쟁이 활발하게 이뤄지고 있다.

하지만 산업정책과 규제개혁 간에 존재하는 차이점의 이면에서는 새로운 통합모형을 구축하기 위한 시도가 지속적으로 이뤄지고 있다. 먼저 보겔(Vogel, 1996)은 규제개혁은 단순히 탈규제가 아니라 자유화와 재규제의 조합이라는 점에 착안해 자유화 중시와 재규제 중시, 산업에 대한 정부통제력 약화와 강화를 결합하는 방식으로 친경쟁적 재규제(반독점과 경쟁 촉진), 입법적 재규제(입법화와 공식화), 전략적 재규제(비관

22) 국가자율성이란 정치권이나 이익집단의 압력으로부터 독립적인 정책결정이 가능함을 의미한다. 이 점은 의원입법과 로비스트가 제도화된 미국과는 달리 행정입법과 행정지도가 가능한 한국에서 산업정책이 활성화된 사실을 통해 설명될 수 있다. 다음으로 국가 능력이란 관료들이 소유하는 행정기술 능력을 의미한다. 이 점은 일본이나 프랑스가 핵심 정책을 결정하는 정부의 상층부에 직업적 엘리트 관료들을 배치하여 산업정책을 추진했던 반면에 미국의 경우 정무직 임용의 폭이 크기 때문에 연방정부의 상층부에 전문 직업관료가 모이기 어렵다는 점을 통해 설명될 수 있다.

세 장벽의 전략적 활용), 팽창적 재규제(신설 · 강화 규제) 등을 제시했다. 이때 친경쟁적 재규제와 전략적 재규제는 자유화에 중점을 둠에 반해서, 입법적 규제와 확장적 규제는 자유화 과정의 보완적 역할을 한다. 한편 친경쟁적 규제와 입법적 규제는 정부의 통제력을 약화시킴에 반해 전략적 규제와 확장적 규제는 통제력을 강화시킨다.

다음으로 이 연구는 정부-기업 관계의 매개정책과 정책 도구를 산업정책의 견지에서 재분류했다. 광의의 산업정책 개념과 도구를 정책의 기본적 성격(규제와 유인)과 맥락을 고려한 정책집행 방식(개입과 자율)에 따라 네 가지 유형으로 분류했다.[23] 이때 네 가지 유형은 광의의 산업정책 개념을 구성하는 네 개의 중범위 산업정책 개념은 물론 이를 반영하는 정책 도구의 체계화와 직결된 문제다.

결국 이론과 현실 모두에서 고도의 수렴화 경향을 표출하고 있는 산업정책과 규제개혁의 논리를 포괄하는 우리나라 정부-기업 관계의 이념형을 다음과 같이 규정할 수 있다. 첫째, 목표(goal)는 정부와 기업 간의 건설적이고 안정적인 협력을 추구하는 이코노믹 거버넌스의 구현이다. 둘째, 시각(view)은 구조와 행위, 개입과 방임을 절충하는 신제도주의 접근(역사적 제도주의와 경제적 제도주의)의 다차원적 활용이다. 셋째, 역할(role)은 대내외 변수가 복잡하게 결합된 경제 현실에 대한 설명과 예측 능력을 제고한다.

나아가 앞서 제시된 정부-기업 관계의 연구 경향 분석과 한국적 이념형 내용을 토대로 개입 지향적 신중상주의(산업정책)와 방임 지향적 신자유주의(규제개혁) 및 절충 지향적 신제도주의(거버넌스) 간의 입체적인 비교를 수행하면 다음과 같다.[24] 이때 비교분석의 기준으로는 이론적 토대, 방법론적 특징, 특징과 키워드, 정책결정 방식, 강화될 정책 분야, 개입과 자율의 강도, 적소와 영향력 등을 주목할 필요가 있다.

신제도주의를 대표하는 역사적 제도주의와 경제적 제도주의는 기본적으로 신중상주의와 신자유주의를 모태로 한다는 점에서 정체성이 약한 편이다. 하지만 출발점은 다르지만 각기 중범위화를 지향하는 과정에서 통합적 활용의 가능성이 증대하고 있다. 나아가 신제도주의의 분파들을 통합적으로 활용하는 일은 산업정책과 규제개혁, 일본형 발전모형과 미국형 발전모형을 결합하는 한국형 이코노믹 거버넌스의 구현과

---

23) 산업정책 도구 유형화에 대해서는 13장 <표 13-1>을 참고하기 바란다.

24) 서구적 관점이 반영된 정치경제학의 논의에서 사회민주주의(조합주의)와 케인스주의(수정자본주의)가 중요한 의미를 지니고 있지만 한국적 통합모형을 지향하는 이 연구에서는 변형된 유사모형 이상의 의미를 부여하기 어렵다. 이들은 거시적 관점에서 각기 신중상주의와 신자유주의와 선택적 친화력을 지니고 있을 뿐만 아니라 미시적 관점에서 신제도주의가 추구하는 실용주의적 통합 논리와 유사하다. 따라서 이론적 비교 프레임워크의 직접적 논의 대상에서는 제외하고자 한다.

직결된 문제다.

1960년대 이후 계속 진행 중인 한국 경제의 고도 성장은 국가와 시장을 대표하는 특정한 모형만으로 충분히 설명하기 어렵다. 이러한 이유로 최근에는 한국 경제의 과거와 현재는 물론 미래를 신제도주의와 거버넌스 측면에서 설명하고 예측하려는 시도가 활발하게 이뤄지고 있다. 이때 역사적 제도주의는 과거에 대한 설명에 강점을 지니고 있음에 반해 경제적 제도주의는 미래에 대한 예측에 강점을 지닌 것으로 평가된다는 점에서 보완적 상승 효과를 기대할 수 있다.

한편 앞으로 우리나라에서 경쟁과 협력이 조화된 이코노믹 거버넌스가 구현되어야 할 대표적 분야로는 중소기업 진흥을 비롯해 제조업과 서비스업 간의 조화를 추구하는 산업 구조조정, 청년 실업과 임금 격차 해소, 여성과 퇴직 인력 활용, 골목상권 보호, 기업 지배구조 정상화 등을 지적할 수 있다(우석훈, 2008). 일례로 대기업 중심의 독과점 체제가 확고하게 정립된 기존 체제의 변화를 전제하지 않은 상태에서 창의적

〈표 1-3〉 우리나라의 정부-기업 관계 분석을 위한 모형 간의 비교

분석모형 / 비교 기준	산업정책 모형	거버넌스 모형	규제개혁 모형
이론적 토대	신중상주의(국가주의)	신제도주의(절충주의)	신자유주의(시장주의)
방법론적 특징	구조 편향성	제도(중범위화)	행위 편향성
특징과 키워드	전략, 기획, 권위	지속, 규칙, 협력	균형, 경쟁, 효율
정책결정 방식	정부 주도 기획	경로의존과 상호 협력	시장의 자율 조정
강화될 정책 분야	산업정책	융합, 실용정책	경쟁정책
정부개입의 강도	다소 강함	보통	매우 약함
시장 자율의 크기	다소 작음	보통	매우 큼
적소와 영향력	특수성과 역사성	일반성과 중립성	보편성과 이념성
초기 선도자	Gerschenkron, Weber	March & Olsen, North	Hayek, Röpke
후기 계승자	Skocpol(국가자율성), Ikenberry(국가 능력)	Hall(역사적 제도주의), Coase(경제적 제도주의)	Friedman(통화주의), Feldstein(공급경제학)

인 중소기업이 계속 출현하기를 기대하기는 어렵기 때문이다. 따라서 우리 정부가 활용하는 중소기업정책의 대표적인 정책 도구인 지원과 규제 간의 조화로운 혼합을 신제도주의 관점에서 도출해야 한다.

제 3 절 정부기업관계론의 교육 현실과 쟁점: 국내외 내용분석

정부기업관계론 연구는 산업정책과 규제개혁으로 대별되는 상이한 접근 방법 간의 치열한 논쟁을 중심으로 비교적 활발하게 이뤄지고 있다. 하지만 이러한 연구 성과를 대학의 학부나 석사 수준의 교육과 연계하는 일은 상대적으로 부진한 편이다. 이러한 결과가 초래된 주요 원인으로는 정부기업관계론에 내재된 높은 수준의 학제적 성격으로 인해 행정학과의 단위 교과목으로서 정체성이 약하기 때문이다. 이 점은 정부기업관계론이 국내 대학의 행정학과에서 독립적으로 설강되는 경우보다는 인접 과목인 공기업론, 비교발전행정론, 관료제도론, 정책사례 연구 등을 통해 간접적으로 소개되고 있다는 사실을 통해 잘 나타난다.

1 산업정책론 중심의 교육과정과 교과서 내용분석

정부-기업 관계를 산업정책의 관점에서 접근한다는 것은 자유시장(free market)을 선호하는 기업보다는 상대적으로 중앙기획(central planning)을 중시하는 정부의 역할에 초점을 부여함을 의미한다(Wade, 1990). 이는 다시 말해 기업이 중시하는 효율성보다는 정부가 중시하는 공공성 제고에 기반을 두고 있음을 시사한다.[25] 일명 정부-기업 관계에 관한 정치·행정학적 접근으로 규정할 수 있는 관련 교육과정은 국내외 대학의 행정학, 정치학 관련 학과에서 목격할 수 있다.

미국의 경우 학부 수준에서 행정학 교육이 활성화되지 않은 상태이기 때문에 정치

---

25) 한국행정학회는 행정학을 이론 중심의 협소한 전문성을 뛰어넘는 종합학문이자 실천학문으로 규정하면서 정부, 정치와 사회, 법, 윤리, 관리 등을 포괄하는 다양한 마인드를 함양할 수 있다는 점을 강조한다. 이때 행정학의 분과로서 정부기업관계론은 관료제나 국가론과 더불어 정부 마인드를 형성하는 주요 교과목으로 소개하고 있다(http://www. kapa21.or.kr).

학과의 비교정치학 또는 비교정치경제학 강좌에서 관련 강의가 이뤄지고 있다.[26] 또한 국내 대학의 정치학 관련 학과에서도 유사한 강좌가 빈번하게 설강되고 있다. 일례로 일본과 동아시아 신흥공업국가(NICs: Newly Industrializing Countries)로 대표되는 동아시아 발전국가들의 경제적 성공에 주목하는 산업정책 관점의 대표적인 성과로는 웨이드(Wade, 1990)를 들 수 있다. 그는 존슨(Johnson, 1984)이나 암스덴(Amsden, 1989) 논의의 연장선상에서 『시장의 지배(*Governing the Market*)』라는 저서를 통해 헨더슨(Henderson, 1983)으로 대표되는 자유시장이론은 물론 바그와티(Bhagwati, 1988)로 대표되는 의제자유시장이론(simulated free market theory)에 대한 통치시장이론(신중상주의적 국가주의)의 강점을 비교론적 견지에서 제시했을 뿐만 아니라 관련 사례들인 정부 주도의 산업화, 대외무역과 투자의 관리, 국내 투자의 관리, 경제관료기구, 정치행정 체제의 특이성, 동아시아 사례의 일반화 가능성 등을 종합적으로 소개했다. 그리고 문정인(1998)은 민주화와 세계화라는 환경 변화의 추이에 초점을 부여한 정부-기업 관계 관련 연구서에서 전환기에 놓인 한국의 정부-기업 관계, 한국의 재벌과 이익집단 정치, 한국의 지방중소기업과 정치, 한국 노사 갈등의 정치적 주기, 한국의 대기업과 정치, 민주화·국가 그리고 기업, 규제의 정치경제 등에 대한 현상과 대안을 모색했다. 특히 발전국가의 약화와 기업의 자율성 증대에 따른 정부와 기업 간의 정책 네트워크 또는 전략적 상호작용에 초점을 부여했다.

국내외 대학의 정치학과에 비해 국내 대학의 행정학과에서는 정부기업관계론 강좌의 설강은 상대적으로 희소한 편이다. 다만 정부-기업 관계를 간접적으로 소개하는 유사 강좌의 설강은 앞서 지적한 바와 같이 다양한 형태로 이뤄지고 있다. 더불어 국내 대학에서는 산업정책론이란 명칭의 정부기업관계론 강좌가 행정학과보다는 경제학과나 경영학과에서 자주 설강되고 있다. 하지만 경제학과 경영학과에서 설강되는 관련 강좌는 정부 마인드의 함양에 초점을 부여하기보다 경영·경제 현상의 한 단면에 관한 기술적 논의가 주류를 형성하고 있다. 이를 반영하는 대표적 교재로는 김세원 외(1996)를 지적할 수 있다. 참고로 이 책에서는 산업정책의 의의, 신국제분업 질서의 전개와 산업정책, 전통적 정부개입론, 산업정책의 경제이론, 산업정책의 유형,

26) 미국의 산업정책 연구와 교육은 1980년대 중반 이후 존슨(Johnson, 1982), 해거드(Haggard, 1986) 등 신베버리언 계열의 국가주의자들이 발전국가론에 기초해 동아시아 고도성장 국가들의 개입적 시장관리 사례들을 집중적으로 조명하기 시작하면서 본격화되었다. 한편 국내에서는 정부의 개입논리에 호의적인 발전국가의 토대 위에서 미국에서 관련 이론을 수입한 김석준(1990), 염재호(1994) 등 일단의 학자들이 1990년대 이래 관련 논의의 활성화를 주도했다.

산업정책의 발전 방향 등이 다뤄지고 있다. 더불어 경제정책론이란 유사 강좌를 통해 산업정책 관련 논의가 간접적으로 다뤄지고 있다.

한편 국내의 행정학자들이 산업정책의 관점에서 정부기업관계론을 소개한 연구서 형태의 준교과서로는 김시윤·김정렬·김성훈(2000)과 송재복(2000) 및 홍성걸 편(2004)을 지적할 수 있다. 하지만 이들 교과서는 아직 많은 부분에서 연구서의 성격을 탈피하지 못하고 있다는 점에서 대학 학부 수준의 교재 활용에 다소 무리가 있다. 다만 정부기업관계론 관련 교재의 형식(정부기업 관계 일반론에 대한 포괄적 소개)과 사례분석(산업별 사례, 정책 주체별 사례, 정책 분야별 사례 등)에 관한 몇 가지 주요한 참고 기준을 제시했다는 점에서 의의를 찾아볼 수 있다.

특히 김시윤·김정렬·김성훈(2000)의 경우 제1부 산업정책 일반론을 통해 정부 마인드를 다양한 형태로 소개(산업정책의 개념과 유사 개념, 발전 지향과 지대 추구로 대표되는 다양한 접근 방법, 주요 국가의 산업정책 등)하고 있을 뿐만 아니라 제2부 산업정책 사례분석을 통해서는 산업 분야별 정책 사례분석(전자, 섬유, 정보통신, 자동차 등)과 정책변수별 사례분석(산업금융정책, 산업인력정책, 과학기술정책, 지역 산업정책 등)을 제시했다. 나아가 제3부 산업정책의 미래를 통해서는 미래 환경 변화의 추세와 전망에 관한 포괄적 논의를 토대로 신성장 동력의 부상, 정책 네트워크 변화, 거버넌스의 활성화 등을 제시했다.

2 규제개혁론 중심의 교육과정과 교과서 내용분석

정부-기업 관계를 규제개혁의 관점에서 접근한다는 것은 정부개입을 중시하는 산업정책론과 달리 시장 자율에 초점을 부여함을 의미한다. 즉, 정부의 선도와 봉사라는 청지기 이론의 가정보다는 정부와 기업을 대등한 협력 또는 계약 관계로 접근하는 대리인이론의 가정하에 문제 해결을 의도한다는 것이다. 이 점에서 정부-기업 관계에 관한 경영·경제학적 접근으로 규정할 수 있는 관련 교육과정은 국내외 대학의 행정학, 경영학 관련 학과에서 다양한 명칭으로 목격된다.

학부 수준의 행정학 교육이 빈약한 미국에서는 정부기업관계론 관련 강의가 경영학이나 경제학 관련 학과에서 자주 설강되고 있다.[27] 경영과 사회, 경영과 정부 그리

27) 국내외 경제학과에서 원론 형태의 경제학 입문서로 폭넓게 사용되고 있는 맨큐의 경제학은 경제학

고 사회 등의 강좌 명칭은 기업의 사회적 책임 강화라는 경영환경의 변화 추세를 수용하고 있다는 점에서 경영학 전공자들의 핵심 과목으로 인식되고 있다. 그리고 이를 반영하는 대표적 교과서로는 스타이너와 스타이너(Steiner & Steiner, 1994)를 지적할 수 있다. 하지만 이 책은 경영환경과 관련된 다양한 주제들을 포괄하고 있다는 점에서 엄밀한 의미에서 정부기업관계론 관련 유사 교재로 규정할 수 있다.

총 9부 19장으로 구성된 스타이너와 스타이너(Steiner & Steiner, 1994)의 제1부는 기업, 정부 및 사회(BGS)를 학습하기 위해 BGS 상호 관계에 대한 개요(성격, 스팩트럼, 모델, 경계, 분석상의 특징 등)와 기업의 환경(경제, 기술, 정치, 사회, 생태, 내부 환경, 기업조직, 환경에 대한 기업의 영향 등)을 제시하고 있을 뿐만 아니라 기업의 권력과 정당성, 기업에 대한 공공의 태도 등을 소개하고 있다는 점에서 특징적이다. 이 밖에 제2부 기업의 사회적 책임, 제3부 기업윤리, 제4부 정부와 기업(정부규제의 이유와 응용 사례), 제5부 다국적기업, 제6부 오염과 환경, 제7부 기업과 소비자, 제8부 인적 자원, 제9부 기업 지배구조 등도 정부-기업 관계에 관한 다양한 쟁점과 아이디어들을 포괄하고 있다는 점에서 긍정적이다.

한편 우리나라의 경영학과나 경제학과의 경우도 미국 대학의 현실과 크게 다르지 않다. 경영과 환경, 시장과 정부 등과 같은 강좌들이 학부 수준에서 다양하게 설강되고 있기 때문이다. 일례로 김승욱 외(2004)의 경우 『시장인가? 정부인가?』라는 제목을 통해 알 수 있듯이 비교적 중립적인 관점에서 시장실패와 정부실패 이론을 대비적으로 소개(가치관, 이념, 안정과 변화, 자유, 집단과 계층, 인간성, 경쟁, 학파 등)하고 있을 뿐만 아니라 다양한 부문별 사례분석을 통해 소득분배와 빈부 격차, 복지, 경제안정, 경제 성장, 구조조정, 금융시장, 노사관계, 공기업, 환경오염, 농업, 주택문제 등에 대한 쟁점과 대안을 모색한 점이 특징적이다. 또한 이준구(2004)는 『시장과 정부』라는 책을 통해 시장의 자율 조정 기능, 시장경제 체제의 한계, 정부의 역할과 본질 등에 관한 이론적 논의를 토대로 현실의 다양한 사례들을 접목하는 설명 방식을 채택하고 있다.

의 10대 기본 원리로 "모든 선택에는 대가가 있다(효율성과 공평성 간의 상충 관계), 선택의 대가는 그것을 얻기 위해 포기한 그 무엇이다(기회비용), 합리적 판단은 한계적으로 이뤄진다(합리적 인간관), 사람들은 경제적 유인에 반응한다, 자유 거래는 모든 사람을 이롭게 한다, 일반적으로 시장이 경제활동을 조직하는 좋은 수단이다(시장과 위계 및 네트워크 방식 간의 상대 비교), 경우에 따라 정부가 시장 성과를 개선할 수 있다(시장실패의 치유 효과), 한 나라의 생활 수준은 그 나라의 생산 능력에 달려 있다(생산성), 통화량이 지나치게 증가하면 물가는 상승한다, 단기적으로 인플레이션과 실업 사이에는 상충 관계가 있다(경기순환)" 등을 제시하고 있다(맨큐, 2007).

국내 대학의 행정학과에서는 관련 강좌들은 규제의 주체인 정부에 주목하고 있다는 점에서 경영·경제학 관련 강좌와 차별성을 확보하고 있다. 하지만 국내 행정학과의 규제개혁론 관련 강좌나 교재들이 규제의 본질에 대한 중립적 접근보다는 시장자율이라는 이데올로기적 편향성을 드러내고 있다는 점이 앞서 제시한 산업정책론과 분명히 구별되는 특징이다.

일례로 국내에서 발간된 관련 분야의 대표적 교재로는 최병선(1992)과 안문석(2001) 및 유영철(2008)을 지적할 수 있다. 먼저 규제 관련 선구적 교과서로 평가되는 최병선(1992)의 『정부규제론: 규제와 규제 완화의 정치경제』는 정부규제의 개념과 유형, 시장실패와 정부규제, 정부규제의 정치경제, 정부개입의 한계와 정부실패, 규제기관과 관료 행태, 규제기관의 정책결정 패턴, 경제적 규제의 특성, 진입규제, 가격규제, 독과점 및 불공정거래 규제, 자율규제, 사회적 규제의 특성, 환경규제, 산업안전 및 보건규제, 소비자 안전 및 보호규제, 사회적 차별에 대한 규제, 사법적 규제, 규제 완화의 원인과 과정, 경제적 규제의 완화, 사회적 규제의 강화, 규제행정 조직과 정책 과정의 개선, 비용편익분석의 도입, 규제개혁 평가 등을 포괄하는 정통 교과서의 형식을 취하고 있다. 하지만 정부-기업 관계를 본격적으로 분석하지 않고 있다는 점에서 대표적인 유사 교재로 평가해 볼 수 있다.

그리고 안문석(2001)은 『정부와 기업 그리고 시민사회』를 통해 지식정보화 사회의 등장과 새로운 행정 패러다임의 필요성, 정부-기업 관계를 보는 시각(경계선 이론), 기업환경과 정부환경, 공공 부문의 위기, 지식정보화 사회의 행정개혁, 역사의 교훈과 조기경보 체계의 도입, 규제개혁(이론과 제도), 규제개혁의 당위와 우리의 현실, NGO와 경계선이론, 세계화와 경계선이론, 행정학의 새로운 움직임, 지식정보화 사회에서의 경계선: 통제와 시장 그리고 기업과 정부의 책무성 등과 같은 주요 목차를 통해 알 수 있듯이 경영·경제이론의 행정학적 응용 측면에서 다양한 아이디어들을 수록하고 있다.

또한 유영철(2008)은 『정부와 기업: 공공과 민간의 파트너십과 경영』이라는 명칭이 시사하듯이 주인-대리인, 거래비용, 공공선택 등과 같은 합리적 선택 신제도주의(경제적 제도주의)를 원용한 정부와 기업 간의 규칙 형성에 초점을 부여하고 있다. 이러한 시각의 응용 분야로는 제3섹터와 공기업을 비롯해 민간화의 논리를 반영하는 민관 파트너십(PPP), 민영화, 민간위탁, 민간 투자 등을 집중적으로 선택해 소개한 점이 특징이다.

3 정부기업관계론 교육의 활성화 방안

국내는 물론 국제적으로 정부기업관계론의 교육과정은 정부-기업 관계의 연구 성과에 비해 상대적으로 부진한 편이다. 이러한 결과가 초래된 주요 원인으로는 행정학의 하위 분과로서 정부기업관계론의 정체성 확립에 애로를 경험하고 있기 때문이다. 따라서 여기에서는 정부기업관계론의 정체성 강화를 중심으로 관련 교육과정(교과서)의 활성화 방안을 간략하게 제시하고자 한다.

첫째, 포괄적이고 중립적인 시각의 강화다. 기존의 정부기업관계론 교육은 산업정책과 규제개혁으로 대표되는 편향성을 극복하지 못하고 있다.[28] 다양한 연구 성과의 창출이라는 측면에서 대립된 시각은 유용하지만 관련 교육과정의 포괄성과 체계화 측면에서는 다소 부정적이다. 상반된 시각을 하나의 교과목에 담아내지 못하는 파편화된 교육과정만으로 관련 교육의 활성화를 기대하기 어렵기 때문이다.

이에 이 연구는 기존의 이원론을 탈피하기 위해 거버넌스에 초점이 부여된 신제도주의 접근의 강화를 제안하고자 한다. 국가주의 기반의 산업정책 연구와 시장주의 기반의 규제개혁 연구가 각기 역사적 제도주의와 경제적 제도주의를 수용하는 방식으로 중범위화의 구현에 부응할 수 있기 때문이다. 더불어 앞서 소개한 바와 같이 정책도구론의 관점에서 정부-기업 관계를 매개하는 다양한 정책 도구들을 포괄적·입체적으로 유형화하는 방안도 고려할 필요가 있다.

둘째, 사례 및 비교연구의 강화다. 기존의 정부기업관계론 교육과정은 대체로 일반론적 견지에서 다양한 접근 방법들을 소개하는 일에 치중해 왔음을 부인하기 어렵다. 물론 산업정책이나 규제개혁 연구가 고도로 현실적이고 실천적인 성격을 지니고 있기 때문에 국내의 관련 교육과정들도 사례교육을 강화시키는 방향으로 진화해 왔지만 지나치게 포괄적인 정책형성이나 일부 대기업에 주목하는 초보적 수준을 좀처럼 탈피하지 못하고 있다. 이 점은 하버드를 비롯해 미국의 행정대학원들이 사례 중심으

28) 정부기업관계론을 양분해 온 산업정책과 규제개혁은 모두 높은 수준의 이념적 편향성을 가정한다. 먼저 산업정책의 경우 기본적으로 정부개입을 통해 시장의 문제 해결을 의도한다는 점에서 혁신적이다. 물론 과거 한국의 산업정책은 국가경쟁력 강화를 위해 친기업 또는 대자본 편향성을 드러냈다는 점에서 보수적 특성도 일부 혼재되어 있다. 반면에 규제개혁은 기업의 경쟁력 제고를 위해 노동, 환경, 안전 등을 소홀히 취급해 왔다는 점에서 보수적이다. 이 점에서 정책의 주체인 정부가 좀더 중립적인 위치에서 이념적 균형성 확보에 유의해야 한다.

로 관련 강좌를 운영하고 있다는 점과 대비되고 있다.[29] 물론 우리나라도 최근 중앙공무원교육원이나 서울대학교 행정대학원을 중심으로 행정사례 개발이 지속적으로 이뤄지고 있다는 점은 고무적이다.

사례들은 통상 다양한 경험들이 결합되는 방식으로 발전된다. 물론 일부 사례들은 가설적이거나 추상적인 구성 및 구체적인 실제 생활을 대표하지 않는 경우도 있다. 하지만 분명히 비교행정 분야는 참여관찰에 기초한 사례연구를 통해 유용성과 적실성을 제고해 왔다. 연구자가 통제 가능한 소수의 사례에 대한 긴밀한 분석은 유용한 결과를 산출하는 첩경이기 때문이다. 또한 사례연구는 구체성과 적실성의 희생을 배제하지 않고 이뤄지는 다른 연구 방법을 통해 달성하기 어려운 포괄성을 구현해 준다. 나아가 잘 작성된 사례연구는 유사한 후속 연구를 수행하는 연구자들에게 자료를 조직화하거나 규칙성과 정체성을 형성하는 감각을 제공한다 (Jerisat, 2002: 68).

셋째, 법적 접근의 강화다. 미국과 한국을 중심으로 활성화된 현대 행정학 연구는 주로 경영학의 논리를 반영하는 관리적 접근과 정치학의 논리를 반영하는 정치적 접근에 의존해 왔다. 특히 한국에서 이러한 현상이 부각된 이유는 1980년대 이후 한국의 행정학자들이 법과대학에서 분화하는 과정에서 의도적인 거리두기를 추구해 왔기 때문인 것으로 분석된다. 결과적으로 한국의 행정학은 법학과 구분되는 정체성을 확립하는 일에는 성공했지만 현장 실무 능력과 직결된 법적 접근의 약화를 초래했다.

정부기업관계론의 교육은 불가피하게 기업 현장에 대한 철저한 이해를 요구한다. 하지만 우리나라의 행정학 교육은 정부와 기업 간의 거시적이고 본질적인 차이점을 설명하는 수준에서 좀처럼 탈피하지 못하고 있다. 민법과 상법을 비롯한 각종 경제 관련 법률을 제대로 이해하지 못한 상태에서 내실 있는 사례 개발과 교육을 기대하기 어렵기 때문이다. 이 점에서 기업의 운영 원리와 직결된 각종 법령이나 제도에 대한 관심을 제고해야 한다.

---

29) 사례연구는 맥락과 변수를 동시에 고려하는 체계적인 연구 방법이다. 특히 사례연구의 특성은 확증이나 가설검정보다는 발견을 추구한다는 점이다. 사례연구 방법의 방법론적 특성은 특정적(particularistic), 기술적, 탐지적(heuristic), 해석적, 포괄적이다. 또한 사례연구 방법은 내용과 접근방법에 따라 변화한다. 이러한 사례연구의 학습 효과에 주목한 미국 행정학계는 1970년대 왈도의 선도적 역할과 미국 정부의 재정적 후원 하에 행정대학원협의체(NASPAA: the National Association of Schools of Public Affairs and Administration)를 구성해 행정대학원 강의에 활용 가능한 250여 개 정도의 사례연구를 축적하는 성과를 이룩했다. 하지만 당시의 사례연구 성과는 크게 8개로 중분류가 가능할 정도로 다양한 분야를 포괄하고 있지만 주로 미국을 대상으로 한 단일 사례연구의 성격을 지니고 있었다는 점에서 문화적 맥락이 다른 국가 간 비교연구나 응용에 한계를 지니고 있었다 (Jerisat, 2002: 68).

제 4 절 종합 토론 과제

정부기업관계론의 연구와 교육에 대한 메타 분석을 추구한 이 연구는 산업정책과 규제개혁으로 구분되는 상반된 패러다임을 중심으로 각각의 과거와 현재 및 미래를 개괄적으로 검토했다. 분석 결과 양 진영은 오랫동안 정부기업관계론의 연구와 교육 모두에서 뿌리깊은 이원화 경향을 표출했지만 최근 신제도주의(거버넌스)로 대표되는 중범위화와 실용주의의 기풍 속에서 수렴 가능성을 발견할 수 있었다.

특히 한국에서는 1997년 IMF 구제금융을 계기로 발전국가의 위기가 부각되자 자의반 타의반으로 산업정책을 넘어서는 대안적 발전모형을 탐색하는 일에 주력해 왔다. 이러한 결과는 1987년 민주화운동과 1994년 세계화의 심화를 계기로 과거 발전국가의 미덕이었던 정부의 능력과 기업의 협력 및 대외적 안정이 급격히 약화되면서 1997년 정실자본주의(내인론)와 카지노자본주의(외인론)의 부작용이 결합하는 방식으로 미증유의 경제 위기에 직면했다는 현실 인식에 근거하고 있다.

이 점에서 김대중 정부가 추진했던 신자유주의적 구조조정이나 노무현 정부가 추진했던 사회민주주의적 대안 탐색은 아노미적 위기 상태와 기존 체제의 경로 의존이 혼재된 상태에서 출현한 과도기적 실험으로 평가할 수 있다. 일례로 IMF 구제금융 체제 하에서 우리 정부는 과감한 규제개혁을 산업정책의 대안으로 선택했지만 벤처거품, 카드 부실, 경제력 집중 등과 같은 부작용에 직면했고, 이를 해소하기 위해 복지비 지출이 늘어나는 악순환을 경험한 바 있다. 이에 이 연구는 한국이 선진국 따라잡기의 마지막 단계에 도달했다는 현실 인식과 지난 10년간의 정책실험이 주는 교훈을 토대로 이론적 측면의 경향분석에 부가해 이코노믹 거버넌스의 새로운 비전도 조심스럽게 제시했다.

결국 앞으로 우리가 지향해야 할 정부-기업 관계의 이념형은 신제도주의가 중시하는 실용적 절충모형의 성공적인 제도화와 직결된 문제다. 보수와 진보라는 이념적 대립 구도를 수렴하는 제3의 길은 최근 들어 선진화 전략, 사회적 시장경제, 공동체 자유주의, 공동체 자본주의, 이해관계화(stakeholding) 등으로 지칭되고 있지만 과도한 정부개입이나 방만한 기업 자율을 초월해 정부와 기업 간의 적정한 경계선을 설정하는 일에 초점이 부여되어 있다(박세일, 2006; 백종국, 2009). 따라서 정부와 기업의 자기혁신과 상호통제에 부가해 열린 공동체의 주요한 행위자인 시민단체, 노동조합, 언론, 싱크탱크, 국제기구 등의 보완적 역할이 강화되어야 한다.

더불어 이론적 측면에서 목격되고 있는 산업정책과 규제개혁의 수렴 추세는 행정학의 분과 주제로서 정부기업관계론의 체계화와 직결된 문제다. 이 점에서 연구의 중범위화를 선도하고 있는 신제도주의와 거버넌스 논의가 관련 교육과정의 통합을 촉진하는 주요 계기를 마련할 수 있을 것으로 기대된다.

Chapter 02

산업정책과 규제개혁의 분야별 쟁점

제 1 절 국가 발전의 논리와 전략

1 국가 발전과 정부의 역할

세계 각국은 안정적이고 지속적인 발전 목표의 달성을 위해 자원의 효율적 배분과 소득의 공정한 분배를 추구한다. 이때 상반된 두 가지 국가 발전 목표는 각기 시장과 정부가 주도한다는 점에서 양자 간의 조화와 협력이 요구된다. 또한 국가 발전의 구체적인 목표는 자유, 정의, 안정, 평화 등을 추구하는 것으로 인식되고 있다.

정치경제학의 관점에서 볼 때 일국의 경제 성과는 단순히 경제 체계에 의해 규정되는 것이 아니라 정치 체계와의 상호작용에 의해 결정된다. 따라서 성공적 경제관리를 위해서는 정당(민주주의), 관료제(관료주의), 이익집단(협상) 등에 대한 이해가 선행되어야 한다. 특히 이러한 요소들은 시장실패의 치유를 표방한 정부개입이 결과적으로 정부실패를 유발하는 현상과도 밀접한 관련성을 지니고 있다.[1)]

시장실패란 시장 고유의 불완전성으로 인해 그 결과가 최적이 아닌 시장 거부, 시

1) 정부개입의 정당성은 공공재, 외부효과, 독과점 등 경제적 측면(협의의 시장실패)은 물론 불평등, 부패, 매춘, 마약 등 정치적·사회적 측면의 실패 현상(광의의 시장실패)의 치유를 통해 안정적이고 지속적인 발전을 유도한다는 점에서 찾아볼 수 있다. 따라서 경제, 정치, 사회 등 국가 전반의 자율적인 발전 역량이 강화될수록 정부개입의 필요성은 약화된다.

장 불안, 시장 결함 등이 발생하는 경우를 말한다. 먼저 시장 거부란 시장균형가격이 형성되지 못하는 경우다. 일반적으로 공급곡선은 가격에 대한 정의 함수이므로 우상향이며 수요곡선은 우하향이다. 따라서 양 곡선은 교차하는 경우가 일반적이지만 완전 탄력적인 경우(X축에 평행)와 완전 비탄력적인 경우(Y축에 평행) 및 시장 적응 과정에 시차가 존재할 경우 교차 현상이 발생하지 않게 된다(이갑수, 2007: 49).

다음으로 시장 불안이란 수요와 공급이 교차하여 균형점이 나타나는 경우임에도 불구하고 균형이 적은 충격에도 쉽게 와해되는 경우를 의미한다. 여기에는 수요와 공급의 원칙과 배치되는 시장 참여자의 비합리적 행동(가격 상승시에 공급을 축소하거나 수요를 확대), 시차에 의한 수급의 불안(수요의 탄력성이 공급의 탄력성보다 적을 때), 시장 균형을 위한 무리한 대응(자본시장의 균형을 위한 빈번한 할인율 변경) 등이 포함된다.

마지막으로 시장 결함이란 일반적으로 통용되는 시장실패의 전형적인 증상인 외부효과의 발생(사회간접자본으로 대표되는 정의 외부 효과와 공해로 대표되는 부의 외부 효과), 사적 투자의 부재(자연독점, 장기 투자, 국방과 치안 등), 독점력의 존재(자원 배분의 왜곡) 등을 지칭한다.

반면에 정부실패의 대표적 사례는 정책의 거부와 정책의 결함으로 구분이 가능하다(이갑수, 2007: 303). 먼저 정책의 거부란 정치권(정당과 의회)과 관료제 간의 조정이 어려운 경우다. 일례로 정치권의 정책제안이 관료집단의 최대 이익인 예산극대화나 영역극대화와 배치될 경우 관료들은 정보 조작을 통해 자신들의 집단이익을 보호하려고 한다.

다음으로 정책의 결함은 두 가지로 구분을 시도할 수 있다.

첫째, 정치권이나 관료제의 집단이익이 합리적인 결정을 위협하는 경우다. 일례로 산업합리화 업종 지정 시에 특정 지역에 대한 정치적 배려나 관료의 지배권 확장에 유리한 지원 방식 채택 등이 여기에 해당한다.

둘째, 정책결정기구 내에 존재하는 기능적·기술적 결함이다. 일례로 정책 시차로 인해 효율성이 저하되는 경우가 여기에 해당한다.

일반적으로 국가 발전의 초기 단계에서는 정부 주도의 산업정책(상대적으로 크고 강한 정부)이 상대적으로 중시되지만 경제사회 발전의 심화 단계에서는 기업 주도의 규제개혁(상대적으로 작고 약한 정부)이 부상하게 된다. 일례로 19세기 후반 독일과 일본의 압축 성장에 주목해 선발산업국가에 대한 후진성(backwardness)의 수준이 정부개입의 강도를 결정한다고 주장한 거센크로니언(Gerschenkronian) 발전론의 문제 인식은 이를 반영하는 대표적 논거다(Sapiro & Taylor, 1990: 862).

한편 시장실패와 정부실패, 산업정책과 규제개혁, 중상주의와 자유주의 등으로 요약되는 정부개입 논쟁의 현대적 사례로는 대공황과 석유 위기를 들 수 있다. 대공황을 치유하기 위해 강화된 선진국들의 정부개입 기조는 케인지언 복지국가(Keynesian Welfare State)의 구현으로 전성기를 맞이했다. 하지만 1970년대 초 석유 위기를 전후해 영미의 케인지언 복지국가(총수요관리정책) 정책기조가 유효성을 상실하면서 신중상주의를 표방한 산업정책과 신자유주의를 표방한 규제개혁을 새로운 발전대안으로 검토하기 시작했다.[2]

먼저 국가주의와 조합주의 접근을 가정하는 영미권의 산업정책론자들은 양차에 걸친 세계대전을 전후해 발생한 일본과 독일의 성공은 물론 1960년대 이후 본격화된 동아시아와 서유럽 강소국들의 인상적인 경제 성과에 주목했다.[3] 각기 동아시아와 서유럽에서 활성화된 국가주의와 조합주의는 성장연합에 노동조합을 배제하느냐 또는 참여시키느냐의 여부에 따라 구분이 가능하다. 일례로 엘리트 관료의 정책 주도에 착안해 국가주의에 가까운 것으로 분류되는 일본의 경우 노동이 배제된 조합주의라는 별칭을 가지고 있다. 나아가 최근에는 국가주의와 조합주의 관점을 발전적으로 계승한 신제도주의(역사적 제도주의)가 중시되고 있다.

---

2) 정치경제학이라는 용어를 최초로 사용하기 시작한 고전파 정치경제학의 기원은 1776년 스미스(Adam Smith)의 『국부론』과 1848년 밀(John S. Mill)의 『정치경제학 원리』가 출간된 시점으로 거슬러 올라간다. 그리고 1883년 사망한 마르크스(Karl Marx)는 최후의 고전파 정치경제학자로 평가할 수 있다. 나아가 20세기 이후의 정치경제학은 국가자율성 논쟁을 주도한 신마르크시언(neo Marxian) 정치경제학, 자유방임의 연장선상에서 작은 정부의 이념적 토대를 재구축한 신고전파(neoclassical) 정치경제학, 총수요 관리에 초점이 부여된 거시경제정책을 표방한 케인지언(Keynesian) 정치경제학 및 국가주의 견지에서 산업정책의 이론적 근거를 제시한 베버리언(Weberian) 정치경제학 등으로 분류가 가능하다. 한편 역사적으로 정치경제 사조의 패러다임 변화는 중상주의(16~17세기), 고전적 자유주의(18~19세기), 리스트(F. List)로 대표되는 독일 역사학파의 보호주의(19~20세기 초), 독일 프라이부르크 학파와 미국 시카고 학파가 주도한 신자유주의(20세기 중후반), 세계화에 부응하는 국가경쟁력 강화를 주창한 신중상주의(21세기 초) 등으로 구분이 가능하다.

3) 네덜란드, 스위스, 핀란드, 노르웨이 등 조합주의적 경제관리의 성공 사례인 서유럽 강소국들은 한국, 대만, 홍콩, 싱가포르 등 동아시아 강소국들과 달리 노동조합의 활성화에도 불구하고 안정적 경제 성과를 이룩했다. 이에 캐첸슈타인(Katzenstein, 1985)은 민주조합주의(신조합주의)가 왜 서유럽 강소국들에게 효과적이었는가에 대한 답변으로 1930년대 발생한 계급 타협에 주목했다. 1930년대 조합주의적 타협과 비례대표제 도입을 가능케 했던 역사적 논거들을 통해 서유럽 강소국들의 제도적 특성이 자유(liberal) 조합주의나 사회(social) 조합주의와는 명백히 구별된다는 점을 강조했다. 즉, 자유조합주의는 일찍 산업화되고 국제화가 진전된 다문화 국가들에서, 사회조합주의는 산업화와 국제화가 지연되고 문화적으로 동질적인 나라들에서 나타났다는 것이다.

하지만 영미권의 산업정책 연구는 도입 초기부터 시련에 직면했다. 동아시아와 서유럽의 성공 사례를 통해 선도적이고 전략적인 정부개입의 유효성이 입증되었음에도 불구하고 산업정책은 1970년대 후반까지 학문적 논쟁을 위한 정당한 주제로 자리를 잡지 못했다. 특히 신중상주의를 표방한 산업정책 옹호론자들은 동아시아의 성공이 자본 축적과 혁신, 그리고 생산성을 향상시키기 위해 역동적 경제 체제를 구축한 정부의 적극적 역할에 기인한다고 주장한다. 따라서 영미권의 경기 침체는 거시경제정책의 오류보다는 저조한 투자와 혁신 역량에 기인하는 것으로 파악했다. 하지만 산업정책은 규제개혁과의 정책경쟁에서 뒤처지면서 1980년대 영미권의 지배적 정책사고로는 부상하지 못했다.

하지만 레이건과 대처로 대표되는 1980년대의 보수 열풍이 약화되면서 1990년대 중반에는 신중도를 표방한 클린턴과 블레어가 주도한 산업정책의 재검토 작업이 시작되었다.[4] 특히 그동안 경제 성장의 외생변수로 간과되었던 기술혁신에 초점이 부여된 새로운 산업정책 패러다임은 기존의 부정적 인식을 전환시키는 계기를 마련했다. 일례로 첨단기술을 앞세운 각국의 국제경쟁력 강화 노력은 산업기술정책의 중요성을 제고하고 있다. 이에 타이슨(Tyson, 1992)은 미국이 국가경쟁력의 위기를 탈피하고 항구적인 성장 기반을 구축하기 위해서는 기존의 잘못된 국제적·국내적 관행들을 과감하게 개선해야 한다는 견해를 피력한다. 즉, 대외적 측면에서 미국의 국부(國富)를 약탈하는 잘못된 무역 관행을 바로잡기 위해서는 자유무역의 전 단계로 관리무역(managerial trade)이나 수퍼(Super) 301조에 기초하는 쌍무 협상을 적극적으로 활용하는 한편 대내적 측면에서 기존의 비효율적인 산업기술정책 기조를 개선해야 한다는 것이다.

다음으로 신고전주의 또는 신자유주의 접근을 가정하는 규제개혁론자들은 케인지언 복지국가가 초래한 공공 부문의 비대화와 비효율을 해결하기 위한 급진적 전략의 일환으로 민영화와 탈규제로 대표되는 작은 정부를 추구했다. 특히 신보수주의(신자유주의) 정치공약을 앞세운 미국 공화당의 레이건과 영국 보수당의 대처가 집권에 성공함으로써 규제개혁 패러다임은 1980년대를 대표하는 정책사고로 부각되었다.

4) 미국은 전통적으로 산업정책 무용론이 지배적인 사고로 자리해 왔으나 1990년대 초 클린턴 정부가 출범하면서 인식의 전환이 이뤄졌다. 클린턴 정부의 정책 정향은 전통적인 보수와 진보의 대결 구도를 수렴하는 중도노선으로 평가된다. 선택적 상호주의(selective reciprocity) 원칙에 따라 자유무역과 보호무역을 결합한 관리무역, 신중한 행동주의(cautious activist) 원칙에 근거한 산업기술정책의 강화와 공화당의 정책 기조인 균형예산의 점진적 수용 등이 이를 반영하는 대표적 사례다.

레이건과 대처가 중용한 통화주의자들은 경제 전반의 안정을 위해 적정한 통화 공급의 중요성을 강조한다. 즉, 실업률보다는 인플레이션을 잡기 위해 과도한 통화 공급을 제한하는 것이 바람직하다는 것이다. 이러한 보수 지향적 정책은 결국 케인지언의 주된 연구 주제였던 실업률에서 인플레이션으로 논의의 초점을 이동시킨 것이다. 따라서 공급주의 경제학이란 한계 세율(marginal tax rates)의 감소를 통해 발생 가능한 절대적 조세수입의 증가분을 어떻게 활용할 것인가에 관한 일련의 명제다.[5)]

각종 조세와 행정규제의 감축을 요체로 하는 일련의 정책 도구들은 레이건과 대처가 '미국의 불안(American malaise)'과 '영국병(British disease)'을 해결하는 데 기여했다는 점에서 긍정적으로 평가된다. 하지만 이러한 정책 처방이 드러낸 한계로는 먼저 이론적 측면에서 공급주의 명제를 지탱하는 경험적 증거가 부족하다는 점과 더불어 복지정책의 후퇴로 대표되는 이념적 순수성의 결여를 지적할 수 있다.[6)] 다음으로 현실적 측면에서 자유방임적 환경 하에서 지속적인 성장의 구현가능성과 더불어 절대적 부의 증가가 사회 전반에 골고루 영향을 미칠 것이라는 '적하 효과(滴下效果, trickle down)'의 실현가능성이 주요한 쟁점으로 부각될 수 있다.

사실 근대화론(신자유주의)이 가정하는 부의 점진적 확산가설은 적어도 1970년대 중반 이후 20여 년 동안 미국 재무부와 IMF 간의 공조에 힘입어 안정적으로 유지되어 왔다. 이 시기를 통해 정부개입을 수반하는 '빈곤'은 자유시장을 앞세운 '성장' 논리에 의해 철저히 배제되었다. 하지만 남반부의 저개발국가는 물론 동아시아 개발도상국가들이 신자유주의에 강력 반발하면서 당초의 강성 기조가 다소 약화되는 경향이 표출되고 있다. 일례로 1994년 멕시코 치아파스 지방에서 세계화를 반대하는 무

5) 공급주의 경제학의 대표적 사례로는 레이건 정부의 경제부흥세법(The Economic Recovery Tax Act, 1981)을 들 수 있다. 이 법은 개인소득세율을 3년에 걸쳐 23% 낮추는 것, 2인 이상 소득자를 둔 가계에 부과하는 세금의 축소, 물가지수 연동 방식에 따른 세율 적용, 저축 및 투자로부터 얻는 소득에 대한 세금의 축소 등을 주요 내용으로 했다.

6) 레이건과 대처 정부의 세출은 세입과 마찬가지로 보수주의 정책 정향을 반영하고 있다. 대처 정부의 경우 총세출의 증가율은 이전에 비해 감소했고 국방 예산에 많은 재원이 지출된 것과는 달리 사회복지 분야의 지출은 몇몇 부분에서 눈에 띄는 감축 현상을 나타내었다. 또한 지방정부에 대한 지원금과 총보조금 항목의 증가율이 현저히 감소했을 뿐만 아니라 주택보조금은 마이너스 성장률을 나타내었다. 한편 대처 정부와 마찬가지로 총세출의 증가율은 레이건 정부에서도 감소했다. 주요한 감축 내역을 살펴보면 대외 원조, 지역 개발, 주택 보조 등은 마이너스 증가율을 보였고, 자연자원, 환경, 교육, 취업훈련, 사회복지, 식품영양 보조, 실업보상 등은 증가율의 둔화를 보였다. 사회복지비와 같은 필수적인 세출의 억제를 배제한 세입 축소는 불가능하기 때문에 월러스타인(I. Wallerstein)과 같은 진보적 세계체제론자는 감세정책이 정치적 슬로건에 불과하다고 혹평한다. 단지 좀더 공정하든가, 아니면 덜 공정한 방식의 세금 부과는 있을 수 있다는 것이다.

력 투쟁이 발생한 일과 2001년 브라질의 포르투알레그로에서 시작된 세계사회포럼(WSF)의 영향력 확대가 이를 시사한다.

작은 정부의 논리는 정부실패의 원천으로 기능해 온 인위적 정부개입보다 시장의 자율 조정에 초점을 부여함으로써 공공 부문이 직면한 효율성의 위기 해소에 부응할 수 있었다. 물론 신자유주의 정책 정향은 사회적 약자를 보호하는 제한경쟁의 논리를 파기하고 사회적 강자를 전면에 배치하는 무한경쟁의 논리를 지향한다는 점에서 계급적 편향성을 가정하지만 케인지언 복지국가의 유지 과정에서 비대해진 공공 부문의 효율성 제고에 기여했다.

앞서 제시한 종적 측면의 논의를 종합할 때 정부개입과 경제 성장과의 관계에 대한 시각은 크게 두 가지로 나뉜다. 즉 정부개입과 경제 성장을 긍정적인 관계로 인식

〈표 2-1〉 자유시장 자본주의에 대한 정부개입 자본주의의 23가지 반론

- 모든 시장에는 선택의 자유를 규정하는 모종의 규칙과 한계가 있다.
- 이해관계자를 무시한 주주 편향적 기업경영은 장기적인 성장잠재력을 약화시킨다.
- 국가 간의 임금 격차는 개인의 생산성보다는 이민정책의 차이에 기인한다.
- 최근의 혁신 사례인 인터넷보다 세탁기가 세상을 더 많이 바꿨다.
- 자유시장의 작동 원리인 인간의 이기심이 유일한 본성은 아니다.
- 경제 안정을 위해 인플레이션에 집착하면 완전고용이나 경제 성장을 기대하기 어렵다.
- 자유무역으로 부자가 된 나라는 거의 없다.
- 세계화 시대의 자본도 원적지의 이해관계에 민감한 편이다.
- 산업화 시대의 주역인 제조업의 전성기가 지난 것은 아니다.
- 구매력과 삶의 질이 진정한 부국의 척도다.
- 아프리카의 저개발은 환경이나 행태에 부가해 제도의 잘못에도 기인하는 바다 크다.
- 국민경제적 관점을 고려하는 정부의 유망주 선정이 유용한 경우가 많다.
- 경제적 부의 점진적 확대가설이 개인과 계층은 물론 국가 간에 적용되기 어렵다.
- 주주자본주의와 연계된 스톡 옵션이 경영자들은 보수를 과다하게 인상시켰다.
- 가난한 나라 사람들이 부자 나라 사람들보다 기업가 정신이 더 투철하다.
- 제한적 합리성을 지닌 인간의 능력으로 불확실한 시장을 관리하기 어렵다.
- 학문적인 교육 수준보다 실용적인 인력 활용이 국민경제의 발전에 기여한다.
- 특정한 대기업에 유리한 것이 항상 국민경제 전반에 유리한 것은 아니다.
- 장기 비전과 유도계획의 유용성은 여전히 유용성을 발휘하고 있다.
- 기회의 균등은 공정한 사회를 이룩하기 위한 기초적 구비 조건에 불과하다.
- 큰 정부는 사람들이 변화를 더 쉽게 받아들이도록 만든다.
- 단기 과열을 유도하는 금융정책 도구에 대한 몰입을 자제해야 한다.
- 전문적 경제학자보다는 일반적 행정관료들이 좋은 정책을 산출하고 있다.

출처: 장하준 저, 김희정·안세민 역(2010)을 재구성하는 방식으로 작성.

하는 신중상주의 시각과 정부개입은 경제 성장에 해가 된다는 신자유주의 주장이다. 이때 전자는 산업정책론으로, 후자는 규제개혁론으로 대표된다. 나아가 이러한 논쟁의 구도는 최근 들어 세계화 찬반 논쟁으로 연결되고 있다.[7]

산업정책을 선호하는 신중상주의자(진보학자)들은 세계화가 국민국가의 정책을 무력화시키고 국민국가를 '복지국가'에서 '경쟁국가'로 변모시켜 사회보장을 비롯한 사회적 결속과 연대 일체를 파괴하고 사회경제적 양극화를 초래하는 '공포 비전'으로 보고 있다. 반면에 규제개혁을 선호하는 신자유주의자(보수학자)들은 세계화를 경제성장과 후생 증대를 가져다 주는 '복음'으로 주장하면서 세계화 과정을 '과잉 규제'되었던 시장의 해방으로 축하하고 정부의 정책 조치는 세계 시장의 경쟁 압력에 대한 적응에 초점을 맞출 것을 요구하고 있다. 더불어 상대적으로 중립적이고 실용적인 신제도주의자들은 세계화를 통해 인류 모두가 더욱 가까워지고 경제적으로도 효율성 향상과 복지 증진의 기회와 가능성이 확대되는 점은 인정하면서도 그것이 아직은 대부분의 인간에게는 기회와 가능성으로만 머물 뿐 현실적으로는 '20 대 80 사회'라는 구호로 집약되듯이 극소수에게만 그 혜택이 집중되고 있음에도 주목한다(슈만·그레페, 2009: 15).

2 후발산업화의 논리와 변수

후발산업화 국가란 산업혁명을 일찍이 경험한 서구와 비교해 늦게 산업화를 추진하는 국가들을 의미한다. 일본을 비롯해 한국과 대만으로 대표되는 동아시아의 후발산업화 국가들은 서구로부터 자극을 받아 그들을 모범으로 삼고 자신의 모습을 변화시켜 왔다는 공통점을 지니고 있다.

7) 신고전주의(신자유주의)는 정부개입의 비효율성, 즉 정부실패의 원인을 비생산적인 지대추구행위(rent-seeking)에서 찾고 있다. 전략적 무역정책이나 산업정책과 같은 정부개입은 대체로 조세감면, 보조금, 정책금융 그리고 다른 호혜적 수단 등을 포함하게 되는데, 각 기업들은 이러한 정부의 특혜 즉 지대를 얻기 위해 서로 경쟁하게 된다. 이러한 과정에서 기업들은 지대를 얻기 위해 자원을 동원하게 되며 이것은 만약 이러한 경쟁, 즉 지대추구행위가 없었다면 자원이 경제적 생산에 투입되었을 것이기 때문에 그만큼 사회적 부의 손실을 가져오게 된다는 것이다. 반면에 신중상주의(국가주의)는 한국과 같은 특정한 국가에서는 지대가 정부에 의해 의도적으로 만들어졌으며, 그럼에도 불구하고 신고전주의의 예상과는 달리 경제 성장에 적절한 수단이 되었다고 주장한다. 참고로 경제적 지대는 자원 소유자의 기회비용을 초과하여 얻는 수익으로서 이러한 지대는 경제에서 중요한 역할을 한다(김시윤, 2010).

하지만 후발국가들이 선발국가들을 모방하는 과정에서 어떠한 환경과 제도에 영향을 받았는가의 여부가 모방의 성패를 좌우하는 핵심적인 변수다. 일례로 한국과 대만은 외견상 유사한 발전전략과 성과를 산출했지만 그것을 가능케 한 초기 환경이나 제도상의 차이로 인해 각기 대기업 중심과 중소기업 중심이라는 상이한 메커니즘을 표출했다.

한편 한국은 산업화의 초기 단계에서 일본과 마찬가지로 잠재실업이 만연한 농촌의 풍부한 노동력을 염가에 활용하게 된다는 루이스(Lewis, 1954) 모형을 충실히 재연했지만 각기 20세기 초와 20세기 중반이라는 압축 성장의 시대 상황 차이에 따라 생산 자동화 변수의 영향력이 상대적으로 크게 작용한 것으로 보인다(타미오, 2007: 84). 나아가 한국의 경제 발전은 사회구조(중간층 확대)와 산업조직(재벌의 강화) 전반에 걸친 혁명적 변화를 경험했다.

일반적으로 산업구조의 고도화 노력은 농업 부문의 여유 노동력이 고갈되면서 본격화된다. 또한 수입대체 산업화에서 수출지향 산업화로의 전환도 기존의 노동 주도에서 자본 주도로의 성장전략 변화를 초래하는 핵심 변수다. 나아가 노동력의 비교우위를 지속적으로 유지하기 위한 전략의 일환으로 임금이 싼 인접 국가로의 산업기지 이전을 추구하기도 한다.

후발국가들은 선발국가에 비해 거센크론이 개념화한 후발성의 이익을 향유하기 때문에 따라잡기(catch-up)에 요구되는 시간을 단축할 수 있다. 하지만 발전 목표를 실현하기 위한 자원 동원 능력이나 산업조직의 수준이 낮아 이것을 추진할 주체를 새로 형성할 필요가 있으며 이러한 이유로 독점기업이나 정부의 역할이 커지게 된다.

그러나 김영호(1988)는 선발국가의 산업화(공업화)는 동네의 영세한 중소기업들이 주도했지만 콘드라티예프(Kondratiev) 장기파동의 관점에서 제2세대, 제3세대, 제4세대로 지연될수록 정부와 은행 및 외국 자본의 영향력이 커지게 된다는 후발성의 불이익 이론을 제시했다. 이러한 이론은 모방에 따른 후발성의 이익이 분명히 존재하지만 정부나 외국 자본 주도로 산업화를 추진하게 되면 독과점의 폐해로 인해 자유로운 시장경쟁과 왕성한 기업가 정신이 발휘되기를 기대하기는 어렵다는 점을 시사한다. 또한 제4세대 공업화가 성공이라는 평가를 받기 위해서는 국가·외자·재벌이라는 형태를 이겨내고 민중화·자립화·소득의 평준화가 달성되어야 함을 강조했다(타미오, 2007: 94).

앞서 제시한 후발성의 불이익이론은 1997년 말 발생한 경제 위기의 원인에 대한 논쟁과도 관련성을 지닌다. 일반적으로 한국이 1997년의 경제 위기를 단시일 내에 극복했다는 사실에 착안해 금융위기설이 다수설을 점하고 있지만 소수설인 산업구조 취약설에도 주목할 필요가 있다.

루이스 모형에 따르면 과잉 노동력을 노동집약적 산업에서 흡수한 이후에 산업의 고도화가 추진된다. 이때 산업의 고도화에는 기술이나 기능의 축적을 동반한 고도화와 상품 수준의 고도화라는 두 가지 대안이 있다. 한국은 후자를 택했기 때문에 일본과의 격차를 급속히 줄일 수 있었다. 하지만 대기업이 주도한 조립산업 위주의 외형 경쟁은 일본에 대한 부품 의존을 심화시키게 되었고, 이러한 대일 적자구조를 감당하기 어려운 시점에서 위기가 발생했다는 것이다. 더불어 위기 이후 무역 흑자를 낼 수 있었던 이유는 대일 부품 수입 감소와 더불어 원화 하락과 중국에 대한 수출 요인이 작용했기 때문이다(타미오, 2007: 112). 이러한 견해는 경제 위기의 원인이 해소된 것이 아니라 은폐된 것에 불가하다는 점을 시사한다.

결국 경제 성장의 논리에는 노동과 자본 이외에 기술이라는 변수가 크게 작용하고 있다. 일본의 경우 경제 성장의 초기 단계에서 선발국가로부터 완성품 구매는 물론 부품까지 구입해서 조립하는 '리버스 엔지니어링'에 주력한 결과 기술력의 체화와 부품산업의 발전을 이룩했지만 한국이나 여타 아시아 국가들은 이러한 능력이 부족한 편이다. 그리고 이러한 현상은 숙련공의 기술을 공작기계가 대신하고 있는 새로운 산업 현실 속에서도 좀처럼 개선되지 못하고 있다.

〈표 2-2〉 공업화의 세대와 그 기준

	제1세대 공업화	제2세대 공업화	제3세대 공업화	제4세대 공업화
시기	18세기 말-19세기 초	19세기 중반	19세기 말-20세기 초	19세기 후반
지역 및 국가명	영국	프랑스, 독일, 미국	이탈리아, 러시아, 일본	대만, 한국, 중국
정치경제적 조건	시민혁명 선행-공업화-제국주의화	시민혁명 선행-공업화와 제국주의 병행	공업화와 제국주의 병행-시민혁명의 불철저한 후행	제국주의 세계 체제 하의 공업화-불철저한 시민혁명의 후행
추진 주체	민간 중소기업	은행과 대기업	국가와 대기업	국가와 외자 및 대기업
세계 체제의 조건	중심형	반중심형	반주변형	주변형

출처: 김영호(1988); 타미오(2007: 93) 재인용.

제 2 절 산업정책의 쟁점

1 산업정책의 필요성

산업정책의 의미와 역할은 산업과 정책 각각에 대한 개괄적 이해를 통해 좀더 체계적인 설명이 가능하다. 먼저 산업(industry)이란 전체 경제의 특정 부문으로 규정할 수 있다. 즉, 마셜(A. Marshall)의 표현을 빌리자면 산업은 국민경제도 아니고 개별경제도 아닌 부분경제다. 비유하자면 산림과 나무가 각기 거시적인 국민경제와 미시적인 개별경제라면 중시적인 산업은 산림 속에 형성되어 있는 동일 수종군(樹種群)으로 이해될 수 있다. 이때 산업은 대분류, 중분류, 소분류로 구분이 가능하다.[8] 그리고 고용, 인플레이션, 이자율과 같이 경기순환적 의미가 있는 것이 국민경제라면 특정 재화의 총수요와 공급이 문제가 될 때는 산업의 영역으로 간주된다(이갑수, 2007: 15).

다음으로 정책이란 이론 지향적인 순수학문과 달리 현실 지향적인 응용학문의 성격을 지니고 있다. 따라서 학제적이고 규범적인 성격이 강하다. 정통 경제학이 대체로 완전경쟁과 균형을 기본 개념으로 상정한 상태에서 탈가치적인 사실의 탐구에 주력하는 반면에 분과정책학은 정치학의 주된 관심사로 자리해 온 가치문제에 적극적으로 대처하고 있다. 한편 정책에 대한 관심은 지역적으로 미국보다는 유럽에서 중시되어 왔다.

역사적으로 산업정책의 발전은 완전경쟁에 대한 의문에서 출발했다. 시장경제는 경쟁에 의한 의사결정을 요체로 한다. 공산주의자들은 경쟁이 개개인의 이기심을 충동하고 분배의 불평등을 초래한다고 주장하지만 하이에크(F. v. Hayek)로 대표되는 자유주의자들은 자유와 경쟁은 불가분의 관계를 형성하고 있음을 강조한다. 또한 슘

8) 가장 오래된 산업의 분류 체계는 재화의 가공 상태에 따라 채취산업과 제조업 및 서비스업으로 구분하는 것이다. 그리고 이러한 분류 체계는 클라크(C. Clark)에 의해 생산성에 초점이 부여된 1차, 2차, 3차 산업으로 체계화되었다. 또한 멩거(C. Menger)는 소비 준비 상태에 따라 소비재(최고의 상태), 원료(제1의 상태), 중간재(제2의 상태)로 구분을 시도했다. 나아가 우리나라 정부는 통계 처리를 위해 한국표준산업 20개 대분류, 60개 중분류, 160개 소분류 체계를 활용하고 있다.

페터(J. Schumpeter)는 경쟁을 생산력 발전의 원동력으로 인식했다. 특히 그는 기업이 시장 위치에 대한 자신의 불만에서 비롯된 기업의 현 위치를 변화시키려는 노력을 혁신으로 파악했다. 나아가 최근에는 경쟁의 현실적 제약 요건들을 고려하는 유효경쟁, 최적경쟁 등이 산업정책의 기반 이론으로 활용되고 있다.

일국의 경제관리를 둘러싼 정부와 기업 간의 건설적 협력 관계는 산업구조의 변화와 직결된 문제다. 일반적으로 산업구조란 일국의 경제가 지닌 전체 경제와 산업, 산업과 산업, 산업 내 관계를 총칭하는 의미로 산출량, 고용구조, 기업 규모, 무역구조, 임금구조 등을 포괄한다. 그리고 이러한 산업구조의 변화는 내부적 요인(수요, 공급, 기술 등)과 외부적 요인(이데올로기, 경쟁 촉진, 규제 등)이 복합적으로 작용하는 방식으로 이뤄진다. 나아가 이러한 변화의 패턴은 장기 파동에 의한 사이클이론, 농업→제조업→서비스업으로 진화를 중시하는 3부문이론 등을 통해 설명이 가능하다.

1) 정태적 측면: 사전 조정과 산업정책의 정당성

시장 기제의 자율적 조정 원리에 기초하는 사후(ex post) 조정 방식보다 진입규제라는 정부개입에 의한 사전(ex ante) 조정 방식을 채택하는 정당성은 무엇인가? 여기에 대한 기본적인 답변은 시장실패를 회피하기 위해 진입규제를 채택한다는 것이다.

완전경쟁시장을 신봉하는 주류 정통 경제학에 따르면 생산과 가격 결정에 작용하는 기업활동에 대한 사전적 조정계획은 불필요한 행위로 간주된다. 시장 내부에 작용하는 개별 기업의 의지만으로 집합적 결과를 변화시키는 일은 불가능하기 때문이다. 하지만 마르크스의 전통을 계승한 사회주의자들은 시장 자율 조정의 비효율성으로 인해 막대한 자원이 낭비되고 있다고 주장한다. 따라서 철저한 사전적 계획을 중시하는 해결 대안을 강구했다(Chang, 1994).

이 점에서 산업정책의 정당화 논거인 정태적 측면의 조정 논리는 자유시장과 중앙기획의 조화문제로 귀결된다. 시장의 자율 조정에 대한 산업정책론자들의 불신은 대안적 기제로서 기업과 정부의 위계적 특성에 주목하도록 했다. 신제도경제학은 기업과 유사한 비시장적 조정기제로 재벌, 계열, 조합 등에 주목했다. 나아가 기업의 한계를 보완하는 획기적 대안으로 정부에 착안했다. 이처럼 정부의 정당성을 반영하는 비시장적 조정기제가 산업정책이다.

산업정책의 논리를 반영하는 조정 사례로는 우선 투자 조정(investment coordination)을 지적할 수 있다. 규모의 경제가 적용되는 산업 분야에서는 경쟁자를 탈락시키기 위해 가격전쟁, 즉 고정비용에도 못 미치는 퇴행적 가격 파괴를 유발할 우려가 크다. 또한 전략적 불확실성에 기인하는 과잉 투자나 과소 투자가 발생할 가능성도 무시하기 어렵다. 이러한 문제를 적절히 해결하기 위해서는 정부개입을 통한 조정이 요구된다. 진입규제와 확장규제는 국가가 개입하는 대표적 투자 조정 사례다. 1960년대 일본에서 활성화되었던 투자 카르텔(investment cartel)이나 1980년대 한국의 부실기업 정리는 이를 반영하는 대표적 실례다.

다음으로 투자 조정의 동태적 특성을 반영하는 불황 카르텔(recession cartel)을 지적할 수 있다. 투자 조정을 통해 적정한 산업 규모를 달성한 경우에도, 예측하지 못한 수요의 변화로 가격전쟁이 발생할 수 있다. 경기의 퇴조나 원자재 폭등으로 인해 발생하는 일시적 불황에 적절히 대응하는 방편으로 개별 기업들의 생산량을 제한하는 불황 카르텔은 가격전쟁을 회피하는 유용한 대처 수단이다. 물론 경쟁 원리를 신봉하는 전통적 견해에 따르면 분배의 비효율성을 유발하는 카르텔은 정당성을 지니기 어렵다. 그러나 가격전쟁의 결과물로서 기업의 파산이 초래하는 사회적 손실보다 카르텔을 통한 조정비용이 저렴할 수 있다. 또한 오키모토(D. Okimoto)는 가격전쟁의 결과물인 독점시장화에 대한 방어책으로서 정부 주도 불황 카르텔의 정당화 논거를 제시했다(Okimoto, 1989).

마지막으로 불황 카르텔의 연장선상에서 협상 진출(negotiated exit)과 능력 감축(capacity scrapping)을 새로운 대안으로 제시할 수 있다. 만약 수요의 감소가 장기적 현상으로 판명될 경우에는 불황 카르텔의 누적 비용을 감당하기 어려워진다. 이런 경우에는 약자를 도태시키는 시장 원리의 적용이 요구된다. 하지만 시장의 장기적 수요를 반영하는 합리적 해결책으로서 정부가 기업 상호간의 조정을 주도할 여지가 있다. 일례로 진출 기업에 보조금 형태의 퇴장 비용을 주거나 시장점유율 기준에 따른 균등한 생산 규모 감축 또는 기업 상호간의 전문화, 경기가 호전될 경우에 진출한 기업의 재진입을 보장하는 방안 등 다양한 조정 방안이 강구될 수 있다.

진입규제는 시장경제에 대한 정부개입적 조정 논리가 정부 능력의 완전성을 가정하고 있다는 점에서 계속적인 논쟁의 소지를 제공해 왔다. 물론 장기적·상황적 특수성을 반영하는 정부의 개입적 역할이 효율적인 산업정책의 측면에서 나름의 정당성을 지닌다. 하지만 공익설에 기초한 규제 논리는 이론보다는 당위성에 가깝다는 점에서 문제점을 지닌다. 공익설의 정당화 논리로서 장기적·상황적 특수성의 실체를 명확하게 규명하지 않은 상태에서는 정당성의 빈곤을 해결하기가 어렵기 때문이다. 이러한 이유로 특정 부분에 대한 규제 논쟁은 이익집단 간의 이해 조정이나 그 결과로 발생하는 것이라는 사익설이 대안적 시각으로 등장하게 되었다. 규제의 발생과 소멸은 이익집단 간 역학 관계의 산물로서 피규제자들이 정부규제라는 카르텔을 형성하여 자기 이익의 극대화를 추구하게 된다는 포획이론은 정부 능력의 범위를 제한적으로 해석한다는 약점에도 불구하고 적용 범위를 확장시키고 있다.

일례로 삼성 승용차와 선경 이동통신으로 대표되는 1990년대 초의 진입구조 조정 사례는 정부의 업종전문화 논리와 재벌의 업종다각화 논리가 첨예하게 대립하는 구도였다. 경제력 집중의 분산을 통한 분배 형평과 전문성의 구현에 초점을 부여하는 정부의 산업정책 방향이 지속되고 있음에도 불구하고 재벌들의 문어발식 경영과 소유 집중이 심화되고 있다는 사실은 논쟁의 핵심을 형성하고 있다. 재벌그룹과 그 지지자들은 다각화의 측면에서 문어발식 경영과 소유 집중이 재벌그룹들의 국내외 경쟁력을 강화시켜 주고 있다고 주장하면서, 이를 억제하려는 업종전문화 정책에 강력히 반발했다. 따라서 사전 조정기제로서 특정 산업 부문에 대한 재벌기업의 신규진입을 억제하는 진입규제의 효용성은 약화되었다.

이와 대조적으로 중소기업 등 일반기업, 학계, 정부 등에 폭넓게 형성되어 있는 재벌 반대론도 여전히 강세를 보이고 있다. 또한 일반 국민의 반재벌 정서도 여전히 무시 못할 형편이다. 재벌문제와 관련된 극단적 찬반 양론 역시 양자택일을 통해 해답을 찾을 수 있는 문제는 아니다. 논쟁의 이면에 존재하는 정치경제적 맥락을 철저히 규명할 수 있는 해결 대안의 모색작업만이 유의미한 결과 산출에 기여할 수 있다.

2) 동태적 측면: 기술 변화와 산업정책의 정당성

사전 조정기제로서 산업정책의 정당성에 대한 논의는 기술 변화를 외생변수로 배제한 상태에서 단지 수요 측면의 변화 요인만을 고려하고 있다. 하지만 자본주의 체제 도약의 원동력으로서 내생화된 기술 변화의 영향력은 산업 발전과 비례해 그 중요성이 배가되고 있다. 결국 새로운 상황인 경쟁 중심・혁신 중심의 생존 논리가 체제의 안정성에 기초하는 과거의 생존 논리들을 대치함으로써 기술 변화의 문제가 경제 발전의 주된 관심사로 등장한 것이다.

기술 변화가 내포하는 예측불가능성과 진화적 성격은 새로운 혁신을 추구하는 정부나 기업의 생존과 직결되는 문제다. 이러한 이유로 산업정책 옹호론자들은 산업정책이 정태적 조정문제를 잘 해결하는 일이 오히려 시장경제의 자연적 선택을 방해하여 결과적으로 손해를 초래할 수 있다는 점을 지적한다. 중앙기획은 단기적인 조정에는 유리하지만 장기적인 성장의 활력을 창출하기 어렵다. 즉, 중앙기획의 논리가 가정하는 바와 같이 성장 시스템을 무기체로 인식하기보다는 살아 있는 유기체로 가정해야 한다.[9] 그렇다면 산업정책은 변화의 문제에 어떻게 대처해야 하는가? 이 문제를 해결하기 위해서는 기술혁신과 시장구조 간에 존재하는 인과적 특성을 규명해야 하며, 이러한 과정을 통해 변화를 촉진시키는 제도적 장치로서 산업정책의 존립 기반을 강화해 나가야 한다.

내생변수로서 기술 변화와 산업정책의 정당성에 대한 논의를 확장하기 위해서는 먼저 경제 성장에 직접적으로 작용하는 산업기술의 의미와 특성을 규명해야 한다. 경제 성장의 '핵심적 자산'으로서 산업기술은 과학기술과의 비교적 측면에서 체계적으로 이해될 수 있다. 사전적 개념 정의에 의하면 과학은 "체계적이며 공식화된 지식"으로 기술은 "산업 기법(industrial arts)의 과학"으로 규정된다. 따라서 기술은 과학에 대한 응용적 개념이며, 기술이라는 응용 개념에 현실성을 좀더 구체적으로 적용한 용어가 산업기술이다.

한편 산업기술은 경제 발전의 핵심적 동인으로서 노동이나 자본과의 비교적 측면이나 기술혁신과 동일한 의미로 파악하는 동태적 시각을 통해 체계적으로 규정될 수 있다. 산업기술의 동태적 의미는 물적 자본 그 자체가 아니라 기계나 구조물에 체화된 생각(idea), 기능(skills), 지식(knowledge)으로 파악해 볼 수 있다. 이때 기술이란 "과업이 수행되는 방법", "원하는 결과를 산출하기 위해 불확실성을 축소하는 행위의 설계" 또는 일본인들이 즐겨 사용하는 의미로서 "기계에게 지혜를 주는 것" 등으로 정의될 수 있다. 결국 동태적 시각에 입각할 때 기술의 제도적 조건이나 현장 종사자의 참여와 개입의 확대가 기술의 항구적 개선을 도모하기 위해 필수적으로 요구된다.

경제 성장에 작용하는 기술 변화의 중요성에 대한 본격적인 논의는 '자본주의 발전의 원동력으로서 기술혁신'의 중요성을 강조한 슘페터의 문제 제기로 거슬러 올라간다. 슘페터의 문제 제기 이래 다양한 각도에서 제시된 관련 논의들을 좀더 입체적으로 파악하기 위해서는 산업기술의 독립변수적 역할에 주목하는 기술결정론과 기술혁신의 사회·경제구조가 종속변수로서 기술의 성격을 규정한다는 사회결정론의 상대적 특성에 대한 이해가 요구된다.

경제 성장에 작용하는 산업기술과 시장구조 간의 관계를 규명하려는 과제는 지속적인 관심사였다. 물론 주류 경제학이 제시한 전통적 경제성장모형들이 한결같이 기

9) 생물학적 진화와 경제적 진화의 차이점은 경제적 진화의 주체들이 지식을 획득하는 학습 능력을 소유할 뿐만 아니라 획득한 지식을 문서화와 제도화를 통해 전달하는 능력을 소유한다는 점이다.

술변수의 역할을 외생변수로 취급하고 있지만 이는 기술의 역할을 완전히 무시한 결과의 산물이기보다 기술의 원천, 기술 진보의 속도와 방향, 기술 변화의 비용과 메커니즘 등을 블랙박스(black-box)로 가정하는 것 이외에 별다른 대안을 모색하기 어려웠기 때문이다(Rosenberg, 1982: 3-33). 이는 슘페터 이래 기술혁신이 경제 성장의 동인이라는 인식이 확산된 이후에도 미시적 기법 측면에서 별다른 분석대안이 부각되지 못하고 있다는 논거를 통해 설명될 수 있다.[10)]

후생경제학적 측면에서 독과점 시장구조의 비효율성을 지적하는 일반론은 독과점 구조가 기술혁신을 저해할 수 있다는 측면에 주목한다. 혁신 주도 경쟁 체제 하에서는 살아남기 위한 경쟁이 치열한 만큼 끊임없는 기술혁신을 통해 남보다 앞서 나가야 한다는 압력이 존재한다. 하지만 독과점 구조에 안주하는 기업의 경우에는 진입장벽이라는 튼튼한 보호장벽이 있기 때문에 창의적 경쟁을 통한 생존 압력에서 자유로운 것이 일반적이며, 더 나아가 기술혁신이 자신의 이익에 도움이 되지 않는다고 판단할 경우에는 이를 억압하려는 경향을 표출할 수도 있다.[11)]

물론 주류 경제학의 이러한 문제 인식과는 달리 슘페터는 완전경쟁 시장구조 하에서 아무런 이윤을 획득하지 못하는 기업들이 과감하게 연구개발 투자를 추진할 능력을 결여하게 된다는 논리를 기반으로 일정한 독점이윤을 향유하는 기업들이 불확실한 연구개발 투자에 상대적으로 공감할 수 있으며, 나아가 모든 기술혁신의 동인은 독점이윤을 획득해 보고자 하는 욕망 때문이라는 점을 지적했다. 또한 첨단산업에 요구되는 규모의 경제는 단지 최소 효율의 규모를 넘어 규모에 대한 수익 체증의 측면이 있다. 지식과 기술에 대한 투자는 고정비용의 성격을 가지므로 일단 기술 개발에 성공한 기업은 생산량이 증가할수록 단위당 비용이 감소한다. 그리고 기술과 지식의 축적은 생산과 새로운 기술 개발의 한계생산비용을 감소시키는 경향이 있기 때문에 규모에 대한 수익 체증이 발생한다.

하지만 현실론을 가정하는 앞서의 논거도 규모의 경제가 결과적으로 시장실패와 정부개입의 원인을 제공한다는 측면에서 한계에 직면한다. 기술 개발이 수반하는 외

10) 최근에 사회학이나 정치학 진영에서 기술에 대한 관심이 증대하면서 경제학 진영에서도 그동안 소홀히 취급한 기술문제를 재인식하기 시작하고 있다. 생산성 향상과 R&D 지출 및 관련 변수들 간의 관계를 좀더 명시적이고 구체적인 방법으로 연구하려는 경향이 표출되고 있다. 나아가 그동안 제시된 경제성장모형을 기술변수의 역할을 중심으로 수정하려는 경향도 나타나고 있다.

11) 산업기술의 특성이 첨단산업이냐 아니면 전통산업이냐의 여부에 따라 차이가 있을 수 있지만, 특히 첨단기술일 경우에는 안정적 기업 운영을 기조로 삼고 있는 대기업에 부분적(sectoral), 창조적인 기술 개발을 기대하기는 어렵고, 이 점에서 중소기업(벤처기업)의 중요성이 명확히 부각될 수 있다.

부경제라는 특성 이외에 생산 초기에 요구되는 대규모 투자, 최소 효율의 규모, 그리고 규모에 대한 수익 체증은 시장에 대한 신규 진입에 장애로 작용할 뿐만 아니라 이와 같은 투자의 요건을 충족시키는 소수의 기업에 의한 독과점이 형성되며 규모의 경제 효율을 극대화하고 대규모 투자에서 기인되는 위험성을 최소화하기 위해 이미 과점화된 기업들의 합작 투자를 유발할 가능성이 높아진다.

결국 기술혁신과 시장구조(기업 규모) 간의 상관성에 대한 상반된 논거를 종합할 때 진입 장벽의 완화문제는 각국의 상황적 특수성을 토대로 하는 전략적 선택의 문제로 귀결된다. 새로운 도전의 장에 대응하는 개별 기업들의 원자적 행동은 과도한 위험 요인을 감수한 상태에서 이뤄진다. 하지만 정부개입에 의한 위험의 사회화 조건이 충족되지 못한 상태에서 개별 기업의 능력만으로는 사회적으로 기대되는 산출 수준을 달성하기는 어렵다. 즉, 다양한 조정기제의 구비 상태로서 특정한 제도적 배열은 민간 투자의 편익을 내부화시키고 비용을 외부화할 수 있다.

이 점에서 기술시장의 시장실패에 대한 조정의 필요성은 크게 세 가지 측면으로 구분이 가능하다.

첫째, 기술의 공공재적 특성과 관련된 문제다. 기술정보의 소비는 비배제성이나 집합성 등의 공공재적 특성으로 무임승차(free-rider)의 문제를 제기할 수 있다. 무임승차의 창궐 현상은 기술 개발 의욕을 감퇴시키게 되고, 결과적으로 사회에서 필요로 하는 수준 이하의 산출을 초래하게 된다. 따라서 이러한 문제 상황을 해결하기 위해서는 개발자의 소유권을 철저히 보장할 수 있는 정부개입의 필요성이 제기된다.

둘째, 기술 개발에 수반되는 위험의 측면에 대한 문제다. 시장에서의 기술 개발이 수반하는 고도의 위험성 때문에 바람직한 형태로 일어나지 않을 가능성이 크다. 기술개발에 착수하는 기업은 기술이 성공적으로 개발될 수 있을 것인가의 여부를 사전적으로 판단하기 어려울 뿐만 아니라 개발된 기술이 어느 정도까지 이윤을 개발자에게 제공하게 되는가를 파악하기 어렵기 때문에, 모험 지향적(risk-taking)인 투자전략보다는 모험 회피적(risk-averse) 투자전략을 선호하게 된다. 따라서 신기술의 확보를 통한 경쟁력 제고전략을 추구하기 위해 정부는 보조금 지급 등을 통한 유인책을 최대한 활용해야 한다.

셋째, 기술 개발과 경험 학습이 연계되어 표출되는 규모의 경제 측면의 문제다. 일반적으로 신제품을 개발하거나 신제품을 생산하려 할 경우에는 생산량이 증대할수록 누적적인 산출과 경험 학습이 증가하게 되어 단위 산출당 개발비용은 낮아지게 되며 규모의 경제가 발생한다. 하지만 규모의 경제는 비용 측면에서 시장실패를 수반할 수 있다. 즉, 규모의 경제가 발생하게 되면 사적 이윤과 공적 이윤 사이에 격차가 존재하게 되고, 총개발비에서 고정비의 비중이 커지면 사기업들이 기술 개발에 착수할 유인이 없어지게 된다. 따라서 정부는 금전상의 유인을 제공하는 보조금정책이나 수요 증대정책 등을 통해 기술 개발과 경험 학습에 대한 사적인 보상을 증대시켜야 한다.

3) 산업정책의 정당성과 제약성

자본주의 시장경제 체제에 내재된 결함을 직시한 다양한 분파의 정치경제학자들은 일정 수준의 정부개입이 불가피하다는 원론적 견해를 피력해 왔다. 하지만 언제 어떠한 방식으로 정부개입이 이뤄져야 하는가에 대해서는 별다른 단서를 제시하지 못하고 있다. 물론 정부개입의 준거 기준으로서 효율성(efficiency)과 공공성(publicity) 간의 상충 관계는 문제 해결의 복잡성을 시사한다.

시장실패의 치유자로서 정부의 전지전능한 이미지는 많은 문제점을 지니고 있다. 이러한 문제점은 좌파적 시각인 마르크시스트의 논거나 우파적 시각인 시카고 학파의 논거를 통해 다양한 문제 제기가 있어 왔다. 우선 밀리밴드(Miliband, 1969)는 자본주의 체제에서 발현되는 정책결정은 자본 이익의 도구적 반영에 불과하다는 도구주의국가론을 제시해 국가자율성 논쟁을 촉발시켰다. 또한 스티글러(Stigler, 1975)는 정부규제의 포획이론(capture theory)을 통해 관료들이 공익보다는 사익을 우선시한다는 사실을 규명했다.[12)]

전통적인 정부개입론자들은 정부 능력의 완전성을 가정한다. 케인지언 복지국가론은 이러한 경향의 극단적 사례다. 협의의 사회보장을 초월하는 광의의 복지국가론은 경제 전반의 조정 및 통제 주체로서 정부가 정보비용의 문제나 지대 추구의 문제를 해결할 수 있다고 보기 때문이다. 하지만 '복지국가의 위기(welfare state crisis)'가 시사하듯이 문제해결자로서 정부 능력의 완전성은 충족 불가능한 비현실적 가정에 불과하다.

또한 약탈국가론의 정향도 복지국가론과 비슷한 문제에 직면하게 된다. 공공선택론은 관료들을 자신의 이익을 추구하는 전형적인 신고전파 경제인으로 파악한다. 따

12) 정부규제에 대한 사익설로 범주화되는 스티글러(G. Stigler)의 포획이론에 따르면 정부규제는 수용자와 공급자가 있는 하나의 경제적 재화로 간주된다(Stigler, 1975). 반면에 공익설로 범주화되는 목적론적 이론(teleological theories)은 정부규제는 정부나 사회공동체를 바람직한 방향으로 유도하기 위한 장기적인 사회 목적의 충족활동으로 평가한다. 1960~70년대 미국의 사회적 규제정책에 대한 이론적 해석으로 등장한 공익설에 따르면 규제는 몇몇 분파적 집단의 집단적 욕구에 의해서가 아니라 정부와 기업 간의 동의 하에 규제활동이 이뤄진다고 파악한다(Moran, 1986: 185-201).

라서 사기업의 이윤 개념이 적용되기 어려운 정부기관에 종사하는 관료들은 필연적으로 소속 기관의 예산 규모를 극대화시키려 노력하며, 이러한 행태는 결국 거래비용의 증대라는 사회적 낭비를 초래한다는 것이다.

더불어 신베버리언(neo-Weberian) 엘리트론을 가정하는 광의의 약탈국가론도 국가의 직접적 개입이 산출하는 정책실패 비용의 증대로 인해 동일한 결과를 산출할 수 있음을 전제한다.

결국 시장경제에 대한 정부의 개입을 부정하기 어렵다는 현실적 인식을 통해 제기되는 논점은 발생 가능한 정부실패를 최대한 축소하여 정부개입의 정당성을 제고하는 방안의 모색이다. 정부개입을 바라보는 상충적 논거들을 수렴하는 정부실패의 교정 논리는 크게 정보비용의 문제와 지대 추구의 문제로 대별된다. 경제 성장을 위한 정부개입의 충족 요건으로서 정보비용의 문제와 지대 추구의 문제에 초점을 부여하는 거래비용학파는 신고전파 정통이론을 새로운 각도에서 조망한다.[13]

신고전파 전통을 계승한 거래비용학파의 범주를 명확하게 설정하기는 어렵다. 거래비용학파의 주장들이 신제도경제학(NIE: Neo Institutional Economics)과 밀접한 관련성을 지니고 있기 때문이다. 거래비용학파나 신제도경제학(경제적 제도주의)에서 논의하는 제도 개념은 방법론적 개체주의 가정에 좀더 친숙하기 때문에 방법론적 총체주의를 추구하는 역사적 제도주의의 제도 개념과는 상당한 차이를 지닌다.[14]

합리모형을 가정하는 신고전파 정통이론은 시장기제의 완전성을 강조한다. 그러므로 정부나 기업의 문제 해결에 소요되는 정보비용이나 비생산적 지대 추구가 초래하는 비용 부담을 논의의 대상에서 선험적으로 배제한다.[15] 하지만 현실적으로 시장은 조정비용의 문제를 계속 산출하고 있다. 이에 신제도경제학은 비시장적 조정기제로

---

13) 경제 성장에 대한 신고전파 정통이론은 시장 내부의 자율적 조정 결과로서 성장의 의미를 강조한다. 따라서 시장 조정의 불완전성을 보완하는 대안적 기제로서 정부의 개입적 역할, 즉 산업정책의 적용가능성을 거부한다. 하지만 신고전파 응용 논리로서 거래비용학파는 엄연한 현실로 존재하는 정부의 개입적 역할을 제한적으로 인정한 상태에서 논의를 전개한다.

14) 신제도경제학은 신고전학파의 기본 가정들을 부정하거나 균형 상태 이외의 다양한 경제 현상이나 경제행위를 분석 대상으로 삼는 여러 부류의 이론을 총칭하는 개념으로 이해되고 있다.

15) 주류경제학은 제도 자체를 연구 대상으로 상정하지 않았다. 신고전파 경제이론의 핵심인 일반균형이론 체계를 보더라도 제도적 측면은 원칙적으로 배제되어 있으며, 기껏해야 제도는 외생변수 또는 제약 조건의 하나로 취급될 따름이었다. 추상적 이론에서 좀더 구체적 이론 또는 현실 분석으로 나아갈 때, 그 과정 중의 한 단계로 제도가 삽입되는 수준에 머물고 있는 것이다. 그리고 많은 경우 제도의 도입은 현실 설명력을 얻기 위한 임시변통적 조정(ad hoc adjustment)에 지나지 않았다(김균, 1994: 9).

〈표 2-3〉 신제도경제학의 연구 프로그램

공공선택이론 (public choice theory)	신고전학파의 가정을 따르지만 그동안 신고전학파에서 분석하지 않은 정부의 정책적 행위를 주로 분석
주인-대리인 이론 (principal-agent theory)	계약을 주요 분석 대상으로 삼는 이론으로서 최근에는 정보이론 등과 결합하여 연구방법론으로 주로 활용
정보이론 (information theory)	정보의 비대칭성이 거래나 계약 등의 경제행위에 미치는 영향을 주로 분석
거래비용학파 (transaction cost economics)	경제 여건의 불확실성에서 비롯되는 거래비용과 이를 줄이기 위한 경제행위의 패턴(제도)을 주로 분석
재산권학파 (property right school)	경제재의 가치가 재산권에서 파생하는 것으로 보고 재산권 분배의 관점에서 경제행위를 설명
오스트리아학파 (Austrian school)	경제를 동태적 관점에서 보고 경제환경의 변화에 대한 경제 주체의 적응 과정을 주로 분석
진화경제학 (evolutionary economics)	오스트리아학파와 관점은 비슷하지만 정형화된 문제 해결 방식(routine)을 좀더 강조하고 경제환경 변화에 따라 문제 해결 방식이 변화하는 과정을 분석

출처: Knudsen(1993); 한국은행(1999) 재인용.

서 산업정책의 정당성을 거래비용의 축소 논리와 결부시키는 특징적 주장을 제시했다. 거래비용의 축소에 작용하는 기업이나 정부의 역할을 설명하기 위해 신제도경제학은 시장 기제의 완전성을 지탱하는 방법론적 토대인 극대합리화 가정을 포기하고 사이먼(Herbert A. Simon)이 제시한 제한된 합리성의 가정을 수용한다. 복잡한 시장환경에 직면하여 불완전한 문제해결자로서 정책결정자들은 내용적 합리성보다는 절차적 합리성에 의존하기 때문에, 문제 상황에 대한 대응은 동학적이고 진화적인 방식을 채택해야 한다는 것이다.[16] 또한 과도한 불확실성의 흡수를 통해 문제를 효과적

16) 신제도경제학파는 제도 및 조직의 분석을 위해 신고전파의 합리성 가정을 대체하는 거래비용 개념을 제시했다. 거래비용의 측면에서 신제도경제학을 체계화시킨 대표적 논자가 코스와 윌리엄슨이다. 이들은 경제활동에서 기업이 왜 시장의 지위를 대치하게 되는가에 초점을 부여함으로써 기업활동을 블랙박스로 치부하는 신고전파 경제학에 대해 근본적인 의문을 제기한다. 코스는 시장거래의 비용을 기업 내부의 조정을 통해 축소할 수 있다고 주장한다. 즉, 시장이 경제활동에 대한 조정 능력을 상실함으로써 거래가 기업 안으로 내부화(internalize)된다는 것이다. 한편 윌리엄슨은 시장의 거래비용이 증대하는 이유를 시장의 실패로 설명한다. 즉, 신고전파 경제학에서 간과한 기회주의와 제한된 합리성이라는 인간적 속성이 환경적 요인과 결합함으로써 시장실패가 발생한다고 파악한다.

으로 해결하기 위해서는 개인보다 조직이, 소규모 조직보다 대규모 조직이, 단일조직보다 내부조직이 효과적일 수 있다는 명제를 산출하게 된다.

산업정책 옹호론에 대한 주류 경제학의 일반적 반응인 회의론적 시각은 산업정책을 기껏해야 부적절한 관료적 간섭이나 유교적 전통과 같이 특수 환경 속에서 발생하는 독특한 형태의 정부개입으로 규정해 왔다 (Chang, 1994). 이러한 반응은 전통적인 경제이론이 이념형으로서 완전경쟁 이외에 어떠한 형태의 대안적 조정기제도 인정하지 않고 있을 뿐만 아니라 내생변수로서 기술 변화와 학습 효과를 무시하고 있다는 사실을 통해 잘 나타나고 있다.

따라서 비시장 조정기제로서 산업정책이 정당성을 갖기 위해서는 정보비용과 비생산적 지대 추구 비용을 원만히 해결할 수 있어야 한다. 이상적 조정 원리인 시장 기제에 대한 차선을 추구하는 산업정책의 입장에서 정보와 지대 추구의 문제는 존립의 정당성을 좌우하는 결정적인 문제다. 전통적으로 시장경제론자들은 산업정책을 활용함으로써 정보와 지대 추구로 대표되는 거래비용이 증대하게 된다는 원론적 비판을 계속해 왔다.

부연하면, 먼저 산업정책의 반대 논거로서 정보비용의 문제는 크게 정부가 미래의 산업구조를 결정할 때 충분한 정보를 소유하지 못함으로써 발생하는 '불충분한 정보의 문제'와 정보관리자로서 정부의 도덕적 해이(moral hazard) 가능성 때문에 발생하는 '비대칭적 정보의 문제'로 대별된다. 결국 가격이라는 자율적 조정기제를 위계(hierarchy)가 대치하고 있는 현대의 시장 현실을 고려할 때, 정보비용의 과다는 불가피한 현실로 작용하게 된다.

다음으로 정부 창출 지대가 이익정치의 폐해를 조장하게 된다는 지대 추구의 문제도 산업정책 반대론의 주요한 논거다. 특수한 이익집단의 지대 추구가 경제 전반의 비효율성을 초래한다는 주장의 대표적 사례로는 미국 철강산업의 경험을 지적할 수 있다.[17] 1980년대 초반 미국의 철강산업은 그동안 누적된 생산성과 효율성의 저하로 외국 기업들에 대한 경쟁력을 상실하게 되었다. 이에 미국 철강산업의 이익을 대표하는 산업별 협회들은 보호무역의 일환으로서 '수출 자율규제(Voluntary Export Restraint)'를 실시했다 (김욱, 1994: 412). 이 제도의 실시로 미국의 철강산업은 단기적으로 막대한 이익을 향유하게 되지만, 이러한 행위는 장기적으로 보호무역 논쟁이나 연

17) 자기충족적 이익 추구가 종국에는 '공동 목초지의 비극(the tradegy of the commons)'을 초래하게 된다는 하딘(G. Hardin)의 비유는 성장과 집단행동의 관계를 논리적으로 규명한 대표적 논거다 (Hardin, 1968: 1243-1248).

계 산업의 원가 상승을 초래하는 미국 경제의 부담 요인으로 작용했다. 결국 부분적 이익 추구가 사회 전반의 희생을 초래한 전형적인 사례다.18)

앞서 제시된 산업정책의 정당화 논거들은 시장기제의 대안적 형태로서 위계의 효용성에 초점을 맞추고 있다. 따라서 산업정책의 추진 과정에서 발생하는 정부와 기업 간의 협력에 주목하는 이 책의 취지와는 상당한 차이점을 내포한다. 그러나 상호간의 연계 관계에 의해 산출되는 시너지의 효용성도 그 출발점은 정부와 기업이 개별적으로 소유하는 제도적 특성에 의해 좌우되는 경우가 많다는 점에서, 신제도경제학의 문제 제기는 역사적 제도주의와도 부분적인 결합 가능성을 지닌다. 이러한 견지에서 신제도경제학을 통해 논의된 정부와 기업 각각의 제도적 특성을 간략하게 소개하면 다음과 같다.

우선 제도로서 정부의 가능성에 대한 논의는 정부개입 논쟁을 통해 소개된 바와 같이 다양한 의미를 지니고 있다. 이 중에서도 정부실패의 교정논리가 제도로서 정부의 가능성을 대변할 수 있다. 제도로서 정부의 가능성을 제고시키는 여타의 논점으로는 첫째, 정치적 문제인 정통성과 민주적 통제를 지적할 수 있다. 정부의 논리를 반영하는 산업정책은 단순히 기술적 효율성을 확보하는 수단이라기보다 정치경제의 집합체다. 따라서 산업정책 논의에서 정치적 논점을 배제한다면 문제의 본질을 정확하게 파악하기 어렵다. 산업정책과 관련되는 정치적 논점은 매우 광범위한 스펙트럼을 소유하기 때문이다. 이 중에서도 특히 정통성의 확보와 민주적 통제는 중요한 논점이다.

둘째, 산업정책의 주체로서 정부기관들 간의 제도적 배열문제를 지적할 수 있다. 산업정책 옹호론자들은 종종 산업정책을 성공적으로 활용한 국가들은 특정한 제도적 배열을 소유하고 있다고 주장한다. 이의 대표적인 사례로는 정책조정기관인 일본의 대장성이나 미국의 대통령부를 지적할 수 있으며, 정책집행을 용이하게 하는 제도적 요인으로 한국이나 일본의 행정지도, 동질적인 엘리트 관료집단의 존재 등을 지적할 수 있다. 그러나 이러한 제도의 구비가 단기적으로 이뤄지기 어렵기 때문에 산업정책의 보편성이 제약을 받게 된다.

---

18) 집단행동의 논리를 경제 성장과 결부시켜 논의한 최초의 학자는 올슨(Olson, 1982)이다. 그는 『제국의 홍망성쇠(*The Rise and Decline of Nations*)』를 통해 경제효율성과 성장은 하나의 집단재라는 가정 하에 특정 국가의 부흥과 몰락 현상을 논리적으로 규명했다. 특정한 이익집단의 발생 원인이나 행동 논리를 체계적으로 설명한 올슨의 분배연합(distributional coalitions)은 이 책의 핵심 개념인 거버넌스와도 밀접한 관련성을 지닌다.

그리고 제도로서 기업에 대한 논의는 상대적으로 주류 경제학이나 정치경제학의 핵심적 논의 대상에서 배제되어 왔다는 측면에서 새로운 가능성의 영역으로 인식되고 있다. 일반적으로 기업에 대한 논의는 경영학 분야를 중심으로 발전되어 왔다. 물론 기업의 소유 형태에 초점을 부여하는 경영학 분야의 전통적 기업 분류 방식은 거래비용의 축소를 위해 완비된 소유권 체계에 초점을 부여하는 신제도경제학자들의 새로운 연구 대상으로 등장했다는 사실은 잘 알려진 바와 같다.[19] 하지만 기업 내 또는 기업 간의 조직구조에 초점을 부여하는 새로운 관심 영역은 상대적인 불모지로 간주되어 왔다. 경제 성장의 주도자로서 기업의 역할이 갈수록 증대하고 있으며, 내부화의 논리를 반영한 기업구조로서 한국의 재벌이나 일본의 계열조직, 초국적기업으로 표현되는 다국적기업의 조직구조 변화 등은 새로운 문제 상황에 대응하는 제도로서 기업의 가능성을 확장시키고 있다. 이 점에서 시장 원리의 직접적인 반영물로서 기업 간 관계는 기업 자율적 조정기제의 창출과 직결되는 문제로서 좀더 다양한 차원의 논의가 전제되어야 한다.

2 산업정책의 도구[20]

일반적으로 산업정책은 생산성이 낮은 유치산업이나 사양산업에 개입하여 효율과 분배라는 정책 목표의 달성을 의도한다. 이때 광의의 산업정책은 경쟁정책(시장경제정책)과 개입정책(시장보완정책)으로 구분이 가능하다.[21] 하지만 여기에서는 다양한 측면에서 유형화가 가능한 산업정책의 도구(수단)를 재정 및 금융 도구와 비금융 도구로 유형화하여 각각의 긍정적·부정적 효과들을 평가해 보기로 한다.[22]

---

19) 최근의 기업이론들은 기업의 생성 원리로서 투입재 소유자 간의 장기 계약과 기업의 기능 원리로서 화폐의 역할보다 위계의 역할을 강조한다. 제도로서 기업의 가능성은 다양한 기업조직의 상대적 효용성을 규명하는 일에 활용되고 있다. 이상의 논거와 관련하여 윌리엄슨과 코스는 거래비용 개념을 통해 개인 소유 기업이 좀더 완비된 형태의 대규모 기업으로 성장하는 현상을 규명했다.

20) 김시윤·김정렬·김성훈(2000)을 토대로 작성했다.

21) 먼저 경쟁정책의 대표적 사례로는 독과점규제정책, 경쟁제한정책 등을 들 수 있다. 이때 독과점규제정책의 수단으로는 시장 지배적 지위의 남용 금지, 기업결합의 제한, 대규모 기업집단의 지정 등이 존재한다. 또한 경쟁제한정책은 산업합리화를 위한 기업결합, 국제경쟁력 강화를 위한 경쟁 제한 등이 활용된다. 다음으로 개입정책의 대표적 사례로는 정부의 직접적인 시장 참여(공개시장 조작, 공기업 신설, 정부 구매 등), 공급 확대를 위한 재정과 금융정책(보조금, 정책금융 등), 시장경쟁의 제한(독과점 허용, 진입규제 등), 행정적·법적 의무 부과, 행정지도 등을 들 수 있다.

1) 재정 및 금융적 도구

(1) 보조금

보조금이란 정부가 재정에서 특정한 경제활동에 대해 일정 금액을 무상으로 지원해 주는 것이다. 이는 기술 개발 지원, 수출 촉진, 지역 개발, 사양산업 지원, 고용 안정 등 다양한 형태로 이뤄지는데 거의 모든 나라가 명분과 형태는 달리하지만 산업활동에 대해 직접·간접의 보조금을 지급하고 있다. 1988년 IMF 보고서에 의하면, 과거와 같은 직접적이고 명시적인 보조금은 줄어들고 있지만 조세 감면, 정부 구매 형태로 위장된 '좀 덜 명료한' 보조금은 오히려 증가하고 있다.

산업정책의 틀 속에서 보조금이 지급되는 가장 큰 명분은 유치산업의 육성과 사양산업의 보호다. 우선 유치산업에 대한 보조금은 생산 요소 가격에 영향을 미쳐 평균생산비용을 낮춤으로써 자국의 산업이 국제경쟁력을 확보할 수 있도록 해준다. 다음으로 사양산업에 대한 보조금은 급격한 산업 구조조정으로 인한 기업 도산, 대량 실업, 특정 지역의 침체 등 소위 말하는 사회적 구조조정 비용을 어느 정도 줄이는 효과가 있다.

하지만 이러한 보조금의 지급 수단이 항상 기업들의 활동에 긍정적인 영향만을 미치는 것은 아니다. 포터(Porter, 1990: 640)에 의하면, 보조금의 병폐는 다음과 같이 정리된다.

첫째, 보조금은 산업 구조조정과 기술혁신을 오히려 지연시킬 수 있다. 외국 기업 또는 수입품과의 경쟁에서 뒤져 시장에서 퇴장(exit)해야 하는 한계기업도 정부가 생산원가의 일부를 보전해 줌으로써 시장에 남는다. 또한 기술혁신을 통해 생산성을 향상해야만 살아남을 수 있는 기업에 보조금을 지급하면 자연히 기술혁신의 동기가 감퇴된다.

둘째, 현실적으로 기업에 대한 '지원'은 반드시 '정부개입'을 수반한다. 자연히 보조

---

22) 산업정책과 규제개혁은 각각이 동원하는 정책 도구의 시장 친화성 여부에서 차이가 존재하지만 국민경제의 발전이라는 동일한 목표를 상정하고 있다. 일례로 1981년 2월 18일 레이건 정부가 경제회복 프로그램의 일환으로 채택한 감세정책은 산업 투자를 자극하기 위한 목적으로 추진되었다는 점에서 산업정책(증세와 감세를 포괄하는 재정정책 도구)으로 간주될 수 있다. 또한 공정한 시장경쟁을 촉진한다는 목표로 추진된 탈규제 도구의 경우도 피규제 기업들 간의 분배구조를 왜곡하는 경우가 많았다. 나아가 산업정책과 규제개혁의 성패를 좌우하는 핵심 요소로는 기업의 경쟁력 수준을 정부가 정책적으로 배려하는 보완성(complementarity), 기업체를 대상으로 한 다양한 정부부처 정책들 간의 일관성(consistency), 갑작스러운 변화를 회피하는 정책의 지속성(continuity) 등을 들 수 있다.

금은 기업이 공장 입지를 어디에 정해야 하며, 고용을 어떻게 감축해야 한다든가 하는 각종 정부규제를 수반하기 마련인데, 이는 기업의 경영을 경직시키고 기술혁신 활동을 오히려 위축시킬 수 있다.

셋째, 지속적인 보조금의 지급은 기업의 독창적인 투자활동을 둔화시키고 정부 의존적인 기업경영 문화를 만들어낸다. 즉 기업은 보조금 수혜를 기득권화하려는 경향이 강하기 때문에 정부가 또다시 다른 보조금을 지급하지 않으면 위험이 수반되는 새로운 투자나 기술혁신을 하려 하지 않는다.

하지만 산업경제학의 이론틀에서 보조금이 무조건 배타시되는 것은 아니다. 통태적 비교 우위의 측면에서 볼 때, 일정 기간만 보조금을 지급하면 국내 기업이 학습효과(learning by doing)로 국제경쟁력을 확보할 수 있는 경우에는 보조금이 유용할 수 있다. 즉 보조금 지급 기간이 한시적이고 그 주어진 보호 기간 동안에 기업이 학습 효과를 통해 국제경쟁력을 확보할 수 있다면 보조금은 산업정책의 유용한 정책수단이 될 수 있다. 일본에서 산업정책 수단으로 보조금 지급이 효과를 보게 된 것은 이와같이 보조금을 초기에 지급하는 형태로 사용했기 때문이다. 염재호(1991)는 이것을 펌핑 효과(pumping priming effect)[23]로 표현하고 있다.

(2) **정책금융**

정부가 재정 등을 통해 특정 부문이나 산업에 대해 정책적으로 금융 지원을 해주는 것이다. 그 목적은 보조금의 경우와 같이 기술 개발 촉진, 수출 촉진 등이며, 그 방법은 이중 금리제도를 운영하여 정책금융에 대해서는 낮은 이자율을 적용한다거나 각종 기금을 조성하는 것이다. 1960년대부터 70년대까지의 한국은 수출 지원을 위해 이중 금리제도를 적극적으로 활용해 왔으며, 1980년대 이후에는 각종 용도별 기금을 정책금융의 중요한 수단으로 활용하고 있다. 우리나라에서 기술 개발을 위한 공업발전기금, 중소기업의 구조조정과 창업 지원을 위한 중소기업 구조조정기금, 일본에서 일본개발은행 등의 각종 정책금융 등이 그 대표적인 예다.

그러나 이러한 정책금융이 모든 나라에서 유용한 산업정책의 수단으로 활용될 수 있는 것은 아니다. 이와 관련하여 자이스먼(Zysman, 1983: 55-95)은 정부가 산업정책의 수단으로 정책금융을 얼마나 효율적으로 사용할 수 있느냐 하는 것은 그 나라

23) 펌핑 효과란 재래식 펌프에 물 한 바가지를 부어 일단 물을 끌어올리게 되면 그 이후에는 물을 계속 보충하지 않아도 그 효과가 지속되는 것처럼, 정부도 기업들의 학습 효과를 고려하여 초기에 적절하게 보조금을 사용하게 되면 이와 동일한 효과가 나타날 수 있다는 것을 의미한다.

의 금융제도의 특성에 의해 좌우된다고 주장한다. 정부가 금융기관들에 대한 통제력을 행사하는 일본과 프랑스에서는 기술개발정책, 산업구조 조정정책 등에서 적극적으로 정책금융을 활용한다. 반면에 민간 주도의 금융산업이 발달한 미국과 독일에서는 산업정책의 도구로서 정책금융의 활용이 크게 제한받고 있다.

(3) 세제적 도구

정부가 산업 구조조정을 위해 특정 설비 투자에 대한 투자세액을 공제해 준다거나 공장이나 기계설비에 대해 특별상각이나 가속상각제도를 인정해 주는 방법이다. 이는 기업으로 하여금 투자에 필요한 여유자금(slack resource)의 마련을 용이하게 함으로써 정부가 원하는 분야에 대한 투자를 촉진시킬 수 있다.

산업정책 측면에서 공장자동화를 촉진하고자 한다면 자동화 설비 투자에 대해 세액을 공제해 주고, 자동화 개발을 촉진하고자 한다면 기업의 R&D 비용에 대해 조세감면을 해주는 것이다. 특히 정부가 원하는 특정 유망산업 분야에 대한 기업 진출을 장려하기 위해서는 법인세를 감면해 줄 수 있고, 외국인 투자 장려 업종에 대해서도 각종 조세를 감면해 주어 자본이나 생산활동의 부문 간 흐름을 조정할 수 있다.

하지만 이와 같은 각종 세제적 수단도 앞에서 살펴본 보조금의 경우와 같이 정부 조세수입의 감소, 정부 의존적 기업경영 문화의 배태 등 바람직하지 못한 부작용을 초래하기 쉬우므로 한시적으로 이뤄질 필요가 있다.

(4) 수요관리적 도구

수요관리적 수단도 간접적 금융 지원 수단의 한 방식이라 할 수 있다. 여기에는 정부 구매제도와 가격 프리미엄제도 등 두 가지 방식이 있다. 첫 번째 방식은 정부 또는 이에 준하는 공공기관이 제품의 구매자로서 수요관리 측면에서 산업정책을 실시하는 것이다. 정부 구매는 대부분의 나라에서 기술 개발 촉진, 국내 기업 육성 등을 위한 수단으로 사용되고 있지만 포터(Porter, 1990: 644-645)는 이것이 반드시 긍정적 효과만을 산출하는 것은 아니라고 지적한다. 즉, 기존 기업이 정부 구매를 일종의 '보장된 시장'으로 간주해 불공정 거래행위에 의해 독과점적 공급자로서의 지위를 확보하고자 할 경우가 그러하다. 예를 들면 로비활동에 의해 정부 구매에 일반적으로 용인되지 않는 특수한 제품 규격을 적용하여 다른 경쟁자의 참여를 제한하는 것이다. 이 같은 병폐를 방지하기 위해 포터(M. E. Porter)는 다음과 같은 정부 구매정책의 5대 원칙을 제시한다.

첫째, 조기 구매 원칙(early demand)이다. 기업이 기술 개발을 해놓고도 수요의 불안정 때문에 상품화를 못하는 경우가 많은데, 정부가 이 같은 신제품에 대한 조기 수요를 제공하여 기업의 기술 개발을 유도해 나가야 한다는 것이다.

둘째, 경쟁의 원칙이다. 어느 특정 기업을 독점적 공급자로 지정할 경우 기술 개발을 저해하는 요인으로 작용할 수 있기 때문에, 정부 구매는 공급하는 생산자가 반드시 다수가 되게 하여 상호 경쟁을 유발하도록 해야 한다는 것이다.

셋째, 엄격한 규격의 원칙이다. 구매자인 정부는 공급자인 기업이 내세우는 규칙을 단순히 받아들여서는 안 되고, 스스로 엄격한 규격을 설정하여 이를 공급자에게 요구해야 한다는 것이다.

넷째, 기술혁신 유도의 원칙이다. 정부의 구매는 기술혁신의 유도 목적과 관련성을 가지고 이뤄져야 한다는 것이다. 이 원칙의 좋은 예가 일본 전신전화공사(NTT)의 구매정책인데, NTT는 꾸준히 '현재의 일본 공급자가 생산하고 있는 것이 아니라 차세대 시스템'의 공급을 요구하여 일본 기업의 기술혁신을 유도해 왔다.

다섯째, 국제적 요구 반영의 원칙이다. 정부 구매 규격은 국제적으로 통용될 수 있어야지 자국의 특수한 요구에만 적합한 독특한 규격이어서는 안 된다는 것이다.

수요관리적 수단의 또 다른 한 방식은 가격 프리미엄(price premiums)제도다. 기술집약 상품의 개발을 지원하기 위해 정부가 신제품을 구매할 때 실제 원가 이상의 높은 가격으로, 즉 프리미엄을 지불하고 구매하는 것이다. 우리나라가 수출가격의 책정시 국제시장에서의 가격경쟁력을 높일 목적으로 원가 이하로 수출하도록 조장하는 대신에 이의 부족분을 국내 소비자에게 전가시켰던 가격차별화 정책도 이러한 예의 대표적인 것이다.

2) 비금융적 수단

(1) 비전의 제시

정부는 산업이 나아가야 할 미래의 비전을 제시해 줌으로써 민간기업의 투자나 생산활동을 산업정책이 목표하는 방향으로 유도할 수 있다. 예를 들면 섬유기계 제조업자는 수요자인 섬유산업의 앞날에 대한 정확한 비전을 가지지 못한다면, 자신의 투자나 기술 개발 방향을 결정할 수 없다. 정부가 섬유산업을 사양산업으로 간주하는 비전을 제시한다면 그들은 해외 투자를 통해 국제화를 꾀할 것이며, 반대로 정책적으로 섬유산업을 고부가 가치화시키겠다고 한다면 섬유산업 그 자체도 기술의 고도화를 꾀할 것이다.

정부의 비전 제시는 투자와 수요에 있어 밀접히 상호 연결되어 있는 산업군에서 상당히 중요한 역할을 하는데, 예를 들면 앞의 섬유산업과 섬유기계산업, 철강산업과 이의 수요자인 조선 및 자동차산업 간의 관계 등이 그것이다. 그러나 포터(Porter, 1990)가 지적했듯이, 정부가 내세우는 비전에서 특정 산업이 전략산업으로 선정되었다면 이는 정부가 이 산업을 지원하겠다는 암시적인 뜻이 담겨져 있으므로 직접적인 정부 지원이 아닌 비전 제시 그 자체만으로 민간기업의 투자를 동 부문으로 유도하는 효과를 가져올 수 있다. 비전에 제시된 정책 목표에 다른 정책 수단이 체계적으로 결합되면 비전의 역할과 효과는 한층 커진다. 한국과 일본, 프랑스에서 이러한 비전의 제시 수단이 많이 활용되었다.

(2) **행정지도**

산업정책의 목적을 달성하는 수단으로서 정부는 비공식적인 행정지도를 이용할 수 있다. 이는 현실적으로 조정, 권고, 지침 등의 다양한 표현으로 사용되는데, 미국과 같이 정부와 업계 사이에 거리와 불신이 존재하는 사회에서는 상상할 수도 없는 정책 도구이고(Okimoto, 1989: 93), 일본이나 한국 및 프랑스 등에서 흔히 찾아볼 수 있다. 이들 국가 중에도 특히 일본 통산성의 행정지도는 1950~60년대 고도성장기나 1970년대 구조조정기에 구조적 불황산업이나 과잉 설비 투자산업을 조정하는 유효한 수단으로 활용되어 왔다.

강제력이 없음에도 일본에서 행정지도가 큰 효력을 발휘할 수 있었던 이유는 크게 두 가지라 할 수 있다. 하나는 통산성과 기업과의 긴밀한 유대 관계, 그리고 양자 사이에서 중간 조정 역할을 담당하는 강력한 업종별 사업자단체의 존재다. 정부와 업계 간의 묵시적 교섭에 의해 정책 조작 가능 범위를 형성하는데는 업종별 사업자 단체가 적절한 매개 역할을 수행하는 것이다. 사업자단체는 한편으로는 자신이 대표하는 산업에 유리한 정책을 채택하도록 정부를 설득하기도 하고, 다른 한편으로는 회원 기업이 정부의 행정지도에 협력하도록 유도하며, 의견을 달리하는 기업이 있을 때 그를 설득하는 역할을 수행한다.[24)]

다른 하나는 보겔(Vogel, 1990: 74-75)의 분석에서 발견되는 것처럼, 비협조적인 기업에 대한 '숨은 벌'의 논리다. 행정지도는 형식적인 법적 구속력은 없지만 현실적

---

24) 중간조직의 대표적인 구현 사례로는 미국의 기업인원탁회의(Business Roundtable), 영국산업연맹(Confederation of British Industry), 독일산업연합회(Bundesverband der Deutschen Industrie), 프랑스경제인연합회(Conseil National du Patronat Francais), 일본의 경제단체연합회(經團連・게이단렌), 한국의 전국경제인연합회 등을 들 수 있다.

으로는 이에 준하는 강력한 실제적 구속력이 작용한다는 것이다. 이 '숨은 벌'의 논리가 적용된 대표적인 예가 1960년대 해운회사의 합리화 조치에 반발한 '산코해운'의 1980년대 도산사건이다.[25]

3 한국 산업정책의 패러다임 변화

1) 한국 산업정책의 패러다임 단계

한국 산업정책의 패러다임은 산업발전전략의 변화 단계에 따라 크게 4기로 대별할 수 있다. 제1기는 수입대체 산업화전략(1954~1963)이 추구되었던 시기로 소비재산업의 부흥과 기초자재의 수입 대체에 주력하여 소비재산업의 육성, 비료, 시멘트, 판유리 등 기초재의 수입 대체가 산업정책의 주요 목표였던 시기였다(이병락, 1996: 2). 따라서 협소한 국내 시장의 패권 장악을 둘러싼 기업들의 비생산적 지대 추구가 심화되었기 때문에 생산적인 시장경쟁이 제약되었다는 점을 이 시기의 가장 중요한 특징으로 지적할 수 있다.

제2기는 수출지향 산업화전략(1964~1972)으로의 급속한 전환이 추구되었던 시기로 산업정책의 목적은 저임금 단순 기능 인력의 비교 우위에 기초해 경공업 제품의 수출경쟁력을 확보하는 일에 부여되었다. 한편 고도 성장의 기반 구축을 위한 정부-기업 관계의 원형이 형성된 시기이기도 하다. 강력한 자율성과 능력을 소유한 정부가 적극적 유인책을 통해 기업의 비생산적 지대 추구를 적절히 회피하면서 산업정책의 주도권을 장악했다는 점이 이 시기의 중요한 성과로 지적될 수 있다.

제3기는 정부가 직접적 시장 개입 방식을 통해 좀더 공격적으로 산업정책의 주도권을 장악한 시기로 수출지향 산업화의 심화, 즉 수출지향 산업화전략(1973~1985)으로의 전환기에 해당된다. 당시 산업정책의 목표는 제철, 기계, 석유화학, 자동차, 발전 설비, 디젤 엔진, 건설 중장비, 교환기 등 자본집약적 중화학 공업 중심으로 구조조정에 초점이 맞춰져 있었다. 이 시기는 정부의 과도한 시장개입이 시장 기제의 정

25) 1960년대 중반 해운 불황을 극복하기 위해 일본 정부는 기존 해운회사의 통·폐합을 주된 내용으로 하는 '해운산업 합리화 조치'를 단행했는데, 그 당시 6개 대형 선사 중 하나인 산코해운이 이에 반발해 끝내 합리화 조치에 참가하지 않았다. 이에 대한 숨은 벌은 20년 후에 가해졌다. 1980년대 중반 세계해운 시장을 잘못 예측해 불황기에 선박을 대량 건조하여 취항하게 된 산코해운이 심각한 재정난에 빠졌을 때 일본 정부는 이에 대한 지원을 단호하게 거절했다(김세원·안세영, 1996: 34-35).

상적인 작동 원리와 정면으로 배치되기 시작했다는 점에서 정책실패의 가능성을 증대시켰다. 정부의 적극적인 지원으로 추진된 중화학공업 육성정책이 1980년대 초 발생한 세계적인 경기 침체로 인해 과잉·중복 투자로 귀결되었으며, 3차에 걸친 투자조정이 이어졌다는 사실이 이를 대표하는 사례다.

제4기는 산업구조 고도화전략이 본격적으로 추진된 1986년부터 현재까지로 정부의 직접적 개입보다는 시장의 자율성을 강화하는 방향으로 정책의 전환이 이뤄지고 있는 시기다. 공업발전법의 제정과 WTO 체제의 출범은 이 시기의 산업정책 정향을 대표하는 상징적 사례로 지적될 수 있다. 새롭게 등장하고 있는 제4기 패러다임의 특성에 대해서는 뒤이어 좀더 구체적인 논의를 제시하고자 한다.

2) 산업구조 고도화와 산업정책 패러다임의 변화

앞서 제시된 한국 산업정책의 패러다임 변화 단계에 따르면 산업구조 고도화전략으로의 이행이 본격적으로 추구된 1986년 이후 정부-기업 관계의 제도적 특성 변화를 반영하는 산업정책의 새로운 패러다임은 이전의 패러다임과는 질적인 차이를 가정한다는 점에서 각별한 의미 부여가 가능하다. 따라서 여기의 논의를 통해서는 새롭게 등장한 제4기 패러다임의 의미와 특성을 집중적으로 규명하는 기회를 마련하고자 한다. 논의 방식은 산업정책의 의미와 특성을 반영하는 정책 유형 간의 비중 변화를 패러다임 구별 기준으로 채택하고자 한다. 따라서 정책 정향 기준에 따라 유형화가 가능한 거시적 산업구조정책과 미시적 산업조직정책 분석, 정책 도구 기준에 따라 유형화가 가능한 산업금융정책과 산업기술정책의 상대적 비중 변화에 초점을 부여하고자 한다. 한편 시계열성을 가정하는 문제의 특성상 새로운 패러다임의 특성은 전 단계 패러다임과의 비교에 초점을 부여하게 된다.

(1) 정책 정향 기준 유형 비중 변화: 산업구조정책에서 산업조직정책으로

산업정책의 유형을 분류할 때 가장 일반적으로 언급되는 분류 기준은 정책 정향이다. 산업정책의 정향이 거시적이냐 또는 미시적이냐의 여부에 따라 산업구조정책과 산업조직정책으로 유형 분류가 시도되고 있기 때문이다. 이때 산업구조정책이란 기준에 따라 최적 산업구조를 상정하고 최적 산업구조의 달성을 위해 의도적으로 산업간 자원 배분의 변화를 시도하는 정책을 의미한다. 한편 산업조직정책은 기업의 행동규칙·규범과 시장경제 질서를 정비하고 동일 산업 내 기업 간의 경쟁 형태 및 구조에 영향을 미침으로써 산업의 효율 및 성과를 증진시키려는 정책이다(이경태, 1991).

앞서 제시된 산업정책의 양대 유형을 준거 기준으로 설정할 때, 1980년대 이전 한국의 산업정책은 구조조정을 통한 산업의 국제경쟁력 강화, 즉 산업구조정책에 초점을 부여해 왔기 때문에 산업조직정책(경쟁정책)은 전무한 실정이었다. 하지만 1980년 12월 독점규제 및 공정거래에 관한 법률(일명 공정거래법)이 제정됨으로써 새로운 전기를 맞이하게 된다. 1981년 4월부터 시행된 공정거래법은 급속한 경제 성장의 결과 나타난 독점 및 불공정 거래행위뿐만 아니라 국내 기업집단의 경제력 집중을 억제하고 시정하기 위한 수단으로 활용 범위를 증대시키고 있기 때문이다.

1980년대 중반 이후 산업구조정책이 급격히 퇴조한 반면에 산업조직정책이 새로운 대안으로 부각된 주요 원인으로는 정부의 시장 주도 능력이 그 효용성을 상실하게 되었다는 점과 더불어 WTO 체제의 출범을 지적할 수 있다. UR 최종 협정문에 바탕을 둔 WTO 체제가 출범하면서 기존 산업정책(산업구조정책)의 주요한 수단이었던 보조금 지급이 제한되고 국내 경제 상황이 변화하면서 특정 부문의 육성을 위한 과거와 같은 산업정책은 많은 제한을 받게 되었다는 점을 지적할 수 있다.

UR 최종 협정문에 규정하고 있는 보조금의 경우 금지보조금, 상계가능보조금, 허용보조금으로 분류하고 있으며, 국내 산업 발전 및 수출 진흥 차원에서 지원되는 국내 보조금들 중 상당 부분이 금지보조금으로 분류되며 이 금지보조금은 협정 발효 후 경과 기간 내에 철폐하도록 되어 있어 상당한 제한을 받거나 폐지되어야 할 것으로 보인다(이병락, 1996). 이처럼 향후 산업 구조조정 측면에서 산업정책은 이를 시행하기 위한 정책 도구 활용에 상당한 제한을 받을 것이 예상되며 특정 산업 육성 시책도 시행이 어려울 것으로 보인다.[26] 또한 '계열 기업군에 대한 여신관리 시행세칙' 상의 여신관리규정 개편을 통해 국내 기업집단들의 비주력 업종에 대한 신규 투자를 억제하고 각 기업집단의 전문화를 유도하기 위한 업종전문화 시책도 사실상 유명무실하게 되었다.

(2) 정책 도구 기준 유형 비중 변화: 산업금융정책에서 산업기술정책으로

산업정책에 활용되는 정책 도구는 매우 다양하다. 하지만 이 중에서도 노동과 자

26) 산업정책의 지원 대상을 선정하거나 지원 방법을 선택할 때는 다음과 같은 기준과 원칙을 준수해야 한다. 부연하면 첫째, 지원 대상의 선정은 성장잠재력과 여타 산업에 대한 전후방 연계 효과 등 누구나 납득할 수 있는 객관적인 기준에 따라 이뤄져야 한다. 둘째, 지원 분야에 대한 주기적 평가 결과를 토대로 지원 철회나 차등 지원 등 환류 조치가 이뤄져야 한다. 셋째, 지원 방법은 가능한 최단 기간 동안에 투명성을 최대한 준수하는 방향으로 이뤄져야 한다. 넷째, 산업계에 대한 정부의 지원은 특정 기업과의 일대일 거래 방식보다는 중간단체를 활용한 간접적 제공 방식을 채택해야 한다.

본 및 기술은 산업 발전과 직결된 대표적 성장변수이자 핵심적 정책 도구로 지적될 수 있다. 일반적으로 산업발전전략의 변화는 성장변수 간의 역할 비중을 초래하게 된다. 실제로 경공업 중심의 수출 지향 산업화 단계에서는 노동변수가, 중공업 중심의 수출지향 산업화 단계에서는 자본변수가 주도적 역할을 수행했다. 한편 첨단산업 중심의 산업구조 고도화 단계에서는 기술변수의 역할 비중이 증대하고 있다. 이러한 현상은 성장 단계별로 요구되는 국제경쟁력의 원천이 상이하다는 논거를 통해 설명될 수 있다.

한편 새로운 산업발전전략의 등장은 수요에 비해 공급 능력이 떨어지는 성장변수의 효과적인 관리를 위해 산업정책을 활용하게 된다. 이때 산업인력(금융, 기술)정책이란 부족한 산업인력(자금, 기술)의 실패를 교정하려는 정부의 개입활동으로 정의될 수 있다. 따라서 산업인력정책에서 산업금융정책으로, 산업금융정책에서 산업기술정책으로 정부의 역할 변화가 이뤄지게 된다. 산업구조 고도화전략의 채택으로 인해 산업금융정책에서 산업기술정책으로 정부의 역할 변화가 이뤄졌다는 논거는 1980년대 중반 이후 금융 시스템에 대한 정부개입의 필요성이 상대적으로 약화된 반면에 기술혁신 시스템에 대한 정부개입의 필요성이 증대하고 있다는 사실을 통해 설명될 수 있다.

부연하면 내부 자본시장으로 지칭되는 한국의 특징적 금융 시스템은 개발연대(1960~70)의 고도 성장을 산출한 제일의 동인으로 평가되고 있다(Woo, 1991). 전략수출산업의 성공적인 육성문제는 대규모 자본 투자를 통한 비교 우위의 확보와 직결된 문제였기 때문이다. 이 점에서 정부신용 외자와 정책금융은 수출 증대와 고도 성장의 원천으로 작용할 수 있었다. 한편 1980년대 이전의 산업기술정책은 기술의 단순한 도입과 설비에 체화된 기술에 의존했으며 기술 도입은 외자 도입의 일부로 간주되었다. 당시 기술 개발활동은 매우 부진했으며 기능 인력을 위주로 한 인력 개발계획이 수립되었다. 1970년대 들어 중화학공업화가 시도되었으나 대부분의 기술은 외국 기술의 단순한 도입에 의존했고 기술 도입 자체가 공업화를 위한 전략 대상이고 자체 기술 개발은 미미했다.

하지만 1980년대 내부 자본시장의 효용성이 체감하면서 산업기술정책의 중요성이 부각되기 시작했다. 금융자율화가 추진되면서 금융 시스템에 대한 정부의 개입 여지가 축소한 반면에 기술혁신을 위한 정부의 역할이 새롭게 요구되었기 때문이다. 한편 선진국의 단순 조립기술 도입과 생산시설 확보, 저임금에 바탕을 둔 국제경쟁력 강화전략이 한계에 직면했다는 인식이 증대한 시기이기도 하다. 또한 최근 들어서는 선진국의 지적재산권 보호가 강화되고 세계적인 기술보호주의 추세 속에서 기술 개발의 필요성은 계속 증대하고 있다.

3) IMF 구제금융의 교훈과 산업정책의 미래

한국은 1960년대 초 내부 지향적 수입대체 산업화에서 외부 지향적 수출지향 산업화로의 전환을 통해 외견상 자유시장을 표방했지만 실제로는 정부 주도 산업정책을 통해 성장 목표를 달성할 수 있었다. 하지만 시장 개입적인 산업정책의 효용성을 체감하기 시작한 1980년대 이후 시장 중심 경제 체제로의 전환을 모색해 왔다.[27] 그러나 발전국가의 유산을 대치하는 새로운 제도의 형성이 미약한 상태에서 이뤄진 경제관리 패턴의 급속한 전환 과정은 수많은 정책실패를 양산했다. 시장에 대한 정부통제력이 약화된 과도기적 상황을 악용한 재벌의 지대 추구행위는 도덕적 해이와 정경유착을 확산시켰기 때문이다. 일례로 선경의 이동통신과 삼성의 승용차 신규 진입 사례는 1990년대 산업정책의 대표적 실패 사례로 지적될 수 있다. 또한 IMF 구제금융의 직접적 단서를 제공한 한보나 기아 사례가 주는 교훈도 간과하기 어렵다.

이에 IMF 구제금융이라는 경제 환란의 극복을 제일의 사명으로 출범한 김대중 정부는 과거와의 단절을 위해 강도 높은 개혁정책을 표방하게 된다. 기업·금융·정부·노동 부문을 포괄하는 국정 전반에 대한 새틀짜기는 집권 초기 소수파 정부의 한계에도 불구하고 전 국민적 지원 속에서 성공적으로 추진된 것으로 평가되고 있다. 하지만 집권 전반기에 이룩한 눈부신 개혁 성과에도 불구하고 한국 경제의 새로운 비전에 대한 확신은 전반적으로 미약했다. 그렇다면 이러한 결과를 초래한 주요 원인은 무엇인가?

먼저 IMF 구제금융의 본질과 관련하여 내인론보다 외인론에 유의해야 한다는 점이다. 물론 정부 주도 산업정책이 구제금융을 초래한 근본적 원인이라는 점을 부인하기는 어렵다. 하지만 이는 정부의 외환 위기 극복 노력이 단기적 정책대응의 차원보다는 장기적 정책 전환에 초점을 부여한다는 단서가 전제된 상태에서 타당한 논리다. 전 세계적 경기 침체로 인해 부실화된 국내 재벌이 금융 부실을 초래한 상태에서 국제 금융시장의 위험성을 간과한 정부의 미숙한 정책대응(자유화에 따른 금융규제 과소가설)이 외환 위기를 초래했다는 사태의 실체는 내부적 요인보다 외부적 요인이

27) 1980년대 이뤄진 산업정책의 기조 변화는 금융자유화 추세와 공업발전법의 제정(1986년 제정된 이 법은 이후 산업구조고도화촉진법으로 개칭되었음)을 통해 설명될 수 있다.

좀더 직접적으로 작용했음을 의미하기 때문이다. 또한 영국이나 남미 국가들과는 달리 외환 위기를 단기일 내에 완전히 극복했다는 우리 정부의 발표도 앞서의 주장을 지탱하는 보완적 논거로 제시될 수 있다.

다음으로 IMF 구제금융의 본질을 단시일 내에 극복 가능한 환율 조정의 문제로 제한할 경우 기존에 김대중 정부가 추진해 온 개혁정책의 성과는 근본적인 정책 전환의 관점에서 재평가되어야 한다. 물론 경제관리 패러다임의 전환과 직결된 여기에 대한 논의는 김대중 정부만의 문제가 아니라 1990년대 중반 세계화를 표방하면서 규제개혁의 제도적 틀을 구축해 온 김영삼 정부는 물론 21세기에 출범한 신정부들의 과제와 직결된 문제다.[28] 물론 권위주의 정부 시기에 구축된 산업정책 패러다임은 그동안 표출된 다양한 정책실패를 통해 알 수 있듯이 많은 문제점을 지니고 있다. 하지만 산업정책의 논리 속에 내재된 긍정적 요인과 대내외 환경 변화 추세를 감안할 때 패러다임 전환작업의 내용과 속도 조절이 요구된다.[29]

이 점은 김대중 정부의 규제개혁이 거시적인 정책전환의 관점보다는 단기적인 위기 극복의 관점에서 추진되어 왔음을 시사한다. 다시 말해 외환 위기로 초래된 대내외의 불신을 해소하기 위해 가시적인 개혁 성과가 필요했다는 점을 인정하더라도 건수 중심의 양적 논리에 치중하는 과정에서 다소 신중하지 못했음을 부인하기는 어렵다.[30] 이러한 결과를 초래한 근본적 원인으로는 기존 제도의 지속성을 간과한 나머지 너무나 손쉽게 IMF의 급진적 구조조정안을 수용했다는 점을 지적할 수 있다. 이 점에서 말레이시아나 일본의 신중한 접근은 시사하는 바가 크다.

일본의 경우 우리나라와 마찬가지로 미국이나 국제기구로부터 시장 지향적 개혁 압력에 직면해 나름대로 과감한 공공개혁을 추진했지만 공공성에 기초한 정부역할론

---

28) 김영삼 정부의 규제개혁 경험을 집약해 1997년 12월 제정된 '행정규제기본법'은 김대중 정부의 규제개혁을 가속화시키는 제도 기반으로 작용한 것으로 평가된다.

29) 민주주의와 시장경제의 병행 발전을 표방한 김대중 정부의 정체성(규제개혁위원회와 노사정위원회 간의 균형 추구)은 1970년대 중반 영국 노동당의 히스(E. R. G. Heath) 정부에 유사한 점이 많다. 히스 정부는 IMF 구제금융을 극복하기 위해 신자유주의와 조합주의 간의 절충을 시도했지만 결국 신구 패러다임 간의 갈등으로 인해 실패하고 말았다.

30) 경제활성화를 위한 김대중 정부의 규제개혁은 금융, 재정경제, 공정거래, 산업자원, 건설교통, 문화관광, 과학기술, 정보통신 등에 대한 소관 부처와 규제개혁위원회의 협의 방식으로 이뤄졌다. 하지만 1998년 한 해 동안에 기존 규제의 절반을 철폐했다는 사실을 통해 알 수 있듯이 소관 부처나 관련 공무원의 자발적인 협력보다는 청와대의 강력한 의지가 크게 작용한 것으로 평가된다. 한편 1998년 이후 규제개혁은 핵심 규제를 중심으로 이뤄지고 있으며, 이를 반영하는 대표적 사례로는 지식정보산업을 육성을 위한 규제개혁 조치를 지적할 수 있다.

과 친밀한 정부-기업 관계를 근본적으로 부정하는 자세를 취하지는 않고 있다. 이러한 인식의 이면에는 비록 산업정책 패러다임이 벤처산업의 경우에 적합한 시스템은 아닐지 몰라도 적어도 제조업 중심의 산업구조, 특히 중화학공업과 같이 거대한 자본 투자가 요구되는 산업의 육성을 위해서는 합리적인 선택이라는 판단이 전제되어 있다. 이는 다시 말해 벤처 열풍이 일시적인 현상이고 앞으로도 당분간 제조업이 성장 엔진의 역할을 담당할 것이라는 전제하에서 기존의 제도는 당분간 유효할 것이라는 점이다.

또한 우리는 앞서의 지적을 통해 알 수 있듯이 산업정책 패러다임이 유지되는 과정에서 발생한 주요 정책실패의 단서를 일부 재벌이 제공했다는 사실에 주목해야 한다. 따라서 우리 정부의 규제개혁이 표방하고 있는 '기업하기 좋은 나라'에 대한 지나친 확대 해석을 유의해야 한다. 물론 다수의 중소기업이나 건전한 대기업을 위해 각종 행정절차를 간소화하거나 준조세를 근절하는 일도 중요하지만 재벌에 대한 통제장치의 유효성을 확보하지 못한 상태에서 공익의 수호라는 사명 완수를 기대하기 어렵다. 이를 반영하는 구체적 처방 대안으로는 기업 지배구조의 강화와 견제 세력의 육성을 지적할 수 있다. 부연하면, 우선 앞으로의 산업정책은 산업구조정책보다 산업조직정책을 중시하는 방향으로 추진되어야 한다. 즉, 규제개혁의 기풍과 정권 말기의 혼란을 틈타 재벌정책이 과거로 회귀하는 조짐을 차단하기 위해서는 실효성을 거두지 못하고 있는 기업 지배구조 원칙을 토대로 규제 강화 대안을 마련해야 한다.[31] 또한 공기업 민영화를 기회삼아 또다시 몸집 불리기를 시도하고 있는 재벌에 대한 견제 방안으로 중복 업종에 대한 인수 금지 조치를 도입하는 한편 구호만이 무성한 중소기업정책의 현실화가 이뤄져야 한다.

그리고 정부의 산업정책 수단으로 활용되어 온 산업금융의 비중을 줄이는 대신에 산업기술이나 산업인력의 역할을 강화시켜야 한다. 이 점은 국가경쟁력 강화를 위해 자유시장에 대한 보완 조치로 과학기술 역량과 우수인재 양성을 중시한 클린턴(B. Clinton)과 블레어(T. Blair)의 정책선택을 통해 설명될 수 있다. 이러한 준비 자세는 제조업 시대의 산업정책을 지식정보산업 시대의 산업정책으로 한 단계 향상시키는

31) 재벌 체제의 병폐를 치유하기 위한 규제 강화 대안으로는 산업재벌의 금융 계열사 소유에 대한 지분 상한 규정 또는 계열분리 청구제도의 도입, 소액 주주 보호를 위한 증권 관련 집단소송제 실시, 지배 주주의 거수기로 전락한 사외이사의 선임 기준 강화, 일정 수준 이상의 거대기업에 대한 상호출자와 상호지급보증 금지제도의 강화, 편법적인 상속·증여를 차단하기 위한 과세권의 강화, 업종별 시장점유 기준의 설정, 금융감독위원회와 공정거래위원회의 독립성 강화 등을 지적할 수 있다.

계기를 마련할 수 있을 것이다.

나아가 세계화와 지방화 추세에 대한 능동적 대응을 위해 지역산업정책의 중요성에도 주목할 필요가 있다. 분권화를 통해 경제활성화를 이룩한 스위스, 네덜란드, 아일랜드 등 서유럽 강소국들의 경험을 통해 알 수 있듯이 지역산업정책의 강화는 세계화에 부응하는 유용한 대응 논리로 활용될 수 있기 때문이다. 더불어 지역산업정책에 대한 강조는 정부의 산업정책 역량을 상이한 수준의 정부 간에 적절하게 분산시킴으로써 발생 가능한 무역분쟁을 사전에 예방하는 효과를 기대할 수 있다.

제 3 절 규제개혁의 쟁점

1 규제개혁의 필요성

행정국가의 시대인 20세기 중반까지 각국 정부는 일종의 '해결사'로 인식되어 왔다. 하지만 1970년대 이후 세계화와 시장화로 대표되는 새로운 환경의 요구에 직면하여 정부 주도 발전의 신화는 급속한 균열 과정을 거치고 있다. 이러한 추세는 대처(M. Thatcher)와 레이건(R. Reagan)으로 대표되는 영미 국가는 물론 국가 성립 이래 강력한 공공 부문의 전통을 구축해 온 우리나라도 예외가 아니다.

민간 부문에 대한 정부개입은 현실적 필요에 따라 다양한 형태로 이뤄지고 있지만 우리나라의 경우 특히 과도한 규제가 문제가 되어 왔다.[32] 그동안 우리나라에서 정부규제가 강화된 주요 원인으로는 지정학적 요인(빈번한 국가적 위기), 행태적 요인(시장행위자인 기업과 사회행위자인 국민들의 능력에 대한 관의 불신), 경제사회적

32) 규제의 유형은 경제적 규제와 사회적 규제 및 행정적 규제로 구분된다. 먼저 경제적 규제란 소비자·생산자를 보호하고 시장의 비경쟁적 요인을 제거하기 위해 사회구성원의 경제활동에 대해 제약을 가하는 행위(진입규제, 가격규제, 독과점 및 불공정거래 규제, 수입규제, 경쟁제한규제 등)다. 다음으로 사회적 규제란 공익과 사회적 형평을 보호하고 삶의 질을 확보하기 위해 사회구성원의 사회적 책임을 강제하기 위한 행위(환경규제, 산업안전규제, 보건위생규제, 소비자보호규제, 사회적 차별에 대한 규제 등)다. 그리고 행정적 규제란 정부의 업무 수행과 관련된 서류 작업이나 행정적인 요식행위로 피규제자인 기업이나 개인에게 불편을 가져오고 경제사회적 성취에 커다란 영향을 미치게 된다.

요인(정부 주도의 성공적 경제사회 발전 경험) 등을 지적할 수 있다. 결과적으로 이러한 요인들이 상호작용한 결과물로서 공직사회 전반에 제도화된 규제만능주의 사고는 법령에 근거하지 않은 행정규제를 양산했을 뿐만 아니라 자유재량이나 행정지도에 의존하는 보이지 않은 규제 영역을 확장시켜 왔다.[33)]

물론 이러한 정부개입 방식이 초창기 한국 경제의 고도 성장을 견인한 핵심적 동인이라는 주장이 다수를 점하던 시절도 있었다. 하지만 1997년 말 IMF 구제금융을 계기로 국내에서도 본격화된 규제개혁의 기풍이 부각되었다. 또한 이러한 규제개혁의 본질에는 정부조직의 개편과 같이 급진적이고 하드웨어적 개혁이 아니라 행정절차의 개선을 추구하는 점진적이고 소프트웨어적인 개혁이라는 의미도 들어 있다. 따라서 이 두 가지 정부개혁의 수레바퀴가 시너지를 창출하게 되면 효과적 정부(effective government)의 구현이 촉진될 것이다.

한편 정부규제의 개혁은 다음과 같은 효과를 기대할 수 있다.[34)]

첫째, 인허가 · 등록 등 사전 진입규제, 가격규제, 각종 준수 사항 등 기업과 국민활동에 대한 규제를 대폭 폐지하여 자유로운 경제활동과 경쟁 촉진으로 국가경쟁력을 강화시킨다.

둘째, 개인 생활에 대한 불필요한 정부 간섭을 최소화하기 위해 사전적 · 획일적 규제를 폐지하여 민간 자율과 자기 책임의 원칙을 실현하며, 다양성과 창의성이 인정받는 행정풍토와 사회분위기를 조성토록 유도한다.

셋째, 불합리하고 과도한 규제를 없애는 한편 국민의 생명과 안전 · 재산권 · 환경권 · 기업활동권 · 노동권 등 정부가 보호해야 할 국민의 권리는 명확하게 보호하여 국민들의 삶의 질을 높인다.

---

33) 우리나라는 정부 주도의 경제사회 발전을 추진해 오는 과정에서 행정편의주의적 규제(피규제자의 입장을 고려하지 아니한 규제), 권위주의적 규제(민간 능력에 대한 불신을 반영하는 규제), 특정 집단에게 특혜를 제공하거나 국민의 자유와 기회를 제한하는 규제, 비현실적이어서 지키기 어려운 규제, 피규제자의 과도한 부담을 초래하는 규제(면허, 허가, 인가, 승인 등), 자의적 규제, 규제 상호간에 모순되는 규제, 규제집행 수단이 획일적 · 강압적인 규제, 책임회피성 규제, 중복 · 중첩규제 등과 같은 불량 규제를 양산해 왔다. 한편 이처럼 불량규제가 양산된 주요 원인으로는 정부 기능 및 역할에 대한 과다한 수요, 예산과 인력의 제약에 대한 우회 수단, 정책평가 기능의 저발전, 외부화되어 있는 사회적 비용, 경직적인 공무원 내부 통제 체계 등을 지적할 수 있다.

34) 규제개혁의 목표는 당면한 고비용 · 저효율의 경제사회 구조를 타파하고 불합리하고 낭비적인 행정 기능과 절차를 개선하는 일에 부여되어 있다. 이와 관련하여 OECD는 규제개혁 목표로 ① 경제 성장, 경쟁 및 소비자 복지 증진, ② 정부의 효율성 상승, ③ 정부의 개발성 · 책임성 · 대중의 참여 등을 제시했다.

넷째, 건축·소방·토지·교통·위생 등에서 자주 목격되는 모호하고 비현실적인 규제는 부정과 비리의 온상이 되므로 규제의 투명성과 객관성을 확보하여 부정부패를 줄인다.

다섯째, 정부 주도형 경제 발전을 전제로 만들어진 규제를 OECD(경제협력개발기구)·WTO(세계무역기구) 규범 등에 맞도록 제도를 국제화하여 국제 교류와 외국인 투자 활성화를 촉진한다.

참고로 김대중 정부 초기에 규제개혁위원회와 산업연구원이 공동으로 수행한 분석 결과에 따르면 기존 정부규제의 절반을 철폐한 1998년의 규제개혁은 직후 5년간 106만 6,521개의 일자리 창출, 18조 6,926억 원의 국민비용 절감, 5,900억 원의 정부비용 절감 등과 같은 효과를 산출할 것으로 분석되었다(하병기 외, 1999). 또한 유럽 각국을 대상으로 한 비교분석 결과 경제 성장과 경제규제 간에는 밀접한 관련성이 존재하는 것으로 나타난 바 있다(Koedijk & Kremers, 1996). 하지만 우리는 최근 세계 경제를 위협하고 있는 미국과 아일랜드의 부동산 거품 파동이 정부의 과소 규제에 기인한다는 정부개입론자들의 목소리에도 유의할 필요가 있다.

2 규제개혁의 도구

1) 행정규제관리의 측면: 순응 지향적 규제관리를 중심으로

우리나라의 규제개혁은 초기 단계의 고도 성장이 일단락된 1980~90년대의 모색기를 거쳐 IMF 구제금융 직후에 행정규제기본법이 시행(1998년 3월)되고 규제개혁위원회가 발족(1998년 4월)하면서 본격화되었다.[35] 정부 규제개혁위원회는 국무총리실의 행정 지원 하에 국무총리와 민간인 대표가 공동위원장을 맡아 각 부처와 지방자치단체를 총괄하는 방식을 채택하고 있다.

정부 규제개혁위원회가 행정규제기본법에 근거해 추구하는 정책 목표는 크게 기존 규제의 정비와 신설·강화 규제의 억제 및 규제 총량관리로 구분된다. 먼저 기존 규제의 정비는 규제법정주의를 채택하여 법령 또는 조례·규칙에 근거가 없는 규제사

35) 1980~90년대 우리나라의 역대 정부가 설치한 행정쇄신위원회와 경제규제개혁위원회 등에서도 규제개혁을 추진했으나 구비 서류 감축, 절차 완화 등 지엽적인 개선에 치중, 핵심 규제 개혁, 규제 총량 감축 등의 성과는 다소 부진(5년간 약 6,000여 규제를 개선)했다.

무들을 정비하는 일에 초점을 부여하고 있다. 다음으로 신설·강화 규제의 억제는 규제영향분석(RIA)의 논리에 기초해 중요 규제에 대한 비용편익분석을 의무화하는 방식으로 사전 의견 수렴과 검토 절차를 강화시켰다. 특히 신설 규제는 원칙적으로 5년 이내의 필요한 존속 기한을 설정하는 규제일몰제를 적극 유도하고 있다. 나아가 규제총량관리란 일련번호가 부여된 전산관리를 규제의 전체 규모에 대한 변동 상태를 일목요연하게 파악할 수 있음을 의미한다. 참고로 전산 등록된 정부규제들은 규제개혁위원회 홈페이지(http://www.rrc.go.kr)를 통해 열람이 가능하다.

한편 초기 수준의 규제개혁 단계를 넘어서기 위한 규제개혁 도구(수단)의 모색과 관련하여 규제순응에 초점이 부여된 규제대안의 개발이 중시되고 있다. 규제개혁 패러다임의 확산을 선도해 온 OECD는 규제개혁의 단계로 규제 완화(deregulation) → 규제 품질관리(regulatory quality management) → 규제관리(regulatory management)를 제시했다. 먼저 규제 완화 단계에서는 정부의 규제에 따른 기업과 국민의 부담을 경감하기 위해 행정규제 절차와 구비 서류의 간소화, 규제 순응비용의 감소 및 규제 폐지를 통한 규제총량의 감소를 추진한다. 다음으로 규제 품질관리 단계에서는 규제 완화가 어느 정도 이뤄지고 나면 개별 규제의 품질관리에 초점을 둔다. 이는 사회경제적 여건의 변화에 따라 개별 규제 수단의 적정성 및 효율성에 대한 평가와 개선을 통해 정책 목표의 효율적인 달성을 추구한다. 나아가 규제관리 단계는 전반적인 규제 체제가 의도하는 사회경제적 목표의 달성 여부에 초점을 부여한 상태에서 규제의 효과성을 평가하는 일에 주력한다. 따라서 이 단계에서는 성과 지향적인 규제 체제를 설계하고 구축하는 데 우선순위를 둬야 한다. 이러한 맥락에서 규제성과 평가의 중요한 요소로서 규제순응이 강조되는 것이다(박경효·정윤수, 2000).

이때 순응 지향적 규제(compliance-oriented regulation)는 규제정책의 틀이 법규에 대한 순응을 최대화하면서 실질적 순응을 달성하는 데 적합한 규제를 의미한다. 즉, 잠재적 순응실패(불응)의 요인을 최소화하고 법규에 대한 순응과 본질적 순응 간에 괴리가 생기지 않도록 규제를 설계하고 집행하는 것이라 할 수 있다. 규제정책이 피규제집단의 지지를 항상 확보할 수 있는 것은 아니기 때문에 본질적인 목표를 달성할 수 있는 효과적인 규제는 순응성과의 달성이라는 측면에서 고려되어야 할 것이다(Sabatier, 1986). 이는 규제 대상 집단이 법규와 실행전략에 어떻게 반응할 것이며, 규제 목적에 순응하도록 어떻게 그들을 설득할 것인가에 대한 정부의 이해와 고려가 필요하다는 것을 의미한다(정강정, 2002).

규제다원주의(regulatory pluralism) 또는 규제 거버넌스는 국가만이 규제의 유일

〈표 2-4〉 순응 지향적 규제의 특성

전통적인 명령 지시적 규제	현대적인 순응 지향적 규제
문제에 대한 무조건적 반응(reflexive)	규제의 도입에 대한 조심스러운 접근
정태적(static)	동태적(dynamic)
표준화된 접근(standardized)	유연성(flexible)
수단 지향(means-oriented)	결과 지향(results-oriented)
불투명(opaque)	투명(transparent)
이익집단 영향(interest group based)	실증적 근거(empirically based)
단일 목적 지향(single mission)	균형 및 통합(balanced, integrative)
시장을 대체(replacement of market)	시장을 전략적으로 활용
효과 지향(effective)	비용–효과성 및 효율성
권위적이며 상의하달식 집행	협조적이며 하의상달식

출처: OECD(1998).

한 원천이 아니라는 사실에 바탕을 두고 있다. 한 사회 내의 규제활동은 정부독점이 아니며 대학, 노조, 기업, 병원, 시민단체 등과 같은 다양한 제도적 기관들에 의해 이뤄진다. 정부규제가 효과적이기 위해서는 이들 비정부 조직들과 유기적으로 연계되어 상호 협력적인 체제를 만들어야 할 것이다. 정부는 산업조직의 자율규제 능력, 시민사회의 규제순응에 대한 관심과 요구, 전문가조직을 포함한 제3자 집단의 역할 등을 촉진하고 활용할 수 있어야 한다(정강정, 2002).

이러한 규제다원주의의 관점에서는 다양한 규제 대안을 개발하고 적용하려는 노력이 전개되어야 한다. 규제대안이란 지시명령적인 방식의 규제가 아닌 정책 수단을 총칭하는 것으로 비규제 대안과 고품질의 규제 대안을 포함한다(김태윤, 2000).[36]

OECD는 규제순응 확보를 위한 전략으로 3단계에 걸친 세부 내용을 제시하고 있다. 첫 단계는 문제 확인과 분석으로 체계적인 문제분석과 효율적인 규제 수단의 모색이 강조된다. 두 번째 단계에서는 자율규제, 시장 메커니즘과 공공규제 등과 같은 다양한 규제 수단을 활용하면서 순응 여부에 따른 인센티브를 제공한다. 마지막 세

36) 비규제 대안으로는 정보 수단(information measures), 공동규제(co-regulation), 자율규제(self regulation), 자율협약(voluntary agreements), 경제적 유인(economic incentives), 거래 가능한 재산권적 권리(tradable property rights) 등이 있다. 그리고 고품질 규제대안으로는 성과기준 규제(performance based regulation), 안전 조항 및 면제 조항(safe harbors, wavier or variance provisions), 과정규제(process regulation), 자동조정 조항(automatic updating)과 사후적 통제(ex post control) 등이 있다.

〈표 2-5〉 단계별 규제순응 전략

단계	내용
1단계	1. 문제 확인과 분석
2단계	2. 비규제 대안을 통한 민간의 규제순응 역량 제고
	3. 자발적 순응을 극대화하는 공공 규제
	4. 자발적 규제순응 제고를 위한 보상과 유인
	5. 기업의 순응 역량 배양
3단계	6. 낮은 순응에 대한 모니터링과 집중적 관심
	7. 자발적 순응의 실패 시 순응 복원 노력
	8. 순응 복원 노력의 실패 시 상응하는 제재

출처: 정강정(2002).

번째 단계에서는 순응에 대한 모니터링을 통해 자율규제가 실패할 경우의 대처 방안을 강구한다. 이러한 단계별 전략은 정부규제의 실시에 앞서 비규제 대안이나 규제적 대안을 적극 모색하고, 이러한 노력이 실패할 경우에만 강제적 수단을 발휘하는 것으로 되어 있다. 이러한 단계별 규제순응 전략을 나타내면 <표 2-5>와 같다.

2) 경제활성화 도구의 측면: 규제자유지역과 민영화를 중심으로

규제자유지역의 원형인 우리나라의 수출자유지역은 외자의 유치, 수출 진흥, 선진기술의 이전 등을 목적으로 하여 설치했으며, 입주 기업에 대해 수입관세의 면제, 법인세·소득세 등의 감면, 통관 절차의 간소화, 관련 행정 서비스의 지원 등을 제공하고 있다. 따라서 수출자유지역은 수출 진흥이라는 목적으로 설치된 단순 기능 형태의 자유지역이라 하겠다(산업연구원, 1999).

1998년 이후 우리 정부가 규제자유지역의 논리에 기초해 추진하고 있는 관세자유지역이나 자유무역지역의 경우는 수출자유지역이 갖고 있는 수출 촉진 기능에 물류자유 기능을 추가로 보강함으로써 복합 기능의 형태를 지향하고 있다. 나아가 이러한 구상이 본격화될 경우 정부 각 부처는 역외금융센터, 물류자유지역, 레저·관광자유지역, 교육자유지역 등을 추진할 수 있을 것이다. 실제로 이러한 구상은 2003년 이후 노무현 정부가 추진한 지역특화발전특구 제도를 통해 부분적으로 실현되었다.

우리 정부가 규제자유지역을 고려하게 된 배경은 정부규제를 획기적으로 개혁해 보려는 방법의 하나로서 규제자유지역에 대해서는 규제가 전혀 없는(zero base) 상태에서 출발해 꼭 필요한 규제만 도입하자는 것이다. 그러나 규제자유지역의 목표가 무정부 상태나 치외법권적 상태를 지향하는 것은 아니다. 비록 규제자유지역이라 할지라도 공공의 안녕 및 질서 유지를 위한 법체계는 필요한 것이므로 보건·안전·환경 보호 등과 관련된 법률 및 규제에 대한 적용 배제는 신중을 기해야 할 것이다.

이 점에서 규제자유지역의 설치와 운영은 자율규제의 논리와 밀접한 관련성을 지니고 있다. 이때 자율규제란 미국의 Responsible Care 사례가 시사하듯이 화학산업에 종사하는 기업이 자발적으로 환경오염, 안전사고 등을 철저히 예방함으로써 지역주민 및 종업원의 건강과 안전을 확보하고 주변 환경을 쾌적하게 조성하는 등 기업의 사회적 책임을 완수하기 위한 자발적인 관리활동을 의미한다. 즉, 화학산업은 위험한 산업이고 환경 유해적 산업이라는 사회적 인식을 개선하기 위해 화학산업에 종사하는 기업이 공동으로 기업의 이미지 제고와 신뢰성 회복을 목적으로 추진하고 있는 자발적인 관리활동이다(산업연구원, 1999).

한편 민영화는 사유화(탈국유화)와 민간위탁(contracting-out)을 포괄하는 개념이다. 이때 양자는 각기 급진적 대안과 점진적 대안으로서 밀접한 보완성을 지니고 있다. 또한 사유화는 상대적으로 민간 부문에 가까운 공기업의 개혁 도구로 선호되는 반면에 민간위탁은 상대적으로 공공성이 중시되는 정부관료제의 독점과 비효율을 타파하는 핵심적 개혁 도구로 활용된다.

일반적으로 사유화의 추진 계기는 이윤 동기의 부재로 인한 비효율성의 제거, 과잉공식성(over-formality)의 완화, 관리 과정에 대한 정치적 및 관료적 간섭의 배제, 국가소유권의 매각을 통한 재정적자의 해소 등을 지적할 수 있다. 하지만 헤임(Heim, 1995)은 사유화가 부적절한 조건으로 해당 공공 서비스가 집합재(collective goods)이거나, 서비스 공급자 사이에 경쟁이 존재하지 않을 때, 형평성이 중요한 가치일 때, 시민에 대한 대응성(responsiveness)이 요구될 때 등을 제시하고 있다.

그리고 민간위탁의 효과로는 업무효율화, 비용 절감, 민간의 전문성과 기술의 확보, 서비스 향상, 민간의 참여 기회 확대 등이 거론된다. 이와 달리 민간위탁의 단점으로는 계약 체결 과정에서의 부패 가능성, 민간 계약자의 계약 불이행이나 파산 등에 따른 서비스 공급 중단 가능성, 경쟁의 조장 및 계약 내용의 감시를 위한 비용의 소요, 저임금 인력의 고용에 따른 서비스의 질 저하, 공무원의 고용 승계 혹은 해고에 따른 실업문제, 정치적 반대 등이 지적된다(한국지방행정연구원, 2000). 따라서 민간위탁의 성과를 제고하기 위해서는 민간위탁의 성공을 위한 제반 조건이나 영향요인에 관한 검토가 요구된다.

3 우리나라 규제개혁 추진 체계의 개편 방안

1) 구조적 측면

(1) 규제개혁위원회의 설립 목적과 존립 근거에 대한 재인식

1997년 12월 행정규제기본법의 제정을 계기로 탄생한 규제개혁위원회는 1980년대 이래 계속된 정부 주도 경제사회 발전 모델에 대한 반성과 직결된 문제다. 특히 1997년 말 IMF 구제금융으로 초래된 위기 극복을 제일의 사명으로 출범한 김대중 정부에게 기존에 유지된 정부 주도 모델의 후퇴는 불가피한 선택이었다. 하지만 단기적이고 미시적인 위기 극복의 논리에 지나치게 편중된 규제개혁의 논리는 좀더 장기적이고 거시적인 관점에서 재정립될 필요가 있다.

따라서 앞으로의 규제개혁은 정부의 리엔지니어링이라는 기본적인 목적에 부응하는 방향으로 정상화되어야 한다. 이를 위해서는 무엇보다 규제개혁을 규제 완화(철폐)와 등치시키는 단선적 사고의 시정이 요구된다. 물론 우리의 현실을 감안할 때 규제개혁의 대부분이 규제 완화 과제일 수밖에 없다는 점을 부인하기는 어렵지만 규제 강화가 지니는 중요성을 소홀히 취급하지 말아야 한다. 일례로 영국 블레어 정부는 민영화로 대표되는 과도한 규제 완화의 부작용을 치유하기 위해 독립적 규제기구를 매개로 시장 메커니즘의 원활한 작동을 보증하는 재규제(reregulation) 방식을 채택했다. 또한 사회적 규제의 강화 필요성에 부응하기 위해 블레어 정부는 식품안전 규제 부서를 신설하는 한편 대중교통의 편의 제고를 위한 버스 규제를 강화했다.

한편 이러한 정책 전환을 반영하는 규제개혁 수단으로는 신설 강화 규제에 부가해 기존 규제의 완화시에도 규제영향분석서의 작성과 규제심사를 의무화하는 조치의 도입을 지적할 수 있다. 국민경제에 미치는 파급 효과가 매우 크게 나타나는 규제 완화 대안을 부처청이 자의로 결정하게 되면 예기치 못한 행정 품질의 저하를 초래할 개연성이 크기 때문이다.

결국 지금까지 제시된 규제개혁위원회의 방향 재설정은 개혁 역량의 결집과 개혁 작업의 체계적인 조정과 직결된 문제다. 나아가 규제개혁에 대한 국민적 합의와 지지를 유도하기에 용이할 뿐만 아니라 규제개혁을 담당하는 일선 관료들에게 목표 의식을 배양하는 계기를 마련할 수 있다.

(2) 규제개혁위원회의 설계 원리인 대표성과 전문성의 조화

현행 규제개혁 추진 체계는 그동안 자문위원회 형태로 다원화되어 있던 규제개혁 추진기구를 대통령 직속의 항구적인 규제개혁위원회로 일원화시켜 법적 구속력을 부여했다는 점에서 상당한 진전을 이룬 것으로 평가된다. 즉, 과거의 규제개혁추진기구가 민관합동(혹은 민간 중심)의 한시적 자문위원회의 성격을 가지고 있었던 반면에 현행 규제개혁위원회는 제도적(법적)으로 기구의 한시성을 극복했으며 심의의결권을 강화하고 국무총리와 민간 부문의 학식과 경험을 갖춘 인사가 공동위원장을 맡음으로써 그 권한과 위상이 과거의 규제개혁 관련 추진기구와 비교해 볼 때 상당히 격상된 것이 사실이다.

하지만 규제개혁위원회는 높은 수준의 대표성을 확보하고 있는 반면에 전문성의 측면에서 많은 문제점을 드러내 왔다. 먼저 규제개혁위원회 민간위원의 구성을 보면 위원 개인의 대표성에 초점을 맞춰 구성되어 있으며, 그나마 전원 비상근 위원으로 위촉되었기 때문에 규제에 대한 전문성과 추진력에서 한계를 가지고 있다. 또한 정부위원으로 위촉된 장관들의 경우도 대표성은 높은 편이지만 전문성과 실질적 활용 가능성은 매우 낮은 것이 현실이다. 이러한 맥락에서 규제개혁위원회가 앞으로 실질적인 심의의결기구라는 권능에 부합하는 역할을 수행할 수 있을지 의문이며, 과거의 규제개혁 관련 위원회와 마찬가지로 규제 사안별로 민간 부문의 의견을 전달하는 자문기구로 전락할 위험이 있다.

따라서 규제개혁의 기본 전략 차원에서 대표성과 전문성의 조화를 도모하는 방향으로 제도 개선을 모색해야 한다. 이를 반영하는 장기적·혁신적 개혁대안으로는 현행 규제개혁위원회를 독립적인 합의제 행정위원회로 재편하는 방안을 고려할 수 있다. 규제개혁위원회가 공정거래위원회와 유사한 조직 운영 방식을 채택할 경우 상설 운영에 따른 전문성 강화는 물론 신설 강화 규제 심사의 적시 처리라는 긍정적 효과를 기대할 수 있다. 하지만 현행 규제개혁위원회를 독립된 합의제 행정위원회 형태로 개편할 경우 대표성과 효율성의 측면에서 문제가 발생할 수 있다. 우선 부처 간의 이견 조정을 주요한 사명으로 하는 국무조정실(규제개혁조정관실)을 활용한 효율적인 업무 처리와 대통령 직속기관과 민관공동위원장 방식에 기인하는 정치적 대표성의 약화가 우려된다. 다시 말해 독립적인 행정위원회로의 재편은 전문성 확보에 유리하지만 불가피하게 대표성 유지를 위해 별도의 자문기구를 신설해야 할 필요성이 제기된다는 것이다.

(3) 규제개혁위원회 주도에서 부처청 주도 규제개혁 추진 체계로의 전환

행정규제기본법에 설립 근거를 둔 현행 규제개혁위원회는 기본적으로 각 부처청이 주도적으로 규제개혁을 추진하는 것을 전제로 한다. 다시 말해 규제개혁위원회는 기본적으로 중앙행정기관의 규제 개혁기구에 대한 상부심사(oversight) 기구로서 성격을 지니고 있다는 것이다. 이런 면에서 중앙정부의 부처청이 어떤 규제개혁 추진 체계를 갖추는가는 규제개혁의 성패를 가늠하는 관건이라 할 수 있는데, 현재의 규제개혁 추진 체계를 평가해 볼 때 부처청의 자율적인 규제개혁 의지와 역량이 상대적으로 매우 취약한 것이 현실이며, 우리나라 규제개혁 추진 체계의 선진화를 가로막는 가장 심각한 장애물로 인식되고 있다.

규제개혁위원회 주도에서 부처청 주도 규제개혁 추진 체계로의 전환 작업을 촉진하기 위해서는 기본적으로 규제 편향적인 일선관료들의 인식 전환과 제도 개선이 병행되어야 한다. 이러한 과제는 기존에 유지된 행정 관행의 지속성을 고려할 때 결코 용이한 과제가 아니다. 이 점은 기존에 이뤄진 규제개혁위원회 주도의 개혁 추진 체계가 기대한 만큼의 성과를 산출하는 일에 실패했다는 사실을 통해 잘 나타나고 있다. 즉, 부처청과의 관계가 합의와 협력이라는 민주적 방식이 아니라 상의하달식의 일방적인 관계로 고착된다면 대통령의 과감한 지원을 배제한 상태에서 시스템 자체가 효과적으로 작동하지 않게 될 개연성이 크다.

그렇다면 이를 반영하는 구체적 처방 대안은 무엇인가? 우선 부처청의 규제개혁을 주도하는 기관장의 개혁 의지가 담보되어야 한다. 다음으로 일선관료들의 규제 편향성을 시정할 수 있는 교육훈련을 지속적으로 추진해야 한다. 마지막으로 중앙행정 부처청 단위에 설치된 규제개혁 추진기구가 본연의 역할과 기능을 수행할 수 있도록 조직, 전문인력, 예산 등을 확충해야 한다.

(4) 정부혁신과 규제개혁의 연계 강화

정부혁신이 수반되지 않은 규제개혁은 한계를 가질 수밖에 없으며 규제개혁의 성공을 기대할 수 없다. 즉, 불필요한 기존 규제를 대폭 철폐하고 신설 규제를 사전에 억제한다 해도 규제를 입안·집행·유지·관리하는 방만한 정부조직과 인력이 혁신되지 않는 한 규제개혁은 의도한 성과를 달성할 수 없다. 이는 다시 말해 기존에 이뤄진 규제개혁의 효과가 정부의 감축이나 개선을 유도하는 실적적 효과를 산출하지 못해 왔음을 의미한다.

따라서 규제개혁은 범정부 차원의 거시적 차원에서 접근해야 하며 규제개혁을 통한 제도적 선택이 이뤄질 때 개혁의 성과를 기대할 수 있고, 국민적 합의와 지지를 이끌어낼 수 있다. 만약 규제개혁 추진 체계의 명확한 역할 정립이 전제되지 않고 규제개혁 관련 추진기구 간 실적 위주와 부처이기주의에 입각한 미시적 접근으로 개혁이 추진된다면, 정부혁신 및 정부와 민간 부문 간에 생산적 관계 재정립이라는 규제개혁의 본질적 목표를 달성할 수 없을 것이다.

더불어 규제개혁위원회의 유관 조직인 법제처와의 업무 협조를 강화해야 한다. 신설 강화 규제 심사 시 기존의 입법 과정에 규제개혁위원회 심사 기간이 추가되어 시간적 부담으로 작용하고 있기 때문이다. 따라서 관련 법령을 개정해 법제처 심사와 규제개혁위원회 심사를 동시에 진행시키는 방안을 모색해야 한다. 나아가 장기적으로 미국의 OMB를 벤치마킹해 규제개혁위원회와 법제처의 심사 기능을 통합해 운영하는 방안도 고려할 수 있다.

(5) 규제개혁위원회 사무국의 전문성 강화

규제개혁위원회의 구성과 관련한 또 다른 문제점은 사무국에 해당하는 조정관실의 조직과 운영에 대한 문제다. 조정관실은 관리관인 조정관과 3개의 국으로 구성되어 있으며, 각 국은 경제, 비경제, 환경 분야 등 기능별로 분화된 업무를 관장하고 있다. 조정관실의 인력은 주로 총리실 소속 직업관료로 충원되고 있기 때문에 양적 제약은 물론 사무국 인력의 순환보직과 잠정 배치에 따른 전문성 저하라는 문제가 좀처럼 해결되지 못하고 있다.

이러한 문제점에 대처하기 위해 규제개혁조정관실은 정부 산하 전문연구기관 연구원, 유관 부처 공무원 등을 파견 형식으로 활용해 왔다. 하지만 파견기관에 대한 인센티브가 전무한 상태에서 파견 인력을 확보하는 일이 한계에 직면하고 있을 뿐만 아니라 통상 1년 이내로 제한되는 파견 기간의 한계 등으로 인해 소기의 성과를 산출하는 일에 실패하고 있다.

이러한 문제를 해결하기 위해서는 기본적으로 전문인력의 충원이 전제되어야 한다. 하지만 행정고시 출신의 일반직 직업공무원들이 주류를 형성하고 있는 규제개혁조정관실의 조직 풍토를 감안할 때 계약제 형태로 신규 채용한 박사급 전문인력의 성공적인 정착을 기대하기 어렵다. 따라서 특정 전문연구기관을 선정해 예산 지원을 전제로 한 협약을 맺어 전문적인 분석 업무를 계속적으로 지원받는 방식으로 해결 방안을 모색해야 한다. 이는 OECD가 규제영향분석제도의 성공을 위해 제안한 규제영향분석서에 대한 외부평가제 도입과 직결된 문제라는 점에서도 그 의미를 찾아볼 수 있다.

또한 사무국 내의 파견 공무원을 축소하여 신분상의 안정을 도모하고 규제개혁 업무 종사자의 순환보직 기간을 연장해 전문성을 높여야 한다. 규제개혁 과제의 선정과 심사분석에는 전문지식이 필요하므로 각 부처에서 발탁된 전문 공무원과 민간 전문가로 사무국을 구성해야 할 것이다.

2) 기능적 측면

(1) 홍보 기능의 강화

중앙 수준에서 이뤄지는 규제개혁 조치가 일선 행정기관을 경유해 국민생활의 구석구석까지 전달되기 위해서는 홍보 기능의 강화가 필수적이다. 이에 규제개혁위원회는 출범 이래 규제개혁에 대한 국민들의 체감도 제고 차원에서 다양한 형태의 홍보활동을 수행해 왔다. 여기에는 행정기관을 활용한 직접적 홍보(관보, 게시 등)는 물론 언론매체(보도자료, 광고 등)를 활용한 간접적 홍보가 포함된다.

하지만 이러한 노력들이 소기의 성과를 산출하고 있는 것으로 평가하기는 어렵다. 직접적 홍보의 주체인 일선 공무원들이 정부의 변경된 규제개혁 조치를 충분히 인지하지 못하고 있을 뿐만 아니라 언론매체를 활용한 홍보도 일부 중요 규제를 제외하고 그 효과성이 의문시되고 있다.

따라서 앞으로의 홍보작업은 공무원들의 대응성 제고와 홍보매체의 다원화를 추구해야 한다. 먼저 민원인들을 대상으로 직접적 홍보를 담당하는 공무원들의 대응성 제고는 중앙집행 부처와 지방자치단체의 적극적인 협력을 전제로 적절한 인센티브의 제공이 전제되어야 한다. 다음으로 신문기사와 CATV 공공 채널에 초점이 부여된 기존의 간접적 홍보는 공중파 방송과 인터넷 매체를 활용하는 방향으로 확대되어야 한다. 마지막으로 규제 의사결정의 준비 단계에서 이뤄지는 광범위한 자문활동을 통해서도 홍보 효과를 산출할 수 있어야 한다.

한편 우리나라의 규제개혁 성과에 대한 대외홍보가 지니는 중요성을 감안해 구체적인 대응책을 마련해야 한다. 우선 OECD의 주기적인 규제개혁 평가작업에 적극적으로 대처해야 한다. 특히 평가시에는 서구와 구별되는 한국의 특수성을 충분히 설명할 수 있어야 한다. 다음으로 대사관과 KOTRA 등을 활용해 한국의 규제 수준이 국제 기준과 부합한다는 점을 각국 정부와 기업들에게 적극적으로 홍보해야 한다.

(2) 점검 및 평가 기능의 강화

규제개혁에 대한 체감도 제고를 위해서는 일단 결정된 규제개혁 과제들이 충실히 집행되어야 한다. 하지만 기존의 이행 실태 점검 방식이 효과적으로 운영되기 위해서는 좀더 체계적인 운영이 요구된다.

행정부처 소관 업무는 원칙적으로 행정부처 내의 규제개혁추진단의 기관장에게 위임하는 간접평가 방식을 채택하고, 규제개혁위원회는 감사원 등과 협력하여 부처별로가 아니라 사안별로 심사, 평가 기능을 수행하는 체계를 마련해야 한다. 여기서 구태여 간접평가 방식을 추천하는 이유는 첫째, 부처에 대한 신뢰에 기초하고 있으므로 규제개혁 추진 체계 구조의 원칙 중 하나인 파트너십의 형성에 기여한다는 점과, 둘째, 규제개혁위원회가 해당 부처의 집행 상황을 평가하기에는 전문성과 정책 수단이 부족하다는 현실적인 배경에 있다. 그러나 규제개혁위원회가 각 부처의 자체평가의 원칙과 주안점 등을 명시한 평가지침을 시달하고 각 부처가 입안한 평가계획을 심사해야 함은 물론이다.

또한 규제개혁이 정책 방침이나 선언적인 상위 법규의 원칙적 변경으로는 실효성을 확보할 수 없으므로 실질적인 효과와 시행 여부가 검증되어야 한다. 특히, 규제개혁 사항이 제대로 이행되고 있는지에 대한 영향을 심층적으로 분석하여 규제개혁의 투명성과 효율성을 제고하는 것이 중요하다.

(3) 연구 및 분석 기능의 강화

규제의 품질 제고를 위해서는 중앙심사기구의 연구 및 분석 기능의 강화가 요구된다. 규제개혁의 기본 방향 중 하나가 규제의 품질관리이며, 이를 위한 최우선 과제는 규제개혁위원회의 전문성 강화와 연구 및 분석 기능의 확립이라고 할 수 있기 때문이다. 이를 위해서는 먼저 분과위원회를 확대·개편하여 규제개혁 과제에 대한 사안별 검토 단계에서 전문성을 높여야 된다. 이때 분과위원회 심의 단계에서 심층분석이 가능하도록 제도적 또는 기능적으로 개선하고 전문인력이 확충되어야 한다. 그리고 질적으로 안건을 심의·검토하기 위해서는 빈번하게 회의를 개최하기보다 각 전문위원단과 분과위원들이 충분한 시간을 갖고 연구·검토할 수 있는 시간상의 배려가 필요하다.

다음으로 '규제영향분석 사전검토제'의 적극적 도입을 검토해야 한다. 즉 규제개혁위원회가 사전 검토 대상 규제의 기준을 설정하여 각 부처가 해당 범주에 드는 규제를 신설, 강화할 경우 규제영향분석의 구조와 과정 등 상세한 내용을 규제개혁위원회와 협의하도록 함으로써, 규제 입안 단계에서부터 충분하고 신중한 검토가 이뤄지도록 해야 한다.

(4) 규제기획제도의 도입과 활용

1980년대 중반 이후 미국의 역대 정부가 다양한 형태로 활용해 온 규제기획제도(Regulatory Planning System)는 행정부의 규제입법을 억제하는 데 효과적인 것으로 평가된다. 따라서 행정입법이 주류를 형성하고 있는 우리의 현실을 감안할 때 규제기획제도의 필요성은 매우 크다고 말할 수 있다. 나아가 연방제 국가와 달리 법률의 제정 및 개정 권한이 전적으로 중앙정부에 귀속되어 있다는 점 역시 행정부 주도의 규제기획 및 심사제도의 효과성을 높이는 데 기여하는 요소라고 할 수 있다. 또한 현행 행정규제기본법의 체계상 규제기획제도를 비교적 용이하게 접목시킬 수가 있다는 사실 역시 이 제도의 도입에 유리한 점 가운데 하나다.

하지만 제도 도입의 난점으로는 역시 졸속적인 입법 관행을 들지 않을 수 없다. 규제기획제도는 최소한 향후 1년을 기획 단위로 삼아 운영되도록 되어 있다. 이런 면에서 우리나라처럼 졸지에 입법이 추진되고 예측가능성이 매우 낮은 행정풍토 속에서 향후 1년에 걸쳐 추진할 규제행동 계획을 사전에 작성하도록 요구하는 것은 적어도 현재로서는 실행가능성이 낮다고 말하지 않을 수 없다. 그러나 이는 역설적으로 우리가 이 제도를 도입할 경우 그 이익이 매우 클 것임을 시사한다.

(5) 기존 규제 정비 기능의 강화

현행 행정규제기본법에서는 신설하는 규제에 대해서뿐만 아니라 기존 규제(강화, 기한 연장)에 대해서도 규제영향분석을 실시하도록 되어 있으나, 기존 규제 정비에서는 규제영향분석제도 도입에 대한 규정이 없다. 그러나 기존 규제에 대한 규제영향분석 제도의 도입은 다음과 같은 이유에서 큰 의의를 가진다.

첫째, 신설·강화되는 규제에 대한 규제영향분석은 미래에 대한 불확실성을 내포하고 있어 적실성 있는 비용과 편익의 계상이 상당히 어렵지만, 기존 규제의 경우 과거의 발생한 비용과 편익 및 현재 발생하는 비용과 편익을 관찰할 수 있어, 규제영향분석 기법의 적용이 상대적으로 훨씬 용이할 수 있다.

둘째, 우리나라처럼 규제영향분석에 대한 경험적 연구와 학습이 일천한 경우, 현실적으로 좀더 용이한 기존 규제 정비에 대한 규제영향분석은 학습과 교육의 효과를 증진시킬 수 있다.

셋째, 기존 규제 정비는 조직 및 인력 감축, 예산 감축과 병행하여 실시되기 때문에 부처 간 갈등과 상당한 저항이 예상된다. 따라서 규제영향분석과 같은 객관적인 자료와 분석에 의해 체계적으로 문제에 접근해야 할 현실적 필요가 존재한다.

3) 절차적 측면

(1) 절차적 합리성의 강화

규제개혁의 절차가 수요자에 대한 반응성과 민주성을 증진시킬 수 있도록 혁신적으로 변화하고 개혁에 대한 지지와 합의를 도출하기 위해서는 절차의 투명성과 객관성의 확보가 필수적이다. 현행 규제개혁의 과제 발굴 및 의사결정 과정을 보면 민주성과 투명성이라는 측면에서는 오히려 과거에 비해 역행하고 있다는 비판을 받을 여지가 있다. 특히, 기존 규제 정비에서 의사결정 과정은 상의하달식의 권위주의 방식에 의존하고 있다.

기존 규제 정비 대상 선정과 집행, 점검 및 평가에 이르기까지 각 부처 내의 규제담당 관료와의 협의를 통한 합의 도출 절차를 생략한다면, 과거의 경험에서 보듯이 관료들의 저항이 조직적으로 나타날 우려가 있다. 따라서 규제개혁의 절차는 고객 지향적으로 이뤄져야 한다. 즉, 외부 고객인 일반 국민과 내부 고객인 행정부처 관료들의 지지와 협력을 이끌어낼 수 있는 절차를 확보해야 한다.

(2) 심사 절차의 객관성 확보

심사 절차의 객관성 확보를 위해서는 규제영향분석제도의 광범위한 적용과 이를 위한 객관적이고 유용한 기법과 지침 마련이 시급하다. 특히, 우리나라의 경우 기존 규제 정비에서도 규제영향분석을 적극적으로 도입해야 할 필요가 있다. 행정규제기본법은 신설·강화 규제에 대해서만 규제영향분석을 실시하도록 되어 있으나, 기존 규제에 대한 규제영향분석 도입이 더욱 중요할 수 있다. 왜냐하면 신설·강화 규제에 대한 규제영향분석은 실질적인 비용편익의 계상이 상당히 어렵지만, 기존 규제의 경우 과거의 발생한 비용과 편익 및 현재 발생하는 비용과 편익을 관찰할 수 있어, 규제영향 분석기법의 적용이 상대적으로 훨씬 용이하기 때문이다.

또한 조직, 인력, 예산의 감축 등 비용 절감 효과를 계량화할 수 있으므로 규제영향분석이 훨씬 더 적실성을 가질 수 있을 것이다. 따라서 우리나라처럼 규제영향분석에 대한 경험적 연구와 학습이 일천한 경우, 규제영향분석이 현실적으로 좀더 용이한 기존 규제 정비에 먼저 시험적으로 적용할 필요가 있다. 그러나 현행 기존 규제 정비 절차를 보면 객관적인 기준의 적용을 통한 절차적 합리성을 기하기보다는 상의하달식에 의한 실적 위주로 흐르고 있어, 관료들의 저항과 규제 정비에 따른 법률 개정의 애로, 또 다른 우회 규제를 양산할 가능성 등의 문제점이 예상된다.

(3) 규제개혁추진기구 의결권의 실효성 제고

규제개혁위원회는 대통령 직속의 행정위원회이지만 의결 내용의 법적 기속력과 행정적 책임성은 여타 행정위원회에 비해 약한 것이 사실이다. 일례로 김대중 정부 출범 초기 중요 규제의 하나였던 사업자단체의 규제개혁은 규제개혁위원회 의결권의 실효성이 미약하여 구체화 단계에서 많은 애로를 경험한 바 있다.

따라서 규제개혁위원회 의결 사항에 대한 집행의 실효성을 제고하기 위해서는 회의시 정부위원은 최소한 장차관급이 참석하도록 강제하거나 규제개혁위원회 의결 사항에 대해 법적 확정력(법적 기속력)을 부여한 것도 검토해 볼 필요가 있다. 나아가 규제개혁위원회에 각 집행부처 간 또는 이해당사자 간 상반된 의견을 효과적으로 조정·절충할 수 있는 권한도 부여하는 것이 바람직하다.

(4) 국민이 체감할 수 있는 질적 규제개혁 추진

규제개혁위원회의 개혁작업이 양적 측면에서 상당한 성과를 산출한 것은 사실이지만 질적 측면에서 국민들의 체감도를 높이는 일에는 한계를 드러냈다. 이 점은 각종 여론조사의 수치나 언론의 비판 기사를 통해 확인된 바 있다.

따라서 앞으로의 규제개혁은 건수 위주의 인위적인 규제개혁에서 탈피해 실제로 국민 및 기업 등이 체감할 수 있는 질적 규제개혁을 기본 방향으로 설정해야 한다. 즉, 현재와 같은 과도한 건수 위주의 개혁을 지양하고 좀더 근원적이고 파급 효과가 큰 핵심 규제에 대한 개혁이 이뤄져야 한다. 건수 위주의 무리한 규제 철폐(완화)로 폐지되지 말아야 할 규제까지도 폐지하게 되어 오히려 부작용이 초래되는 일이 없도록 신중하게 추진해야 한다.

이를 위해 전문가단체, 시민단체 및 일반 시민이 겪고 있는 불편 사항이나 불리한 사항에 대한 현장 확인·점검이나 국민 의견의 수렴 창구를 활성화하여 체감도를 높여야 한다.

(5) 중요 규제 판단 기준의 신축적인 운영

행정규제기본법에서 규정하고 있는 규제영향분석 대상은 1998년 6월 1일 이후의 신설 규제, 기존 규제 중 강화되거나 존속 기한을 연장하는 규제 등이다. 규제영향분석의 심사 대상과 관련하여 중요한 점은 중앙행정기관의 규제영향분석서 모두가 중앙심사(규제개혁위원회)의 대상은 아니라는 점이다. 규제개혁위원회는 심사를 요청받은 날부터 10일 이내에 당해 규제가 국민의 일상생활 및 사회·경제활동에 미치는 파급 효과를 고려해 중앙심사 대상(중요 규제) 여부를 결정해야 한다. 중요 규제라고 판단되는 규제에 대해서만 중앙심사가 실시되며, 그렇지 않은 경우(중요 규제가 아닌 경우)는 중앙심사를 받은 것으로 본다(동법 제11조 2항). 중앙행정기관은 중요 규제 여부에 대한 자체 판단을 하여, 중요 규제인 경우에는 좀더 엄밀한 비용편익분석을 적용하도록 규제영향분석 작성지침을 요구하고 있다.

이에 규제개혁위원회는 중요 규제의 판단 기준으로, ① 규제영향의 연간 비용이 100억 원 이상인 경우, ② 피규제자의 수가 연간 100만 명 이상이 되는 규제, ③ 명백하게 경쟁 제한적인 성격의 규제, ④ 국제적인 기준에 비추어 규제의 정도가 과다하거나 불합리한 규제 등을 설정하고 있다. 이러한 현행 중요 규제 분류 기준은 나름의 타당성을 가지고 있으나, 중앙심사기구인 규제개혁위원회의 재량권을 제한할 수 있어, 제도의 포괄성과 유연성에 문제가 있을 수 있다.

따라서 규제영향분석제도의 유연성과 포괄성을 확보하기 위해 '기타 경제사회에 미치는 영향이 심대하거나 정책적으로 중요하다고 규제개혁위원회가 판단한 규제'라는 항목을 중요 규제 분류 기준의 다섯 번째 항목으로 추가할 필요가 있다. 또한 현행 중요 규제 분류 기준 중 '규제영향의 연간 비용이 100억 원 이상'이라는 금액 기준은 비용에 대한 의미가 명확하지 않으며, 규제 입안자가 중요 규제의 범위를 과소 책정할 수 있는 여지를 제공할 수 있다. 규제 입안자가 통상 규제비용을 과소 평가하는 경향이 있음을 상정해 볼 때, 비용을 기준으로 삼는 것은 중요 규제의 범위를 결정적으로 축소시킬 수 있기 때문이다. 따라서 '규제영향의 비용'보다는 '규제의 영향'이라는 좀더 포괄적인 준거를 제시하여, 규제의 편익이나 비용 중 어느 하나가 심대할 경우 중요 규제로 분류하도록 유도하는 것이 타당하다고 판단된다.

제 4 절 대내외 환경 변화 추세와 전망

우리는 지금 문명의 전환으로 지칭되는 급격한 변화의 조류를 목격하고 있다. 그렇다면 이처럼 근본적인 변화를 주도하고 있는 핵심적 요인은 무엇인가? 여기에 대한 답변으로는 세계화, 정보화, 민주화, 분권화 등이 지목되고 있다. 이 중에서도 특히 세계화와 정보화는 지배적인 영향력을 행사하고 있는 것으로 평가된다. 이들이 각기 산출하는 파급 효과(spillover effects)도 엄청나지만 양자간의 상호작용을 통해 산출되는 상승 효과(synergy effects)에 주목하지 않을 수 없다.

한편 앞서 지적한 핵심적 요인 이외에 국제적 측면에 초점이 부여된 블록화와 탈냉전을 부가적 논점으로 제시해 볼 수 있다. 먼저 경제에 관한 한 오늘의 세계는 국가 개념과 주권 개념이 희박해졌고 국가별·권역별 경제전쟁과 선진 공업국의 경제적 패권주의가 한층 가열되는 가운데 신중상주의 시대가 태동하고 있다. 유럽 국가들은 유럽연합(European Union: EU)으로 통합하여 미국과 일본에 맞서고 있으며, 아시아에는 아세안(ASEAN)이 있다. 물론 아직은 본격적인 지역경제 체제가 정립되어 있다고는 볼 수 없지만 세계 경제는 지금 세계화(globalization)와 지역화(regionalization)의 이중적인 변화를 동시적으로 일으키고 있다. 그러면서도 뿌리깊은 자국중심주의와 민족주의 노선은 오히려 강화되는 역설적인 현상이 나타나고 있다.

다음으로 국제적 냉전 체제의 붕괴를 지적할 수 있다. 전후 냉전 체제는 1945년 소련의 휴양지 얄타에서 열린 승전국 전후 처리 회담에서 태동했다. 전후 냉전 체제는 경제적으로는 자본주의와 사회주의, 정치적으로는 자유주의와 전체주의가 대결하는 이원구조였다. 하지만 1990년을 전후해 소련제국이 붕괴하고 동서 냉전이 종식되자 세계 질서는 미국 주도의 세계화가 심화되어 왔다. 하지만 2008년 발생한 미국발 금융 위기는 세계화에 대한 성찰을 요구하고 있다.

1 국민국가의 균열과 약화

세계화와 정보화의 심화로 대표되는 새로운 현실 속에서 16세기의 절대주의 시대를 거치면서 지배력을 지속적으로 확대·강화해 온 국민국가(nation state)는 생존 위기에 직면하게 되었다. 근대 국민국가는 국민 개개인에 대한 직접적인 지배력 행사를 주요한 특징으로 한다. 또한 본질적으로 무정부적 성격을 지니는 국제정치의 영역에서도 가장 중요한 행위자로 자리해 왔다. 이 점에서 국민국가는 구문명 시대의 핵심적 주역으로 자리해 왔음에 분명하다. 그렇다면 국민국가의 대안적 시나리오는 무엇인가?

첫째, EU와 같이 회원 국가가 주권을 자발적으로 양도하여 '상위 권위'를 수립한 초국가적 국제 체제의 경우에는 '영토국가(territorial state)'의 속성은 약화되고 '기능국가(functional state)'의 속성은 현저히 강화될 것으로 전망된다.

둘째, 세계화의 진전에 따라 다양한 형태의 국제 체제는 더욱 증가할 것이고, 또 국제 체제의 권한과 기능도 더욱 강화될 것으로 예상된다. 그러나 국제 체제가 국민국가를 무력화시키거나 소멸시켜 세계정부(global government)와 같은 국제 체제를 출현하게 하는 변화는 나타나지 않을 것으로 보인다.

셋째, 하위문화집단 간의 갈등이 극심하거나 중앙과 지방의 갈등이 심각한 국민국가(혹은 그 양자 모두), 특히 이런 갈등과 함께 중앙집권 체제를 유지하고 있는 국민국가들은 긴장·대립·투쟁의 반복으로 높은 수준의 정치적 불안정을 항구적으로 겪게 될 것으로 보인다. 따라서 이러한 나라에서는 민주주의의 도입이 어려워지거나, 민주주의를 채택하고 있는 경우 그것이 변형 혹은 폐기될 가능성이 매우 높을 것이다.

이상에서 논의한 세 가지 시나리오는 물론 상호 배타적인 것은 아니다. 나라마다 처한 상황이 다르고 또 어떤 경우에는 위의 세 가지 시나리오가 동시에 적용될 수 있는 나라들도 많다(예컨대 EU의 회원국인 영국·이태리·스페인). 따라서 앞으로의 변화를 지켜보면서 개별 국민국가들이 어떤 문제에 직면하고 있고, 그 문제를 풀기 위해 어떤 대응을 해나가는지를 면밀히 검토해야만 각각의 시나리오가 지니고 있는 타당성이 검증될 것이다. 그러나 한 걸음 나아가서 보면 과거의 역사에서 국민 개개인의 생사와 행불행에 가장 중요한 영향을 미친 것은 단연 국민국가였으므로, 미래의 역사에서 국민국가가 어떤 방향으로 어떻게 변화할 것인지를 추적하고 분석하는 일은 대단히 중요한 실천적 의미도 지닌다는 것을 발견할 수 있다. 지난 4~5세기에 걸쳐 확대·공고화의 과정을 거쳐온 국민국가가 21세기를 목전에 두고 있는 현재의 시점에서, 그리고 앞으로 어떤 시련에 봉착하게 될 것인지 또 그 시련을 어떻게 극복할 것인지를 연구하고 대안을 제시하는 것은 모든 인류의 공통된 숙제임이 분명하다.

2 지식 기반 경제의 확산

1990년대 중반 이후 10년 동안 미국 경제는 당초의 기대 수준을 상회하는 괄목할 만한 경제 성과를 창출해 왔다. 일반적으로 이러한 경제 성과는 재정적자의 축소, 낮은 이자율, 안정적인 거시경제환경, 무역장벽의 철폐에 따른 교역량의 증가, 민간 부문의 효과적인 관리 등에 기인하는 것으로 분석된다. 하지만 우리는 이러한 성공 요인들의 이면에 정보기술(information technology)로 대표되는 지식기반 산업의 진보가 자리하고 있다는 사실에 주목할 필요가 크다.[37] 물론 아직까지도 일부 경제학자들은 전반적인 생산력의 향상 효과에 작용하는 정보산업의 공헌을 회의적으로 평가하기도 한다. 정보기술의 생산성 향상 효과에 대한 직접적인 증거가 제한적이기 때문이다.

그러나 정보기술의 경제적 효과를 완전하게 규명하기 어려울지라도 그 파급 효과를 결코 과소 평가해서는 안 된다. 지난 1990년대 미국 정보산업의 성장률은 다른 산업 분야를 압도해 왔다. 또한 최근 정보산업에 대한 투자는 전체 신규 투자의 45%를 점하고 있을 뿐만 아니라 관련 생산품들의 가격 인하는 인플레이션의 억제에 기여하고 있다. 나아가 인터넷이나 전자상거래의 잠재력은 무궁무진한 것으로 평가된다.

한편 정보화의 경쟁력 향상 효과는 미국과 일본 간의 비교를 통해 잘 나타나고 있다. 미국이 1980년대 말부터 1990년대 초 불황기에도 성장률보다 훨씬 높은 정보화 투자 확대를 통해 경제구조를 개혁함으로써 지속적인 성장과 사상 유례없는 저실업(1997년 경제성장률 3.8%, 실업률 4.7% 추정)을 달성하고 일본에 뒤졌던 세계 1위의 경쟁력을 회복했던 반면에 일본은 정보화에 대한 투자를 감소시킨 결과 저성장(1997년 경제성장률 0%, 실업률 3.5%)과 경쟁력 약화를 초래했다.

산업혁명이란 수공업적 기초 위에 선 소규모의 매뉴팩처가 기계와 동력을 사용하는 대규모 공장산업으로 바뀌면서 나타난 정치·경제·사회 각 방면의 급격한 변화상을 지칭하는데, 이러한 산업혁명은 1760년에서 1830년경 영국에서 가장 먼저 일어났고, 뒤이어 유럽 전역과 북미 지역으로 전파되었다. 한편 디지털혁명은 산업혁명을 초월해 더욱 빠른 속도로 진행되고 있다. 1946년 세계 최초의 컴퓨터인 에니악(ENIAC)이 개발된 이래 컴퓨터의 진보 속도는 엄청난 것이었다. 또한 컴퓨터와 통신 간의 결합으로 대표되는 인터넷망의 확장은 다양한 주체들 간의 의사소통 요구에 효과적으로 부응하고 있다.

나아가 정보통신 기술의 발달은 생산·요소·유통시장 관련 정보의 원활하고 자유로운 유통을 가능하게 하기 때문에 시장경제의 활성화를 촉진시키게 된다. 또한 세계

---

37) 지식기반 산업(knowledg-based industry)이란 "지식의 획득, 창출, 확산, 활용이 해당 산업의 활동에 핵심이 될 뿐 아니라 지식 그 자체와 지식이 체화된 중간재를 생산 과정에 집약적으로 투입함으로써 생산된 재화와 서비스의 부가가치를 크게 향상시키거나 고부가가치의 지식 서비스를 제공하는 산업"으로 정의될 수 있다. 이때 지식(knowledge)은 무엇을 할 수 있는 능력과 그러한 능력을 조직화하고 체계화한 기술과 정보를 모두 포괄하는 지적 능력(intelligent capability)과 아이디어(idea)를 총칭한다 (산업연구원, 1999).

를 하나로 묶는 글로벌 네트워크의 등장은 시간·공간·국경을 뛰어넘는 경제적·사회적 활동을 촉진해 지구촌 차원의 시장 확장 효과를 초래하고 있다.

3 노동시장 유연화의 가속화

고용문제는 일자리를 둘러싼 수요와 공급 사이의 차이, 즉 노동시장에서의 수급 불균형으로 정의할 수 있다. 수요가 공급보다 많으면 임금 상승 그리고 물가 상승을 통해 경제 성장에 장애적 요인이 되고, 수요가 공급보다 적으면 실업이 문제가 된다. 노동에 대한 보수는 중요한 투입 요소이면서 동시에 완성된 제품의 주된 수요 원천이라는 측면에서 양면성을 갖는다. 역사적으로 고용문제는 노동에 대한 수요가 노동의 공급보다 적기 때문에 발생하는 실업문제가 큰 줄기를 형성해 왔다.

최근 우리나라 기업들도 세계화의 도전에 대한 대응전략의 일환으로 노동의 유연화를 가속화시키고 있다. 정리해고에 대한 불안감으로 우리에게 다가서고 있는 유연화의 주요한 증상으로는 "지방의 제조업 중심도시가 점차 사양화하고 있다. 반도체를 중심으로 첨단산업은 대도시, 특히 수도권을 선호하고 있다. 산업사회에서 볼 수 있었던 근로 의식이 점차 사라지고 있다. 고학력 실업자가 증가하고 생산직은 인력이 부족하다. 재훈련, 평생교육이 점차 자리를 잡아가고 있다. 임시계약직의 증가 등 고용구조가 바뀌고 있다. 중년 이후의 실업은 늘고 20대 여성 취업은 증가한다. '한번 실업은 영원한 실업'이라는 말도 있듯이 일시적인 마찰적 실업이 아니고 만성적인 구조적 실업이 출현한다. 세계적인 실업 사태에 직면하고 있다. 인터넷을 이용한 사이버 고용시장이 등장하고 있다" 등을 지적할 수 있다(안문석, 1998).

정보화가 초래한 가장 심각한 부작용이 실업문제다. 정보화는 산업의 발전 단계에서 반드시 거쳐야 하는 필연적인 과정이다. 선택적인 과정이라면 정보화를 생략하는 것이 실업문제 해결에 좋은 전략이 될 수도 있을 것이다. 그러나 정보화가 역사적 발전 단계에서 반드시 거쳐야 할 필연적인 과정이라면, 정보화를 피하는 것은 현명치 못한 정책이 된다. 정보화가 가져다 주는 부작용을 최소화하고 정보화가 초래하는 순기능을 최대로 하는 정책이 올바른 정책이 될 수 있다.

결국 새로운 도전이자 위기로 우리에게 부과된 노동의 유연화에 부응하는 우리의 대응 자세는 다음과 같이 정리될 수 있다. 먼저 근로자 개개인의 구직 관행이 변화되어야 한다. 내부 노동시장의 논리에 안주하는 평생직장·유일회사 개념에서 탈피해 좀더 적극적으로 고용 기회를 찾아나서는 자세의 정립이 필요하다. 즉 개인은 계약제 고용이나 임시고용 또는 직무 공유와 단시간 근무 등의 새로운 고용 관계를 사용자와 적극적으로 협상하려는 자세가 필요하다. 나아가 지속적인 학습과 경험을 통해 변화하는 환경에 대응할 수 있고 자신의 고용 기회와 경력 개발은 조직에 추가적인 가치를 부여할 수 있을 때만 가능하다는 사실을 분명히 인식해야 한다.

다음으로 기업은 조직의 효과성 제고를 위해 단기적 효율성과 직결된 정리해고에 급급하기보다 장기적 효율성과 인간 존중 경영의 구현에 주력해야 한다. 인간 존중의 경영이란 기업이 근로자들을 존엄성을 가진 존재로서 존중해 줄 뿐만 아니라 근로자들 스스로가 기업 발전을 위해 기여할 수 있다는 믿음을 가지고 기업을 이끌어가는 경영 방식을 일컫는다. 따라서 기업은 조직구성원의 핵심 능력 개발을 위해 종업원들의 직무 능력을 평가하여 체계적이고 미래 지향적인 교육훈련 프로그램을 마련해야 한다. 그뿐만 아니라 적절한 직무 배치를 통해 종업원들의 사기를 제고하는 일도 필요하다. 또한 불가피한 정리해고의 필요성이 제기될 경우에는 재교육이나 창업교육을 통해 그들이 새로운 일자리를 창출하는 데 도움이 되도록 노력해야 한다.

마지막으로 정부는 근로자와 기업과의 공감대 속에서 적극적 노동시장정책의 내용과 일정을 마련해야 한다. 실업 부조, 취업재교육, 정리해고 수준 등 민간 부문의 자체적인 해결 노력만으로 충분히 해결되기 어려운 문제들에 대한 정부의 적극적인 개입이 요구되기 때문이다. 나아가 이러한 정책 과제들을 성공적으로 추진하기 위해서는 정부의 기능과 역할도 노동의 유연화가 요구하는 취지와 목적에 부합할 수 있도록 재구축되어야 한다. 공공 부문의 자기 희생이 전제되지 못한 상태에서 지도력을 발휘하기 어렵기 때문이다.

4 과학기술의 고도화

미국의 과학철학자 쿤(Thomas S. Kuhn)은 지난 1962년 그의 저서 『과학혁명의 구조』에서 과학의 진보는 누적의 결과라는 기존 가설을 전면 부정했다. 과학의 발전은 패러다임의 전환이라는 '혁명'을 통해 이뤄진다는 게 그의 주장이었다. 쿤의 설명대로라면 인류 역사상 지금까지 두 번의 패러다임 전환이 있었다. 첫 번째는 코페르니쿠스의 '지동설'로 시작됐고, 두 번째는 아인슈타인의 '상대성이론'에 의해 이뤄졌다. 그러나 3차원을 뛰어넘는 다차원 초우주 시대에서는 또 한 번의 변혁이 필요하다.

그렇다면 새로 일어날 패러다임 전환에서는 어떤 변혁이 다가올 것인가. 미국 조지워싱턴대학의 저명한 미래학자 45명이 제시한 '신기술 동향'은 많은 시사점을 던져준다.

이들이 예측한 첫 번째 변화는 디지털혁명이다. 생물체의 구조와 기능을 이용한 바이오 칩이 등장하는가 하면 정보 처리 속도가 지금의 메모리 수준보다 1천 배 정도 빠른 테라비트급 반도체도 선보이게 된다. 컴퓨터가 세계 모든 언어를 실시간으로 번역해 올림으로써 언어의 장벽이 없어지고 인간의 지각 수준을 갖춘 지능 로봇이 출현해 상업화된다.

두 번째 변화는 초기술 에너지혁명이다. 지금까지의 지식 수준으로는 불가능했던 각종 신소재가 등장함으로써 에너지의 유한성을 극복한다. 고온 초전도 기술이 대표적이다. 전기 저항이 제로(0)인 상태에서 나오는 무한한 자기증식 에너지를 의학 및 통신 분야에서 일상적으로 사용할 수 있게 된다. 차세대 세라믹 엔진이 상용화되고 지능을 가진 스마트 소재도 개발된다.

마지막 패러다임 변화는 미래를 개척하는 프런티어 테크놀로지에서 비롯된다. 프런티어 테크놀로지는 20세기까지의 기술을 부정하고 새로운 틀을 세운다는 점에서 사실상 뉴 밀레니엄을 규정할 핵심 기술로 떠오를 전망이다. 인체의 구조를 본질적으로 규명해 자연의 섭리에 도전하는 생명과학이나 미지의 우주를 탐험하기 위한 우주과학 등이 이런 분야다.

Chapter 03

주요 국가군별 정부-기업 관계의 특성 비교

제 1 절 일반론: 국가군별 정부-기업 관계의 유형화

산업정책과 규제개혁의 상대적 비중 차이를 반영하는 각국의 정부-기업 관계는 크게 자유주의와 개입주의 및 합의주의라는 세 가지 유형으로 구분이 가능하다. 즉, 개별 국가별로 개입과 방임의 전통이 공존하지만 역사와 시기에 따라 차이를 발견할 수 있다는 것이다.

역사적으로 자유주의는 스미스(A. Smith)의 『국부론』과 리카도(D. Ricardo)의 비교생산비설에 근거를 두고 영국에서 발달했으며, 제2차 세계대전 후 GATT-브레튼우즈(Bretton Woods) 체제[1] 하에서 미국에 의해 꽃피운 앵글로색슨계 이론이다. 이러한 자유주의를 표방하는 국가에서는 자본시장이 잘 발달되어 있어서 시장이 사실상 모든 자원 배분 기능을 담당하며 정부는 시장 기능이 정상적으로 작동되지 않을 때에만 한정적으로 시장활동에 개입하여 시장실패 보정자로서 역할을 수행하게 된

1) 20세기 초 양차에 걸친 세계대전을 경험한 세계 각국은 전쟁의 원인으로 정치적 측면에서는 과잉민족주의를, 경제적인 측면에서는 과잉보호주의를 지목했다. 따라서 비극적인 전쟁의 재발을 막기 위해서는 국가 간에 장벽을 해체하고 자유로운 교류를 허용하는 진정한 '자유주의'가 실현되어야 한다고 보았다. 이에 제2차 세계대전이 종결될 무렵인 1944년 7월 미국 주도로 세계 각국이 참가한 가운데 미국의 뉴햄프셔 지방에서 세계금융통화회의를 개최했는데 이것이 브레튼우즈회의다. 브레튼우즈회의에서는 세계적 차원에서 경제자유주의를 실현하기 위해 지금의 세계은행(World Bank)과 국제통화기금(IMF)을 설립할 것을 결정했다. 이어 전쟁이 끝난 이듬해인 1947년 10월에는 국제무역에서 자유무역주의를 실현시킬 목적으로 역시 미국 주도로 GATT(General Agreement on Tariffs and Trade) 체제를 출범시켰다.

다. 따라서 이러한 국가들에서는 규제개혁을 선호하는 반면에 정부의 적극적 시장개입을 허용하는 산업정책이 끊임없이 정치적인 논쟁거리가 되어 왔다.

반면에 개입주의는 뒤늦게 산업화에 착수한 독일 같은 후발주의(late comer) 국가들에 의해 배태되어 제2차 세계대전 후 전후 복구나 산업화 문제에 직면했던 프랑스, 일본, 한국, 대만 같은 나라에서 발달한 비앵글로색슨계 정책철학이다. 이러한 개입주의 국가들이 가지는 공통점은 시장이 잘 활성화되어 있지 않고 정부가 시장이나 사회보다 비대할 뿐만 아니라 상대적 자율성을 행사하고 있다는 점이다. 개입주의의 전통을 가지고 있는 국가들에서는 자유시장을 지향하는 규제개혁보다는 산업정책의 정당성을 적극적인 관점에서 해석하고 받아들이는 경향이 있다.

한편 합의주의는 일찍이 사회민주주의 전통이 강했던 스웨덴, 핀란드, 독일, 네덜란드, 이탈리아 등 유럽에서 발달했으며, 아직 한국에서는 실험 단계에 있는 정책철학이다. 이러한 합의주의 정책철학에서는 시장 자율에 의한 문제 해결이나 일방적인 국가개입에 의한 문제 해결 어느 쪽도 선호되지 않는다. 국가를 포함한 사회의 정점조직(peak organization)들이 정책결정의 틀 안에 들어와 서로 타협하고 협상하면서 사회문제를 해결하기 위한 결정들을 수행하게 된다. 이러한 나라들에서는 산업정책의 정당성을 인정하기는 하나 개입주의 국가들에서 나타나는 것처럼 신속하게 결정이 이뤄지지는 않는다. 하지만 결정이 이뤄지게 될 경우 그 효과는 지대하고 지속적이다. 더불어 비록 제한적이기는 하지만 규제개혁의 유용성을 인정하기도 한다(김시윤·김정렬·김성훈, 2000).

제 2 절 자유주의 국가의 정부-기업 관계: 미국과 영국을 중심으로

1 미국의 규제개혁과 산업정책

1) 미국의 규제개혁

미국은 전통적으로 자율적인 시장가격기구에 대한 믿음, 경쟁 원리의 철저한 적용, 그리고 규칙제정자로서 정부의 확고한 역할을 바탕으로 세계 최강의 경제력을 유지해 왔다. 미국의 독과점금지법, 기업회계 기준, 금융 감독, 지적재산권 보호 등은 엄격하기로 유명하다. 반면 민간경제에 대한 정부의 불합리한 간섭이나 규제, 보호와 지원은 여타 선진국에 비해 가장 낮은 수준이다.

이러한 정책 기조는 전후 미국의 경제 운용이 거시경제정책과 자유무역주의를 축으로 운영된 사실을 통해 잘 나타나고 있다. 참고로 국내 경제정책에서는 거시경제정책이 중심적인 원칙으로 작용하고 있고, 국제무역정책에서는 자유무역주의를 표방하고 있다.

먼저 미국의 국내 경제정책의 기조를 이루는 거시경제정책은 1929년 경제공황의 치유책으로 제시되었던 케인스 경제학[2]이 근간이 되어 형성되었고, 1980년 레이건에 의해 공급 중심의 경제정책으로 전환하기 전까지 이러한 원칙은 고수되었다. 케인스 경제학에서는 시장실패에 대해 정부가 개입하되 정부개입은 이자율의 조정, 통화량 조정 등과 같은 거시적인 게임 규칙의 설정 수준에서만 이뤄져야 한다고 주장한다. 이 경우 정부가 특정 산업이나 기업활동 부문에 개입하여 효율성의 견지에서 적극적인 해결책을 모색하는 것은 공정한 심판자로서 정부 임무를 유기한 것에 해당한다.

다음으로 국제무역에 관한 미국의 입장을 보면 헥셔-올린(Hechscher-Ohlin) 이론에 바탕을 둔 자유무역, 공정무역의 원칙이 근간을 이루고 있다. 헥셔-올린 이론의 핵심은 부존자원(factor-endowment)과 비교 우위에 기초한 특화를 통해 국가 간에 장벽 없이 거래가 이뤄질 경우, 전 세계적인 차원에서 효율적인 자원 배분이 가능해진다는 것이다. 이를 위해서는 마치 한 국가 내에서 자본과 노동, 상품이 자유롭게 이동할 수 있듯이 국가 간의 관계에서도 자유로운 왕래가 허용되는 진정한 자유주의가 실현되어야 한다고 본다.

그러나 미국은 1970년대에 접어들어 저성장, 고실업, 만성적인 인플레이션, 경기침체, 외국의 보호주의 경향의 증가라는 상황에 직면하게 되면서 더 이상 이러한 원칙들을 고수하기 어렵다는 것을 알게 되었다. 이에 일본과 한국을 대상으로 쌍무협상을 요체로 하는 전략적 무역정책을 활용하는 한편 자국의 제조업 경쟁력을 강화하기 위해 산업정책에 대한 제한적 벤치마킹을 추구했다. 나아가 위기에 몰린 미국 기업들은 1980년대 이후 레이건이 표방한 신자유주의 기풍에 따라 과감한 감량경영(down-

2) 케인스 경제학은 1929년 경제공황 발생시 경제공황의 수술책으로 제시된 뉴딜정책에 원용되어 효과를 보게 되면서 각광을 받기 시작했다. 케인스 경제학의 핵심은 유효수요이론으로 시장실패시 정부가 재정지출을 통해 유효수요를 창출하여 수요와 공급의 균형을 맞추어 줄 경우 시장은 제 기능을 정상적으로 회복하게 된다는 것이다.

sizing) 및 인수 · 합병(M&A)을 통해 구조조정을 추진했다.

미국 기업의 경쟁력 회복에는 유연한 노동시장과 세계 최고 수준의 자본시장이 큰 역할을 했다. 근로자 해고에 대한 규제가 전무하다시피 한 미국에서는 경영상의 이유로 인한 해고가 아무런 저항 없이 실시되고, 그 결과 경쟁력 없는 기업으로부터 경쟁력 있는 기업으로 근로자가 신축적으로 이동하여 기업경쟁력 강화를 용이하게 한다.

한편 성숙된 자본시장은 기업 자금 조달의 주도적 역할을 담당하고 있다. 앞서 언급한 바와 같이 기업은 경영 상황을 투명하게 공개해 투자자들의 신뢰를 확보하고, 정부는 소액 투자자들을 적극 보호하며 시장 질서를 확립함에 따라 자본시장으로 유입되는 자금이 증가하여 미국의 자본시장은 세계에서 가장 크고 가장 발전된 모습을 보이고 있다. 특히 초고수익-초고위험의 벤처금융까지 소화할 정도로 자본시장이 다양화되고 심화되어 있다.

미국 정부의 규제 완화 및 생산성 제고 노력 역시 미국 경제를 활성화시킨 주요 요인으로 꼽힌다. 규제 완화를 주요 공약으로 내세웠던 레이건 대통령은 관리예산처(OMB) 내에 정보규제국을 신설하여 지속적으로 규제 완화를 도모했다. 기업활동과 관련된 각종 규제를 대폭 정리함으로써 기업의 생산원가를 낮추고 생산성 개선 의욕을 감퇴시키는 요인을 해소하여 경영환경을 개선했다. 또 산업의 진입 제한도 철폐하여 민간 경제의 효율성과 경쟁력을 높였다. 나아가 이러한 규제개혁의 효과는 클린턴 행정부 출범 이후 본격적으로 산출된 것으로 평가된다.

2) 미국의 산업정책

미국 정부의 시장 개입 방식은 계획적 · 합리적 · 장기적이라기보다 비계획적이고 정치적이며 단기적인 특징을 내포한다고 볼 수 있다. 장기적인 계획과 비전에 맞춰 합리적으로 목표를 세우고 일관성 있게 정책을 추진할 수 있는 정치 메커니즘을 구비하고 있지 못하기 때문이다. 대부분의 정책은 이익집단의 정치적 압력에 의한 반영물로서 성격을 가진다. 따라서 정부는 다음 선거에서의 승리를 위해 고용을 창출하고 경제 성장에 관심을 가질 뿐이다.

미국의 산업정책은 적극적인 시장 육성(market promotion)에 목적을 두고 추진된다기보다 정부가 지원할 경우 회복 가능하다고 판단되는 쇠퇴산업의 보호(market protection)에 초점을 두고 이뤄진다고 볼 수 있다. 이러한 소극적인 의미의 산업정책의 추진 사례는 자주 발견된다. 첫째, 2008년 금융 위기로 은행과 보험회사들이 연쇄도산 위기에 처하자 오바마 정부가 의회의 승인을 얻어 8,000억 달러라는 거액의 공적 자금을 투입하여 회생시킨 사례를 들 수 있다.[3] 둘째, 1970년대 일본의 컬러 TV, 한국의 신발이 미국 시장을 잠식하자 VER 조치[4]나 상계관세[5]의 부과와 같은 정책 도구를 통해 미국 정부가 이들 업체들을 보호하고 나선 것도 대표적인 사례라 할 수 있다(김시윤 · 김정렬 · 김성훈, 2000).

이상의 논의를 통해 볼 때 미국에서도 산업정책은 있었으나 일본에서와 같은 적극적인 의미의 시장육성정책은 없었다고 할 수 있다. 미국에서 정부의 시장개입이 허용되는 경우는 대체로 시장 기능이 정상적으로 작동되지 않고 있는 상황으로 한정된다.

한편 향후 미국의 산업정책은 2008년의 금융 위기를 통해 확인된 바와 같이 장기간에 걸쳐 누적된 미국의 제조업 경쟁력(생산성)을 강화하는 일에 초점이 부여될 것이다. 어느 나라나 경제의 성숙화에 따라 서비스 산업의 비중이 상대적으로 커지고 가계의 저축률이 떨어지고 산업이 공동화되는 것은 흔한 일일 수 있다. 하지만 그 위기가 세계 소비의 주축이자 기축 통화국인 미국에서 발생하고 있다는 사실과 그것이 너무 장기간 뿌리깊게 진행되고 있다는 데에 문제의 심각성이 있다.

근래 미국 경제의 중흥기라 말할 수 있는 1990년대에 미국은 경기 내용과 그 질로 보아 가히 자본주의 경제의 모델이었다. 저축대부조합 위기를 극복한 직후 1990년대 초 4%에 달했던 미국 은행의 부실채권 비율은 1990년대 후반 1% 아래로 안정되었고, 꾸준한 생산성 제고로 끊임없이 올라가는 임금에도 불구하고 소비자물가는 6%에서 1% 부근까지 하락 안정되었다.

따라서 2008년의 금융 위기로 시련을 맞이한 미국 경제가 부활하기 위해서는 금융업의 위상 축소와 제조업의 경쟁력 재편이 필수 요건이다. 물론 제조업의 생산성 향상 문제는 경제의 본질적 체질 변화와 연관된 일인 만큼, 적지 않은 시간과 노력이 필요하다. 또한 그것이 한 지역, 한 국가에 국한된 움직임이라면 큰 효과가 없을 것이다(http://najidoja.blog.me).

---

3) 개입 지향적인 산업정책의 부작용과 직결된 레몬 사회주의(lemon socialism)란 시장실패의 치유를 위한 정부개입이 시장에서 가장 비효율적인 부문에 공적 자금을 투하하게 되는 아이러니를 일컫는다. 이 용어는 시장의 낙오자를 '레몬'이라고 부르는 데서 비롯되었다.

4) VER(Voluntary Export Restraints) 조치란 미국의 입장에서 지나치게 외국 수입품이 증가하여 국내 관련 업체들이 심각하게 피해를 보았을 경우 수출을 추진한 국가에 대해 자발적으로 수출을 제한하도록 한 조치다. 미국은 1980년대 일본에 대한 통상 압력으로 이러한 정책 도구를 많이 활용했다.

5) 상계관세(countervailing duty)란 자유주의 무역 관행을 실현하기 위한 정책 도구로, 정부의 보조금이나 정책적 지원을 통해 급격히 성장한 외국 기업들이 미국 시장에 진출하여 관련 미국 기업들의 상대적 경쟁력을 약화시키고 피해를 입힌 경우 정부의 보조금이나 정책적 지원을 받은 효과를 무력화시키는 정도의 관세를 부과해 불공정한 상태를 시정하기 위한 수단이다.

2 영국의 규제개혁과 산업정책

1) 영국의 규제개혁

영국은 19세기에는 세계 제일의 경제력을 보유한 국가였으나 20세기에 들어와 소위 '영국병'으로 인해 지속적인 생산성 하락과 수출시장 축소를 경험했다. 영국병의 원인은 정부 주도의 산업육성정책, 공공 부문의 지나친 비대화, 강성 노조로 인한 노동시장의 경직성 등에 있었다. 이러한 문제점들이 누적된 결과 1976년에는 외환 위기에 직면하여 IMF의 자금 지원을 받기에 이르렀다.

외환 위기에도 불구하고 당시 영국의 노동당 정부는 구조개혁에 대한 정치적 합의를 도출하는 데 실패했고, 이에 따른 불황의 심화에도 정부는 스스로의 개혁을 외면함으로써 정부에 대한 불신이 증폭되는 상황에 이르렀다. 그 결과 근로자들도 고통분담을 거부하고 실질 임금 하락을 명분으로 내세우며 전투적 파업으로 대응했다.

1979년 집권한 보수당의 대처 정부는 정부개혁과 공공 부문의 축소를 시작으로 대대적인 경제구조 개혁에 착수했다. 대처 총리는 민간경제의 활성화를 위해 공기업 민영화, 규제 완화, 재정지출 삭감을 추진했고, 대폭적인 대외 개방과 해외 투자 유치를 통해 국내 산업의 경쟁력 강화를 도모했다.

한편 2008년 9월 미국발 금융 위기 이후 영국 경제는 주요 선진국 가운데 가장 늦게 바닥을 벗어났다. 6분기 연속 마이너스 성장을 하던 끝에, 2009년 4분기에야 전분기 대비 플러스 성장(0.4%)으로 돌아섰다. 또한 최근 부각된 파운드화의 급격한 평가절하는 금융산업에 초점을 부여해 온 영국의 경쟁력이 한계에 도달했음을 시사한다(조선일보, 2009. 4. 10).

참고로 영국 경제는 금융산업의 호황에 힘입어 1993년부터 15년간 호황을 누렸다. 하지만 금융산업 중심의 고금리·고환율 정책으로 인해 영국의 제조업 기반은 더욱 빠르게 무너졌다. 생산비용이 늘어나면서 제조업체들이 영국을 빠져나갔다. 영국의 제조업 비중은 1990년대 후반 GDP의 20.3%에서 2007년 12.4%로 줄었다. 반면 2007년 기준으로 영국 전체 GDP의 8.3%를 차지하는 금융산업이 최대 산업이다. 미국(7.5%)이나 프랑스(3.8%), 독일(3.8%)보다 금융산업 비중이 훨씬 높다. 영국이 글로벌 금융 위기로 특히 타격을 받은 것은 이러한 산업구조에 기인한 바 크다. 더불어 부실화된 금융기관을 살리려고 정부가 구제금융을 투입하면서 재정적자가 급증했다. 2007년에 GDP의 2.7%이던 영국의 재정적자는 2008년에 5.3%, 2009년에 12.6%로 급속히 악화됐다. 이러한 수치는 최근 재정 위기의 진앙지로 부각된 그리스(12.7%)와 엇비슷한 수준이다.

보수당이 13년 만에 재집권한 2009년의 선거전은 1979년과 마찬가지로 재정적자와 세금문제에 초점이 부여되었다. 노동당이 실업 해소를 위해 급격한 재정 감축에 소극적인데 반해 보수당은 매우 적극적이다. 또한 보수당은 노동당이 제안한 국민보험료와 부가가치세 인상에도 반대하고 있다. 나아가 노동당은 영국의 핵심 산업인 금융산업의 부활을 위한 구체적 방안을 제시하지 못한 상태에서 규제 방안만 논의하고 있을 뿐만 아니라 보수당이 내놓은 고통 없는 재정긴축 방안이 과연 실효성이 있을지 의문시된다는 점에서 문제의 심각성을 발견할 수 있다.

2) 영국의 산업정책

영국에서 정부의 전략적 시장개입을 요체로 하는 산업정책의 활용은 전통적으로 노동당 정부가 선호해 왔지만 1990년대 이후에는 초당파적 견지에서 중앙정부는 물론 지방정부까지 '경쟁력(competitiveness)'이라는 용어에 주목하고 있다. 이때 경쟁력 향상의 궁극적인 목표는 오랜 경기 침체의 극복과 시민의 삶의 질을 향상시키는 것이다(Wren, 2001: 847).

영국 정부는 1990년대에 경쟁력 강화를 위해 네 차례에 걸쳐 백서(White Paper)를 발표했다. 주요 내용은 오랜 선진국에서 흔히 발생하는 경제 침체를 극복하기 위한 대안들을 다루며, 특히 1994년과 1998년도의 백서는 주요한 정책 변동의 내용을 담고 있다.

먼저 1994년 백서에서는 지속적인 경쟁력 향상을 위해 장기적 차원의 생산성을 강조했을 뿐만 아니라, 가격 및 산출(성과)에 대한 통제도 강조했다. 그리고 경쟁력에 영향을 미치는 열 가지 요소들을 제시했다. 이는 정부가 교육, 훈련, 연구 및 개발 등 다양한 서비스 제공자이자 규제 권한을 갖고 있을 뿐만 아니라, 기업의 생산성을 평가하는 주체로서 거시적인 경제적 환경을 형성하는 데 중요한 영향을 미칠 수 있음을 의미한다.

다음으로 1998년 백서는 신성장 동력으로 부상한 지식경제(knowledge economy)의 중요성을 강조했다. 지식경제의 중요성을 강조한 이유는 다음 네 가지로 정리할 수 있다. ① 인터넷 등장에 따른 의사소통 방식의 급격한 변화, ② R&D와 같이 장기

〈표 3-1〉 경쟁력에 영향을 미치는 열 가지 요소들

요소	내용
거시경제	낮은 인플레이션, 기업에 대한 정부의 재정 지원
교육 및 훈련	높은 수준의 교육 기회 제공 및 교육 수준 향상, 동기부여
노동시장	수요와 공급의 조절을 통한 노동시장의 유연성 제고, 기업과 기술의 제휴
혁신	기업에 의한 지속적인 혁신
관리	새로운 (상업적인) 아이디어를 개발하기 위한 관리 방식의 변화
공정하고 개방된 시장	기업 효율성의 증폭
기업에 대한 금융 지원	투자 및 지원
커뮤니케이션과 인프라	좋은 상품과 서비스를 효율적으로 제공할 수 있는 기본적인 인프라의 구축
기업환경	기업이 시장 변화에 즉각적으로 대응할 수 있도록 규제 완화를 통한 친기업적 환경 조성
정부와 공공구매	기업활동이 지지를 받을 수 있도록 정부 지원

출처: Wren(2001: 849).

적인 차원의 과학적 지식에 대한 투자의 증가, ③ 국제시장에서의 자본 유동성 증가(외국 자본의 투자뿐만 아니라 지식의 이동), ④ 소득 상승에 따라 지식기반 재화에 대한 수요의 증가. 한편 이 백서는 이러한 추세에 부응하는 정부와 기업의 역할에 대해 기업은 다른 경쟁기업이 모방할 수 없을 정도의 핵심 역량을 갖춰야 하며, 정부의 능력은 토지 혹은 값싼 노동력과 같이 물질적인 자원에 있는 것이 아니라 지식, 정보, 기술에 있어야 한다고 강조했다.

이처럼 산업정책의 논리를 전제하는 1998년 백서는 생산성 향상을 위한 영국 정부의 정책 전반에 상당한 영향을 미쳤다. 이때 영국 산업정책의 주요한 수단들은 크게 과학기술, 중소기업, 지역정책 등으로 유형화를 시도할 수 있다.

산업정책에 대한 영국의 관심은 정부의 역할과 기능이 변화되고 있음을 보여 줄 뿐만 아니라 글로벌 경제의 영향력이 수반하는 여러 제약 조건들에 의해 영향을 받은 것이다. 특히 후자의 경우 EU 차원의 산업정책이 초래한 변화상을 통해 잘 나타나고 있다. 부연하면 첫째, EU는 지역정책과 같은 특정 분야에서 회원국의 중앙정부보다 적극적인 역할을 하는 경우가 자주 목격되고 있다. 둘째, 영국 정부는 유럽의

〈표 3-2〉 영국 산업정책의 주요한 수단

과학기술
- 제2단계 미래예측분석(foresight)을 시작
- 산학협동 연구 지원을 위한 LINK 어워드에 천만 달러 지급
- 기술 이전을 촉진하기 위한 TCS Scheme에 대한 DTI펀드의 지원 확대
- Smart Scheme 3년 추가 연장
- 8개의 산학연구센터를 포함한 다양한 연구기관에 대한 다양한 지원 조치의 확대

중소기업
- 가능성이 높은 10,000개의 중소기업을 지원하는 비즈니스 연계(business link) 지원 확대
- 인터넷 산업과 관련한 중소기업의 수의 확대
- 성장가능성이 높은 중소기업 지원을 위한 기업펀드의 마련
- 위험에 처한 기업에 대한 긴급구제 조치나 SMEs의 R&D에 주력하는 대상에 대한 인센티브 확대

지역정책
- 경쟁력 강화를 위한 지역 개발기관에 대한 펀드 마련
- 지식 기반 및 하이테크 산업에 대한 투자 유치
- 새로운 Assisted Area Map의 제안: 새로운 지원 분야에 대한 공표
- 스코틀랜드, 웨일스, 북아일랜드에 대한 산업정책전략 개발

출처: Wren(2001: 852).

단일시장화라는 환경 변화의 추세에 맞춰 각종 무역장벽을 제거하는 한편 공정한 경쟁을 위한 EU 산업정책의 추세에 맞춰 국내 정책도 조정하고 있다.

제 3 절 개입주의 국가의 정부-기업 관계: 일본을 중심으로[6)]

1 전후 고도성장기 일본의 산업정책

전후 일본은 샌프란시스코 강화조약과 '55년 체제'의 형성을 계기로 고도 성장의 토대를 마련했다.[7)] 일본이 고도성장기에 추구한 성장지향정책의 목표는 기업이 가능

6) 김시윤·김정렬·김성훈(2000)을 토대로 작성했다.
7) 전후 일본은 1950년 한국전쟁과 1951년 샌프란시스코 강화조약을 통해 경제 도약을 위한 대외적 기

한 한 적은 비용으로 신기술을 도입할 수 있도록 해주고 생산 능력을 향상시킬 수 있도록 정부가 안전판 역할을 수행하는 것이었다. 이러한 목표를 달성하기 위해 정부는 자국의 기업들이 국제경쟁력을 갖출 때까지 과도한 투자로부터 오는 위험을 분산·공유하고 수입업체와 경쟁하는 국내 수출기업들을 안전하게 보호해 주었다.

일본의 산업정책은 중앙정부의 엘리트 관료들에 의해 고안되었다. 또한 산업정책의 집행은 법적 강제력보다 행정지도와 같은 유연하고 묵시적인 정책 도구를 사용했다. 일례로 산업정책을 주도한 대표적인 선도조직인 대장성은 은행에 대한 광범위한 통제권을 바탕으로 기업들의 경제활동에 필요한 자금을 배분해 주는 역할을 수행했다. 또한 통산성도 일본의 산업정책을 형성하고 집행하는 데 주도적인 역할을 수행했는데, 통산성의 역할은 주로 수입품을 구매하는 데 필요한 외환을 할당하는 역할에 역점이 주어졌다. 통산성이 파워를 갖게 된 또 다른 중요한 원천은 고도성장기 동안 일본 기업들이 대량으로 사고 팔았던 서구의 중요 기술 도입에 대한 감시자(doorman)로서 역할을 수행했다는 점이다. 일본의 기업들이 외국의 선진 기술이나 노하우를 구매하고자 할 경우 통산성의 사전 승인을 받아야 했기 때문에 통산성은 이를 통해 혁신기업의 경쟁력 향상과 성공에 필수적인 지식을 도입해야 하는 시기, 지식의 구성(내용), 지식의 흐름에 중대한 영향력을 행사할 수 있었다. 통산성에 주어진 이와 같은 재량권은 기업들이 통산성의 행정지도에 순응하도록 위협하고 유인하는 매우 효과적인 수단이었다.[8)]

1950~60년대 고도성장기 동안 일본 산업정책의 본질은 국내 시장의 보호와 주요 산업에 대한 국내 대기업들의 과점 허용으로 구성된다. 이 시기에 일본 정부에 의해 취해진 보호주의적 입장은 수입품에 대한 높은 관세와 엄격한 수입 쿼터제의 적용에서 명백히 드러난다. 1960년대까지만 해도 일본에 들어오는 수입품의 대략 60%가

반을 마련했을 뿐만 아니라 보수정당 간 통합을 통해 대내적 안정을 도모한 '55년 체제'를 구축했다. 이로써 일본주식회사(Japan Inc.)로 지칭되는 1950~60년대 고도성장기를 통해 일본의 정치와 행정 간에는 일종의 분업 관계가 형성되었다. 이 당시 유행어처럼 사용되었던 "정치는 자민당이, 경제는 관료제가"라는 구호가 이를 잘 입증한다.

8) 1950~60년대 고도성장기 일본은 미국의 대표적인 친산업정책론자인 크루그만(Paul Krugman)이 지적했듯이 산업정책을 사용하지 않았더라도 호황을 이뤘을 만큼 대내외 환경 여건이 안정적이고 우호적이었다. 첫째, 전후 급속한 경제 성장에 대한 국민적 공감대가 형성되어 있었다. 둘째, 자민당과 관료제로 대표되는 일본의 정치행정 제도들이 안정적이고 효율적이었다. 셋째, 종신고용제, 종업원지주제, 계열(keiretsu)이라고 불리는 수평적 기업 관계, 집단주의 문화 등 서구와 다른 일본의 사회문화적 특성이 고도 성장의 원천으로 작용했다. 넷째, 한국과 월남전 특수, 안정된 임금과 석유가격, 낮은 국방비 지출 등과 같은 다양한 행운이 작용했다.

수입 쿼터제의 적용을 받고 있었다는 점이 이를 잘 말해 준다.

더불어 철강, 화학, 기계, 자동차, 전자 등과 같은 주요 산업들에 대해 사례연구를 수행해 보면 일본의 산업정책을 이해할 수 있는 단서를 발견할 수 있다. 행정지도, 보조금 지급, 독점 허용, 무역 보호와 같은 형태의 정부 정책관여는 어떤 면에서 볼 때 다른 분야보다 이러한 산업들에서 훨씬 광범위했다. 그러나 한 가지 공통된 특징은 투자 경쟁에 돌입했던 대부분의 산업이 정부정책에 의해 보조금을 지원받았다는 사실이다.

이러한 사실을 단적으로 보여 주는 대표적인 사례가 가전제품산업 중 TV산업이다. 조선, 화학, 철강 등 여타 산업과 비교해 볼 때 TV산업은 정부로부터 받았던 보조금의 혜택이 적었고 행정지도의 강도도 상대적으로 약했다. 하지만 고도성장기 일본 산업정책의 특징과 효과를 엿본다는 측면에서 TV산업 분야는 다음과 같은 두 가지 이유로 매우 적합한 사례라 할 수 있다. 첫째, TV산업의 사례는 과도한 투자 경쟁으로부터 오는 투자 위험을 어떻게 정부가 효과적으로 감소시켜 주면서 적정 투자선을 유지시킬 수 있었는지, 그리고 미국과 같은 거대한 시장에 진출해 시장점유율을 높이기 위한 국내 기업들의 활동에 정부정책이 어떻게 영향을 미쳤는지를 엿볼 수 있게 해 준다. 둘째, TV세트 분야에서 급속하게 해외시장 점유율을 확장하는 데 성공한 이들 기업이 통산성이 주도한 공동 연구 프로젝트에 참여했던 업체들이라는 점과 오늘날 세계 첨단기술 제품시장에서 크게 주목할 만한 위치를 차지하고 있다는 점이다.

TV산업에 종사하고 있는 마쓰시타, 소니, 산요, 히다치, 미쓰비시, 도시바, 샤프와 같은 일본 굴지의 기업들이 고도성장기에 이뤄낸 업적에 대해서는 이미 잘 알려져 있다. 이들 일본 기업들에 의해 일본의 국내 TV시장의 대부분이 점유되었음은 말할 것도 없고 1960년대와 70년대를 거치는 동안 미국 시장 점유율도 급속하게 향상되었다. 이처럼 괄목할 만한 성과는 어느 정도까지는 주요 경쟁 상대인 미국의 기업들에 비해 경영과 엔지니어링상의 우월성, 상대적인 비용 우위, 양질의 제품, 마케팅과 판매전략[9] 등에 의해 비롯된 것으로 평가된다.

그러나 일본 TV산업에 종사한 이들 기업의 성공이 기업 내적인 요인에 의해서만 이뤄졌다고 평가하기는 어렵다. 국내시장의 보호와 독점적 지위의 허용과 같은 정부

---

9) 기업에 따라 일정 정도의 차이가 있지만, 대부분의 일본 기업들은 단기적인 이윤극대화 전략보다 시장점유율의 확대를 통한 장기적 이익에 초점을 둔 경영전략을 채택해 왔다고 볼 수 있다.

의 정책도 이들 기업들의 산업구조와 시장활동에 중대하게 영향을 미쳤다는 사실을 확인할 수 있기 때문이다. 7개의 TV 제조업체에게 시장 카르텔의 형성을 허용하고 관세, 비관세 장벽을 통해 외국 업체들의 진입을 제한한 것은 정부정책이 이들 기업의 경쟁력 향상 과정에 중요하게 영향을 미쳤음을 시사한다. 수입 TV에 대한 관세가 1968년까지 20~30%에 이르렀고, 이로 인해 TV 수입이 일본의 전체 국내 소비의 0.1%에도 못 미쳤다는 사실이 이를 입증한다. 게다가 이러한 관세장벽 외에 은행을 중심으로 결합된 기업 간 전략적 제휴 구조의 일종인 일본의 독특한 계열(keiretsu) 구조와 담합(dango)도 신규 기업의 TV시장 진입과 외국 업체들의 일본시장 진입을 효과적으로 억제하는 보호 장치로 기능했다.

2 산업구조 고도화에 따른 산업정책의 부분적인 변화

1950~60년대의 고도성장기를 통해 표출된 일본의 정부개입형 경제관리 패턴은 1970년대 중반 양차에 걸친 석유 위기를 계기로 변화하기 시작했다. 당시 일본이 경제대국으로 부상하면서 미국과 같은 선진 국가들의 견제는 물론 한국과 같은 후발 국가들의 추격이 시작되었다. 이러한 상황 속에서 수입쿼터제나 관세장벽과 같은 종래의 개입 지향적 정책 수단을 활용해 수출 주도 정책을 계속 추진한다는 것이 큰 부담이 되었다. 게다가 고도성장기 동안 경제 성장의 견인차 역할을 담당했던 통산성 관료들의 영향력도 약화되었다.

한편 내부적으로 높은 응집력을 보였던 자민당 내부에서도 새로운 분파들이 생겨나면서 정부정책을 둘러싸고 이견이 있다. 이로 인해 정부의 정책결정 패턴은 과거의 일방적인 정부 주도 방식을 탈피해 기업들의 협력을 유도하는 간접적 개입 방식으로 변화했다. 일례로 1970년대 석유 위기 이후 통산성의 역할은 기존의 중화학공업에서 반도체와 같은 첨단기술산업을 지원하는 쪽으로 변화하게 된다. 이때 반도체산업에 대한 통산성의 정책 추진 중 특징적인 것은 합작 연구 프로젝트 중심으로 R&D 활동을 지원하고 있다는 점과 이러한 합작 연구 프로그램을 조직하고 관리하는 간접적 지원 역할에 초점을 부여했다는 점이다.

한편 1970년대 이후 목격되고 있는 정책결정 패턴 변화의 주요한 특징들은 다음과 같다.

첫째, 자민당의 법안 제출이 관료들의 법안 제출과 동등한 지위를 가지기 시작했고, 이익집단들의 로비활동이 활발히 진행되면서 이들에 의한 대정부 압력이 강화되었다. 다음으로 선도조직인 통산성과 대장성이 누리던 높은 정책자율성도 점차 감소하는 등 정책결정에 대한 권력과 영향력이 분산되어 분리주의적으로 정책이 형성되는 양상을 보였다. 그리고 1980년대 이후 중앙집권적 정치와 지방분권적 정치가 공존하는 상황에서 새로운 정책결정 패턴이 등장하는 변화도 보여 왔다.

결국 고도성장기 동안 높은 응집력을 보였던 55년 체제 또는 일본주식회사는 1970년대 초 대내외 환경 변화에 직면해 약화되기 시작했다. 부연하면 첫째, 신중산층의 등장이다. 일본의 경제 성장은 농촌 인구의 감소, 도시 인구의 증가, 생활 수준의 향상을 가져왔고, 이로 인해 보수주의 성향을 갖지 않은 무라카미(Murakami, 村上)라고 하는 새로운 중산층이 생겨나게 되었다. 이들은 거시경제적 지표보다 미시적 수준의 경제 조건의 향상과 환경 보호, 사회복지 등 새로운 요구들을 하기 시작했고, 따라서 자민당도 이러한 선거구민의 요구에 부응해야 했다.

둘째, 새로운 야당의 출현이다. 1955년 자민당과 사회당이라는 양당 체제의 구도가 성립되었을 때, 분석가들은 이러한 양당 체제가 오래 지속될 것으로 예측했으나 시간이 지날수록 새로운 이데올로기와 정책을 추구하는 많은 군소정당들이 생겨났다. 그리고 이들의 성장에 의해 자민당과 사회당이라는 양당 체제의 선거 기반은 점차로 무너져 갔다. 예를 들어 1955년 선거에서 자민당과 사회당이 전체 득표의 98%를 차지했으나 1970년에는 군소정당이 25%를 득표했다.

셋째, 일본의 눈부신 경제 성장은 일본을 세계에서 가장 주목받는 나라로 바꿔 놓았다. 미국 등 선진국들은 자국의 경쟁력 저하가 일본의 산업정책에 기인한다고 보고 종래와는 달리 일본에 대해 더 이상 우호적이지 않았으며 오히려 압력을 넣기 시작했다. 게다가 GATT-브레튼우즈 체제의 준수를 강력하게 요구하고 나섰다.

넷째, 닉슨 대통령의 갑작스러운 중국 방문으로 대외 관계가 급변하기 시작했을 뿐만 아니라 석유 가격의 급격한 상승으로 1974년 일본은 전후 처음으로 마이너스 성장을 기록하게 되었다.

다섯째, 미국과의 관계가 악화됨에 따라 급속한 산업 팽창을 유지할 수 있는 값싸고 풍부한 원료시장에 접근하기도 어려워졌다.

이와같이 자민당 선거 기반의 침식, 신야당의 출현, 미국과의 관계 변화라는 상황에서 보수주의자들은 지금까지 지속해 온 보수 중심의 지배에 대한 도전에 직면하게 되었고, 이러한 이중적 위협을 극복하기 위해 정책결정 과정에서 이전과 상이한 전략을 수립하기 시작했다.

경제관리를 둘러싼 제도적 위상의 변화는 보수주의 진영 내부의 권력과 영향력의 정도에도 변화를 가져왔다. 보수주의 진영 내의 관계는 분열화, 분산화, 탈관료제화로 특징지을 수 있다. 보수 진영에 속한 농민조합은 농업 보호와 보조금 지급을 요구하며 정부정책에 반대하기 시작했고, 자본 축적을 통해 어느 정도 자율성을 획득한 기업들은 규제개혁(탈규제)를 주장하고 나섰다. 자민당은 선거의 지지도가 떨어지자 공공정책에 관심을 보이기 시작했고, 자민당 자체뿐만 아니라 서로 비슷한 이해와 전문지식을 가진 의원들끼리 족(族, Zoku)[10]이라는 소파벌을 형성하여 정책결정 과정에서 많은 영향력을 행사하게 되었다. 이로 인해 정부관료의 영향력은 급격히 감소했고, 보수집단 내부의 관계는 상당히 다원화되는 과정을 경험했다.

결국 오늘날 일본의 정책결정은 55년 체제 또는 일본주식회사 형태보다 더 복잡하고 응집력은 떨어지는 분권주의적 정책결정의 양태를 나타내고 있으며, 대내외 정책에서 관료조직의 힘과 영향력의 약화, 의회·법원·이익단체·기업들의 영향력 증가 추세는 일본의 정책결정 과정을 다원주의적 분권정치로 변화시키고 있다.

나아가 이러한 추세는 1990년대의 장기 불황을 전후해서도 계속 강화되어 왔다. 하지만 이러한 일본의 변화가 산업정책에서 규제개혁 패러다임으로의 급진적 전환을 의미하지는 않는다. 일본은 세계화와 시장화 추세가 가속화된 최근의 상황 속에서도 정부 주도라는 과거에 대한 경로 의존을 좀처럼 탈피하지 않고 있기 때문이다.

3 장기 불황에 대응한 일본의 규제개혁

1980년대 중반까지 계속된 일본 경제의 대약진은 기존 제도나 법률에 대한 긍정적인 인식을 강화시키는 주요 계기로 작용했다. 전후 일본 경제는 정부-기업 관계의 측면에서 시장경제를 조정해 온 선도조직, 행정지도, 연공서열, 종신고용, 계열과 하청, 주거래은행 등을 토대로 발전해 왔다. 이러한 일본의 제도와 법률은 1980년대까지 미국을 비롯한 세계 각국에게 선망의 대상이었다. 하지만 1990년대 이후 규제만능주의에 입각한 강력한 정부개입의 신화는 일본 경제가 침체하기 시작하면서 급속히 약화되기 시작했다.[11]

---

10) 자민당 내부의 파벌은 전문 분야별로 이뤄졌다. 일례로 건설 부문에는 다나카족이, 통상 부문에는 나카소네족이, 외교 부문에는 아베족이, 재정 부문에는 미야자와족이 만들어졌다.

11) 규제만능주의 사고의 실체를 사례를 중심으로 간략하게 소개하면 다음과 같다. 먼저 연공서열과 종

1990년대 중반 이후 '잃어버린 10년'으로 지칭되는 일본 경제의 장기 불황은 규제개혁을 통한 민간의 활력만이 경제를 회복시킬 수 있다는 인식을 확산시켰다. 기업이나 개인이 창의적인 아이디어를 발휘하고 시장의 수요에 맞는 새로운 비즈니스와 신상품을 신속하게 제공하기 위해 규제개혁이 절실히 요구되었기 때문이다.

고이즈미 준이치로(小泉純一郎) 총리가 주도한 일본의 규제개혁은 해당 과제에 개별적으로 접근하는 것이 아니라 시스템으로서의 규제개혁을 단행했다는 특징을 지닌다. 또한 1990년대 후반 이후 본격적으로 단행된 규제개혁은 단순한 불황 대책과 같은 임시방편적인 개혁이 아니고, 전후 계속된 고도 성장 체제의 피로 현상(system fatigue)을 반영하고 있다.

일본의 행정이 '사전(事前) 규제형'에서 '사후(事後) 점검형'으로 전환된 이래 지난 10년간 일본 내 각 산업별 규제는 확연하게 감소했다. 일례로 제조업의 경우 1995년을 기준으로 규제 정도를 나타내는 규제지표치가 1에서 1999년 0.32, 2002년 0.26, 2005년 0.23으로 감소했다. 또한 비제조업의 경우도 이와 크게 다르지 않다. 나아가 기업 지배구조, 업종전문화, 수도권, 환경, 노동 등으로 대표되는 핵심 덩어리 규제들에 대한 개혁도 본격적으로 추진되기 시작했다(대한상공회의소, 2007).

한편 일본의 규제개혁은 산업 전반의 부가가치와 생산성 증대에 기여한 것으로 평가되고 있다. 먼저 산업 분야별로 보면 통신, 전기업 등에서 관련 규제 완화에 따른 부가가치가 크게 상승했다. 다음으로 규제개혁에 따른 생산성 상승 효과가 가장 크게 나타난 업종은 금융, 보험업, 부동산 등으로 나타났다.

최근 부각된 일본의 규제개혁은 다음과 같은 함의를 제공하고 있다. 첫째, 국민적 합의와 정치적 리더십을 토대로 전방위적·동시적으로 추진되었기 때문에 소기의 성과를 산출할 수 있었다는 점이다. 둘째, 정부는 전면에 나서기보다 각종 제도나 지원책을 통해 기업 구조조정이 촉진될 수 있도록 환경을 조성하는 간접적 역할에 주력했다는 점이다. 셋째, 성장 동력의 복원을 위해 공공 부문의 생산성을 제고할 수 있는 과감한 '시장화(市場化)' 조치가 필요하며, 규제개혁의 주체는 '민간'이 되어야 한다는 점이다. 넷째, 지역의 잠재력과 창의성에 기초한 지역경제 활성화를 유도하기 위해 구조개혁 특구를 적극적으로 활용했다.

신고용으로 대표되는 일본식 고용 시스템을 지탱하기 위해 고용 관련 규제가 많이 형성되었다. 또한 계열과 하청구조에 따른 기업간 장기 거래 관행을 유지하기 위해 각 산업별로 해당 사업자단체를 통해 미세한 부분까지 행정지도를 통해 해당 산업을 보호·육성·감독하도록 했다.

제 4 절 합의주의 국가의 정부-기업 관계: 네덜란드와 독일을 중심으로

1 네덜란드의 사회협약

사회적 합의 유형 중에서 가장 안정성을 띠면서 제도적 및 관행적으로 노사정 간의 합의가 이뤄지는 것이 사회적 합의주의(corporatism) 유형이다.12) 이 유형에서는 정부가 자원 배분과 정책결정권을 독점하는 것이 아니라 이익집단과 어느 정도 공유하며 정부와 이익집단과의 관계는 대개 보호자-고객 관계로 정형화되고, 정부 역할은 규제자적이고 중재자적인 입장을 지향한다(김호진, 1997: 197).

사회적 합의주의는 국가의 통치력 약화에 대한 반작용으로 생성되며, 국가가 통치력 보강과 사회경제적 위기를 해소하기 위해 이익집단에 의존하는 것이 특징이다. 또한 이익집단과 국가와의 협력 관계를 중시하면서도 이익집단의 자율성을 본질로 한다. 국가조합주의가 국가에 의한 강제적 동원과 통제에 의존하여 '강요된 합의'를 도출해 내는 동원된 체제를 지칭하는 것이라면, 사회적 합의주의는 유·무형의 사회협약에 의해 국가·자본·노동 사이의 호혜적 타협과 양보, 이익 교환이 제도화된 자율적 체제를 지칭한다.

네덜란드의 경우 전후 복구를 위한 경제 재건 과정에서 노사정 간의 정책협의가 긴밀하게 이뤄졌다. 스웨덴이나 오스트리아에 비해 훨씬 약한 수준이지만 1945년 노사단체로 구성된 노동재단(Labour Foundation)과 1950년의 사회경제협의회(Social and Economic Council)는 경제사회정책을 개발해내고 이에 대한 사회적 합의를 형성해 가는 중요한 기구로서 기능해 왔다. 특히 1980년대 구조조정기를 소모적 마찰 없이 극복하는 데 성공했다는 점에 주목할 필요가 있다.

제2차 세계대전 이후 복지국가의 대명사로 일컬어져 온 네덜란드는 다른 서유럽국

12) 외국의 사회적 합의의 사례는 크게 세 가지 유형으로 범주화할 수 있다. 첫째, 사회적 합의의 제도화와 관행이 굳건하게 자리잡고 있는 스칸디나비아 3국, 오스트리아, 네덜란드 등의 사회적 합의주의 모형이다. 둘째, 경제 구조조정기나 노사 관계의 질서재편기에 사회적 파트너들 간의 공조를 도모하기 위해 일련의 사회협약을 체결해 온 호주, 이탈리아, 스페인, 멕시코 등의 사회협약 모형이다. 셋째, 상시적인 노사정 3자협의 체제를 유지하고 있기는 하지만 이것을 법적으로 제도화하거나 아니면 정례적인 협약 체제로 결속하지는 않았던 일본이나 독일의 비공식 간담회 모형이다.

가와 마찬가지로 재건을 통한 경제 성장을 통해 점진적으로 복지국가를 구현해 왔다. 그러나 양차에 걸친 석유 위기(1974, 78년)를 거치면서 '네덜란드병'으로 지칭되는 복지 의존으로 인해 재정적자 확대, 높은 조세와 노동 비용, 노동참여율의 하락과 청년실업률의 상승이라는 위기에 직면했다.

이처럼 경제 위기의 악순환을 경험한 네덜란드의 노사 대표들은 점차 협력만이 살길임을 인식하기 시작했다. 1982년에 노동재단 주도로 노사가 체결한 바세나르협약이 바로 그것이다. 바세나르협약의 특징은 노사가 근시안적 이기주의를 버리고 국민경제주의를 택했다는 점이다. 노조측은 임금 인상을 자제했고, 경영측은 근로 시간 단축을 양보했다. 1982년 바세나르 협약이 체결된 이후 1984년, 1986년, 1990년, 1993년에도 협의는 계속되었는데 이때의 협의는 바세나르협약을 재확인하는 것이었다.

1993년 12월에는 노조는 임금 요구 완화와 노동시장의 유연성 제고를 수용하는 대신 사측은 부문별 노동 시간 단축 수용 및 분권화된 단체협상에서 노조 및 직장평의회와의 협약을 도모할 것을 수용하고 파트타임 고용 확대를 포함한 '뉴 코스 협약(A New Course: Agenda for Collective Bargaining in 1994)'이 이뤄졌다. 근로자 임금은 거의 동결 상태를 유지했고 반대급부로 36시간으로의 근로 시간 단축 협약이 체결되었다. 이는 실업률 하락으로 이어졌다. 결과적으로 1996년 현재 네덜란드는 물가상승률 2.1%, 임금인상률 1.8%, 1인당 국민소득 25,940 달러, 국가경쟁력 7위를 기록했다.

한편 이러한 네덜란드의 복지개혁 성공 원인에 대해 콕스(Cox, 2001)는 기존의 권력이론(power resource)이나 제도이론(institutionalism)과 구별되는 사회적 구성주의, 즉 각 국가의 사회적 행위자 또는 정책 행위자들이 복지개혁을 어떻게 인식하는가 또는 개념화하는가에 따라 차이를 설명했다. 네덜란드는 실업급여 수령 조건으로 의무적인 구직활동을 법적으로 규정하는 등 개인적인 책임성을 강화하고, 기회주의적인 실업을 막고 근로 의욕을 고취하기 위해 복지 혜택의 규모를 줄였기 때문에 성공했다는 것이다.

사회적 구성주의에 따르면, 정책혁신가들이 복지개혁의 필요성과 중요성을 얼마나 잘 설득하는가에 따라 정책의 전개가 달라질 수 있다. 정책혁신가들이 새로운 개념(아이디어)을 제시하고, 행위자들이 자신의 개념을 바꾸고 복지개혁의 정당성을 평가하는 새로운 기반을 마련할 때, 정책 변화는 이뤄질 수 있다. 따라서 정책혁신가들이 새로운 정책을 정당화하기 위해 제시하는 개념(아이디어)은 정책 변화를 위한 일종의 독립변수다. 이 점에서 네덜란드의 복지개혁 성공은 임금 제한 개념의 변화와 노동시장의 유연안정성(flexicurity: flexibility + security) 개념 도입과 직결된 문제다.[13]

2 독일의 중소기업정책

독일은 사회적 시장경제 이념을 토대로 형평성을 중시하는 정부 주도의 독특한 산업정책 패턴을 구축해 왔다. 이러한 독일의 사회적 시장경제는 전후에서 1970년대에 이르는 기간 동안 경제 발전에 기여했으나 이후 국민복지를 위한 정부의 과도한 개입이 독일 경제의 성장잠재력을 약화시키는 결과를 초래했다.[14] 특히 독일은 통일 직후인 1990년대에 일본과 마찬가지로 심각한 경제 위기를 경험했지만 최근 들어 상실한 경쟁력을 급속히 회복하고 있다. 2010년의 경우 중국에 근접하는 높은 성장률과 안정적인 실업률을 이룩했다. 이른바 독일 경제는 성장 회복, 고용 개선, 물가와 재정 안정 등 골디락스(goldilocks) 현상을 보이며 장기 침체에서 벗어나고 있다.

이러한 독일 경제의 부활에는 다양한 요인이 작용했지만 중소기업이 선도하는 제조업 위주 성장전략이 크게 작용한 것으로 분석된다.[15] 이는 대기업 위주 성장전략을 채택해 온 한국이나 금융산업 중심의 성장전략을 채택해 온 영미에 시사하는 바가 크다. 특히 독일은 전후 강력한 경쟁법을 도입해 특정 산업이 한두 기업에 의해

---

13) 1999년 발효된 네덜란드의 유연안정성 정책의 주요 내용은 다음과 같다. 첫째, 유연 근로자는 계약 만료시 특별한 절차나 조건 없이 고용계약이 종료된다는 점을 제외하면 급여(동일 노동, 동일 임금), 보너스, 휴가, 훈련 등에서 정규직 근로자와 동일한 대우를 받는다. 둘째, 국가재정을 사용하는 실업보조의 경우 최대 기간이 7년에서 38개월로 줄어들었으나, 근로자가 실업수당을 받기 위해 자신이 비자발적인 실업 상태에 있다는 것을 증명할 필요가 없다. 셋째, 고용 법규면에서 연공서열이 낮은 사람을 우선 해고한다는 원칙이 철폐되고 나이와 업무 능력 등을 고려하여 해고할 수 있는 권한이 기업에 부여되었다.

14) 라인 자본주의(Rhine capitalism)는 영미의 신자유주의와 구별되는 독일식 자본주의를 지칭하는 말이다. 증시보다는 은행을 중심으로 자본을 조달하고, 연구개발에 장기 투자하며, 노사의 사회적 파트너십이 강하다는 특징이 있다. 독일은 특히 신자유주의와 차별화된 근로자 권리 보호와 강력한 사회보장제도를 실시해 왔다. 물론 이러한 개입 지향적 국가발전전략은 1990년대에 이른바 독일병의 원인으로 지목되기도 했다. 하지만 최근 독일 경제의 활력을 지켜본 일부 학자들은 해고 대신에 근로 시간 단축을 권장하는 보조금 제도(Kurzarbeit)에 주목하고 있다. 또한 독일 경제가 고용보장을 바탕으로 임금 상승을 성공적으로 억제해 왔다는 점에도 동의하고 있다(*Weekly BIZ*, 2010. 9. 3).

15) 독일 경제의 부활에는 라인 자본주의를 계승한 중소기업정책에 부가해 세계 경제의 회복, 구조개혁의 성공, 제조업 경쟁력 강화를 통한 수출 확대, 인수 및 합병(M&A)을 통한 산업구조조정, 신성장동력 육성 등이 기여한 것으로 평가된다(안순권 · 김필헌, 2007).

장악되는 것을 철저히 억제해 왔다. 그 결과 중소 부품업체가 여러 대기업에 납품하는 수평적인 관계가 형성됐고, 전문성을 가진 다양한 '히든 챔피언'들이 나타났다.

독일의 중소기업들이 기계, 전기, 자동차, 화학 등에서 보유한 막강한 기술혁신 역량은 기업가의 전문 분야 집중, 우수한 기술 인력의 원활한 유입, 전국에 산재한 유수한 대학·연구소에 대한 손쉬운 접근, 그리고 정부의 실효성 있는 정책적 지원 등에 힘입은 바 크다. 특히 독일의 연방정부와 주정부는 시장 기능을 저해하지 않는 방식으로 중소기업의 발전 단계와 기술 개발 특성에 부응하는 정책 지원을 확대·강화하고 있다(홍지승, 2002).

한편 독일 중소기업정책의 추진 방향은 2006년 7월 19일 연방경제기술부가 작성한 중소기업을 위한 연방정부의 계획(Die Mittelstandsinitiative der Bundesregierung, 2006. 7. 10)을 통해 잘 나타나고 있다. 이 계획은 중소기업의 성장과 고용의 중요성을 강조하고 있으며, 연방정부에 의해 시행, 추진 또는 계획 중인 제반 중소기업 관련 시책을 포함하고 있다. 특히 이 계획은 중소기업의 성장 촉진, 행정규제의 감축, 혁신 역량의 강화, 기업 교육의 개선, 차세대 숙련 기술자의 확보, 자금 조달 기회의 개선을 목표로 하며, 보충적으로 대외무역 활동 지원, 벤처 캐피탈 활성화 및 창업 촉진을 위한 시책을 포함하고 있다(김승일, 2010: 126-131). 하지만 여기에서는 산업정책과 규제개혁과 관련하여 직접적인 관련성을 지니는 혁신 강화와 규제 감축을 집중적으로 살펴보고자 한다.

먼저 독일은 미래의 신성장 동력을 확보하기 위해 중소기업의 혁신역량 강화를 중요하게 여기고 있다. 이를 위해 모험 지향적인 중소기업에 대한 자금 지원을 대폭 확대했을 뿐만 아니라 산학 협력을 위한 협력 체계 구축과 보조금 지원을 확대하고 있다. 또한 낙후된 구동독지역의 개발을 위해 구동독지역 산업연구소의 전문성 개발 및 촉진을 위한 지원을 강화하고, 산학 연계 프로젝트(Wirtschaft Trifft Wissenschaft)를 통한 강력한 네트워크의 구축을 추진할 계획이다. 그리고 중소기업들이 주요 산업기술 분야에서의 연방정부 기술 특화 정책 프로그램에 대해 좀더 쉽게 접근할 수 있도록 지원 시스템도 개선할 계획이다. 특히 대학, 기타 고등교육 기관 및 연구소에 대해 중소기업과 협력하여 연구개발하는 것에 대한 이점을 제공함으로써 혁신 중심의 과학공동체를 형성하고자 하며, 이를 위해 연방기술연구소를 통한 중소기업에 대한 기술 지원 서비스도 대폭 확대하여 중소기업의 혁신 역량을 강화하고 있다.

다음으로 중소기업의 행정 업무 관련 부담을 완화하기 위해 '제1차 행정규제감축법'을 도입함으로써 성장에 장애가 되는 규제나 관료주의 부담을 제거하고자 했다.

예를 들어 통계 의무나 회계 보고 면제 한도를 매출액 35만 유로에서 50만 유로로 상향 조정하는 등 16가지 긴급 개별 조치를 실시하여 중소기업의 행정 부담을 완화했다. 중소기업 행정규제 부담을 덜어 주기 위해 입법 기간 동안 37개의 추가적인 시책들을 목록화하여 행정 부담 완화를 구체화했다. 특히 독일은 연방 기업 공시규정에 따른 행정적 부담을 덜어 주기 위해 '표준비용 모델'을 도입하여 공시규정을 간소화했다. 또한 총리실 소속 행정간소화개선 입법조정관이 행정규제 감축을 위한 추진 과정을 관리 감독하게 했으며, 관료주의로 인해 발생되는 비용과 관련하여 기존 표준기구 및 법률적 시책들을 점검하고, 개선 방안을 제시하는 독립적 전문기구(표준관리위원회)를 설립했다(김승일, 2010: 126-131).

독일 중소기업정책의 추진 체계는 중앙정부는 물론 유럽연합(EU)과 주정부가 참여하는 다층 거버넌스의 형식을 취하고 있다. 유럽연합의 중소기업정책은 유럽연합 내의 지역 개발과 기술 개발의 차원에서 추진되고 있다.[16] 그리고 연방정부는 관련 금융기관(DtA, KfW)의 협조 아래 장기적인 금융 지원과 정보 지원을 하고 있다. 나아가 주정부는 단기적이고 구체적인 방안들을 제시함으로써 연방정부의 정책을 보완하고 있다.

16) 유럽연합(EU)은 성장 촉진과 고용 증대 그리고 연합 내 국가들의 경제력 격차를 줄이기 위한 목적으로 중소기업을 우선적으로 지원한다. 이는 중소기업에 대한 지원이 기술 개발을 강화하여 성장을 촉진하고 고용 증대의 효과를 배가하기 때문이다. 여기서 자금융자와 보증, 산업구조개선기금, 개발연구, 협력 체제 지원 등이 중소기업을 지원하는 방법이다(김인숙·김종천·최선, 1999: 45).

Chapter 04

정부-기업 관계에 대한 다양한 접근: 동아시아 고도 성장 사례*

제 1 절 서 론

전후 시차를 달리하면서 고도 성장의 대열에 동참해 온 동아시아 국가들이 이룩한 경제 성과는 선발 산업국가들은 물론 중남미와 여타 저발전국가들을 압도했다는 점에서 관심의 대상으로 등장하기에 충분한 것이었다.1) 즉, 대부분의 지구촌 국가들이 적극적 공공정책의 범주에 포함되는 유사한 정책 도구를 동원했음에도 불구하고 산출된 현저한 경제 성과의 차이를 설명하려는 노력들이 1970년대 이래 동아시아 고도 성장 논쟁의 중심축을 형성해 왔다.

하지만 신고전파 규제국가론과 신마르크시안 종속국가론으로 대표되는 전통적 시각은 물론 이들의 대안으로 제시된 초기 발전국가론도 동아시아 고도 성장 원인에 대한 설명의 불완전성을 해소하는 일에 실패해 왔다. 이 점에서 1990년대는 동아시아 발전이론의 새로운 도약기로 평가될 수 있다. 국내외 학자들이 동아시아 발전이론의 재정립을 위한 검토 작업을 다각도로 전개했기 때문이다. 여기에는 1990년대의 도약기를 선도한 암스덴(Amsden, 1989)과 웨이드(Wade, 1990)의 문제 제기에 부가

* 김정렬(1998)을 재구성하여 작성했다.

1) 전후 일본에서 시작된 동아시아의 고도성장세는 1960년대 중반을 전후해 한국, 대만, 홍콩, 싱가포르로, 1980년대 이후에는 아세안 국가들까지를 포함하는 HPAEs(High Performing Asian Economics)로 확장되었다. 하지만 이 연구는 분석의 초점을 한국의 고도성장기에 두는 관계로 주요 국가들에 대한 분석 시기도 1960년대 중반에서 1990년대 초까지로 제한하고자 한다.

하여 종속이론과 국가주의의 연장선상에서 신근대화론(지배연합이론)의 가능성을 모색한 구범모 · 백종국(1990), 신제도경제학(거래비용이론)의 유용성을 제시한 강(Kang, 1995), 신제도경제학과 신제도정치경제학(국가능력이론) 간 절충의 필요성을 제시한 이종찬(1995) 등이 여기에 포함될 수 있다.

앞서 제시된 대안적 시도들은 기본적으로 전통적 시각의 연장선상에서 제도의 가능성을 적극적으로 모색하는 공통의 관심사를 표출했다는 점에서 의미를 지닌다. 그러나 이들이 제시한 제도는 그 의미가 매우 상이할 뿐만 아니라 각기 절충 대상으로 지목한 이론들 간의 방법론적 괴리 현상이 심하다는 점에서 이론적 엄밀성과 현실적 합성을 동시에 충족시키는 새로운 대안 모색의 필요성이 제기되고 있다. 이에 이 연구는 신제도주의 통합모형의 가능성에 주목하고자 한다. 제도적 틀(institutional framework)을 제일의 설명변수로 취하는 신제도주의 계열의 다양한 인식 논리들을 체계적으로 통합할 수 있다면 문제에 대한 접근 능력을 획기적으로 개선할 수 있을 것으로 기대되기 때문이다. 이러한 문제 인식을 구체화하는 이 연구의 구성과 논리는 다음과 같다.

먼저 동아시아 고도성장모형의 가능성을 인정할 것인가에 대해 상반된 견해를 취하는 전통적 시각으로서 신고전파 규제국가론과 신마르크주의적 종속국가론에 주목하고자 한다. 이들은 각각 행위 중심적 접근과 구조 중심적 접근이라는 상이한 방법론을 채택하고 있음에도 불구하고 산업화에 작용하는 국가의 역할을 회의적으로 규정한다는 점에서 시사하는 바가 크다. 따라서 여기에서는 정책행위자의 전략 선택이나 정책환경의 구조적 제약성이 산출하는 지역적 유사성에 주목하게 된다.

다음으로 수출 지향과 수입 대체를 비교하는 신고전파 정치경제학과 종속국가와 종속적 발전국가를 비교하는 신마르크시언 정치경제학의 한계를 보완하기 위해 국가의 부활을 주도한 신베버리언 정치경제학에 주목하고자 한다.[2] 이론 형성 이래 국가 자율성과 능력 개념을 토대로 강한 국가와 약한 국가, 경성국가와 연성국가 및 발전국가와 약탈국가의 질적 차이를 규명하는 일에 주력해 온 신베버리언 정치경제학(행위자로서 국가와 제도로서 국가)은 신고전파나 신마르크시언과 마찬가지로 포괄적 설명의 한계를 탈피하지 못했다는 점에서 일정 한계를 지니고 있다. 하지만 신베버리언의 문제 제기는 중범위화의 구현을 통해 설명의 구체화를 의도하는 신제도주의의

2) 이 책에서는 시장의 대비적 의미를 가정하는 국가를 정부와 동일한 개념으로 사용하고 있다. 또한 용어상의 의미 차이를 가정하는 발전과 개발도 동일한 개념으로 간주하고자 한다.

등장을 촉진시키는 주요 계기로 작용했다는 점에서 의미를 지닌다.

마지막으로 신베버리언의 연장선상에 위치하는 신제도주의 분석틀에 대한 비판적 고찰을 통해 발전국가의 동학(dynamics), 즉 정부-기업 관계의 제도적 특성이 지니는 중요성을 규명하고자 한다. 산업 유형이나 발전 단계에 따른 제도적 특성 차이를 발견하는 일에 주력해 온 정책 네트워크론은 고도 성장의 동인으로 과감하고 혁신적인 정책형성을 지지하는 제도적 토대를 발견하는 일에 주력해 온 신베버리언의 설명을 보완하기 위해 정책집행이 지니는 중요성에 주목한다는 점에서 양자 간의 보완효과를 기대할 수 있다. 다시 말해 광의의 신제도주의를 구성하는 다양한 이론 간에 높은 수준의 친화력이 존재한다는 것이 이 연구의 기본적 인식이다.

한편 이러한 구성과 논리는 다음과 같은 긍정적 효과를 가정한다. 먼저 직접적 기대 효과로서 동아시아 고도 성장의 과거와 미래에 대한 설명 능력을 현저히 개선할 수 있다는 점이다. 경제 기적의 실체를 규명함으로써 동아시아 고도성장모형의 적용가능성을 확장시키는 계기를 마련할 수 있을 뿐만 아니라 당면 과제로 부과된 동아시아 경제 위기에 대한 규명 작업이 촉진될 수 있기 때문이다.[3] 다음으로 간접적 기대 효과로서 비교정치경제학의 체계화에 부응한다는 점이다. 비교연구의 성공적인 수행은 중범위화된 분석 단위의 채택과 직결된 문제다. 하지만 비교 대상을 정형적·가시적 수준의 제도에 한정하는 구제도주의 인식 논리로는 비교분석의 효과를 극대화하기 어렵기 때문이다.

제 2 절 전통적 시각의 검토와 대안적 분석틀의 모색

1 전통적 시각의 검토: 동아시아 고도 성장의 규제국가론과 종속국가론

신고전파 규제국가론과 신마르크주의적 종속국가론은 동아시아 고도성장모형의

3) 1997년 말 동아시아 각국은 외환의 수급 불균형으로 촉발된 심각한 경제 위기에 직면했었다. 특히 동아시아의 대표적인 고도 성장 국가로 자리해 온 한국마저 국가 부도 위기에 직면했다는 사실은 동아시아 논쟁의 중심축을 형성해 온 주요 발전이론들에 대한 전면적 재검토와 직결된 문제다. 단적인 사례로 동아시아 외환 위기를 전후해 서구의 언론과 분석가들은 일제히 동아시아 고도성장모형의 종말과 신자유주의의 승리를 대변한 바 있다.

가능성을 인정할 것이냐에 대해 상반된 입장을 취한다. 시장행위자의 합리성에 주목하는 규제국가론(자유시장이론과 의제자유시장이론)이 경제 논리를 토대로 동아시아 고도성장모형의 체계화에 주력해 온 반면에 구조의 제약성을 중시하는 종속국가론(세계체제론과 종속적 발전론)은 고도 성장의 동인을 역사적 우연으로 치부하기 때문이다. 하지만 양 이론은 국가 발전의 관리자로서 정부의 선도적 역할을 부정적으로 파악하는 사회 중심적 시각으로 수렴된다.

1) 신고전파 규제국가론: 행위 중심적 접근

동아시아 고도 성장에 대한 신고전파 규제국가론의 견해는 시장행위자의 합리성에 의존하는 자유시장이론(free market theory)과 시장실패를 보완하는 제한된 수준의 국가개입을 허용하는 의제 자유시장이론(simulated free market theory)으로 대별된다. 한편 발전 국가의 개입 가능성을 원천적으로 부정하는 이들의 논거는 정치 발전과 경제 발전 간의 상승 효과에 주목하는 근대화론의 핵심 명제와 밀접한 관련성을 지니고 있다.

(1) 자유시장이론: 자유무역과 시장경쟁

자유무역과 시장경쟁의 효용성을 중시하는 신고전파 자유시장이론의 대두 배경은 저발전 국가들의 경제 성장을 위해서는 국가의 적극적인 시장개입과 보호가 필수적이라는 거센크로니언(Gerschenkronian) 개발경제학에 대한 회의적 문제 제기에서 출발한다(Sapiro & Taylor, 1990: 862). 중상주의적 관점을 계승한 거센크로니언들은 저발전 국가들의 시장경제는 자본주의적 생산 양식과 비자본주의적 생산 양식이 공존하는 이중구조를 특징으로 하기 때문에 직접적 시장형성자로서 국가의 역할이 요구된다고 주장한다. 특히 자유시장은 사회적으로 바람직한 투자 수준에 절대적으로 미달할 뿐만 아니라 비효율적으로 자원을 배분하기 때문에 투자재원을 증대시키거나 생산적 투자로 유도하는 국가의 적극적인 역할은 18세기 이래 제1차 세계대전까지 개발경제학의 주요한 논의 주제로 자리할 수 있었다.

하지만 1950년대 이후 남미 국가들을 중심으로 수입대체 산업화의 실패 현상이 표출되면서 성공적 국가 역할에 대한 회의적 견해가 등장하게 된다. 수입대체 산업화의 성공적인 운영을 위해 정부의 계속적인 지원이 요구되었을 뿐만 아니라 광범위한 정부개입은 비생산적 지대추구 행위를 촉발시켰기 때문이다. 이러한 현실에 직면하여 신고전파를 중심으로 어떤 형태의 정부개입이든 이러한 실패의 가능성이 내재되어 있다는 일반화 노력과 더불어 개발도상국가는 그 개연성이 더욱 크다는 주장이 등장하게 되었다.

신고전파 자유시장이론의 인식 논리를 반영하는 고도 성장의 동인은 내향적 수입대체 산업화에서 외향적 수출지향 산업화로의 전환과 밀접한 관련성을 지닌다. 새로운 산업 발전전략의 선택으로 수출이 비교 우위에 따라 이뤄짐으로써 자원의 효율적 배분이 가능했다는 점이 여기의 핵심적 논거다. 또한 광대한 수출시장을 활용해 규모의 경제를 용이하게 확보할 수 있었을 뿐만 아니라 외국의 발전 경험(know-how)을 학습해 자국의 사회적·기술적 능력을 확장할 수 있었다는 것이다(Balassa, 1988: 273-290).

한편 자유시장의 효용성은 정부실패의 개연성을 부각시킴으로써 더욱 구체화된다. 신고전파가 제시하는 국가개입의 부정적 파급 효과로는 첫째, 시장에의 폭넓은 국가개입은 국제경쟁력을 달성하는 데 전망이 없는 산업에까지 계속적으로 보조금을 지급하는 비효율성을 산출할 가능성이 크다. 둘째, 폭넓은 국가개입은 경제행위자들의 지대추구 행위를 촉발시키는 계기로 작용하며, 이러한 지대추구 행위는 경제대리인들의 관심을 생산활동에서 정부의 보호와 보조금을 더 많이 할당받으려는 로비 쪽으로 돌릴 가능성이 크다. 셋째, 폭넓은 국가개입은 무임승차(free-rider)의 문제를 유발할 가능성이 크다. 넷째, 동아시아 국가들의 압축 성장은 정부의 직접적인 개입보다는 시장유인 체계(market incentive system)와 강력한 민간 부문에 의해 추진된 외부 지향 모형에 기인한다. 즉, 국가의 개입이 있었지만 시장의 자율적 조정 기능을 훼손하지 않았기 때문에 고도 성장이 가능했다는 것이다.

그러나 자유시장이론은 근대화론에서 신자유주의로 이어지는 정통 발전론에 내재된 한계를 탈피하지 못한 것으로 평가될 수 있다.[4] 우선 서구 편향적 시각에서 저발전 국가들의 성장 문제를 단선적·낙관적으로 파악했다는 점이다. 따라서 개발도상국의 현실을 고려하는 다양한 발전전략의 가능성을 봉쇄하는 결과를 초래했을 뿐만 아니라 동아시아의 발전 국가를 미국식의 규제 국가와 동일시하는 오류를 초래한 것으로 평가될 수 있다(Johnson, 1984). 다음으로 수입대체 산업화와 수출지향 산업화를 대립적인 관점에서 파악하면서 단순히 남미와의 비교를 토대로 후자가 전자보다 우월하다는 논리가 역사적으로 의문시된다는 점이다. 이를 반영하는 구체적 실례로

4) 근대화론과 신자유주의가 보여준 공통적 한계로는 역사적 과정의 산물인 발전 맥락에 대한 무시, 다양한 발전의 가능성을 봉쇄, 사회문화적 상황에 대한 간과, 고도로 획일적이고 표준화된 가치 체계, 공식적이고 계량적인 설명 논리에 대한 맹신, 유럽 중심주의와 인종적 편견, 자생적 지식과 대중 참여의 배제, 이데올로기적 편향성 등을 지적할 수 있다(Brohman, 1995: 119-140).

는 통일적이고 현실적인 외환거래 체계(unified and realistic exchange system)의 도입, 관세 인하(lowering tariffs)를 통한 무역자유화, 실질 이자율(real interest rates)의 실질적 증대 등 수출 지향 산업화의 긍정적 효과에 대한 경험적 반증 사례들이 무수히 존재한다는 점을 지적할 수 있다(Chang, 1993). 마지막으로 시장만능주의 논리에 사로잡혀 자유시장이론을 개발도상국의 전형적 모형으로 강요하고 있다는 점이다. 다시 말해 자유시장이론은 고도 성장의 동인과 직결된 구조변수나 제도변수의 중요성을 의도적으로 회피했다는 점이다.

(2) 의제 자유시장이론: 소극적 산업정책

신고전파 자유시장이론에 대한 수정주의자 견해로서 의제 자유시장이론의 차별적 특성은 제한된 수준의 국가개입을 수용한다는 점이다. 이때 규제 국가로 규정될 수 있는 국가개입의 범위는 시장실패와 정부실패 간의 함수 관계로 정의될 수 있다. 즉, 시장실패의 보완을 목적으로 하는 소극적 산업정책을 용인한다는 점이 여기의 핵심적 논거다. 하지만 수정주의자들은 정부실패의 예방 장치로 엄격한 개입 한계를 설정하고 있다는 점에서 소극적 산업정책의 범위는 매우 제한적이다.

수정주의자들이 제시한 주요한 개입 한계로는 첫째, 국가는 민간 주도의 재원 조달이나 성장 촉진을 위한 자원들을 분배할 때 시장의 원칙에 우선적으로 근거해야 한다. 둘째, 국가는 명확하게 판명된 시장실패 영역에만 개입해야 한다. 셋째, 명확한 시장실패 상황이라도 모험자본시장과 같이 사적 시장을 부양하기 위해 필요한 정책 대응은 총량세나 보조금과 같은 파라미터적 수단 또는 인센티브 형식이어야 한다. 넷째, 국가는 적절한 양도나 사적 소유권을 강화시키는 장치를 결부시켜 법률, 국방, 공공시설 등과 같은 순수한 공공재를 제공해야 한다. 다섯째, 국가는 금융, 통화, 환율 등에 대한 적절한 조정을 통해 안정적이고 예측 가능한 거시경제 환경을 구축해야 한다. 여섯째, 국가는 중립적 정책 체제(neutral policy regime)의 핵심적 요소로 자유무역을 채택해야 한다(Chowdbury & Islam, 1993: 46).

한편 국가개입의 한계 규정을 반영하는 소극적 산업정책의 대표적 실례로는 국가간 거래에서 발생 가능한 외국 기업들의 지대추구 행위에 대한 통제 역할을 지적할 수 있다. 일례로 외국 기업들이 국내 시장에 진출하여 독점적인 지대를 추구할 경우 정부는 보조금과 같은 직접적인 수단은 물론 다양한 인센티브 수단들을 동원해 국내 기업들이 외국 기업들과 경쟁할 수 있는 여건을 마련해야 한다(Itoh, Kazuharu, Masahiro & Kotaro, 1988: 243- 247). 이 같은 주장은 자유시장에 대한 보완 기제로서 정부 역할이 이자율이나 실업률의 조정과 같은 거시경제정책에 한정되어야 한다는 신고전파의 입장과 구별된다는 점에서 의미를 지닌다. 나아가 최근에는 기술 변수의 관리 문제가 소극적 산업정책의 핵심 영역으로 등장하고 있다.

결론적으로 수정주의자 견해는 그들의 원래 위치가 국가 중심 또는 시장 중심의 여부에 관계없이 정부와 기업 간의 동태적 상호 관계에 관심을 부여했다는 점에서 긍정적으로 평가될 수 있다.[5] 하지만 신고전파 자유시장의 인식 논리에 집착함으로써 국가개입의 유용성을 적극적으로 반영하지 못하고 있다는 점과 신제도경제학의 대두와 직결된 논점인 국가개입의 질적 측면을 간과하는 문제점을 드러낸 것으로 평가된다.

2) 신마르크주의적 종속국가론: 구조 중심적 접근

동아시아 고도 성장에 대한 신마르크주의적 종속국가론의 견해는 구조로부터 산출되는 호의적 외부 조건에 주목하는 세계체제론적 인식 논리와 구조적 제약 조건 하의 제한된 국가 역할에 주목하는 종속적 발전론 계열의 논의로 대별된다. 특히 후자의 경우는 1980년대 이후 국가론의 부활과 밀접한 관련성을 지니고 있다는 점에서 시사하는 바가 크다.

(1) 세계체제론: 생산주기와 무임승차

동아시아 고도 성장에 대한 세계체제론적 인식 논리의 대두 배경은 저발전 국가들의 성장 가능성을 부정적으로 평가하는 초기 종속이론의 구조주의적 관점에 기인한다. 즉, 종속이론은 개발도상국가들의 정치경제 구조에 대한 근대화론의 설명을 대치하는 대안적 설명틀로 제시되었다. 이로써 발전론과 저발전론 간의 논쟁이 시작된 것이다. 종속이론은 개발도상국가들이 다국적 기업과의 상호작용은 물론 선진국의 원조(자본과 기술)를 수용했음에도 불구하고 경제 발전을 이룩하지 못했다는 사실에 주목하면서 근대화론자들이 제시한 확산론의 허구성을 공격하기 시작했다.

근대화론이 내부적 정치경제 체제의 개선을 통해 발전 역량의 축적이 가능하다고

---

5) 세계은행(World Bank, 1993)의 공식적 견해로 확인된 수정주의자 견해의 주요 논점은 다음과 같다. 첫째, 발전전략은 상호 관련된 정책들의 총합체이기 때문에 경제 운영의 특성을 수입 대체냐 수출 주도냐의 이분법적 논리로 설명하기 어렵다. 둘째, 경제 성장에 작용하는 정부의 역할은 시장경제의 자율적 운영 원리에 기초하는 심판자의 역할로 규정할 수 있다. 셋째, 시장 순응적인 거시경제정책 기조의 채택을 고려할 때 국가 중심적 또는 시장 중심적 극단론은 배제되어야 한다. 넷째, 중간조직의 존재는 정부와 기업 간에 제도화된 독특한 특성을 반영하는 실례다.

보는 반면에 종속이론은 개발도상국가를 규정하는 국제경제구조의 착취적 성격으로 인해 발전이 불가능하다고 인식하기 때문이다(Soh, 1997: 26). 이때 후발개도국의 국가는 기존 구조를 재생산하는 기생물에 불가한 것으로 간주된다. 결국 신마르크주의적 정치경제학의 인식 논리를 반영하는 종속이론은 남미 수입대체 산업화의 실패 원인을 설명하는 일에는 효과적이었지만 동아시아 수출지향 산업화의 성공 원인을 설명하지 못함으로써 영향력을 상실하게 되었다. 따라서 초기 종속이론에 대한 수정·보완을 위해 세계체제론이 등장하게 된 것이다(김호진, 1996).

월러스타인(Immanuel Wallerstein)의 선구적 문제 제기를 반영하는 세계체제론적 인식 논리들은 구조의 제약성과 더불어 구조의 호의성까지를 분석 대상으로 고려함으로써 종속이론이 드러낸 편협성의 완화에 기여하게 된다. '반주변(semi-periphery)' 개념의 제시를 통해 호의적 상황 여건의 도래 여부에 따라서는 구조 변동의 가능성을 인정하기 때문이다. 이 점에서 세계체제론적 인식 논리들은 완화된 구조이론으로 평가될 수 있다. 한편 이를 반영하는 동아시아 고도 성장의 논거로는 생산주기와 무임승차의 문제를 지적할 수 있다.[6]

먼저 생산주기에 기초하는 국제분업의 유용성에 대한 주장은 식민 통치의 경험에서 시작된다. 생산주기의 수혜 대상을 좌우하는 주요 변수로 식민지적 연계 관계가 작용하기 때문이다. 이는 동아시아의 유일한 선발 산업국가인 일본이 성장 단계별로 과거 식민지였던 여타 국가들에게 사양산업의 이전을 지속해 왔다는 주장을 통해 지지되고 있다. 1960~70년대 한국과 대만, 1980년대 이후 아세안 국가들이 여기에 해당된다.

다음으로 무임승차, 즉 호의적 환경 여건과 관련된 주장은 다음과 같다. 첫째, 지정학적 유용성을 강조하는 견해다. 동아시아 NICs(Newly Industrializing Countries)는 규모가 작고 인구가 집중되었던 관계로 사회간접자본 투자효율성의 제고와 정보교환 비용의 축소에 유리했을 뿐만 아니라 견제 대상 국가로 부각되지 않았다. 또한 사회주의권 방어기지라는 유인가로 인해 미국의 특별한 관심과 지원을 비교적 용이하게 확보할 수 있었다(Cumings, 1984: 44-46). 둘째, NICs가 도약하던 시기는 세

6) 세계체제론적 인식 논리의 범주에 생산주기나 무임승차의 문제를 포함시키는 설명 방식에 대해서는 논란이 제기될 수 있다. 동아시아의 군사안보 역할에 따른 냉전의 정치경제적 효과는 종속이론이나 세계체제론에 대한 반증 사례로 제시되어 왔기 때문이다. 하지만 생산주기나 무임승차는 적어도 후발 개도국가들에서 행위나 제도 요인을 통해 설명하기 어려운 중립적 구조 요인으로서 지위를 향유할 수 있다.

계 경제가 급속히 성장했던 시기에 해당할 뿐만 아니라 잠재적 경쟁 국가(중국, 북한, 베트남 등)들이 사회주의 이념을 반영하는 내부 지향적 발전전략을 채택했다. 셋째, 식민 통치의 유산 때문에 도약의 초기 조건이 양호했다. 넷째, 베트남전쟁과 같은 역사적 상황이 경제 성장에 기여했다. 전쟁 특수를 NICs의 인큐베이터나 엘도라도로 표현하는 주장들이 여기에 해당된다(Woo, 1991; Cumings, 1984).

하지만 세계체제론적 인식 논리는 다음과 같은 한계를 극복하지 못한 것으로 보인다. 첫째, 국제분업의 효용성을 강조하는 성장 논리는 내생변수인 국내적 조건의 중요성을 간과하고 있다. 따라서 외적 요인에 대한 일면적 강조보다는 역사적 조건을 수용하는 포괄적 분석 시각의 정립이 요구된다. 둘째, 사양산업의 이전 효과가 제한적일 뿐만 아니라 특정 국가에 지속적으로 이뤄지지 않았다는 점이다. 또한 이전 효과가 수입국보다는 수출국에서 크게 나타난다는 점을 간과하고 있다. 일례로 한국의 고질적인 대일 무역적자는 이를 반영하는 대표적 실례다. 셋째, 호의적 외부 조건이 산출한 편익의 장기적 효용성을 담보하기 어렵다는 점이다(Haggard, 1986). 이를 반영하는 단적인 사례가 식민 통치의 유산에 대한 과대 평가다. 한국과 대만이 식민 통치의 효용성이 체감한 1970년대 이후에도 고도 성장을 지속했다는 사실이 여기에 해당된다.

(2) 종속적 발전론: 국가 주도 삼자동맹과 관료적 권위주의 체제

초기 종속이론의 구조적 편협성을 극복하려는 대안적 시도라는 점에서 세계체제론과 동일선상에 위치하는 종속적 발전론 계열의 논의들이 소유하는 차별적 특성은 의제 자유시장이론과 마찬가지로 제한된 수준의 국가개입을 수용하고 있다는 점이다. 이때 종속적 발전국가로 규정될 수 있는 국가개입의 범위는 외부적 요구와 내부적 요구 간의 함수 관계로 정의한다. 즉, 경제 성장의 문제를 단순히 외적 변수를 통해 규정하기보다 국내적 변수와의 관련성을 고려해야 한다는 문제 제기를 통해 국가 역할의 가능성을 허용하고 있는 것이다.

종속적 발전론으로 범주화되는 인식 논리의 폭은 매우 넓다. 종속적 발전 또는 연합된 종속적 발전(associated-dependent development)의 개념틀을 구축한 에반스(Peter B. Evans)와 카르도소(Fernando H. Cardoso)에 부가하여 주변부 포디즘론이나 국가자본주의론 계열의 논의들도 종속적 발전론의 응용 논거로 평가될 수 있기 때문이다. 이들의 주장에 따르면 주변국가(peripheral state)는 일정한 수준의 자율성을 향유하게 된다. 물론 이 경우에도 후진성의 극복을 위한 개도국의 노력이 세계 자본주의 체제의 구조적 필요성에 배치된다면 문제의 해결이 어려워지게 된다. 주변부의 산업화는 외부 시장의 필요에 따라 규정되기 때문에 구조의 필요성과 유리된 국가 주도는 경제 성과의 산출에 실패하기 때문이다.

한편 종속적 발전론을 반영하는 동아시아 고도 성장의 논거로는 임현진(Lim, 1985)과 박동환(Park, 1987)의 분석을 지적할 수 있다. 먼저 에반스가 제시한 삼자동맹(triple alliance)을 원용해 개발연대(1963~1979) 한국의 경제 발전을 분석한 임현진은 예외적으로 강력했던 국가의 역할에 주목하면서 종속이론과 세계체제론의 수정을 제안했다. 다음으로 NICs가 핵심 국가들의 착취 대상인 천연자원을 소유하지 못했다는 사실에 주목하는 박동환은 이들 국가의 발전이 외국 자본과 기술을 통해 이뤄졌다는 점에서 남미와의 차별성을 강조한다.

나아가 오도넬(Guillermo A. O'Donnel)이 제시한 관료적 권위주의를 원용해 한국의 유신 체제를 분석한 연구들은 산업화의 심화 문제를 중심으로 예외적으로 강력했던 국가의 출현 배경을 설명했다는 점에서 종속적 발전론과 동일선상에 위치하는 것으로 평가될 수 있다. 또한 권위주의와 유교주의 간에 높은 수준의 친화력이 존재한다고 주장하는 문화주의적 논거들도 유사한 의미를 가정할 수 있다. 결론적으로 종속적 발전론 계열의 논의들은 제1세대 종속이론가인 프랭크(Andre G. Frank)나 아민(Samir Amin)은 물론 세계체제론의 구조 편향적 문제 인식을 극복하고 있다는 점에서 유용성을 가정한다(Staniland, 1985).

하지만 종속적 발전론 계열의 논의들은 다음과 같은 측면의 한계를 극복하지 못한 것으로 평가된다. 먼저 전반적으로 이론적 정렬 상태가 미약하다는 점이다. 종속(dependency)과 의존(dependence)에 대한 개념 구분상의 모호성이 종속이론에 대한 혼란을 초래했듯이 종속적 발전국가의 개입 범위에 대한 명확한 답변이 제시되고 못하고 있다는 점이 여기의 논거다. 다음으로 세계체제 내에 위치하는 개별 국가의 위상을 부분적으로 변화시키는 수준의 종속적 발전국가를 상정하고 있지만 기본적으로 국가의 기능과 역할을 정태적으로 파악하는 한계를 탈피하지 못하고 있다. 마지막으로 삼자동맹에 대한 관심에서 나타나듯이 종속적 발전론자들은 국내적 변수의 중요성을 고려한다는 점에서 유용성을 가정한다. 하지만 남미의 상황적 특성을 반영하는 '중심-주변' 또는 '중심-반주변-주변'이라는 개념틀에 여전히 집착하고 있을 뿐만 아니라 다국적 기업의 역할을 과대 평가하고 있다는 점에서 동아시아 고도성장이론으로서의 적실성에 한계를 지닌다.

2 대안적 분석틀의 모색: 동아시아의 고도 성장 발전국가론

1980년대 이후 국가의 부활이라는 새로운 맥락에서 사회과학 연구의 대안적 패러다임으로 등장한 신제도주의이론의 효용성은 기존 접근 방법들이 보여준 방법론적 편향성에 기인하는 바가 크다. 동아시아의 고도 성장이라는 객관적 산출 결과를 시장의 합리성이나 외부적 제약의 산물로 치부하기는 어렵기 때문이다. 이 점에서 중범위화의 구현 논리로서 신제도주의 인식 논리들의 정당성을 발견할 수 있다. 또한 규제국가와 종속국가의 한계를 초월해 신중상주의를 가정하는 발전국가의 실체를 규명하는 일에 초점을 부여했다는 점에서 차별성을 확보하고 있다(Skocpol, 1985; Önis, 1991).

신베버주의적 국가주의나 정책 네트워크론을 포괄하는 광의의 신제도주의는 분석수준을 기준으로 분류할 때 미시 제도주의와 거시 제도주의 및 중범위 제도주의로 분류될 수 있다(March & Olsen, 1984; 염재호, 1994). 이는 각기 상이한 수준의 제도 개념이 산출되어 왔음을 시사한다. 또한 각기 상이한 수준을 대표하는 제도들은 나름의 설명력을 소유하는 것으로 평가되고 있다. 따라서 발전국가의 실체 규명을 위해 신제도주의 통합모형의 구현을 지향하는 이 연구는 행위와 구조의 매개체로서 제도의 수준을 구별한 상태(분리화 설계)에서 이들 간의 상호 관련성을 부여(구조화 설계)하는 일에 주력하고자 한다. 물론 이러한 작업이 결코 용이한 일은 아니다. 다양한 수준의 제도이론 간에는 중복 현상이 존재하기 때문이다. 하지만 동아시아 논쟁 과정을 통해 제시된 세 가지 수준의 제도주의이론들은 계속적 수정・보완의 결과물로서 누적적 개념 체계를 형성하고 있다는 점에서 해결 가능성이 보인다.

〈표 4-1〉 동아시아 고도성장이론의 체계

행위 중심적 접근	광의의 신제도주의(제도 중심적 접근)			구조 중심적 접근
	미시 제도주의	중범위 제도주의	거시 제도주의	
미시적 편향성	——→ 중범위화의 구현 ←——			거시적 편향성
규제국가	발전국가(적극적 산업정책의 논리)			종속국가

광의의 신제도주의를 구성하는 동아시아 고도성장이론들은 궁극적으로 발전국가의 정당성과 효과성 및 신뢰성을 제고하기 위해 다양한 분석 수준들을 대표하는 제도의 효용성에 주목하고 있다는 점에서 유사하다. 따라서 신제도주의 통합모형의 가능성을 모색하는 이 연구의 분석작업은 발전국가의 논리를 대표하는 적극적 산업정책과 밀접한 관련성을 지니게 된다. 행위 중심적 접근과 구조 중심적 접근이 산업정책의 효용성을 부정적으로 평가하고 있음에 반하여 신제도주의 계열의 이론들은 산업정책의 논리를 지탱해 왔기 때문이다. 부연하면 각각 미시 제도주의와 거시 제도주의를 반영하는 행위자로서 국가와 제도로서 국가에 대한 논의들은 정책형성 측면에서, 중범위 제도주의를 반영하는 정책 네트워크론은 정책집행을 중심으로 발전국가의 정당화에 주력해 왔다.

제 3 절 동아시아의 고도 성장과 제도의 역할

여기에서는 동아시아 고도 성장의 동인을 발전국가의 적극적 산업정책에 초점을 두고 신제도주의이론들을 종합적으로 검토하게 된다. 특정한 분석틀의 가정과 분석단위에 집착하는 패러다임적 사고를 극복하기 위해 분석 수준을 연계함으로써 정책추진의 전 과정을 입체적으로 규명할 수 있기 때문이다. 미시 제도주의와 거시 제도주의 및 중범위 제도주의로 구성된 이 연구의 통합 논리는 다음과 같다.

1 미시 제도주의: 선도조직의 계획합리성

'행위자로서 국가', 즉 정부관료제의 선도적 역할을 중시하는 미시 제도주의 인식논리는 행태주의 혁명의 와중에 실종된 국가의 부활을 선도한 신베버주의적 국가주의자들의 주도하에 정립되었다. 유럽을 중심으로 발아된 신마르크주의적 국가론자들의 국가 자율성 논쟁에 자극받은 미국 중심의 국가주의자들은 발전정책의 주체로서 국가의 자율적 문제 해결 능력에 초점을 부여한다. 결과적으로 국가의 계몽적 정책개입을 중시하는 국가주의적 사고의 부활은 1980년대 이후 동아시아 고도 성장 논쟁을 본격화하는 계기로 작용하게 된다.[7)]

스테판(Alfred Stephan)과 스카치폴(Theda Skocpol)의 선구적 문제 제기를 반영하는 국가주의자 견해에 따르면 국가는 경제 발전의 독립변수로 자리하게 된다. 이때 국가란 “행정적, 법적, 관료적 및 강제적 총체로서 다양한 사회집단과의 관계를 조직화할 뿐만 아니라 이러한 집단 간의 관계에도 작용한다.”는 의미로 파악된다. 한편 전후 인상적인 경제 성장을 지속해 온 일본과 동아시아 NICs의 경험 사례는 이들의 주장을 지탱하는 핵심적 논거로 제시되었다. 동아시아 지역 국가들은 경제사회 체제의 개혁과 자본 축적에 주도적인 역할을 수행했기 때문이다.

이러한 견해를 반영하는 동아시아 고도성장이론으로는 먼저 발전국가모형의 창시자인 존슨(Johnson, 1982)을 지적할 수 있다. 그는 전후 일본의 고도 성장 원인에 대한 기존의 주류 견해인 문화주의와 신고전파 논거를 비판하면서 적극적 산업정책의 정당성을 제시했다. 신고전파 시장합리성(market-rationality)을 대치하는 대안으로 계획합리성(plan-rationality)을 상정하는 그는 차별성과 선택성을 특징으로 하는 적극적 산업정책의 성공 원인을 규명하기 위해 통산성이라는 정부의 선도조직(pilot organization)에 주목한다. 일본의 통산 관료들은 정치적 압력으로부터 자율성을 지니고 있었기 때문에 장기적 시야에서 산업정책을 추진할 수 있었을 뿐만 아니라 축적된 정보를 바탕으로 시장의 왜곡을 초래하지 않았다는 것이 그의 주장이다. 나아가 기관 형성의 효용성을 대표하는 사례로서 한국의 경제기획원 주도로 산출된 경제개발5개년계획에 주목하는 견해들도 같은 맥락에서 이해될 수 있다.

다음으로 암스텐(Amsden, 1989)은 경제관리의 주도자로 한국의 정부에 주목하면서 신고전파 설명과 배치되는 몇 가지 주장을 제시했다. 그는 신고전파가 간과하고 있는 주요한 논점으로 “첫째, 한국의 경우 국가는 기업가, 은행가 그리고 산업구조의 형성자로서 역할을 수행했다. 둘째, 국가는 보조금을 통한 시장 육성, 가격통제, 외환통제, 직접 투자관리 등 왜곡된 가격의 설정(setting price wrong)을 통해 시장 경쟁과 구별되는 제도적 특이성을 산출했다. 셋째, 시장 파괴적인 국가의 정책대안들은 재벌에 의해 지지·보완되었다. 넷째, 국가는 적극적으로 재벌을 지원했을 뿐만 아니라 그들의 순응을 확보하는 장치 마련에도 주력했다.”라고 지적했다. 한편 웨이드(Wade, 1990)는 이러한 주장의 연장선상에서 통치시장이론(governed market theory)의 체계화를 위해 자유시장이론과 의제 자유시장이론과의 차별성 확보에 주력했다.

7) 한국에서 전개된 국가론 논쟁에 대해서는 최장집(1993: 13-89) 참조.

마지막으로 국가정책의 최고 책임자인 대통령의 리더십이나 기술관료들의 우수성에 주목하는 논의들도 미시 제도주의의 정립과 직결된 문제다. 일례로 고도성장기를 대표하는 동아시아 각국의 정치가나 관료들에 관한 호의적 분석 사례들이 여기에 포함될 수 있다. 일례로 박정희 대통령의 발휘한 경제제일주의적 통치 이념은 발전국가의 거래비용을 축소시키는 다양한 형태의 기관 형성을 촉진시키는 한편 대기업의 비생산적 지대 추구 욕구를 원천 봉쇄하는 효과를 산출한 것으로 평가될 수 있기 때문이다.[8)]

하지만 초기 국가주의 인식 논리를 반영하는 앞서의 견해들은 다음과 같은 한계를 드러내 왔다. 첫째, 과감한 발전정책의 형성과 고도 성장 간의 인과 관계가 미약하다는 점을 지적할 수 있다. 즉, 정책집행이 지니는 중요성을 간과하고 있다는 점이다. 정부관료제의 선도적 역할을 통해 거시적 국가 발전 목표를 설정할 수는 있지만 이의 효율적인 집행까지 보장되는 것은 아니기 때문이다(Doner, 1992: 400). 둘째, 정부관료제 내부에 존재하는 다양한 목소리, 즉 관료정치적 맥락의 중요성을 간과하고 있다는 점이다. 이 점에서 집권적 행정조직의 유용성을 국가 능력의 원천으로 상정하는 기본 가정은 적어도 구체적·부분적 집행의 영역에서는 수정되어야 한다. 단적인 사례로 일본의 대장성과 통산성, 한국의 경제기획원과 상공부 사이에 존재했던 긴장과 갈등은 산업정책을 규정하는 주요 변수로 작용해 왔기 때문이다.

2 거시 제도주의: 억압적·배제적 지배연합

미시 제도주의에 대한 보완적 논거로서 거시 제도주의는 '행위자로서 국가'보다는 '제도로서 국가' 논의의 유용성을 제고하는 일에 주력해 왔다. 따라서 거시 제도주의로 지칭되는 포괄적 설명 방식은 성장 촉진적 산업발전정책의 형성을 가능케 한 국가 능력의 원천으로서 강한 국가의 기원을 규명하는 일에 주력해 왔다(김석준, 1990). 따라서 거시 제도주의 논거를 지지하는 논자들은 억압적이고 배제적인 지배연합(ruling coalition)에 주목하게 된다.

8) Chang(1993)은 '시장 보호적 국가개입(market-preserving state intervention)'을 추구한 한국 경제의 성공 비결로 정보비용의 증대로 인한 정책실패의 가능성을 효과적으로 통제했다는 점과 비생산적 지대 추구라는 위협 요인을 효과적으로 회피했다는 점을 지적했다. 이때 전자를 대표하는 사례로는 한국무역진흥공사의 설립을, 후자로는 특정 기업에 대한 세무사찰 등을 지적할 수 있다.

거시 제도주의는 여타 신제도주의 이론들에 비해 상대적으로 구조 중심적 방법론에 친숙하다. 따라서 제도의 특성이나 제도화의 기원을 규명할 때 역사주의적 설명 방식을 선호한다. 일례로 미시 제도주의가 단시일 내에 이뤄지는 기관 형성의 결과물로서 행정제도에 초점을 부여한다면 거시 제도주의는 노사정 합의와 같은 구조적 배열 상태에 주목한다는 것이다. 그렇다면 동아시아 지배연합의 특성과 제도화 원인은 무엇인가?

먼저 동아시아 지배연합의 특성으로는 펨펠과 쓰네카와(Pempel & Tsunekawa, 1979)가 일본에 대한 분석 결과로 제시한 '노동이 배제된 조합주의', 데요(Deyo, 1989)가 동아시아 NICs의 공통적 특성으로 제시한 '배제적 노동제도' 및 김영명(1996)이 일본과 한국에 대한 분석 결과로 제시한 '일극 체제' 등을 제시할 수 있다. 이들의 분석 결과를 종합할 때 동아시아 국가들은 노동과 자본은 물론 야당이나 사회 세력을 효과적으로 통제함으로써 과감하고 혁신적인 산업정책의 형성을 가능케 했다는 것이다. 즉, 농민과 중소 상공업자의 희생을 요구할 뿐만 아니라 대자본에 편향적인 수출지향 산업화를 성공적으로 추진했다는 사실이 이를 입증하는 사례다.

부연하면, 우선 김영명(1996: 15-39)이 제시한 일극 체제란 "정치 권력이 사회, 정치의 각 부문에 다원적으로 분산되어 있지 않고 특정한 지배 세력에 집중되어 있는 체제"로, 권위주의 하 한국의 일인 지배 체제와 자민당 장기집권기 일본의 일당 지배 체제가 전형적인 사례라는 것이다. 또한 NICs가 이룩한 기적의 배후로 "경제적으로 효율적이고 정치적으로 배제적인 노동제도"를 지목하는 데요(Deyo, 1989: 8-10)에 따르면, 이러한 제도적 특성이 기존에 유지된 엘리트의 통치에 적합하거나(대만), 새롭게 등장한 엘리트의 통치에 적합하든지(한국), 노동통제가 억압적이든(한국) 조합주의적이든(대만), 그리고 노동통제의 원동력이 국가(한국과 싱가포르) 아니면 기업(대만과 홍콩)이든지 공통적으로 적용될 수 있다고 주장한다.

다음으로 동아시아 지배연합의 제도화 원인에 대한 역사적 설명 논거는 다음과 같다. 우선 동아시아 국가들은 외부적 위협에 지속적으로 노출되어 왔기 때문에 장기적 발전 목표의 수립에 유리한 조건을 갖추고 있었다는 점이다. 특히 냉전 구도 하 한국과 대만의 안보 위협은 반(反)지배연합의 요구를 약화시키는 결정적 요인으로 작용했다(Haggard, 1986). 또한 제2차 세계대전 전후의 혼란기를 거치면서 전통적 지배 세력이 붕괴되었기 때문에 비교적 용이하게 국가의 통치력을 강화시킬 수 있었다는 점도 주요한 논점이다(Cumings, 1984; Önis, 1991). 나아가 한국과 대만의 식민지 경험도 앞서의 설명을 보완하는 주요한 논거로 제시될 수 있다.

그러나 거시 제도주의 설명 논리는 다음과 같은 한계를 극복하지 못한 것으로 평가된다. 먼저 역사적 설명 방식에 지나치게 의존하는 관계로 설명의 구체성을 결여하게 된다는 점이다. 일례로 산업 발전 단계나 개별 산업의 특수성을 반영하는 국가의 역할 변화를 적극적으로 반영하기 어렵다는 점이 여기의 논거다(Okimoto, 1989; 홍성걸, 1993). 다음으로 문화주의의 한계와 마찬가지로 일반화의 요건을 충족하기 어렵다는 점이다.[9] 변수 간의 명확한 구분이 전제되지 못하고 있을 뿐만 아니라 개별 사례의 특수성을 완화시키는 일에 실패했기 때문이다.

결론적으로 국가주의의 등장으로 촉발된 동아시아 고도 성장의 초기 논쟁은 국가 주도냐 아니면 시장 주도냐에 대한 각각의 장단점을 부각시키는 데는 성공했으나 이분법적인 시각의 한계를 완전히 불식시키지 못한 것으로 평가된다. 이 점은 광의의 국가주의를 형성하는 미시 제도주의와 거시 제도주의 모두에 적용되는 공통의 문제라는 점에서 중범위 제도주의를 반영하는 대안적 설명틀을 촉진시키는 주요 계기로 작용하게 된다.

3 중범위 제도주의: 협조적 정책 네트워크

정책 네트워크론으로 지칭되는 중범위 제도주의는 미시 제도주의와 거시 제도주의가 드러낸 설명의 불완전성을 보완하기 위해 포괄적인 정책형성보다 구체적인 정책집행 문제에 대한 관심의 전환을 통해 발전국가의 정교화에 주력했다는 점에서 중범위 지향적 논의의 완성으로 평가된다. 즉, 정부의 합리적 선택에 내재하는 정책실패의 가능성은 물론 지배연합의 논리 속에 잠재된 계급 편향성의 문제를 상당 부분 해소시켰기 때문이다. 또한 포괄적 설명 방식을 특징으로 하는 문화주의나 비대칭적 행위자 간의 관계분석을 논의 대상에서 배제하는 거래비용이론에 대한 보완의 의미도 지닌다.

동아시아 발전이론의 공고화를 위한 대안적 시도로서 정책 네트워크론의 기원은 미국적 연구 전통의 산물인 하위정부이론(sub-government theory)과 영국적 연구 전통인 조직간 이론(inter-organizational theory)으로 대별된다.[10] 나아가 각각의 연

9) 동아시아 고도 성장에 대한 문화주의 논거는 유교자본주의로 집약된다. 하지만 유교자본주의는 문화결정론의 한계를 탈피하지 못하고 있다는 점에서 독자적 설명 능력이 의문시된다. 동아시아 고도 성장에 관한 문화주의적 설명의 공과에 대해서는 구범모 · 백종국(1990: 12-19) 참조.

구 전통을 계승한 국가주의와 조합주의도 정책 네크워크론의 형성과 직결된 문제로 평가될 수 있다. 일반적으로 정책 네트워크란 특정한 정책문제의 해결을 둘러싸고 산출되는 정책참여자들 간의 상호작용 패턴으로 이해된다. 하지만 현실의 정책 네트워크는 현존하는 모든 조직의 구성 형태를 포괄하기보다 사회조직의 양극을 점유하는 '시장'과 '위계' 사이의 한 형태로 간주된다. 이러한 이유로 정책 네트워크론은 공공부문의 논리와 민간 부문의 논리가 교차되는 경계선의 성격을 규명하는 일에 주력해 왔다.[11]

정책 네트워크론의 존재 의의는 정책 과정의 다원화에 전문화와 상응하는 제도혁신으로 이해될 수 있다. 즉, 정책문제의 불확실성과 복잡성이 증대함에 따라 정부의 정책 주도보다는 민간의 참여에 의존하는 대안적 문제 해결 기제가 요구되었던 것이다.[12] 한편 정책 네트워크론의 정체성 확립을 위한 두 가지 선결 과제로는 정책 네트워크의 유형과 변화 문제를 지적할 수 있다.[13] 이때 전자는 중범위화의 범위를 어디까지로 제한할 것인가의 문제와 후자는 제도 변화에 대한 설명력의 한계를 어떻게 보완할 것인가의 문제로 집약된다.

그렇다면 정책 네트워크론의 대안적 문제 인식을 반영하는 동아시아 고도 성장의 정책 네트워크는 무엇인가? 이(Lee, 1992)는 여기에 대한 답변으로 준내부조직을 제시한다. 준내부조직(QIO: Quasi Internal Organization)이란 기업 간 내부조직(사적 내부조직)의 응용·확장 개념이다. 시장환경의 불확실성을 흡수하기 위해 개별 기업 간에 재벌이나 계열 등의 사적 내부조직이 형성되는 것과 마찬가지로 산업정책의 주

10) 영국 학자들은 상대적으로 양적 방법론에 친숙한 미국 학자들과는 달리 정책 네트워크의 성격을 규정할 때 좀더 포괄적인 입장을 취한다. 따라서 현업 부처와 고객집단을 대표하는 몇몇의 지배적인 행위자가 구축하는 철의 삼각이 정책의 독립변수로 기능한다는 신다원주의 또는 신엘리트주의적 관점은 조직 간 연계 관계에 주목하는 유럽적 연구 전통과 구별되어야 한다.

11) 로드스와 매시(Rhodes & Marsh, 1992)는 정책 네트워크론의 경향을 정부간 관계(IGR: the central-local government relationships initiative)의 측면과 정부-기업 간 관계(GIR: the government-industry relationships initiative)의 측면으로 대별했다.

12) 조던과 슈버트(Jordan & Schubert, 1992: 11)는 새로운 정책 현실의 특징적 측면으로 "① 집합행동이 주도하는 조직사회의 출현, ② 정책결정에서 정치 시스템의 부분화 현상, ③ 이익집단 간 경쟁의 격화, ④ 국가정책의 개입 영역이 증대, ⑤ 국가의 분권화와 전문화, ⑥ 중간조직의 확장으로 인해 공공 부문과 민간 부문 간의 경계가 모호" 등을 지적했다.

13) 와든(Waarden, 1992)은 고객주의(clientelism), 압박다원주의(pressure pluralism/competitive pluralism), 철의 삼각(iron triangles), 이슈 네트워크(issue networks), 부분조합주의(sectoral corporatism/meso corporatism) 등 다양한 용어로 지칭되고 있는 정책 네트워크의 유형 분류 기준으로 행위자, 기능, 구조, 제도화의 수준, 상호작용의 관행, 권력의 분배, 행정의 전략 등을 제시했다.

체인 정부와 객체인 기업 간에도 내부화의 효용성이 존재할 수 있다는 것이 여기의 핵심적 논거다. 이때 준내부조직의 작동 원리로는 묵시적 위협(implicit threat)의 수단으로서 내부 자본시장(internal capital market)과 행정지도(administrative guidance)를 지적할 수 있다.

동아시아 국가들은 내부 자본시장이라는 억압적 금융제도를 소유하고 있었기 때문에 단기간 내에 국가 주도의 자본 축적이 가능했을 뿐만 아니라 산업발전 자본을 선별적으로 할당하는 과정에서 시장에 대한 국가의 통제 능력을 제고할 수 있었다(Woo, 1991). 이는 억압국가에서 발전국가로의 이행에 따라 국가 권력의 원천이 총구에서 은행으로 변화하게 된다는 논거를 통해 지지될 수 있다. 또한 중간조직(기업이익 연합체)의 제도적 유용성을 반영하는 행정지도라는 효율적 정책집행 메커니즘이 존재했기 때문에 정부의 정책 의지를 기업 일선에 충실히 전달할 수 있었다. 이 점에서 준내부조직이 산출한 효율적인 정책집행 네트워크는 M형태(M-Form) 조직구조의 유용성을 반영하는 것으로 평가된다.

준내부조직으로 대표되는 정부와 기업 간의 긴밀한 연계 관계가 동아시아 고도 성장의 동인이라는 주장은 국가주의가 노정한 설명의 불완전성을 해소했다는 점에서 긍정적으로 평가될 수 있다. 하지만 협조적 정부-기업 관계의 존재만으로 동아시아 고도 성장의 실체를 충분히 설명하기 어렵다는 점에서 독자적 설명 논리로서의 한계에 직면하게 된다. 일례로 행정지도와 같은 보조적 정책집행 기제를 고도 성장의 독립변수로 설정하기에는 무리가 따르기 때문이다. 하지만 정책 네트워크라는 대안적 분석틀이 비교정치경제 연구의 주류를 형성해 온 국가별 수준의 포괄적 비교보다는 산업별 수준의 구체적 비교를 통해 기존 이론들의 한계를 보완하는 일에 초점을 부여하고 있다는 점에서 앞서 제시된 비판은 큰 의미를 지니기 어렵다(Hall, 1986; 염재호, 1994; 진창수, 1996).

다음으로 준내부조직의 핵심 가정인 내부 자본시장을 한국 이외의 국가들에 일반화시키기 어렵다는 점도 주요 한계로 지적된다. 하지만 일본의 고도 성장을 지탱한 협조적 정부-기업 관계도 결과적으로 계열은행제도나 행정지도의 효용성에 기인하는 바가 크다는 점에서 일반화의 가능성을 일방적으로 축소하기는 어렵다. 이 점은 일본을 네트워크 사회 또는 관계 중심의 사회로 규정한 오키모토(Okimoto, 1989)의 주장을 통해서도 잘 나타나고 있다. 나아가 한국의 대량생산 체제와 구별되는 대만의 유연생산 체제에 대한 설명도 금융시장에 대한 정부개입과 직결된 문제다. 임석준(1997)에 따르면 대만에서 중소기업 주도의 유연생산 체제가 산출된 직접적 동인은 정부의 편향된 금융시장정책에 기인하기 때문이다.

마지막으로 준내부조직의 개념 속에 내재된 한계를 지적할 수 있다. 우선 금융시장의 배열 상태에 주목하는 내부 자본시장의 논리는 기술시장이나 노동시장의 특성을 배제한 상태에서 충분한 설명력을 지니기 어렵다는 점이다. 따라서 산업 발전 단계의 이행까지를 고려하는 좀더 광의적인 분석틀의 정립이 요구된다. 또한 행정지도는 신축성을 제고할 수 있다는 장점 때문에 중시되지만 그 효력의 발생이 법령의 명문 규정 없이 이뤄지기 때문에 자의성이나 도덕적 해이에 따른 정책실패의 가능성을 무시하기 어렵다는 점이다.

제4절 결 론

이 장에서는 동아시아 고도 성장 논쟁을 주도해 온 주요 발전이론들을 비판적으로 재구성한다는 목표를 달성하기 위해 신고전파 규제국가론와 신마르크주의적 종속국가론의 대안으로 제시된 발전국가론의 실체를 규명하는 일에 초점을 두었다. 즉, 동아시아 고도 성장의 동인을 발전국가의 적극적 산업정책으로 귀인시킨 상태에서 신제도주의 통합모형의 인식 논리를 토대로 정당화를 시도했다. 신제도주의 통합모형을 반영하는 지금까지의 분석 결과를 요약하면 다음과 같다.

먼저 일극 체제로 지칭되는 억압적·배제적 지배연합은 반지배연합의 요구를 효과적으로 통제함으로써 국가 능력을 향상시키는 제도 기반으로 작용했다. 또한 정부관료제의 기술적 우위성은 차별성과 선택성을 특징으로 하는 산업정책의 신뢰 수준을 전반적으로 제고했을 뿐만 아니라 과감하고 신속한 정책 형성에도 작용했다. 다음으로 준내부조직으로 지칭되는 정부와 기업 간의 발전 지향적 협력 관계는 정책집행의 효율성 제고에 기여했다. 준내부조직의 양대 기반인 행정지도와 내부 자본시장은 정부의 정책 의지를 기업 현장에 확산시키는 기제로 작용했을 뿐만 아니라 기업의 성과를 자극하는 유인 장치로 활용되었다. 나아가 동아시아의 발전국가들은 제도의 부작용을 내면화시키는 다양한 장치들을 통해 정책효과성을 지속적으로 유지할 수 있었다.

그렇다면 세계화와 정보화로 대표되는 구조 전환의 시대를 맞이하여 발전국가의 제도적 효용성을 반영하는 동아시아 고도 성장의 미래는 낙관적인가? 이러한 질문에서 우리는 발전국가의 딜레마를 발견할 수 있다.[14] 1980년대 후반 일본 경제의 위기로 촉발된 동아시아 위기론이 여타 국가들로 확산되는 추세를 나타내고 있을 뿐만 아니라 최근의 심각한 금융 위기로 가시화되고 있다(Krugman, 1994). 이른바 신자유주의의 도전에 기존의 고도 성장 레짐은 심각한 취약성을 드러내게 된 것이다.

나아가 신자유주의의 요구를 반영하는 고도 성장 레짐의 전환은 발전국가를 축으로 유지된 온 전통적 제도 기반의 붕괴를 요구한다는 점에서 문제의 심각성이 존재한다. 일극 체제와 준내부조직으로 대표되는 제도의 후원을 배제한 상태에서 정부는 정책의 일관성과 투명성 및 효과성을 확보해야 한다는 새로운 사명을 부여받고 있기 때문이다. 실제로 동아시아 국가들은 경제자유화와 경제민주화로 대표되는 새로운 정책 기조에 따라 시행착오를 되풀이해 왔다(임혁백, 1994: 159-178). 따라서 신자유주의의 도전으로 초래된 정책실패 현상에 대한 적극적이고 주체적인 대응 방안의 모색작업이 촉진되어야 한다.

결국 새로운 정부정책의 방향과 내용도 문제이지만 정책을 규정하는 제도 기반의 정체성을 확립하지 못한 상태에서 성공적인 문제 해결을 기대하기는 어렵다. 물론 제도의 정체성을 확립하는 일이 용이한 일은 아니다. 하지만 제도와 새로운 정책 의지 간의 격차를 반영하는 거래비용의 급격한 증대 현상을 고려할 때 제도혁신의 당위성은 좀더 분명해진다(김정렬, 1996). 단적인 사례로 1996년 말을 전후해 발생한 한국의 노동법 파동, 한보 대출 비리와 기아 부도 사태로 촉발된 금융 위기, 및 벤처기업의 전반적인 침체 현상은 노동 배제적 정치제도와 내부 자본시장 및 학습 네트워크의 효용성이 한계에 도달했음을 입증하고 있기 때문이다.

이 중에서도 특히 1997년 말 한국이 경험한 외환 위기는 외견상 거시경제정책의 실패로 규정될 수 있지만 문제의 이면에는 구조조정의 필요성이 자리하고 있다는 점에서 시사하는 바가 크다. 과거의 성공에 대한 미련을 반영하는 정부와 재벌의 관성적 행태는 얼마 남지 않은 한국 경제의 성장 잠재력을 훼손하는 결과를 초래할 것으로 예측되기 때문이다. 따라서 우리는 거대한 비대정부의 혁신과 더불어 재벌 편향적 정부-기업 관계의 재편을 요구받고 있다.

한편 이론적 측면에서 앞서 제시한 다양한 접근 방법들은 유사 사례나 여타 지역에 대한 유용한 분석틀로 활용이 가능하다. 일례로 우리에게 IMF 구제금융을 촉발

---

14) 국제 레짐의 변화가 후발개도국은 물론 선발 산업국가의 국내 제도 변화에 크게 작용한다는 국제레짐이론(international regime theory)은 근대화론의 가정과도 밀접한 관련성을 지닌다.

〈표 4-2〉 한국의 고도 성장과 경제 위기 및 재도약 방안

쟁점 \ 시각	외인론(거시적 시각)	내인론(미시적 시각)
고도 성장의 동인	- 생산주기(강대국과의 연계 관계를 활용한 국제분업의 수혜자) - 호의적 외부환경(식민 통치 유산, 월남전 특수)	- 정부 주도의 따라잡기 전략과 적극적 산업정책(국가주의) - 시장 친화적 정책 선택과 수출 지향 산업화 전략(신고전파)
IMF 금융 위기의 원인	- 국제 투기자본의 음모와 IMF의 잘못된 처방(미국의 조정)	- 정실 자본주의의 폐해와 과도한 정부개입(비생산적 지대 추구)
위기 극복과 재도약 방안	- 정부개입과 적절한 규제(재규재) - 신발전국가(첨단산업정책) - 경쟁적 조합주의(노사정 협약)	- 시장경쟁 기풍의 강화(탈규제) - 세계화와 자유무역(FTA 체결) - 노동시장의 유연화(고용보장 철폐)

한 1997년 말 동아시아 금융 위기의 원인도 객관적이고 중립적인 입장에서 다양한 설명이 가능하다(김시윤·김정렬, 2002; 이지순, 2001). 또한 비교적 최근 사례인 아일랜드의 고도 성장과 위기의 원인에 대한 분석도 가능하다.

P·a·r·t

02

정부-기업 관계 사례분석

Chapter 05

중소기업 지원 프로그램의 현황과 문제점*

제1절 서 론

우리나라에서 중소기업의 위상과 그에 대한 관심은 경제 발전의 궤도와도 맞물려 있다. 1960년대 초부터 1980년대 초까지 정부의 강력한 경제개발 계획을 통해 경제 성장을 이룩하는 과정에서 대기업은 외형적으로 크게 성장했으나 중소기업은 상대적으로 이에 크게 미치지 못했다. 특히 1970년대의 중화학 공업화는 규모의 경제(economies of scale)를 용이하게 실현시킬 수 있는 대기업 중심의 경제구조를 고착화하는 계기가 되었고, 이후 급속한 산업구조 변화와 더불어 수출 확대를 통한 개방경제 체제 구축을 위한 정책의 일환으로 대기업에 대한 정부의 집중 지원은 계속되었다. 취약한 중소기업의 발전 과정에도 불구하고, 중소기업에 대한 지원정책은 1960년대 이후 정책지향점이 변화하기는 했으나 40년 간 지속되어 왔다. 중소기업정책의 태동기였던 1960년대에는 중소기업협동조합법(1961), 단체수의계약제도(1965), 중소기업기본법(1966) 등 중소기업 지원 · 육성을 위한 법률과 제도가 마련되었으며, 중화학 공업정책이 본격적으로 추진되었던 1970년대에는 부품 공급 · 생산 주체로서 중소기업의 육성이 필요함에 따라 고유업종제도(1979), 지정계열화제도(1980)의 마련과 신용보증기금(1976), 중소진흥공단(1979), 기술신보(1989)의 설립 등 대기업 위주의 경제 성장 과정에서 파생된 불균형을 시정하기 위해 중소기업을 보호하고 육성하는 시

---

* 이병헌 · 장지호(2006)를 재구성했다.

책을 전개해 왔다. 그러던 것이 1990년대 이후 WTO 체제가 출범(1995년 1월)하면서 자율과 개방, 경쟁 중심으로 경제 운용이 전환되었으며, 1996년 2월 중소기업청 설립과 더불어 중소기업의 경쟁력 강화를 위한 다양한 지원 프로그램들이 추진되어 왔다(김한원, 1998).

특히 외환 위기 이후 1997년에 '벤처기업 육성에 관한 특별조치법'을 제정하면서 중소 벤처기업 육성이 산업정책의 중심으로 부상했다. 당시의 외환 위기의 원인이 재벌 중심의 압축 성장 과정에서 초래된 경제구조의 불균형의 극대화로 인식되면서 벤처 중심의 중소기업 육성이 산업조직정책의 최우선 과제가 되었다. 외환 위기 당시 집권한 김대중 정부는 '재벌로부터 중소 벤처기업으로'의 이행을 산업정책의 기조로 내세움으로써 그 한계가 명백해진 재벌경제의 대안으로 중소 벤처기업을 육성했다(주현, 2002). 그 결과 2002년 기준으로 IT 중심의 벤처기업만 2만 2천여 개에 이르고, 특별법에 의해 확인된 중소 벤처기업의 수도 1만여 개를 넘어선다. 특히 같은 해 정부가 확인한 신기술평가기업은 총 6,329개로 전체의 72% 정도에 이른다(재정경제부 외, 2004).

참여정부 들어서도 중소기업에 대한 정부 지원은 계속 증가했다. 기술·인력 등 중소기업의 혁신 역량 강화, 창업 활성화 및 신기술 사업화, 공정경쟁과 대·중소기업 간 협력 강화 등이 주요 의제로 상정되었으며, 중소·벤처기업의 경쟁력과 기술력을 강화하기 위한 지원 시책이 크게 증가했다. 2003년 현재 중소기업 지원사업은 중소기업청 등 14개 중앙부처에 의해 241개 사업이 추진되었으며, 이들 사업에 의한 중소기업 지원 규모는 6조 4,817억 원에 달한다. 중소기업 지원과 직접 또는 간접적으로 관련되어 있는 정부 부처·청·지자체 기관 수는 37개 기관, 지원 인력은 2,794명이며, 전국 단위 유관 기관 및 민간단체로서는 488개의 일선기관 및 단체와 35,575명의 지원 인력이 있다(중소기업특별위원회, 2005). 중소기업 총 지원 인력은 대략 38,396명으로 1인당 88개 중소기업체를 담당하고 있는 실정이다(이병헌 외, 2005).

중소기업에 대한 정부의 지원이 증가하고 있음에도 불구하고, 중소기업과 대기업 간의 기술력과 경쟁력의 차이는 IMF 이후 지속적으로 확대되고 있다. 중소기업과 대기업의 영업이익률 격차는 1998년 0.5% 수준에서 2002년 3.1% 수준으로 확대되었으며, 중소기업의 1인당 부가가치 생산성도 대기업 대비 1990년 49.3%에서 2002년 32.2%로 낮아졌다. 매출액 대비 기술개발 투자율의 경우 2002년 기준으로 대기업은 2.5%인 반면, 중소기업은 0.9%로 나타났다(이병헌 외, 2005). 중소기업에 대한 지원이 증가함에도 중소기업과 대기업 간의 경쟁력 차이가 확대됨에 따라 중소기업 지원

정책에 대한 전면적인 재검토와 혁신이 필요하다는 주장들이 제기되고 있다(김준모, 1999; 김종범, 2003; 오철호, 2003; 조영삼, 2006). 대통령도 "수십 년 동안 중소기업 육성정책을 펴 왔지만 대기업과의 격차는 좁혀지지 않고 있다. 노력했지만 성공했다고 말할 수 없고, 노력만 하고 달라진 것이 없다면 정책담당자로서 무엇이 문제인지 근본적인 질문을 다시 해보라. 필요하면 발상의 대전환도 해야 한다."고 밝혔다(노무현 대통령, 2005년 2월 22일 국무회의).

중소기업과 대기업 간의 경쟁력 격차를 줄이기 위해서는 정부의 지원정책이 궁극적으로 중소기업의 기술혁신 활동을 자극하거나 촉진하도록 설계되어야 하며, 정책적인 지원들이 전달 시스템을 통해 기술혁신을 수행하는 중소기업들에게 효과적으로 전달될 수 있어야 한다. 이 장에서는 참여정부에서 추진하고 있는 주요 중소기업 지원 정책과 프로그램들이 중소기업의 기술혁신을 지원하는 데 어느 정도 효과적인가를 정성적으로 분석하고, 이들 프로그램의 문제점과 개선 방안을 제시하기로 한다. 이를 위해 먼저 중소기업 지원정책에 관한 기존 연구들을 고찰하고, 기술혁신을 촉진하기 위한 중소기업 지원정책의 조건을 도출하기로 한다. 이어서 이를 토대로 중소기업 지원정책의 현황과 문제점을 분석한다. 마지막으로는 중소기업의 기술력과 경쟁력 강화를 위한 정책적인 개선안을 도출하기로 한다.

제 2 절 중소기업정책의 연구 경향과 평가 기준

1 중소기업정책의 연구 경향

중소기업 지원정책에 대한 연구는 지난 30여 년간 행정학, 정책학, 경제학, 경영학 분야의 여러 학자에 의해 매우 다양한 관점에서 진행되어 왔다(용세중, 1999). 이들 중 몇몇 연구를 제외한 대부분의 기존 연구들이 갖고 있는 공통적인 특징은 특정 지원제도나 지원 프로그램의 효과성, 문제점, 개선 방안 등을 단편적으로 논의하고 있다는 점이다. 이들 연구가 다루고 있는 지원제도나 지원 프로그램들은 연구 당시의 정책적인 이슈에 따라 다르게 나타나고 있는데, 여기에서는 최근 연구들을 중심으로 살펴보기로 한다.

첫째, 가장 많은 연구와 정책대안이 제기된 분야는 중소기업 조세지원 제도의 효과성, 문제점과 개선 방안에 관한 것이다. 김인식(2003)은 중소기업 조세 지원제도의 변천 과정을 연구했는데, 중소기업에 대한 조세 특례 조항이 확대되어 매우 복잡한 지원 체계를 갖게 되었음을 밝히고 있다. 전규안(2001)은 조세 지원제도의 단순화, 이용 간편화, 조세 지원 요건의 완화 등을 통해 중소기업에 대한 조세 지원 폭을 확대해야 한다고 주장한다. 김은영 · 이유(2005)의 연구에서도 중소기업에 대한 설문조사 결과를 토대로, 조세 지원제도의 단순화와 지원 요건의 확대, 최저 세율 폐지, 세무행정의 간소화, 지원제도의 홍보 및 교육 강화 등을 통해 지방 중소기업에 대한 조세 지원 확대를 주장하고 있다. 반면, 전형준 · 박용일(2005)은 창업 중소기업에 대한 지방세 비과세나 감면을 점진적으로 축소 조정할 필요가 있다고 주장한다. 한편, 이만우 · 노상환(2002)은 실증연구를 통해 소득세 및 법인세 감면과 같은 직접세 지원이 부가가치세 등 간접세 지원에 비해 중소기업의 고용 확대와 생산 증대에 좀더 효과적임을 밝히고 있다. 고성삼 · 김기명(2000)은 기업의 규모와 조세 지원제도 활용도 사이에 정의 상관 관계가 있으며, 규모가 작은 기업일수록 조세 지원제도의 활용도가 낮음을 밝히고 있다.

둘째, 중소기업에 대한 정책자금 대출제도에 대한 연구들이다. 박춘엽 · 최용록 · 전병찬(2001)은 소상공인에 대한 대출 확대를 위해 다양한 대출 프로그램 개발, 소상공인 경영지원센터의 경영지도와 대출의 결합 제공, 대출 업무의 간소화 등을 주장했다. 한경석 · 노미현(2000)은 업종별, 기업 규모별로 정책자금 지원 대상을 선정하는 평가 기준이 달라져야 함을 주장하고 있으며, 황인표 등은 중소기업의 자체 전략의 명확성, 내부 운영 시스템의 체계화 정도 등과 정책 지원 관리의 체계화 정도가 정책자금의 지원 효과에 영향을 미친다는 실증 연구 결과를 제시하고 있다. 이종욱(2003)은 기업의 X비효율과 정치인의 부패가 중소기업 정책자금 운용의 효율성을 떨어뜨리고 있다는 주장에 따라 정책자금 지원의 효율성과 기업의 생산성 향상 정도에 대한 지속적인 평가가 필요하다고 주장한다.

셋째, 중소기업 제품의 공공 구매제도, 단체 수의계약제도, 중소기업 고유업종제도 등 그동안 중소기업의 판로 확보와 영업권 보호를 위한 제도들의 축소 또는 폐지와 관련된 연구들이다. 이윤재 · 강달원(2001)은 일종의 재정 지원정책인 중소기업 제품 우선구매제도가 금융정책인 금융기관의 중소기업에 대한 의무대출제도보다 고용, 자본, 생산 증가에 미치는 효과가 더 큼을 실증분석을 통해 밝혔다. 김재구 · 이의영(2005)은 중소기업에 대한 실태 조사를 통해 제한적 최저가 낙찰제, 대기업과 경쟁시 중소기업에 대한 가선점 부여 등을 통해 중소기업 제품에 대한 단체 수의계약제도를 대체하는 제도의 도입이 필요함을 주장했다. 이윤보・이동주(2004)는 중소기업 고유 업종의 실효성에 관한 연구에서 중소기업 고유 업종 지정제도의 단계적이고 점진적인 축소와 폐지가 필요함을 주장했다.

넷째, 중소기업에 대한 인력 지원, 정보화 지원, 기술 지원 등에 관한 연구다. 박준우・윤병섭(2002)은 중소기업에 대한 정보화 지원사업을 조사, 분석했으며 중소기업의 ERP 활용 확대와 e-비즈니스 확대를 정책대안으로 제시했다. 이계우(2005)는 기존의 중소기업 재직자에 대한 교육훈련 비용을 고용보험에서 환급해 주는 제도가 영세 중소기업들에서 효과적이지 못하다는 점을 지적하고, 최근 여러 중소기업이 상공회의소를 중심으로 공동으로 실시하고 있는 중소기업 훈련 컨소시엄 사업의 성과가 좀더 긍정적이라고 주장했다.

다섯째, 중소기업 지원 조직의 문제점과 개선 방안에 대한 연구들이 있다. 김근세(2001)는 중소기업특별위원회, 중기청, 중소기업진흥공단, 지방자치단체 및 중소기업 지원 유관 기관 간 중소기업 지원 행정을 위한 역할 분담 체계를 분석하고, 중기청의 정책 기능 강화, 중기청 본청과 지방청 간의 기능 분화 및 분권화, 중소기업 진흥공단에 대한 성과관리 시스템 도입 등을 대안적 공공 서비스 전달 체계 구축의 관점에서 논의하고 있다. 오철호(2001/2003)의 연구도 유사한 주장을 하는데, 그동안 중소기업 지원 기능의 다원화로 인해 사업의 비효율과 중복문제가 발생하고 있으며, 중소기업 특위의 정책 조정 기능이 취약하고 중기청 산하조직과 중진공 조직 간 정책집행 기능의 중복을 문제로 지적하고 있다. 특히, 이들 연구는 부처 간 중소기업 지원 기능의 중복문제를 중기청의 관점에서 문제 제기하면서 대안으로 중소기업청의 정책대상 확대와 정책 수립 기능 강화, 지방 중기청에 지역 단위의 중소기업 지원정책 조정 권한 부여, 신용보증기금 등 자금 지원 관련 업무를 중기청으로 일원화할 것 등을 주장하고 있다. 반면, 소진광(2004)의 연구는 중기청의 중소기업 경영 지원, 경영 실태 및 애로조사, 수출 지원, 투자 유치, 기술 개발 및 기술 지도, 시험검사 업무 등을 지자체와 중진공, KOTRA 등 민간 지원기관에 이양 또는 위탁해야 한다고 주장한다.

마지막으로, 특정 지역의 중소기업 육성을 위한 정책 대안에 대한 연구들이 있다. 고동희 등(2001)은 안산시 중소기업의 경쟁력 강화 방안으로 해외시장 개척 지원, 공동 마케팅 지원, 산업별 규모별 지원정책의 차별화, 중소기업 지원정책 정보의 제공, 원스톱 행정 지원을 위한 정보 시스템 구축과 지원기관의 지리적 통합을 제시하고 있다. 박정민(2003)은 전북지역 중소기업 활성화 방안에 대한 연구에서 중소기업 관련 행정 권한의 지방정부 이전, 지방정부의 중소기업 지원 행정 능력 제고, 장기 저리 융자 및 신용보증에 의한 지방 중소기업에 대한 자금 공급 확대, 지자체 및 지역대학과 기업체들의 협력을 통한 지역혁신 체제 구축 등을 정책 과제로 제시하고 있다.

지금까지 살펴본 중소기업 지원정책에 관한 기존의 연구들은 다음과 같은 한계점을 갖고 있다.

첫째, 많은 연구가 특정 제도나 지원 프로그램의 문제점이나 개선 방안을 제시하고 있으나, 그러한 정책 대안들이 중소기업의 혁신활동과 경쟁력에 어떻게 영향을 줄 것인가에 대한 분석이 부족한 경우가 많다. 예를 들어, 중소기업에 대한 조세 감면의 대상과 폭을 확대하거나 축소하자는 주장을 하는 연구자들의 경우 그러한 정책이 중소기업의 혁신활동이나 경쟁력 강화에 어떻게 작용할 것인가에 대한 논리적인 설명이 부족하다. 중소기업에 대한 금융 대출을 확대하거나 제한하자는 주장 역시, 정책금융에 의한 신용 대출이 중소기업의 혁신활동과 경쟁력 향상에 미치는 영향에 대한 좀더 구체적인 설명이 부족한 경우가 많다.

둘째, 중소기업 지원 행정조직의 문제점과 개선 방안에 대한 논의 역시, 중소기업청이나 지방자치단체 중 어느 한 부처의 입장에서 정책대안을 제시하는 경우가 많으며, 중소기업 지원과 관련된 중앙과 지방의 모든 정부 부처 및 공공조직을 대상으로 전체 국가혁신 시스템(National Innovation System) 관점에서 정책대안을 제시하는 연구는 매우 드물다.

2 중소기업정책의 평가 기준: 기술혁신 관점

일반적으로 아이디어의 창출에서 연구개발, 사업화로 이어지는 기술혁신은 장기간에 걸쳐 지식, 기술, 인력, 자금, 비즈니스 네트워크 등을 창조적으로 결합하는 과정이다(Schumpeter, 1934). 따라서 기술혁신 과정은 많은 위험을 내포하고 있으며, 혁신의 주체와 투자자 등 외부 이해관계자들 간에 정보의 비대칭성(information asymmetries)이 존재하게 되고, 혁신을 위한 투입과 산출의 관계가 명확하지 않은 특징이 있다(Galende & de la Fluente, 2003). 또한 기술혁신 과정은 기업의 내외부적인 여러 요소에 의해 영향을 받는다. 김과 리(Kim & Lee, 2002)와 김영배(2005)는 기존 연구들과 전자부품 산업 내 중소기업에 대한 실증연구 결과를 토대로 중소기업의 기술혁신 활동을 촉진하는 기업 내·외부적인 요인들을 다음과 같이 제시하고 있다.

첫째, 외부 환경 측면에서는 시장의 역동성으로, 기술과 시장 수요의 변화가 많은 좀더 역동적인 환경에서 중소기업의 혁신활동이 적극적이다.

둘째, 중소기업 경영진이 위험을 감수하고 기술혁신에 대해 몰입하는 것과 연구개발에 대한 적극적인 자체 투자다.

셋째, 자금 측면에서, 중소기업들이 장기간에 걸친 기술혁신 활동으로 발생할 수 있는 손실 위험을 흡수할 수 있는 충분한 여유 자원을 확보하는 것이다.

넷째, 기업이 대학이나 연구소, 다른 기업 등과 적극적으로 기술 협력을 하는 것이다.

다섯째, 기업이 자체적으로 충분한 기술 인력과 연구개발 경험을 보유하여 외부 기술을 흡수할 수 있는 능력을 확보하는 것이다.

여섯째, 기업의 구성원들이 기술혁신 활동에 헌신적으로 몰입할 수 있는 공정한 보상 체계와 창의적인 긴장감을 기업문화로 갖고 있는 것이다.

마지막으로, 기업의 종업원에 대한 지속적인 교육과 훈련을 통해 새로운 지식을 습득하는 것이다.

한편, OECD(2004)는 각국에서 중소기업의 기술혁신을 촉진하는 대표적인 정책들에 대한 분석 결과를 토대로, 효과적인 중소기업 지원정책이 갖춰야 할 특성을 크게 네 가지－C.O.T.E.(Clarity and Coherence, Objectives, Targets, Evaluation)-로 제시하고 있다. 여기서 명확성(clarity)과 일관성(coherence)은 중소기업 정책의 목적이 분명하고, 각 부처의 여러 정책들 간에 일관성이 있고 상호 조정과 연계가 이뤄져야 한다는 것을 의미한다. 중소기업 정책의 목표(objectives) 역시 신규 벤처의 창업, 기존 중소기업의 성장 등과 같이 분명하게 정의되어야 한다. 정책의 대상(targets) 또한 측정 가능한 형태로 구체화되어야 하며, 정책에 대한 평가(evaluation)가 사전에 설정된 정책 목표와 대상에 근거하여 수행될 수 있어야 한다. 중소기업의 기술혁신 관점에서 지원정책과 프로그램들의 문제점을 분석하기 위해서는 OECD(2004)가 제시한 정책평가 기준과 더불어 앞서 논의한 중소기업 혁신을 촉진하는 조건들을 토대로 좀더 구체화된 평가 기준을 설정할 필요가 있다. 즉, 중소기업 지원정책과 프로그램들이 중소기업의 기술혁신을 촉진하는 기업의 내외부적인 조건들을 향상시키는 데 얼마나 기여하는가에 대한 분석이 필요하다. 좀더 구체적으로는 다음과 같은 측면에서 기존 중소기업 지원정책의 문제점에 대한 분석이 필요하다.

첫째, 중소기업 지원정책과 프로그램들이 중소기업 혁신을 위한 역동적인 시장환경을 조성하는 데 기여하는가?

둘째, 중소기업 지원정책과 프로그램들이 중소기업으로 하여금 혁신을 수행하는 데 필요한 자금, 인력, 기술 자원을 효과적으로 결집하여 활용할 수 있게 지원되고 있는가?

셋째, 중소기업 지원정책과 프로그램들의 지원이 시장으로부터 중소기업으로 추가적인 인력, 기술 및 자금의 유입을 촉발하는가?

넷째, 중소기업 지원정책과 프로그램들이 중소기업 경영자와 종업원들로 하여금 자발적으로 혁신에 몰입하도록 동기부여하는가?

다섯째, 중소기업 지원정책과 프로그램들에 대한 지원이 중소기업의 내부 조직을 변화시켜 혁신을 촉진하는가?

제 3 절 우리나라 중소기업 지원 프로그램의 현황 및 문제점

정부의 부처 및 분야별 중소기업 지원자금 규모 및 유형은 <표 5-1>에 정리되어 있다. 이에 따르면 2003년도 부처별 중소기업 지원 규모는 중소기업청이 전체의 57.3%인 3조 7,145억 원으로 가장 크게 나타났으며, 다음으로 산업자원부(1조 1,974억 원), 정보통신부(3,553억 원), 노동부(3,537억 원), 과학기술부(2,226억 원) 순으로 나타났다. 2003년도 중소기업 지원 규모를 분야별로 구분하여 살펴보면, 구조 고도화가 30.7%인 1조 9,900억 원으로 가장 크게 나타났으며, 다음으로는 기술혁신 1조 2,144억 원(18.7%), 지방·균형발전 1조 858억 원(16.8%), 경영 지원 7,385억 원(11.4%), 창업·벤처 6,231억 원(9.6%) 등의 순으로 나타났다. 2001~2003년 기간 동안 분야별 중소기업 지원 규모의 추이를 보면, 구조 고도화, 수출·판로, 인력, 정보화 분야는 2001년 이후 증가 추이를 보이지만 지방·균형 발전 분야는 2002년 이후 감소 추이를 보이고 있다. 주목해야 할 점은 중소기업자금 지원 형태가 2003년도 기준으로 대부분 융자(69.4%)의 형식을 취하고 있고, 투자 형식인 출연·보조 및 출자는 30.2%의 비중을 차지하고 있다는 점이다.

현재 정부 각 부처에서 중소기업을 지원하는 프로그램들은 거의 대부분 경영활동

〈표 5-1〉 부처별 중소기업 지원 규모

(단위: 억 원, %)

	2001년		2002년		2003년	
	규모	비중	규모	비중	규모	비중
중소기업청	31,289	53.7	31,786	53.8	37,145	57.3
국방부	106	0.2	101	0.2	160	0.2
과학기술부	2,310	4.0	2,063	3.5	2,226	3.4
문화관광부	1,633	2.8	2,029	3.4	1,637	2.5
농림부	397	0.7	852	1.5	1,157	1.8
산업자원부	11,380	19.5	11,913	20.2	11,974	18.5
정보통신부	5,505	9.5	3,960	6.7	3,553	5.5
보건복지부	45	0.1	85	0.1	163	0.2
환경부	1,407	2.4	1,344	2.3	1,203	1.9
노동부	3,465	5.9	3,394	5.8	3,537	5.5
여성부	0	0.0	0	0.0	100	0.2
건설교통부	309	0.5	1,083	1.8	1,427	2.2
해양수산부	405	0.7	407	0.7	476	0.7
특허청	21	0.0	26	0.0	59	0.1
합계	58,272	100.0	59,043	100.0	64,817	100.0

주: 중소기업 지원 사업 수는 2001년 180개, 2002년 216개, 2003년 241개이며, 여기에 보증·보험관련 사업은 제외됨.

출처: 중소기업특별위원회(2004).

의 일부 기능을 지원하는 기능별 지원 프로그램으로 구성되어 있다. 여기에서는 우선 중소기업 지원 프로그램을 ① 자금 지원, ② 창업 지원, ③ 기술 지원, ④ 영업 및 마케팅 지원, ⑤ 생산성 향상 및 구조조정, ⑥ 정보화 지원, ⑦ 인력 지원, ⑧ 외부 연계 및 기업 간 협력 지원 등 여덟 개의 기능별로 나누어 현황 및 문제점을 분석하기로 한다. 문제점 분석에서는 앞장에서 제시한 정책평가 기준을 적용하여 각각의 지원 프로그램들이 중소기업의 혁신활동을 촉진하는 데 기여하는지 여부를 평가하기로 한다.

〈표 5-2〉 분야별 중소기업 지원 규모

(단위: 억 원, %)

	2001년		2002년		2003년	
	규모	비중	규모	비중	규모	비중
구조 고도화	14,981	25.7	16,512	28.0	19,900	30.7
정보화	427	0.7	1,181	2.0	1,370	2.1
기술혁신	13,204	22.7	12,081	20.5	12,144	18.7
창업 · 벤처	7,192	12.3	6,508	11.0	6,231	9.6
수출 · 판로	1,506	2.6	2,458	4.2	3,423	5.3
경영 지원	6,932	11.9	5,979	10.1	7,385	11.4
인력	2,922	5.0	3,137	5.3	3,506	5.4
지방 · 균형	11,108	19.1	11,187	18.9	10,858	16.8
합계	58,272	100.0	59,043	100.0	64,817	100.0

출처: 중소기업특별위원회(2004).

1 자금 지원

중소기업 자금 지원정책은 우리나라의 경제 개발 단계에 걸쳐 <표 5-3>과 같이 다양한 형태로 실시되었다. 초기부터 중소기업 의무 대출 비율제도가 시작되었고, 중소기업은행 및 신용보증기금이 설립되어 민간금융 중심에서 정부의 적극적인 지원으로 변화되었다. 이와 같은 변화는 중소기업이 상대적으로 대기업보다 기업정보의 부재(재무제표 공시 의무의 면제 등)로 인한 정보의 비대칭성으로 인해 나타날 수 있는 시장실패를 보정하기 위해 정부개입의 강도가 커져 왔기 때문이다.

2003년도 중소기업 지원사업의 지원 형태별 지원 규모를 살펴보면, 융자가 4조 5,007억 원으로 69.4%를 차지하고, 다음으로 출연 · 보조가 1조 7,396억 원(26.8%), 출자 2,107억 원(3.3%), 기타 307억 원(0.5%) 순으로 나타났다. 2001~2003년 기간 동안 지원 형태별 중소기업 지원 규모의 구성 추이를 살펴보면, 출연 · 보조는 증가 추이를 보이는 반면, 출자 및 기타는 감소 추이를 보인다.

신용대출에 의존하는 자금지원제도의 가장 큰 문제점은 정책자금 활용 실태에서 드러나듯이 중소기업은 지원받은 자금을 대부분 시설자금과 운전자금으로 사용한다

〈표 5-3〉 시대별 중소기업 자금 지원정책

시기	자금 지원 제도 및 지원 내용	지원 주체	지원 형태
1960년대	중소기업 의무대출 비율제도 중소기업은행 설립(1961년)	민간금융 ↓ 정부금융	시장 중심적 ↓ 정부 중심적
1970년대	신용보증기금 설립(1976년) 중소기업진흥기금 설치(1970년대 말)		
1980년대	의무대출 비율제도 강화 한국은행 재할인제도에 중소기업 우대제도 도입 기술신용보증기금 설립		
1990년대	한국은행 재할인 제도의 총액한도 대출제도 전환 금융기관의 신용대출 확대 유도 직접금융시장의 정비		

는 것이다. 오히려 중소기업의 미래 경쟁력의 바탕이 되는 기술 개발에는 사용이 미비하고, 그나마 갈수록 줄어드는 추세다. 이는 중소기업의 경쟁력을 저하시키는 요인으로 작용할 것이며, 중소기업은 지원 자금이 더욱 더 필요한 '온실 속의 화초'가 될 것이다. 더욱이 신용보증에 의한 대출은 창업 초기 단계 기업의 기술혁신을 촉진하는 데 기여하지 못하고 있다. 사업 초기 단계로 실적이 없는 중소기업은 신용과 담보가 부족하므로 자금 지원에서 소외되기 때문이다.

더욱 심각한 것은 구조조정 대상 기업이 오히려 이러한 담보 위주의 융자 지원을 기업의 생명 연장 수단으로 오용할 우려가 많은 것이 사실이다. 2005년 2월 한국개발연구원(KDI)이 발표한 「중소기업 정책금융 지원 효과에 관한 연구」에 따르면 중소기업 정책자금을 빌린 기업의 2003년 평균 영업이익률은 3.0%로 2000년(6.8%)에 비해 3.8%포인트 떨어졌다. 이는 외환 위기 당시인 1998년(7.7%)보다 4.7%포인트 낮은 것이다. 이에 비해 정부의 정책자금을 지원받지 않은 일반 기업의 영업이익률은 1998년 3.8%에서 2003년 5.1%로 급증했다. 정부의 도움을 받지 않은 기업의 수익성이 정책자금에 의존한 기업보다 높아진 것이다. 이는 정책자금의 지원이 경쟁력을 상실한 중소기업들에게 집중되고 있음을 의미하며, 신용보증기금 등 대출 심사기관들이 기업의 기술력이나 성장성을 평가하지 않는 탓에 자금이 효율적으로 쓰이지 못하고 있음을 나타낸다. 결론적으로, 현재 신용대출 위주의 정책자금 공급은 중소기업의 기술혁신을 촉발하는 데 기여하지 못하고 있는 것으로 평가된다.

〈표 5-4〉 지원 형태별 중소기업 지원 규모

(단위: 억 원, %)

	2001년		2002년		2003년	
	규모	비중	규모	비중	규모	비중
융자	41,754	71.6	40,255	68.2	45,007	69.4
출연·보조	13,040	22.4	15,717	26.6	17,396	26.8
출자	3,072	5.3	2,687	4.6	2,107	3.3
기타	406	0.7	384	0.6	307	0.5
합계	58,272	100.0	59,043	100.0	64,817	100.0

주: 보증·보험 관련 사업은 제외, 출처: 중소기업특별위원회(2004).

[그림 5-1] 중소기업 지원자금의 활용도 2000~2003년

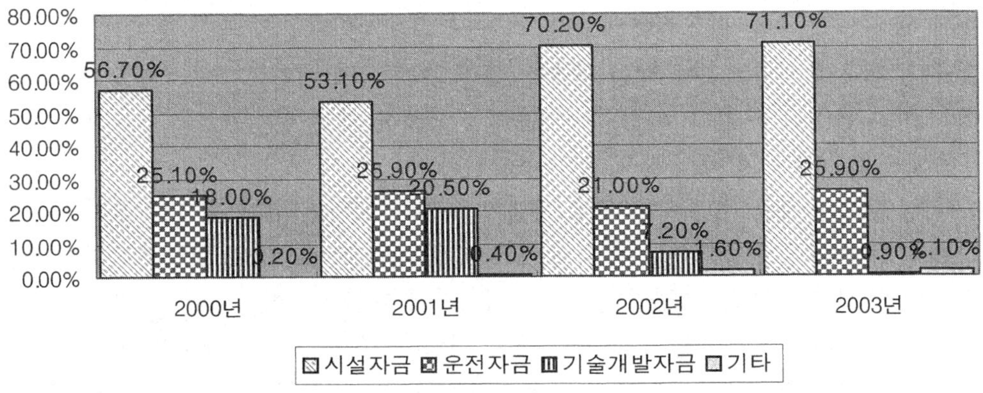

출처: 김현욱(2004)

2 창업 지원

창업지원제도의 기본 정책 방향은 '1986년 제정된 중소기업창업지원법을 근간으로 중소제조업의 창업을 지원하고 창업 중소기업이 성장·발전할 수 있도록 하는 것이다. 주요 지원 내용으로는 창업 중소기업의 원활한 자금 조달을 위해 창업투자회사

또는 창업투자조합 등을 통해 자금이 공급되도록 유도하고 창업 중소기업이 빠른 시일 내에 성장 기반을 구축할 수 있도록 법인세, 등록세를 감면하는 등 세제 지원을 실시하고 있다. 또한 창업보육센터의 설립을 확대함으로써 기술과 사업성은 있으나 자금 및 시설 확보에 어려움을 겪고 있는 창업 예비자가 창업할 수 있도록 지원하며 창업 중소기업이 공장 설립 시 허가 절차를 간소화하고 개발 부담금을 감면하는 '창업사업계획 승인제도'를 운영하고 있다.

중소기업청의 창업보육사업은 지난 1992년 지정된 중소기업진흥공단의 안산창업보육센터로부터 시작되었으나, 이 사업이 본격화된 것은 1998년 이후로서 창업보육센터의 지정과 함께 센터의 신축·증축·개보수 비용 또는 기자재 구입비를 지원하고 2001년부터는 우수 창업보육센터에 대해 운영비를 보조했다. 그 외 부처별 주요 창업 지원사업으로는 정보통신부의 창업지원사업(정보통신부는 소프트웨어산업을 발전시키고 관련 창업의 활성화를 도모하기 위해 한국 소프트진흥원을 통해 소프트웨어지원센터를 설립·운영하며, 이는 예비 창업자 및 창업 후 2년 이내의 신생 소기업을 대상으로 하여 소프트웨어 업종에 특화함), 산업자원부의 TBI사업(한국산업기술평가원 주관으로 시행하여 신기술 창업자에게 시제품 개발 및 사업화자금을 지원), 과학기술부의 신기술창업지원사업(한국과학기술원의 신기술창업지원단 주도로 실시되는 사업으로서 신기술창업지원단이 직접 창업보육센터를 운영, 과학기술부는 창업보육센터 입주 기업을 대상으로 기술개발자금을 지원), 문화관광부의 문화산업진흥재단사업(문화산업지원센터를 설치하여 게임, 애니메이션, 음악산업 등 문화산업 부문에 국한한 보육사업을 실시) 등이 있으며, 각 지방자치단체에서도 자체적으로 창업보육센터의 설치 및 운영을 담당하고 있다.

정부 각 부처 간 사전·사후적 정책조정 없이 창업보육센터 설립 사업이 경쟁적으로 추진됨으로써 부실 창업보육센터를 양산하게 되었다. 2003년까지 전국적으로 361개의 창업보육센터가 설립되었으나, 대부분 영세하여 벤처 인큐베이션 전문 인력을 확보하지 못하고 있다(양현봉, 2004). 창업보육센터에 대한 정부의 지원도 물리적 시설 위주로 이뤄져, 창업보육센터 입주 기업에 대한 경영, 기술, 법률, 세무 지원 등 소프트웨어적 지원 기능이 상대적으로 취약한 상태다. 또한 의료, 반도체, 생명공학 관련 산업 등 입주 업종이 전문화되어 있는 보육센터는 소수이기에 입주 기업들 간의 네트워킹에 의한 시너지 창출도 기대하기 어렵다. IMF 외환 위기 이후 중앙정부는 벤처기업 육성을 강조한 결과 지역 특화산업 육성에 연계한 창업보육사업이 이뤄지지 못한 것도 또 다른 문제점으로 지적되며, 기업 성장 단계에 따른 보육 기능이 미약함으로써 성장 단계별로 차별화된 서비스가 제공되지 못하고 있다. 결론적으로, 현재의 창업보육센터 사업은 입주한 중소·벤처기업의 기술혁신을 촉진하지 못하고 있는 것으로 평가된다.

3 기술 개발 지원

기술 개발 지원은 1980년대에는 기술개발자금의 지원 등 중소기업의 기술혁신을 위해 부족한 자원을 공급하는 투입자원 공급정책을 중심으로 운용되다가 1990년대에는 기술개발자금의 지원을 확대하는 한편, 산학연 협력 강화 등을 통한 기술 지식 공급정책이 추진되었다. 2000년대에 들어서는 기술 이전·거래를 통한 사업화를 강화하고 기술혁신 주체 간의 협력을 촉진함으로써 중소기업이 주체가 된 기술혁신 지원 정책을 도입했다. 기술 개발의 주요 지원 내용으로는 공업기반 기술 개발, 특정 연구개발 등 정부 주도의 기술개발사업을 추진하고 기업의 기술 향상 활동에 대해 재정 및 금융자금 지원과 기술 향상 활동에 대해 세제·인력 상 우대 조치가 있으며, 기술지원 정부기관 및 출연 기술연구기관을 설치·운영하고, 민간 기술연구기관의 연구개발 활동을 지원하고 산·학·연 협력 체계의 구축을 위한 컨소시엄 구성을 지원하는 것이다.

우리나라 중소기업 기술 개발 지원 프로그램의 가장 큰 문제점은 미국의 SBIR 등과는 달리 일회성 지원이라는 것이다. 개발된 기술이 본격적으로 사업화에 이르기까지의 지속적인 지원이 이뤄지지 않고 단기간에 걸쳐 소액의 연구개발비만 지원되기 때문에 개발된 기술이 사업화로 이어지지 못하는 경우가 많다. 미국 상무성(2003)에 따르면 기술사업화에 소요되는 비용은 개발비용의 10~100배가 소요되며 대학이 보유한 기술을 산학연 협력을 통해 사업화하는 데 소요되는 기간은 평균 6년 정도 걸리는 것으로 알려져 있다. 그 때문에 선진국에서는 기술 개발, 사업 개발, 시장 개발을 병행하는 R&BD(Research & Business Development) 방식을 추진하여, 사업화 성공 확률을 제고하고자 노력하고 있다.

반면, 우리나라의 경우 기술의 사업화 과정에서 중소기업에 대한 전주적인 지원체계가 없는 실정이다. 기술 개발에 필요한 자금 지원 이외에도 개발된 기술의 상용화에 따른 자금 지원 및 사업 파트너와의 연계 등 중소기업이 기술혁신을 추가적인 지원을 연계하기 위한 정책적 노력이 부족하다. 또한 기업의 유형을 고려하지 않은 정량 위주의 소규모 지원이 대부분이고 업체 선정 시에 기존 기술력을 중심으로 평가한 결과 혁신형 기업 이외의 기업 유형은 상대적으로 소외되는 형편이다. 아울러 정부가 지원하는 연구개발 과제 선정 단계에서 사업 타당성에 관한 평가가 미흡하여 고부가가치의 기술 창출에 한계가 있다. 중소기업을 지원하는 단기 과제의 경우 대부분 연구기획 과정 없이 과제를 선정하여 지원하는 경우가 대부분이기 때문이다.

따라서, 현재의 중소기업 기술 지원사업들도 추가 투자를 유도하거나, 기술과 다른 경영 자원의 효과적인 결집을 통해 중소기업의 기술혁신을 촉진하는 데 한계가 있다고 평가된다. 특히, 중소기업의 기술 개발에 대한 정부의 지원금은 대부분 1억 원 내외의 소규모 출연금 형태로 지원되고 있기 때문에, 중소기업의 경영자와 종업원들이 책임감을 갖고 기술혁신에 몰입하도록 동기부여하고 있지 못하는 것으로 평가된다(이병헌, 2005).

4 영업 및 마케팅 지원

영업 및 마케팅 관련 중소기업 지원정책의 기본 방향은 중소기업 생산 제품의 판로 확보를 위해 전용 백화점 및 상설 전시·판매장을 설치하고 공공기관의 우선 구매 추진과 해외시장 개척을 통한 중소기업의 경쟁력과 자생력을 지원하는 데 있다. 기존에는 공공기관이 단체 수의계약 물품 또는 중소기업자 간 경쟁 물품으로 지정된 물품을 구매할 때 우선적으로 조합과 단체 수의계약 또는 중소기업자 간 경쟁 입찰로 구매할 수 있도록 하여 중소기업자의 수주 증대 및 경영 안정을 도모하기도 했으나 이는 현재 전면적인 재검토가 이뤄지고 있으며, 이 밖에도 시장성이 유망한 해외 지역에 시장개척단 파견 및 수출 상담을 지원함으로써 중소기업의 해외 마케팅 능력 제고를 도모한다. 영업 및 마케팅 관련 중소기업 지원정책으로는 산업자원부, 해양수산부, 농림부, 중소기업청의 4개 부처에서 총 38개 정책이 시행 중에 있으며, 중소기업청이 가장 많은 비중을 차지한다.

<표 5-5>에서는 영업·마케팅 분야의 지원 대상별 중소기업 지원 규모를 알 수 있다. 기관보조는 2001년 그 비중이 2.7%를 나타낸 후 지속적으로 감소 추세를 보이는 반면, 기업 지원의 비중이 가장 크게 나타나고, 그 다음으로는 인프라 구축, 기관보조의 순으로 정책자금이 사용되고 있다. 이는 간접적인 영업·마케팅 지원보다는 직접적인 자금 지원이 더 많음을 나타낸다.

〈표 5-5〉 영업·마케팅 분야의 부처별 중소기업 지원 규모

(단위: 억 원, %)

	2001년		2002년		2003년	
	규모	비중	규모	비중	규모	비중
중소기업청	886	58.8	1,361	55.4	2,521	73.6
농림부	-	-	346	14.1	390	11.4
산업자원부	435	28.9	542	22.0	301	8.8
해양수산부	185	12.3	209	8.5	211	6.2
합계	1,506	100	2,458	100	3,423	100

출처: 중소기업특별위원회(2004).

〈표 5-6〉 영업·마케팅 분야의 지원 대상별 중소기업 지원 규모

(단위: 억 원, %)

	2001년		2002년		2003년	
	규모	비중	규모	비중	규모	비중
기업 지원	906	60.1	1418	57.7	2240	65.4
인프라 구축	560	37.2	981	39.9	1104	32.3
기관 보조	40	2.7	59	2.4	79	2.3
합계	1506	100	2458	100	3423	100

출처: 중소기업특별위원회(2004).

정부의 영업 및 마케팅 지원 프로그램들은 중소기업의 영업 및 마케팅 역량을 실질적으로 강화하기보다는 중소기업이 수행해야 하는 영업과 마케팅을 정부가 대행하는 사업들이 대부분이라는 점이다. 대표적으로, 중소기업 제품 판매점을 지원하거나 광고 및 홍보를 대행하는 사업들의 경우 중소기업의 자체적인 영업과 마케팅 역량을 강화하기보다는 대체하는 성격이 강하다. 또한 영업 및 마케팅 지원 프로그램들이 기술 개발 지원이나 인력 지원 등 타 프로그램들과 연계되어 추진되지 않고 있으며, 지역이나 기업 유형별로 지원 내용이 차별화되어 있지 못하다. 그 결과 정부의 영업 및 마케팅 지원 프로그램은 중소기업의 기술혁신을 촉발하는 데 한계가 있다.

5 생산성 향상 및 구조조정 지원

생산성 향상 및 구조조정 지원의 기본 정책 방향은 중소기업의 체질 개선 및 경쟁력 제고를 위해 자동화, 정보화 등 구조개선 사업을 지속적으로 추진하고, 생산기술력 향상을 지원하는 데 있다. 특히 국내 임금 상승과 소비 패턴의 변화 등에 따라 경쟁력이 약한 업종을 영위하는 중소사업자에 대한 대책의 일환으로 기존에 상대적으로 소외되어 온 중소사업자의 부도를 예방하고 원활한 업종 전환을 유도하기 위해 경영 안정과 구조개선 사업을 지속적으로 추진한다는 것이다.

주요 지원 내용으로는 중소기업의 생산성 제고 및 인력난 해소를 위해 1996년도부터 자동화·정보화 사업 등 구조개선 사업에 연간 2조 원을 지원하고 있으며, 구조개선 사업의 효율적인 추진을 위해 중소기업 자동화·정보화 전담 인력에 대한 연수를 확대 실시하고, 자금 지원 및 경영·기술 지도를 병행하고 있고, 특히 지방소재 소기업의 구조개선 사업 촉진을 위해 정부와 시·도가 공동으로 '지방중소기업 육성자금'을 조성하여 지원하고 있다. 이 밖에도 중소기업의 사업 전환, 대기업 사업 이양, 계열화 품목 생산시설 등에 대해 장기 저리의 자금을 지원한다. 아울러 중소기업 경영애로 상담센터를 설치하고 중소기업 공제 사업기금 제도를 활성화하며 구조조정 과정에서 어려움을 겪고 있는 중소사업자들의 법인 전환, 공동사업 추진 및 업종 전환을 통해 경영 체질을 개선하고 자생적 경쟁력을 확보할 수 있도록 금융·세제상의 유인 시책을 강화하고 있다. 또한 중소사업자의 원활한 자금 융통을 지원하고 세금부담을 완화하기 위해 소득세율 인하와 과세 특례 대상을 확대하고자 했다.

지원 프로그램 현황을 살펴보면, 2003년도 생산성 향상 및 구조조정 관련 중소기업 지원정책은 중소기업청, 산업자원부, 문화관광부, 환경부, 정보통신부 등 8개 부처에서 29개 사업이 추진되고 있으며, 지원 규모는 총 1조 9,900억 원에 이른다. 2003년도 생산성 향상 및 구조조정 분야 지원 규모를 살펴보면, 중소기업청이 전체의 70.0%인 1조 3,926억 원으로 가장 많으며, 다음으로 산업자원부가 14.4%인 2,864억 원으로 나타나 중소기업청과 산업자원부가 전체의 84.4%를 차지한다. 자금 유형별 중소기업 생산성 향상 및 구조조정 분야의 지원 규모는 2003년도 시설·운전자금이 전체의 87.0%인 1조 7,319억 원, 시설 전용자금이 10.3%인 2,056억 원 등으로 시설 관련 자금이 압도적 비중을 차지한다. 기술 개발·운전자금의 경우 2001~2003년 기

간 동안 지속적인 감소 추세를 보이고 있다(중소기업특별위원회, 2004)

생산성 향상 및 구조조정 부문에서는 정부 지원 프로그램의 문제점은 설비투자 자금에 대한 단순 융자 중심 지원으로 인해 중소기업의 기술·경영 혁신을 유도하는데 실패하고 있다는 점이다. 또한 신기술 도입, 신규 시장 진출, 기업 간 M&A 등 다양한 형태의 사업전략 변화를 지원할 수 있도록 지원 프로그램이 중소기업 유형별로 차별화되어 있지 않다. 또한 경영 컨설팅과 자금 및 인적 자원, 기술 및 마케팅 지원과의 연계도 부족하다. 그 결과 이 사업을 통해 기술경쟁력 강화를 목적으로 한 중소기업의 생산기술 혁신이나 신사업 진출을 유도하는 데 한계가 있다.

6 정보화사업

중소기업 정보화 사업으로는 특히 1990년대 말 IT산업의 육성과 함께 본격적으로 시작되었다. 현재 정부의 주요 정보화 지원정책으로는 정보통신부의 IT 설비 투자 확대 지원사업과 소기업 네트워크화 지원사업 등 2개 사업, 산업자원부의 중소기업 IT화 지원사업, 그리고 <표 5-7>에서와 같이 중소기업청이 주관되어 시행하고 있는 7개 지원사업이 있다.

현행 중소기업의 정보화사업은 사업의 목표 달성도를 예산의 소진율, 지원 건수, 지원 대상 등으로 평가하고 있는데, 사업이 H/W와 S/W 투자 위주로 진행됨에 따라서 국내 중소기업은 인터넷 연결 속도 및 정보 인프라 측면은 세계적 수준에 도달한 것으로 평가된다. 그러나 정보화 사업이 중소기업의 정보기술 활용도를 높이고, 경영성과를 제고하는 데는 미흡했다. 대부분의 정보화 지원사업들이 기업체 당 5천만 이내의 자금을 지원하여 H/W나 S/W의 구입과 정보 시스템 구축 비용의 일부를 보조하는 형태로 사용되고 있다. 이러한 지원을 받은 기업들은 IT 기술 도입 이후 '지속적인 투자 부족', '임직원의 활용 능력 부족', '정보화 담당 부서나 전문인력 부재' 등으로 인해 경영활동에 효과적으로 활용하지 못하고 있는 것으로 나타났다(이병헌 외, 2005).

그동안 정부는 정보화에 대한 설비 시스템의 도입에 정책이 치중되어 있었으므로 상대적으로 이를 활용하는 방안에 대한 교육이 부족한 실정이며, 특히 중소기업 내 임직원들의 정보화 기기 사용 능력 부족은 정보화의 효과에 대한 낮은 인식을 불러일으키고 있다. 결국, 중소기업에 대한 정보화 지원사업이 중소기업 내부 조직의

〈표 5-7〉 중소기업청의 중소기업 정보화 지원사업(7개 개별 사업)

지원사업	사업 목적	지원 내용	지원 조건
생산정보화 사업	생산 현장의 정보화로 e-manufacturing의 실현	생산정보 시스템 구축, 연계 가능 정보 시스템 구축을 위한 S/W와 D/B 개발 및 감리 소요 비용	총 소요 비용의 50% 이내 최대 5천만 원까지로 공장 등록 필한 중소기업
정보화혁신 전문기업 (TIMPs)사업	정보화 투자 성과에 대한 확신과 성공적인 정보화 도입을 유도	TIMPs를 선정하여 자체 역량으로 정보화 전략 수립, 시스템 구축, 운영까지 일괄 지원	총 소요 비용의 50% 이내, 최대 5천만 원까지로 중소기업기본법 제2조에 의한 중소기업
정보화혁신 종합 컨설팅 지원사업	정보화 추진전략 수립, 업무처리 개선, 정보 시스템 구축, 정보화 경영 체계 적용 등에 대한 컨설팅 지원	중소기업의 요구 또는 정보화 진단 토대로 분야별 지원과제 도출하여 정보화 추진전략 및 업무처리 개선 등의 컨설팅 지원사업	총 소요 비용의 75% 이내로 기업 규모에 따라 400만~1,500만 원까지 지원
지역별정보화 혁신클러스터 사업	지방중소기업의 정보화 격차 해소 및 지역 정보화 촉진을 위해 입체적으로 지원	전통 제조업의 IT화 촉진을 주요 내용으로 정보화 지원 사업과 연계로 활성화 및 사후관리 강화	클러스터별 4억 원 이내 초고속 통신망 구축된 지역은 3억 원 이내
업종별 정보화 혁신 클러스터 육성사업	클러스터 연구 및 지원 능력을 조합 및 회원사가 상시적으로 활용할 수 있는 정보화 지원 시스템화 구축	현실과 특성을 반영한 정보화 지원과제 선정 후 정보화 경영을 위한 기초 컨설팅 및 정보화 활용교육	총 소요 비용의 80% 이내 평균 4.2억 원으로 지원 대상은 중소제조업 및 클러스터와 구성원
소기업형 e-Business 솔루션 개발사업	정보화 격차 해소 및 소기업의 경쟁력 제고에 중점	소기업에 솔루션 개발 지원과 시스템 보급 및 확산을 위한 활용자 교육 및 홍보	총 소요 비용의 75% 이내 평균 4.3억 원으로 비제조업종 우선 지원
정보화 교육사업	최고경영자 및 재직자의 정보화 마인드 제고와 산학 연계 강화를 통한 맞춤 현장교육 사업	리더스 아카데미, 산학 연계교육, 현장방문 교육, 업종특화교육 등 대상과 목표에 따라 설정	예산 및 지원 목표는 11억 원에 8,650명

혁신과 그에 따른 경쟁력 향상을 유도해 내지 못한 채 H/W나 S/W 구입비의 일부를 보조해 주는 수준에 머무르고 있다고 평가된다.

7 인력 지원

중소기업을 대상으로 하는 인력 지원은 외국인 산업기술연수생 도입의 확대, 산업기능 요원 공급의 확대 등이 대표적이다. 1994~95년간 5만 명의 외국 인력을 약 1만 개 중소기업에 배정하고 1996년 중 2만 명의 외국인 연수생을 추가 도입했으며, 산업기능 요원의 공급 역시 1995년 5,753개 업체에서 1996년 6,999개 업체로 확대했다. 그뿐만 아니라 여성 인력 등 유휴 잠재 인력의 경제활동 참가 제고를 위해 탁아시설의 확충 및 지원을 확대하고 공공직업 훈련기관 및 중소기업 지원기관의 기능 인력 양성 과정을 확대했다.

2003년도 인력 지원 분야로서는 노동부, 산업자원부, 중소기업청의 3개 중앙부처에 25개 사업이 있으며, 이들 사업에 의한 중소기업 지원 규모는 3,506억 원에 이른다. 중소기업 인력 지원 규모를 부처별로 살펴보면, 노동부가 전체의 90.8%인 3,182억 원으로 가장 크고, 다음으로 중소기업청(249억 원), 산업자원부(75억 원) 순이다. 2003년 인력 지원 분야 중소기업 지원사업의 지원 대상별 지원 규모를 살펴보면, 기업체 직접 지원이 3,385억 원으로 전체의 96.6%를 차지하고 있으며, 인프라 구축은 71억 원으로 2.0%, 기관보조는 50억 원으로 1.4%를 차지했다(중소기업특별위원회, 2004).

중소기업의 인력 지원의 경우 장기적인 고급 인력 확충에 중점을 두는 것이 아니라 단기적이고 소모적인 공급 체계에 머무르고 있다. 이는 정책의 문제점인 동시에 고급 인력에 대한 기업 경영자의 낮은 인식으로부터 기인한다. 고급 인력이 중소기업에서 부담이 되므로 경영자는 고급인력의 필요성을 느끼지 않고 있으며, 고급 인력을 유치하기 위해 작업환경을 개선하거나 기업복지를 확대하는 데 중소기업 경영자들이 소극적이기 때문에 인력의 유출이 심각한 실정이다. 고급인력의 유출은 다시 중소기업의 경쟁력을 약화시켜 고급 인력에 대한 지불 능력을 약화시키는 악순환의 구조를 가지고 있다. 정부에서는 '고용유지지원금' 등 임금보조금 형태의 정책을 시행하고 있으나 고급인력의 유출은 이러한 정책에 영향을 받지 않는다. 결론적으로 중소기업에 대한 인력 지원정책 역시, 중소기업의 내부 조직 체계의 혁신을 통한 우수 인력의 유입과 이들에 의한 기술혁신을 촉발하지 못한 것으로 평가된다.

8 외부 연계 및 기업 간 협력 지원

기업 간 협력 증진 지원제도는 산업구조가 고도화됨에 따라 대·중소기업 간 합리적인 역할 분담을 통한 상호 보완적 협력 관계로 발전할 필요성에 기인한다. 대·중소기업 간 협력을 강화하기 위해 '대·중소기업 간 협력위원회'를 설치 운영하여 자율적인 협력 기반을 조성함은 물론 공정한 거래 질서를 정착하고, 중소기업 간 협력을 증진하기 위해 이업종 교류사업, 협동화사업을 확대했다. 주요 지원 내용으로는 대기업 경영자의 의식개혁과 내실 있는 협력 관계 정착을 위한 합동연찬회 등을 개최하고, 현금 결제 확대, 납품대금 결제 기간 단축, 중소기업 지원 전담 부서 설치 등 대기업의 중소기업 지원 확대를 유도하며, 협력 중소기업에 대한 지원 확대를 위해 품질 경영 및 기술 인력 개발 등에 대한 세제 지원을 확대하고 시설 및 공장집단화 등 중소기업 간 협동화사업의 확대를 촉진했다.

특히 대·중소기업 간 하도급 거래 실태를 살펴보면, 2002년 말 기준, 제조업의 경우 중소기업의 매출액 중 하도급 거래가 절반 정도를 차지하고 있어, 중소기업들이 하도급 거래에 크게 의존하고 있음을 알 수 있다. 2004년 공정거래위원회는 하도급 거래업체 서면조사를 4만 건에서 7만 건으로 확대하여 하도급업체가 받는 불이익을 최소화하는 노력을 기울이고 있으나, 대기업집단 계열사 간 내부거래 관행, 원가 인상 부담을 하도급 업체에 전가하는 등 여전히 대·중소기업 간 불공정 거래는 계속

〈표 5-8〉 기업 규모별 기술 개발 방법

(단위: %)

구분	자체 개발	공동 개발	위탁 개발	기술 도입	합계
대기업	73.4	16.3	8.2	2.1	100
중소기업	69.2	17.6	9.7	3.5	100
벤처기업	73.0	16.8	7.7	2.6	100
전체	71.3	17.1	8.7	3.0	100

출처: 한국산업기술진흥협회(2004).

되고 있다(공정거래위원회, 2004). 하도급 관련 법 위반 업체 수와 어음 결제 비율은 꾸준히 감소하고 있으나, 여전히 높은 수준을 보이고 있다. 2003년 기준으로 어음의 결재 기간은 60일 이하가 63.2%로 가장 높고 61~90일이 25.5%로 그 다음이다. 최근에는 하도급 거래와 같이 전통적인 기업 간 거래의 문제점 이 밖에도 기술 개발에서의 기업 간 협력 증진할 필요성이 제기되고 있다. <표 5-8>에서 알 수 있듯이 기술력이 취약한 중소기업들에서도 기술의 70%가량을 기업 내부에서 개발하고 있으며, 외부기관에서 개발한 기술의 활용은 미흡한 실정이기 때문이다.

1980년대 이후 기업의 기술경쟁력 향상을 위해 산학 협력의 중요성을 인식하고 협력 증진을 위한 다양한 정책을 도입했다. 국가 연구개발 사업을 통해 대학, 기업 및 출연연구소 간의 공동 연구를 지원했으며, 산학연 협동 연구를 촉진하기 위한 산업기술연구조합육성법을 제정했다. 1990년대에는 국가 연구개발사업이 각 부처별로 분산 추진되면서 좀더 다양하고 많은 산학 협력 정책 프로그램들이 추진되었고, 특히 지역혁신 체계(RIS)를 강화하기 위한 우수연구센터 육성사업, 지역협력연구센터 육성사업 등 지역 중심의 산학 협력 기반 구축 사업들이 추진되었다. 2000년대에 접어들어서도 대학기술이전센터 지원사업, 지역혁신인력 양성사업 등 다양한 형태의 산학 협력 촉진정책과 정부 투자가 지속적으로 증가하여 2003년 기준으로 총 1조 9,206억원이 산학 협력사업에 투자되었다. 그럼에도 불구하고 <표 5-9>에 의하면 산·학·연 협동연구 형태는 중소기업의 경우 대개 출연연구소 및 대학과의 연계에 의해 이뤄져 기업 간 기술 개발 협력은 부진했음을 알 수 있다.

그동안 정부는 대기업과 중소기업 간의 관계에서 대기업을 중소기업의 걸림돌로

〈표 5-9〉 산학연 연구 형태(과제 수 기준)

(단위: 개사, 건(%))

구분	응답 기업	대기업	중소기업	벤처기업	대학	출연연	기타	합계
전체	135	28(3.9)	46(6.4)	31(4.3)	346(47.9)	237(32.8)	34(4.7)	722(100.0)
대기업	45	19(5.7)	25(7.5)	11(3.3)	153(46.1)	98(29.5)	26(7.8)	332(100.0)
중소기업	48	5(3.2)	0(0.0)	0(0.0)	69(44.5)	77(49.7)	4(2.6)	155(100.0)
벤처기업	45	4(1.7)	21(8.9)	20(8.5)	124(52.8)	62(26.4)	4(1.7)	235(100.0)

출처: 한국산업기술진흥협회(2004).

간주하여 대기업을 일방적으로 규제하는 중소기업 보호 위주의 정책을 실시했다. 지정계열화 제도나 기업 간 불공정 거래 방지제도 등이 대표적인 예다. 그러나 이러한 보호 위주의 지원 프로그램으로는 중소기업의 혁신활동을 자극하기 어렵다. 중소기업들이 위험을 감수하고 적극적으로 기술을 개발할 유인 체계를 제공하지 못하기 때문이다.

중소기업은 대기업에 비해 변화에 빠르게 대처할 수 있으나 전반적인 자원 보유량이 많지 않기 때문에 기술 개발이나 제품 개발에 소요되는 자금 확보가 쉽지 않으며 개발된 제품의 경우에도 판매처 확보에 상당한 어려움을 겪을 수 있다. 반면, 대기업의 경우에는 이미 보유하고 있는 충분한 자원에도 불구하고 의사결정 속도가 느리고 거대하고 복잡한 조직구조로 인해 급변하는 환경에 신속하게 대응하지 못하는 특성을 보인다. 그러므로 대기업과 중소기업 간에 기술혁신을 위한 상호 협력을 유도할 필요가 있다. 그러나 지금까지 중소기업과 대기업 간 기술 이전이나 공동 연구개발을 통해 중소기업의 기술혁신을 유인하는 정책은 매우 부족했다(김종범, 2003).

산학연 기술 협력에서도, 기존의 대학 및 연구소 등 공급자 중심으로 지원자금을 공급했기 때문에 중소기업의 기술혁신을 촉발하는 데 부족했다(이병헌 외, 2005). 정부의 정책적 지원에 의해 대학 및 연구소 주도로 산학연 협력이 이뤄진 결과, 기업체들의 기술 및 인력 수요를 충족시키는 실질적인 산학연 협력보다는 대학 및 연구소가 자체 연구개발을 수행하는 데 필요한 정부 지원금을 확보하기 위한 형식적인 산학연 협력이 주류를 형성하고 있다. 특히 대부분의 산학연 협력 프로젝트에 대한 정부 지원이 제한된 시기에 이뤄지기 때문에, 산업체의 수요에 따라 적기에 지원이 이뤄지지 못하는 경우가 많다. 대학, 연구소 등의 기술이전 조직이 크게 취약하고, 대학·연구기관의 연구 책임자들의 산업 현장의 실무를 모른다는 점도 산학연 협력이 중소기업의 기술력 강화에 기여하지 못하는 원인으로 작용하고 있다. 더 큰 문제는 산학연 협력정책에 대한 목표관리의 부재다. 산학연 협력에 대한 정부 지원이 증가하고 있음에도 불구하고, 지원정책의 효과성에 대한 평가를 비롯한 성과관리가 체계적으로 이뤄지지 않고 있으며, 또한 시간에 따라 새로운 정책을 쏟아냄으로써 정책의 수는 많아졌으나, 각 정책들 간의 차별성이나 연계성이 미약하고, 정책의 실행 과정을 개선하는 노력도 많지 않다.

제 4 절 지원정책과 프로그램의 개선 방안

1 중소기업 지원 프로그램의 문제점에 대한 종합적 검토

앞에서 살펴본 기능별 중소기업 지원정책 중 중소기업 입장에서 가장 많은 불만을 나타내고 있는 부분이 어느 부분인가를 살펴보기 위해 중기청 홈페이지와 중기특위 홈페이지 게시판의 건의 사항을 분석했다. <표 5-10>에 나타난 것과 같이 중소기업들은 자금, 영업 및 마케팅, 인력 분야의 지원정책에 대한 불만이 가장 많았으며, 그 다음으로 창업과 기술 지원에 대한 불만이 많았다. 자금 관련 불만은 주로 담보력이 없는 영세 중소기업들이 신용대출을 받을 수 없다는 불만이 주류를 이뤘으며, 영업 및 마케팅 분야의 경우 생산 제품에 대한 판로 지원이 효과적으로 이뤄지고 있지 못하다는 불만이었고, 인력 분야에서는 주로 인력난을 호소하고 있다.

한편, 중소기업들이 제기하는 이러한 각 기능별 불만 사항은 근원적으로는 중소기업의 기술경쟁력 약화에 기인하는 것으로 파악되며, 그 때문에 각 각의 애로 요인이

〈표 5-10〉 중소기업청 및 중소기업특별위원회 홈페이지 게시판 건의 사항 분석

정책 분야	개수
자금	15
창업	5
기술 개발	6
영업 및 마케팅	13
생산성 향상 및 구조조정	4
정보화	3
인력	16
대외 연계	3
합계	65

주: 중소기업청 및 중소기업특별위원회 게시판에 기재된 약 1,000개 건의 사항 중 단순 불만 토로, 광고, 정치 논쟁, 단체 수의 계약제도에 관한 논쟁(단일 건수로 350여 건) 등은 제외.

출처: 중소기업청 및 중소기업특별위원회 홈페이지 게시판(검색일: 2005. 4. 17).

나 불만 요인들이 별개로 존재하기보다는 상호작용하여 중소기업의 경쟁력을 약화시키고 있다고 볼 수 있다. 자금 부족은 기술 개발에 대한 투자나 우수 인력 확보를 불가능하게 하고, 이는 기술력과 생산제품의 품질 하락을 가져오게 되고, 결과적으로는 영업 및 마케팅의 어려움을 유발할 것이다. 그 결과는 판매 부진과 수익성 악화로 연결되어 자금 부족을 유발할 것이다.

중소기업이 기술혁신을 통해 경쟁력을 강화해 가는 과정은 '자본+기술+경영'을 유기적으로 결합하는 과정이다. 따라서 중소기업의 기술혁신을 촉진하기 위해서는 자금, 인력, 기술, 정보, 네트워크, 영업 및 판매 등 여러 지원 기능들을 기술혁신이 필요한 중소기업에 통합적으로 제공하는 정책적인 노력이 필요하다. 그러나 현행 중소기업 지원정책과 프로그램들에서는 이러한 지원이 산발적으로 이뤄져 기술혁신을 촉발하는 데 효과적이지 못하다.

더욱이 중소기업을 지원하는 개별 정책들이 대부분 공급자 중심으로 설계되어 있다는 문제점을 갖고 있다. 각 부처별로 해당 부처 내에서의 관련 중소기업을 육성하는 정책 목표를 설정하고, 정부 부처 및 유관 기관들의 관점에서 제공 가능한 정책들을 추진한 경향이 있다. 그 결과 <표 5-11>에서 볼 수 있듯이, 부처 간 정책의 차이가 크지 않다.

이와 연관되어 중앙 부처별 또는 지방정부 간 중소기업 지원정책 개발에서, 부처

〈표 5-11〉 정부 부처별 주요 지원 시책

시책 / 부처	정책	자금	기술	창업
중소기업청	중, 단기계획 및 집행	창업자금, 기술자금 엔젤, 투자조합	기술 지도	실험실 창업 경영 지원
정보통신부		투자조합	기술개발 지원	정보통신 창업 해외 진출 지원
과학기술부		투자조합 기술 담보	과학기술 지원 신기술창업지원단 기술경쟁력 평가	병역특례 벤처기업상
산업자원부	대책반 운영	시설운전자금 융자 산업기술자금	산업기술 지원 신기술 창업보육	전력 벤처창업 지원
문화관광부		투자조합	기술 지원	지원센터
지방자치단체		창업자금		보육, 창업교육

업무 관련, 관할 지역 관련 등 지원 대상만을 달리한 유사한 지원정책으로 인해 국가 차원에서 비효율적 자원 활용으로 지적된다. 김근세(2001), 오철호(2001/2003), 소진광(2004) 등 기존의 연구들에서 지적된 바와 같이 지방중소기업청, 중소기업진흥공단 지역본부, 지방자치단체 간에 판로 지원·기술개발 지원·조사·기술지도·경영안정 지원 등의 업무를 중심으로 유사·중복의 문제가 심각하게 제기되고 있다. 이와 더불어 최근 산업자원부 지원으로 테크노파크와 산업단지 관리공단이 지역혁신사업을 추진하면서 일선 중소기업에 대한 지원 창구는 매우 다기화되고 있다. 그 결과 앞서 지적했듯이, 일선 중소기업 지원 조직의 수를 크게 늘리기는 했지만, 각각의 지원 조직들이 영세하게 운영되어 중소기업의 기술혁신을 촉진하기 위한 전문적이고 실질적인 지원을 하지 못하는 결과를 초래하고 있다.

정부의 다양한 지원사업들이 중소기업의 혁신을 유도하기 위해서는 정부의 지원정책 프로그램과 지원 조직의 운영을 근본적으로 혁신할 필요가 있다. 정책 수요자인 중소기업들 혁신에 필요한 기술, 자금, 인력, 정보 등을 통합적으로 지원받을 수 있도록 하기 위해서는 우선 현재 기능별로 운영되고 있는 정부 여러 지원 프로그램들을 통합하여 패키지 형태의 지원 프로그램으로 개편하는 노력이 필요하다(김종범, 2003). 특히, 중소기업의 유형별로 차별화된 지원을 위해 중소기업의 몇 가지 유형으로 구분하고 각각의 유형에 적합한 통합 패키지 지원 프로그램을 설계할 필요가 있다. 또한 이러한 수요자 중심의 통합 지원정책이 가능하기 위해서는 중소기업 지원 행정을 담당하는 일선 지원 조직들을 통합하고 정비할 필요가 있다. 오철호(2003) 등 기존의 연구자들이 주로 중소기업청과 직접 관련이 있는 조직들 간의 통합 필요성을 제기하고 있으나, 그 범위를 산업자원부 산하의 산업단지공단을 포함하여 각 부처 산하의 모든 중소기업 지원 조직으로 확대할 필요가 있다.

2 중소기업 지원 프로그램의 개선 방안

지금까지의 분석을 토대로 중소기업의 기술혁신을 촉진하기 위한 정책과 지원 프로그램의 개선 방안을 각 기능 부문별로 제시하면 다음과 같다.

1) 자금 지원

자금 지원의 경우 융자보다는 투자의 비중을 확대할 필요가 있다. 불확실성과 정보의 비대칭성, 높은 위험이 존재하는 기술혁신에 대한 가장 효과적인 자금 공급 방법은 투자 방식에 의한 자금 지원이기 때문이다(김선근, 1997). 신용대출 방식의 정책자금을 투자 방식으로 전환하여, 중소기업이 자금 상환의 압박을 받지 않고 기업의 기술 경쟁력 향상에 힘쓸 수 있도록 유도하며, 지원 자금의 사후관리를 강화하여 올바른 용도에 사용될 수 있도록 해야 한다. 융자 및 보증은 시장 원리에 맡기는 취지에서 장기적으로 정부의 직접적 지원자금의 규모를 점차 축소하고, 금리를 시중 금리보다 인상할 필요가 있다. 한편 중소기업에 대한 정부의 투자는 시장실패가 존재하는 초기 단계 기업에 집중할 필요가 있다. 이스라엘의 요즈마펀드(Yozma Fund)나 독일의 투자자본금 전환형 펀드(Umbrella Fund)처럼 기술 기반 창업기업의 죽음의 계곡(Death Valley) 극복을 위해 정부가 엔젤 펀드(Angel Fund)의 역할을 수행하는 것이 바람직하다.

2) 창업 지원

창업보육사업은 현재 각 지방과 지역별로 설치되어 있는 창업보육센터를 지역별·산업별·업종별로 연계하여 통합하는 것이 바람직하다. 특히, 향후 지역 발전을 감안한 지원 시책의 효율성을 제고해 나가기 위해서는 지역별·여건별 및 창업보육센터의 발전 잠재력을 종합적으로 검토하여 창업보육센터의 지원 방안을 강구하는 것이 필요하다. 이와 연관되어 중소기업청이 창업보육센터로 지정한 지방자치단체 산하 창업보육센터의 경우, 실효성 여부를 객관적으로 조사하여 창업보육센터 지정 취소를 희망하는 해당 보육센터에 대해서는 지정 취소 등의 조치를 단행할 필요가 있다. 또한, 창업보육센터가 성공적으로 운영되기 위해서는 유능한 창업보육 매니저가 필수이므로 정부는 창업보육센터협회 등과 공동으로 창업보육 매니저 양성을 위한 전문 프로그램을 마련하여 운영하는 것이 필요하다. 창업보육센터 입주 기업 간 집적의 경제 효과를 제고하고, 창업보육센터가 지역산업 발전에 기여할 수 있도록 하기 위해서는 지역별 특성에 맞게 입주 업종의 전문화를 도모하는 것이 필요하다. 창업보육센터 입주 기업에 대한 지원에 전문성이 요구되는 사업(예 : 법률·특허 및 세무 상담, 창업교육 등)에 대해서는 시·도별 창업보육센터협회 결성 등을 통해 전문가 풀 및 지원 기능을 공동으로 활용하는 방안을 강구할 필요가 있다.

3) 기술 지원

기술 지원의 경우 선진국들은 사업화 영역이라 하더라도 실패 위험이 큰 신산업

개발 분야의 기술사업화 영역은 시장실패 영역으로 규정하고 민간기업에 대한 기술개발보조금을 확대하는 추세다. 미국 SBIR 프로그램은 중소 벤처기업 참여 인력의 인건비도 정부연구개발사업에서 지원하고 기술혁신 실패 위험이 큰 신기술의 경우, 기술사업화 위험을 저감시키기 위해 시장에서의 실증시험 프로젝트를 정부사업으로 추진하고 있다. 이처럼 기업의 기술혁신 유형별로 차별화된 기술지원 프로그램이 설계되어야 한다. 기술 지원정책을 단기·중기·장기 정책으로 세분화하고, 단기 응용기술 분야뿐만 아니라 장기 원천 기술 개발에도 적절한 지원이 이뤄져야 한다. 중소기업에 대한 기술개발자금 지원은 연구인력 지원, 산학협력 공동 기술 개발 지원, 대기업과의 협력 지원 등 다른 사업과 연계하여 종합적으로 지원되도록 해야 한다. 미국의 ATP 프로그램이나 이스라엘의 MAGNET 프로그램과 같이 사업화 가능성이 높은 핵심 원천 기술을 발굴하여 그 기술의 상업화 단계까지 장기적으로 지원하는 프로그램을 확대할 필요가 있으며, 중소기업이 개발하여 보유하고 있는 특허 등 지적자산에 대한 보호도 강화해야 한다.

4) 영업 및 마케팅 지원

다른 분야와 달리 중소기업의 영업 및 마케팅 활동에 대해서는 정부의 직접적인 지원정책이나 프로그램을 개발하기가 용이하지 않다. 그 이유는 중소기업의 영업 및 마케팅 활동은 기업이 생산하는 제품의 품질 및 자금력 등 다른 요소들에 매우 의존적이기 때문이다. 따라서 중소기업의 영업 및 마케팅 활동은 상품 기획·유통 전문기업을 육성하는 것과 같은 간접적인 방법에 의한 지원이 중소기업의 혁신활동을 촉진하는 데 효과적이다. 이를 위해서는 혁신적인 제품을 생산하는 중소기업과 이러한 제품의 기획 및 유통을 전문적으로 담당하는 중소기업 간의 연계 네트워크 구축을 촉진하는 정책이 필요하다. 정부는 이들 중소기업 간 제휴에 의한 신제품 개발에 필요한 자금의 일부를 지원함과 동시에 정부 구매를 통해 기술혁신 제품의 시장을 확대하는 정책을 추진할 필요가 있다(김종범, 2003; 김태환·송종국, 2000).

5) 생산성 향상 및 구조조정 지원

생산성 향상 및 구조조정 부문에서는 기술 지원, 영업 및 마케팅 지원, 정보화 지원 등 여타 지원들과 통합하여 중소기업의 실질적인 혁신을 촉진하는 정책이 필요하다. 기업 유형별로 각기 상이한 경로의 구조조정을 유도해야 할 필요가 있으며, 이를 위해 지원의 기간(단기/중기/장기)과 유형(소규모/중규모/대규모) 등을 차별화해야 한다. 또한 중소기업의 성공적인 구조조정을 위해 노르웨이의 BUNT 프로그램과 같이 혁신 매니저(Innovation Manager)의 총괄 지휘 하에 다양한 기술·경영 전문 인력으로 구성된 다기능 팀에 의한 컨설팅 지원이 필요하다(성태경, 2001).

6) 정보화 지원

정보화사업의 경우 기업 내 정보화를 넘어서 기업 간 정보화(전자상거래 등) 시스템 구축이 필요하며, 중소기업의 정보화 관리 수준을 고려하여 관리 및 유지·보수가 용이한 솔루션을 개발하여 보급할 필요가 있다. 이를 위해 정보화 지원 종합센터를 지역별로 설치 운영할 필요가 있다(김종범, 2003). 아울러 정부의 정보화 담당부서, 중소기업 관련 기관 정보화 단체 등을 통한 임직원들 대상의 홍보 및 교육을 강화하여 경영진의 인식 전환을 유도해야 한다.

7) 인력 지원

중소기업의 인력 지원은 경영자의 고급 인력에 대한 중요성을 제고하여 효과적인 인적 자원관리의 체계가 중소기업 내에 자리할 수 있도록 유도하며, 중소기업의 기술, 마케팅, 경영 분야의 혁신을 주도하고 향후 경쟁력 향상을 위해 고급 R&D 인력과 생산 엔지니어, 기획 마케팅 인력 등 전문 인력의 공급이 확대되도록 한다. 그리고 무엇보다도 경영자와 구직자에게 중소기업의 비전을 장기적으로 제시함으로써 직업의 안정성을 강화하고 확보하는 것이 중요한데, 이를 위해서는 장기적으로 중소기업의 생산성과 부가가치를 증진시켜야 하며, 새로운 소유구조(new ownership plan)를 확립하여 종업원 참여형 중소기업을 확대하는 것이 필요하다(이병헌 외, 2005).

8) 외부 연계 및 기업 간 협력 지원

우선, 산학연 협력 체계를 강화하기 위해서는 각 부처별 연구개발사업의 기획 과정에서 산업계의 수요를 적극 반영하기 위해 '탐색공동체', '기획공동체'와 같이 산학연이 공동으로 연구개발 과제를 발굴하고 기획하는 활동을 적극 유도하는 정책이 필요하며, 산학협력 연계 조직과 지원사업의 정비와 통합이 요구된다. 즉, 테크노파크, 지역 기술이전센터, 공공기술 이전 컨소시엄, 대학 TLO, TIC, 창업보육센터, RRC, 지역기술 거래기관 등 각종 사업을 지역별·수행 주체별·산업별로 재정비하는 동시에 기존에 산학협력 연계 조직을 지원하는 사업의 정비와 통합을 통해 기술 이전·사업화의 전주기에 걸친 입체적인 지원 기반을 구축할 필요성이 있다. 대기업과 중소기업 간의 상호 협력 파트너십도 강화될 필요가 있다. 정부는 중소기업 중심의 대규모 R&D 컨소시엄 프로그램에 대기업의 참여를 적극 유도하며, 중소기업 주도의 산학연 기술 개발 컨소시엄을 구성하는 데는 기술적인 파급 효과가 크고, 중소기업의 전략적 필요성이나 중요성이 큰 과제를 발굴하며, 대기업 등 시장을 제공할 수 있는 파트너도 참여시키는 것이 필요하다.

제 5 절 결 론

우리나라는 그동안 중소기업 경쟁력 강화의 중요성을 인식하고, 중소기업을 육성하기 위한 다양한 정책적 노력을 해 왔다. 그러나 지금까지의 정부의 대책은 중소기업 경쟁력 강화를 위한 다양한 정책 목표를 제시하는 수준으로, 이를 달성하기 위한 실효성 있는 정책 수단들이 제시되지 못했다. 그 결과 중소기업과 대기업 간 경쟁력 차이가 심화되면서 경제 양극화 현상이 나타나고 있다. 이는 앞서 살펴본 바와 같이 지금까지 대부분의 중소기업 지원사업들이 중소기업의 기술혁신 촉진을 통한 장기적인 경쟁력 확보를 목표로 하지 않고 투입 위주의 단기적인 사업 목표를 설정했다는 점과, 공급자 관점의 자원 투입 중심의 정책 기획과 집행으로 인해 지원 사업의 효율성과 효과성이 떨어지고 있기 때문이다.

특히, 중소기업에 대해 종합적 지원정책을 수립하고 이를 일관성 있게 추진하기 위해서는 관련 부처들 간의 원활한 업무 협조와 조정이 필수적이지만, 만족할 만한 조정이 이뤄지지 못하고 있어서, 공급자 중심의 정책 시행으로 인해 지원 대상의 선정과 지원 시기의 부적합 문제가 심화되고 있으며, 이로 인해 정책의 효과성과 효율성이 저하되었다. 정부의 중소기업 지원정책이 공급자 중심으로 임기응변식으로 수행된 가장 큰 이유는 국가혁신 시스템 내에서 중소기업, 지원 프로그램, 지원기관 들 간의 상호작용 프로세스와 그 결과에 대한 체계적인 분석이 없이 단편적인 시각에서 정책이 입안되고 추진되었기 때문으로 파악된다. 향후 국가혁신 시스템(NIS) 구축이라는 관점에서 중소기업의 기술혁신을 통한 경쟁력 확보를 지원하기 위한 정책 개발과 그 효과성을 실증적으로 분석하는 연구들이 필요하다. 아울러 중소기업정책을 수행하는 체계가 기존과 같이 분절적으로 운영되는 구조를 탈피하여 복합적인 기능을 종합적이고 영속적으로 지원할 수 있도록 재조직화할 필요가 있다.

Chapter 06 중소기업 정책자금 지원의 정합성*

제 1 절 서 론

중소기업 지원의 필요성과 당위성은 경제 상황의 좋고 나쁨에 관계없이 어느 정부에서든지 강조되어 왔다. 이명박 대통령 역시 대통령 당선인 시절에 "대기업은 기술, 시장 개척, 자본 등의 측면에서 충분히 자율적으로 할 수 있기 때문에 자율정책을 쓰면서 잘할 수 있는 길만 터주면 된다"면서 "그러나 중소기업은 정부 지원이 필요한 게 사실"이라며 "중소기업을 위한 적극적인 정책"을 공언했다(경향신문, 2008. 1.4). 이는 중소기업이 국민경제에서 차지하고 있는 비중과 중요성에 기인할 뿐더러 현재와 같은 대기업 위주의 경제구조가 침체된 고용환경과 실물경제에 대한 더 이상의 돌파구를 제공하지 못하리라는 한계 상황에 따른 것이다. 2006년을 기준으로 국내 중소기업은 전체 제조업 생산액의 49.4%(447조 원)와 부가가치의 51.1%(166조 원)를 창출하고 있으며, 사업체 수로는 302만 개(99.9%), 종사자 수 1,088만 명(87.5%)을 차지했다. 특히 생산성 증가를 목표로 하는 대기업의 근로자 수가 1997년 외환 위기 당시 2,52만 명에서 2006년 1,56만 명으로 96만 명 감소된 반면 중소기업의 근로자수는 1997년 8,27만 명 대비 2006년 10,88만 명으로 오히려 261만 명이 증가되어 중소기업이 새로운 일자리 창출에 상대적으로 크게 기여하고 있다.[1)]

---

* 장지호(2008)를 재구성했다.

1) 서론에 인용된 자료들은 별도의 표시가 없으면 김용환(2008)에서 발췌했다.

그럼에도 불구하고 1970년대 이후 대기업 위주의 경제구조가 고착화되어 갈수록 점차 중소기업과 대기업 간의 격차는 좁혀지지 않고 있다. 중소기업은 그동안 대기업의 하청 위주의 성장으로 인해 차별화된 독자 기술이 미흡한데다가, 과당경쟁에 따른 대·중소기업 간 생산성과 수익성의 격차는 지속되고 있다. 대·중소기업 간 생산성 증가율 격차(%p)는 2001년도 4.0에서 2003년 5.9, 2004년 8.3, 2005년 15.7, 2006년 9.7로 좁혀지지 않고 있다. 더욱이 2008년도의 물가 상승과 내수시장의 부진과 같은 악화된 국내 경제 여건이 중소기업에 구조조정과 함께 원가 절감과 같은 근본적인 생산성 증가를 요구하고 있다. 최근 언론에 자주 보도된 바와 같이 원자재 가격 상승에 더해 원화 가치 하락으로 수입물가 상승세가 지속되고 있어서 중소 제조업체들의 대다수는 채산성 악화, 자금난, 원료 공급 부족에 따른 생산 차질 등의 어려움을 겪고 있다. 2008년 4월 대한상공회의소가 제조업체 500개 사를 대상으로 조사한 결과 조사업체의 98.8%는 원자재 가격 상승에 따라 피해를 입고 있으며, 이미 감내할 수준을 넘어섰다는 업체도 절반에 이르고 있다. 그러기에 중소기업에 대한 정부의 적극적인 지원책이 설득력을 가지고 있었다. 그러나 문제는 중소기업이 가지고 있는 구조적 특징이다.

무엇보다도 중소기업의 범위가 영세 작업장에서부터 1,000억(매출액) 클럽까지 너무나 다양하다는 것이다. 중소기업은 주된 사업의 업종과 상시근로자 수, 자본금 또는 매출액의 규모 및 소유와 경영의 실질적 독립성에 따라 구분된다.[2] 그러나 통상

2) 중소기업의 업종별 상시근로자 수, 자본금 또는 매출액 기준은 아래와 같다.

업종	중소기업		소기업	
	상시 근로자 수	자본금·매출액		소상공인
			상시 근로자 수	
제조업	300인 미만	자본금 80억 원 이하	50인 미만	10인 미만
광업, 건설업, 운송업	300인 미만	자본금 30억 원 이하	50인 미만	10인 미만
대형종합소매업, 호텔업, 휴양콘도운영업, 통신업, 정보처리 및 기타 컴퓨터 운영 관련업, 엔지니어링서비스업, 병원, 방송업 등	300인 미만	매출액 300억 원 이하	10인 미만	5인 미만
전기, 가스 및 수도사업, 통신판매업, 방문판매업, 전문과학 및 기술서비스업, 사업지원서비스업, 영화산업 등	200인 미만	매출액 200억원 이하	10인 미만	5인 미만
도매 및 상품중개업, 자연과학연구개발업, 공연산업, 뉴스 제공업 등	100인 미만	매출액 100억 원 이하	10인 미만	5인 미만
그 밖의 모든 업종	50인 미만	매출액 50억 원 이하	10인 미만	5인 미만

중소기업이라고 지칭되는 유형 내에는 규모별로는 소상공인(267만 개, 88.4%), 소기업(25만 개, 8.3%), 중기업(9만, 3.1%)이 혼재되어 있으며, 업태별로는 혁신형 기업으로 불리는 벤처기업 14천 개, 이노비즈 기업 12천 개, 경영혁신형 기업 7천 개와 여성 기업 113만 개, 장애인기업 24만 개가 포함되어 있으며, 심지어는 1,610개의 재래시장 내의 23만 개 점포까지 망라되어 있다. 이토록 중소기업들이 이질적이다보니 지원 대상을 유형화하여 이들 모두의 목표를 전부 충족시키는 마법과 같은 비책은 애초부터 불가능할 수밖에 없다.

이런 맥락에서 근래에는 과거의 무차별적인 물량 위주의 지원의 비효율성에 대한 회의에서 비롯된 업종별 혹은 기업별 특성에 맞는 차별적인 지원을 강조하고 있다. 홍석우 중소기업청장은 최근 인터뷰에서 현장 중심의 지원활동을 적극 추진하겠다고 강조했다. 그가 예로 든 것이 "언제든지 곧바로 현장에 달려가 중소기업의 애로를 해결할 수 있도록 지방 중소기업청 직원 160여 명으로 구성된 '1357 현장기동반'을 발족"했다는 것이다 (서울경제신문, 2008. 4. 20). 아울러 중소기업청의 정책 개발 과정도 언급하면서 "모든 직원들이 새롭게 출발한 '1357 콜센터 현장체험'을 통해 중소제조업체들의 현장 애로를 생생히 체험한 뒤에 정책 개발 및 지원사업 시행 등 중기 현장의 목소리가 담을 수 있도록" 하겠다고 했다. 이기우 중소기업진흥공단 이사장도 중소기업의 현장 맞춤형 정책의 중요성을 강조했다. 그는 중소기업 현장에서 필요한 지원정책을 집행하는 데 공단의 역량을 집중하기 위해 "민간금융이 대출을 기피하는 창업, 기술 개발, 장기 시설 투자, 재해 기업 등에 지원한다"고 밝히면서 "특히 기술성과 사업성 위주로 평가해 성장 잠재력을 보유한 기업을 융자 대상 기업으로 선정해 지원할 것"이라며 "기술사업성 60%, 재무 상태 40% 비중으로 평가하되 업력 3년 미만은 기술사업성만으로 자산 10억 원 미만 기업은 기술사업성 80%를 적용한다"고 소개했다 (한국경제신문, 2008. 7. 1). 중소기업진흥공단의 전임 이사장이었던 허범도도 그의 연구에서 "과거 중소기업 정책이 상대적으로 정책 수요를 충분히 감안하지 않은 행정 편의주의에 입각한 공급자 위주였다고 한다면, 앞으로의 정책은 수요자 중심으로, 즉 수요자 입장에서 정책 수요가 주요한 결정 요소가 되어야 한다"고 역설했다 (허범도·김용덕. 2006).

중소기업진흥공단(이하 중진공)이 명기한 조직 목적을 보더라도 이러한 개별 중소

이 밖에도 소유와 경영의 실질적 독립성 기준으로 구분되기도 한다. 즉 자산 총액 5천억 원 이상인 법인이 발행 주식 총수의 100분의 30 이상을 소유하지 않은 기업으로 독점규제 및 공정거래에 관한 법률 제14조 제1항에 따른 상호출자제한 기업집단에 속하지 아니하는 회사로 규정된다.

기업에 대한 차별적인 지원의 중요성을 알 수 있다. 즉 중진공은 "중소기업의 혁신역량 제고와 글로벌 경쟁력 강화라는 목표 아래 혁신형, 시장실패 및 무관심 기업을 대상으로 기업진단에 기반한 맞춤 연계 지원 방향"을 스스로 설정했다(http://www.sbc.or.kr/). 또한 중진공의 연간계획에도 "정책자금의 차별성 강화를 통해 정책 목적성 제고, 정책자금 부실 예방 및 기금의 건전성 제고, 기업 현장 중심의 맞춤 연계 지원 및 종합진단 강화, 글로벌 경쟁력 확보를 위한 세계화 지원 강화, 지속적인 내부 경영혁신으로 고객만족도 제고, 신규 사업 조기 정착 등의 추진을 중점 업무로 계획"하고 있음을 분명히 함으로써 지원 대상 기업의 차별적 정합성을 높이고자 했다. 이 연구는 과연 이와 같은 개별 중소기업에 대한 차별적 지원이라는 애초의 목적에 맞게 지원기업의 기업 생애주기 및 기업활동에 적절하게 자금이 지원되는지를 지원기관과 지원기업의 이야기를 통해 알아보고자 한다.

윤견수(2008)는 대다수의 '분석'을 기치로 한 사례연구들이 연구 대상이 객관적으로 존재한다는 실재론(realism)에 지나치게 의지하고 연구 대상과의 '거리두기'를 전제로 한 결과 기존 이론 틀에 연구자의 경험을 단순히 대입하는 식으로 진행되었기에 연역적 논리를 상실했다고 보았다. 그는 사례연구의 한계를 극복하는 방안으로 정밀한 과학성을 추구할 것이 아니라 오히려 "연구자가 관심을 갖고 있는 현실을 적극적으로 구성하는 인문학적 패러다임"으로 변환해야 함을 역설했다. 그리하여 연구자와 연구 대상의 '거리 좁히기'를 통한 집필로서의 사례연구를 그 대안으로 주장했다. 연구 대상의 의미를 연구자가 재해석하는 과정에서 단순히 현상을 발견하는 것이 아니라 그 자체를 구성하는 것을 사례 집필로 보고, 구체적인 전략으로서의 이야기하기(storytelling)를 예로 들었다. 윤견수가 제안한 이야기하기는 마치 소설 작가나 시인처럼 다양한 표상과 기호를 활용하여 연구 대상들의 상호작용에 대한 의미를 서술하는 방식이다. 물론 이 과정에서 연구자가 얼마나 연구 대상을 빈틈없이 서술할 수 있을지 그리고 연구자에 전적으로 말해지는(telling) 이야기(story)가 얼마나 유의미한 연구 결과로 받아들여질지가 논란이 될 수 있다. 연구자의 관점에서 현상을 재구성하는 시도는 기존의 비과학적이라는 비판을 사례연구의 완전한 대안으로까지는 어려울지라도, 방법론 측면에서는 기존 사례연구의 보완으로서는 기능할 수 있다. 아직까지는 학계에서 인문학적인 이야기하기를 활용한 연구는 윤견수의 연구(2001, 2006)를 제외하고는 거의 전무하다. 그나마 김태윤(2005)이 시나리오 형식을 빌어 대구지하철 참사의 사례연구를 시도한 것이 유일하다. 이 글은 생소한 이야기하기 방법을 활용하여 중소기업 지원으로 인해 성공적인 성장을 가져오게 된 지방 소재의 어느 한 중소기업 사례를 살펴보았다.

이 연구의 사례가 되는 기업은 중소기업진흥공단에서 2007년도 주요 자금을 지원받았던 주요 기업들 중에서 업종과 업력, 지원자금을 기준으로 가장 평균에 근접한 C기업으로 선정했다. 연구의 내용은 2008년 9월 3일 중소기업진흥공단 충북지역본부의 김모 과장과 C기업의 안 모 전무와의 인터뷰를 기반으로 C기업과 관련된 중소기업진흥공단의 내부 자료와 C기업이 보유한 자료, C기업의 김모 대표가 가졌던 언론과의 인터뷰, 중소기업청과 중소기업진흥공단의 우수사례집 등을 총괄하여 C기업의 자금 지원 전 상황과 지원의 동기, 지원 절차와 과정, 지원 결정, 지원 활용 및 성공 이후 지원기관과의 관계 설정을 중심으로 지원자금제도의 정합성에 대해 알아보았다.

제 2 절 중소기업 정책자금지원제도의 개요

1 정책자금 지원의 현황

국내 경제에서 차지하는 중소기업의 중요성은 앞에서도 설명한 바와 같다. 그러나 막대한 유형 자산을 소유하고 있는 대기업과 비교하여 중소기업은 기술 개발을 통한 무형자산의 비중이 상대적으로 높을 수밖에 없고 따라서 금융권에서의 자금 조달을 위한 담보 제공의 능력이 떨어진다. 기본적으로 사업자금을 빌리기 위해서는 일반 민간은행에서는 담보를 요구하고 있다. 물론 재무구조가 좋은 중소기업은 담보 없이 신용으로 은행에서 돈을 빌릴 수 있지만, 대부분의 중소기업은 그러지 못한 것이 현실이다. 담보 없이 자금을 받을 수 있는 방법은 일반적으로 투자회사를 이용하는 방법과 신용보증기관의 보증서를 받는 방법이다. 그 밖에도 회사채를 발행하여 자금을 조달하는 경우도 있다. 기술력이 뛰어나고 코스닥 시장까지 진출할 역량이 있으면, 투자회사를 통해 투자자금을 받는 것이 일반적이며, 이 자금은 융자금이 아니기 때문에 상환 의무가 없는 양질의 자금이다. 그렇지 않을 경우 신용보증기금, 기술신용보증기금, 지역신용보증재단, 수출보험공사와 같은 신용보증기관에서 보증서를 받으면, 언제든지 은행을 통해 융자금을 대출받을 수 있으며 어떤 경우든 접수기관에서 평가를 하여 지원받는다. 일반적으로 정책자금이라고 통칭하는 자금은 정부가 은행에 위탁한 융자금을 말하므로 기본적으로 담보 또는 신용보증서가 있어야 한다. 다만 지식경제부와 중소기업청 등이 기술개발비로 지원하는 자금이나 교육·훈련비 등 일종의 보조금(출연금 포함)은 담보가 필요 없다.

정부가 활용하는 정책자금은 세금, 예산, 공공기금 차입, 채권 발행 등의 방법으로 재원을 조성하여 낮은 금리로 지원하는 것으로서 중소기업이 이용할 수 있는 정책자금은 용도에 따라 기술개발자금, 창업자금, 시설자금 및 경영안정자금 등이 있다. 또한 정책자금의 조건에 따라 융자금, 보조금(출연금 포함), 투자금, 보험 및 신용보증 등으로 구별된다. 그러나 실제 운영 측면에서는 여러 유형의 자금 지원이 조건과 용도에 따라 혼재되어 있다. 예를 들어 창업자금 중에서 벤처창업자금은 융자금으로, 벤처투자펀드는 투자금으로 운영되는가 하면 기술개발자금 중에서도 융자와 보조 형태가 혼용되어 운영되기 때문에 지원을 신청하는 기업 입장에서는 관련된 사전 지식이 충분해야 한다. 또한 대부분의 중소기업 정책자금은 기업 규모나 업력을 구분하지 않지만, 일부 자금은 창업 초기이거나 작은 기업에게 혜택이 가도록 제한하여 운영하는 경우가 있기 때문에 자금의 종류에 따라 다를 수 있다. 예를 들어 창업자금은 업력이 5년 미만인 창업자에게만 지원하고, 소상공인자금은 자영업 또는 소기업(제조업은 50인 미만, 서비스업은 10인 미만)에만 지원하는 자금이며, 고용보험기금의 창업자금은 실직자 또는 퇴직자가 자영업을 할 경우에만 이용할 수 있다. 지원기관별로도 차이가 있다. 신용보증기금과 기술신용보증기금은 모든 중소기업을 대상으로 하고, 지역신용보증재단은 소기업, 자영업자를 대상으로 보증서를 발급하며, 수출보험공사는 수출신용보증, 이행보증, 수출보험 등 수출에 관한 업무를 전담하는 등 다소 차이가 있다.

최근 중소기업 재정 지원의 현황을 살펴보면, <표 6-1>과 같다. 중소기업 지원 분야의 2008년 총 지출은 5조 2,532억 원으로 전체 정부예산 총 지출(257.2조 원)의 2.0% 수준으로 부문별로는 산업금융 지원이 31,934억 원(60.8%), 산업진흥 고도화가 12,592억 원(24.0%), 산업기술 지원이 5,805억 원(11.1%) 등으로 구성되어 있다. 이는 2005년도 이래로 가장 적은 예산이 배정되어 있으며, 산업기술 지원과 산업중소기업 일반에 해당하는 기금은 증가했음을 알 수 있다.

중소기업 지원 예산 중 기능별(중소기업의 시설 개선과 창업 촉진, 개발기술사업화 등을 위해 장기·저리의 정책자금 융자 및 출자)로 분류되는 정책자금 지원을 보면 2008년 기준으로 융자 규모는 29,024억 원이며, 융자 한도는 업체당 연간 30억 원 이내(업체당 잔액 기준 40억 원 이내)다. 사업별로 3년에서 10년까지의 대출 기간

〈표 6-1〉 중소기업 분야의 재정 운용 추이

(단위: 억 원, %)

구분	2005년도 실적	2006년도 실적	2007년도 실적	2008년도 예산
계	57,888	57,022	53,867	52,532
• 예산	15,415	17,916	14,700	14,913
• 기금	42,473	38,106	39,167	37,619
• 산업금융 지원	39,980	38,864	34,436	31,934
• 산업기술 지원	3,800	3,946	4,904	5,805
• 무역 및 투자 유치	780	755	669	729
• 산업 진흥 고도화	12,132	12,256	12,629	12,592
• 산업중소기업 일반	1,195	1,201	1,229	1,471

출처: 김용환(2008).

으로 상이하고 융자 금리는 공공자금관리기금 대출 금리의 -1.53%p에 연동된다. 자금별 운용을 보면 경영혁신과 중소벤처 창업, 긴급경영 안정 순으로 많은 예산이 배정되어 있다.

2 중소기업진흥공단의 정책자금

현재 각 부처 및 시도에서 중소기업들에게 지원하는 정책자금의 수는 약 100여 개에 달하며, 지원기관에 따라서는 중기청 및 중진공 등에서 운영하는 자금, 지식경제부 및 교육과학기술부 등에서 산업 및 분야별로 지원하는 자금, 보증서를 발급하여 금융기관으로부터 조달되는 자금 등으로 구분될 수 있다. 이 연구는 중소기업진흥공단에서 운영하는 자금을 지원받은 기업을 중심으로 살펴보았다. 중진공은 1978년 12월 중소기업진흥법이 제정·공포되면서 중소기업 진흥 및 제품 구매 촉진에 관한 법률 제68조를 근거로 1979년 1월 17일 설립(7부 3실, 195명으로 발족)되었다. 설립 후부터 1987년까지는 자금, 컨설팅, 연수, 정보 제공 사업 등 중소기업 근대화 사업을 중점적으로 추진하고, 1988년부터 1992년까지는 공정 개선, 정보화, 기술 개발, 사업 전환, 창업 촉진, 대기업 사업 이양, 유휴설비 해외 이전 등 구조조정사업을 추진했다. 1993년부터 1997년까지는 당시 김영삼 정부의 신경제 5개년계획에 따라 구조개선 사업을 개시하고, 중소기업 진흥 및 제품 구매 촉진에 관한 법률 제정으로 중소기업구조 고도화 자금, 창업지원자금, 지방중소기업 육성자금을 통한 운영·관리활동을 했으며, 1998년부터 2002년까지는 외환 위기의 비상 체제에서 직접 대출 실시와 벤처기업 지원을 중점 추진, 융자 규모를 확대하는 등 2차 구조개선 5개년계획을 추진했다. 2003년부터는 경제환경 변화에 대응한 신규 사업으로서 구조고도화사업, 주5일제사업, 청년실업난 해소, 제조업 공동화 방지 등을 추진하고 지역혁신 특성화사업, 시범 네트워크 허브(Network-Hub)와 이노카페(Inno-cafe) 운영 등 지역혁신사업(RIS)에도 참여했다. 2008년 6월 현재 10실 7처 2센터 22개 지역본(지)부와 4개의 해외사무소로 편제되어 있다. 중진공은 정부의 중소기업 정책 방향에 따라 중소기업의 경쟁력 제고와 당면 애로 사항을 해결하기 위한 자금, 창업, 구조고도화 연수, 수출, 판로, 정보 제공 등의 종합 지원과 산업기반사업을 지원하는 것을 주요 기능으로 하고 있으며, 현재의 주요 사업으로는 중소기업 정책자금 지원과 구조고도화 컨설팅 및 연수 지원, 수출·국제협력 및 정보 제공 지원 등이 있다.

제 3 절 이야기하기(storytelling)로서 C기업 사례

1 C기업의 이야기[3]

1) C기업을 소개하면서

아무래도 우리 회사의 제품군부터 소개하는 것이 순서일 듯합니다. 우리 C기업은 1999년 충청북도 진천군의 공장을 시작으로 설립된 반도체 후공정 전문 회사입니다. 주로 패키지 디자인과 조립, 검사 등의 후공정 종합 솔루션을 제공하고 있습니다. C기업이 현재 생산하고 있는 주요 제품으로는 메모리 반도체용 FBGA 제품과 TSOP 및 시스템 LSI용 QFP, SOP, DIP 등이 있으며, 30mm 웨이퍼 백 그라인드를 포함한 플라스틱 패키지의 다양한 포트폴리오를 확보하고, 시스템 IC 전 분야에 걸친 테스

3) C기업 이야기는 중소기업청과 중소기업진흥공단(2005)에서 발간한 우수기업 사례집, 한국경제신문(2008년 1월 23일자)과 김모 대표와의 인터뷰 기사, C기업 안모 전무이사와의 인터뷰(2008년 9월 3일 오후 3시부터 4시까지 제천의 C기업 대회의실에서 실시), 그 외 C기업의 IR자료 등 내부 자료 등을 취합하여 이야기하기(storytelling) 형식으로 재구성한 것이다.

트 기술력도 가지고 있습니다. 특히 2005년부터 하이닉스 반도체의 시스템 IC 사업 부문이 분사된 매그나칩의 후공정 생산 라인을 인수하여 본격적으로 패키징 및 테스트 사업을 진행하고 있습니다. 마이크로컨트롤러(MCU) 사업을 인수한 그린칩스가 개발한 반도체 제품들에 대해 매그나칩은 전 공정 파운드리를 담당하고, C기업은 조립·검사 등 후공정을 담당하고 있습니다. 이에 따라 매그나칩은 전략적 아웃소싱을 함으로써 수익성을 제고할 수 있게 되었고, C기업은 이전된 설비를 이용해 제품군이 더욱 다양해져 기존의 하이닉스 이외에도 삼성전자 등 신규 거래처에 활발한 수주 활동이 가능하게 되었습니다.

우리 회사의 연혁을 간단히 소개하면, 1999년 회사가 설립된 이후 2001년 ISO 9001 인증을 받았으며, 2003년에는 기술신용보증기금에 의해 우량기술기업으로 선정되었습니다. 2004년 우수중소기업인상을 수상했고, 같은 해 중소기업청에서의 이노비즈(INNO-Biz) 기업 인증(Aa등급)을 받았습니다. 그 후에도 2005년 수출유망 중소기업과 기업은행에 의한 유망중소기업으로 선정되었으며, 2006년에는 '한국 고속성장 기술기업 50'의 동상, 충청북도에서 수여하는 중소기업 대상과 3천만 불 수출탑을 수상했습니다. 2007년에는 중소기업청과 중소기업진흥공단이 중소기업 지원시책 참여도와 성과를 중심으로 선정하는 '모범 중소기업인 멤버십'과 월드클래스 기업이 되었으며, 같은 해 벤처기업 대상을 수상했습니다. 결국 2008년 코스닥에 상장하게 되었습니다.

이처럼 길지 않은 기간 안에 초우량 반도체 회사로 성장하게 된 요인으로 내부적으로 평가하는 것은 2005년부터 김모 대표이사가 강력하게 추진해 온 STAR 333 프로젝트의 공헌입니다. STAR 333은 속도 경영(Speed), 전사적 혁신(TPM), 리더십(Alignment&Adaptability), 품질경영(Reliability)에서의 3(매출 3자릿수 증가), 3(생산성 향상 30%), 3(영업이익 3배)을 함축하는 C기업의 슬로건입니다. 이를 달성하면서 동시에 2005년은 스타 인재 육성의 해, 2006년은 고객 감동의 해, 2007년은 훌륭한 일터 만들기로 해마다 구체적인 목표를 설정하여 내실 있는 기업으로 거듭나기 위해 노력한 결과라고 저희 직원들은 생각하고 있습니다.

창업 초기의 중소기업에서의 대표이사의 역할은 그 어느 조직에서보다도 영향력이 크다고 볼 수 있습니다. C기업의 성장 단계에서도 김모 대표이사의 역할 역시 회사의 모든 것을 좌우했다고 볼 수 있습니다. 김 대표는 1983년도에 당시 금성반도체에 입사한 이래 LG 반도체, 현대반도체, 현대전자를 거쳐 하이닉스까지의 10여 년의 반도체 현장에서의 생산 경험을 가진 경영자입니다. 이러한 경험을 거치면서 김 대표는 회사 경영에서 인력자원의 중요성을 알고 있었습니다. 회사 초창기부터 현재 경영진을 구성하고 있는 두 명의 부사장과 전무이사 등이 모두 과거 LG반도체와 하이닉스 때부터 함께 같은 업종에서 고락을 나누었던 오래된 동료입니다. 경영진 구성뿐만 아니라 김 대표는 부임 후 '신바람 노경협의회'를 조직하여 야유회, 워크숍 등의 다양한 이벤트를 통해 직원들의 단합을 유도했습니다. 김 대표가 일주일에 두 번씩 생산 현장에 직접 나와 직원들의 생생한 목소리를 청취하고자 노력했고, 사원고충처리제를 통해 부조리한 업무 관행을 개선하고자 했습니다. 평사원의 입장에서 이러한 회사 내 여러 조직에 참여하는 것은 조직원으로서의 소속감과 화합을 키우는 데 적지 않은 영향을 받습니다. 회사에서는 또한 정기적으로 한마음 교육과 직원들의 스트레스를 해소하기 위한 웃음 특강을 실시했습니다.

일반적으로 중소기업의 인력 채용이 날이 갈수록 어려움이 많다는 여론이 있습니다. 솔직히 대기업과 비교하여 중소기업의 급여나 복지 관련 서비스는 한참 떨어질 수밖에 없습니다. 결국 상대적으로 낮은 급여와 후생복지를 상쇄할 만한 회사에 대한 기대와 장기적인 희망을 회사가 직원들에게 부여하는 것만이 좋은 인력을 유인하는 기제가 될 수 있습니다. 그런 점에서 C기업의 김 대표는 여러 방법을 통해 직원들에게 회사에 대한 애정을 갖게 만들어 준 셈입니다. 윤리적인 직무 수행과 깨끗한 기업문화를 지향한 윤리교실, 사원들 사이에 칭찬 분위기를 조성하고 팀워크를 높이기 위한 칭찬게시판 제도 등이 그 예입니다. 이러한 노력들은 "CEO가 해야 하는 일은 필드를 만들어 주는 것이라고 생각합니다. 회사가 개인의 자기 계발을 지원해 주고 친근함을 느끼게 해 주면 직원들은 자연스럽게 주인의식을 가지고 일하게 되는 것"이라는 평소 김 대표의 주장을 반영하는 것으로 직원들은 이해합니다. 이 밖에도 자율투명경영이라는 큰 틀 아래 성과급제와 우리사주제도 등을 통해 회사의 이익이 사원들에게 적절하게 돌아갈 수 있도록 하며, 무엇보다 중소기업 규모에서는 쉽게 찾기 어려운 혁신적인 복지 시스템인 '땡큐콜 333'을 운영하고 있습니다. 이 시스템은 사원들이 긴급하고 갑작스러운 문제를 만났을 때 도움을 제공하는 24시간 무료 서비스로, C기업의 사원이라면 누구나 전화 한 통화로 법률 서비스, 장례 서비스, 교통 및 정비 서비스, 의료 서비스, 금융 서비스 등을 제공받을 수 있습니다. 이 정도라면 우리 회사에 대한 간단한 소개가 되었을 듯합니다.

2) C기업의 성장에 대해

여타 중소기업의 성장이 그렇듯이 C기업 역시 처음부터 반도체 후공정 분야에서 두각을 나타내는 회사는 아니었습니다. 1999년 창업 초기에는 설비의 안정성이 미흡하고 유동성 자금이 확보되지 않았으며 브랜드 파워가 부족해 매출액은 2000년 10억 원, 2001년 48억 원 정도의 미미한 수준이었습니다. 제품의 기술력이 낮은 로엔드(low-end) 제품 위주의 라인업으로 부가가치 창출에 많은 어려움을 겪었습니다. 심지어는 2003년 7월 한 달 매출 실적이 6억 원밖에 되지 않았던 적도 있었으며, 매월 1억 원의 적자를 기록하고 있었습니다. 그 당시 김모 대표가 부임했습니다. 김 대표는 "만약 그 당시 로앤드 제품을 계속해서 고집했다면 중국과의 저가 경쟁으로 지금쯤 회사가 사라졌을지도 모릅니다."라고 회사 초창기를 회상하며 "아직도 아찔하다."고 합니다.

김 대표가 부임한 2003년 7월 후부터 사업계획을 수립하여 1년 동안 개인 투자자를 찾아다니며 자금 확보에 총력을 기울인 결과 2004년에 31억 원의 적지만 의미있는 자본 유치에 성공했습니다. 당시 회사는 내세울 만한 가시적인 성과가 전혀 없는 페이퍼 컴퍼니 수준이었지만 투자자들은 그나마 회사가 제시하는 비전을 믿고 자금을 빌려 주기 시작했습니다. 김 대표는 "처음에는 맨땅에 헤딩하는 심정이었지요. 직원들조차 회사의 미래에 대해 반신반의하는 상황이었으니까요. 사업계획서 하나 들고 펀딩 회사를 찾아다니며 구체적인 발전 로드맵을 제시한 것이 투자자들의 마음을 움직인 것 같습니다."라며 당시 상황을 설명합니다. 또한 김 대표는 기존 저부가가치 제품군(low-end)을 고부가 제품(high-end)으로 바꾸는 혁신을 단행하는 동시에 2004년과 2005년에 걸쳐 중고 설비를 구입하고 개조하는 등 설비 투자를 통한 공정 재편작업에 집중했습니다. 성능과 결부되는 핵심 장비를 제외하고는 경매 사이트 등을 뒤져 필요 장비를 구입했습니다. 당시 동부아남반도체(현 동부하이텍)가 전공정 사업에 치중하면서 불필요하게 된 76억 원 규모의 후공정 장비를 시장에 매물로 내놓았습니다. 김 대표는 이 장비를 16억 원에 구입했고, 앰코 등으로부터 패키징 장비 9대를 대당 6,000만 원에 사들여 3,000만 원의 개조비용을 투입했습니다. 당시 신규 장비가 대당 3억 원을 호가했으니 60%에서 70% 정도의 투자비를 절감한 결과가 됩니다. 일정 규모 이상의 후공정업체가 중고설비 중심으로 공정 라인을 구성한 것은 C기업이 업계에서는 최초로 시도한 것으로, 이는 반도체 현장 생산 경험을 가진 김 대표의 역할에 기인했다고 할 수 있습니다. 반도체 후공정 분야는 일반적으로 설비가 중요한 장치산업으로 초기 장비 구매 이후 감가상각비가 원가에서 높은 비중을 차지하기 때문에 C기업이 선택한 중고 설비를 구매하고 개조함으로써 원가를 낮추고 가격경쟁력을 높인 저원가전략은 혁신적이라는 평가를 받을 만합니다.

〈표 6-2〉 주요 재무 현황(2004~2007)

(단위: 백만 원)

구분	2004년	2005년	2006년	2007년
매출액	11,172	32,597	50,036	75,389
영업이익	597	3,466	4,444	7,460
당기순이익	960	3,636	4,154	5,561

다양한 고부가 제품 생산 능력을 갖추고 제품 품질을 향상시킴으로써 C기업은 하이엔드 제품이면서도 저가격이라는 브랜드 이미지를 구축할 수 있었고, 이에 따라 수주가 급증했습니다. 2005년 하이닉스에 이어 거래업체를 다변화하여 2006년 삼성전자 비메모리 후공정 작업을 맡았고, 2007년 6월부터 삼성전자 메모리 물량도 수주했습니다. 거래업체는 2004년 말 7개사에서 2007년 45개사로 늘어났고, 실적도 급속히 호전하여 매출이 2004년 112억 원에서 2005년 326억 원, 2006년에는 500억 원으로 증가했습니다. 영업이익도 2004년 6억 원에서 2005, 2006년 각각 34억 원과 44억 원으로 늘어났습니다.

반도체 후공정은 전공정과 본공정에서 만들어진 반도체 칩을 자르고 칩에 검은 수지(EMC) 등을 씌우는 조립 공정과 완성된 칩의 불량 여부를 평가하는 검사 공정 등으로 나뉘는데, 보편화된 제조공정 기술로 업체 간 경쟁이 심한 데다 반도체 칩 제조업체 등 위탁업체들의 단가 인하 압력 등으로 고수익을 올리기 힘든 사업입니다. 그럼에도 불구하고 C기업이 2004년도 이후 3년 연속 10%대 영업이익률을 기록한 것은 유사한 기업과 비교하여 높은 실적을 거둔 것으로 볼 수 있습니다.

3) 중소기업자금 지원을 받으면서

김 대표는 "사업을 이루는 여러 가지 구성 요소 중 노동력, 장비, 기술 등 어느 한 가지 중요하지 않은 것이 없지만 저는 자본이 가장 중요하다고 생각합니다. 자금이 있어야 투자도 할 수 있고 인재도 유치할 수 있는 것"이라며 자본의 중요성을 강조합니다. 자금 없이 기술과 사업 의지만으로는 회사를 운영하고 확장할 수 없기 때문입니다. 사업 초기 민간 투자회사를 전전하며 힘들게 자금을 마련하던 김 대표는 중소기업청에서 발간한 지원자금의 홍보책자를 보고 본격적으로 중소기업 지원자금에 관심을 갖게 되었습니다. 어느 정도 규모의 지원을 공공기관으로부터 신용으로 투자를 받아낸다는 것은 쉬운 일이 아니었을 것입니다. 김 대표도 이에 대해 과연 받을 수 있을지 또 준비 서류와 절차 등이 과도하게 복잡하지는 않을지 걱정을 많이 했습니다. 그러나 막상 지원받기 위해 직접적으로 공단과 접촉한 결과 중진공의 면밀한 분석과 예상보다 적극적이고 과감한 지원으로 인해 궁극적으로 좋은 결과를 가져오게 되었습니다.

2005년에 지원받은 구조개선자금은 하이닉스 메모리 수주에 큰 힘이 되었고, 이는 곧바로 월 12억 원 매출로 이어졌으며, 2006년에는 구조개선자금으로 15억 원, 대·중·소 협력자금으로 13억 원을 지원받았습니다. 이렇게 받은 지원은 지속적인 매출 확대로 연결되었고, 바로 이어서 2007년 3월에는 삼성전자의 메모리 생산 관련 신규 비즈니스로 시설투자 자금이 필요했습니다. 사업에서 적절한 기회가 왔을 때 자금이 부족하여 기회를 놓치게 된다면 투자로 인해 발생하는 어마어마한 수익을 포기하는 것과 같다는 지론을 가진 김 대표는 또 다시 중소기업진흥공단에 지원 문의를 하게 되었습니다. 이번에도 역시 기존의 자금 활용 및 성실한 약정 이행을 바탕으로 사업 성과 기술력, 향후 비전을 제시해 자금 30억 원을 2년 거치 3년 상환의 조건으로 낮은 이자 금리인 5%로 받을 수 있었습니다. 최적의 시기에 자본을 투자하고자 했던 김 대표의 전략이 중진공의 자금 지원으로 인해 가능하게 되었습니다.

결국 자금 지원에 따른 시설투자 확대로 2004년 112억 원이던 매출 실적이 2005년 326억 원으로 단시일 내에 성장했고 이는 지역 기반의 신규 일자리 창출로 연결되었습니다. 적시에 이뤄진 자금 지원은 저리로 안정적인 자금을 확보하는 것이 가능하게 되어 시장 변화에 능동적으로 대처하여 경영상의 어려움을 해소한 동시에 규모의 경제를 일정 부분 확립할 수 있는 계기가 됐었습니다. 중진공에서의 자금 지원 그 자체로도 경영에 많은 도움을 받았지만 그에 못지않게 그러한 지원을 통해서 회사의 신뢰도가 높아졌다는 점이 중요합니다. 즉 공공자금 지원을 지속적으로 받게 됨에 따라 C기업은 신뢰할 수 있는 기업이라는 이미지가 축적되어 민간 금융기관에서의 대출이 용이하게 되는 이점도 생겨났습니다. 다만 지원 과정에서의 애로 사항으로 하나를 꼽는다면 접수에서 승인까지 소요되는 기간이 창업자금 경우와 일반시설 지원의 경우 30일이 소요됩니다. 과거 45일이 소요되는 것에 비하면 많이 줄어든 것이지만 창업자금과는 달리 일반시설 지원의 경우는 좀더 시간을 단축하여 투자에서의 적기를 노리는 기업의 입장을 반영했으면 합니다. 또한 여전히 관련 제출할 서류 작성이 번거롭고 복잡합니다. 이 부분은 좀더 간소화하여 기업의 기대를 만족시켜 주었으면 합니다.

〈표 6-3〉 C기업 지원 현황

(단위: 천 원)

자금명	추천 일자	시설 금액	운전 금액	용도
구조(혁신)	2005.03.28		250,000	운전
구조(혁신)	2005.04.21	2,700,000		시설
수출	2005.06.28	500,000		시설
구조(혁신)	2006.03.23	1,500,000		시설
수출	2006.06.28	500,000		시설
협력	2006.07.21	1,300,000		시설
구조(혁신)	2007.03.29	3,000,000		시설
수출	2007.08.07	500,000		시설
수출	2008.05.15	500,000		시설

4) 앞으로의 사업계획

반도체 제품은 과거의 전통적인 DIP, SOP의 형태에서 많은 입출력 단자를 요구하는 제품에 맞춘 QFP를 거쳐 현재는 TSOP, FBGA 등이 주류를 이루고 있는데, 전문가들은 앞으로 반도체의 미래에 관해 여러 개의 칩을 내장하는 CSP(Chip Scale Package)와 MCP(Multi Chip Package)가 주를 이룰 것으로 전망합니다. C기업은 이러한 반도체 패키지 트렌드에 대응하기 위해 미래형 전략제품에 대한 제품 로드맵을 수립하고 고객의 요구와 시장 흐름이 반영된 기술로 저원가 전략을 내세워 CSP, MCP, STACK 등 차세대 제품에 대한 연구개발을 계속하고 있습니다.

또한 반도체는 전기, 공조, 에어, 배큠 등의 유틸리티가 완벽하게 구축되어야 하는 사업 분야로, 기본적으로 안정적인 자금이 투입되어야 그만큼 생산성이 높아집니다. 종합 반도체 회사들이 전략적 아웃소싱을 하거나 설계만 하는 팹리스 업체들이 증가하면서 후공정 분야의 수요 역시 끊임없이 증가하고 있는 환경에서, C기업은 독자적인 기술과 내실 있는 마케팅, 효과적인 판로 등을 통해 대기업을 능가하는 초우량 반도체 회사로 거듭나고자 합니다. 이제는 중소기업 지원을 졸업하게 되었지만 여전히 중진공에서 주최하는 연수와 같은 교육 프로그램을 통해 직원들의 일상적인 능력 배양에도 도움을 받고 있습니다. 이미 과거에도 중진공에서 운영하는 품질, 경영, 생산기술 등의 연수에 총 50회 84명의 직원이 참가하여 업무와 관련된 교육을 받을 수 있었습니다. 2006년도의 '생산관리 기초', 2008년도의 '현장 팀워크 강화를 위한 현장 리더 양성'과 '누구나 쉽게 배우는 품질관리 기법' 과정에 참여한 것이 대표적 예입니다. 또한 충북중소기업이업종교류연합회와 같은 지역 기반의 네트워크 활동을 통해 기술과 정보의 교류를 지속할 것입니다.

2 중소기업진흥공단의 김 과장 이야기[4)]

1) C기업 지원의 성과부터

무엇보다도 지원을 담당했던 실무자의 입장에서 지원받은 기업이 이렇게 성장했다는 점에서는 기쁨과 보람을 감출 수가 없습니다. C기업은 1999년 7월에 창업한 이후로 2004년도까지는 미미하고 완만한 성장을 해서 회사에서도 소요자금이 그리 크게 필요하지 않았나 봅니다. 이후 2004년부터는 그동안의 창업 성과가 가시화되고 매출이 큰 폭의 증가세를 보임에 따라 생산에 필요한 운전자금 역시 과거와는 달리 큰 액수가 필요하게 되었습니다. 그러나 이전까지 사용해 오던 주거래 은행이 이미 담보가 꽉 차 있는 상태였기 때문에 C기업은 2005년 3월 우리에게 운전자금을 신용으로 신청했고, 운전자금 2억 5천만 원이 완전히 순수 신용으로 지원되었습니다. 지금 기준으로 보면 2억 5천만 원이 C기업 규모의 기업에게 그리 큰 액수의 지원이 아닐 수도 있지만 그 당시에는 매출이 증가하고 운전자금이 긴급하게 요구되는 상황에다 주거래 은행은 담보가 꽉 차 있었기 때문에 순수신용으로 2억 5천만 원은 큰 자금이었을 것입니다. 우리도 역시 기업의 담보가 꽉 차 있는 상태에서 그 기업에게 지원을 결정한다는 것이 쉬운 것은 아니었습니다. 그러나 C기업이 2005년 3월 우리에게 본격적으로 문의를 한 이후 매월 매출이 증가 추세에 있었습니다. 이때부터는 이 기업이 성장할 수 있겠구나 하는 가능성이 보였기 때문에 제2공장과 부대시설 증축에 필요한 시설자금 27억을 집중적으로 지원했습니다. 또한 2006년 3월에 기계시설 15억, 7월에 기계 증설 13억, 2007년 3월에 기계 증설 30억 원을 추가로 지원하게 되었습니다.

집중적인 지원과 함께 매출 역시 크게 증가했습니다. C기업은 초기에는 완만한 성장을 해왔는데, 저희가 본격적으로 지원한 시점인 2004년에서 2005년에는 매출이

4) C기업 지원을 담당했던 중소기업진흥공단 충주지부의 김 모 과장과의 인터뷰(2008년 9월 3일 오전 11시~오후 4시)을 기반으로 중소기업진흥공단의 내부자료, 중소기업청 · 중소기업진흥공단(2008)의 우수사례집 등을 취합하여 이야기하기(storytelling) 형식으로 재구성한 것이다.

[그림 6-1] C기업 지원과 매출액 증가

(단위: 억 원)

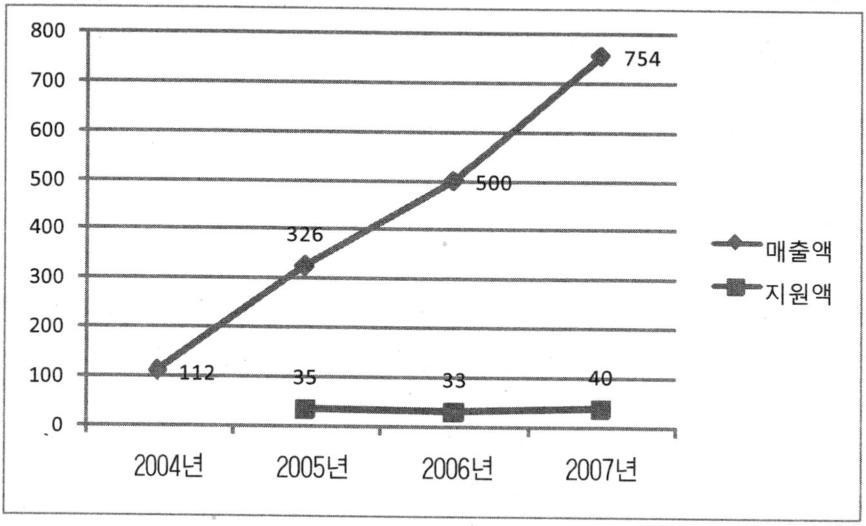

112억에서 326억으로 증가했고, 그 결과 2006년에는 매출이 500억으로 크게 증가했습니다.

기업의 매출이 증가함에 따라 새로운 생산시설이 필요하고 여기에 드는 비용을 공단이 지원해 주고, 또 늘어난 생산시설이 그대로 매출로 연결되는 이러한 선순환 구조가 확립된 것입니다. 결국 C기업의 성장 단계에서 2005년도는 매우 중요한 시점이었으며, 2006년도가 결정적인 도약의 순간이 된 셈입니다. 결과론적인 이야기가 될 수 있기는 하지만 중진공에서 기업에 필요한 지원을 적시에 해 준 셈입니다. 본격적인 지원이 시작된 지 2년 정도 지나니까 회사가 변화하는 것이 느껴졌습니다. 여담이지만 천천히 성장했으면 곁에서 좀더 지켜볼 수 있었을 텐데 하는 아쉬움도 있습니다.

2) C기업을 지원하기까지

C기업과는 공식적인 지원 전에는 공단과는 전혀 교류가 없었습니다. C기업이 우리와 접촉하게 된 계기는 공단의 적극적인 홍보 때문이었습니다. 지방에 위치해 있다 보니까 공단은 지역 기업들에게 정책 지원에 관련된 여러 소식지 등을 발송하고 지

속적으로 홍보를 하고 있습니다. 물론 모든 기업에 일률적으로 접근하기는 어렵지만, 공단의 지원 프로그램을 알리기 위해 적극적으로 노력하는 편입니다. 그런 자료를 보고 기업이 우리에게 문의하면 우리가 찾아가서 상담이나 평가를 진행합니다. C기업도 2005년 이전에는 우리에게는 그리 눈에 띄는 기업이 아니었습니다. 그런데 C기업이 본격적으로 우리의 도움을 요청한 2005년 3월에 우리가 기업 현장을 직접 방문하여 확인한 결과 기술 개발이 가시적인 동시에 매출의 성장세가 증가함에 따라 전망이 좋다는 것을 발견하고 기업의 미래에 대해 긍정적 판단을 하게 되었습니다. 그래서 당시 급증하는 투자 필요성에 맞춰 자금 역시 넉넉하게 지원했습니다.

당시 실태조사는 제가 직접 진행했습니다. 보통 실태조사는 경영평가와 기술평가를 각각 담당하는 2명이 함께 나가게 됩니다. 기술과 관련된 부분은 기술담당자가 평가하고 저는 경영평가를 담당했습니다. 기술평가 담당자에 의하면 C기업은 기본적으로 반도체 패키징을 하는 회사인데 이 회사의 기술이 단순한 패키징이 아니고 상당한 정도의 기술이 개발되었다고 했습니다. 기존의 칩 패키징으로 흔히 보는 형태가 칩 중심으로 리드프레임으로 패키징을 하는 것입니다. C기업은 이러한 방식에서 한 단계 진일보하여 에프비지에이(FBGA)라는 칩으로 패키징해서 여기에 직접 볼 형태로 연결하는 방법을 개발했습니다. 미세한 차이이기는 하지만 아무래도 이러한 방식은 전기가 이동하는 데 직접적으로 하기 때문에 로스(loss)도 줄어들고 반응 속도도 빠르게 되고 이는 전기 저항을 줄이거나 원자재 비용을 절감하는 차원에서 장점이 분명히 있습니다.

물론 이러한 기술 개발만이 능사가 아닙니다. 엔지니어 출신의 대표가 있는 기업의 경우 흔히들 기술 개발에만 치중하여 판매나 마케팅에 실패하는 경우가 많습니다. 그러나 C기업은 차기 아이템들의 개발을 완료하고, 하이닉스를 주요 거래처로 해서 매출이 지속적으로 발생해 오고 있었습니다. 즉 확고한 거래처인 하이닉스를 확보했고 당시 전 세계적으로 반도체 경기가 워낙 좋다보니 하이닉스의 매출이 증가함에 따라 C기업의 납품 역시 매월 크게 증가하게 되었습니다. 이는 대표이사가 하이닉스 출신이라는 것이 분명한 이점으로 작용한 것이기도 합니다. 우리가 이 당시 지원을 하게 된 결정적 계기는 바로 이때의 월별 매출액 추이가 8억 수준씩 급속하게 증가하고 있었다는 점 때문이었습니다. 동시에 삼성전자부터로도 추가 매출이 발생하기 시작했습니다. 기존의 거래업체에만 한정되어 있는 것이 아니라 다변화하여 더 많은 기업에 납품하게 되었다는 것은 사업의 위험을 분산했다는 것을 뜻합니다.

지원기업을 평가하는 공단의 공식평가지표는 거의 계량적으로 되어 있습니다. 평가 항목의 대분류를 보면 경영자평가, 시장성, 기술성, 재무구조, 기업구조로 나뉘는데, 중소기업은 대표이사의 역할이 크기 때문에 중소기업에서는 경영자평가가 가장 중요합니다. 경영자에 관한 평가는 창업 초기일수록 더욱 정성적 비중이 높습니다. 기업 업력이 쌓이고 시스템화가 진행되면 대표이사가 조금의 실수를 하더라도 이른 시일 내로 복구가 가능할 수도 있지만, 창업 초기에는 대표의 역할이라는 것은 거의 절대적이라고 볼 수 있습니다. 계량화된 경영자평가는 누가 하든 그 틀에 맞게 진행하면 거의 차이가 없습니다. 다만 공단의 평가담당 직원들이 그동안의 업체 실태조사를 통해 노하우가 축적된 정성적인 측면의 평가는 계량화된 지표 속에는 담을 수 없는 것들이 많습니다.

지원기업을 평가할 때 종종 서류상으로는 나무랄 데가 없는데 우리가 실태조사를 나가 면담을 해보면 대표이사가 회사에 대해 설명하거나 종업원들을 대하는 태도에서 신뢰를 주지 못하는 경우가 있습니다. 서류가 아무리 잘 작성되어 있더라도 현장 환경이 불량하면 좋은 기업이라고 할 수 없습니다. 실태조사를 다니다 보면, 직원들 표정이 밝고 웃으면서 일하는 기업이 있는데, 그런 모습은 현장에서 가점을 하기도 합니다. 대개 이런 기업들은 회사가 잘 운영되든지 아니면 대표가 리더십을 잘 발휘하여 직원들의 복지를 보장해 주는 등의 분명한 이유가 있고, 그런 기업들은 결국 위기가 닥치더라도 극복할 여력이 있는 기업이기 때문입니다. 그에 반해서 어떤 기업은 실태조사를 하기 위해 방문해 보면 직원들이 인상을 쓰고 있거나 자료를 요청하더라도 대표 앞에서 위계질서조차 무시하고 무례하게 대하는 경우도 있었습니다. 물론 이런 경우는 어느 정도 극단적이겠지만 직원들의 인상이 어둡거나 업무 분위기가 침체되어 있는 기업은 나름대로 위험한 징후로 받아들입니다.

C기업 대표이사의 경우 서류상으로는 경북대 전자공학과를 졸업하고 LG와 현대전자를 거쳤다는 단순한 학력과 경력 정도만 확인할 수 있었습니다. 그러나 실태조사 과정에서 이분이 경험한 이야기를 들었을 때 상당한 정도의 리더십이라든지 관리 능력 같은 것들을 알 수 있었습니다. 예를 들어 C기업의 실태조사 현장에서 자료를 요청했었는데 이때 대표가 직원들에게 자료를 요청하거나 서로의 의사소통을 나누는 방식에서 여타 기업과는 확연한 차이를 발견할 수 있었습니다. 주변의 경영진들과 재무 팀장에게 전문성을 인정하고 깍듯이 대하는 모습에서 일단 대표가 제대로 된 회사라는 느낌을 가졌습니다. 임원진들 역시 예전 대기업에서부터 함께 근무했던 분들이고 그만큼 서로에 대한 신뢰가 있었기에 대기업을 퇴사하여 이렇게 중소기업을 함께 창립한 것으로 생각합니다.

C기업에서는 다른 회사에서 볼 수 없는 특별한 에피소드가 있었습니다. 맨 처음 실태조사를 할 때였는데, 당시 신청한 2억 5천만 원은 기업의 규모에 비해 적지 않은 액수였으므로 전반적인 경영 현황을 면밀히 검토한 후 공장까지 반드시 둘러봐야 했습니다. 공장 견학을 하러 갔을 때, 입구에서 공장에 대한 소개를 마치고 대표이사와 전무는 어디론가 가버리고 현장 담당자인 공장장이 설명을 해 주었습니다. 공장의 현장조사를 마치고 나왔는데 공장 뒤쪽의 공터에서 생산직 직원들과 함께 대표이사와 전무가 족구를 하고 있었습니다. 팀의 한 구성원으로 땀까지 뻘뻘 흘려가며 운동을 같이 하는 모습에서 직원들과 단결이 잘 되는 회사이구나 하는 느낌을 가지게 되었습니다. 물론 그러한 장면을 일부러 보여 주는 회사도 있을 수 있겠지만 그런 거짓된 연출은 직원들의 표정이나 행동을 보면 금방 알 수 있습니다. 직원들이 뭔가 자유롭지 못하고 운동하는 데 웃지도 않고 경직되어 있으면 조작에 의한 연출로 의심할 만합니다. 그러나 C기업의 경우는 그때 그 모습이 참으로 건강해 보였습니다. 실태조사에 응하던 대표이사와 임원이 공장 앞 공터에서 직원들과 함께 족구하면서 박수치며 웃는 모습은 다른 회사에서는 볼 수 없는 광경이었습니다.

3) 심사의 정성적 기준들

중소기업의 실태조사 과정에서 좋은 기업과 그렇지 않은 기업을 구분하는 몇 가지 우리 내부의 정성적인 공감대가 있습니다. 기업을 방문했을 때 공장 입구나 현관 바닥이 닳아서 윤기가 나는 기업은 사람 왕래가 많아서 활발한 생산활동을 하고 있다는 증거가 될 수 있습니다. 생산설비를 살펴봄으로써 틈새에 먼지가 많거나 모래가루가 보이는 기업들은 급조되거나 공장 가동이 원활하지 않은 경우이므로 상당히 주의해서 지원을 결정합니다. 재미있는 것도 있는데, 공장에 들어설 때 입구에 개를 묶어놓거나 풀어놓는 기업들도 주의를 요하는 기업입니다. 눈에 보이는 작업환경 못지않게 평가지표에 없는 것 중에서는 역시 대표이사의 희생정신이나 애사심에 주목합니다. 시간적으로나 재무적으로 자기의 기업에 모든 것을 바치는 대표를 선호합니다. 본인의 재산은 회사와는 별개로 놔둔 채 신용으로만 몇 억씩 대출하려는 대표가 있는 기업의 경우는 아무리 지표의 평점이 높더라도 우리 입장에서는 신용이 높을 수가 없습니다. 물론 그런 것이 기업의 성공을 보장하지는 않지만 그럼에도 최소한 비도덕적인 경영인의 도덕적 해이만은 막을 수 있을 것이라 생각합니다.

이러한 정성적 요소 이외에도 기업의 성장을 가늠하는 방법은 여러 가지가 있습니다. C기업은 기술 개발과 마케팅 능력을 적절히 소유하고 있는 경우였기 때문에 궁극적으로 성장에 성공했지만, 대부분의 기업은 이러한 조건을 모두 갖추기가 힘듭니다. 여러 가지 경우의 수가 있겠지만, 보통 좋은 기술을 갖고 있더라도 마케팅이 잘 되지 않거나, 영업 능력은 뛰어난데 기술이 좀 부족한 경우가 있습니다. 우리가 기업의 자금 지원 결정에서 기술과 마케팅 능력 중 굳이 하나만 고르자면 마케팅 능력이 우선시될 것입니다. 지원 이후에 제품이 제때 생산되어 기업의 매출로 이어지고 이것이 우리에게 회수되어야 합니다. 기술력을 강조하는 회사의 경우 지원금으로 연구실 안에서 기술 개발만 집중하는 바람에 밑 빠진 독에 물 붓는 식으로 자금 소요가 장기화가 되는 경우가 종종 있습니다. 그러나 그 반대로 기술력은 상대적으로 평이하지만 마케팅에 어느 정도 능력이 되는 기업은 현재 그 기업의 보유한 역량을 최대한 활용해서 어떤 식으로든 매출과 연결하려고 합니다. 이것이 기업의 초기 성장에 굉장히 중요한 부분이라고 봅니다. 특히 기술을 바탕으로 하는 벤처기업들이 자기가 보유한 기술의 우수성만 믿다가는 오히려 기술 개발의 덫에 걸려서 실질적인 성장과는 다른 방향으로 가는 경우를 많이 목격했습니다. 공단에서 기업들을 상담하다 보면 여러 종류의 기업들 중에서 기초 기술은 확실한 우위를 점하고 있는데 상용화에 따르는 자금이 없으니 자금만 지원해 주면 모두 해결될 것처럼 주장하는 기업들이 있는데 우리가 판단하기에는 기술은 기업 성장의 한 부분일 뿐입니다. 판로, 마케팅, 인력관리 등 다른 영역들에서 미흡한 부분이 적지 않은 상황에서 자꾸 기술 개발에 필요한 자금만을 강조합니다. 이럴 때에는 우리가 직접적으로 상담을 해서 설득을 합니다. 사실 요즘은 기술도 교류되고 있습니다. 기존에 유사한 사업을 하고 있는 기업과의 제휴를 통해 기술을 거래하거나 서로 협력을 하는 것이 언제 끝날지 모르는 기술 개발에 매달리는 것보다 오히려 현실적이라고 생각합니다.

4) 지원 이후 C기업과 중진공의 향후 역할

C기업은 불과 5년 전만 해도 적자의 재무 상태로 인해 내부 자금 조달이 원활하지 못한 불확실성 속에서 중진공의 도움을 요청하게 되었습니다. 오늘날과 같이 성장한 배경은 물론 대표이사의 능력과 열정에 기인한 것이지만, 우리 역시 나름대로 지원에서의 선택과 집중이라는 점에서 과감했다는 점을 강조하고 싶습니다. C기업 같은 우수 기업은 지역경제에도 파급 효과가 상당합니다. 무엇보다도 충북지역에서 매출액 1,000억 원대를 바라보는 스타 기업으로 성장한 것에 대해 큰 보람을 느낍니다. 충북지역에서의 고용 창출 효과가 무시 못할 수준입니다. 종업원 수가 2008년도 기준으로 약 650여 명이 되는데 대부분 주변 지역의 생산직에 종사하는 직원들을 고용하고

있으며, 인근 진천과 청주지역에서도 통근버스가 다니고 있습니다. 2006년부터 코스닥 상장사에 대해서는 더 이상 정부의 중소기업 자금 지원을 못하도록 제한되면서 금년 5월에 상장이 된 C기업은 중소기업 지원 대상이 되지 못합니다. 그렇지만 공단이 운영하는 업종교류회에 가입하여 활동하고, 대표이사는 충북 이업종교류회의 연합회장에 취임하는 등 외적인 부분에서 활발히 활동하고 있습니다.

기업 입장에서 보면 공단에서 지원받는 지원금 자체만으로도 적지 않은 도움이 되겠지만, 공단의 지원이 마치 신용보증의 역할도 합니다. 즉 공단에서 시중 금리보다 낮은 정책자금의 성격으로 대출되면 민간 금융기관에서는 그 기업에 대한 신용을 인정해서 한도 내의 대출 금리를 기업에 유리하게끔 제공하는 경우가 있습니다. 공단 지원이 직접적인 도움 못지않은 간접적 순기능의 역할을 하게 됩니다. 공단에서 민간 금융기관을 폄하하는 것은 아니지만 금융권에서는 으레 담보 위주와 페이퍼 중심의 업무를 많이 담당하고 있는 것으로 판단됩니다. 이에 비해 우리는 대개 기업 현장을 몇 번씩 방문하면서 사전에 업황과 투자 방향에 대해 해당 기업과 충분한 의견 교환을 합니다. 또한 업종별로 축적된 성공 사례와 실패 사례에 의한 학습과 경험을 가지고 있기에 의욕만 가지고 사업에 참여하는 기업들은 우리와 함께 상담하면서 많은 정보를 나눌 수 있습니다. 이 밖에도 실태조사 과정에서 인력관리가 취약하다거나 경영 기법이나 새로운 기술을 습득하고자 하면 안내 팸플릿으로 정보를 제공하거나 관련 연구소를 소개하는 등 중간 매개자적인 역할도 담당합니다. 물론 자체적으로 관련 사항에 대한 연수를 할 경우 기업에서 자발적으로 참가하고 기업이 부담하는 연수비는 상당 부분 환급이 됩니다.

중진공이 근 30년 간 다양한 중소기업을 지원하는 과정에서의 실패한 기업들을 되돌아보면 물론 경기 악화와 같은 환경적 요인 또는 제품 경쟁력의 저하가 주된 요인이 되기도 합니다마는 대표자가 사업의 전망이나 업종을 잘못 선택하는 경우가 많습니다. 특히 대규모 투자를 원하는 경우 사전에 기업들이 우리와 다투는 경우도 있습니다. 종종 회사의 규모에 맞지 않는 무리한 시설 투자가 결국 그 회사의 존망에 결정적인 원인으로 작용하기도 합니다. 우리는 지난 30년간 그런 업체에 대한 자료가 축적되어 업체와 상담을 하면서 기업의 처할 가상의 어려움에 대한 직관이 옵니다. 상담을 하면서 그런 부분들에 대해 조언하는 동시에 기업들이 실제로 어려움을 겪을 때 우리가 보유하는 다양한 실패 극복 사례를 제고함으로써 기업의 고민을 해결해 줄 수 있을 것입니다.

제 4 절 결 론

이 연구는 중소기업 지원의 정합성을 기업과 중소기업진흥공단이 직접 진술한 이야기를 중심으로 살펴보았다. 비록 이 연구가 시간적인 혹은 물리적인 한계로 인해 집필 방식의 가장 중요한 요소 중의 하나인 빈틈없는 서술(thick description)에 이르지 못한 것이 한계로 지적될 수 있으나 적어도 이야기하기의 형식을 통해 기존의 거시적인 접근법에 의거한 중소기업 지원 관련 연구에서 미처 다루지 못했던 지원기관과 지원자의 다면적인 측면에서 지원의 정합성에 대해 살펴보았다. 사례에서 보이는 C기업은 반도체의 패키지 디자인과 조립, 검사 등을 제공하는 회사로서 길지 않은 기간에 성공적인 회사로 성장하게 된 가장 큰 원인으로는 대표이사의 주도적인 역할을 꼽을 수 있다. 중소기업은 으레 사내 주요 결정이 대표에게 집중되어 있기 마련인데, 이 회사의 경우 대표가 같은 업종에서 고락을 나눴던 오래된 동료들과 함께 회사를 창립하여 직원들이 회사에 대한 기대와 장기적인 희망을 부여하도록 여러 시도를 했다. 회사가 성장하는 결정적인 순간에 중소기업자금 지원을 신청하고 그에 맞는 성과를 꾸준히 보여 준 결과 2008년에는 코스닥에 상장까지 하게 되었다. 창업 초기에는 회사 대표는 주로 개인 투자자를 통해 자금을 확보했으나, 점차 활용할 수 있는 담보가 줄어들면서 적지 않은 규모의 지원을 공공기관으로부터 신용으로 투자를 받아내야만 하는 상황에 이르렀다. 이때 충주 중소기업진흥공단은 기업의 가능성을 발굴하는 기업분석을 통해 과감한 지원을 하게 됨으로써 회사의 투자를 가능케 했고, 이는 익년도 매출의 급격한 증가로 되돌아 왔다. 매출의 증가는 또 다른 생산시설이 필요하게 되었고, 여기에 드는 비용을 공단이 다시 지원해 주게 되었으며, 이것이 매출로 다시 연결되는 선순환 사업구조가 확립되었다. 즉 기업에 필요한 지원을 공단이 적시에 해준 것이다.

C기업은 중진공으로부터 받은 지원금으로 저부가가치 제품군을 고부가 제품으로 변경하고 중고 설비 중심의 비용 절감의 공정 라인을 구성하는 공정 재편을 단행했다. 이러한 것은 다년간의 반도체 현장 생산 경험을 가진 대표이사의 역할에 주로 기인했다고 볼 수 있으며, 지원에 의한 설비 투자와 저원가 전략은 제품 수주를 급증하게 하고 거래업체를 다변화시켜 매출의 상승을 주도했다. 회사 이야기에서 중요하게

언급된 것은 이러한 지원의 직접적 성과뿐만이 아니라 공공자금 지원을 지속적으로 지원받음으로써 회사의 신뢰도가 높아졌다는 점이다. 대개 담보 대출에 의거한 민간 금융기관의 관습대로라면 신용대출의 어려움을 겪게 되었을 수도 있는데 정부 지원을 받는다는 것은 기업의 안정성과 신뢰도를 확보하게 되는 바로미터가 되었다.

성공적인 중소기업이 되기 위해서는 앞에서 본 바와 중소기업의 대표이사의 역할과 사업성의 확보와 더불어 지원기관에서 지원 기업을 발굴하고 적시에 지원해 주는 적극적인 노력도 따라야 한다. 사례에서의 중진공은 지역 소재의 기업들에게 지원 관련 활동을 지속적으로 홍보하고, 기업이 문의해 올 경우 실태조사를 거치면서 가지고 있는 노하우를 적절하게 지원 선정에 적용했다. 실태조사 당시 C기업은 상당한 정도의 기술 개발은 물론 판매나 마케팅에서도 돋보였던 것은 사실이다. 그러나 기업의 평가지표에는 계량적인 것 외에도 대표이사의 리더십, 현장 환경, 직원들 간 의사소통을 나누는 방식과 단결 등의 정성적인 측면의 평가가 있었다. 이러한 정성적인 평가에 의해 결국 과감한 지원을 하게 되었고, 지원 이후 C기업은 지역경제에도 파급효과가 상당한 기업으로 성장했다. 중소기업을 마감한 C기업은 여전히 연수와 같은 교육 프로그램과 지역 기반의 네트워크 활동을 통해 지역 중심의 성장을 도모하고 있다.

이병헌 외(2006)는 중소기업 지원의 여러 문제점을 지적하면서 그 중에서도 가장 큰 것으로 중소기업 지원 시책이 복잡다기하여 260개 기관에서 각기 896개 기관별로 분산되어 수행되고 있다는 점을 지적했다. 즉 유사한 기능의 제도임에도 불구, 지자체, 중소기업진흥공단 등 집행 창구가 다원화되어 있고, 집행기관별 평가 기준, 지원조건(금리 등) 등을 상이하게 운영하고 있다고 지적했다. 그럼에도 불구하고 국내 현실의 공유된 사회적 담론은 정부는 정책자금을 투입하여 발전가능성이 입증된 중소기업이 안정된 수익성을 확보할 수 있을 때까지는 지원해야 한다는 것이다. 여기에서 살펴본 실제 기업의 사례에 의하면 정부 지원의 단점 못지않게 정부 지원을 효과적으로만 활용한다면 개별 기업 입장에서는 기업 성장의 결정적인 계기로 작용하게 되고, 이는 특히 지방에 상주한 기업일수록 그 지역의 장기적인 발전과도 궤를 함께하고 있음을 발견했다.

중소기업의 자금 지원이 정합성을 갖추기 위해서는 우선 기업과 지원기관이 사전에 충분한 상담 및 조언을 나누고 정책자금의 목적, 지원 시기와 대상 등을 정확히 파악하는 것이 가장 중요하다. 또한 기업에서의 사업 취지와 기술력, 향후 성장 가능성 등을 현실적이고 세부적으로 작성해 정확한 평가가 이뤄질 수 있도록 하는 것이 중요하며, 경영에 필요한 현금 흐름이 정확히 파악되면 자금이 필요한 시기와 기간, 규모 등을 사전에 충분히 검토하고 합리적인 전략을 세우는 것이 필요하다. 지원을 담당하는 중소기업진흥공단은 그동안의 선정과 평가의 축적된 자료를 중심으로 가능한 기술력을 가지고도 사업화하지 못하는 중소기업을 직접 발굴 육성해 해당 기업의 경쟁력 확보에 실질적이고 과감한 접근을 지속해야 할 것이다. 그러나 여전히 중소기업에 대한 정책자금의 지원구조를 보면 시설자금 위주의 경직된 지원구조를 갖고 있어서 중소기업의 기술개발자금, 개발기술사업화자금 등에 필요한 순수한 운전자금의 지원 규모는 상대적으로 미흡한 실정이다. 따라서 어느 한 중소기업이 그 가능성을 인정받는다면 창업에서부터 자생력이 확보될 때까지 일관된 자금지원정책이 필요하다. 그 과정에서 자금 지원의 사후관리를 강화하여 신용대출의 확대와 더불어 신용보증제도를 활성화하여 유망한 중소기업이 담보에 구애받지 않는 지원 시스템이 정착되어야 할 것이다.

Chapter 07

유형별 산학협력 해외 사례*

제 1 절 서 론

세계 경제가 개방화되고 국제화됨에 따라 공공지원정책 중심의 정책보다는 혁신과정 구조화 및 활성화, 시스템 관리, 정책학습 등이 중요해지고 있다. 이런 관점에서 국가 기술혁신 체계의 효율성 확보가 과학기술정책의 핵심 과제이며, 그 중에서도 산학협력은 특히 중요하다.[1] 특히 우리나라의 경우, 기업이 국가 연구개발 투자의 76.1%, 연구 인력의 62.6%를 차지하나 박사급 연구 인력 비중은 대학이 72.1%, 출연연구기관이 13.0%인데 비해 6.3%에 불과한 실정이다. 또한 기업이 지출하는 연구비 중 중소기업 비중은 23.6%에 불과하고 연구원 10인 이하 기업이 76.2%를 차지하고 있는 점을 감안할 때 국가 기술혁신 체계에서 산학연 연구협력의 확대가 절대적으로 필요한 상황이다.

정부는 1980년대 이후 산업의 기술경쟁력 향상을 위해 산학협력의 중요성을 인식하고 협력 증진을 위한 다양한 정책을 도입했다(과학기술정책연구원, 1999). 국가연구개발사업을 통해 대학, 기업 및 출연연구소 간의 공동 연구를 지원했으며, 산학연 협동 연구를 촉진하기 위한 산업기술연구조합육성법을 제정했다. 또한 과학기술단체

---

* 이병헌 · 장지호(2006)를 재구성했다.

1) 산학협력이 좁게는 대학과 기업체 간의 협력으로 정의되지만 여기에서는 출연연구소와 기업 간의 협력을 포함하여 대학, 출연연구소 및 기업체 간의 협력으로 산학협력을 정의한다. 따라서 특별한 설명이 없는 한 여기에서 '산학' 협력은 '산학연' 협력을 의미한다.

총연합회 및 기초과학지원센터의 설립을 통한 산학연 공동 협력 강화를 위한 기반 구축 사업을 시행했다. 1990년대에는 국가연구개발사업이 각 부처별로 분산 추진되면서 좀더 다양하고 많은 산학협력 정책 프로그램들이 추진되었다. 지역혁신 체계(RIS)를 강화하기 위한 지역 중심의 산학협력 기반구축 사업들이 추진되었는데, 우수연구센터 육성사업, 지역협력연구센터 육성사업, 지역기술혁신센터사업, 테크노파크 건설사업, 창업보육센터 지원사업 등이 추진되었다. 2000년대에 접어들어서도 대학기술이전센터 지원 사업, 지역혁신인력 양성사업 등 다양한 형태의 산학협력 촉진 정책과 정부 투자가 지속적으로 증가하여 2003년 기준으로 총 1조 9,206억 원이 산학협력 사업에 투자되었다(국가균형발전위원회, 2003).

그러나 이러한 정부정책 프로그램과 투자의 지속적인 확대에도 불구하고 우리나라의 산학협력은 선진국 수준에 비하면 아직도 상당히 미흡한 것으로 평가된다. 또한 산학협력과 관련된 각종 제도도 산업사회에서 글로벌화된 학습사회로 이행하는 데 충분히 적응하지 못한 것으로 평가된다. 정부 연구개발사업에서 대기업의 참여 건수가 1999년 1,031건에서 2002년 769건으로 지속적으로 감소하고 있으며, 기업 참여 과제 중에서 공동 연구과제의 비율은 1999년 84%에서 2002년 78%로 기업 단독 과제가 증가하고 공동 연구 과제의 비율은 하락하고 있다. 2002년도 기준으로 기업이 대학, 출연연구기관 등 외부에 지출한 연구비 비중은 전체 연구비의 3% 수준에 불과하며, 산학연 협력 과정에서 협력 주체 간 목표에 대한 근본적인 시각 차이가 존재하고 실질적인 교류의 부족과 협력에 대한 중개 장치 등이 부족하여 기업의 산학연 협력 활동은 기대 목표를 달성하는 데 미흡한 것으로 평가된다.

산학협력의 증진을 위해서는 산학협력에 대한 재정 지원을 확대해야 하지만, 재정 지원을 확대하더라도 협력과 관련한 제도와 관행이 잘 정비되어 있지 않으면 원활한 협력이 일어나기 어렵다. 일례로 수익 중심의 기업문화와 학문 중심의 대학문화 간의 충돌이 발생하면 산학 간의 원활한 협력은 기대하기 어렵다. 한국의 대학은 새로운 변화에 적응하는 경영의 유연성이 부족한데, 이런 대학 경영의 경직성은 산학협력을 저해하는 요인이다. 신기술이 급속이 발전하고, 한국 기업의 기술전략이 급변하고 있지만 이에 대한 대학의 적응은 제도의 경직성으로 인해서 부진하다. 한국의 글로벌 기업은 세계와 경쟁하는 과정을 통해 급속히 기술 수준이 향상되었다. 따라서 글로벌 기업이 한국의 대학에 대한 기대도 과거와는 달라지고 있다. 기초 연구와 인력 양성 측면이 중요하게 부각되는 반면 단기적인 산업기술 개발에 대해서는 한국 대학에 대한 의존도는 낮아지고 있다. 또한 글로벌 기업은 전 세계의 연구자원을 활용할 수 있는 체계를 갖추고 있기 때문에 경쟁력이 약한 한국 대학보다는 외국 대학을 협력 파트너로 선정하는 경향이 높아지고 있다. 반면에 대부분의 중소기업은 자체적 기술 역량이 부족하기 때문에 대학 등 외부로부터의 기술 이전이나 기술 협력을 더욱 원하고 있다. 그러나 대부분의 중소기업이 산학협력의 경험도 별로 없으며 이를 효과적으로 추진할 수 있는 능력도 갖추지 못하고 있다. 또한 중소기업이 필요로 하는 현장의 기술적 문제를 대학 연구진이 효과적으로 대응할 것으로 기대하지 않는다.

이 연구의 목적은 해외 사례를 벤치마킹하여 우리나라의 산학협력 정책 개발과 성공적인 산학협력을 위한 협력 주체들의 경영관리 개선에 주는 시사점을 도출하는 데에 있다. 이 연구는 해외 주요국의 산학협력 정책 프로그램과 산학연의 협력 추진 주체별 협력 사례를 조사했다. 해외 벤치마킹을 위해 분석된 사례들은 <표 7-1>과 같다. 해외 사례 분석은 산학협력의 세 가지 유형별로 정부 차원의 지원정책 및 제도와 개별 기업 또는 프로젝트 차원의 성공 사례로 구분하여 조사했다. <표 7-1>의 조사 대상으로 선정된 대부분의 정책 및 제도들이 국내에 이미 소개되어 있다는 점을 고려하여 각 사례를 시사점 위주로 분석했다.

〈표 7-1〉 산학협력의 유형별 선정 사례

구분	지원정책 및 제도	개별 성공 사례
공동 기술 개발 지원 프로그램	• 미국의 STTR/ATP • 영국의 LINK 프로그램 • EU의 FRAMEWORK	• 인텔의 차세대 반도체 식각 장비 개발 사례 • 미국의 PCB RJV
기술 이전 및 사업화 지원 프로그램	• 미국의 NTTC/RTTC • 미국의 FLC • 독일의 EXIST • 이스라엘 테크놀로지 인큐베이터 • 일본의 대학기술 이전 시스템 • EU의 IRC • 노르웨이의 BUNT • 중국의 대학기업	• 스탠퍼드의 SRI • 영국의 BTG • 중국의 칭화대학 학판기업 • 프랑스의 CNRS • 미국의 제넨테크 • 미국의 ARCH Venture
인력 양성 프로그램	• 영국의 TCS/KTP • 스웨덴의 공학교육 체계 • 핀란드의 공학교육 체계 • 독일의 공학교육 체계	• 미국 조지아텍

제 2 절 산학연 협력을 지원하는 정책 프로그램

1 공동 기술 개발 지원 프로그램

1) 미국의 STTR 프로그램[2)]

STTR(Small Business Technology Transfer)은 중소기업이 대학, 연구기관, 비영리법인 등과 공동으로 연구개발을 수행할 수 있도록 지원하는 미국 연방정부의 연구개발 지원 프로그램이다. STTR 프로그램은 연구기관과 기업 간의 파트너십 개념을 도입하여 중소기업의 기술혁신을 촉진시켜 보자는 목적으로 대학이나 연구기관의 기술을 시장으로 이전시키기 위한 프로그램이다.

STTR 프로그램을 추진하고 있는 연방정부 부처는 국방부, 에너지부, 복지부, 항공우주국, 과학재단 등 5개 정부기관으로 이들 기관들은 매년 STTR 프로그램을 위해 일정액의 연구개발 예산을 별도로 책정토록 하고 있다. 중소기업청은 STTR 프로그램에 대한 조정자 역할을 수행하는데 5개 부처에서 추진되는 STTR 프로그램에 대한 추진 현황 및 결과에 대한 보고서를 의회에 제출하고 있다. 1998년 STTR 프로그램을 위해 64.7백만 달러(한화 776억 원 규모)이 투자되었고 지속적으로 확대되고 있다. STTR 프로그램의 특징은 3단계로 단계적 지원을 하는 것이다. 1단계에서는 기술적 타당성 검토를 위한 연구로 6개월 동안 10만 달러의 연구예산을 지원받을 수 있으며, 2단계에서는 50만 달러의 한도 내에서 연구예산을 지원받을 수 있다. 3단계는 상업화 단계의 개발연구로 연방 연구예산을 지원받을 수 없고 민간자금을 유치해 활용해야 한다.

2) 미국의 ATP[3)]

ATP(Advance Technology Program)는 미국 상무부(U.S. Department of Commerce)가 자금 지원을 하여 산하 국립표준기술연구소 NIST(National Institute of

2) 과학기술부(2005)를 토대로 작성했다.
3) 과학기술부(2002)를 토대로 작성했다.

Standards and Technology)가 1990년부터 운영하기 시작한 연구개발 지원 프로그램이다. ATP는 연구 단계는 지났지만 제품 개발 · 시장화 단계까지는 이르지 못한 기술에 대해 두 단계 사이의 교량 역할을 하는 것으로, 민간 자본시장만으로는 이 같은 기술에 투자자금을 조달할 수 없기 때문에 ATP가 산업계와의 협력 하에 시드 캐피털(seed capital)을 제공하는 것이다. ATP의 지원 대상 중에는 단일 기업도 있으나 일부 지원 대상은 연구개발을 위한 기업 간 또는 기업과 대학 및 연구소 간의 조인트 벤처(Joint Venture)다. 2002년까지 총 4,969건의 신청이 접수되었으며, 이 중 602건(12%)이 ATP의 지원을 받았다. 총 지원 602건 중 구성 멤버의 참여 형태를 살펴보면 188건(31%)이 조인트 벤처의 형태로, 나머지 414건(69%)은 단일 기업 프로젝트의 형태로 나타난다. 단일 기업의 경우는 지원액이 3년 동안 2백만 달러까지, 조인트 벤처의 경우는 5년 동안 프로젝트 총액의 50% 이내로 하며 금액의 상한은 없다. 1990년에서 2000년 사이에 1,100개의 기업, 비영리 연구기관, 대학 등이 이 프로그램에 참여하여 총 33억 달러를 R&D 투자비로 사용했으며, 이 중 약 50%가 정부에서 지원한 것이다. ATP가 지원한 기술 분야는 정보기술과 전자광학 분야가 각각 23%로 가장 많은 지원을 받고 있는 것으로 나타난다.

소규모 기업이나 대학, 국립연구소가 참가한 조인트 벤처 등의 팀워크 활동, 신기술의 신속한 보급, 신기술의 개발부터 사업화에 이르기까지 중소기업과 대기업의 장기적 관계 구축, 대학과 국립연구소의 연구자 참가, ATP 종료 후에도 계속해서 장기적인 관계 구축 등이 가능해진다. 신생 벤처기업들과 중소기업이 지원 대상으로 많이 선정되어, 이들 기업의 기술혁신에 크게 기여하는 것으로 나타났다. 1990년대 ATP 지원 과제 431개를 조사한 파월(Powell, 1999)의 연구에 따르면, 이 중에서 190개의 과제가 중소기업 단독으로 수행하는 과제였으며, 48개 과제는 중소기업이 주도하는 조인트 벤처에 의해 수행되었다. 대기업들이 수행하는 과제에도 많은 중소기업이 수탁 연구 형태로 참여하기 때문에 중소기업의 참여는 훨씬 더 광범위하다. ATP는 대학과 국공립연구소들이 기업들과 파트너십을 맺어서 프로그램에 지원하는 것을 장려한다. 1993년에서 1996년 사이에 ATP의 지원을 받은 38개 프로젝트를 조사한 홀 등(Hall et al., 2001)의 연구에 따르면, 이 중에서 21개의 프로젝트가 대학을 연구개발 조인트 벤처(R&D Joint Venture)의 파트너로 참여시키거나 연구의 일부를 대학에 위탁하고 있는 것으로 나타났다. 대학이나 공공연구소들이 ATP에 좀더 적극적으로 참여하도록 하기 위해서는 ATP의 지원을 받아 개발된 특허 및 지적 재산에 대해 대학이나 공공연구소들도 소유권을 갖도록 해야 한다(Hall et al., 2001). 현재는 대학이나 공공 연구소가 지적 재산권으로부터 발생하는 이익을 분배받기 위해서는 연구 결과를 상용화하는 기업의 지분을 소유해야만 가능하기 때문이다.

3) 영국의 LINK 프로그램4)

LINK는 1988년 2월 영국이 전통적으로 우수한 학계의 과학 연구와 상대적으로 취약한 산업계의 기술 발전과의 차이를 메워 산학 간의 교류를 촉진하고 학계의 자원을 산업경쟁력 강화에 활용하기 위한 목적으로 시작한 산학 공동 연구 시책이다. 대학·연구기관 등과 산업계 및 정부기관 상호간의 협력을 강화하고 기술 예측조사를 통해 밝혀진 국가의 장래 요구에 대응하기 위한 연구개발 활동으로서 그 중요성을 인정받고 있다. LINK는 프로젝트의 선도적 수행 주체로 굳이 민간 기업을 요구하고 있지 않으며, 대학과 기업의 공동 연구에 의한 제품 개발 전 단계의 프로젝트에 자금을 지원하고 있다.

LINK 프로그램에서 공동 제휴 파트너들은 수행 주체에 관한 협정을 체결하고 프로젝트의 주도권을 민간기업과 대학이 50 : 50의 비율로 갖고 있다. 대학과 기업의 공동 제휴를 요구함으로써, 이 프로그램은 기업에게 큰 영향을 미치지 않으면서 의도적으로 산업계 및 과학계 양자가 동등하게 관련된 공동 연구를 장려한다. 따라서 이 프로그램은 대학으로부터 산업계로 기술 이전을 촉진시키고 또한 학술지를 통해 프로젝트 성과를 확산시키고 있다. LINK계획은 사전에 선정된 58개의 기술 영역에 자금을 지원하고 있는데, 영국 경제에 전략적으로 중요한 연구 분야인 특정 기술 및 시장 분야의 지원에 초점을 두고 있다. 주요 사전 선정 기술 영역은 음식료/농업, 전자/통신/정보기술, 생명과학/의학, 에너지/공학 등이며, 각 프로그램은 많은 정부부처 및 연구위원회(GDRC: Government Departments and Research Council)로부터 금융 지원을 받고 있다. 자금 지원 방식은 핀란드의 Tekes 프로그램과 같이 최소한 비용의 50% 이상을 수혜 기업이 분담해야 한다.

4) EU의 연구개발 기본 계획(Framework) 프로그램5)

기술 개발을 위한 EU의 연구개발 기본 계획(Framework) 프로그램은 1984년에 시작된 컨소시엄으로 사전 경쟁적 연구에 금융 지원을 제공하는 사업이다. 각각의 프

4) 한국전자통신연구원(2002)을 토대로 작성했다.
5) 원종근(2005)을 토대로 작성했다.

로젝트는 최소한 2개국 이상에서 2개 이상의 독립 파트너로 구성되며, 국가 간 공동 제휴 또는 공동 협력을 촉진한다. 자격 조건에는 지리적인 요소에 추가하여 유럽연구 공동체의 정치적 목적이 반영된다. EU의 기본 계획 프로그램은 최근 5년 동안 각 개별 국가보다 전 유럽 차원에서 문제 해결을 좀더 효과적으로 하기 위해 EU의 주요 과학기술적 목표를 설정하고 있으며, ATP와 마찬가지로 관련 가이드를 발간하여 과제 선정 및 제안 절차에 관한 일반 정보를 제공하고 있다.

프로젝트 평가자들은 일련의 공식적인 기준을 제시, 이 기준에 의거하여 제안된 프로젝트를 검토한다. 세부적인 선정 기준은 프로그램에 따라 어느 정도 다르게 적용되나, 다음과 같은 공통적인 선정 기준에 의거한다. ATP 프로그램과 유사하게 공통적인 선정 기준은 과학기술적 우수성, 기술적 결과의 확산, 경제에 미치는 영향 등에 초점을 맞추고 있으나, ATP와 달리 상업화에 대한 계획은 요구되지 않는다.

2 기술 이전 및 사업화 지원 프로그램

1) 미국의 NTTC와 RTTC[6)]

NTTC(National Technology Transfer Center)는 1989년 미 의회 산하에 미국의 산업경쟁력을 강화하기 위한 기구로 설립되었다. 미항공우주국(NASA), 연방정부 등의 공적 자금에 의한 지원으로 이룩된 R&D 성과를 기업적 가치와 연결해 주기 위한 정보 제공, 기술평가, 산업체로의 이전 및 사업화 업무를 수행한다. NTTC의 주요 역할은 Technology Mining & Brokering이다. NTTC는 NASA, VA, EPA 등 공적 펀드에 의해 지원된 기술을 발굴하여 기업에 연계 NASA 등 700여 개 이상의 연방 연구소 및 140개 대학으로부터 연방 지원 R&D 및 연구 계약에 관한 정보를 수집하여 데이터베이스를 구축하고 검색한다. 기술개발자를 찾아내 연결시켜 주고, NASA와 민간기업을 연결시키고 있으며, 나아가 NTTC는 홍보물을 준비하고 회사들을 접촉하며 질의서를 분석하고 고객의 필요에 따른 협상을 대행한다. 기술가치평가(technology valuation), 기술 마케팅 및 기술사업화 전략 수립 컨설팅, 그리고 기술 이전 및 기술평가 전문가 양성을 위한 교육 프로그램을 운영한다. NTTC 운영예산의 절반 정도를 NASA가 부담하고, 나머지는 'Missile Defense Agency(MDA)',

6) 산업자원부(2004)를 토대로 작성했다.

'U.S. Department of Commerce(DOC)', 'Federal Emergency Management Agency(FEMA)', 'Small Business Administration(SBA)' 등으로부터 재원을 조달한다.

1992년 NASA는 자체 보유 기술의 산업계 확산을 위해 미국 전역을 6개 권역으로 구분하여 각 권역별로 지역기술이전센터(Regional Technology Transfer Center, RTTC)를 운영한다. 6개 권역은 Northeast RTTC(매사추세츠), Mid-West RTTC(오하이오), Southeast RTTC(플로리다), Far West RTTC(캘리포니아), Mid-Continent RTTC(텍사스), Mid-Atlantic RTTC(펜실베이니아) 등의 6개 지역이다. RTTC의 지역센터들은 주 및 지방의 요구를 충분히 이해하고 수렴할 수 있도록 주 및 지방 단위에서 운영되고 있는 70여 개 이상의 제휴 조직들로 이뤄진 개별적인 지역 네트워크를 유지한다.

2) 미국의 FLC[7]

FLC(Federal Laboratory Consortium for Technology Transfer)는 1974년 조직되었으나 1986년 전 국가적으로 기술 이전을 강화하기 위해 '연방기술이전법(the Federal Technology Transfer Act)'에 의해 법정 기구화되었다. 현재 700여 개 이상의 주요 연방연구소와 센터 및 정부 부처의 참여하에 기술 이전 임무를 수행하는 담당 공무원들에 대한 기술 이전 기법, 정책/제도, 프로그램 등에 대한 정보를 공유하고 지식을 확산시킨다. FLC는 기술 이전기관으로서의 역할은 수행하지 않는다. FLC는 연방연구소들의 전국적인 네트워크로 연방연구소들의 기술과 전문성을 시장과 연계시키기 위한 전략과 가능성을 개발하기 위한 포럼을 제공한다. FLC의 목적은 FLC의 기관과 연구소 사이의 소통의 확장을 통해 주 및 지방정부, 사업계, 학계, 기타 참여자들의 대화를 증진시키는 것이다. 또한, 기술 지원과 기술 이전 활동에 대한 혁신적인 접근을 발굴하고 연구개발(R&D) 프로젝트의 시간, 비용과 리스크를 감소시켜 대학 및 연구기관이 소유한 기술의 상업화를 촉진하는 것이다.

3) 독일의 EXIST University-based start-ups programme[8]

대학의 첨단기업 창업을 지원하기 위해 교육연구부는 1997년부터 EXIST 프로그

7) 산업자원부(2004)를 토대로 작성했다.
8) 산업자원부(2004)를 토대로 작성했다.

램을 운영하고 있다. EXIST-seed는 사업계획이 쓰여지기 전 매우 초기 단계에 시드 캐피털(seed capital)을 지원한다. EXIST-seed의 지원 대상은 대학생, 졸업자, 과학자 등이며, 130명 이상의 기업가를 포함한 70개의 프로젝트가 지원을 받고 있다. EXIST University-based start-ups programme 사업의 목표는 대학에 기업가 문화를 촉진하고, 연구 결과의 상용화를 촉진하기 위한 프로그램이다. 공모를 통해 연구기관, 대학, 다른 지역 파트너들과 공동으로 창업하는 기업에 대해 지원한다. 이 프로그램을 통해 대학의 창업환경을 조성하고 졸업생들의 첨단기업 창업 수를 증가시키고 있다. 지속적인 첨단기업 창업을 유도하고 대학에서 위험에 도전하는 기업가 정신의 전통을 확산하는 목적 이외에도 대학의 연구개발 활동의 결과물이 경제적 가치를 창출하고 다수의 첨단기업을 창업시키는 부가적 목적도 가지고 있다.

1997년 말에 시작된 대학의 창업 경쟁은 대학, 기업, 정부기관 등을 파트너로 하는 지역 네트워크들이 EXIST 프로그램 구성에 따라 구축될 수 있도록 했다. 이 네트워크 구축에 200개 이상 대학의 109개 사업 아이디어가 지역 네트워크 구축에 참여했다. 이 중 5개 지역의 창업지역 경쟁력 네트워크가 선정되었다. 이는 부퍼탈-하겐 지역의 bizeps, 드레스덴 지역의 Dresden exists, 일멘나우-예나-슈마칼덴-바이마르 지역의 GET UP, 카를스루에-포르츠하임 지역의 KEIM 그리고 슈투트가르트 지역의 PUSH계획 등이다. 이 창업지역 네트워크 활동은 창업정보 교환, 왕성한 대외활동 추진, 창업을 위한 주위 환기 등을 포함한다. 이 밖에도 창업과 관련된 광범위하고 지속적인 훈련 코스를 수행하고 훈련 과정의 연계 구축도 실시한다. 또한 특별 코치 프로그램, 신규 사업 가이드, 참고인 교환 등 창업을 위한 구체적인 계획을 지원하기 위한 방법 등이 전 지역 네트워크에 확산되도록 하고 있다. 2001년 말까지 450개의 첨단기업 창업이 EXIST 프로그램 수행 지역에서 이뤄졌다. 이 밖에도 대학에서 신규 창업한 첨단기업의 예비 경영자들을 종합적으로 지원하기 위한 소규모 첨단기업을 위한 순자본 프로그램인 BTU 프로그램이 있다. 이 프로그램은 시장의 요구에 따라 공동투자 모델(co-investor model)과 자금지원 모델(funding model)로 이뤄져 있다.

1996년부터 2000년도까지 독일 내 매년 약 250,000개의 신규 기업이 창업을 했다. 이 기간 중 전 산업 부문에서 생성된 창업의 수는 거의 변화가 없었다. 그러나 1999년과 2000년도에 첨단기술을 바탕으로 형성된 첨단기술 창업기업은 62,000개에서 70,000개로 12% 증가했다. 이 중 대학의 연구개발 인력에 의해 창업된 첨단기업은 30,000개에서 35,000개로 약 17%의 증가를 나타내고 있다. 같은 기간 중에 대학의 연구개발 인력이 아닌 일반 창업의 수는 거의 변동이 없으나 대학의 연구 인력에 의해 창업된 첨단기업 창업 증가율은 월등하게 우위를 나타내고 있다.

4) 이스라엘의 Technology Incubator Program[9)]

지역 불균형 문제의 해소, 구소련 이주민의 흡수와 관련된 문제를 첨단기술 창업을 촉진함으로써 해결하고자 하는 정책으로, 이스라엘 산업통상부의 기술정책 수단 중 가장 대표적이고 중점적인 사업으로 추진된다. 단순한 창업공간을 제공하는 데 그치지 않고, 정부가 인큐베이터의 운영자금과 입주기업의 기술사업화 프로젝트 비용의 85%까지 지원하는 등 실질적인 지원을 통해 창업 성공률을 높였다. 신기술, 유망 아이디어 창업을 제품 개발과 연계하고 전 국토의 균형 발전을 도모하기 위해 기술창업의 핵심 거점으로 전국에 26개의 기술창업보육센터(TIC) 및 기술창업보육 프로젝트를 지정, 지원한다. 2001년 23개 인큐베이터에서 200여 개 프로젝트(기업)를 운영 중이며, 인큐베이터 당 평균 8개 프로젝트를 운영한다. 735개 과제가 인큐베이터를 졸업했으며, 현재 생명공학 관련 인큐베이터 2개를 설립 중이다.

기술창업 보육 사업은 수석과학관, 첨단산업협회 대표, 창업보육 졸업기업 대표, 재무부 예산담당 국장이 위원회를 구성하여 운영한다. 위원회는 프로그램에 대한 정책결정, 기술창업 보육사업자와 예비 창업자를 지원하기 위한 절차의 수립, 기술창업 보육센터(TIC)의 선정위원회에서 추천된 예비 창업자의 승인 및 TIC의 지원에 대한 승인, TIC의 운영과 예비 창업자의 기술 개발에 대한 모니터링 등을 수행한다. 개별 TIC는 전문 관리자, 정책결정위원회, 프로젝트선정검토위원회로 구성되며, 각 위원회는 산업, 첨단기술기업의 연구개발 관리자, 학계, 연구계, 정부 부처의 대표자가 자발적·헌신적인 의지로 참여하도록 되어 있다. TIC는 비영리법인 형태로 최대한 자율적인 의사결정권을 부여하여 운영하며, 정부는 TIC 운영자 급여 및 운영비를 포함하여 매년 17.5만 달러를 지원한다. TIC에 입주한 기술 창업 프로젝트에 대해 승인예산의 85%까지 지원하며 2년 동안 매년 15만 달러를 지원한다. 인센티브가 제공되므로 TIC의 전문 경영인은 보육기업의 생존과 성장을 위해 헌신적으로 노력한다. 인큐베이터 운영자는 모든 지원을 다양한 외부 자원과의 연계를 통해 수행한다. 예를 들어, 오페 라 올레(Offe La Oleh) 인큐베이터는 미국 시카고대학과 연계하여 MBA 과정에 있는 학생들이 인큐베이터에서 진행 중인 프로젝트를 대상으로 사업계획서를

9) 과학기술부(2002)를 토대로 작성했다.

작성하게 했다. 또한, 다수의 기술창업보육센터가 이스라엘 국내외의 벤처 캐피털에 의해 설립 운영된다. 인큐베이터 입주 허가 기업은 총 2년간 연간 34만 달러까지 보조금을 지급한다(총 소요비용의 85%에 해당). 인큐베이터 졸업 기업은 산업통상부의 수석과학관실(OCS)의 일반 R&D 보조금을 받을 수 있도록 지원 프로그램이 연계된다. 기술창업 보육 지원 수혜 기업은 졸업 후 매출 발생 시 지원받은 정부보조금을 상환한다. 기술창업 보육을 통해 설립된 기업에 대한 지분 분배 원칙은 창업주 및 기술 개발자: 50% 이상, 핵심적인 고용자: 10% 이상, 투자자: 20% 이하, 기술창업보육센터(TIC): 20% 이하다. TIC는 20% 한도 내에서 출자하여 주주로서 개별 프로젝트의 경영에 참여하면서 아이디어, 신기술 상품화, 마케팅 전략화에서 세무, 회계, 법률에 이르기까지의 창업 절차 자문 서비스를 제공한다. 기술창업보육센터 운영 주체는 테크니온대학, 텔아비브대학, 히브루대학, 바일란대학, 벤구리온대학, 와이즈만연구소 등 세계적인 수준의 기술력을 보유하고 있는 대학이 직접 설립하거나 창업투자회사 및 지방자치단체와 공동으로 창업보육센터를 설립 운영한다. 특히 대학과 연구소들은 대부분 별도로 자체 기술 이전 및 연구개발회사를 설립하여 운영하고 있으며, 기술 이전 회사가 기술창업보육센터의 설립 주체 또는 이사회의 일원으로 참여한다. 일부 기술창업보육센터는 미국의 전문창업보육회사에 의해 설립되거나 제휴를 통해 생성된다.

5) 일본의 대학기술 이전시스템(TLO)[10)]

일본은 1998년 '대학 등에 있어서 기술에 관한 연구 성과의 민간 사업자에의 이전 촉진에 관한 법률(이하 대학기술이전촉진법)'을 제정하여 기술이전사무소를 설립하고 대학 연구 성과의 민간 사업자에게로의 이전·촉진을 장려하기 위한 시스템을 마련했다. 2002년 일본 경제산업성은 산학협동 시책에 의거 2개의 사업을 추진한다. '대학 보유기술 민간기술이전사업'은 대학연구 성과 사업화, 산학협력을 통한 연구성과 활용, 사업화 가능성을 모색하기 위한 연구개발에 대해 TLO를 통한 자금 제공 및 사업화를 촉진하는 것을 목적으로 한다. TLO가 대학 보유 기초기술사업화 희망 기업 공모 후, 사업화기술 개발 프로젝트 비용의 일부를 지원한다. 2002년도 사업비는 22.2억 엔으로 지원 금액은 과제당 연간 3,000만 엔 정도를 지원하며 최대 3년까지 지원이 가능하다. '대학기술이전기관 사업비보조사업'은 대학기술이전촉진법에 근

10) 한국전자통신연구원(2002)을 토대로 작성했다.

거하여 승인된 TLO에 대한 지원을 목적으로 한다. TLO가 경제산업성에 대해 기술 이전 활동에 필요한 경비를 신청하면 경제산업성이 심의·지원을 결정한다. 2002년 사업비는 2.5억 엔으로 TLO당 연간 최고 3,000만 엔까지 지원이 가능하며 지원 기간은 승인 후 5년에 한한다.

2001년 8월 현재 전국적으로 승인된 TLO는 23곳에 달하며, 이들에 대해서는 '산업기반정비기금'으로 운영비가 지원된다. TLO법은 대학의 성과를 민간 기업으로 원활히 이전시키기 위해 대학 등의 교수에게 겸무를 규제하던 것을 대폭 완화하여 국공립 대학교수의 TLO 임원 및 감사로 겸무할 수 있게 했고 투자도 가능하도록 한다. 일본의 TLO는 대부분 주식회사의 형태를 취하고 있으며, 일부 유한회사, 재단법인, 학내 조직의 형식을 취한 곳도 있다. TLO 중에는 한 대학이 설립한 경우도 있으며, 여러 대학이 공동으로 출자하여 설립한 경우도 있다. TLO의 주요 업무는 대학에서 기업화할 수 있는 연구 성과의 발굴과 평가, 연구 성과에 대한 특허권의 취득과 관리, 연구 성과에 대한 대외 정보 제공, 특허권과 기술의 기업 이전, 기술료 수입의 배분과 관리 등이다.

6) EU의 Innovation Relation Center(IRC)[11]

IRC는 기술 거래 기능을 수행하는 기관, 1995년 유럽의회(EC)의 지원으로 설립되었다. IRC는 국가 간 기술 이전과 혁신 서비스 제고를 위한 범유럽적 플랫폼으로서 EU 전체의 기술혁신과 국가 간 기술 협력 및 이전 지원을 목표로 한다. 1995년 이후 5년간 IRC는 5,000건 이상의 기술 이전 협상을 성사시켰고, 65,000개의 기업 고객이 그들의 기술적 요구를 충족시키거나 연구 결과물의 판로를 개척할 수 있도록 지원한다. IRC 서비스의 수혜기관으로는 민간기업, 연구기관, 대학, 기술센터, 혁신기관 등이 있으며, 특별히 기술 중심의 중소기업을 중심적으로 지원하고 있다.

IRC의 서비스 프로세스는 다음과 같다.[12] 1단계, IRC Network에 참여를 희망하는 기업을 직접 방문하여 기술혁신, 기술 이전 및 기술 시장 개척 등에 대한 수요를 파악하고, 2단계, 고객 보유 기술이 유럽 시장에서 사업화가 가능한지, 또는 고객의 사업을 발전시키기 위해 필요한 기술이 무엇인지에 대해 분석한 다음 기술 프로필을 작성한다. 3단계는 유럽 전역에 걸쳐 있는 68개 센터 조직 등을 활용하여 고객 기업

11) 과학기술부(2002)를 토대로 작성했다.
12) http://irc.cordis.lu

을 위한 파트너를 발굴하는 단계이며, 4단계 기술 금융 및 지적 재산권 관련 자문과 프로젝트 추진 방향 등을 자문과 5단계 협약 단계의 협상 지원을 거친다.

7) 노르웨이의 BUNT[13)]

BUNT(Business Development with New Technology) 프로그램은 정부가 지원하여 개발한 신기술의 사업화를 위한 기업발전전략(Corporate Development through New Technology)의 일환으로 기술이전 전문 컨설턴트를 양성하고 중소기업의 기술혁신 경영을 도와주는 컨설팅 지원 프로그램이다. 노르웨이에서 크게 성공을 거둔 BUNT 프로그램을 OECD 및 유럽 국가들이 벤치마킹하고 있고, 이에 따라 노르웨이는 EU의 중소기업 기술혁신계획인 EUROBUNT와 MINT(Managing the Integration of Technology) 등을 주도한다.

노르웨이 정부는 기술 개발 생산성을 제고하기 위해서는 '기술 추구형(technology push)'형 기술 개발 시스템을 '시장 견인형(market pull)' 기술 개발 시스템으로 전환해야 된다는 필요성을 인식함에 따라 BUNT를 도입했다. BUNT의 도입 목적은 신기술을 전략적으로 활용할 수 있도록 기술과 경영 측면에서 지원함으로써 중소기업의 경쟁력의 강화와 발전환경을 개선하는 것이다. 세부 프로그램 개발 과정에서 중소기업 컨설턴트(SME-consultant)의 능력이 매우 중요하다는 판단을 내리고 소수 정예 컨설턴트 양성한다. 중소기업에 대한 컨설팅 지원의 중요성이 증대되고 컨설턴트의 능력이 강조됨에 따라 중소기업 지원 컨설턴트의 자격 요건을 강화했다. 초기 훈련된 127명의 컨설턴트들이 핵심 컨설턴트 그룹을 형성하고 있으며, 현재에도 국내외의 교육생들을 많이 훈련시키고 있다. 첫 BUNT 프로그램에는 320개의 노르웨이 회사가 참여했다. 1997년 식품가공 부문에서 80여 개 회사가 참여했고, 종업원 20인 이하의 소기업을 위한 프로그램에서는 700여 개 이상의 회사가 참여했다. 신기술 개발 자체가 주요 관심사였으나 BUNT의 추진 과정에서 사업화 전략으로 우선순위가 바뀌었다.

8) 중국의 대학기업[14)]

중국 정부는 교육개혁 및 기술 향상 차원에서 대학에서의 사업을 장려했다. 이에

---

13) 과학기술부(2005)를 토대로 작성했다.
14) 산업자원부(2004)를 토대로 작성했다.

따라 학교가 출자하고 교수가 사장이 되어 직접 회사를 경영하는 '학판'기업들이 자리잡게 되었다. 1980년대, 중국 정부의 전폭적인 지지 아래 시작된 학판기업에서 대학과 기업은 하나다. 중국의 중앙과 지방정부는 국내외 대학의 교수, 연구기관의 연구원 등이 보유한 기술을 상용화하기 위해 설립하는 기업에 대해 정부 출자 방식에 의한 자금 지원을 하고, 세제 혜택을 준다. 기업의 설립 형태는 주식회사나 유한회사의 형태를 띠며, 정부가 지분 참여하는 정부 합작회사의 경우 유한회사 성격을 띤다. 학판기업은 산학일체(産學一體) 시스템으로 대학과 기업이 하나가 되어 대학-생산현장-시장 간의 거리를 좁혀 효율적인 기술의 상품화를 선도하고, 현장학습을 통해 기술 인력을 양성시켜 나가는 시스템이다. 즉, 대학에서 기업을 운영해 돈도 벌고 인재도 키우는 중국식의 독특한 산학협력 방식이다. 항저우(杭州) 시의 경우, 신기술을 사업화하기 위해 정부가 전액 출자하고 연구 인력은 특허나 기술과 같은 무형자산을 출자하여 기업을 설립하는 것을 지원하고 있으며, 연구 인력은 그 회사 지분의 20~45%까지 소유하도록 하고 있다. 칭화(清華) 대학, 저장(浙江)대학, 교통대학 등 대학들도 교수나 연구원들이 기술 특허나 기술 성과를 상용화하기 위해 기업을 설립할 경우 지분 출자 방식에 의해 자금을 지원하는데, 납입 자본금의 10~30% 범위에서 학교가 지분을 소유하고, 교수나 연구원들은 모두 70%까지 주식 소유가 가능하다.

국가가 상용화에 자금을 지원하는 기술은 선진적이고 선도적이며, 부가가치가 높은 기술을 대상으로 한다. 국가 과학기술부를 비롯해 환경보호국, 정보통신부, 농업기술국 등 여러 기관이 지원하고 있다. 중앙 직속 연구소 혹은 성, 시 소속 연구소가 기업으로 전환하거나, 국가급 기술개발구에 있는 벤처기업들에 대해서는 소득세, 연구개발용 토지 사용료를 면제한다. 교수와 연구원은 원 소속 직장을 휴직하고 창업하는 것이 허용되며, 그동안 원 직장에서는 여러 가지 보험을 지원하며 복직을 보장한다.

3 산학 연계 교육 및 인력 양성 프로그램

1) 영국의 TCS[15]

영국은 1975년부터 과학연구위원회(Science Research Council)의 주관으로 TCS(Teaching Company Scheme) 프로그램을 실시하여 2003년 10월까지 운영했

15) 한국전자통신연구원(2002)을 토대로 작성했다.

다. TCS는 11개 정부조직의 출연금을 받아 기업과 대학 간의 기술이전과 훈련을 위한 동반자 관계 구축을 지원했다. TCS의 목적은 대학이 보유하고 있는 과학, 기술 및 경영기법/지식을 활용하여 산업계 기술혁신 지원을 목적으로 설계되었다. 따라서 산학 기술개발 협력 프로젝트로 기술 이전의 특성이 강해 연구의 효율성, 산업의 기술경쟁력 제고에 기여했다. 대학은 TCS센터를 운영하면서 지역 중소기업이 TCS 사업 지원을 요청하면 대학교수는 현장 방문을 통해 과제를 발굴하고 연구계획을 수립해 연방정부에 지원 요청을 한다. 연방정부는 평가를 통해 과제를 선정하고, 과제가 선정되면, 연구책임자인 대학교수는 대학원생 또는 졸업생을 기업에 2년간 파견(기업이 2년간 고용)하며, 프로젝트를 진두 지휘하고 자문한다(1주일에 4시간 투입). 대학원 졸업생이 대학교수의 자문을 받으면서 연구를 추진한다. 대기업은 총 연구개발비의 60% 이상을 부담하고, 전체 참여 기업의 90%에 달하는 중소기업의 경우는 총 연구개발비의 40%를 부담하며 현물 인정은 하지 않는다. 대학교수는 프로젝트 총괄 관리 및 자문 기능을 수행하고 산업체 한시고용 연구원을 지도하며 지도수당을 받고, 연구원은 프로젝트 수행으로 실무 경험을 축적하게 되며 프로젝트 종료 후에는 약 70% 정도가 해당 기업에 취직한다. 재원은 DTI가 30%, 주정부가 30%, 프로젝트 수익이 30% 정도를 차지하며, 연방정부는 매년 센터에 대한 평가를 수행한다. 대학은 정부 지원 인건비의 46% 수준의 오버헤드 수입이 발생한다. 각 대학이 TCS센터를 운영하면서 대학의 연구자원을 활용하여 지역 중소기업의 기술개발 프로젝트를 지원한다는 측면에서 컨소시엄과 유사하나 추진 방식은 크게 다르다. 프로젝트 수행 기간은 24개월을 원칙으로 하나, 예외적으로 최장 4년 동안 추진되는 프로젝트도 있다. 대학교수는 모니터링(monitoring) 서비스 제공 및 기술지도 기능을 수행하고 대학원 졸업생은 연구를 수행, 대학의 오버헤드 수입이 크다는 특징이 있다. 이 프로그램을 통해 기업의 능력을 넘어서는 지식과 숙련된 인력을 동원, 활용하여 전략사업을 공동으로 개척하고, 졸업생들에게 높은 수준의 기업체 훈련을 제공하며 대학의 연구와 강의 내용을 산업체 지향적으로 유도하기 위한 것이다.

2) 영국의 KTP[16]

TCS를 승계한 KTP(Knowledge Transfer Partnership)는 산・학・연 협력을 통한 기술 이전과 산업 혁신을 제고하기 위한 프로그램이다. 지식 기반의 협력적 동반

---

16) 과학기술부(2005)를 토대로 작성했다.

자 관계를 통해 산업혁신을 추진함으로써 영국의 경쟁력과 부를 강화하는 것이다. 지식 이전 파트너십을 통해 연구조직은 선진 연구를 위한 아이디어와 산업계의 지원을 획득할 수 있으며 새로운 비즈니스 발굴을 위한 협력을 심화할 수 있다.

KTP의 목적은 지식의 이전, 기술 및 경영 기법의 확산을 용이하게 하고 훈련 및 연구개발에 대한 투자를 장려하고자 하는 것이다. 현장에서 경력을 개발하고자 하는 우수한 졸업생들에게 지식 기반과 산업 현장 기반의 감독과 지도를 동시에 받으면서 산업현장 훈련을 받을 수 있도록 한다. 이러한 산학 연계를 지속적으로 추진함으로써 지식 기반 영역에서 현장 활용도가 높은 연구와 훈련이 될 수 있도록 도와 준다.

연구기관들은 KTP를 통해 그들의 기술을 산업화할 수 있을 뿐만 아니라 산업화하기에 적절할 연구를 수행할 수 있도록 지원한다. 정부의 연구기관에 대한 지원은 협력기업의 투자를 유도하는 효과가 클 뿐만 아니라 이 연구기관이 KTP 프로그램에 참여하는 동안 발생하는 비용에 충분하다. 졸업생들은 이 프로그램과 2년간 계약할 수 있으며 회사 규모의 크기와 상관없이 약 84,000~94,000파운드를 지원받을 수 있다. 졸업생들의 경우 TCS에서는 대학에서 학생들을 모집했으나 KTP에서는 졸업생들이 KTP의 승인을 받은 기업 파트너들에게 직접 접촉을 하도록 하고 있다. 또한 졸업생들을 위해 각종 취업박람회 등의 이벤트를 실시하고 있으며, ULCS London Graduate Fair(2004. 6) 개최에 이어 European Graduate Recruitment Exhibition (2004. 10), The Graduate Diversity Fair(2004. 10. 11)의 개최를 준비한 바 있다. 기업이 고용인 250명 미만의 규모일 경우, 회사의 위치나 어떤 지식기반 파트너와 관련 있는가에 따라 달라지지만, 대체로 연간 16,000~18,000파운드의 비용을 지불해야 한다. 종업원 규모 250명 이상의 대기업일 경우 지속적으로 파트너십을 체결하거나 유지할 경우 연간 24,000~27,000파운드를 지불한다. 단, 이런 지불의 대가를 TCS의 경험에 비추어 보면, 2년 동안 32,000파운드의 비용을 지불했을 때, 기술 이전에 따라 발생한 이익이 47,000파운드(세전)에 달하고 인력 채용 비용 절감에 따른 이익이 연간 156,000파운드(세전) 정도 발생할 것으로 예상된다.

그 밖에, 산학 파트너십(College-Business Partnership: CBP)은 중소기업과 대학간 산학협동 및 기능인력 훈련 지원 프로그램, 선진 기술자의 프로젝트 참여훈련을 지원한다. 대체로 CBP 프로젝트는 신기술보다 기존 기술 중 해당 기업에 새로운, 필수적인 기술을 대상으로 한다. 프로젝트 비용 중 인건비(훈련생 임금, 훈련비, 대학측 감독관 수당 등)의 70%를 정부가 지원, 기타 간접비 등은 전액 기업이 부담한다. 기업은 정부의 보조금 혜택과 인력 선별 고용 기회를 획득한다. 대학은 기업 수요 이해, 교육의 적합성 확보, 교수의 실무 능력 배양 기회를 획득한다.

STEP(Shell Technology Enterprise Program)는 여름방학을 이용한 대학생들의 견습제도다. 대학 2, 3학년생들을 학기 방학 중 8주간 인근 중소기업이나 비영리 법인에 취업시킨다. 8주 동안 하나의 프로젝트를 학생에게 부과하고 스스로 해결토록 한다. 기업은 종업원 200인 미만의 사업체이어야 한다. 학생에게 임금을 지불하며 정부로부터 50%의 보조금 수혜, 비영리법인은 학생 임금의 50%를 Shell U.K. Limited로부터 지원받는다. 기업은 학생의 인적 사항에 의거 선택하며, 학생은 8주 업무 후 보고서 제출, 지자체는 실습 과정 중 면밀한 감독을 실시한다(최소 1회 현장방문).

PTP(Postgraduate Training Partnership)는 박사과정 대학원생 대상 인력훈련 지원 프로그램 프로젝트 수행 형태다. 대학과 RTO(Research and Technology Organization) 간의 협력 관계이며 여기에 민간 기업들도 참여한다. 기업은 특정 프로젝트나 학생을 직접 지원하거나 RTO를 통해 선택한다. 학생은 산업적 목적을 가진 독창적 연구 수행 기회 획득, 상업적 수완과 경영 기법 교육 등을 받는다. 이를 통해 대학은 교육과 연구에 관한 산업체 요구 파악이 가능해진다.

3) 스웨덴의 단기 공과대학 프로그램과 정규 공과대학 프로그램[17]

스웨덴의 단기 공과대학 프로그램(Short Engineering program)은 최소 120학점 이수 및 최단 3년간 진행되는 교육으로 우리나라의 4년제 공과대학 교육에 해당된다. 이론보다는 실질적인 기술 습득에 초점을 맞추고 있으며 산업계 현장 실습을 의무적으로 병행한다. 이 프로그램은 대학 입학 전 다양한 교육 배경을 보유하고 있는 학생들을 위해 마련한다.[18] 정규 공과대학 프로그램(Master's program in Engineering)은 최소 180학점 이수 및 최단 5년 간 진행되는 교육 과정으로 우리나라의 공과대학 및 대학원 교육 과정에 해당된다. 이론과 실습을 병행하며 석사과정 시 강의 훈련을 담당하는 경우에는 20학점이 추가되어 최소 200학점을 이수해야 한다.

4) 핀란드의 대학교육[19]

핀란드 정부는 1999년 고등교육제도를 개혁했다. 핀란드를 지식 기반 사회로 전환하는 데 필요한 고급 인재 양성이 개혁의 목표였다. 그 결과 질과 양 두 가지 방향에

17) 산업자원부(2004)를 토대로 작성했다.
18) Technological Point of View, *HSV Report,* 2003. 7., Matts Haastad.
19) 산업자원부(2004)를 토대로 작성했다.

서 개혁이 이뤄지고 있다. 하나는 공대생 수를 늘려 늘어나는 정보통신기술(ICT) 분야의 수요를 충족시키자는 것이고, 다른 하나는 박사급 인재를 양성하자는 것이었다. 핀란드 교육제도의 큰 특징 중 하나는 고등교육기관의 이원화다. 대학 수준으로는 일반대학(University)과 폴리테크(Polytechnics) 두 가지가 있다. 핀란드 전국 곳곳에 산재한 대학은 20개, 폴리테크는 29개다. 대학은 연구 중심인데 반해 폴리테크는 산업 현장이 필요한 기능 인력을 양성하는 곳이다. 대학은 5년제로 졸업하면 석사가 된다. 반면 폴리테크에서는 학사학위를 준다. 폴리테크는 핀란드 산업기술 발전에 크게 기여하고 있으며 중소기업의 기술 수요를 충족시켜 주고 있다. 대학 연구실의 도움을 청하기 어려운 지방 소재 중소기업들에게 폴리테크는 구세주 같은 존재다.

핀란드 교육의 특징은 대학을 포함해서 모든 학비가 무료라는 점으로 외국인도 학비 면제 혜택을 받는다. 1990부터 핀란드에서 교육제도의 일부로 시작된 폴리테크닉 교육은 직업학교와 비슷하며 수준은 대학교와 비슷하다. 차이점은 대학교 교육이 이론적인데 반해, 폴리테크닉의 교육은 기술적이고 직업적인 목적으로 교육이 진행된다. 1998년에는 핀란드에 31개의 폴리테크닉 학교가 있었는데 그 중 24개가 장기적으로 운영되고, 7개는 곧 없어지거나 다른 학교와 합쳐질 예정이다. 가장 잘 알려진 학교는 헬싱키 폴리테크닉(http://www.hkiamk.fi)이고 수도권 지역에 8개(Espoo 2, Vantaa 1 Helsinki 4, Kauniainen 1)의 폴리테크닉 학교가 있다. 교육과정으로는 헬스케어, 문화와 서비스, 기술, 재활 및 사회봉사가 있으며, 다양한 프로그램을 외국인 학생들에게도 운영하고 있다. 입학 조건으로는 보통 고등학교 졸업하거나 직업학교를 졸업해야 하며 각 분야마다 입학시험을 치르고 적성 검사도 받아야 한다. 학점은 분야마다 다르며 보통 140점에서 180점까지인데 3.5년에서 4.5년까지 걸린다.

5) 독일의 수요자 중심 교육정책[20]

유럽에서 이태리, 프랑스 등과 함께 가장 오래된 대학의 역사를 보유하고 있는 독일의 대학 체제는 매우 복잡하다. 우선 대학 형태를 보면 일반 종합대학(Universitaet), 통합대학(Gesamthochschule), 기술대학(Fachhochschule), 특수전문대학(Kunshochschule), 교육대학(Erziehunshochschule) 등으로 이뤄져 있다.[21] 이 중 기술대학은 독일이 유럽 내에서 후발 산업국가로서 산업국가로 발전하는 데 기술 개발 등 산업

20) 지역기반의 신(新)산학협력 추진전략 연구, 2004. 1, 산업자원부 · 국가균형발전위원회.

21) 통합대학(Gesamthochschule)은 일반대학과 기술대학을 함께 운영하는 대학 형태로서 독일에서도 아헨(Aachen), 하노버(Harnover) 등 소수의 지역에 위치한다.

발전에 지대한 영향을 미쳤으며 독일이 근대 국가로 발전하는 데 결정적인 역할을 수행했다. 일반 종합대학과 통합대학은 긴 학제(마스터 프로그램 최소 6년)와 실무보다는 이론 중심으로 교육한다. 종합대학 및 통합대학에 비해 기술대학은 실용적 기술개발 및 습득을 강조하고 있다. 기술대학은 3년(6학기)을 교육 기준으로 삼고 있지만 일반적으로 학생들이 졸업하는 평균 기간은 4년 정도가 소요된다. 독일 전 지역, 특히 서부 독일 전 지역에 있는 기술대학은 표준화된 프로파일이 존재하지 않고 대학과 지역별 특성을 띠고 있다. 이는 기술대학이 지역의 산업과 매우 밀접한 관계를 갖고 있기 때문이다. 기술대학의 역할은 교육 및 응용연구를 바탕으로 과학 발전 및 유지 지원, 미래 직업을 위한 학생 교육, 유럽연합을 중심으로 하는 학생 교류 및 국제협력 장려, 독창적 교육 목표 유지 및 지식, 기술 이전 장려, 실용성을 중심으로 하는 전문 직업 중심 교육, 산업계 재정 지원 유치를 목적으로 하는 교육연구부 추천 특별 연구개발 프로그램 수행 등이 있다.

독일의 교육연구부(Bundes Ministerium fuer Bildung und Forschung)가 추진하는 과학 및 기술정보를 제공하여 독일 산업에 기술 혁신을 장려하는 INSTI 프로그램은 기술혁신 경영에 관한 학습 프로그램에 재정 지원을 강화하고 있다.[22)]

제 3 절 해외의 산학연 협력 성공 사례

1 공동 기술 개발 성공 사례

1) 인텔의 산학연 협력 기술 개발 전략과 EUV LLC[23)]

1996년 인텔(Intel)은 매출액 20억 8천만 달러와 전 세계에 걸쳐 4만 8천 명의 직원을 가진, 세계의 주도적인 반도체 제조 회사였다. 고든 무어와 로버트 모이스는 1968년에 인텔을 창업했고 곧 이어 앤드류 그루브가 참여했다. 인텔의 첫 번째 중요

22) Knowledge Creates Markets, Bonn, 2001, Bundesministerium fuer Bildung and Forschung et. al.
23) 과학기술부(2002)를 토대로 작성했다.

한 상품은 다이내믹 램(즉 DRAM) 칩이었다. 1970년대 초반에 인텔은 세계 최초로 마이크로프로세서인 4004를 개발했다. 그 후 몇 년 동안, 인텔은 수많은 종류의 반도체를 개발했으나 마이크로프로세서 생간 라인이 인텔의 가장 중요한 핵심 사업이 되었다. 인텔은 1996년에 18억 달러가 넘는 비용을 연구개발(R&D)에 투자했는데 1/3은 공정 개선 프로젝트에, 나머지 2/3은 신제품 개발 프로젝트에 사용했다. Intel은 R&D 세 연구실을 새로 만들기로 결정했고 그것은 각각의 전문화되고 특수화된 영역을 가지고 있다. 이것은 이 영역에서 각각의 연구실에게 더 큰 초점과 깊이를 줄 것이었다. 그 세 연구실은 Intel Architecture Lab(IAL)과 Microcomputer Research Lab(MRL), Components Research Lab(CRL)이다.

1999년 인텔 등 미국의 반도체 제조업체들은 국립연구소에서 중점적으로 개발하고 있던 차세대 포토리소그래피(photo-lithography) 기술의 상용화를 위해 한시적 유한책임 회사인 EUV(Extreme UV Lithography) LLC를 설립했다. EUV LLC는 설립 주체인 인텔(Intel), 모토로라(Motorola), 그리고 AMD로부터 출자를 하여 설립되었다. 초기의 출자 금액은 총 2억 2천만 달러였다. EUV 기술의 연구 주체인 Lawrence Livermore Labs, Sandia Labs, Lawrence Berkeley Labs 등 국립연구소들은 EUV LLC에 현재 연구 중인 EUV 관련 기술을 이전했으며, 인텔을 비롯한 EUV LLC 참여 기업의 연구진들과 원천 기술의 상용화를 위한 추가적인 연구를 공동으로 수행했다. 이들 연구소는 VNL(가상 국립연구원, Virtual National Lab) 형태의 조직을 구성하여 EUV 기술 상용화와 관련된 각 연구소의 개발 영역 및 성과, 그리고 EUV LLC와의 업무 조정 업무를 수행했다. 당시 인텔 등 대형 반도체 제조업체들은 0.18미크론 미만의 반도체 제조 공정과 관련된 기술을 확보하기 위한 연구를 진행해 왔으나 충분한 연구 인력의 부재로 개발의 어려움을 겪고 있었다. 또한 미국의 국립연구소들 역시 140~160명의 전담 연구 인력을 동원하여 EUV 관련 기술을 개발하고 있었으나 재정적인 어려움으로 추가 기술 개발 및 관련 연구 인력의 유지에 어려움을 겪었다. 따라서 반도체 제조업체들의 연구개발 비용 절약 및 효율성의 상승, 그리고 국립연구소들의 재정적인 지원 및 개발 기술의 상용화를 위해 EUV LLC 및 VNL을 통해 기술 이전을 하기로 합의한 것이다. 특히 EUC LLC는 장비 업체들도 참여시킴으로써 반도체 제조업체들은 기존에 기술 상용화에 심각한 어려움을 겪고 있던 국립연구소들에 효율적인 기술 개발에 대한 부가적인 동기를 제공했다.

2) PCB RJV[24)]

PCB RJV(Printed Wiring Board Research Joint Venture)는 미국 상무성 산하 NIST(National Institute of Standards and Technology)가 원천 기술의 상용화와 생산 기술의 고도화 연구개발을 지원하는 ATP(Advanced Technology Program)의 지원을 받아 1991년 설립되어 1996년까지 한시적으로 운영된 연구개발 합작기업이다. PCB JV는 국립연구소인 샌디아(Sandia)연구소가 기술을 제공하고, 산업체인 AT&T, Hamilton Standard, Texas Instruments, AlliedSignal, Hughes Electronics, IBM 등이 참여했으며, Snadia Lab.이 5백만 달러 투자, 정부의 ATP 자금 지원이 13백만 달러, 민간기업의 투자가 14백만 달러로 총 32백만 달러의 연구개발 자금이 투입되었다. PCB RJV는 인쇄회로기판(PCB)의 성능을 획기적으로 향상시키기 위해, 샌디아연구소가 보유하고 있는 엑폭시 글래스 소재 기술을 바탕으로 PCB의 기계적 특성을 개선하여 좀 더 신뢰성이 높고, 고밀도의 회로 구성이 가능한 인쇄회로기판의 양산 기술을 연구개발했으며, 그 결과는 참여한 기업들에 의해 상용화되었다. PCB JV는 NCMS(National Center for Manufacturing Science)에 의해 관리되었으며, JV 참여기관이 파견한 기술경영자들이 JV의 실행위원회를 구성하여 네 개의 팀으로 이뤄진 JV의 연구개발을 지휘했다. NCMS는 PCB JV의 일반적인 관리 업무뿐만 아니라 회계, 각종 계약 및 법률적인 업무를 대행했으며, ATP 프로그램을 운영하는 NIST, 참여 기업체 등과의 조정 업무도 수행했다.

2 기술 이전 및 사업화 성공 사례

1) 스탠퍼드대학의 SRI International[25)]

SRI(Stanford Research Institute)는 1946년 스탠퍼드대학과 지역의 산업계 리더들이 스탠퍼드대학 내에 세운 연구소로 대학의 원천 기술과 연구 인력을 기반으로 하여 산업체에 응용할 수 있는 기술과 제품을 개발해 판매하는 것을 목표로 하여 설립되었다. 설립 초기 SRI는 신용카드 제조에 쓰이는 마그네틱 잉크를 비롯한 혁신적

24) 과학기술부(2002)를 토대로 작성했다.
25) 과학기술부(2002)를 토대로 작성했다.

인 기술과 제품 개발에 공헌했으며, 1960년대에 들어서는 오늘날 정보통신 및 인터넷 분야의 기반 기술로 활용되고 있는 통신용 모뎀, 마우스, 윈도, 하이퍼텍스트 등에 대한 연구가 이뤄졌다. 1970년 SRI는 스탠퍼드대학으로부터 완전 독립하여 비영리 민간연구소로 재출범했다. 당시 반전운동을 벌이던 학생들이 SRI가 국방 연구개발 프로젝트에 참여하는 것을 반대했기 때문이다. 1977년에는 이름을 SRI International로 바꿨으며, 국방 연구개발 프로젝트를 다수 수행했을 뿐만 아니라 말라리아 치료제와 같은 의약품도 개발했다. 1987년 SRI는 RCA의 연구 부분이었던 사노프(Sarnoff)를 자회사로 편입하게 된다. RCA가 GE에 합병되면서 GE가 세금을 피하기 위해 RCA의 연구개발 부문을 SRI에 기증한 것이다. 사노프는 텔레비전의 컬러 튜브, 라디오와 팩시밀리의 핵심 기술을 개발한 회사다. 1990년대에 들어서면서 SRI와 자회사는 사노프는 중대한 위기를 맞이하게 된다. 미 연방정부가 국방 연구개발비를 대폭 축소하면서 수익이 감소했기 때문이다. 이에 대한 대응으로 SRI는 보유하고 있는 원천기술을 기반으로 스핀오프(spin-off)를 통한 상용화 기술과 제품 개발을 더욱 강화하게 된다. SRI는 자회사인 사노프와 함께 nVention이라는 벤처 모델을 가지고 스탠퍼드대학을 비롯한 실리콘 밸리의 대학과 연구기관들에서 스핀오프되는 벤처기업의 창업을 도와주고 있다. 현재까지 SRI와 사노프를 통해 시장에 진출한 기업은 20여개에 이르며, 제약(pharmaceuticals), 복제 방지 기술(anti-counterfeiting technology), PC 소프트웨어, 비디오 장비, 정보기술(information technology) 등의 분야에 고루 분포되어 있다. nVention은 SRI와 사노프의 벤처 모델로서 기술 기반 기업의 초기 단계에서 투자와 경영을 돕고자 만들어졌으며, 설립하는 회사의 4~5년 동안의 목표 예상 수익을 100억 달러로 잡고 있다. SRI와 사노프는 원천기술을 보유한 교수와 연구원들이 설립하는 기업들에 대해 초기 단계에서 민간 벤처 캐피털 회사들이 참여할 수 있는 기회를 제공하고 있다. 전략적 투자위원회(Strategic Investment Board)에는 Mayfield Fund, Morgenthaler Ventures, Tallwood Ventures, Venture Partners 등과 같은 유명 민간 벤처 캐피털 회사들이 참여하고 있다. SRI에는 전 세계적으로 총 1,400여 명의 직원이 있고, 실리콘 밸리 본사에는 1,200여 명의 직원이 일하고 있으며, 이들 중 700여 명이 고급 엔지니어들이다.

2) 영국의 BTG[26]

영국 정부는 1949년 대학 및 연구기관의 연구개발 성과의 사업화 촉진을 위해 영국연구개발공사(National Research Development Corporation, NRDC)를 설립했다. 1981년 NRDC는 민간회사인 BTG(British Technology Group)로 전환되었으며, 1995년 증권거래소에 상장되었다. 2001년 6백여 개 검토 기술 가운데 63개를 기술 이전 및 사업화에 성공할 정도로 민간 기술이전 전문기업으로서 위상을 확립했다. BTG가 기술 라이센싱을 중요하게 다루는 것은 전기·전자·정보통신 분야와 보건·의료·생명공학 분야다. BTG의 비즈니스 방식은 우수한 특허 기술을 골라 독점권을 넘겨받은 뒤 기술을 사업화하기 쉬운 상태로 만든 다음 사업자에게 기술사용권을 제공하는 소위 P&D(purchase and development) 비즈니스와 단순히 기술 이전 거래를 성사시키는 기술 이전 비즈니스로 구분된다. 단순 기술 이전의 경우, 기술 이전 비용을 BTG가 부담하고 기술료 수입을 기술 보유자와 BTG 간에 50 : 50으로 배분한다. BTG는 단순한 기술 이전을 넘어서, 특허 기술 발굴, 기술 보완, 마케팅 전략 수립 등의 작업을 통해 기술 가치를 증대시킨다. 2001년의 경우 유럽 및 미국 등으로 기술 이전된 것이 전체 수입의 90%를 차지할 정도로 국제화되었다. BTG는 중소기업뿐만 아니라 글로벌 대기업과도 파트너십을 가지고 기술을 발굴한다. 현재 유럽, 북미, 일본, 홍콩 등지에 지점을 운영하고 있으며, 이는 기술 이전 비즈니스의 특성상 수익성을 확보하기 위해서는 세계시장을 무대로 해야 함을 시사한다. BTG는 미완성 기술을 구매한 후 기술 거래를 시킬 수 있는 단계까지 개발한 후 되파는 방식의 P&D(purchase & development) 사업을 추진한다. 이를 위해, 대학, 연구기관, 기업들로부터 상업적으로 전망 있는 기술을 발굴하고 획득하며, 기술평가(assessment)를 통해 대상 기술을 선정한다. 선정된 기술에 대해서는 특허 출원, 추가 기술 개발(technology development), 마케팅(marketing), 거래 개발(deal development), 모니터링(monitoring) 등의 활동을 수행한다.

3) 핀란드의 국가연구소(VTT)의 기술 이전 및 사업화[27]

핀란드에서 대학 연구시설 외에, 오타니에미의 ICT에 관한 매우 활발한 활동을 하는 곳이 핀란드 기술연구소(VTT)다. 이곳은 기술 연구개발을 수행하는 독자적인 전문가 조직으로 8개의 연구기관과 종 3,000여 명의 직원을 포함하는 대단히 큰 규모의 실험시설을 갖추고 있다. VTT는 기술 개발을 통해 산업의 경쟁력과 사회의 기초적

26) 과학기술부(2005)를 토대로 작성했다.
27) 산업자원부(2004)를 토대로 작성했다.

인 기반 시설을 강화하고 새로운 산업의 출현을 촉진한다. VTT는 이노베이션 네트워크를 위한 가장 중요한 R&D연구소이며 산업, 대학, 공공기관, 기타 조직을 위해 응용연구를 수행하고 첨단 시범 서비스를 제공한다. VTT는 자신들의 임무를 단 한 마디로 표현하여 기술 창조와 응용을 통해 산업과 기타 사업 분야의 경쟁력을 적극적으로 강화하고 그 결과 사회의 복리를 증가시킨다는 것이다. 전자, 정보기술, 자동화, 화학, 생명공학, 에너지 기술, 제조업, 건축, 교통 분야에 관한 VTT의 종합적 전문성은 새로운 전망과 대책을 위한 연구에서 확실한 우위를 갖게 한다. VTT의 기술이전 및 사업화활동은 VTT로부터 스핀오프된 자회사들에 의해 수행된다. Provisec Ov는 시험평가 서비스를 전문적으로 제공하는 자회사다. Detection Technology, Inc.는 스위스의 CERN에서 활동하던 연구개발자들에 의해 1992년 설립된 VTT의 자회사로 실리콘 광다이오드, 방사능 및 전자검파 장비들을 개발하고 있다. Sofnetix Ov는 VTT의 전자공학연구소로부터 스핀오프된 회사로 네트워크 임베디드 소프트웨어를 개발하고 있으며, 그 밖에 Specim, Terapixel Ltd 등의 자회사가 있다.

4) 중국 칭화대학의 산학협력 사례[28)]

칭화(淸華)대학교는 그 산하에 이과대학, 인문사회과학대학, 경제관리학대학, 법과대학, 건축학대학, 정보과학기술대학, 기계공학대학의 7개 단과대학을 설치하고 있고, 46개의 연구소와 23개 연구센터(그 중의 4개가 국가 중점 과학연구센터), 167개의 각종 실험실(그 중 15개가 국가 중점 실험실)을 보유하고 있어, 전국 국가 중점 실험실의 1/10을 칭화대학교가 보유하고 있다. 칭화대학교는 학교 발전에 필요한 재원을 학교 자체에서 조달하는 비율이 높아 기업의 연구 프로젝트를 수행해 주는 한편 학교가 설립한 8개의 공장 및 63개의 기업에서 직접 생산, 판매활동을 펴기도 한다. 현재 전교에 28개의 학과와 5개의 대학원, 41개의 본과 과정이 있으며 98개의 석사학위, 63개의 박사학위 수여권을 가지고 있다. 또한 넓은 캠퍼스에 34개의 연구소, 9개의 부속 공장, 146개의 실험실, 컴퓨터센터 등 각 분야의 전문센터를 운영하고 있으며, 항상 1,000여 개의 연구 프로그램이 동시에 진행되고 있다. 칭화대학교는 중국 대학 중 산학 연계 시스템이 가장 잘된 대학으로 이를 바탕으로 많은 기술 성과를 만들어 내고 있으며, 중국의 과학기술 연구와 경제 건설에서 빼놓을 수 없는 위치를 차지하고 있다. 컴퓨터 방면을 비롯한 많은 분야의 기업들이 칭화대학교 산하에 설치 운영

---

28) 산업자원부(2004)를 토대로 작성했다.

되고 있으며, 이를 바탕으로 한 대학과 기업 간의 산학 협력 체계는 기술 연구 성과를 판매시장과 직접 연결시키는 데 큰 역할을 하고 있다. 칭화기업합작위원회는 칭화대학교 내에 있으며, 이 위원회에서는 칭화대학교와 공동 프로젝트를 추진할 전 세계 유명 기업들을 선정, 회원으로 모집하는 역할을 한다. 현재 회원사로 중국 토종 전자업체로는 하이얼·하이신·창홍이 있으며, 해외의 유력 IT기업들 중에서는 마이크로소프트(MS), IBM, 모토로라, 인텔 등이 여기에 참여하고 있다. 현재 대학가의 IT벤처 열풍을 선도하는 칭화대학교의 교내 분위기가 대학이라기보다는 기업의 연구소단지와 같다. 이것은 학생이나 교수 개개인이 모두 벤처 창업 가능성을 염두에 두고 연구개발을 진행하는 데서 오는 것이다. 칭화대학교가 이처럼 벤처 창업의 요람으로 자리를 굳히고 있는 이유는 무엇보다 학교측의 적극적 지원에 기인한다. 예컨대 창업 인큐베이터인 창업원의 우선 입주권 부여, 중관춘 진출 지원, 첨단 정보 제공, 외부 기업들을 비롯한 투자자 알선 등이 한몫을 단단히 했다고 할 수 있다. 여기서 창업을 위한 휴학을 인정하는 것도 이색적인 배려로 많은 호응을 얻고 있다.

칭화대학집단은 칭화대학교가 1995년 100% 출자해 설립한 일종의 지주회사다. 그때까지 학과별로 주렁주렁 거느려 오던 기업들을 계열화해 통합 관리하고 있다. 대학이 재벌 총수인 셈이다. 계열사가 30여 개나 되고 상장사도 7개 나왔다. 그 가운데 퉁팡(同方)과 츠광(慈光) 집단공사는 세계적인 기술력을 자랑하는 기업으로 칭화대학교를 세계 무대로 이끈 주역이다. 기업으로 옮긴 교수는 강의를 하지 않고 연구와 경영에만 전념토록 한다. 필요한 고급 인력은 대학에서 바로 끌어 쓴다. 이것이 학판기업이 앞선 기술력을 갖게 되는 비결이다. 학판은 대학과 기업이 협력한다는 산학협동과도 개념이 다르다. 협동에는 시간이 걸리고 절차도 복잡하므로 아예 대학이 기업을 직접 차린 것이다. 칭화대학교에서는 연구집단과 테크노파크, 창업원이 한데 어우러져 교수나 학생의 창업을 지원해 자체 출자하고 있으며, 기업은 대학의 인재나 연구시설을 활용해 발생한 이익을 대학에 환원하고 있다. 중국 칭화대학교는 40여 개 기업을 운영하고 있으며, 2000년 이들 대학기업은 연 매출액 1조 2,000억 원, 순이익 1,120억 원을 달성했고, 이 중 칭화통팡그룹은 네트워크 및 정보처리 기술 분야에서 중국의 대표적인 벤처기업으로 성장했다.

5) 프랑스의 연구기관 CNRS[29)]

1939년 설립된 프랑스 CNRS(국립과학연구센터)는 프랑스의 기초과학을 책임지고 있는 정부기관이다. 기업의 투자로 연구개발을 주도하는 미국과는 달리 프랑스는 정부가 연구개발을 주도하고 있으며 그 결과 기초과학의 연구력이 유럽에서 가장 우수하다. 그리고 바로 이러한 기초과학과 관련된 모든 지원은 CNRS를 통해 이뤄진다. 최근 CNRS 정책 중에서 강조되고 있는 것은 결과 활용(가치 창출)이다. 예를 들면, 특허를 전담하는 부서에서 특허와 관련된 모든 사무를 지원하고, 연구자에게는 인센티브를 지급하며, 연구자가 기업을 설립할 수 있도록 법률도 제정했다는 점이다. 특히 1999년 7월에 공포된 '혁신 및 연구에 관한 법'은 공공 연구의 성과가 기술 이전과 혁신기업의 창출로 이어질 수 있도록 국가 차원에서 지원을 하는 사항을 명시했다는 점에서 주목할 만하다.

CNRS는 100여 개의 벤처기업을 지난 1999년부터 과학원 산하 기업으로 설립을 지원하고 있다. 1999년 당시 연구부 장관이었던 클로드 알레그르(Claude Allegre)가 세웠던 계획들을 꾸준히 실행해 나가고 있는 것이다. 연구 성과에 대한 인정은 CNRS가 담당한 새로운 업무가 될 것이고 연구 성과 인정에 대한 구체적인 업무는 지적 재산권의 활용에 대한 지원이고, 또 다른 한편으로는 이들의 회사 설립을 돕는 것이다. 지적 재산권의 보호와 발명품에 대한 특허는 연구원들이 연구 성과를 빠른 속도로 대중에게 활용케 하는 기회가 되며, 그 방법으로는 연구 결과를 전문 과학잡지에 발표한 이후 프랑스 국가 자격증의 수여 여부를 심사하게 된다. 연구 성과에 따라서 이 연구 성과물을 국제적으로 공유할 수 있는지에 대한 부가적인 심사를 거쳐서 연구에 필요한 재정을 지원하는 것으로 정책 방향을 잡고 있다. CNRS는 프랑스 국가 자격증과 국제 특허 획득을 위해 소요되는 시간을 최소화하는 데도 지원하고 있다. 국립기관 소속의 연구원은 공무원의 신분을 잃지 않고 최고 6년간 휴무 기간을 가질 수 있다.

6) 미국 바이오 벤처 제넨테크[30]

1950년대 중반 이후 스탠퍼드대학, UCSF, 캘리포니아대학(UC) 버클리에서 많은 생물학 분야 노벨상 수상자가 배출되면서 베이 지역은 세계적인 생명공학 연구 기반을 갖추기 시작했다. 특히, 1970년대 들어 스탠퍼드대학의 스탠리 코헨이 영국의 보이어와 DNA 재조합 기술을 발명(1973년)하고, 로버트 스완슨과 허버트 보이어 박사

29) 과학기술부(2005)를 토대로 작성했다.
30) 과학기술부(2002)를 토대로 작성했다.

가 세계 최초의 바이오 벤처기업인 제넨테크를 설립(1976년)했다. 제넨테크는 1977년 미생물(대장균 박테리아)에서 처음으로 인간 단백질(소마토스타틴)을 생산했다. 1978년에는 바이오테크 분야 처음으로 기업 공개 단행, 증시는 전례 없는 뜨거운 호응을 보여 제넨테크는 3천 500만 달러를 모집할 수 있었고, 기업 공개 1시간 만에 주가가 주당 35달러에서 최고 88달러까지 폭등했다. 1982년 최초의 재조합 DNA 약물인 인간 인슐린이 시판에 들어갔다(일라이 릴리에게 라이선스 판매). 1984년에는 혈우병 환자에게 필요한 혈액응고 인자인 제Ⅷ인자(Factor Ⅷ)의 재조합형을 최초로 실험실에서 생산해 냄으로써 환자들이 HIV에 감염될 위험을 무릅쓰고 수혈을 받지 않고도 필요한 단백질을 얻을 수 있게 되었다. Ⅷ형 인자의 라이선스를 바이엘에 넘겼다. 1985년에는 제넨테크 최초의 약물 프로트로핀(Protropin, 성장호르몬)이 바이오테크 기업이 제조, 시판한 최초의 재조합 의약품이 되었다. 1987년에는 심장병 환자용 재조합 조직 플라스미노겐 활성인자(tissue plasminogen activator, TPA)인 두 번째 제품 액티바제(Activase)의 시판에 들어갔다. 1988년 제넨테크와 스위스 바젤에 위치한 로슈 홀딩(Roche Holding Ltd.)이 21억 달러 규모의 합병을 완료(실상 당시 로슈가 매입한 지분은 약 65%였는데 1999년 중반에 나머지 지분을 매입했고, 이 중 상당 부분을 주식시장에 다시 매각하여 수십억 달러의 차액을 남김)했으며, 제넨테크의 B형 간염 백신(SmithKline Beecham Biologicals S.A.에 라이선스를 넘김)이 FDA의 승인은 취득했다. 1993년 재조합 인간 DNAse인 풀모자임(Pulmozyme)이 낭포성 섬유증 치료제로 승인을 받았으며, 제넨테크의 소 성장호르몬은 Monsanto Corporation에 라이선스를 넘겨 Posilac이라는 이름으로 판매되어 FDA의 승인을 취득했다. 1995년 액티바제가 급성 허혈성 뇌졸중(ischemic stroke) 및 뇌 발작(brain attack) 치료제로 승인을 받았다. 1997년에는 제넨테크와 제휴 업체 IDEC제약(IDEC Pharmaceuticals)이 비호지킨 림프종 치료제 리툭산(Rituxan)을 발매했는데, 리툭산은 항암 치료제로 승인받은 최초의 유전공학 단일클론 항체 제제로 암세포 표면에서 발견되는 특정한 단백질만을 치료 대상으로 삼기 때문에 기존 항암 치료제의 독성 부작용을 피할 수 있다. Alteon Inc.과 Pimagedine의 계속적인 개발과 마케팅을 위한 계약을 체결했다. 피마지다인은 당뇨병 환자의 신장 질환을 치료하기 위한 임상 Ⅲ상 시험 중인 진행성 당화 종말생성물(advanced glycosylation end-produce, AGE) 형성억제제다. 이 계약에는 전임상시험 중에 있는 2세대 AGE 형성억제제의 권리에 대한 사항도 포함되어 있다. LeukoSite Inc.와 공동으로 염증성 장질환 치료를 위한 단일 클론 항체인 류코사이트의 LDP-02의 개발과 상업화에 착수했으며,

1998년 전이성 유방암 환자 치료용 재조합 단일 클론 항체 제제인 Herceptin을 시판했다. 이 제품은 특정한 암세포에서만 발현되는 Her2/neu 수용체라는 단백질만을 겨냥하기 때문에 기존 항암 치료제의 독성 부작용을 피할 수 있다.

제넨테크의 성공 요인은 샌프란시스코 베이 지역 산학연 협력 체계의 산물이다. 베이 지역에는 미국뿐만 아니라 전 세계적으로 가장 많은 바이오 벤처기업이 위치해 있다. 특허도 뉴욕에 이어 두 번째로 많고, 연구인력 1명당 특허 수는 미국 평균의 2배를 상회한다. 연구비도 풍부해 보스턴과 뉴욕에 이어 미국국립보건원 연구비 수주 3위를 기록하고 있다. 또한 전 세계 벤처 캐피털기업의 최대 집적지(미국 벤처 캐피털 투자금의 35%를 유치)이며, 총지역생산(GRP)이 연간 2천억 달러를 넘어 베이 지역이 하나의 국가라면 세계 20위에 해당한다. 베이 지역은 특히 미국에서 성장 속도가 빠른 소기업을 가장 많이 보유하고 있고, 첨단기술 수출 1위, 인터넷 보급률 1위 등 인프라도 잘 정비되어 있다. 또한 학·연 연계, 정부의 투자 프로그램과 기술 이전 정책 등이 조화를 이루고 있다. 특히 전문성을 보유한 벤처 캐피털, 네트워크를 통한 새로운 아이디어의 신속한 확산 또한 중요한 역할을 했다.

제넨테크의 성공 요인은 다음과 같다.

첫째, 강력한 연구 기반을 가진 최고의 대학과의 협력이다. 베이 지역에 바이오 클러스터가 발달한 중요한 이유는 캘리포니아대학의 버클리, 샌프란시스코, 데이비스, 산타크루즈 분교와 스탠퍼드대학의 우수성을 들 수 있다(프레베저, 1997). 이들 대학은 1934년부터 2001년까지 9명의 생명공학 분야 노벨상 수상자를 배출했으며, 2001년까지 총 163개의 바이오 의약 기업을 창출했다.

둘째, 긴밀한 산·학 협동이다. 1999년 캘리포니아대학의 모든 분교에서 벌어들인 생명공학 관련 특허 로열티는 6,900만 달러에 이르며, 스탠퍼드대학은 유전자재조합 관련 라이선스로 2001년 3,730만 달러를 벌어들였다. 1996년 캘리포니아대학은 교수들과 바이오기업 간 연구 협력을 촉진하기 위한 BioSTAR 프로그램을 시작했다. 현재까지 300개의 연구사업에 주(州), 대학, 생명공학 관련 기금 등 총 3,200만 달러를 지급했다. 캘리포니아대학 버클리 분교는 1998년 제약기업인 노바티스와 사상 최대 금액(5백만 달러)의 연구협력협정을 체결했으며, UC버클리는 형질 전환 기술 특허로 몬산토로부터 2,500만 달러를 받았다.

셋째, 풍부한 자본이다. 베이 지역에서 바이오 산업이 태동할 수 있었던 것은 이미 벤처 캐피털 시장이 이미 성숙 단계에 있던 실리콘 밸리가 있었기 때문이다(프레베저, 1997). 베이 지역에는 엔젤, 벤처 창업투자회사, 상업은행, 투자회사 등 자금 인프라가 잘 갖춰져 있다. 연방준비은행 서부지점(샌프란시스코), 낙스닥(NASDAQ: 먼로파크)도 이곳에 위치해 있다. 매킨지(2000)에 따르면 베이 지역 벤처 캐피털 투자금액의 16%(6억 6천만 달러)가 보건과 생물의약 분야에 투자되고 있다. 이 지역의 민간 연구개발 투자는 16억 달러에 이른다(CHI, 1998).

넷째, 기업문화/기업가 정신이다. 베이 지역에는 다양한 형태와 규모의 기업이 혼재한다. 이 중 종업원 50인 이하 기업이 62.5%로 소규모 기업이 다수를 차지한다는 것을 알 수 있다. 즉, 새로운 아이디어의 산업화를 위한 벤처기업 창업문화를 가지고 있다. 베이 지역은 특히 위험을 감수하고 벤처를 창업하는 사람들을 격려하는 풍토가 자리잡고 있다. 이들 벤처기업의 창업자는 보통 대기업의 임원, 기업 혹은 대학의 연구자, 지역 기반 사업가(캘리포니아대학 버클리 분교 Haas 경영대학, 스탠퍼드대학 경영대학) 등 세 가지 유형이 있다.

다섯째, 인프라 정비다. 베이 지역의 잘 정비된 인프라는 또한 각각의 기업에 입맛에 맞는 수탁 연구와 아웃소싱 기회를 제공한다. 많은 첨단기업이 집적하면서 보험, 법률, 회계, 경영, 홍보, 임상연구, 과학 작가, 헤드헌터, 이주 대행, 과학단지 기획, 웹마스터 등 바이오 분야에서 전문화되어 서비스를 제공하는 다양한 서비스 기업들을 유인했다. 가능한 한 많은 자원을 연구와 제품 개발에 투입하기 위해 베이 지역의 관리자들은 회계, 법률, 동물 사육, 임상실험 및 설비 등 비핵심적인 기능이나 활동들을 과감하게 아웃소싱한다.

여섯째, 풍부한 우수 인력이다. 베이 지역은 생명공학 분야에서 215명의 박사학위자를 배출하고 3,090명의 고용 인력을 보유(1999)하여 인력 기반이 충실하다. 국립과학재단(NSF)은 샌프란시스코 시립대학을 통해 산업 인력을 대상으로 교육훈련을 제공하는 바이오링크(Bio-Link) 프로그램을 운영하고 있다. NSF는 또한 랜니대학을 통해 소수민족을 대상으로 생명공학 교육을 제공한다. 버클리 바이오테크놀로지 에듀케이션 사는 고교생들을 대상으로 인턴 프로그램과 전문적인 실험교육을 제공하고 있다. UC 버클리, 산타크루즈, 데이비스는 생명공학 전문 과정를 운영하고 있다.

일곱째, 미디어 중심지다. 베이 지역은 또한 생명공학 관련 인터넷 정보업체들의 중심지다. 이 지역에서 BioCentury, Medical Technology Stock Letter, Red Herring, Upside, Biospace.com, Signals와 같은 대형 바이오 산업 관련 인터넷 기반 매체들을 비롯한 80개의 매체가 활동하고 있다.

여덟째, 긴밀한 네트워크다. 스탠퍼드대학을 포함한 다양한 지역 연구기관, 무역협회, 조합, 전문 컨설팅, 시장조사, 홍보, 벤처 캐피털 기업들이 개별 조직 차원에서 대응할 수 없는 전문적인 금융·네트워킹 서비스를 제공한다. 이러한 네트워크를 통해 부문별 장애를 극복할 수 있다. 1990년 설립된 베이지역생명과학센터(Bay Area Bioscience Center)가 이러한 네트워크 연계를 강화해 주는 역할을 하는 비영리 조직이다.

7) ARCH Development Corp.[31)]

ARCH Venture는 1986년 ARCH Development Corp.으로 시카고대학과 대학이 운영하는 Argonne National Lab.에 의해 설립되었다. 1946년 이래로 Argonne National Lab.은 DOE 지원의 지원을 받아 4,500명의 연구진이 연간 5억 달러의 연구예산을 투입하여 첨단 에너지 시스템, 위험 폐기물 검출, 첨단 재료, 초고성능 측정 장치 등을 연구하는 GOCO이다. ARCH Development Corp.의 설립 목적은 대학과 연구소가 보유하고 있는 첨단기술의 이전 및 사업화를 통해 이윤을 창출하는 것이다. 1990년대 초반 시카고대학과 Argonne National Lab.은 많은 노벨상 수상자를 배출했으며, 상업적으로 엄청난 가치를 지닌 첨단기술을 발명했다. 예를 들어, 최초의 핵반응 기술, 프로인슐린 분리 기술, 스캐닝 스랜스미션 전자현미경 등이 이곳에서 발명되었다. 당시 많은 혁신적인 기술을 발명하고 개발했음에도, 시카고대학과 Argonne National Lab.은 체계적인 기술 이전 및 사업화 프로그램을 갖고 있지 못했기 때문에 혁신적인 기술로부터 이윤을 창출하는 데 실패하고 있었다. 이 중에서 가장 두드러지는 실패 사례는 erythropoietin(적혈구 생성 촉진 인자)이다. 이것은 시카고대학에서 처음으로 고안되었지만 특허를 취득하지 못했다. 생명공학 벤처기업 Amgen은 1993년에 이 약에서 5억 7천 5백만 달러의 이익을 보았다. 대학은 한푼의 로열티도 받지 못한 채로 말이다. 더욱이 소유권은 Johnson & Johnson에 넘어가 버리고 말았다. ARCH의 중요한 개념은 두 명의 남자에 의해 제시되었다. 한 명은 매시(Walter Massey)이고 다른 한 명은 쉬리에셰임(Alan Schriesheim)이다. 이 두 사람은 학교의 이사진과 함께 ARCH의 개념을 제안했다. 창안자들은 이 조직을 만들면서 참여자들에게 여러 가지 동기를 제시했다. 특히, 대학에게는 라이센스 이윤으로부터 발생되는 이익과 스핀오프 회사의 지분이 제공되었다. ARCH의 '시드 회사(seed company)' 인큐베이션 모델은 대학과 연방 연구소 보유 기술을 민간 기업들에 이전하는 것이 지적 재산권과 관련한 양자의 이해 관계 충돌로 인해 용이하지 않을

31) 과학기술부(2005)를 토대로 작성했다.

뿐더러 민간 기업들이 대학 및 연구소의 초기 단계 기술을 상업화하는 데 적극적이지 않은 상황에서 하나의 돌파구가 되었다. ARCH Development Corp.은 대학과 연구소 보유 기술의 사업화를 위한 비영리 별개 조직으로 기술 이전 및 사업화 전문가를 외부에서 고용하여 설립되었다. ARCH의 최초 CEO로는 라자루스(Steven Lazarus)가 영입되었다. 그는 13년 동안 산업용 소재 제조회사인 박스터(Baxter) 사에서 전략기획을 담당했으며, 당시 시카고대학 경영대학원의 Associate Dean으로 일하고 있었다. 그 밖에 Herclues, Inc 등에서 10여 년간 신소재 분야의 신규 사업 개발 업무를 전담했던 크랜델(Keith Crandell)을 비롯하여 벤처 인큐베이션 및 신사업개발 분야에 많은 경험을 갖고 있던 넬슨(Robert Nelson) 등이 참여했다. ARCH Development Corp.의 초기 사업은 대학과 연구소가 보유한 기술과 특허에 대한 지적재산권 관리와 기술 이전 및 사업화 과정에 대한 지원을 주로 했다. 그런데, 회사의 운영 과정에서 신기술의 성공적인 사업화를 위해서는 자체 투자를 통한 벤처기업의 설립이 필요하다는 것을 절감했다. 그 이유는 대학과 연구소에서 개발된 신기술에 대한 기업들의 투자가 매우 소극적이었기 때문이다. 라자루스를 비롯한 ARCH Development Corp.의 핵심 경영진은 별도로 ARCH Venture Corporation을 설립했으며, 이후 ARCH Development와 공동 투자로 벤처 투자 펀드인 ARCH Venture Parter, L.P.를 설립하게 된다. ARCH Venture Partners는 성공적인 사업이 될 잠재력이 있는 시드(seed)와 초기 기술 회사의 개발에 투자한다. ARCH는 앨버커키(Albuquerque), 오스틴, 시카고, 뉴욕 시, 시애틀의 사무실과 더불어, ARCH Venture Partners는 라이프 과학, 물적 과학과 정보기술의 이노베이션의 상업화를 위한 시드(Seed)와 초기 벤처 캐피털의 제일의 제공자다. ARCH의 생명공학 분야 투자는 Optobionics사, 캘리퍼스 기술, Adolor 사, 디코드 유전학, Illumina 사, Nanosys사, 배열 BioPharma 사, Xenoport 사, Xcyte 치료사와 GeneCraft를 포함한다. 그들 기업은 창업 멤버, 대학 및 연구소, 벤처 투자자들의 합작으로 설립되었다. ARCH Venture가 운영하는 펀드는 대학 발전기금, 연기금, 기업체 등 외부의 투자로 조성되어 대학 및 실험실 단계에 있는 첨단기술에 전문적으로 투자하는 펀드로 운영되고 있다. ARCH Venture Fund는 1989년 1호 펀드가 9백만 달러 규모로 조성되어 12개의 첨단기술 사업화 기업의 창업자금으로 투자되었으며, 1993년 2호 펀드가 31백만 달러 규모로 조성되었고, 2003년 350백만 달러 규모의 6호 펀드까지 총 10억 달러 이상의 투자 펀드를 조성하는 데 성공했다. 지난 15년 이상의 투자활동을 통해 펀드는 총 110개 이상의 신기술 창업 기업에 투자했으며, 이 중에서 30개 정도의 기업이

IPO에 성공하거나 다른 기업에 M&A되어 성공했다.

3 인력 양성 성공 사례

1) 미국의 조지아텍[32)]

조지아 주정부로부터의 6만 5천 달러의 지원으로 1885년 10월 13일에 설립된 조지아공과대학(The Georgia School of Technology)은 미국 동남부 교통의 요충지인 애틀란타 시내에 40만 평 규모(330에이커)의 대규모 대학단지를 유지하고 있다. 2002년 기준으로 재학생 수 15,479명(학부 11,457, 대학원 5,022), 교수 연구직 총 2,322명(교수 874, 연구직 1,438), 학위수여 3,532명(학사 2,159, 석사 1,116, 박사 257)이며, 신규 유치 연구비 279백만 달러와 총 86개의 연구센터를 유지하고 있다. 조지아텍(GeorgiaTech)의 발전 중에서 특히 주목할 만한 부분은 산학협력 프로그램이다. 2003년 NSF(National Science Foundation)에서 평가된 Engineering R&D 부문 2위와 Industrial Sponsored Research 부문에서 3위에 선정되는 등 주로 산학협력 관련 부분에서 최근 10년간 좋은 성적을 보이고 있다. 이는 1988년 9대 총장인 크레신(John P. Crecine) 박사가 21세기의 기술적 요구에 부응하는 조지아텍의 구조적 개혁을 제안함으로써 비롯되었으며, 주요한 골자는 대학원 연구 중심 교육기관으로의 전환이었다. 이 제안을 바탕으로 조지아 주정부의 지원으로 산학협력 프로그램 개발, 유명 석학의 유치, MARC(Manufacturing Research Center) 등의 인프라 구축에 투자하기 시작했다.

조지아텍은 학제간 연구 프로그램(Interdisciplinary Program)을 통해 첨단기술을 연구하고 있다. 대표적으로는 반도체연구소(Microelectronics Research Center), CIM(Computer Integrated Manufacturing), 생명공학과(Bioscience and Bioengineering) 등이 있다. 지난 10년 내에 새로이 설립된 학제간 협력 연구소로서는 조지아 주정부 지원으로 1991년에 신설된 MARC, 1994년 NSF ERC(Engineering Research Center), 199년 선정된 바이오엔지니어링 분야의 Georgia Tech-Emory Center(GTEC)와 DARPA FOCUS센터로서 선정된 접속기술연구소(DARPA/SIA Interconnection Focus Center for Giga Scale Integration) 등을 들 수 있다. 학생 참여

32) 산업자원부(2004)를 토대로 작성했다.

연구(Cooperative Plen, Co-op)인 Co-op제도는 학부 학생들을 위한 실무 참여 기회 제공 프로그램이다. 3,800여 명(학부 학생의 약 1/3)이 매년 참가하고 있고, 600여 종 이상의 다양한 프로그램으로 학생들은 기본 두 학기 정도는 Co-op 과목으로 등록함으로써 학기 중에 현장에서 일하는 동안에도 학생으로서 신분을 유지하게 되어 다른 정규 4년제 학생과 동일한 대우를 받는다. 인턴십(internship) 제도는 학업을 일시 중단 또는 방학 기간을 이용해 회사와 일을 할 수 있는 기회이지만 감독자가 학교 교직원이 아닌 회사라는 점에서 Co-op을 통해 얻을 수 있는 책임감이나 적극적인 측면에서는 조금 떨어지지만 교실 밖에서 회사 경험을 한다는 데에 중요성이 있고, 담당 업무나 참여 학생의 능력(performance)은 조지아텍 내의 전문 훈련부서(Professional Practice Division)에 의해 수시로 모니터됨으로써 소기의 교육적 목적을 달성하도록 구성되어 있다. MARC와 Manufacturing Education Program(MEP)은 산업체로부터 제안에 따른 연구 과제의 도출로부터 시작해서 생산에 필요한 자금, 서비스 또는 설비의 제공까지 전반적인 협력과 연구 성과가 산업화에 적합한 결과를 만들어내도록 유도하는 데에 중점을 두고 있다. 생산 인증 프로그램(Manufacturing Certificate Program: MCP)은 MARC에서 주관하여 운영되는 프로그램으로서 전기컴퓨터공학, 산업시스템공학, 기계공학이 주축이 되어 구성되어 있지만 공학을 전공하는 대학원 학생은 누구나 참여가 가능하다. 조지아텍은 또한 생산 장학제도(manufacturing Fellowships: MF)를 운영하고 있다. 포드(Ford), 지멘스(Siemens) 등 기업체로부터 제공된 장학제도를 운영하는 것으로 일년에 한해 제공되는 공과대학원 석·박사과정 위주의 장학제도다. 기존에 수혜받고 있는 연구조교(Graduate Research Assistantship)나 수어조교(Graduate Teaching Assistantship) 프로그램과도 겸할 수 있고, 월 700달러 수준의 장학제도로서 경력의 축적뿐만 아니라 경제적인 문제를 해결할 수 있는 좋은 제도로 활용되고 있다.

첨단기업에 필요한 제반 지원은 조지아텍의 Economic Development and Technology Venture(EDTV) 사무소에서 수행된다. 현재의 EDTV는 기존의 The Advanced Technology Development Center(ATDC)의 역할을 보완하고 좀더 전문화시켜 확장한 Venture Lap, The Economic Development Institute(EDI)의 세 부분으로 구성되어 있다. 1992년부터 ATDC에서 시작한 Faculty Research Commercialization Program은 22개의 신규 사업과 조지아 내 6개 대학교의 연구 성과물을 기업에 제공하는 역할을 담당해 왔다. Venture Lap 프로그램은 이를 계승받아 조지아텍 교수들의 기술 개발 초기 단계부터 전문 인력이 참여하여 과제의 상업적 잠재력을 평가하고 지원함으로써 연구 성과의 상업화를 촉진시키도록 ATDC 등에 자금을 연결시키는 역할을 수행한다. 이를 위해 네 가지 부문에서 지원하고 있다.

첫째, 기술평가(technology assesment)로서 창업 등의 경험이 있는 사업가들을 포함한 전문 인력들이 진행 과제의 잠재적 상업평가로부터 상업화하기 위한 적절한 경로(기존 기업에 기술 공여 또는 직접 창업 등)를 제안한다.

둘째, 사업화 교육(commercialization workshops and seminars)으로 지적 재산권 교육, 창업 과정과 투자유치 방법에 대한 전반적인 교육한다.

셋째, Venture Lap Fellows 제도로서 신기술 관련 시장 지식과 경험을 보유한 사업가들을 활용하여 연구자와 기업을 직접 연결시킬 수 있는 팀의 구성으로 성공적으로 창업할 수 있도록 지원한다.

넷째, Pre-Seed Award로서 연구 성과와 상품 사이에는 차이가 있기 때문에 시생산(試生産, prototype)이나 아이디어의 구현(proof-of-concept)을 해 볼 수 있도록 하여 적은 투자를 통해 상품성을 과시할 수 있는 기회를 제공함으로써 창업기업이 성공할 수 있는 확률의 최대화를 모색하도록 하고 있다.

기술 중심의 해결책을 제공함으로써 기존 기업의 경쟁력 강화를 목적으로 구성된 EDI는 기술 지원, 기술 동향 정보, 경영 지도, 국제 품질관리 정보 제공, 환경 에너지 관련 경영, 경영합리화, 정보화 교육, 마케팅 전략 등 전반적인 경영 자문을 수행한다. 2002년에만도 125명으로 구성된 전문 인력을 포함 180여 명의 인력이 17개 사무소에서 활동하면서 경영 지도를 통해 14.5백만 달러 이상의 자본 투자를 조지아 주로 유치했으며, 참여 기업들이 정부로부터 새로이 200백만 달러 이상의 계약고를 달성하도록 지원했다.

2) 스웨덴의 왕립기술대학[33]

스웨덴의 왕립기술대학은 1827년에 창설, 2002년 말 약 17,000명의 학생이 재학 중이다. 왕립기술대학은 전국의 공과대학 기술 연구 부문 및 엔지니어 교육의 1/3을 담당하는 중요 대학이다.[34] 왕립기술대학은 대학의 제1차적 수요자인 학생과 제2차적 수요자인 기업을 위해 다음과 같은 세 가지 특수 형태의 교육도 실시하고 있다.

첫째, 지속적 교육 과정(further education)으로 이 교육 과정은 학생들이 선택하

---

33) 산업자원부(2004)를 토대로 작성했다.

34) KTH, *Annual Report 2002*, Stockholm, 2003, p.2.

는 교과과정과 자신이 이미 근무하고 있는 직장에서 필요로 하는 기술 및 연구 부문을 접목시킬 수 있는 형태로 진행되며, 교육 과정의 많은 부분이 원격교육 시스템(distance courses)으로 이뤄지고 있다.[35] 왕립기술대학은 이 과정을 위해 일반 형태(normal operation), 지원금 주축 재정 지원 형태(Grant-financed Operation), 외부 기업 특별 주문 형태(Specially Designed Courses Commissioned by Outside Clients) 등을 운영하고 있다.

둘째, 외부 수탁교육(assignment-baser education)은 기업 및 기업의 고용원을 위해 실시되는 교육으로 일반인은 이 교육에 참가할 수 없다. 외부 수탁교육의 전제 조건은 교육을 원하는 기업의 고용인이 교육을 원했을 때 가능하며 이 교육을 수행하는 비용은 기업이 부담한다. 2003년 현재 운영하는 외부 수탁교육 강좌는 모두 17개가 있으며 각 강좌가 4학점에서 6학점으로 운영된다.

셋째, 정보통신대학(IT University) 설립은 수도 스톡홀름 외곽에 위치한 시스타(Kista)에 1980년대 초에 설립되어 세계적 정보통신회사가 밀집한 지역에 공동 프로젝트 수행 및 기업이 필요로 하는 정보통신 부문 고급 인력을 원활하게 공급하고 있다. 2003년 현재 약 3,500명의 학생이 재학 중이며 280명의 연구원과 박사과정 학생이 연구개발에 전념하고 있다. 정보통신대학의 특화 연구개발 부문은 전자정보 기술(micro-electronics and information technology), 컴퓨터 및 시스템 과학(computer and systems science), 응용 정보기술(applied information technology) 등이다.

제 4 절 결론: 해외 산학협력 사례가 주는 시사점

여기서는 앞서 조사된 해외의 주요 산학연 협력 지원 정책 및 프로그램, 지원 조직, 성공적인 산학연 기술 협력 사례 등이 우리나라 산학연 협력에 시사하는 바를 논의하기로 한다. 우선, 해외 사례의 정책적 시사점을 산학협력의 세 가지 유형별로 살펴보고, 그 다음으로는 기술 공급 주체인 대학 및 연구소에 주는 시사점과 기업체에 주는 시사점을 정리해 보기로 한다.

35) www.kth.se/utbildining, 2003-11-06 참조

1 공동 기술 개발 지원 프로그램이 주는 시사점

해외의 성공적인 공동 기술 개발 지원 프로그램들이 갖고 있는 특징은 다음과 같다.

첫째, 공동 연구개발에 대한 일회성 지원이 아니라 기술혁신의 진전에 따라 연속적인 자금 지원 프로그램으로 운영된다는 점이다. 이는 '단계별 금융 지원(stage financing)' 기법에 입각하여 기술혁신에 잠재되어 있는 리스크(risk)를 관리하는 것으로, 초기의 아이디어 탐색 단계에서 기술 개발 단계, 그리고 사업화 단계로 이행하면서 기술 및 시장의 실현 가능성이 높아짐에 따라 지원 및 투자 금액을 높이는 정책을 취하는 것이다. 미국의 중소기업 기술혁신 지원 프로그램인 SBIR의 경우, 0단계 proposal 준비 단계, 1단계 feasibility, 2단계 development, 3단계 commercialization 단계를 거치면서 평가와 지원을 연계하고, 지원 규모나 지원자금의 원천 및 투자 방식을 차별화하고 있다. 연구기관으로 중소기업으로의 기술 이전 프로그램인 STTR도 SBIR과 유사하게 3단계로 나뉘어 지원되는데, 1단계 기술적 타당성 검토, 2단계 기술 개발, 3단계 상업화 단계로 구분되어 순차적으로 지원된다. 영국의 SMART 프로그램의 경우도, TR(Technology Review), TS(Technology Study), MP(Micro Project), FS(Feasibility Study), DP(Development Project), EP (Exceptional Project) 등으로 구분되어 운영되고 있다.

둘째, 기술의 수요자인 산업체가 공동 연구개발에서 주도적인 역할을 하도록 지원하고 있다는 점이다. 예를 들어, SBIR의 경우 연구의 실질적 책임자의 자격 요건을 산업체 엔진 기술자로 한정하고 있다.

셋째, 연구 지원 기간의 유연성이다. 우리나라의 경우 정부예산 집행 일정에 맞춰 대부분의 지원 프로그램이 동시적으로 일시에 지원 대상을 선정하여 지원하는 것과는 달리 대부분의 프로그램이 수시 제안서 접수와 평가 체계를 갖추고 있다.

넷째, 산학연 공동 연구개발에 대한 정부의 지원이 단순히 자금 지원에 그치지 않고, 프로젝트 수행 과정에서 기술 자문을 제공하거나 연구 성과의 상업적 활용을 위한 네트워킹을 제공한다. 미국 에너지성의 I&I 프로그램이 그러한 대표적인 예다.

다섯째, 공동 연구개발 프로그램에 대한 체계적이고 전략적인 관리가 이뤄지고 있다. 프로그램의 목표와 지원 분야, 선정 기준 등 체계화된 프로그램 운영계획과 단계

평가에 의한 선정 시스템을 갖추고 있다. SBIR, STTR, ATP 등 대부분의 프로그램이 매년 추진 실적과 성과에 대한 평가를 통해 프로그램 운영 정책에 반영하고 있다.

여섯째, 공동 연구개발을 위한 실질적인 협력이 가능하도록 Research Joint Venture와 같이 공동 연구를 위해 별도로 설립되는 조직체에 대한 지원을 하고 있다. APT 프로그램이 지원하는 연구과제의 34%는 별도의 Research Joint Venture를 설립하여 연구를 수행하고 있다. 캐나다의 Fourth Pillar Organization(FPO)은 정부, 기술 수요자, 기술 공급자가 참여하는 소위 신기술사업화조합(technology commercialization consortium)을 지원하고 있는데, 대표적인 사례로 Precarn Inc., CMC Inc., CANARIE Inc. 등이 있다. 이러한 기술사업화조합의 특징은 기술 수요자가 참여함으로써 기술 개발 단계에서부터 기술 수요자의 기술 요구 사양을 반영하여 프로젝트를 기획하고, 프로젝트를 성공시킬 수 있는 최고의 연구 주체들이 모두 참여하여 기술 개발 프로젝트를 추진하며, 최종적으로 수요자가 개발 기술에 대한 성능 시험평가를 수행함으로써 기술 개발에서 사업화까지의 전주적인 공동 연구개발이 가능해진다.

일곱째, 외국계 기업을 포함한 산업체의 다양한 참여를 통해 산학연 공동 연구개발이 글로벌화되도록 장려하고 있다. APT, SBIR, STTR 등은 외국계 기업의 참여를 허용하고, 연구비를 지원하고 있다. EU의 Framework Program은 전 유럽의 국가에 있는 연구기관과 기업들 간에 자유로운 공동 연구의 장을 제공하고 있다.

2 기술 이전 및 사업화 지원이 주는 시사점

대학 및 연구소에서 스핀오프(spin-off)되는 벤처기업이나 대학 및 연구소가 보유하고 있는 기술을 산업체로 이전하는 프로젝트에 대한 정부의 지원에서 해외 프로그램들은 다음과 같은 특징을 갖고 있다.

첫째, 투자 중심의 자금 지원이다. 미국 시카고대학이 기술 이전 촉진을 위해 운영하는 ARCH Development Corp.의 경우 자체 투자자금을 바탕으로 하여 대학 및 국립 연구소에서 스핀오프되는 신기술 벤처기업이나 기술 이전 프로젝트에 대한 자금 지원을 수행한다. 이스라엘의 기술보육 지원사업인 TIP(Technological Incubation Program)은 전국 26개 기술창업보육센터를 통해 20% 한도 내에서 창업보육 초기 단계의 기업에 투자하고 있다. 독일의 EXIST-SEED의 경우는 기술 이전 및 사업화 과정에서 발생하는 총비용을 충분히 감내할 수 있을 정도의 자금 지원이 이뤄지고 있다. 또한 중국의 대학들은 학교가 투자하고, 교수가 경영하는 '학판기업'을 설립 운영하고 있으며, 칭화대학의 경우 투자한 기업을 관리하는 지주회사를 설립하고, 30여 개 기업에 투자하고 있다.

둘째, 민간 벤처 캐피털과 연계하여 기술 이전 및 사업화 과정에서 필요한 신규 투자자금을 지원하고 있다. 미국 STTR의 경우 기술 이전의 마지막 단계 지원은 벤처 캐피털의 투자를 알선하는 것이다.

셋째, 매우 엄격한 심사 과정을 거쳐서 이전 및 사업화 대상 기술 및 업체를 선정하며, 기술 이전 및 사업화 단계별로 단계별 금융 지원에 의해 투자 위험을 줄이고 있다. EXIST나 EU의 INNOVATION Program이 그 예다.

넷째, 단위 기술의 이전보다는 기술 이전 및 사업화를 위한 산학연 네트워크 구축에 많은 투자를 하고 있다. EXIST의 경우도 산학연 간의 네트워크 구축을 사업의 중요한 목표로 하고 있다.

다섯째, 기술 이전 및 사업화 업무 관련 전문 인력을 양성하여 중소기업의 기술혁신을 지원하고 있다. BUNT는 기술 이전 및 사업화 전문 인력을 지원하는 사업이며, 이스라엘의 TIP 프로그램에서도 창업보육센터에 전문 경영인을 확보하여 보육기업의 생존과 성장에 실질적인 도움을 제공하고 있다.

여섯째, 기술 이전 관련 정보의 체계적인 축적과 보급을 위한 전담 조직을 구축하고 있다. 미국 NTTC의 경우 NASA를 포함한 700여 개 이상의 연방연구기관, 140개 대학으로부터 연방 지원 R&D 결과에 대한 정보를 수집하여 DB를 구축하고, 검색 기능을 제공하고 있다. 또한 미국 전역을 6개 권역으로 나누어 각각에 RTTC를 운영하고 있으며, 각 RTTC는 70여 개 이상의 제휴 조직들로 이뤄진 지역별 네트워크를 구축하고 사업화 가능성이 높은 기술의 선정, 협력기관들의 선정과 협력 관계 구축, 협회 구성, 인증, 협약, 자금 알선 등의 서비스를 제공하고 있다. 미국의 FLC(Federal Laboratory Consortium for Technology Transfer)는 연방연구소들의 전국적인 네트워크로 기술 거래 관련 정보의 보급 역할을 수행한다. 유럽의 IRC(Innovation Relay Center)는 미국의 NTTC, RTTC 등과 유사한 기능을 하는 기관으로 기본 계획 프로그램의 지원으로 유럽 전역에 68개의 기술 이전 연계센터를 운용 중이며, 기술 이전 중개, 기술 및 영업 알선 등의 업무를 수행하고 있다.

일곱째, 창업보육센터를 비롯한 기술사업화 지원기관은 사업화 성공에 필요한 유무형의 자원을 입체적으로 지원하고 있다. 이스라엘의 기술 인큐베이터는 자금과 재무, 기술, 전략 및 경영, 마케팅 및 영업, 구매, 회계 및 법률 등 다양한 지원 서비스를 제공한다.

여덟째, 기술의 이전 및 사업화 과정에서 필요한 추가 연구개발(R&D)에 대한 지원을 한다는 점이다. BTG는 미완성 기술을 구매하여 이를 추가적으로 연구개발하여 완성도를 높인 다음 되파는 방식의 사업을 통해 추가 R&D를 지원한다.

3 산학 연계 교육 및 인력 양성이 주는 시사점

해외 여러 나라에서 성과를 거두고 있는 산학 연계 교육 및 인력 양성 프로그램의 특징은 다음과 같다.

첫째, 산학연 공동 기술 개발 및 이전사업과 인력 양성사업을 유기적으로 결합, 병행하여 수행함으로써 학생들의 취업률을 제고하는 등 인력 양성사업의 효과성을 높이고 있다. 예를 들어, 영국의 TCS는 대학교수들이 중소기업이 필요로 하는 연구 과제를 발굴 제안하고, 석박사 졸업생을 중소기업에 파견하여 문제 해결을 위한 연구를 수행하도록 하며, 그 비용의 40~60%를 정부가 지원하고 있는데, 이 프로그램을 통해 재학생 및 졸업생들은 지식을 학습하고 참여 학생 중 약 75% 이상이 해당 기업에 취업하고 있다.

둘째, 연구중심 대학(University)과 전문 직업교육 대학(Polytechnics)이 각각 차별화되어 고등교육 시스템의 양축을 형성하고 있다. 독일의 경우 일반종합대학(Universitaet)과 기술대학(Fachhochschule)으로 차별화되어 있으며, 핀란드는 대학(University)과 전문대학(Polytechnics)의 영역이 차별화되어 있고, 스웨덴은 단기 공과대학 프로그램과 정규 공과대학 프로그램의 구분되어 있다.

셋째, 이론과 실무가 결합된 공학 교육 프로그램을 통해 학생들의 실무 적응력을 높이고 있다. 스웨덴의 최단 3년제 단기 공과대학 프로그램(Short Engineering Program)은 실무 기술 습득과 현장 실습을 의무화하고 있다. 조지아텍의 Manufacturing Education Program은 대학 캠퍼스에 기업들을 유치하고, 연구와 생산설비를 공유하여 교육을 수행하고 있다. 독일의 기술대학들도 4년 수학 기간 동안 실무 위주의 교육을 받고 있다.

넷째, 산업계가 대학의 공학교육 프로그램 개발에 적극적으로 참여하고 있다. 핀란드의 전문대학들은 지역 산업과 밀착된 프로그램을 개발하여 교육하고 있으며, 독일의 기술대학들은 실용적인 기술 개발을 강조하며, 대학별로 각 지역의 수요에 맞게 특성화되어 있다.

다섯째, 학생 참여 연구제와 인턴십제도가 폭넓게 활용되고 있다. 조지아텍의 Cooperative Plan(Co-op)은 일종의 현장학점제로 약 3,800여 명이 매년 참가하고 있으며, 인터십의 경우 회사에서 학생들을 관리 감독하며, 휴학 중 또는 방학 중 학생이 참여하도록 하고 있다.

여섯째, 산학 장학생제도를 활용하고 있다. 조지아텍은 포드, 지멘스 등으로부터 지원되는 장학제도를 운영하고 있다.

4 대학 및 연구소의 성공적인 산학연 협력 성공 사례 시사점

해외 대학 및 연구소의 산학협력 사례에서 얻을 수 있는 시사점은 다음과 같다.

첫째, 기술 이전 및 사업화 등 산학연 협력 촉진을 위한 전문화된 민간기업을 설립하여 운영한다는 점이다. 프랑스의 연구기관 CNRS는 기술이전 사업화 전담회사로 FIST 사를 설립하여 운영하고 있다. 스탠퍼드대학의 경우 TLO와 SRI를 통해 산학협력 공동 연구 및 기술 라이선싱 관리를 하고 있다. 중국 칭화대학의 경우 기술 지주회사를 설립하여 스핀오프 기업의 투자와 관리를 전담케 하고 있다. 최근 일본은 전국적으로 23개의 TLO를 대학에 주식회사 혹은 유한회사 형태로 설립했다.

둘째, 기술, 시장, 자금 및 인력의 유기적인 연계를 추구한다는 점이다. 앞서 지적했듯이, 대부분의 산학협력이 정부의 지원금뿐만 아니라 벤처 캐피털의 투자와 연계되어 있으며, 대학 및 연구소는 인적 네트워크의 형성과 관리에 주력하고 있다. 특히, 이러한 연계 네트워크는 지역의 산업체 및 대학 간에 혁신 클러스터 형성을 통해 자연스럽게 이뤄지고 있다. 실리콘 밸리의 스탠퍼드대학과 실리콘 밸리 기업 간 협력이나 핀란드 오타니에미 하이테크단지의 VTT, 헬싱키기술대학(HUT) 및 노키아 간의 협력 등의 예를 들 수 있다.

셋째, 스핀오프를 포함한 다양한 협력 모델을 활용하고 있다는 점이다. VTT의 경우 20개 넘은 스핀오프 벤처를 산하에 두고 있으며, 시카고대학의 ARCH Venture는 총 10억 달러 규모의 투자 펀드를 활용하여 벤처기업의 인큐베이션과 M&A 등을 통해 대학 및 연구소의 신기술이 산업체에 효과적으로 이전되는 데 기여하고 있다.

5 기업의 산학연 협력이 주는 시사점

산학연 협력을 통해 기술 경쟁력 확보에 성공한 외국 기업들의 사례는 다음과 같은 시사점을 제공한다.

첫째, 성공적인 기업들은 자체 기술 개발 역량은 상용 제품 기술 개발에 집중하고, 비핵심 기술 및 기초 원천 기술은 외부로부터 아웃소싱하는 기술 획득 전략을 채택하고 있다. 인텔(Intel)은 반도체 및 정보통신 제품 등 자사의 신제품 개발에 필요한 핵심적인 용용 및 상용화 기술은 자체 개발하고, 중장기적인 경쟁력에 영향을 미치는 기초 원천 기술이나 비핵심 제품이나 공정 기술 등은 대학 및 연구소, 기술 벤처 등 외부로부터 아웃소싱하는 전략을 취하고 있다. 인텔은 이러한 전략을 실행하기 위해 각 분야의 핵심 연구자들로 인텔연구위원회(Intel's Research Council)를 구성하고, 미국 및 전 세계 대학들의 선도 연구자들에게 연구자금을 제공하고 있는데, MIT, 칼텍, 조지아텍, 카네기멜론, 퍼듀를 포함한 공학 분야의 초일류 대학들이 수행하는 연간 300개 이상의 연구 과제에 연간 1억 달러 이상의 자금을 지원하고 있다(1996년 기준). 1996년 생명공학벤처기업으로 설립된 제넨테크는 직원 수 3,500명에 연 매출 20억 달러 규모로 인슐린과 인간 성장호르몬, 인터페론, 바이오젠 알파인터페론 등의 신약을 개발하여 상업화에 성공했다. 이 벤처기업은 캘리포니아대학의 보이어 교수와 스탠퍼드대학의 코인 교수가 갖고 있던 DNA 재조합 기술을 활용하여 신약을 개발할 목적으로 만들어졌으며, 두 교수의 박사과정 인력들이 이 회사의 초기 기술 개발에 참가했다. 또한 이 회사는 신약에 대한 개념 증명 단계의 연구는 대학에 연구용역 형태로 아웃소싱했으며, 알라이 릴리, 호프만-라 로슈, 쉐랑-플라우 등 글로벌 제약회사들과의 제휴를 통해 기술 개발의 위험을 줄였다.

둘째, 대학 및 연구소에 스핀오프되는 원천 기술 보유 벤처기업에 대한 투자를 기술 획득의 주요 전략으로 활용하고 있다. 인텔은 벤처기업으로부터의 기술 소싱을 위해 Corportate Venture Capital인 Intel Capital을 운영하고 있으며, 연간 수억 달러 규모의 펀드를 통해 기술력 있는 벤처기업의 발굴과 투자를 행하고 있다.

셋째, 기업이 대학에 연구비를 지원하는 주요 목적 중 하나는 전문 인력을 확보하기 위함이다. 인텔의 경우도 대학에 연구비를 지원하는 3대 목적 중 하나가 유능한 인력 확보라는 점을 분명히 하고 있다.

넷째, 산학연 협력에 참여하는 파트너들의 기회주의적 행위를 최소화할 수 있는 형태의 협력구조를 설계하여 협력을 조직화하고 있다. 인텔 주도의 EUV LLC의 경우, 반도체 장비를 개발하는 데 반도체 제도회사들은 투자의 반대급부로 반도체 장비 연구개발을 위해 설립된 EUV LLC의 지분과 신제품의 우선 구매 권한을 갖게 되며, 여기에 참여하는 반도체 장비 제조회사들은 반도체 장비 기술을 라이선싱받아 생산 및 판매할 수 있는 권리를 갖게 되고, 샌디아연구소를 포함한 국공립 연구기관과 대학들은 기술 특허를 제공하고 위탁연구를 수행하는 상생(win-win) 구조를 갖고 있다.

Chapter 08

산업정책으로서 R&D 지원 유형별 비교*

제1절 서 론

우리나라는 국가적 차원에서 과학기술 진흥사업을 이미 제1차 경제개발 5개년계획이 착수된 시점부터 추진했다. 그 이후 1970년대의 중화학공업화와 90년대 정보통신산업 육성을 거치면서 산업의 발전 단계마다 과학기술이 해당 산업활동에 필요한 기술과 인력을 공급하는 역할을 함으로써 국가경제를 양적으로 확대하고 질적으로 고도화시키는 산업 조정의 수단으로 활용되었다. 경제 발전 단계 초기부터 이미 R&D 지원이 경제 성장 전략의 일환으로 지속적으로 추진되면서 과학기술 분야에 대한 광범위한 정부의 개입이 당연시되었다.

2000년대 이후 출범한 참여정부 역시 정부 출범 초기부터 과학기술의 중요성에 대해 높은 관심을 보였다. 역대 정부 최초로 국정지표 중의 하나로 과학기술의 육성을 포함했으며, '과학기술 중심사회 구축' 등의 정책 비전을 달성하기 위한 일환으로 '국가기술 혁신 체계 구축 방안', '지역혁신 체계 발전 방안' 등에 대한 논의를 활발히 진행시켰다. 참여정부는 "21세기 지식기반경제 시대에 대비하여 과학기술을 통해 국가발전 및 경제·사회 변화를 주도"할 목적으로 '참여정부의 과학기술 기본계획'을 수립했고, '과학기술 혁신체계(NIS) 구축 방안'을 통해 "과학기술 중심사회 구축의 추진과제 발굴 및 혁신 주도형 성장을 견인"할 것을 천명했다. 또한 과학기술 및 관련 산

---

* 장지호(2007)를 재구성했다.

업 인력 지역혁신 정책의 효율적인 수행을 위해 과학기술부를 부총리 부처로 격상하고 과학기술혁신본부를 설치하는 등 과학기술 행정 체계를 새롭게 개편했다.

좀더 구체적으로 과학기술부는 2005년 R&D 지원사업으로 차세대 성장동력사업과 각종 연구개발사업의 실용화와 성과관리에 초점을 맞추며 중소·벤처기업에 대한 기술 지원 강화, 과학기술 인재 양성, 연구개발 장기적 인프라 구축 등을 중점 추진했다. 즉 원천 기술을 중심으로 하는 연구개발 못지않게 산업의 육성과 실용에 집중하는 모습을 보이고자 차세대 성장동력사업 중 2008년께 시장 진입이 예상되는 39개 제품 기술에 5,000억 원을 투입해 집중 개발하며, 대형 국가연구개발사업도 단시일 내에 실용화가 가능한 과제를 중심으로 집중 지원한다는 계획을 수립했다. 중소·벤처기업 지원을 위해 맞춤형 기술지원사업을 확대하고 기술담보 대출(530억 원)을 확대하고 벤처 캐피털 역량을 강화하는 등 자금 지원책도 적극 추진했다. 미래 성장 원천으로 판단되는 산업 분야인 생명공학(BT)의 기술경쟁력을 확충하는 방안으로 배아줄기세포 국제 공동연구 등 전략 분야에 1,006억 원을 투입하고, 바이오 신약·장기 기술개발에도 155억 원을 지원하며 국가영장류센터와 국가생물자원센터 등 바이오산업 인프라도 확충했다. 이 밖에도 '창조적 과학기술 인재강국'을 건설하기 위해 기술 분야별·산업별 수급계획을 포함한 '국가 과학기술 인력 중장기 수급계획(2006~2015년)'이 마련되고 선진 한국의 과학기술 기반의 진지로 대덕연구개발특구를 중점 육성하고자 했다. IT, BT, NT, RT(방사선), ET(에너지·환경) 등 핵심 분야별로 특구 내 정부출연연구기관을 중심으로 특화된 전문 클러스터를 형성하고, 연구 성과의 사업화를 위한 여건이 갖춰진 정부출연연구기관부터 시범적으로 '연구소기업'을 설립토록 추진했다.

이러한 의욕적인 R&D혁신을 통한 산업 육성은 참여정부만의 특성이라고는 볼 수 없다. 이전 국민의 정부도 '지식강국 건설'의 구호 아래 정보통신 기술, 바이오테크, 문화 콘텐츠, 나노기술, 환경기술, 우주항공 기술 등의 여섯 가지 기술 개발을 통해 차세대 유망산업으로의 육성을 강조했다. 역대 어느 정부도 예외없이 과학기술 개발과 산업 육성을 함께 접목하여 지원의 내용과 목적을 상정하고 집행했다.

이러한 문제 인식을 토대로 이 장에서는 기존의 과학기술 연구에서 소홀히 해 왔던 산업정책적 시각에서 R&D 지원의 유형화를 시도하여 특정 산업 혹은 산업정책의 유형별로 구체화되는 과학기술정책의 특성을 고찰하여 산업정책에서 과학기술 지원의 의의를 모색하고자 한다.[1] 1970년대 발전국가 시절의 정책금융과 조세 지원을

---

1) 과학정책을 메칼프(Metcalfe, 1997)가 정의했듯이 "한 국가의 기초과학 연구를 통한 부의 창출과 생

통해 직접적으로 특정 산업에 지원하던 방식이 1990년대에 WTO 규범에서 금지된 이래 첨단산업이 경쟁에서 유리한 위치를 점할 수 있도록 여건을 만들거나 정보 인프라 건설과 경쟁 유인 체계를 만드는 등의 새로운 형태의 산업정책이 대두되었다(임혜란, 2005). 그러한 산업정책 중 가장 빈번하게 사용되는 것이 기술혁신을 통한 산업경쟁력 확보다. 그런 의미에서 산업정책으로서 R&D 지원정책의 유형화를 시도하는 것은 국가 산업전략에서 과학기술 연구개발이 어떻게 연관되어 있는지를 파악하고 동시에 산업정책의 궁극적 목적인 '국가경쟁력 강화'를 위해 과학기술정책이 어떠한 모습으로 변화되어 왔는지를 탐색해 보는 기회가 된다.

제 2 절 산업정책과 R & D 지원

1 산업정책

존슨(Johnson, 1982)이 일본에 발전국가론을 적용한 이래로 웨이드(Wade, 1990), 암스덴(Amsden, 1989), 우(Woo, 1991) 등은 공통적으로 엘리트로 구성된 정부 관료조직이 산업정책을 통해 시장에 적극적으로 개입하면서 동북아시아 지역의 산업 발전을 주도해 왔다는 데 동의한다. 존슨(Johnson, 1982)은 성공적 발전국가의 요소로서 국가의 금융통제, 엘리트 관료의 자율성에 의거한 행정지도와 같은 재량적 개입, 성장 지향적인 기업조직과 독과점 친화적인 시장정책 등을 꼽았으며, 암스덴(Amsden, 1989)은 정부가 직접 혹은 간접적 보조를 이용하여 의도적으로 가격을 왜곡하고 이 과정에서 기업에 대해 수출 실적 등과 같은 공적 책임을 강조하는 규율을 행사한다고 보았다. 암스덴(A. H. Amsden)이 정부와 기업의 관계를 주로 긴장과 갈등으로 인식한 것에 비해 에반스(P. B. Evans)는 사회와 연계된 국가의 능력인 연계

활 수준의 증진을 위한 정책"으로 보고 기술정책을 모어리(Mowery, 1995)의 정의에 따라 "국가산업의 혁신 성과에 직접적으로 영향을 끼칠 목적으로 설계된 국가정책으로 신기술의 생성과 발전 및 상용화, 채택의 과정의 전 범위"를 의미한다면 이 연구에 사용된 과학기술의 개념은 과학정책보다는 기술정책에 가깝다고 볼 수 있으나, 연구의 목적이 과학정책과 기술정책의 차별적 분석이 아닌 산업정책으로서의 유형별 특성을 탐구하므로 이 둘을 구분하지 않고 통상적인 용어로서 과학기술정책을 사용한다.

된 자율성(embedded autonomy)에 주목했다. 에반스(Evans, 1995)는 산업 발전에서의 국가 개입은 이미 논의의 대상이 아니고 다만 어떠한 종류의 개입이냐가 논쟁거리라고 주장하면서, 한국 경제를 치열한 경쟁을 통해 선발된 유능한 관료와 대기업 간의 협력 관계로 보고 이를 자율성과 연계성을 갖춘 발전국가의 모범 사례로 파악했다.

일반적으로 발전국가에서 산업정책은 특정한 산업 부문이나 심지어 개별 기업에 선별적으로 집중하고 영향을 미치는 정부개입을 말한다. 신고전경제학자들도 기술개발, 교육과 기술훈련, 사회간접자본과 같이 시장 기능만으로는 파레토 적정을 달성할 수 없는 영역, 즉 가격기구를 통한 최적 자원 배분이 이뤄지지 않는 경우에 정부의 재정 지원과 세제 혜택과 같은 적절한 정부개입의 필요성을 인정한다. 하지만 좀 더 엄밀한 의미에서의 산업정책은 이러한 시장실패의 보정을 통해 자원 배분의 효율성을 제고하는 것과 같이 경제의 일반적이고 거시적인 관리를 넘어 경제의 일정 목표를 달성하기 위해 정부가 권위와 자원을 동원하는 것을 일컫는다. 산업정책은 경제성장과 국제경쟁력 강화를 목적으로 정부가 "산업에 대한 지원, 조정, 규제를 통해 산업 일반이나 개별 산업의 활동에 개입"하는 경제정책으로써 미시적으로는 기업 간 관계를 규정하며 중범위적으로는 생산의 유연전문화를 위한 우호적인 환경을 조성하며 거시적으로는 국제 경쟁력을 높이려는 목적을 지니고 있다(Grant, 1988). 존슨(Johnson, 1982)은 산업정책의 의미를 "전체 경제와 특정 산업의 생산성과 경쟁력을 증가시키기 위해 정부 행위의 착수(initiation)와 조정(coordination)"이라고 하고, 특히 "적극적 산업정책(positive industrial policy)은 공공 경제정책에 목표 정향적(goal-oriented)이고 전략적인 사고를 주입하는 것"이라고 했다. 오키모토(Okimoto, 1989) 역시 산업정책을 "투입되는 요소들의 생산성을 증가시킬 목적으로 특정 산업 부문이나 산업들의 요구를 충족시켜 주는 정책"으로 정의했다. 이때의 생산 요소는 전통적인 의미의 자본이나 노동뿐만 아니라 기술도 포함된다. 궁극적으로 산업정책은 자원의 부문 간 배분을 강조하여 투자에 의한 사적 이익보다 사회적 이익이 더 큰 경우 정부가 적극적으로 개입해서 자원 배분의 효율성을 증대하고자 하는 노력이다.

산업정책은 대상에 따라 산업구조정책과 산업조직정책으로 대별될 수 있다(Lim, 1998). 산업구조정책은 바람직한 최적의 산업구조를 상정하고, 현재의 산업구조를 변화시키고자 산업 간 자원 배분에 국가가 개입하는 것으로서 세부 정책 목표에 따라 두 가지로 나눌 수 있다. 정보통신산업, 생명공학산업 등과 같이 정부가 미래에 높은 성장이 예상되는 유망산업에 새로운 기업들이 참여하도록 집중적으로 지원하는 정책을 시행하거나 섬유산업, 신발산업과 같이 경쟁력을 상실한 사양산업에서 기업들이 안정적으로 퇴출되도록 유도하는 경우가 있는데, 전자의 경우를 육성정책이라 하고, 후자와 같이 사양산업을 정리하는 것을 조정정책이라 한다. 조정정책에는 1990년대 후반 외환 위기 이후의 빅딜 정책과 같이 과다 경쟁으로 판단되는 특정 산업 부문에 정부가 개입하여 기존 기업 간의 업무를 조정하거나 신규 기업의 진입을 제한하는 정책까지 포함된다(Jang, 2003). 산업 간 자원 배분에 정부가 인위적으로 개입하는 구조정책과는 달리 산업조직정책은 산업 내 기업들의 형평성을 제고하고자 시장경제 질서를 정비하고 기업 간 규범을 규정하는 정책이다. 공정거래법이나 독과점규제법과 같이 시장의 각종 진입장벽을 철폐하고 독과점업체의 부당행위를 규제하여 시장의 효율성을 높이는 경쟁촉진정책과 대기업 위주의 산업조직을 개선하여 경제 주체 간 형평성을 제고하기 위한 중소기업 육성 등이 있다(이경태, 1991).[2)]

2 R&D 지원의 유형화

현대의 산업과 경제가 점차 과학과 기술에 근거함에 따라 연구개발의 중요성이 증대되고 정부의 지원정책 역시 넓어지고 있으므로 R&D 지원이란 기술 발전을 통해 국가 및 산업의 혁신적 성과를 증가시키고 기업과 국민들에게 경제적 편익을 제공하려는 모든 정책을 포함하며, 여기에는 신기술의 개발 및 확산에 영향을 미치는 정책, 신기술에 대한 수요의 창출에 영향을 미치는 정책, 기술 상용화 및 응용에 영향을 미치는 정책 등으로 구분될 수 있다(Mowery, 1995). OECD에서는 기술정책을 정부가 취하는 종합적 지원으로서 과학기술 연구의 발전을 촉진하며, 이를 통해 일반 정치적 목적도 성취하고자 하는 것으로 보고 있다(OECD, 1963/1971).

과학정책과 기술정책을 굳이 분류하자면 양자의 목적은 서로 크게 다르지 않으나, 기술정책이 산업에의 활용과 경제 성장에의 기여 등 좀더 구체적이고 도구적인 목적

2) 이 중 우리나라에서의 산업정책은 대부분 육성정책에 치중되고 있다. 조동성 · 이동현(1996)이 1950년대부터 1995년대 중반까지 674개의 산업정책을 분류한 결과 이 중 71.3%인 483개의 정책이 특정 산업 육성을 목적으로 하고 있다. 그 다음으로는 중소기업정책(18.6%), 구조조정정책(7.9%), 독과점정책(1.8%) 순이다. 물론 1990년대 후반 이후로 대대적인 구조조정과 강력한 독과점정책이 펼쳐져 사회적 파장이나 정치적인 민감성에서는 산업조직정책의 비중이 높아졌지만, 여전히 산업정책의 상당 부분은 특정 산업의 육성에 초점을 맞추고 있다. 그 대표적인 것이 1970년대의 중화학공업 육성과 1990년대 말기의 벤처기업 지원이다(장지호, 2005).

을 가지고 있다 (Lundvall & Borras, 2004). 과학정책을 본격적으로 중시하게 된 계기는 제2차 세계대전 이후 미국과 소련 간의 냉전, 즉, 군비 및 우주 개발 경쟁으로 말미암아 과학에 대한 투자가 증가하면서부터다. 당시의 과학정책은 자원을 적절하게 배분하고, 효율적/효과적으로 사용될 수 있도록 하는 것을 주요 내용으로 하고 사회적·경제적 목표 외에 국가적 위신이나 문화적 가치를 중요한 목표로 여겼으며, 대학이나 연구기관에서 R&D에 대한 규제와 지향 등을 주요 내용으로 했다. 기술정책은 여기서 한 발 더 나아가 원자력, 컴퓨터, 유전공학 등 과학에 기반한 기술이 경제성장에 중요하다는 인식이 확산되면서 특정한 기술 또는 산업에 초점을 두었다. 과학정책의 핵심적 정책 대상이 교육 및 연구를 관할하는 부처와 연구협회(research council)이며 이들을 훈련시키고 산업과 경제에 가식적인 산출물을 생산한다는 점에서는 기술정책에 비해 장기적이며 교육적인 측면을 강조하는 경향이 짙다. 기술정책은 과학정책과 마찬가지로 대학과 연구기관의 R&D 활동을 중요하게 고려하지만 그러한 연구 결과가 산업과 어떻게 연결시킬 것인가 등에 대해 더욱 큰 주안점을 둔다. 이런 점에서 과학정책이 공공 연구기관에 대한 예산 배분, 지적 재산권 체계 확립 등의 정책 수단(정책 도구)을 활용하는 반면, 기술정책은 주로 기업에 대한 보조금과 조세 감면 등을 정책 수단으로 삼는다 (Szanto, 1996).

켄터와 피카(Cantner & Pyka, 2001)는 기술정책을 소수의 과학기술에 대한 집중적인 지원의 성격을 지닌 목적 지향적 정책(mission-oriented policy)과 과학기술 인프라에 대한 전반적인 지원인 확산 지향적 정책(diffusion-oriented policy)으로 분류한다. 목적 지향적 기술정책은 신기술 개발을 유도하고 상대적으로 특성화된 기술에 대한 지원을 통해 국가정책의 지향점과 경제적 응용 등이 명백한 경우다. 최근 농업국가로부터 정보통신국가로 성장하게 된 핀란드의 기술정책이 정책 독트린 제정을 통한 R&D 투자 증가, 과학기술정책위원회 구성을 통한 과학기술정책 가이드라인 마련, 과학기술행정기구의 구조조정을 통한 대학 연구계획 및 조정 등으로 말미암아 성공적인 목적 지향적 기술정책의 사례로 여겨지고 있다 (Lemola, 2002). 확산 지향적 기술정책은 과학적 인프라를 건설하고 연구활동 주체 간의 공식적 혹은 비공식적 상호 관계를 활성화하여 국가적 혁신 역량 향상을 추구하는 정책이다. 1990년대 유럽의 Foresight 프로그램이 기업체와 연구기관에게 미래 기술과 시장에 대한 의사결정 및 정책 개발 프로세스를 제공하여 과학자집단, 산업체, 정부부처 간 상호 이해의 증진 및 대화를 통한 상호작용의 강화에 목표를 두고 있는데 이를 두고 확산 지향적 기술정책의 전형으로 평가한다 (Meyer-Krahmer & Reger, 1999).

여느 정책과 마찬가지로 과학기술정책 역시 해당 국가와 제도가 보유하고 있는 고유 역량에 따라 상이한 모습을 보인다. 미첼(Mitchell, 1997)은 국가 간 역량에 따라 기술정책의 패턴을 세 가지로 나누어 살펴보았다. 첫째는 선진 다국적 기업에 의한 인프라 기반 구축으로서 기반 시설의 공적 비용을 지불하거나 세금 혜택 혹은 저렴한 노동력을 제공해 외국인의 직접 투자를 요청하기 위한 유인적 투자 체계를 생성하는 것이며, 둘째는 선진 기술력의 획득을 통한 국가 내부 경제 역량을 강화하는 패턴으로 자국기업의 시장 접근을 위해 세금을 감면하거나 기술 이전과 기술 획득을 국내 하청업체에게 인센티브를 제공하여 용이하게 하는 전략을 구사한다. 셋째는 R&D 및 상용화 역량 개발 단계로 R&D에 대해 정부가 직접적으로 자금을 지원하고 기술 상용화를 위한 투자를 유도해 특정 하이테크 산업을 육성한다. 그러나 이러한 패턴화된 정책은 미첼(A. R. Mitchell)이 언급한대로 경제발전 단계별로 순차적으로 나타나는 것이 아니다. 각 개별 국가별로 상이한 경제적 역량, 사회적 네트워크, 정치체제, 사회제도 등 다양하고 복합적인 요인에 의해 혼재되어 나타난다. 국가마다 다른 지식 기반을 보유하고 있으며, 이러한 지식의 다양성은 오랜 기간 동안 축적되어 경로 의존적인 학습 과정에 입각해 왔다. 그러므로 과학기술정책은 각 국가에 따라서 다른 의미로 받아들여진다. 어떤 나라에서는 기술을 활용하는 것뿐만 아니라 최신의 기술을 창출할 수 있는 역량의 향상을 목표로 하고 있고, 또 다른 나라에서는 기술의 흡수와 사용에 초점을 둔다. 후자의 대표적인 예가 발전국가적 특징을 보여 온 일본이나 대만, 한국인데 이들 나라에서는 전략기술 또는 전략산업을 선정하여 국가적 정책으로 추진하는 경우가 많다. 그러므로 이들 국가에서는 과학기술정책을 산업정책과 연관지어 고찰할 필요성이 있다.

앞에서 살펴본 바와 같이 산업정책의 유형을 산업 자체의 발전 방향을 제시하는 산업구조정책과 산업 내 기업들을 조정하는 산업조직정책으로 나누어 살펴볼 수 있으며, 동시에 사양산업 내지는 취약산업의 보호를 다루는 산업 조정형인지, 신흥산업의 지원을 담당하는 산업 육성형인지를 함께 고려해 볼 수 있다. 산업정책적 분류에 따라 유형화된 과학기술 R&D 지원에 대해 고찰하기 전에 다음 절에서는 기존 우리나

〈표 8-1〉 산업정책에 따른 R&D 지원의 분류

	산업 조정형	산업 육성형
산업구조	유형 1 기존 산업경쟁력 강화	유형 2 신산업 창출
산업조직	유형 3 취약한 중소기업 보호	유형 4 첨단기술 벤처기업 육성

라에서의 과학기술정책이 어떠한 경로를 가지고 변화해 왔는지를 먼저 살펴본다.

제 3 절 R&D 지원의 시대별 변천[3]

우리나라의 산업화는 1960년대의 노동집약적인 경공업화 단계를 거쳐, 1970~80년대의 자본집약적인 중화학공업화, 1990~2000년대의 기술집약적인 전자정보산업화에 이르렀다. <표 8-2>는 이러한 우리나라의 산업화가 진행됨에 따라 시대별로 요구되는 상이한 과학기술의 역할을 보여 준다.

1960년대의 경공업 중심으로 이뤄진 산업 체계에서 요구되는 과학기술 수준은 매우 낮았으며, 기술의 역할 역시 소극적으로 해외에서 도입된 기술이 국내 기업의 생산 과정에서 적용될 때 발생하는 문제를 해결하는 단순 문제 해결 차원의 역할을 담당했다(김미나, 2005). 연구개발의 성격도 원조받은 외국 기술에 의존하는 형태였다. 그러나 과학기술처의 설립 등으로 과학기술 연구개발을 위한 기반이 확충되었다. 1970년대의 중화학공업화와 자주국방 체제의 추진에 이르러서야 적극적인 기술 개발의 필요성이 대두되고 해외로부터 도입된 기술을 정교하게 모방하는 데에 주력했다. 이후 1980년대의 변화된 국제경제 환경이 기술력을 바탕으로 한 국가경쟁력의 강화를 더욱 요구하게 되고 이에 부응하고자 정부는 과학과 기술에 대한 지원을 적극적으로 수행하고 연구개발의 성격 역시 기존의 단순 모방에서 창조성을 강조했다. 기술

〈표 8-2〉 경제 발전 단계와 과학기술의 변화

	1960년대	1970년대	1980년대	1990~2000년대
주요 산업	경공업	중화학공업	구조조정을 거친 중화학공업	전자정보산업
연구개발의 특성	단순 의존형	모방 의존형	창조적 모방형	창조형
기술 이전 형태	기술 원조 기술 도입	기술 도입 차관	기술 도입 직접 투자 해외 직접 진출	상호 기술 도입 기술 수출

출처: 박우희와 배용호(1996: 7)를 재구성.

3) 3절의 시대별 정책 변화는 매년 발간되는 과학기술연감(과학기술부 2000, 2002, 2005)을 비롯해 과학기술처(1997)를 참고했으므로 별도의 출처는 밝히지 않는다.

이전도 기업의 직접적인 해외 진출이나 직접 투자를 통해 이뤄지는 등 그 이전과는 차별화된 모습을 보였다. 반도체나 정보통신산업 등의 첨단산업이 본격적으로 발전하게 되는 1990년대에는 과학기술의 역할에 대한 체계적인 지원을 수행하고자 범부처의 지원과 지역별 균형 지원 등의 계획을 수립했으며, 국내 연구소 등지에서의 기초 기술에 대한 이전사업을 전략적으로 이행하고자 했다.

1960년대 정부는 기초 과학기술의 육성 및 과학기술 발전 체계 확립을 주요 목표로 하여 과학기술정책에 대한 관심을 갖기 시작하여 과학기술 연구 및 개발을 지원·관리할 수 있는 행정기구로서 경제기획원 기술관리국(1961)과 경제과학심의회(1964)를 설치했다. 당시 과학기술 진흥을 위한 가장 중요한 조치는 1967년 과학기술처의 설립이다. 과학기술처를 중심으로 입안된 과학기술진흥 5개년계획 등을 통해 과학기술의 연구개발, 기술 인력 양성, 국제협력, 연구기관과 연구자원 개발 등에 대한 기본정책을 수립할 수 있게 되었다. 1966년 한국과학기술연구소(KIST)를 설립하여 특정사업의 기술적 타당성 조사에서부터 신제품과 신공정의 연구개발에 이르기까지 광범위한 연구를 담당하고 외국 기술을 국내 여건에 맞게 개량하는 등 국내의 산업 발전에 크게 기여했다(Jeon, 1974). 비슷한 시기 대덕연구단지에 조선, 해양자원, 전자통신, 기계, 화학, 표준연구 등의 6개 전략사업 분야의 연구소들을 개설함으로써 주요 전략산업을 과학기술 R&D 측면에서 지원했다.

1970년대의 과학기술정책의 주요 방향은 전략산업 기술개발 지원과 전문연구기관의 설립이다. 당시 공업화 추진 과정에서 필요로 하는 기술의 해외의존성을 극복하고 기술 개발 능력을 제고하기 위한 의도에서 1972년 '기술개발촉진법'을 제정하고 이를 기반으로 선진 기술의 도입과 국내 기술 개발을 병행했으며 아울러 중화학공업 육성책에 따라 정부는 '특별연구기관육성법'(1973)을 제정하여 산업 분야별 특수연구기관을 설립, 해당 사업 분야를 관장하는 부처들의 감독과 지원을 받게 했다. 1976년의 한국선박연구소, 한국전자기술연구소, 한국기계금속연구소, 한국화학연구소, 자원개발연구소, 한국전기기기시험연구소, 1977년의 한국통신기술연구소, 한국종합에너지연구소, 1978년의 해양개발연구소 등 이때 설립된 정부출연연구기관 체제는 다른 선진국에서는 찾아보기 힘든 독특한 제도로서 산업 현장에서 발생하는 기술적 문제들을 해결하고 새로운 기술을 지도하는 역할을 담당하는 등 이후의 과학기술 연구개발의 중요한 주체로서 자리잡았다(송성수, 2002). 정부의 집중적인 과학기술 진흥정책에 힘입어 1961년 900만 달러에 불과했던 연구개발 부문의 투자가 1979년에는 약 3억 6,000만 달러로 증가했으며, 국민총생산 대비 연구개발 투자 역시 1963년의 0.25%

에서 1980년에는 0.57%로 높아졌다.

1980년대의 과학기술정책은 일부 특정 주력산업을 육성하기 위한 핵심 기술의 자체적인 개발에 역점을 두고 있다. 1986년 '산업기술연구조합육성법'을 제정함으로써 산업기술의 연구개발과 선진 기술의 도입을 협동적으로 수행하기 위한 산업기술연구조합을 설립했으며, 아울러 동년에 개정된 기술개발촉진법에 따라 핵심 산업기술을 중점적으로 개발하기 위한 특정연구개발사업계획을 수립하고, 연도별로 연구 과제를 선정해 이를 특정연구기관육성법의 적용을 받는 연구기관, 대통령령에 의한 기업부설 연구소, 산업기술연구조합육성법에 의한 산업기술연구조합, 대학 및 정부연구기관 등과 협약을 맺어 연구하게 했다. 이는 국가 연구개발 시스템이 기반 구축 단계를 벗어나 본격적으로 확대되었음을 의미하며 특히 1982년에는 국가연구개발사업이 좀 더 효율성을 가지기 위해 특정연구개발사업을 신설하여 이를 국책 차원에서 추진했다. 이후 신설된 각 부처의 여러 국가연구개발사업은 이를 기반으로 대형 프로젝트 형식으로 수행되었다(윤정로 외, 1999). 이러한 정부연구개발사업은 정부가 핵심 기술의 개발을 좀더 직접적으로 관리한다는 의미에서 1970년대의 전략산업 육성 차원에서 간접적인 기술 수요 충족의 역할을 뛰어넘어선 것이다(송성수, 2002). 이와 관련하여 이전의 각 부처별로 소속되어 있던 정부 출연연구기관은 한국과학기술원, 한국에너지연구소, 한국동력자원연구소, 한국표준연구소, 한국기계연구소, 한국화학연구소, 한국전기통신연구소, 한국인삼연초연구소 등 8개의 대단위 연구소로 통합되어 과학기술처 산하로 편입되었다.

동시에 1970년대 초까지의 초기 산업 육성 단계에서 산업의 각 분야를 직접적으로 지원하여 정부 주도 하에 업종별로 개별법을 제정했으나 산업발전정책이 점차 시장경제의 자율·경쟁 원리에 맡기는 방향으로 전환되고 있는 추세를 감안해 1986년 '공업발전법'이 시행되었다. 공업기술 수요 조사를 통해 개발이 시급한 공업 기술과 국제경쟁력 강화를 위해 단기간 내에 개발되어야 할 산업의 공통 애로 기술 과제를 찾아내어 기술개발자금, 기술지도, 기술 도입 등을 연계하여 지원해 줌으로써 기업들의 기술 개발 의욕을 증대시키고자 했으며 이와 유사한 맥락에서 신기술사업 금융지원에 관한 법률이 1986년에 제정되었다. 이 법률은 신기술사업자에 대한 투자를 활성화하고 민간 여유자금을 모험산업으로 유치하며, 이를 통해 기술 개발을 촉진하고 모험정신을 지니는 기업가 정신을 고무시킴으로써 신기술산업의 활성화를 유도하려는 취지였다.

1990년대 들어서도 80년대 못지않은 다양한 중장기적 계획들이 마련되었다. 첨단 및 과학기술 발전 기본계획(1990), 경제 난국 타개를 위한 기술개발특별대책(1990), 과학기술혁신종합대책(1992), 2010년을 향한 과학기술 장기발전계획(1994~1995) 등을 통해 기초과학 분야의 육성과 전반적인 기술 수준의 향상을 동시에 충족시켜 우리의 국가경쟁력을 제고하고 경제 성장을 촉진하고자 했다. 아울러 이전의 연구개발 사업이 소규모로 진행되었던 관행을 탈피하여 대형 과제 중심으로 변경하는 일환으로 산업계와 협력하여 장기 대형 연구개발 프로젝트들이 여러 부처에서 기획되어 추진되었다. 범부처 차원에서 기술 선진국 진입을 위한 선도기술 개발사업(G7프로젝트)와 산업기술 발전 5개년계획에 의한 산업자원부 주관의 각종 연구 프로젝트 등이 시행되었다. 이때부터 산학연 공동 협력연구 체제가 모든 계획이나 시책에서 준거가 되어 테크노파크(TP), 신기술보육(TBI), 지역기술혁신센터(TIC) 등의 기술기반 조성사업들이 산학연 공동 협력연구를 촉진하고자 지역 단위로 형성되었다. 특히 1997년 벤처기업 육성에 관한 특별조치법을 제정하여 대기업 중심 경제구조의 한계를 극복하는 대안으로서 중소기업의 벤처기업화와 신규 벤처기업 창업을 유도했다. 아울러 정부연구기관 중심의 연구개발 투자 규모가 증가함에 따라 사업관리의 효율성과 활성화를 위해 연구과제 중심 운영제도(Project Base System)를 도입했다.

2000년대에 새롭게 주목할 점은 기술 이전에 관해 본격적인 관심을 기울였다는 것이다. 공공연구기관에서 개발된 기술을 민간기관에 이전하여 사업화를 촉진하고 민간 부문에서 개발된 기술이 원활히 거래될 수 있도록 관련 시책을 수립하며, 기술 이전·기술평가 및 기술정보의 유통 등의 기반을 확충하고자 기술이전촉진법을 제정한 이후 산자부의 기술 이전 및 사업화, 과기부의 연구 성과 실용화 지원, 정통부의 기술 이전 및 사업화 촉진, 중기청의 대학기술이전센터 등 각 부처에서 다양한 사업을 시행했다. 1978년도부터 진행된 기술도입 자유화가 더욱 가속되어 기술 도입 심의위원회의 심의를 거친 승인제가 신고제로 전환되었으며, 이러한 과정에서 전면적인 기술 도입의 자유화가 추진되었다. 1990년대 이후 기술 중심의 성장전략에 따라 연구개발비 투자가 연 평균 15.2%가 증가하여 절대 규모에서 10년 전에 비해 3.5배 증가했다. 특히 2004년도 우리나라 정부와 민간의 총 연구개발비는 22조 1,853억 원으로 전년 대비 16.3% 증가했고 국내총생산(GDP) 대비 비중도 2.85%로 전년의 2.63%에 비해 0.22% 증가했다(과학기술부, 2005). 이는 과거에 비교하면 비약적인 증가를 한 것이다.

2004년도 재원 부담은 정부·공공이 5조 4,460억 원으로 전년에 비해 11.7% 증가하여 전체 연구개발비의 24.5%를 부담했고, 민간(기업체)이 16조 6,309억 원으로 전

[그림 8-1] 연도별 연구개발비 추이

(단위: 10억 원, %)

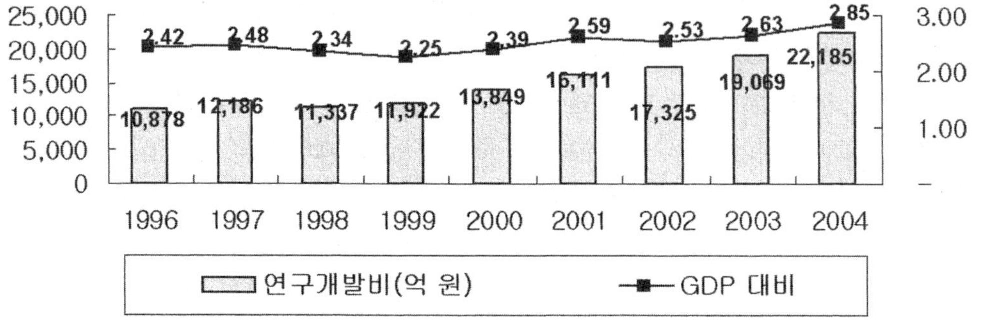

출처: 과학기술부(2005).

년 대비 17.8% 증가하여 75.0%를, 외국이 1,084억 원으로 0.5%를 부담한 것으로 나타났다. 정부·공공재원 비율을 선진국과 비교해 보면 프랑스 40.0%, 영국 36.7%, 미국 36.9% 등에 비해 아직 낮은 수준을 보였다(과기부, 2005). 연구 주체별 연구개발비는 기업이 17조 198억 원으로 76.7%를, 공공연구기관이 2조 9,646억 원으로 13.4%, 대학이 2조 2,009억 원으로 9.9%를 각각 사용한 것으로 나타났다.4) 증가율을 보면 기업의 연구개발비 사용이 17.3% 증가하여 가장 높은 증가율을 보였다.5) 연구개발 단계별 연구개발비를 보면 기초연구가 15.3%, 응용연구가 21.2%, 개발연구가 63.5%로 기초연구와 응용연구는 전년 대비 각각 0.8%, 0.4% 증가했으며, 개발연구는 1.2% 감소했다. 그럼에도 불구하고 개발연구가 대다수가 차지하고 있음을 알 수 있다. 과학기술정책의 목적이 산업 발전과 긴밀히 연관되어 있음은 <표 8-3>과 같이 연구개발비의 비율을 다른 나라와 비교해 보면 더욱 쉽게 알 수 있다. 표에 의하면 기초과

4) 공공연구기관에는 국공립시험연구기관, 정부출연연구기관, 기타 비영리연구기관이 포함된다.

5) 특히, 2004년도에 대기업이 사용한 연구개발비는 13조 4,605억 원으로 전년 대비 21.5% 증가하여 우리나라 전체 연구개발비 증가에 크게 기여한 것으로 나타났다. 이는 1990년대 들어서면서 성격이 변화된 국가연구개발사업에서 그 원인을 찾아볼 수 있다. 염재호(2002)가 1990년대 초고집적 반도체 공동연구개발사업의 고찰에서 밝혔듯이 1990년대부터 이미 정부의 기능이 공동 연구의 운영 및 관리가 아닌 기술 개발의 사후관리라는 측면에서 평가하고 연구비를 지원하는 간접적 방식으로 변화했다. 이는 정책이 형성되고 집행되는 사회의 제도적인 특성에 의해 과학기술정책도 변화했음을 알 수 있다.

〈표 8-3〉 각 국가의 연구개발 투자 비율

	한국(1995)	한국(2000)	미국(1999)	일본(1998)	프랑스(1996)
기초연구	12.5	12.6	16.3	13.9	22.0
응용연구	25.0	24.3	22.9	24.6	28.5
개발연구	62.5	63.1	60.9	61.4	49.5

출처: 과학기술부, 과학기술연구활동조사보고(2001), 송성수(2002)에서 재인용.

학에 대한 연구 지원이 증가한 1990년대 이후일지라도 여타 국가와 비교하여 낮은 수준이며 개발연구의 비중이 상대적으로 높음을 쉽게 발견할 수 있다.

제 4 절 R&D 지원의 유형별 특성

1 기존 산업 지원형

R&D 지원이라고 할 때 흔히 첨단산업기술의 개발에만 주안점을 둘 것이라 가정하기 쉽겠지만, 그에 못지않게 기존 산업의 경쟁력을 강화하기 위해 애로 기술이나 해외 의존 기술 등 기반 기술에 대한 개발을 지원하는 것도 중시되어 왔다. 1986년부터 당시 상공부의 주관으로 시행된 공업기반 기술개발사업이 그 대표적인 것으로서 산업계가 시급히 개발할 필요가 있다고 제기하는 과제에 중점을 두었다. 주로 취약한 재료기술, 자동화기술, 전기전자기술, 섬유기술, 화학기술 등이 주요 대상이며 매년 기술 수요조사를 바탕으로 대상 기술을 선정했다(상공부, 1991). 참여정부 들어서 가장 눈에 띄는 변화는 이러한 유형의 과기정책이 각 지역을 기반으로 지역 내의 가장 바람직한 산업구조를 상정하고 지역 간 효율적인 자원 배분에 개입하도록 한 것이다. 물론 이때 지역마다 육성하고자 하는 산업은 지역의 특성과 역량에 따라 상이하다. 대표적인 정책으로서는 취약한 지역 내 기술 개발의 문제점을 해결하기 위하여 지역 기반의 기술개발센터를 운영하는 것으로 과학기술부의 지역협력센터(RRC), 산업자원부의 테크노파크(TP) 조성사업과 지역기술혁신센터(TIC), 지역특화산업 기반 구축사업 등이다. 그동안의 광범위한 지원 결과 지방과학기술 진흥사업에 대한 양적인

투자는 2000년 8,522억 원에서 2004년 19,940억 원으로 2.3배 정도 증대했으며, 지방자치단체 총 예산 대비 과학기술 관련 예산 비중이 2000년 0.83%에서 2004년 1.61%로 증가했다. 과학연구단지를 비롯한 지역기술 혁신거점을 조성하여 2000년의 6개 TP, 21개 TIC, 37개 RRC가 2004년 각각 14개, 39개, 59개로 확대되었으며, 지방자치단체의 과 단위 이상의 과학기술 전담조직이 설치된 곳이 1999년의 2개 지자체에서 2005년에 12개 지자체로 확대되었다(교육인적자원부 외, 2005).

이전까지 지역의 R&D사업은 중앙부처별로 추진되는 사업이 대부분으로 지역 전략산업의 수요나 특성의 반영은 미흡하며 특히 지역별 여건이나 역량을 고려하지 않은 채 사업의 지원 분야가 첨단기술에 집중되어 왔다. 즉, 지자체가 예산 신청을 하는 지역혁신 계정사업의 경우 거의 모든 지자체가 생물, 기계산업 등 몇몇 유사한 첨단산업 분야의 사업을 신청한 것이다. 이러한 폐해를 극복하고자 각 지역의 특성을 고려하여 해당 지역의 잠재력을 극대화할 수 있는 전략산업 분야를 중심으로 지역 R&D사업을 '지역별 4대 전략산업에 대한 핵심 기술 개발' 방식으로 추진했다. 지자체별로 핵심 기술, 실현 시기, 기술 수준, 개발 목표 등이 반영된 구체적인 개발전략과 추진 일정 등을 수립하고 후에 지역산업의 수요를 반영하여 16개 시·도의 64개 전략산업 분야에 대해 100여 개 이상의 기술·제품 개발을 지원함으로써 지자체 주도로 중·장기적인 과학기술 사업을 추진했다. 이는 지방 R&D사업을 추진할 때 지역별 전략산업 분야에 따른 특성화가 이뤄질 수 있도록 사업 추진을 유도하게 되는데, 전략·특화기술 개발사업에 대한 지자체의 수요를 좀더 적극적으로 반영할 수 있도록 사업의 기획 단계에서부터 지자체의 참여를 확대하고 지역의 전략·특화기술 분야에 대한 중장기적인 종합 지원계획에 따라 관련 분야의 핵심 기술을 개발하여 지역의 산업 발전을 유지하려는 의지를 담고 있다.

이와 유사한 내용이 '지역 기존 산업의 고도화를 촉진하고 첨단기술과의 융합을 통해 신산업을 창출 육성' 사업에 담겨 있다. 이는 지역의 기존 주력산업에 대한 기술 개발을 지원하여 단순생산·저부가가치 산업구조를 개선하고 상대적으로 취약한 지역의 산업 및 과학기술 여건의 향상을 위해 지역에 뿌리를 둔 전통 기술의 첨단화를 지원한다고 되어 있다. 예를 들어 순창장류연구소(전북), 구례양생화연구소(전남), 하동녹차과학연구소(경남), 장흥버섯연구소(전남) 등 기존 전통산업 관련 연구소를 지원 중인 '지자체연구소 육성사업'과 연계하여 지원했다. 이 사업이 유형 1에 속하는 이유는 사업의 기대 효과를 보면 잘 알 수 있다. 지역전통산업의 고부가가치화를 추구하여 지역산업의 자생적 기반을 확충하고 지역 경제를 활성화하여 지역 전통산업

중 세계적으로 경쟁력 있는 부문의 틈새산업 육성에 의한 지역 성장 동력을 창출하거나 각 지역의 잠재력을 극대화할 수 있는 분야를 중심으로 '선택과 집중'에 의한 R&D 투자 효율성을 도모한다는 것으로 미뤄보아 기존 산업의 경쟁성 강화라는 산업구조정책의 특징을 띠고 있다.

산자부가 주관하는 테크노파크(TP) 조성사업은 산·학·연의 기술혁신과 관련된 연구개발시설, 창업보육시설, 정보교류시설, 교육훈련시설, 행정지원시설, 시험생산시설 등을 집적시켜 신기술 개발과 벤처기업의 창업을 촉진하는 것이 목적이다. 1998년 9월 '산업기술단지 지운에 관한 특례법'이 제정됨에 따라 공장 범위에 대한 특례, 국·공유재산의 매각 특례, 건축금지 특례, 각종 부담금 면제 등의 특례 지원의 근거가 마련되었고, 이와 아울러 테크노파크 조성에 대해 취득세·등록세 등을 감면하기 위해 조세특례제한법과 지방세법 등이 개정되었다. TP조성사업은 무엇보다도 일반 연구개발과는 성격이 다른 산업기술의 인프라를 조성하기 위한 사업으로 지역경제의 활성화를 위해 중앙정부와 지방자치단체가 공동으로 추진하는 사업이라 할 수 있다. 이와 유사하게 지역기술혁신센터(TIC, 기술연구집단화) 사업이 있는데 이는 지역 내

〈표 8-4〉 주요 지역 기술혁신사업(2003년 말 기준)

부처	사업명	시작 연도	세부사업 수	지원 금액(백만 원)
산자부	산학연 공동연구 기반 구축	1995	89	266,736
	테크노파크 조성	1998	12	164,762
	지역기술혁신센터(TIC)	1995	39	141,553
	지역특화사업	2002	24	129,700
	산업기술인력 양성사업(현장인력 재교육)	1995	58	88,566
	지역디자인센터	2001	3	25,000
	전자상거래지원센터	1997	39	23,307
	디자인혁신센터	2001	14	16,326
	산업기술 인력 양성(현장 연수)	2003	16	11,046
과기부	지역협력연구센터	1995	59	136,820
	나노종합fab.구축	2002	1	50,000
	나노특화fab.구축	2003	1	10,000
정통부	IT 대학연구센터	2000	48	67,596
	Soft-town	2001	7	60,360

출처: 산업자원부 외(2005).

산·학·연의 기술 개발 자원(연구 인력 및 장비 등)을 결집시켜 지역별 특화산업에 대해 공동 장비 활용, 공동 연구 개발, 기술의 확산 및 사업화 등을 지원함으로써 지역 중소·중견기업의 기술혁신 및 우량 벤처기업의 창업을 촉진하는 데 목적을 두었다. 1994년부터 2001년까지 지방대학을 중심으로 신산업과 지역 배후산업을 지정하여 총 29개 TIC를 전국에 설치·운영했으며, 2002년에도 6개 신규 TIC를 선정하여 대학, 연구기관, 기업 간의 공동 연구, 기술 지원, 인력 양성, 정보 확산 등의 지원 서비스 기능을 강화했다. TIC를 중심으로 지역별 전략특화산업과 대학의 비교 우위 분야를 연계하여 중소·중견기업의 기술혁신과 신기술 창업을 지원했다. <표 8-4>는 이들 사업을 포함한 현재 진행 중인 지역기술혁신 사업들을 정리한 것이다.

2 첨단산업 창출형

R&D 지원의 전형인 첨단산업 분야의 창출형은 1980년대부터 시행되는 특정 연구개발사업이 있다. R&D의 특정 사업은 <표 8-5>와 같이 시기별로 형식과 내용이 변화해 왔지만, 지속적으로 경제 발전 목표에 따른 중장기 국가 수요 기술과 핵심 산업기술을 지원하기 위해 추진되어 왔다. 이는 1990년대의 선도기술 개발사업을 살펴보면 명확히 알 수 있다. G7 프로젝트라 불리는 이 계획은 국가가 주도되어 첨단 핵심기술을 전략적으로 선정하고 육성한다는 점에서 적극적인 산업구조정책이다. 전략적으로 선진국의 비교우위를 극복할 수 있는 특정 과학기술 분야를 선정하여 육성하

〈표 8-5〉 특정 연구개발사업의 변천

	태동기(1982~86)	도약기(1987~91)	발전기(1992~96)
목표	선진 기술 개량	기술 자립 기반 구축	핵심 원천 기술 도전
특징	제품, 소재 등 산업기술 개발을 통한 기술 수준 격차 해소	반도체, 통신 등 첨단기술 개발 착수	범부처 차원의 공동 연구 추진
대표 과제	8비트 퍼스널 컴퓨터 개발	초고집적 반도체 개발	선도기술 개발사업
과제 규모	소규모 단위 과제	단위 과제의 병렬적 연결	장기대형 복합 과제
추진 형태	출연(연) 중심	출연(연) 중심의 제한적 산학연 협동	산학연 협동

출처: 염재호(2002) 재구성.

고자 국가적인 차원에서 중장기 기술 수요를 바탕으로 도출된 과제를 대상으로 하는 연구사업으로 개발 기간이 5~10년 정도로 중장기적으로 실용화 전망이 뚜렷한 과제만을 대상으로 하는 목적 지향적 특징을 가졌다. 특히 민간기업의 참여를 확대하고자 기업의 자금 부담 비율을 30~60%로 의무화했다.

원천적 과학기술 혁신을 기반삼아 전략산업의 육성을 도모한 참여정부의 대표적 사례는 '10대 차세대 신성장동력산업' 지원과 'IT839'정책이다. '10대 차세대 신성장동력산업' 지원은 첨단산업 가운데 디지털 TV/방송, 디스플레이, 지능형 로봇, 미래형 자동차, 차세대 반도체, 차세대 이동통신, 지능형 홈 네트워크, 디지털 콘텐츠/소프트웨어 솔루션, 차세대 전지, 바이오 신약/장기 등 우리나라가 비교우위가 있다고 판단되는 산업을 전략적으로 집중하여 지원한다는 것이다. 지원의 내용으로는 이미 선정된 10대 산업에서 산·학·연 컨소시엄 방식의 기술 개발을 의무화하여, 외국과의 공동 기술 개발 시범사업 추진과 개발된 기술의 사업화를 강화하고 산업기술대학교의 성공 모델을 전국적으로 확산한 '산학 협력 중심거점 대학'을 구축하며 중장기적으로 입지, 투자 등의 규제를 완화하고 기업 투자 활성화를 위한 세제 지원을 강화한다는 것이다. 'IT839'는 '차세대 신성장 동력' 중 정보통신부와 관련된 지원을 일컫는 것으로서 서비스→인프라→제조업으로 이어지는 IT산업의 가치 사슬을 유기적으로 연결하는 IT산업의 선순환 발전전략을 목표로 하고 있다. 구체적으로는 8대 서비스(와이브로·DMB·텔레매틱스 등), 3대 인프라(BcN·IPv6·USN/RFID 등), 9대 신성장 동력(차세대 이동통신·디지털TV/방송 등)을 집중적으로 지원, 새로운 성장동력을 창출하는 선순환구조를 만들겠다는 목표다. 우선 2008년까지 2조 4,000억 원의 자금을 차세대 핵심 및 전략 기술 등 IT 원천 기술 개발사업에 투입하며, 기술 이전 및 창업 지원에도 매년 5.7%가량을 늘린 지원금을 배정하고 전자통신연구원에 편중된(85%) 기술 개발 지원 체계를 성장 동력별로 대학·산업체 등으로 확대, 매년 1개 이상의 기술개발센터 유지와 국제 표준화기구 활동을 지원할 예정이다(정보통신부 기술정책과, 내부 자료).

이 밖에도 21세기 프론티어 연구개발사업은 기술혁신의 성과를 사회 기반 전 분야로 확산시키고 그동안의 G7 프로젝트 등 국가연구개발사업을 통해 확보한 연구 기반을 최대한 활용하여 미래 신기술을 개발하기 위한 범부처적인 장기 연구개발사업을 추진할 목적으로 시행되었다. 1999년에 추진기획위원회를 통한 기본 방향을 정립하고 21세기 유망산업 및 기술시장의 예측조사를 거쳐 유망 후보사업을 35개를 도출했다. 유망 후보사업 중 1999년도에 시범적으로 착수할 2개 사업을 선정하여 국가과학기술위원회 운영위원회에 상정, 심의하여 2000년에 본격적으로 3개 사업을 추진했으며 2002년에 9개로 확대했다. 이 사업과 연관되어 있는 산업의 경우 정보통신산업을 비롯한 바이오, 환경, 전자 등 여러 분야에 망라되어 있어 과연 특정 산업을 육성하고자 하는 산업구조정책이라 볼 수 있을지도 의문이 있는 것이 사실이다. 그럼에도 불구하고 사업 목표에서 볼 수 있듯이 기술 개발을 통한 특정 산업의 육성을 분명히 명기했다는 점에서 신산업의 기술 개발을 통한 산업구조의 변화를 도모하고자 하는 산업 육성형 산업구조정책적 속성을 가지고 있다.

3 중소기업 지원형

산업조직정책으로서 기술 지원의 새로운 방법론으로 최근에 대두된 것이 중소기업을 대상으로 한 기술 이전 및 사업화다. 정부는 지난 2000년 '기술이전촉진법'을 제정하고 이를 실행하기 위한 범부처 종합계획으로 '기술 이전 및 사업화 촉진계획'을 수립 · 시행해 왔다(산업자원부 외, 2005).[6] 이 계획의 목적을 "기관별로 독립적으로 분산 시행되고 있던 관련 시책들을 종합적으로 연계 추진함으로써 개발된 기술의 이전 및 사업화 촉진으로 기술 개발에서 사업화, 다시 기술 개발 재투자로 이어지는 기술 개발의 선순환 구조 구축"으로 명시하면서, 2000년의 1차 촉진계획이 2003년 말에 종료되고, 2005년에 2차 기술이전 · 사업화 촉진계획을 수립했다. 기술 이전 촉진정책의 배경으로는 기술혁신 속도를 단축시키기 위해 기술 아웃소싱 전략을 구사했으며, 동시에 특히 R&D 역량이 부족한 중소기업이 글로벌 경쟁력을 갖추게 하고자 했다. 기업 R&D 투자의 43%가 상위 10대 기업에 집중되고 5인 이상 중소제조업 중 R&D 투자 수행 기업은 16.5%에 불과하며, 10만 개 중소제조업체의 총 R&D 투자(2.4조 원)는 삼성전자 R&D 투자(3.5조 원)의 70%에 이르는 등 대기업 중심으로

---

6) 정부는 '기술이전 · 사업화(Technology Transfer & Commercialization)'의 개념을 공공 혹은 민간에서의 연구개발(R&D)의 성과물을 활용하여 시장에서 부가가치를 창출하는 일련의 활동을 지칭하면서, 기술 이전(transfer)은 특허 기술 등의 지적 재산을 보유자로부터 그 밖의 자에게 공식 · 비공식적 방법을 통해 합법적으로 이전하는 활동으로 정의하고, 기술사업화(commercialization)를 기술 또는 지식을 활용하여 신제품/신사업을 창출하거나 그 과정의 관련 기술의 향상에 적용하기 위한 일련의 혁신활동으로 보았다. 기술자원의 생산을 강조하는 투입 실적 중심의 개념과는 달리 기술과 시장의 상호 연계를 중시하는 즉 성과 중심의 개념으로 기술개발 프로세스보다 기술의 비즈니스화 프로세스를 중시했다(산자부 외, 2005).

기술 개발 활동이 추진되는 것을 문제시했다. '기술 이전 및 사업화 촉진계획'에서는 정책의 범위를 기술 개발 과정에서부터 시장에서의 제품/서비스 출하 전까지의 과정으로 광범위하게 포함해 국가 차원의 기술 이전 · 사업화 목표 및 추진전략 수립, 투자 위험이 높아 시장실패가 존재하는 초기 기술사업화 주도 및 공공 연구개발 성과의 이전 확산 및 미활용 기술의 발굴과 같은 기술자원을 활용한 기술사업화 촉진, 국가

〈표 8-6〉 2004년도 기술 이전 및 사업화 부처별 추진 실적

부처(청)	주요 추진 내용(별도 표시 없는 사항은 2004년 기준)
산업자원부	• 기술 거래기관 지정(16개), 기술평가전문기관 지정(7개), 기술 이전 전담기관 설치(약 개), 기술거래사 등록(214명) • 국가기술정보DB 구축(약 17,000건), 기술거래 · 평가 전문 교육과정 운영(2001~2004, 1,200명) • 연구개발자의 직무발명 보상 비율 50%로 제고(2002, 법 개정) • 신기술창업보육사업(100억 원), 신기술실용화(145억 원) 등 기술 창업 및 사업화 지원 프로그램 운영
과학기술부	• 연구성과 확산사업 운영 등을 통한 5개 TLO컨소시엄 조직 구축, 우수 연구 성과 특허경비 지원, 기술실용화 자금 지원 • 과학기술진흥기금 기술담보 융자 지원(567억 원) • 과학기술진흥기금 MOST 신기술사업투자조합 운영(8개)
정보통신부	• 정보통신연구진흥원 기술사업호센터 설립 운영 • 한국전자통신연구원 IT기술이전본부 신설 운영 • 기술 이전 및 사업화 촉진사업 등 추진
교육인적자원부	• 산학협력단 제도 정비(대학 중 89%가 설치) • 산학협력중심대학사업 및 학교기업제도 시행 등
농림부	• 농림기술관리센터 내 기술이전 전담팀 설립(2004) 등
보건복지부	• 보건산업진흥원을 기술거래 · 평가기관으로 지정(2001) • 보건 산업기술 이전 지원사업 실시(Health Technomart 등)
환경부	• 환경신기술 사업화 자금 지원(40억 원) • 환경기술 테크노마트 운영, 환경기술 성과 세미나 개최 등
건설교통부	• 건설교통기술평가원 기술경영팀 설립 · 운영 등
해양수산부	• 수산기술중개소 운영, 연구 성과 활용평가 실시 등
국방부	• 민군겸용기술센터 설립 운영, 민군 겸용기술 개발사업 실시
특허청	• 특허기술 상설 장터, 인터넷 특허기술장터(IP-MART) 운영 • 특허기술사업화협의회 운영 등

출처: 산업자원부 외(2005).

기술자원 자산의 관리 및 보호 체제 구축과 같은 기술 이전·사업화 활성화를 위한 환경 및 기반 조성 등으로 구분했다. <표 8-6>은 부처별로 추진한 기술 이전 및 사업화 개발사업 등을 보여 준다. 각 부처에서 기술 이전 기반 구축 및 시장 활성화를 위한 정책적 노력을 증대해 왔고 기술 거래기관, 기술 이전 전담조직 등 기술 거래시장의 행위자들을 형성하고, 기술 이전 시장 개설 등 관련 인프라를 구축해 왔다. 이러한 기술 이전 및 사업화 대상의 대부분이 중소기업 위주로 구축되어 있어 경쟁 주체 간 형평성을 제고하는 산업조직정책의 성격을 가지고 있음을 파악했다.

취약한 중소기업 지원형의 또 다른 사례는 산자부의 '부품·소재 종합기술 지원사업'이다. 이는 총 매출액 중 부품·소재의 매출액이 차지하는 비중이 대통령령이 정하는 기준(50% 이상)에 해당하는 중소기업을 대상으로 공공연구기관이 보유한 연구역량(인력, 장비, 정보)을 적극 활용하여 산업 현장에서 발생하는 기술적 애로를 종합적으로 지원함으로써 부품·소재 전문기업의 기술력 향상 및 기술 자생력을 배양하는 목적을 가지고 있다. 이와 같은 기술지원사업은 기술개발사업과는 달리 기존 기술 관련 개량·향상 및 개체에 대한 지도, 기술 개발 성과의 보급·확산을 위한 연구인력, 장비, 기술정보 등을 제공하여 현장 애로 기술을 해결하는 사업으로서 주된 대상이 첨단기술이 요구되는 기업이 아니라 취약한 산업 분야에서의 중소기업의 자생력을 강화하기 위한 목적을 내포하고 있으므로 산업조정형 산업조직정책에 해당한다. 2001년 4월 '부품·소재전문기업 등의 육성에 관한 특별조치법'이 시행되어 당해 9월 재단법인 부품·소재통합연구단이 설립된 후 사업이 진행되어 2004년도는 정부 출연금 200억 원의 사업으로 발전되었다.

신기술 창업보육 사업 역시 R&D 지원의 산업조직정책의 속성을 가진다. 이 사업은 각 지역의 대학, 연구기관 등 지역기술 혁신 주체가 보유한 우수 인력, 연구시설 등의 자원을 활용해 산업기술 기반을 조성하는 것으로 8개 테크노파크, 35개 지역기술혁신센터 등을 연계해 기술력과 경영 능력을 보유한 창업 1년 이내의 신규 및 예비 창업자를 발굴해 시제품 개발 및 사업화에 필요한 자금, 사업장, 기술 장비, 인력, 기술·경영정보 등을 종합 지원하는 것이다. 해당 지역에 기반을 둔 기업의 창업을 유도하고 성장하게 함으로써 지역경제의 활성화를 유도하고 지역 간 균형 발전을 도모할 목적으로 시범적으로 1991년에 실시한 후 1995년 '산업기술 기반 조성에 관한 법률' 제11조의 규정에 의거 하여 사업이 본격적으로 실시되었다. 2001년 지역경제 활성화 및 산업기술 기반 조성(기술연구 집단화)사업과 연계 운영을 위해 8개 테크노파크와 공동으로 사업을 실시했다. 사업 대상은 구체적으로 경남기계산업, 광주광

산업, 부산신발산업 등 지역특화산업과 지역경제 활성화에 도움이 될 수 있는 분야였으며, 산업 영역을 보더라도 첨단산업이 아닌 기존 산업의 기초 기술을 대상으로 했다.

4 첨단기업 창출형

산업 육성형 산업조직정책의 유형에 해당하는 R&D 지원의 대표적인 사례는 1990년대 말 김대중 정부의 벤처 육성이다. 이는 참여정부에 들어서 기술혁신형 중소기업(이노비즈) 육성사업으로 명칭이 변경되었지만 여전히 산업정책적인 의미가 크다. 그 이유는 '벤처기업 육성에 관한 특별조치법'에 의거하여 구체적으로 벤처 캐피털의 투자 정도, 연구개발비 비율, 신기술 도입 여부, 벤처기업 평가기관의 인정 여부 등을 엄격한 지원의 기준으로 정부가 선정했기 때문이다. 이러한 벤처기업 확인제도는 정부가 벤처기업 확인 요건을 일정하게 정하고, 확인 요건을 충족한 중소기업에 대해 벤처기업 자격을 부여하여 차별적인 지원을 했다는 점에서 여타 다른 국가에서는 유사한 입법 사례를 찾아보기 어려운 제도다. 선정된 벤처기업이 기계적으로 첨단산업에만 분포된 것은 아니지만, 기업들 대다수가 정보통신 분야에 집중되고 있으며 정부 육성의 목표 역시 전통적인 중소 제조업체들이 담당하던 기계금속, 섬유화학, 전기 등의 업종이 아닌 정보통신 분야였다. 중소기업청의 벤처기업에 대한 실태조사(1999)에 의하면, 벤처기업의 산업별 분포에서 정보통신 분야가 27%로 가장 많고, 전기전자·반도체 분야가 22%, 기계·금속 분야 21% 순으로 나타났다. 유형별 분포에서도 특허·신기술기업이 44%로 가장 많으며, R&D 투자기업 30%, 벤처 캐피털 투자기업 15%, 벤처평가 우수기업 11%순으로 나타났다(정보통신부, 2002). 이렇게 지정된 벤처기업에 대해 각 부처별로 경쟁적으로 해당 정책들을 개발하여 정책 수립과 집행이 독자적으로 진행되었다. 구체적인 기술개발사업을 보면 산업자원부의 경우 신기술창업보육사업, 산업기술기반조성사업, 산업기반기술개발사업을, 중소기업청은 중소기업기술혁신개발사업과 부품소재전문중소기업 육성을, 정보통신부는 우수신기술지정 및 지원사업과 선도기반기술사업을, 과학기술부는 연구성과 확산사업과 기술개발용역사업을 담당했고, 해양수산부, 문화관광부, 여성부, 농림부 등은 각기 자치 부처 관련 분야의 벤처기업을 대상으로 지원을 동시다발적으로 수행했다. 중앙부처 못지않게 각 지방자치단체 역시 지역경제의 활성화 측면에서 지역 내 벤처기업의 육성을 지원했다(중소기업특별위원회, 2001).

참여정부의 이노비즈 육성사업도 벤처기업 육성과 유사한 양태를 보였다. 이노비즈 육성사업의 대상 기업인 이노비즈(기술혁신형 중소기업)는 중소기업기술혁신촉진법에 근거하여 2단계에 걸친 혁신성 평가를 통과하여 중소기업청으로부터 이노비즈(Inno-Biz) 인증을 받은 핵심 기업군을 말한다. 이노비즈 육성사업은 인증을 획득한 이노비즈 기업을 대상으로 기술혁신 환경 조성 및 사업화 추진, 기술혁신 소그룹 및 기술연구회 지원, 서비스업, 신산업 분야의 기술혁신형 중소기업을 지속 발굴 및 지원, 중소기업 내 기술혁신 전문인력 지원 양성, 산학연 협력을 통한 기술 개발 지원을 실시했다. 이 중에서 기술 지원과 관련해서는 혁신형 기업의 R&D 지원을 통한 기술혁신 역량 강화. 중소기업 이전 기술 개발 및 공동 기술 개발 지원, 맞춤형 R&D 지원사업 등이 있다. 세부 내용을 살펴보면 기술혁신 개발사업 개편을 통한 혁신형 중소기업을 지원하기 위해 신성장 유망산업 관련 기술 등의 전략 과제에 대한 지원 기간 및 한도를 1년, 1억 원에서 2년, 3억 원으로 확대하고, 개발 제품의 사업화 가능성이 높은 과제를 우선적으로 지원하기로 했다. 대학 · 연구소 · 기업 등이 보유한 기술을 중소기업에 이전하는 실용화 개발 지원에 연간 59억 원을 투자하며, 기업협동형 개발사업 활성화를 위한 참여 요건을 완화하여 기술융합화 · 복합화를 통한 신기술 개발 촉진을 위해 주관 기업만 부설 연구소를 보유하는 경우도 참여 가능하게 변경했다. 구매조건부 신제품 개발자금을 2004년 40억 원에서 2005년 100억 원으로 확대 공급하여 중소기업의 안정적인 기술 개발을 지원했다.

이 밖에도 산업기술평가원의 기술담보제도를 통해 벤처기업이 개발한 기술의 가치를 평가하여 그 기술을 담보로 평가액에 상당하는 금액의 자금 지원과 기술가치평가액에 해당하는 금액의 신용보증서를 발급하여 벤처기업에 대한 자금 지원 및 기술 개발을 지원하며 기술신용보증기금의 평가특별보증제도를 통해 우수한 기술력 및 아이템을 토대로 창업하는 창업자에게 기술성 및 사업성을 평가하여 기술력을 담보로 신용보증서를 발급함으로써 기술력 있는 예비 창업자의 창업 또는 창업기업의 기반 구축을 지원하고 있다.

제 5 절 결론: 정책적 함의

R&D에 대한 정부의 개입에 대해서는 무개입 정책, 기초과학 및 과학교육에만 정

부가 개입하는 정책, 응용과학의 연구에도 정부가 개입하는 정책, 종합적 연구개발 단계까지 정부가 개입하는 정책, 정부의 종합적 과학정책 등 여러 방안이 있을 수 있다(김종범, 1993). 그러나 분명한 것은 미국, 일본, 유럽 몇몇 국가의 경우 예외 없이 과학적 업적을 기술혁신으로 연결하고 이후의 산업화를 성공적으로 가속화했다는 것이다(Archibugi & Simon, 1999; Jacobs, 1998). 이들 국가에서는 공통적으로 정부가 과학기술 개발에 개입하게 되는 근거로서 기술 투자의 비효율성의 위험을 들고 있다(Grande, 2001; Lall & Teubal, 1998). 즉 과학 기술 개발 환경이 과거와는 비교할 수 없을 정도로 급격하게 변화하여 기술 개발에서 생산품의 시장 출시까지 기간은 축소되는 반면 기껏 개발된 기술의 수명은 단축되고 있다. 더욱이 기술 개발을 위한 투자 규모는 점차 커지고 또한 장기적으로 미래 유망산업을 선도해 나갈 핵심 원천 기술을 확보할 필요성에도 불구하고 민간기업들은 단기적인 실적을 강조하며 투자 규모를 축소하려는 경향이 있다. OECD조차 "단기 수익성과 효율성을 우선적으로 고려하는 영업 환경 속에서 결과가 매우 불확실한 장기적이고도 기초적인 연구개발을 정부가 지원하는 것은 복지 및 성장뿐만 아니라 경쟁력에도 필요불가하다"고 언급했다(OECD, 1995).

이러한 맥락에서 우리나라에서도 앞에서 살펴본 바와 같이 산업정책의 다양한 유형별로 R&D 지원이 이뤄졌다. 그 결과 우리 정부는 지난 1990년대 이후 사업당 1,000억 원 이상이 투입되는 대형 국책 R&D사업으로 차세대 디스플레이사업(1995~2001년), CDMA 상용화사업(1989~1996년), 차세대 반도체 사업(1993~1996년) 등을 수행하여 세계 최초 40인치 TFT-LCD 개발, CDMA 상용화, 256메가 D램 개발 등의 성과를 거두고, 현재 한국의 주력 산업인 이동통신, 디스플레이, 반도체 산업의 성장에 핵심적인 역할을 수행했다. 특히 총 1,824억 원이 투입된 차세대 평판 디스플레이 기반 기술 육성사업의 경우 일본이 독점하고 있던 TFT-LCD 시장에서 2001년부터 시장점유율 1위(40%)를 차지했고, 이를 기반으로 세계 시장을 선도하고 있다. 이런 결과가 가능하게 된 것은 정부가 특정 산업을 겨냥하여 과학기술을 집중적으로 육성한 데에 있다. 흩어져 있던 연구 기반 및 인적 자원을 집중시키고 기획 초기부터 세계시장 1위라는 과감한 목표를 설정하고, 또한 당시 참여 기업들이 독자적으로 기술 개발에 투자하는 상황에서 정부가 과잉 투자와 중복 연구개발을 방지하고 개별 기업들 간에 중재자적 조정 역할을 담당했기 때문이라는 것을 부인할 수 없다. 물론 같은 기간 3,565억 원이 투입된 G7 환경공학 기술 개발사업이 당초 목표로 했던 선진국 수준의 기술 역량 확보에는 미치지 못한 결과가 나오기도 했지만 정부가 전략적으로 특정 산업 분야를 선정하여 R&D 자원을 집중화하고 산업 동향과 시장 수요에 대응하는 동태적 운영을 한 결과 단기간 내에 전략산업의 세계 시장 석권이라는 결과를 가능하게 했다.

이렇듯 산업 집중적인 R&D 지원이 긍정적인 면만 가지고 있는 것은 아니다. 국내의 기술 분야별 투자 현황을 보면 정부의 전체 연구개발 투자 중 정보통신 분야가 30.9%, 생명 및 보건의료 분야가 10.5%를 차지하는 것으로 보아 절반에 가까운 투자가 소수 산업에 집중되고 있음을 알 수 있다(과기부, 20005). 산업조직형 R&D 지원은 정책의 효율성 차원에서 더 큰 문제를 가지고 있다. 현재 중소기업의 경쟁력 강화를 위한 기술 지원뿐만 아니라 자금 등 다양한 지원 시책이 운영되고 있으며, 상당한 규모의 예산과 인력이 지원되고 있다. 2003년도 중소기업 지원사업은 중소기업청 등 14개 중앙부처에 의해 241개 사업이 추진되었으며, 이들 사업에 의한 중소기업 지원 규모는 6조 4,817억 원임에도 불구하고 이에 대한 효율적인 운영이 절대적으로 부족하다(이병헌 외, 2005). 중소기업과 벤처기업의 기술 개발 지원에 따르는 가장 큰 문제점은 일회성 지원이라는 것이다. 개발된 기술이 본격적으로 사업화에 이르기까지에 지속적으로 지원이 이뤄지지 않고 단기성 지원이 연차별 성과에만 머무르는 경우가 많다. 미국의 예를 보면 기술사업화에 소요되는 비용은 개발비용의 10~100배가 소요되며 대학 기술의 사업화에 소요되는 기간은 평균 6년임에도 불구하고, 우리나라의 경우 기술의 사업화 과정에서 전주기적인 지원 체계가 없는 실정이다. 또한 기업의 유형을 고려하지 않은 정량 위주의 소규모 지원이 대부분이고 업체 선정에서 기존 기술력을 중심으로 평가한 결과 혁신형 기업 이외의 기업 유형은 상대적으로 소외되는 형편이다.

아울러 정부 연구개발 과제 선정 단계에서 사업타당성에 관한 평가가 미흡하여 고부가가치의 기술 창출에 한계가 있다. 우리나라는 예산이 수백억 원에 이르는 중장기 대형 R&D사업의 타당성조사를 위한 연구기획 기간이 2~3개월에 불과(3천만 원 내외)하다. 미국의 SBIR 프로그램의 경우 300만 달러(30억 원) 투자사업의 사업타당성 조사를 위해서만 9개월간 10만 달러(1억 원)의 예산이 투입되고, R&D 투자비 중 연구기획관리비 역시 미국의 과학재단(5%)와 ATP(12%)와 비교해서 우리는 1.5%에 불과하다. 특히, 단기 과제와 중소기업 지원 과제의 경우에는 많은 경우 연구기획 과정 없이 과제를 선정하여 지원하고 있다(이병헌 외, 2005).

이 연구의 정책적 함의로서는 무엇보다도 정책의 연계성에 대한 논의다. 특정 산업의 육성 혹은 보호를 목적으로 하는 과학기술 지원은 정부 부처 간 기술 개발에서의 중복 가능성 및 협력 체제의 미흡을 야기한다. 특히 정보통신과 생명공학 등 첨단 신흥 산업의 경우에 각 부처가 경쟁적으로 지원을 하다 보니 세부 정책들 사이에 중복 가능성이 크다. 국가 차원의 과학기술 개발과 산업경쟁력 강화는 동전의 양면과 같다. 서로 다른 분야이면서 결코 떨어질 수 없는 유기적인 관계를 가지고 있다. 산업자원부나 정보통신부의 직접적인 산업 관련 지원과 과학기술부의 일부 기초기술 지원 프로그램이 합치된다면 좀더 효율적이 될 수 있을 것이며, 마찬가지로 과학기술부의 지원에서도 다른 부처의 협조와 참여를 통해 산업계의 수요를 면밀히 파악하는 것이 필요하다.

Chapter

09 지역혁신 클러스터의 활용*

제 1 절 지역혁신 체계로서 클러스터

최근 세계 각국에서는 지방정부 차원의 지역혁신 체계의 형성에 많은 관심을 기울이고 있다. 지역혁신 체계는 지역 내 다양한 경제 주체들이 지식과 기술을 창출하고 확산하며 활용하는 과정에서 상호 긴밀하게 협력함으로써 형성되는 일정 지역 내의 연결망을 의미하며, 이러한 지역혁신 체계는 지역의 핵심 산업을 중심으로 어느 정도 완결성을 갖추어 형성되어 있는 체제를 뜻한다(산업연구원, 2001).

이러한 지역혁신 체계에 대한 관심이 증대되는 근본적인 이유는 현대 사회가 차츰 지식기반 사회로 전환됨에 따라 국가 단위보다 지리적 인접성을 갖는 지역 수준의 경쟁력이 매우 중요한 변수로 등장했기 때문이다. 혁신을 유도하는 데에 지리적 인접성이 중요성을 갖게 되는 이유는 지리적·문화적·제도적 의미에서의 인접성이 원거리에서는 연결하기 어려운 특별한 관계에서 생성되는 더 나은 정보와 강력한 인센티브, 여타 그 밖의 생산성에서 이점을 제공하기 때문이다. 이러한 지리적 인접성을 기반으로 지역혁신 체계는 다양한 혁신 주체와 이들 간의 긴밀한 연계로 형성된 네트워크 형태로 구성되어 있다. 혁신 주체는 기업, 공공 및 민간 연구소, 대학, 각종 산업지원센터, 경제단체, 중앙 및 지방정부 등으로 구성되어 있으며, 혁신 주체 간 연계는 기업 간 협력 관계, 다양한 공식 또는 비공식적 네트워크로 구성되어 있다. 지역 내

* 장지호(2006)를 재구성했다.

다양한 혁신 주체들이 네트워크를 통해 새로운 연구개발, 신제품 생산, 행정제도 개혁, 문화활동 등에서 상호 역동적으로 협력하고 학습함으로써 새로운 혁신을 창출하고 이를 통해 지역 발전을 도모하게 된다.

지금까지 세계 여러 나라에서 성공적으로 추진된 지역혁신 체계를 살펴보면 지리적 위치, 제도, 정책 조치 등 특정 지역이 갖는 유리한 점과 불리한 점에 대한 철저한 인식이 있어야 한다는 것과 최초의 혁신활동이 개시되면 혁신 네트워크를 통한 상호 협력과 조율, 지식 이전 등 지역의 학습 과정이 진행되어야 한다는 것이 공통적으로 발견되었다 (복득규 외, 2003). 이 장에서는 지역산업의 집적을 촉진하고 육성하기 위한 대안으로서 지역혁신 체계 구축의 주요 수단인 산업 클러스터(industrial cluster)를 고찰한다. 산업 클러스터가 비슷한 업종의 다른 기능을 하는 관련 기업·기관들(연구개발 기능을 담당하는 대학 및 연구소, 생산 기능을 담당하는 기업, 각종 지원 기능을 담당하는 벤처 캐피털과 컨설팅 등)이 일정 지역에 모여 네트워크 구축과 상호작용을 통해 사업 전개·기술 개발·부품 조달·인력·정보 교류 등에서 시너지 효과를 발휘하는 것임을 이해하며, 세계적으로 가장 대표적인 클러스터 지역인 미국의 실리콘 밸리와 북유럽의 시스타와 울루를 살펴보기로 한다. 아울러 우리나라에서 의욕적으로 추진하고 있는 권역별 산업 클러스터 육성 방안의 내용에 대해 고찰하면서 지역혁신 과정이 효과적으로 추진되기 위한 주요 요인들에 대해서도 논의한다.

제 2 절 클러스터의 개념과 유형화

경제의 세계화가 진전됨에 따라 자본 및 노동과 같은 전통적 생산 요소의 이동성(mobility)이 점증하고 있지만, 분명히 일부 지역이 여타 지역에 비해 생산적 활동을 유지하고 생산 요소를 유치하는 능력에서 우월한 차이가 나고 있다 (Markusen, 1996). 즉, 보스턴에 집중되어 있는 세계적 투자신탁회사, 남부 독일 지역에 몰려 있는 고급 승용차 회사, 그리고 북부 이탈리아의 패션업체의 사례(Porter, 1998)가 그것인데 이는 입지 조건이 갖는 의미, 즉 해당 지역이 제공해 주는 유리한 사업환경에 주목할 필요가 있음을 일깨워 준다. 그러므로 기업과 연관 공급 업체, 그리고 관련 서비스업체들의 지리적 집적으로 정의되는 클러스터(cluster)에 대한 관심이 급증했다.

이렇게 클러스터에 대한 관심이 증가하게 된 직접적인 요인으로는 무엇보다도 지난 20여 년간 나타난 기업을 둘러싼 경쟁환경(competitive environment)의 변화와 관련이 있다(Mytelka & Farinelli, 2000). 그동안 지식을 기반으로 하는 정보 기술의 변화가 지식 기반산업의 급속한 성장을 초래했을 뿐만 아니라 전통적 산업군에조차 영향을 끼쳤으며, 아울러 혁신에 기반한 경쟁이 격화되고, 나아가 이러한 경쟁이 글로벌화됨에 따라 국제무역과 투자에 대한 전통적인 장벽들이 제거되었다. 그 결과, 산업 전(全) 부문에서 경쟁환경에 많은 변화가 초래되었으며, 중소 규모의 기업으로서는 혁신의 지속적 수행에 대한 압력 요인이 심각하게 작용했다. 특히 국가 경쟁력의 강화와 지속적 성장에서 지방의 핵심 역량 개발과 육성 및 활용의 중요성에 대한 인식이 경제협력개발기구(OECD) 내 국가들 사이에 확산되었다(OECD, 1998/1999/2001). OECD는 1990년대 중반 클러스터를 집중적으로 연구하는 '클러스터 포커스 그룹(Cluster Focus Group)'을 만들어 회원국들의 클러스터 사례를 면밀하게 분석하여, 이미 두 권의 보고서를 발표했다(OECD, 1998/1999). 이에 의하면, 클러스터는 "부가가치를 창출하는 생산 사슬에 연계된 독립성이 강한 기업들과 지식생산기관(대학, 연구기관, 지식 제공 기업), 연계 조직(지식집약 서비스의 중개인이나 컨설턴트), 고객의 네트워크"로 정의된다(OECD, 1999). 즉 클러스터는 생산업체뿐만 아니라 부품 공급업체, 금융 컨설팅 등 서비스 제공업체, 협회, 연구소, 대학 등이 일정 지역에 모여 생산, 연구개발, 전략적 제휴 등 상호작용을 하면서 부가가치를 창출하는 집적지를 뜻한다.

클러스터의 유래를 따지기 위해서는 포터(M. Porter)를 거론하지 않을 수 없다. 그는 1990년 『국가의 경쟁우위론』에서 다이아몬드 모델을 통해 클러스터가 국가경쟁력의 핵심 요소라고 강조했다. 포터는 기업의 경쟁 이점을 결정하는 핵심 요소가 개별 기업 밖에 존재한다는 인식에서 출발하여 경제적 경쟁에 관한 클러스터 이론을 발전시켰다. 포터의 이론모델은 전반적인 혁신과 경쟁 잠재력을 결정하는 클러스터의 네 가지 이슈에 대해 설명하고 있는데, ① 특정 산업의 요구에 맞는 노동과 자본, 그리고 물리적·과학적·기술적 하부구조의 유효성, ② 고부가가치 상품 개발을 요구함으로써 혁신 압력을 제공하는 고도로 세련된 지역 고객의 존재, ③ 지적 재산을 보호하고, 투자를 권장하며, 기업활동을 증진할 수 있도록 자극하는 규칙, 인센티브, 경쟁 압력의 체계, ④ 거래비용을 낮추고, 아이디어 교환을 촉진하며, 유연한 아웃소싱 기회를 창출하는 풍부한 공급업자, 전문가와 기술자원 기업, 그리고 관련 산업협회 네트워크 등이 그것이다. 실제로는 주체, 산업, 기능별로 다양한 형태의 클러스터가 가능한데 포터는 대기업 주도형, 대학·연구소 주도형, 정부 주도형 등으로 분류했다.

UNCTAD(1998) 및 미텔카와 파리넬리(Mytelka & Farinelli, 2000)는 지역 내 혁신 주체들을 기준으로 비공식적 클러스터, 공식적인 조직화된 클러스터, 혁신 클러스터로 구분한다. 이들은 각각 기업 규모, 행동 양식, 상호작용에서 다양한 형태를 보인다(이상철, 2003). 저개발국에서 흔히 나타나는 비공식적 클러스터(informal clusters)는 기술 수준이 상대적으로 낮은 영세기업들이 집적되어 이들 사이의 협력과 네트워킹 역시 낮고, 인프라는 빈약하며, 중요한 산업 서비스나 지원기관은 부재한다. 이에 비해 조직된 클러스터(organized clusters)에는 지역 내 기업이 당면한 공동의 문제를 해결할 수 있는 조직구조를 발전시키고 인프라 및 서비스를 확충하려는 공동의 노력이 다양하게 나타난다. 혁신 클러스터(innovative clusters)는 부가가치의 창출 주체인 기업과 이들 기업에 금융자원·인적 자원·부품 소재를 제공해 주는 관련 기관과 지식의 창출 및 확산 주체인 대학·연구기관·사업 서비스기관 등이 상호 밀접하게 연계되어 있다.

OECD(2001)의 연구 결과는 혁신 클러스터가 네 가지 주요 특징이 있음을 보여 준다.

첫째, 클러스터가 속한 경제 체제의 고유한 특성과 역할을 바탕으로 형성되고 발전되었기 때문에 규모나 연계 수준 등이 차이가 나고, 또한 모든 지역에 공통적으로 적용될 만한 이상적인 혁신 클러스터의 전형이 있는 것은 아니다.

둘째, 혁신은 신산업뿐만 아니라 전통산업에서도 가능하고 이를 바탕으로 성숙산업에서도 혁신 클러스터가 형성될 수 있다.

셋째, 제조 기술뿐만 아니라 조직 운영과 마케팅 능력이 클러스터 형성에 중요한 역할을 한다.

넷째, 지식의 원천이 국지적(local), 지역적(regional), 국가적(national), 국제적(international) 등으로 분류됨에 따라 클러스터의 물리적 범위를 정의내릴 수 있다.

이는 바로 어떤 지역이라도 혁신 클러스터가 될 수 있고 동시에 산업집적지라고 해서 자동적으로 혁신 클러스터가 될 수 없음을 말해 준다.

클러스터의 성공 요인 중 가장 중요한 것이 바로 혁신성이다. 즉 성공적 지역 클러스터의 특성에서 높은 수준의 혁신이 나타나게 되고, 글로벌화된 경쟁 체제에서 생존하기 위해서는 지역 클러스터는 혁신적이어야 한다. 혁신성의 개념은 기존 기업의 변화뿐만 아니라 새로운 기업의 창출을 의미한다. 예를 들어 지역의 생산 체제는 기업 수준에서의 전문화를 가능케 함으로써 기업이 핵심적 활동에 집중하고 보조적 활동을 수행하는 주변 기업들로부터 도움을 받게 한다. 이러한 전문화를 통해 상대적으로 구체화된 전문 영역 내에서 기업들의 경쟁력은 제고되며, 그 결과 기업들로 하여금 비용 측면에서의 효율적인 새로운 해결책을 찾을 수 있는 기회를 증가시켜 준다. 기업의 경쟁력 제고는 새로운 기업의 등장 및 성공적 발전의 필수 조건이 되는데, 즉 기존 기업에서 경험을 쌓고 경쟁력을 갖춘 전문가들이 활발히 창업할 수 있는 여건은 성숙되며, 새로운 방식의 사고와 새로운 활동을 북돋우는 지역의 혁신적 분위기 역시 창업을 북돋우는 역할을 수행하게 되는 것이다. 따라서 지방정부는 지역의 혁신적 분위기를 제고할 수 있는 혁신 기반을 조성하고 환경을 정비하는 데 주력하게 된다. 다시 말하면 지역의 클러스터가 성공하기 위해서는 우선 해당 산업 분야의 기업들이 전문화되어 있어야 하며, 기업을 둘러싸고 있는 여러 혁신 주체들(연구개발기관, 노동력, 교육기관, 금융기관)의 활발한 활동이 이뤄져야 한다. 이를 위해 중앙 및 지방정부 역시 클러스터의 형성을 북돋울 수 있는 적극적 역할을 수행해야 한다(Isaksen, 1998). 여기서 바로 클러스터 정책의 중요성이 강조되는 것이다.

제 3 절 클러스터 정책

혁신 클러스터 정책은 “혁신 시스템의 효과적 작동을 촉진함으로써 시스템의 불안정성을 제거하는 수단”(OECD, 1999)임과 동시에 “클러스터가 형성하고 출현하며 성장할 수 있도록 지원하고 촉진하기 위한 일련의 정책적 조치”(Boekholt & Thuriaux, 1999)로 볼 수 있다. 궁극적으로는 산업계와 연구계의 연계를 강화해 산업의 경쟁력을 강화하는 것이다. 이러한 클러스터 정책은 정책개입의 요인에 따라 다양한 형태의 대응 방향과 정책 수단이 나타날 수 있다.

클러스터 정책은 지역 내 클러스터가 경쟁력을 갖출 수 있도록 필요한 정책 수단이나 조치를 말하는데, 이는 단순히 특정 산업 분야에서 상호 관련 있는 기업과 단체들이 지리적으로 집중되어 있는 상태를 만드는 것이 아니다. 클러스터의 경쟁력은 클러스터를 구성하는 내외 주체가 유기적으로 혹은 전략적으로 얼마나 강력하게 결합되어 있느냐에 달려 있다. 이러한 의미에서 클러스터 정책이란 클러스터와 관련된 주체들 스스로 할 수 없는 영역이나 혹은 할 수 있으나 개별 주체들의 노력으로는 효율성이 떨어지는 부분을 보강하는 데 필요한 정책들이다(산업연구원, 2001). <표

〈표 9-1〉 OECD 국가들의 산업 클러스터 형성과 관련된 정책적 논의

국가	정책 구상/기본 방향
미국	• 지역 핵심집단 내에서 논의 • 지역개발계획
영국	• 지역개발 도구로서 산업군집 • 촉진자 및 중개자로서 정부 • 지역산업군집 프로그램
스웨덴	• 기술 구매 • 연구개발 협력의 촉진, 연구센터 • 전략적 대화 촉진을 위한 산업 체계 프로젝트 • 잠재적인 혁신군집 확인을 위한 기술 전망 연구
핀란드	• 경제개발 도구로서 산업군집 • 국가경제의 경쟁 우위 원천 확인 • 경쟁정책과 구조개혁 • 선진화된 생산 요소의 창출 • 군집 프로그램, 전략 연구, 탁월(excellence) 센터
네덜란드	• 중개 및 네트워크 정책 • 공공 자문 및 전략적 정보의 제공 • 공공 구매정책의 개선 • 규제 완화 및 경쟁정책
호주	• 기업 간 네트워크의 형성 촉진을 위한 시책

출처: OECD(1998)에서 재구성.

9-1>은 최근 OECD 국가들의 산업 클러스터 관련 정책을 간략히 나타낸 것이다. 표에서 알 수 있듯이 각국의 중앙정부는 집적을 위한 입지 개발 등에 직접 개입하지 않고 대부분 기업 간 및 기업과 관련 기구 간의 네트워크 형성에 정책의 주안점을 둔다. 특히 지식경제에 대한 논의가 활성화되고, 지식 기반경제로의 이행이 국가적 관심사로 대두됨에 따라 네트워크의 형성은 선진국 산업경제정책의 가장 중요한 화두의 하나로 대두되고 있다.

클러스터 정책은 기존의 국가 수준의 산업정책, 과학기술정책, 지역정책 등과 교차되며, 궁극적으로는 산업의 경쟁력을 강화하는 것이 주요 목적이다. 클러스터 정책은 다양한 정책들을 통합하여 한 묶음으로 추진함으로써 정책의 복잡성을 감소시키고 동시에 여러 정책들을 상호 조정하는 기능을 수행한다. 클러스터 정책은 기업, 대학, 연구, 공공 부문 등 서로 다른 영역의 상호작용을 강화하여 학습을 증진시키고자 하

는 국가 혁신정책이라고도 볼 수 있다. 초기에 포터는 클러스터의 경쟁력을 강화하는 데 정부가 할 수 있는 역할은 거의 존재하지 않는다고 주장했다(Porter, 1990). 그러나 이러한 주장이 정부가 주도적으로 인프라를 구축하고 그것이 기업이 활동하는 데 원활하게 작동할 수 있는 여건을 개선할 수 있도록 하는 것을 반대하는 것은 아니다. 더닝(J. Dunning)은 포터의 클러스터 경쟁력 개념을 기초로 정부가 취할 수 있는 정책을 생산 요소, 연관 산업, 기업전략 및 경쟁구조, 수요 시장에서의 요소들을 중심으로 서술했다(Dunning, 1997). 생산 요소 측면에서 정책 수단으로는 클러스터와 관련된 각종 제도적인 정보를 제공하고, 운송·통신 등의 인프라를 조성하고 전문교육 프로그램을 제공하는 것이다. 또한 클러스터 내 지역 대학과의 기술 개발 협력을 유도하고, 조세정책을 통한 일시적인 비용 절감 조치를 취하며, 외국인 직접 투자 및 외국과의 제휴를 통한 외국 자산을 유치한다. 연관 산업 측면에서 정책 수단으로는 클러스터 구성 주체들을 위한 집회 장소를 제공하고, 하청 작업 수주 등의 외국인 투자를 유치하고, 국제적 교류를 촉진한다. 기업 전략 및 경쟁구조 측면에서는 수출을 촉진하고 엄격한 경쟁정책을 집행한다. 수요 시장에서 경쟁 요소 측면에서는 유망한 구매자를 발굴하는 것이다.

World Development(1999)는 저개발국에서 수행된 클러스터 정책의 몇 가지 주요 특징을 언급했다.

첫째, 행정적인 경계 및 산업 구분은 종종 올바른 클러스터 정책과는 일치하지 않는다.

둘째, 다양한 종류의 클러스터가 존재한다. 거의 활력이 없는 숙련된 클러스터가 있는가 하면, 세계 시장으로 진출하는 활력적인 클러스터도 있으며, 중간적인 경우들도 많다.

셋째, 클러스터 내에는 크고 작은 기업들이 혼재하는 경향이 있어서 클러스터가 발전하면서 클러스터 내에 기업들의 성장에 차별화가 진행되는 경향이 있다.

넷째, 클러스터의 성장에 외부적인 연계 및 지방정부의 거버넌스(governance) 시스템은 중요한 영향을 미친다.

다섯째, 클러스터 내 중견 규모 및 대기업의 역할이 중요시되어, 대개의 성공적인 클러스터의 경우 소기업들의 네트워크를 대기업이 주도적으로 통제하고 있는 모습으로 나타난다.

여섯째, 성장이 지연된 지역을 위한 클러스터 정책에서 중요한 것은 사용되지 않은 지역자원(금융, 인적 자원)의 유동화와 이 자원의 효율적인 사용이다. 이를 통해야만 궁극적으로 산업의 특화와 투자의 효율화가 진행되기 때문이다.

마지막으로, 클러스터 내에 공동 연구 및 협업이 발생하여 클러스터의 발전을 가져오기 위해서는 유통 네트워크와 효율적인 신뢰 시스템이 작동하는 것이 필수적이다.

제 4 절 해외에서의 우수 클러스터

클러스터의 이점이 알려지면서 세계는 클러스터 경쟁에 돌입했다. 미국의 국가경쟁력위원회는 미국 전역을 40개의 산업 클러스터로 구분하는 '클러스터 매핑 프로젝트(Cluster Mapping Project)'를 진행했으며, 영국은 2001년 영국 전역을 154개의 클러스터로 구분한 클러스터 지도를 완성했다. 일본 역시 2000년부터 지역산업 회생정책의 일환으로 '산업 클러스터 계획'을 시행하여 현재 지역별로 추진되고 있는 19개 프로젝트에 3,700여 개의 기업과 190개의 대학이 참여하고 있다. 이 밖에도 싱가포르의 '원노스 프로젝트(One-North Project)', 아일랜드의 '디지털 허브(Digital Hub)' 등 세계 각국은 클러스터 형성을 통한 경쟁력 강화에 적극적으로 나서고 있다(국가균형발전위원회, 2004). 각 국가에서 특히 신산업의 대두가 클러스터의 형성을 배가했다. 최근의 IT산업이나 바이오산업의 경우 기술 개발에 막대한 연구개발 자금을 필요로 하는 동시에 산업 형성 초기 단계에서 실패할 가능성도 높다. 이러한 고위험-고수익형의 산업구조 하에서 클러스터에 모인 다양한 구성 주체들이 연구개발 자금과 실패 위험을 분담하고 동시다발적으로 여러 가지 기술을 개발함으로써 개발 속도를 높일 수 있는 것이 효율적이다. 미국의 실리콘 밸리가 IT혁명을 주도한 것도 이러한 클러스터의 장점을 활용했기 때문이고, 북유럽의 소국인 스웨덴과 핀란드가 세계 무선통신 시스템의 표준을 주도하고 있는 것도 클러스터의 이점과 무관하지 않다. 여기서는 세계적으로 클러스터가 가장 잘 발달한 이 두 지역에 대해 알아본다.

1 미국의 실리콘 밸리

미국 실리콘 밸리 지역의 실리콘 밸리 네트워크(Silicon Valley Network)의 설립과 운영은 지방정부와 지역 경제사회 간의 긴밀한 협력 관계를 구축하고 활용하는 대표적인 예다. 실리콘 밸리 네트워크는 실리콘 밸리가 지속적인 글로벌 경쟁력을 갖춘 지역으로 발전할 수 있도록 1992년 설립된 비영리 민간단체로 지역 내 비즈니스, 정부, 교육기관 및 여러 지역단체들이 참여하여 지역의 경제 활성화와 삶의 질 향상과 관련된 주요 이슈의 도출에 협력하고 있다. 이들이 추구하는 주요 목적으로는 혁신적인 경제 체제를 유지하고 지역 내의 생산성 향상을 통해 번영을 추구하며, 환경보호 및 거주 환경의 개선을 유도하고, 지역 내 개인들에게 다양한 기회를 제공하는 것이다. 실리콘 밸리 네트워크는 지역 내 전문가들과의 긴밀한 협력을 통해 실리콘 밸리 내의 경제, 교육 등에 대한 다양한 자료와 의견을 개진하고 이를 지역 발전의 기본 방향으로 활용한다. 최근에는 실리콘 밸리 지역의 미래 비전을 담은 'Silicon Valley 2010'을 통해 실리콘 밸리를 경제, 환경 및 지역사회 구축 등에 대한 구체적인 목표와 방향을 제시하고 있다.

세스니언(Saxenian, 1994)은 미국 서부의 실리콘 밸리와 동부 보스턴 지역의 Route 128을 비교하면서 지역 기반의 네트워크 시스템에 주목했다. 이 연구 결과에 의하면 Route 128 지역의 기업들은 필요한 업무나 활동의 대부분을 조직 내부에서 완결함으로써 거대한 공룡기업으로 성장하는 모델을 추구한 반면, 실리콘 밸리의 벤처기업들은 지역 내 여러 기업들과 관련 이해당사자들과의 긴밀한 협력 관계를 구축하고 이들과의 상호학습(collective learning)과 변화에 대한 유연한 대응이 가능한 지역 기반 네트워크 중심의 산업 시스템(regional network-based industrial system)으로 발전해 왔다. 실리콘 밸리 지역 구성원들 간의 긴밀한 사회적 네트워크는 지역 내의 기업들에게 항상 새로운 변화에 대한 다양한 실험과 도전정신을 고취하고 기업가 정신을 유지하는 원천이 되었다. 도전정신과 열린 문화를 바탕으로 기업의 역사와 규모에 관계없이 네트워크를 형성하여 구성 주체들의 뛰어난 혁신 능력과 실패에 대한 관용 및 용이한 이직 등으로 인해 환경 변화에 유연하게 대응할 수 있게 했다. 또한 다양한 공식 또는 비공식적 연계를 통해 끊임없이 변화하는 시장과 기술에 효과적으로 대처할 수 있는 거대한 학습 시스템을 형성함으로써 환경 변화에 신속하고 효과적으로 대응할 수 있는 유기적 협력 시스템을 구축하고 있다.

실리콘 밸리의 주요 구성 주체는 현재 미국에서 가장 높은 가치를 가진 '기업집단'으로 일컬어지는 벤처기업과 벤처 캐피털, 대학 및 연구소, 법률, 회계, 헤드헌팅, 컨설팅을 제고하는 전문 서비스 회사 등이 있다. 실리콘 밸리에 본사를 둔 상장 기업들의 시가 총액은 1998년 당시 7,430억 달러에 이름으로써, 같은 시기 월스트리트 금융, 증권회사군의 시가 총액 5,140억 달러를 앞섰다. 벤처 캐피털에 의해 투자된 자본의 총계 역시 비약적인 발전을 거듭했는데, 1990년의 23억 달러가 1998년에는 1백 25억 달러에 달하게 되고, 벤처 자본을 공급받는 회사의 수도 1989년 504개에서, 1990년 1,176개와 1998년 1,824개로 증가했다.

스탠퍼드와 UC 버클리 등의 연구 중심 대학은 연구실에서 개발된 기술의 산업 이전, 공학과 비즈니스를 전공하는 학생들을 교육시켜 산업으로 내보냄으로써 인적 자원 축적과 기존 인력에 대한 교육 기회 제공 등의 역할을 통해 실리콘 밸리의 발전에 지대한 공헌을 했다. 실리콘 밸리 지역의 회계사와 변호사는 신생 첨단기업의 자금줄인 벤처 투자가들과 긴밀한 공조 관계를 형성하여 재무 및 법적 문제들을 증권거래위원회(SEC) 규정에 맞게 조정함으로써 기업 공개가 지연되거나 불발하는 사태를 미연에 방지한다. 헤드헌터들은 인력과 직장을 효율적으로 매칭시킴으로써 새로운 인력시장을 형성했으며, 컨설턴트들은 홍보와 마케팅, 전략적 경영 등의 분야에서 전문지식을 원하는 기업들을 위해 특화된 서비스를 제공한다.

실리콘 밸리 클러스터가 융성하게 된 것은 이러한 민간 구성원들의 유기적인 활동뿐만 아니라 실리콘 밸리 발전을 위해 주로 기업에 유리한 법규를 제정하는 등의 간접적인 방법과 재정 지원과 초기 개발 지원 등의 직접적인 방법을 병행한 미국 정부의 역할에 있다(Lee et. al., 2000).

첫째, 정부는 벤처기업이 제대로 운영되기 위한 제도적 인프라를 구성하는 데 주력했다. 자산매각소득 조세율의 상한치를 1970년대의 49%에서 1978년 28%로 낮추고 1981년 20%로 재조정함으로써 벤처 투자의 매력을 한층 높이고, 벤처 기업의 일반 투자자들이 해당 포트폴리오 기업의 이사회에 들어가는 것을 허용하고, 유한회사의 투자자금에 대한 책임을 제한했다. 한편 '고용은 고용자나 노동자의 선택에 달려 있다'는 노동규칙은 실리콘 밸리 지역의 노동력 유동성의 증대에 일조했다. 이것은 노동자 고용이 사실상 보장되는 나라들과는 뚜렷이 다른 차이이며, 이를 통해 노동시장의 유연성과 순환 속도를 끌어올려 적재적소에 필요 인력이 들어갈 수 있도록 했다. 또한, 특허제도의 개정으로 더 많은 지적 재산권이 보호받게 되었으며, 이는 기술혁신을 장려하는 중요한 동인으로 작용했다.

둘째, 미국 정부는 실리콘 밸리 성장 초기에 고객으로서 중요한 역할을 했다. 1950년대 후반과 1960년대 초반 실리콘 트랜지스터의 주요 시장은 공군의 항공 전자공학 및 미사일 유도 시스템이었다. 공군의 시스템 계약자인 노스아메리칸 항공의 자동제어본부와의 긴밀하고 생산적인 상호 관계를 통해 페어차일드는 그런 거래를 통해 갈수록 중요성이 증대되는 실리콘 트랜지스터 분야에서 선도기업의 위치를 확보할 수 있었다. 끝으로, 정부는 연구와 초기 시스템 개발을 위한 자금 지원자의 역할을 수행했다. 반도체와 전기통신을 포함한 전기 엔지니어링 분야에 1970년대부터 연간 10억 달러의 연구자금을 지원했으며, 컴퓨터공학에 대한 보조금은 1976년의 1억 8천만 달러에서 1995년 9억 6천만 달러로 늘었다. 그런 보조금의 수혜자는 정부 관리들이 임의로 선정하는 것이 아니라 각 개인과 팀 간의 경쟁을 통해 선발되었다. 아울러, 1958년 중소기업법이 시행되면서 정부기금 형식의 재정 지원과 함께 중소기업투자공사(SBICs)의 민간기금이 들어오기 시작했다. 이후 실리콘 밸리 지역에 다양한 민간기금이 형성되어, 법 시행 초기 가장 보편적으로 사용된 벤처기금 조성 수단인 SBICs 이외에도 1960년대 후반부터 다양한 형태의 합자회사가 널리 퍼졌다. 물론 이렇게 다방면으로 지원을 수행했음에도 불구하고 미국 연방정부는 결코 지역 내의 기업 경영에 직접 관여한 적은 없었으나, 흔히들 미국의 실리콘 밸리와 벤처산업이 정부의 지원 없이도 발전할 수 있었을 것으로 생각하는 것은 이와같이 클러스터의 형성 초기 때부터의 정부의 역할을 살펴보면 매우 잘못된 오해임을 알 수 있다.

2 유럽의 시스타와 울루

우리나라와 같이 대기업의 경제 비중이 높은 스웨덴과 핀란드에는 각각 스톡홀름 시의 시스타(Kista)와 울루(Oulu) 지역에 세계적으로 높이 평가받고 있는 혁신 클러스터가 형성되어 있다. 스웨덴은 작은 국가임에도 불구하고 1인당 GDP는 2만 5천 달러가 넘는 선진국이다. 이렇게 스웨덴이 높은 경쟁력을 유지하는 이유는 북유럽의 실리콘 밸리로 꼽히는 시스타 사이언스 파크(Kista Science Park)가 산학 협동과 대기업·중소기업 간 협력 체계의 역할을 하여 막대한 연구개발 투자와 교육 투자를 가능하게 한 데에 기인한다.

두 차례에 걸친 석유 파동과 이에 따른 불황은 스웨덴의 경제적인 측면뿐만 아니라 사회적인 측면에서도 큰 영향을 미쳤다. 심각한 경기 침체를 겪은 스웨덴은 직장과 문화공간, 주택이 공존하는 자족형 주거단지에 대한 중요성을 인식하게 되었으며, 또한 경기 불황으로 인한 높은 실업률로 기업 유치의 필요성이 증대되었다. 이러한 변화는 스톡홀름 시로 하여금 단순한 기업 유치만이 아니라 지역의 경쟁력 강화에도 관심을 가지게 했다. 이러한 대안으로 나온 지역이 스톡홀름 시 주위의 5개 지방정부가 자팔라 협정을 체결하여 구입한 시스타의 자바 지역이었다.

1991년 에릭슨 반도체 공장의 시스타 지역 유치는 신성장산업으로서의 IT산업을 본격적으로 육성하는 계기가 되었다. 특히 1993년에 새로운 통신법이 스웨덴 국회에서 통과되고, 스톡홀름 시가 통신 인프라 구축을 위해 설립한 Stokab은 세계적인 이목을 집중시켰다. 광케이블로 구축된 Stokab의 통신망은 통신비용을 낮춤으로써 IT 및 미디어 회사들의 경쟁력을 강화했다. 아울러 스톡홀름 정보 서비스(SIS)의 설립, 통신과 바이오 기술에서의 국제적 명성이 있는 전람회, 국제회의 등을 유치하는 등 기존의 도시 운영 차원을 벗어나 적극적인 도시 경영 차원으로 확장했다. 향후 스톡홀름 시는 2010년까지 과학도시로의 육성계획을 수립하여 시스타 사이언스 파크를 시스타 과학도시로 육성하기 위해 스웨덴 왕립공대 및 기업계가 공동으로 계획을 수립・추진 중에 있으며, 시스타 과학도시가 현재의 무선 시스템에서 주도적인 역할을 계속적으로 유지할 수 있도록 이동통신 부문, 무선 시스템, 광대역 통신 시스템에 초점을 두어 이들 3개 부문을 중점적으로 육성시킨다는 목표를 가지고 있다.

스웨덴의 시스타 사이언스 파크의 가장 큰 성공 요인으로 꼽히는 것은 스톡홀름 시정부의 기업가 정신에 따른 적극적인 경영 마인드다. 스톡홀름 시의 적극적인 기업가적인 마인드에 따른 기업 유치 회사인 SML, 정보서비스 기관인 SIS, 통신 인프라 구축 회사인 Stokab 등의 설립이 현 시스타 사이언스 파크의 형성에 결정적인 역할을 담당했다. 또한, 산학협력을 통해 대학에서 배출된 우수한 인력과 개발된 기초과학 연구가 기업 경영에 바로 활용되면서 상호 시너지 효과를 높이는 기반이 만들어져 있으며, 고급 인력 간의 국제교류 활성화와 시스타 지역 내 기업들의 첨단장비를 사용한 공동 연구 및 실험은 살아 있는 지식 습득에 크게 기여했다. 입지 및 여건 조성에서도 스톡홀름 시에서 15분 거리에 있는 근접성과 금융센터와의 인접성은 벤처기업의 탄생과 성장에 크게 기여했고, 국제공항과의 인접성도 국제 교류 활성화에 도움을 준 것으로 지적된다.

클러스터를 실제 정책에 반영하고 있는 또 다른 북구의 나라는 핀란드다. 1990년대 들어 핀란드는 러시아 시장 붕괴와 수출 감소, 은행 부실 등으로 경제 위기를 맞았다. 이때의 금융 위기를 가까스로 극복한 핀란드 정부는 새로운 국가 산업전략을 제시하는데, 이의 근거가 된 것이 핀란드경제연구소(ETLA)의 조언 때문이다. ETLA는 세계 2위의 임업국가인 핀란드의 산업구조를 정보통신 등 첨단산업 중심으로 개편해야 한다고 조언했고, 이에 따라 국가산업정책의 중심을 기존의 '산업별 접근 방식'에서 '클러스터 접근 방식'으로 전환했다. 8개의 산업별 클러스터를 선정한 핀란드 정부는 이 가운데 '정보통신 클러스터'를 미래의 성장 엔진으로 집중 육성했다.

그 결과 현재 핀란드에는 울루 사이언스파크(Oulu Science Park)와 오타니에미 사이언스 파크(Otaniemi Science Park)로 대표되는 정보통신 클러스터들이 형성되어 있고, 그 결과 정보통신산업이 매년 25%씩 성장함으로써 핀란드가 경제 위기에서 벗어나는 데 결정적으로 기여했다. 울루(Oulu)는 핀란드의 수도 헬싱키에서 북쪽으로 5백㎞ 떨어진 인구 12만 명의 작은 도시다. 지방의 작은 도시인 울루가 국가의 성장 엔진이 된 것은 울루대학교와 국가기술연구센터(VTT), 그리고 노키아의 영향이 절대적이었다. 울루대학교는 1958년 설립되었고, VTT는 1980년대에 이 지역에 들어왔으며, 노키아는 1985년 입주했다. 핀란드 정부에 의해 적극적으로 구축된 클러스터 내에서 민간기업과 공동으로 핵심 기술을 개발하면 노키아 등의 기업이 이를 상용화했고, 생산은 철저히 아웃소싱(외부 발주)을 통해 이뤄졌다. 노키아는 클러스터의 이런 구조를 활용해 세계 1위의 휴대전화 생산업체가 되었으며, 그 후 컴팩·후지쓰·IBM·에릭슨 등 외국 기업들의 진출도 활발해졌다. 외국 기업이 핀란드의 클러스터에 입주하는 것은 효율적인 연구개발 시스템 때문이다. 고급 정보와 인력을 얻을 수 있고, 앞선 기술과 생산 시스템을 배울 수 있었던 것이다. 울루는 향후 IT 기술을 바탕으로 한 기술 융합형 클러스터로 변신하여, 2006년에 유럽 북부의 IT 중심지로 성장하고, IT는 물론 바이오·콘텐츠·미디어 등 5개 사업 분야에서 2만 2천 개의 첨단 일자리를 창출한다는 '비전2006' 프로젝트를 추진해 왔다.

핀란드 정부는 직접 클러스터를 만들지는 않았으나, 클러스터가 형성될 수 있도록 인프라를 확충하는 데 힘을 쏟았다. 즉, 연구개발 예산을 클러스터별로 분배하면서 기업-대학-연구소 간의 협력 채널을 만들도록 유도하여 기술은 공유하고, 특히 중소-벤처기업과 협업하도록 했다. 1990년대 초반 노키아에서 인력 부족을 호소하자 정부는 이공계 대학 정원을 두 배로 늘려 애로 사항을 해결하는 등 정부는 중재자 또는 보조자의 기능을 담당했다. 아울러 당시 핀란드 정부는 기술개발센터(TEKES)를 만들어 민간과의 공동 연구에 대한 관리와 감독을 수행했다. 핀란드의 국내총생산(GDP) 대비 연구개발 투자 비중이 세계 2위 수준인 3.1%대로 뛰어오른 것은 사실상 이 덕분으로, 대학교의 40%, 연구소의 25%가 산학협동 관계를 구축했다. 그 결과 1980년대까지만 해도 비중이 미미했던 휴대전화. 교환기 등 정보기술(IT) 제품의 수출 비중이 최근에는 30%대로 성장, 제지와 펄프산업을 제치고 1위로 부상했다.

스웨덴 시스타와 핀란드 울루의 지역혁신 체계 구축 과정에서 정부의 정책대응은 우리나라 정부의 전략을 수립하고 추진하는 데 많은 점을 시사한다. 무엇보다 기업가적 이념에 따라 시대의 흐름을 읽고 신축적인 대응과 적절한 대응책을 마련하는 것이 중요하다는 점이며, 또한 지역 혁신 체계에서 공통적으로 중요한 요소로 효율적인 산·학·연 협력 체계가 우선적으로 지적되고 있으므로, 이에 대한 중앙정부와 지방정부 역할의 중요성이 증대되고 있다.

제 5 절 우리나라의 클러스터 정책

선진국은 앞에서 살펴본 바와 같이 이미 생산과 혁신 기능이 복합된 클러스터 구축 경쟁에 진입했다. 우리나라에서도 역시 1997년 외환 위기 이후 국내 산업 여건이 변화됨에 따라 지역 내 클러스터의 형성을 필요로 하고 있고, 이러한 변화에 의거하여 본격적으로 클러스터 정책을 추진하고 있다. 2002년 구 공업배치법을 산업집적활성화법으로 개정했고, 지역혁신 체제의 체계적 추진을 위해 2004년 국가균형발전특별법을 제정하고 국가균형발전 5개년계획을 수립했다. 또한 혁신 지향적인 지방대학을 육성하고, 지방 R&D 투자를 27%에서 31%로 증대하고, 지역전략산업의 기반을 확충하는 등 지역 혁신역량 강화를 위한 다양한 시책을 추진하고 있다. 여타 선진국과 마찬가지로 산업의 특성과 지역 여건을 고려하여 성장산업을 지역별로 특화하고 집적하는 방안으로서 한국 정부도 클러스터 활성화 대책을 제시했다.

이의 구체적인 일환으로 2004년 산업자원부는 '산업집적활성화 기본계획'을 발표하고, 여기서 성장 유망산업의 지역별 발전 방안을 구상했다(산업자원부, 2004). 기존 산업집적지를 혁신 클러스터로 전환하고 신규 유망산업 집적지를 적극 육성하는 것이 가장 큰 골격인데, 수도권, 포항, 울산과 같은 기존 산업집적지는 연관 산업의 집적, 업종의 구조고도화, R&D 및 기업 지원 서비스의 확충을 통해 혁신 클러스터로 발전시키고, 대규모 투자계획, 지역산업 진흥사업 등을 통해 IT·BT 등 첨단 신규 유망 산업집적지를 파주, 오창, 오송, 광주, 강원 등에 육성하는 것이 계획이다. 즉, 주요 산업별로 지역별 특화 및 연계를 촉진하는데, 성장 유망산업별로 집적지 분석, 입지 여건 및 지역 내 혁신 역량 등을 고려하여 지역별로 세부 품목을 특화한다는 것이다. 전자산업을 예로 들면, 경기지역은 반도체와 LCD, 인천은 전자부품, 경북은 디스플레이와 통신기기, 충북은 반도체, 충남은 디스플레이, 강원은 의료기기, 광주는 광(光)산업 등이다. 산업의 지역별 연계 방안도 함께 추진하는데 유사 품목 간에 지리적 인접성을 활용하여 인력 양성 및 공동 기술 개발 등을 추진한다. 무엇보다도 기술 융합 및 전후방 산업 간의 가치 사슬을 고려하여 협력 방안을 강구하는 것을 중요시했다. 지역별 특화 외에 광역 차원에서의 클러스터 간 연계를 통해 전국 차원에서 국제적 경쟁력을 갖는 클러스터로 발전시키는 계획을 가지고 있다. 경남(기계)·울산(자동차)·부산(비즈니스 서비스)를 연계하는 초광역 클러스터와 천안·오송·오창·대덕밸리를 묶는 충청권 IT·BT 클러스터, 포항·대구·구미를 연결하는 부품소재 클러스터 등이 시행 가능한 예다.

구체적 지역 발전 방안으로는 수도권을 금융·물류·첨단산업 간 상승작용을 통한 동북아 경제 중심지로 육성한다는 목표 아래, 서울은 정보·비즈니스 서비스 등 지식기반 서비스 산업의 혁신 창출 거점으로, 인천은 경제자유구역(송도신도시) 중심의 지식정보산업·물류 거점으로, 경기는 국제경쟁력을 갖춘 반도체·LCD 등 IT산업의 집적지로 계획하고 있다. IT·BT 분야의 신기술·신산업 창출 기지로서의 충청권은 대덕단지 R&D 역량의 산업화를 통한 기술 주도형 벤처기업의 산실인 대전과 오송·오창단지의 양대 축을 활용한 IT·BT의 생산·연구 중심지로서의 충북, 천안-아산밸리를 중심으로 디스플레이산업의 집적지로 부상할 충남으로 분류할 수 있다. 서남권은 서해안 시대에 대비한 대중국 진출 거점으로서 광주는 첨단산업단지를 중심으로 한국 광(光)산업의 메카로 도약하고, 전북은 군장·군산 중심의 물류·자동차부품 대(對)중국 진출기지로, 전남은 석유화학·철강 등 기존 산업 고도화와 생물 등 신(新)산업 균형발전 기지로 육성된다. 동남권은 주력 기간산업의 구조고도화 및 관련 부품·소재산업의 중심으로 발전시키는데 자동차·조선·기계 등 부품 소재 분야에서 동남권의 혁신창출 거점인 부산과 첨단 IT기술을 융합한 세계적 자동차산업의 집적지인 울산, 기계·조선 등 기존 집적지의 구조고도화를 추진할 경남으로 나눠진다. 대구·경북권에서는 대구의 경우 섬유산업의 구조고도화와 생물·메카트로닉스 등의 신산업이 육성되고, 경북은 포항·구미 등에 철강·전자부품 집적지의 구조고도화가 추진된다. 끝으로 강원·제주권은 생물·의료기기 등의 신산업 육성의 발판이 마련된다. 강원은 춘천·원주·강릉의 3각축 중심으로 생물·의료기기·신소재의 집적이 촉진되고, 제주는 관광자원을 활용하여 친환경 생물산업의 신규 집적이 촉진된다.

각 지방정부 차원에서도 해당 지역의 산업집적을 유도하고 기업들을 지원하기 위한 정책을 간접 금융 지원, 직접 금융 지원, 기술 지원, 창업 지원, 입지 지원, 지역특화산업 육성 등으로 구분하여 다방면으로 추진하고 있다. 즉, 지원의 효과가 개개의 기업 단위로 이뤄지는 융자나 신용보증과 같은 간접 금융 지원이나 지원의 효과가 지역 내 기업 전체로 나타나는 직접 금융 지원 등을 포함하여 지역기술혁신센터

(TIC)와 지역협력연구센터(RRC)와 같은 기술 지원을 활발히 병행하고 있다. 지방정부의 지역 내 클러스터 육성정책은 중앙정부 부처들이 부처별 주력산업의 육성을 위한 클러스터 육성을 추진한 것과는 별도로, 지방경제 활성화의 측면에서 해당 지역 내 기업들의 집적과 육성을 목표로 추진하고 있다. 그러나 기본적인 재원과 자원 동원 능력이 중앙부처에 비해 취약하기 때문에 지금까지의 지방정부의 역할은 중앙정부에 비교해서는 소극적이었다. 기본적으로 실리콘 밸리 육성에서 캘리포니아 주정부와 실리콘 밸리 네트워크라는 지역조직의 역할을 생각한다면, 현재 우리나라 지방정부가 벤처기업 육성에 대해 노력하는 정도는 미약한 수준임을 부인할 수는 없다. 더 큰 문제로 지적될 수 있는 것은 우리나라의 경우 지역을 중심으로 하는 종합적인 클러스터에 대한 발전 비전이 부재하다는 것이다. 지방자치단체의 여건을 고려한 지역산업 발전 비전 없이 지방자치단체의 정치적 요구에 따라 임기응변적으로 대응하고 있으며, 앞에서도 언급한 기존 산업집적지 역시 혁신 창출 능력이 미흡한 실정이다. 기업·대학·연구소 등 혁신 주체를 연결해 주는 거점 중개기관이 없어 결국 지역 내 네트워크가 부재한 결과를 나타나게 한다. 아울러, 지역산업 발전정책을 체계적으로 기획하고 지역 내 다양한 이해 관계를 조정하는 총괄 추진기구가 부재하여 효율적인 지역 산업집적을 저해하고 있다. 즉, 각 부처와 지방정부가 각기 경쟁적으로 지역 클러스터 육성정책을 펼치다 보니 지역 여건이나 산업 수요가 체계적으로 반영되고 있지 못한 실정이다. 권영성 외(2000)가 밝혔듯이 중앙정부 차원에서만도 산업자원부, 중소기업청, 과학기술부, 정보통신부 등이 각 지역거점을 활용하려는 유사 정책이 중복적으로 되풀이되고 있다. 산업자원부의 신기술창업보육센터사업과 중소기업청의 창업보육센터지원사업, 과학기술부의 신기술창업지원단사업 등이 지역 내에서 창업을 위한 정보 제공과 교육이라는 기능적인 면에서 중복되고 있으며, 기초인력 양성 측면에서도 과학기술부와 정보통신부의 사업들이 중복됨을 알 수 있다.

제 6 절 결론: 지역혁신을 위한 클러스터링

날이 갈수록 더욱 치열해지는 국가 간 경쟁 시대에서 지역 내에 잠재되어 있는 혁신 요소들의 긴밀한 연계인 지역혁신 체계의 중요성은 필수불가결해지고 있다. 이런 상황 속에서 1990년대 중반부터 미국 실리콘 밸리 진화 과정이 회자되면서 클러스터에 대한 관심이 증폭되고 이후 경제협력개발기구(OECD)는 클러스터를 국가혁신 체계 항목에까지 포함시키게 되었다. 이때부터 클러스터에 대한 본격적인 정책적 관심이 증대되었는데 불과 몇 년이 채 지나지도 않은 기간 안에 전 세계적으로 1천 2백여 개에 이를 정도로 클러스터는 급증하고 있다. 오늘날 클러스터는 기업과 대학, 연구소, 금융 · 법률 · 회계 등 서비스 기관들이 일정 지역에 모여 정보 교류와 지식 창출의 네트워크를 형성함으로써 시너지 효과를 내면서 지역경제와 국가 산업경쟁력을 동시에 활성화하는 가장 효과적인 전략이라고 평가된다.

미국의 EDA(1997)에서는 산업 클러스터 육성 시책을 추진하기 위해 구체적으로 동원, 진단, 협력, 감독 등의 4단계의 접근 방법을 제시하고 있다. 시책을 추진하기 위해 필요한 다양한 기관들 간의 흥미를 유발하고 참여를 유도하는 동원(mobilization) 단계를 거쳐, 산업 클러스터와 산업 클러스터의 기능을 지원하는 경제적 기반시설을 분석 · 평가하는 진단(diagnosis) 단계에 이르고, 그 후 수요 측면의 관련 주체인 클러스터를 구성하는 기업과 공급 측면의 관련 주체인 공공 및 민간 지원기관들을 소집하여 서로가 공유하는 문제점을 해결하기 위해 필요한 조치와 행동의 우선순위를 결정하는 협력 단계로 나아간다. 마침내는 시책의 실행을 지속할 수 있는 조직을 구성하고, 사업의 추진에 대해 지속적으로 감독하는 단계에서 클러스터가 완성된다.

물론 각 단계별 클러스터의 형성은 정부 주도가 아닌 시장 주도에 의해야 한다는 전제가 있다. 지역 산업 클러스터에 대한 각국의 접근은 집적이 기업에 의해 촉진되고, 사업을 중심으로 이뤄져야 한다는 점을 분명히 하고 있다. 정부의 정책은 직접적인 개입이 아닌 간접적인 유도 방식으로 지역 클러스터의 형성과 존재를 확인하고, 그 육성을 위해 필요한 요소나 기반을 제공할 수 있을 뿐이며, 정부가 직접 클러스터를 형성하거나 기업에 강제할 수 없다. 즉, 정부는 클러스터 내부의 관련 당사자들이 함께할 수 있도록 지원하는 중개자로서의 역할을 수행하며, 클러스터의 형성을 촉진하기 위해 필요한 구조적 틀과 인센티브의 제공에 주안점을 두어야 한다는 공감대가 형성되어 있다.

하지만 모든 클러스터에는 적용되는 획일적인 처방은 있을 수 없다(OECD, 2001). 이는 어떠한 형태의 산업 집적지도 클러스터가 될 수 있으며, 반대로 계획적으로 조성된 벤처단지나 산업단지라 하더라도 클러스터의 역할을 다하지 못할 수도 있다는 것을 말한다. 그러므로 클러스터를 발전시키기 위한 정부의 역할은 전통적인 산업을 무조건 배척하기보다는 혁신을 통해 업그레이드시켜야 한다. 또한 정부는 완전히 새로운 클러스터를 찾는 것이 아니라 기존의 산업의 강점을 새롭게 발견하고 보강해야 하며 아울러 새로 만들어지는 신흥 클러스터의 발전을 유도해야 한다. 물론 기존 클러스터에 대한 과도한 의존은 지역경제의 동태성과 장기적 발전 가능성을 저해할 수 있다. 따라서 지역 내의 기존 산업에 지속적인 관심을 기울이는 동시에, 새로이 성장하는 산업군에 대한 전략적 고려 역시 충분히 이뤄져야 할 필요가 있다. 이를 위한 구체적인 방안으로는 클러스터의 발전을 방해하는 요소들을 없애고, 제약을 감소시키고, 비효율성을 제거하는 것이다.

세계의 유수한 산업집적지역의 사례에서 나타나듯이 오랜 시간에 걸쳐 지역 중심의 투자 유치, 조세 감면, 인프라 설비 지원, 전문화된 교육훈련, 산학 협동연구 등의 시책들이 산업의 클러스터와 네트워크 활성화를 위한 지역 단위의 패키지형 정책으로 추진되고 있다. 이것은 지역을 단위로 한 통합 조정에 의한 정책적 개입과 기업활동 전반에 대한 지원이 산업 경쟁력 제고 및 지역산업 육성에 효율적임으로 시사한다. 그간 우리나라의 지역산업 육성시책은 단기간의 가시적 효과를 중시하며, 지역산업의 물리적 기반 확충에 중점을 두어 왔다. 그러나 물리적 시설은 네트워크의 형성에 영향을 미치는 하나의 조건이 될 뿐이다. 더욱이 상호 관련성이 없이 인위적으로 형성된 물리적 집적은 진정한 의미에서 지역 내 시너지 효과의 창출을 저해할 수도 있다. 자생적으로 네트워크 중개자 역할을 담당할 전문 인력과 기구의 부재와 정부 주도의 하향식 사업 추진 등은 자연 발생적인 시행착오와 장기적인 상호 교류의 산물인 네트워크의 형성을 단기간 내에 추진, 초기 단계부터 가시적 성과를 거두게 만들어 궁극적으로는 오히려 네트워크의 형성 가능성을 소멸시키는 부정적 영향을 발휘하기도 한다. 물론 개개 지역의 상황에 따라 시책의 추진 방식은 다양하게 채택될 수 있을 것이나, 클러스터가 성공적으로 육성되기 위해서는 초기부터 관련 참여자들의 공감대를 형성하고, 상호 접촉의 장을 넓혀서 네트워크 구축의 필요성을 인식시키는 수준에서부터 출발해야 한다.

이러한 클러스터 내 네트워크의 구심점 역할을 지역 내 대학 및 공공연구소가 담당해야 한다. 기업 기반이 아직 불충분한 클러스터 형성 초기이거나 네트워크 구심점이 될 만한 리더십을 보유한 구성 주체가 뚜렷하지 않을 경우, 기술을 보유한 대학과 공공연구소가 네트워크의 창조자 역할을 하여 지역혁신 클러스터가 연속적으로 생존할 수 있도록 그 배양분을 제공해야 된다. 인력 양성과 기술 이전, 창업 등이 이들의 역할에 따라 좌우되는 것이다. 성공한 클러스터들을 보면 모두 클러스터 내의 대학이나 공공연구소가 중요한 역할을 담당하고 있다. 미국의 실리콘 밸리 지역만 봐도 스탠퍼드와 버클리대학 등이 클러스터 형성을 주도하는 네트워크 허브의 역할을 한다.

대학과 공공연구소가 기술 이전 또는 벤처 창업의 모태가 되도록 하기 위해서는 기술 이전의 동기를 부여할 수 있도록 기술 이전 실적에 대한 평가와 보상 체계를 마련할 필요가 있다. 그리고 개발된 기술을 바탕으로 대학 자체가 수익사업을 전개할 수 있도록 산학연 연계 시스템을 구축해야 한다. 아울러 실리콘 밸리와 시스타, 울루 등 선진 클러스터에는 많은 다국적 기업이 진출해 있듯이 클러스터 형성에 해외 기업과 연구기관의 유치가 중요한 요인으로 작용한다. 이들 클러스터에 진출해 있는 기업들은 국경을 초월하여 산학 협동을 통한 개발·생산 네트워크를 구축하고 있어서 이를 통해 클러스터 구성 주체들 간의 정보 교류가 활발해지고 선의의 경쟁을 통한 기술 개발이 증가하게 된다.

클러스터 내의 네트워크 구축 과정에서는 지방정부의 역할이 무엇보다도 중요하다. 중앙정부의 정책 추진 과정에서 지방정부를 참여시키고, 지방정부가 스스로 클러스터를 발굴하고 문제점을 파악하여 처방안을 내놓도록 유도한다. 이때 중앙정부와 지방정부 간 역할 분담이 요구된다. 중앙정부가 정책 수단을 지방자치단체와 함께 적절히 안배하여 추진하는데, 지방중소기업의 기업경쟁력 강화를 위한 기술혁신과 지역 발전을 상호 연계시키는 역할을 지방정부에서 수행해야 할 것이다. 즉, 지역 내의 기존에 구축되었던 산업단지, 도로, 항만, 공항 등의 사회간접자본시설을 기반으로 지역전략산업과 같은 산업생산 체계와 R&D, 창업보육시설, 교육 프로그램 등의 기술 지원 체계와 금융, 마케팅, 유통과 관련된 기업 지원 체계를 공간적으로 집적시키는 등의 기획·점검·촉진·조정하는 역할을 지방정부에서 해주어야 한다.

물론 국가혁신 체계 수준에서의 중앙정부의 조정자적 역할을 간과해서는 안 된다. 국가 수준에서 정부 각 부처가 추진하는 연구개발 사업과 혁신 관련 사업을 통합적으로 관리해 나가며 지역의 연구개발사업에 대해서도 조정하고 평가하는 역할을 수행해야 하기 때문이다. 궁극적으로는 행정구역을 초월하고 외부 경제를 극대화하는 광역적 개념의 산업 클러스터가 육성되어 지역 여건 및 잠재력에 기초한 시·도 간 최적의 기능적 역할 분담으로 선택과 집중의 효율성을 극대화하고, 시·도 간 연계 강화를 통해 취약한 기능을 상호 보완해야 한다. 이러한 광역 클러스터를 육성함으로써 다수의 소규모 클러스터 육성에 따른 중복·과잉 투자의 비효율성을 제거해야 한다. 이럴 경우 국가 간, 기업 간 경쟁의 시대에서 효과적인 지역혁신 클러스터 정책은 지역 내 기업경쟁력 강화는 물론이고, 국가경쟁력 강화의 필수적인 정책으로 자리매김할 것이다.

Chapter 10

지방자치단체 녹색성장정책의 추진 과정과 성공 요인*

제 1 절 서 론

이명박 정부 출범 이후 범국가적 정책의제로 등장한 녹색성장은 기후 변화・에너지・지속 가능 발전 등을 기능적으로 통합하는 신성장 동력의 창출을 의미한다. 특히 환경과 경제의 선순환을 추진하며 녹색기술 및 녹색산업 육성, 그리고 산업구조의 녹색화, 청정 에너지 개발 등을 통해 경제 성장과 삶의 질 개선을 추구하는 개념이다(녹색성장위원회, 2010). 이처럼 녹색성장을 중시하는 중앙정부의 강력한 정책 의지가 확인되면서 우리 지방자치단체들도 경쟁적으로 관련 정책들을 창안하는 일에 몰입하고 있다.

하지만 지금 우리 지방자치단체에서 목격되고 있는 녹색성장의 열풍은 새로운 기회와 더불어 위협으로 인식할 필요가 있다. 자신의 강점과 약점에 대한 냉철한 인식을 결여한 상태에서 이뤄지는 무리한 정책 추진은 꿈만 있고 실천력이 없는 백일몽(白日夢)이나 꿈도 없이 일만 벌이는 악몽(惡夢)으로 귀결될 개연성이 크기 때문이다.

지방자치단체 수준에 부합하는 녹색성장의 논리는 기존에 관련 논의를 주도해 온 생태도시(ecological polis), 창조도시(creative city), 농업재생(Agri Renaissance), 생생도시(生生, EcoRich) 등의 개념을 결합한 의미로 파악할 수 있다. 이 점은 남해

* 김정렬(2010c)을 토대로 작성했다.

군이 '행복한 그린시티 부자 남해 건설'이라는 비전하에 국제해양관광도시, 스포츠·휴양도시, 환경농업도시 등과 같은 3대 발전 목표를 설정한 사실을 통해서도 확인되고 있다.

이러한 맥락에서 이 장에서는 지방자치단체 수준에서 녹색성장정책이 성공적으로 추진되기 위한 조건과 핵심 요인을 고찰하는 것이 목적이다. 즉, 우리나라 녹색성장의 선구적 사례로 평가되고 있는 남해군의 경험과 교훈을 다각도로 검토함으로써 성공적 녹색성장정책의 추진을 위한 함의를 제공하고자 함이다.[1)]

이 연구의 대상은 남해군이 추진한 녹색성장 정책사례들이며 대개 세 가지로 구분할 수 있다. 첫째, 녹색산업 육성사업으로서의 롤잔디 재배정책이다. 둘째, 자원순화 강화를 위한 사업으로서의 MBT시설 설치사업이다. 그리고 마지막으로 지속 가능한 지역경제 활성화 정책으로서 전원마을 조성사업이다. 이 정책들은 과거에서 현재 그리고 미래로 이어지고 있는 진행형의 정책사례라고 할 수 있으며, 분석 방법으로는 사례분석 방법을 사용한다(중앙공무원교육원, 2008).

제 2 절 이론적 검토와 분석틀

1 패러다임의 확산과 대응

1) 녹색성장의 대두와 각국의 대응

녹색성장 패러다임은 환경(green)과 성장(growth)이 상충된다는 고정관념을 탈피하여 두 가치의 상생과 조화를 통해 시너지를 극대화시킨다는 정책 방향을 전제하고 있다. 따라서 녹색성장의 개념은 온실가스와 환경오염을 줄이는 지속 가능한 신성장 동력의 창출로 정의할 수 있다.[2)]

이러한 녹색성장정책은 최근에 부각된 새로운 정책이 아니라 이전부터 주요한 정

1) 남해군은 1995년 민선 자치 시대의 개막 이래 지금까지 녹색성장 기조에 부합하는 다양한 정책들을 선도적으로 추진해 왔다(남해군, 2009; 한국지적재산관리공단, 2009).

2) 녹색성장은 지속 가능 발전을 위한 하나의 방법론적 접근이라고 할 수 있으며, 이는 녹색성장위원회에서 밝힌대로 녹색성장은 지속 가능한 성장이라는 언급에서도 확인할 수 있다.

책 이슈로 자리해 왔다. 하지만 과거의 녹색성장 논리가 주로 환경보호론자들의 주장에 치중하는 과정에서 경제성장론자들의 강한 반대에 직면했던 반면에 최근의 녹색성장 논리는 환경과 성장이라는 고전적 대립 구도를 초월하고 있다는 점에서 차별화가 가능하다.

최근 국내외적으로 온실 효과의 심화와 에너지 위기가 부각되면서 이에 대응하는 범국가적 전략의 일환으로 환경을 보존하면서 성장도 도모하는 녹색성장 패러다임이 각광받고 있다. 특히 기후변화협약으로 지칭되는 국제적 탄소 배출 감축 압력에 직면하여 각국 정부와 자치단체는 다양한 대응 방안을 모색하고 있다(다산지역발전연구원, 2009).[3)]

일례로 영국은 신재생에너지 산업의 육성을 골자로 하는 '그린혁명계획'을 수립하여 2020년까지 약 200조 원의 국가 예산을 투입한다는 계획을 수립했다. 또한 일본은 '쿨 어스(Cool Earth)' 계획에 따라 태양광 발전을 포함하는 21개의 산업을 집중 육성한다는 계획을 수립했다. 나아가 녹색성장에 다소 방관적인 태도를 견지하던 미국도 오바마 대통령의 취임을 계기로 향후 10년간 1,500억 달러를 투입할 '뉴 아폴로 프로젝트(New Apollo Project)'를 중심으로 적극적인 녹색성장정책을 추진하겠다고 선언했다.

이명박 정부의 출범을 계기로 우리 정부는 전 세계적인 녹색성장 패러다임의 추세에 선제적으로 대응한다는 목표 하에 ① 탈석유·에너지 자립 구현, ② 녹색기술·산업 신성장 동력화, ③ 기존 산업·경영 녹색화, ④ 녹색금융 활성화, ⑤ 친환경적 세제 운영, ⑥ 녹색 일자리 창출 및 인재 양성, ⑦ 국토공간의 녹색화, ⑧ 기후 변화 재해 적극 대응, ⑨ 생활의 녹색혁명, ⑩ 세계적인 녹색성장 모범국가 구현 등과 같은 열 가지 정책 방향을 고안했다.

2) 녹색성장 추진 주체로서 지방자치단체

녹색성장이 범국가적 정책 기조로 부각되면서 우리 지방자치단체들도 이에 부응하기 위한 전략을 다각도로 모색하고 있다. 특히 중앙정부의 주도로 녹색성장기본법이 제정되고 선도 조직으로 녹색성장위원회가 발족하면서, 이 기구는 자치단체들의 녹색성장 참여를 독려하기 위한 목적으로 2009년 초에 '생생도시' 공모안을 발표했다.[4)]

---

3) 세계는 지금 자원 위기와 환경 위기에 동시에 직면하고 있다. 세계 인구의 지속적인 증가와 BRICs의 급성장 등에 따라 에너지·자원부족 문제가 가속화될 전망이며, 현재와 같은 에너지 다소비 체제가 지속될 경우 기후 변화로 인한 경제적 손실이 매년 세계 GDP의 5~20%에 달할 것으로 예상된다.

범국가적으로 추진하는 녹색성장정책을 구현하려면 지방자치단체의 역할이 매우 중요하다. 녹색성장정책의 대부분이 지방 수준에서 구현되어야 하므로 정책을 집행·관리하는 자치단체가 녹색성장의 실질적 추진 주체가 되기 때문이다. 정책 추진 과정에서 자치단체는 주민과 기업, 민간단체 등을 상호 연계시켜 참여를 유도하는 한편 협력적 관계를 형성시키는 등의 허브 기능의 역할을 수행해야 한다.

한편 녹색성장이라는 새로운 화두가 제시된 현 시점에서 자치단체라는 제도의 역할에 부가해 주된 행위자인 지방공무원의 역할도 매우 중요하다. 과거의 관점에서 볼 때, 녹색성장이라는 것은 '친환경, 반성장'의 맥락에서 이해되었다. 그러므로 이윤 창출이나 경제 성장에 반하는 것으로 이해되어 일종의 '시장실패'가 발생하는 영역으로 인식되어 온 것이 사실이다. 그러나 녹색성장의 새로운 패러다임[5]은 신성장 동력이 될 수 있다는 가능성을 제시하고 있다는 점에서 공무원의 선도적 역할이 중요하다고 할 수 있다.

남해군이 추진했던 여러 정책은 '저탄소 녹색성장'이라는 가치나 틀(환경 이용과 지속가능성)을 인지한 상태에서 추진한 것은 아닐지라도 현재의 시점에서 논의되는 녹색성장의 틀에서 봤을 때 충분히 그 가치를 확인할 수 있는 사례라고 할 수 있다. 특히 여기서 논의하는 남해군의 사례는 녹색성장의 정책적 의미를 명확하게 인식하지 못하는 지방자치단체에 하나의 답을 제시해 줄 수도 있을 것이다. 결국, 저탄소 녹색성장의 정책적 가치와 틀이라고 할 수 있는 환경 이용, 지속가능성 측면에서 봤을 때 남해군의 사례는 녹색성장의 성공 가능성을 확인해 볼 근거를 갖고 있다고 할 수 있을 것으로 판단된다.

2 분석의 틀

정책의 성패에 영향을 미치는 요인을 분석하기 위해서 변수를 선정하는 것이 매우 중요하다. 정책의 성패에 영향을 주는 변수에 대한 선행 연구를 살펴보면, 먼저 알렉산더(Alxender, 1985)는 정책의 영향 요인으로는 정책변수, 집행조직변수, 환경 및

4) 생생도시란 전 지구적으로 부과된 기후 변화의 위기를 성장의 기회로 활용하기 위해, 생태뿐만 아니라 에너지·교통·산업 등 7개 분야의 발전을 도모하며, 환경·경제·사회가 상생할 수 있는 녹색성장 도시 모델이다.

5) 녹색성장의 태동은 생태근대화론의 맥락에서 이해될 수 있다.

맥락적 변수, 그리고 문제변수 등을 제시하고 있다. 그리고 프레스먼과 윌다브스키(Pressman & Wildavsky, 1973)는 미국 연방정부기관인 EDA(Economic Development Administration)의 실업자 프로그램인 오클랜드계획(Oakland project) 사례를 통해 참여자 기관 및 참여자의 수, 책임있는 관료의 교체, 실현 가능한 정책 수단 선택, 정책 담당기관 등의 중요성을 제시했다.6) 반 미터와 반 혼(Van Meter & Van Horn, 1975)은 정책집행에 영향을 미치는 요인으로 ① 정책의 기준과 목표, ② 정책자원, ③ 조직 간 의사소통과 추진활동, ④ 집행기관의 성격, ⑤ 정치·경제·사회적 상황, ⑥ 집행자의 성향을 제시하고 있다. 사바티어와 매즈매니언(Sabatier & Mazmanian, 1980)은 집행 과정에 영향을 미치는 여러 가지 요인을 크게 문제 처리의 용이성(tractability of problem), 집행에 대한 법규의 구조화 능력(ability of statue to structure implementation), 그리고 집행에 영향을 미치는 비법규적 변수(nonstatutory variables affecting implementation)의 세 가지 범주로 구분하여 제시한 후 중요한 변수(조건) 여섯 가지를 제시했다.7) 알렉산더(E. R. Alexender)의 구분을 기준으로 선행 연구의 정책 성패에 영향을 주는 변수를 정리하면 <표 10-1>와 같다.

한편, 이 연구의 분석 대상은 1995년 민선자치 시대의 개막 이래 계속된 남해군의 녹색성장정책이다. 하지만 분석 대상 시기와 프로그램의 포괄성으로 인해 논의의 초점이 분산되는 부작용을 방지하기 위해 다양한 정책 프로그램들의 중범위 유형으로 녹색산업 육성, 자원순환 강화, 전원마을 조성 등에 주목한다.8) 그리고 각 유형의 사

---

6) 프레스먼과 윌다브스키의 연구는 오클랜드계획이 처음부터 모든 정책적 여건이 좋았음에도 불구하고 왜 이 정책이 실패로 끝났는가에 관심을 두고 실패 요인을 분석한 것이다.

7) ① 분명하고 일관된 목표: 분명한 법적 목표는 집행관료에게 평가 기준과 중요한 법적 자원을 제공한다. ② 적절한 인과이론: 사회 변동에 대한 적절한 이론 및 사법권과 정책 수단이 필요하다. ③ 집행관료들과 대상 집단의 순응을 확보하는 법적으로 구조화된 정책집행 과정: 프로그램 전달과 관련한 거부점의 수, 저항의 극복을 위한 처벌과 유인, 그것에 우선순위를 주고 지지해 줄 집행기관에 대한 프로그램의 할당 등과 같은 법적 메커니즘의 다양성이 필요하다. ④ 헌신적이고 숙련된 집행관료집단: 집행관료에게 주어진 불가피한 재량을 인정하므로 집행관료의 정책 목표에 대한 헌신과 자원을 적절하게 활용하는 기술은 중요하다. ⑤ 이해관계집단과 통치자의 지지: 장기적인 정책집행 과정 동안에 이해집단과 입법자 및 통치자로부터의 정치적 지지를 유지해 줄 것이 요청된다. ⑥ 정치적 지지나 인과이론을 실질적으로 침해하지 않는 사회경제적 변화: 사회경제적 변화가 정치적 지지나 프로그램의 인과이론에 막대한 영향을 줄 수 있다.

8) 이 연구에서는 '저탄소 녹색성장정책'의 범위를 좀더 포괄적으로 규정하려 한다. 녹색산업 육성이나 자원순환 강화사업의 경우에는 '저탄소 녹색성장정책'의 범주에 큰 이의가 없으나 전원마을 조성사업은 선정의 취지가 보충되어야 할 필요가 있다. 즉, 전원마을 조성사업은 농식품부의 살기 좋은 마을만들기의 사례로도 선정되었다. 여기서는 저탄소 녹색성장이 갖는 지속 가능 발전의 측면에서 고찰한다. 즉, 조성의 목적이나 취지는 애초의 저탄소 녹색성장을 염두에 둔 것은 아니었으나 조성 과

〈표 10-1〉 정책 성패 영향 요인

분류 학자	정책변수	집행변수	환경 및 맥락변수	문제변수
Pressman & Wildavsky	• 실현가능한 정책 수단의 확보	• 정책집행기관의 적절성 • 리더십의 지속성	• 중간 매개집단의 다양성 및 복잡성	
Van Meter & Van Horn	• 정책의 기준 및 목표의 명확성	• 집행기관의 성격(집행자의 능력) • 일선집행자들의 지지 • 관련 조직 간의 의사소통, 연계활동원활 • 집행조직의 구조, 분위기	• 사회, 경제, 정치적 여건(정책의 필요성, 자원의 이용 가능성)	
Sabatier & Mazmanian	• 정책 목표의 명확성 • 적절한 인과 모형이론	• 재원 • 집행담당기관 • 공무원의 성향 • 집행기관 책임자의 리더십 • 호의적인 외부인사의 참여 • 집행기관 내의 내부구조 • 집행기관 상호간의 관계	• 사회경제적 상황 • 관련 집단의 적극성과 자원 • 대중의 지지와 관심 • 상위기관의 지원	• 정책문제의 성격 • 행태 변화의 범위 • 대상집단 행태의 다양성 • 대상집단의 상대적 규모 • 타당한 이론 및 기술의 활용 가능성

례를 통해서 분석을 실시하는데 녹색산업의 분석사례로는 스포츠 경관농업(롤잔디 재배) 사례를, 자원순환 강화 사례로는 MBT시설(가연성 폐기물 전처리시설; Mechanical Biological Treatment plant) 도입 사례를, 전원마을 조성 사례로는 독일마을 조성 사례를 선정했다.[9)]

정이나 성과(outcome)를 봤을 때 남해관광이나 주변 관광벨트(원예예술촌, 나비박물관)를 조성하는 중요한 역할과 기능을 한 것은 사실이다. 이러한 이유로 독일마을의 조성은 지역의 관광자원 개발 및 조성이라는 차원에서 '저탄소 녹색성장정책'의 사례로 선정했다.

9) 각각의 사례와 사전 또는 사후적으로 밀접한 관련성을 지니는 인접 사례들도 간접적 분석 대상으로 상정하고자 한다. 1차 녹색산업인 스포츠 경관농업(롤잔디 재배)에 부가하여 기존에 조성된 스포츠파크와 힐튼리조트는 3차 녹색산업(사전적 영향 관계)이라는 점에서 상호관련성을 부여할 수 있다. 또한 MBT 시설의 도입은 자원순환 테마랜드와 자원순환 테마마을의 조성계획을 창출하는 촉매제로 작용했다는 점에서 연계되어 있다. 그리고 테마형 문화마을의 대명사로 자리잡은 독일마을은 유사한 재외동포 귀향마을인 미국마을은 물론 인접한 원예예술촌 및 가천다랭이마을의 활성화를 촉진하고 있다는 점에서 의미를 부여할 수 있다.

[그림 10-1] 분석의 틀

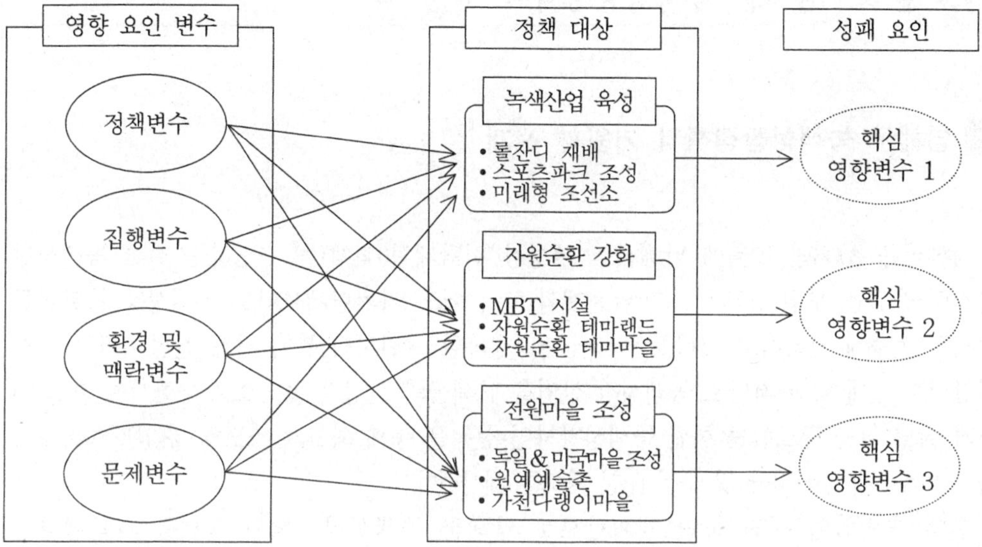

위의 내용을 바탕으로 이 연구의 분석틀을 제시하면 [그림 10-1]과 같다. 분석틀에서 보는 바와 같이 영향 요인 변수는 선행 연구의 변수를 기준으로 정책변수, 집행변수, 환경 및 맥락변수, 문제변수 등으로 구분했으며, 앞서 제시한 정책 성패 영향 요인 중 포괄적이고 전반적으로 변수를 제시하고 있는 사바티어와 매즈매니언(Sabatier & Mazmanian, 1980)의 모델을 기준으로 영향 요인들을 분석한다. 연구의 정책 대상은 남해군의 대표적인 저탄소 녹색성장정책 세 가지를 대상으로 했으며, 시간적 전후와 상호 관련성을 기준으로 사례를 확장했다. 결론 부분에서는 각 정책 대상별로 핵심 영향 요인을 도출하여 저탄소 녹색성장정책의 추진을 위한 성공 조건을 연구의 함의(implication)로 제시한다.

각 사례는 정책 단계별로 분석을 시도하는데 정책의제 설정 단계, 정책결정 단계, 정책집행 단계, 정책평가 및 환류 단계 등 정책 과정의 시간적 순서에 따라 분석한다.

제 3 절 남해군 녹색성장정책의 개관

1 남해군 녹색성장정책의 기원과 전개

남해군은 2008년 10월에 남해군 녹색성장 전략계획(64개)을 수립하는 한편 녹색성장 마스터 플랜을 수립(남해군 종합발전계획)하여 어느 자치단체보다도 녹색성장과 관련한 정책적 선두에 자리하고 있다.[10] 남해군은 '행복한 그린시티 부자 남해 건설'이라는 녹색성장의 비전에 맞춰 저탄소 녹색성장 산업을 남해군의 신성장 동력으로 승화시켜 환경 개선과 삶의 질을 도모하는 한편 녹색성장사업 선점을 통해 최고의 스포츠·휴양도시로 부상하기 위해 5대 추진전략 및 중점 추진 과제를 제시했다.[11]

현재 수립하여 추진 중인 계획만으로 남해군 녹색성장정책의 전모를 파악했다고 하기는 어렵다. 왜냐하면 남해군의 녹색성장정책에 대한 기원은 이미 1995년 민선 지방자치 시대의 개막과 이뤄졌기 때문이다. 특히 김두관, 하영제, 정현태 군수로 꾸준히 이어진 정책 일관성 측면에서 보자면 남해군의 녹색성장정책은 그 기원과 전개 과정을 고찰하는 것이 필수적이다. <표 10-2>에서 보는 바와 같이 3명의 군수가 전임 군수와 정당이 다르지만[12] 녹색성장정책과 관련해서는 일관성을 보이고 있다.[13] 남해군이 선구적으로 녹색성장에 부합하는 정책을 추진해 온 배경은 우선 1973년

---

10) 중앙정부가 주도적으로 추진하는 '저탄소 녹색성장'과 관련하여 남해군이 수립하는 비전과 전략은 다른 지자체보다 빠르고, 다양하며 매우 구체적이라는 점에서 관련 정책과 관련하여 상당한 수준으로 오리엔테이션되어 있음을 알 수 있다.

11) 남해군 녹색성장 5대 추진전략(전략별 중점 추진 과제)은 신재생 에너지 개발산업 육성(육상·해상 풍력, 태양광, 조류 발전 등), 기후 변화 대응 역량 강화(신측우기사업, 탄소줄이기 운동, 공기정화식물 보급 등), 고부가가치 녹색산업·기술 육성(MBT 신축, 미래형 조선소 건설, 롤잔디 육성 등), 지속 가능한 에코시티 조성(자전거 일주도로 개설, 생태수목원 조성, 전원마을 조성 등), 무탄소 스포츠·휴양도시 조성(요트마리나 육성, 스포츠·에코타운 조성, 나비레스토랑 조성 등) 등이다.

12) 김두관, 정현태 군수는 무소속으로 당선되었지만 김두관 군수는 노무현 정부에서 행정자치부 장관을, 정현태 군수는 노무현 정부에서 청와대 근무를 한 경험으로 비추어 볼 때 하영제 군수의 한나라당과는 정당을 달리한다고 해도 무방할 것이다.

13) 하영제 군수가 추진한 미국마을 조성이나 그 과정이 독일마을과 같은 맥락에서 이해될 수 있는지에 다소 논란이 있을 수 있으나 큰 틀에서는 같은 맥락이라고 이해될 수 있다고 판단된다.

〈표 10-2〉 남해군 자치단체장별 녹색성장정책 비교

	김두관 군수	하영제 군수	정현태 군수
재임 기간	1995. 7. 1~2002. 4. 12	2002. 7. 2~2007. 12. 6	2008. 6. 5~현재
재임 성과	- 환경시범 지자체로 지정 - 잔디 품종 개량 국제 교류 - 전원마을 시리즈 구상 - 스포츠파크 조성(2000년) - 월드컵 선수단 전지훈련 캠프 유치	- 전원마을 조성의 다변화 - 남해안 관광벨트사업 유치 - 사천과 창선 간을 연결하는 연육교 개통 - 힐튼리조트 개장(2006)	- 신조선산업 단지 조성(2009) - 환경농업자치단체 구상 - 대도시에 친환경 농축산물 직판장 설치 구상 - 환경시설 교육장 구상
평가	- 녹색성장의 전도사	- 녹색성장의 토대 강화	- 녹색성장의 계승자

남해대교의 개통이 녹색성장정책의 시발점이라고 할 수 있는데, 남해대교의 개통으로 많은 사람이 남해군을 찾게 되면서 관광의 중요성이 부각되기 시작한 것이다.

다음으로 남해군의 정책 방향이 관광객 유치에 초점이 모아지면서 자연스럽게 다른 지방자치단체와는 차별화된 보존과 성장, 즉 지금의 녹색성장에 부합하는 정책들이 고안되기 시작했다. 무공해 관광휴양산업을 육성하기 위해 스포츠 파크 조성을 추진했고, 이에 필요한 잔디 품종 개발이 스포츠 경관농업 구상으로 이어진 것이다. 또한 경관을 훼손하고 악취를 유발하는 환경기초시설의 단지화(團地化) 구상이 자원순환의 강화로 이어지게 되었다. 나아가 당초 잔디 품종 개량을 위해 시작한 독일과의 교류가 테마형 문화마을 구상과 결부되면서 독일 동포 귀향 마을인 전원마을 조성의 활성화로 나타났다.

남해군의 녹색성장정책은 그 기원이 남해대교 개통 이후에서 시작되어 군(郡)의 정책 기조가 관광으로 잡히면서부터이며 관광→스포츠 경관 농업→환경기초시설 단지화→독일마을 조성이라는 하나의 맥락에서 이해될 수 있는 정책이었다. 이런 면에서 남해군의 녹색성장정책은 어느 하나만을 놓고 볼 것이 아니라 전체적인 틀 속에서 검토하는 것이 필요하다.

2 남해군 녹색성장정책의 3대 유형별 추진 배경

남해군 녹색성장정책이 하나의 맥락에서 이해될 수 있지만 세 가지 유형으로 구분한 것은 나름의 추진 배경을 갖고 있기 때문이다. 정책의 추진 배경을 검토하는 것은 영향 요인 변수 중에서 환경 및 맥락변수와 문제변수에 대한 확인을 위해 필요하다.

1) 녹색산업 발굴: 스포츠 경관농업

남해군은 녹색가치와 성장가치를 결합한 녹색성장의 기반 산업으로 롤잔디 재배를 요체로 하는 스포츠 경관농업을 선택했다. 롤잔디 재배는 애초에 산업적 측면에서 접근한 사업으로 판매를 통한 농가소득을 올린다는 목적으로 시작하여 산업적 아이템에 녹색의 개념이 결합한 사업이라고 할 수 있다. 특히 롤잔디 재배를 통해 기존에 남해군의 주력 1차 산업으로 자리해 온 마늘의 역할을 보완한다는 의미도 담고 있었다.[14] 그리고 3차 녹색산업으로는 서비스와 리조트사업을 추진했는데 스포츠파크와 힐튼리조트가 그것이다. 물론 이러한 시도는 주민들의 소득 증대 효과와 관련하여 명징(明徵)하지 못한 측면이 있지만 녹색산업으로서의 기능은 여전히 유효하다고 할 수 있다.

스포츠파크와 힐튼리조트 사업은 3차 산업인 관광산업 육성을 위해 추진된 사업이었다. 1992년 당시 남해군민 약 73,715명의 82%가 농·어업 등의 1차 산업에 종사하면서 연간 약 1,000억 원의 소득을 올리고 있었으나 1993년 12월 세계무역협상 타결, 1999년 1월 한·일어업협정 체결, 1997년 IMF 외환 위기, 그리고 인근 여천공단과 하동화력, 광양제철 등에 의해 해양생태계 파괴 등으로 군민의 소득 기반인 농·어업이 급격히 붕괴되어 10년 동안 17,502명(2002년 기준)의 군민이 감소했다.

이에 남해군에서는 새로운 경제 기반을 조성하기 위한 대체소득원을 개발할 필요성이 강하게 제기되었다. 그래서 천혜의 자연경관을 가진 한려해상국립공원과 미국 FDA가 인정한 청정해역으로 둘러싸인 남해군에 공장을 유치하기보다는 부가가치가 높은 스포츠 관광산업을 육성하는 것이 바람직하다는 군민들의 비등한 여론에 의해 남해스포츠파크를 조성했다(경남지역개발연구원, 1998).

한편 스포츠파크 조성은 남해군 잔디 기술의 발전을 촉진하는 계기로 작용했으며, 이러한 과정에서 롤잔디 재배라는 새로운 녹색산업 아이템의 개발이 이뤄지게 되었다. 롤잔디의 재배·판매를 통해 남해군의 잔디기술 증진은 물론이고 잔디박물관과 잔디연구소 설립, 그린투어, 해외 기술 도입을 위한 네트워크 형성 등 롤잔디 사업과 연계된 사업들이 다양하게 진화되고 있다. 이러한 녹색사업의 기반이 조성되면서 힐

14) 쌀과 보리 간의 이모작이 가능한 남해군은 최근들어 보리의 대체작물로 마늘 재배를 늘려가고 있다. 또한 마늘을 가공한 바이오산업의 활성화에도 주력하고 있다.

튼리조트가 유치된 것도 녹색성장의 사례로 꼽을 수 있다. 황무지로 방치됐던 지역에 녹색산업이라고 할 수 있는 관광산업의 핵심 시설인 리조트가 건설되어 지역경제를 활성화시키는 효과를 얻고 있다.[15)]

2) 자원순환 강화: MBT 시설 도입

녹색성장은 단순히 새로운 녹색산업을 개발하고 추진하는 것만을 의미하는 것이 아니라 기존의 반환경적 산업을 환경친화적 산업으로 전환하는 것도 중요한 녹색성장의 범주에 포함된다. 세계의 폐기물 처리 추세는 매립·소각에서 재활용으로 이동되었으며, 유럽연합은 2005년부터 생물학적으로 분해 가능한 폐기물의 매립을 금지하고 있다. 나아가 매립 이전에 전처리를 통해 폐기물 고형연료(RDF: Refuse Derived Fuel), 바이오가스 등을 추출해 재활용하는 방식이 급속도로 증가하고 있다.

우리나라의 경우도 비록 유럽연합(EU)에 비해 규제의 강도는 약하지만 폐기물을 적정하게 처리하여 지역주민에게 쾌적하고 깨끗한 생활환경을 조성하는 것을 정책 목표로 설정하고 있는데, 남해군은 2003년 폐기물 전처리시설(MBT: Mechanical Biological Treatment)의 도입을 추진하여 자원순환 강화를 위한 정책에서도 선구적 역할을 했다.

남해군의 MBT 시설은 군(郡)에서 발생하는 생활계 폐기물과 격·오지 쓰레기를 MBT 처리하여 퇴비화 물질과 폐플라스틱 고형연료(RPF: Refuse Plastic Fuel), 재활용 물질로 생산하게 되며, 생산된 물질은 연료와 퇴비로 재활용되므로 녹색성장 산업 중 자원순환형 모델의 중요한 사례라고 할 수 있다.

한편 남해군은 MBT 시설의 도입에 그치는 것이 아니라 이 시설의 성공적인 운영성과를 토대로 향후 자원순환 강화를 위한 노력의 일환으로 자원순환 테마랜드와 테마마을을 조성할 계획으로 있다. 2007년부터 시험 운영중인 MBT시설의 확장 공사가 2010년 이후 종료되면 에너지와 자원의 순환을 주제로 하는 테마랜드를 조성할 예정이며 이에 부가하여 테마마을도 조성할 예정이다.[16)] 테마랜드는 각종 환경기초시설이 집단화되어 있는 에코파크 내에 조성하며 에코파크 주변에는 바다, 갯벌, 인

15) 힐튼리조트 건설로부터의 지역경제 효과는 연간 230여억 원, 고용 인원 350명, 세수는 약 27억 2,000여만 원에 이르는 것으로 추정된다.

16) 테마마을이 추진된 배경은 환경기초기설의 2차 오염에 따른 피해로 인해 불만과 보상을 요구하는 주민들과의 마찰 때문이었다. 이를 위해 2012~2013년에 걸쳐 환경기초시설과 연계한 '자원순환 테마마을'조성 계획이 수립된 것이다.

공 습지, 자연하천 등의 자연환경이 조화롭게 배치된다. 테마마을은 환경기초시설을 혐오시설로 인식하는 주민들의 인식을 개선하기 위한 것으로 자원순환 테마마을은 지역주민에게는 소득 증대와 일자리를, 관에는 환경기초시설 건립을 가능케 한다는 점에서 녹색산업을 매개로 한 지역주민과 관(官)의 윈-윈 사례라고 할 수 있다.

3) 전원마을 조성: 독일마을 건설

잔디기술 확보를 위해 1997년 11월 독일과 국제 교류를 추진하던 남해군은 1960, 70년대 조국근대화 과정에서 독일에 광부나 간호사로 나가 일하던 교포들이 퇴직 후 조국에서 여생을 보낼 수 있는 정착마을을 희망한다는 사실을 발견했다. 그리고 이와 같은 교포들의 바람을 독일마을 조성을 통해 남해군에서 실현시킨다면 교포들의 소망을 이뤄주는 것은 물론이고 특색 있는 관광지가 조성됨으로써 많은 관광객이 남해를 찾게 되어 주민소득 증대와 인구 유입의 효과를 나타낼 것으로 예상했다.[17] 독일마을 조성의 시작은 독일마을 자체로 시작된 것이 아니라 잔디 기술 확보를 위한 교류 과정에서 만들어진 정책이라는 점에서 독일마을 조성사업은 녹색산업 육성정책과 깊은 관련이 있다.

여기에서는 독일마을의 성공 여부에 대한 판단보다 독일마을 조성이 갖는 상징적 의미를 되새길 필요가 있다. 즉, 아무도 생각하지 못한 새로운 관광 아이템을 제시했다는 점에서 중요한 의미를 갖는다. 물론 독일마을의 조성 과정에서 일부 부작용이 나타나기도 했지만 독일마을 조성의 당초 목표는 상당 수준 달성하고 있다고 할 수 있다. 특히 인접 시설인 원예예술촌이 최근 완공되면서 독일마을과 원예예술촌 그리고 인근의 나비박물관과 수목원이 관광 패키지화가 이뤄지면서 관광산업 활성화에 기여하고 있다. 이처럼 자연과 지역문화, 생태체험문화 관광지로 조성될 수 있었던 배경에는 독일마을 조성사업이 일종의 '시발점'이 된 셈이다.

독일마을 조성은 이국적 문화와 자연, 그리고 사람이 어우러지는 사업이라는 점에서 다른 관광사업과 차별화된다. 즉, 인위적인 이국적인 분위기 조성이 아니라 사람이 살면서 만들어내는 이국적 분위기라는 점에서 차별화되면 이러한 접근은 우리나라에서 거의 처음 시도되는 것이었다는 점에서 더욱 중요한 의미를 갖는다.

독일마을 조성사업은 다른 정책으로 계속적으로 진화하고 있다는 점에서 의미를

17) 독일마을 조성사업은 녹색성장을 위한 '전원마을 가꾸기'의 일환으로 남해군이 2000년 착수한 이래 미국마을, 가천다랭이마을, 원예예술촌 등의 조성을 지속적으로 추진해 오고 있다. 전원마을 조성의 출발점이 된 독일마을은 김두관 군수 시절 창의보조금 사업의 일환으로 시작된 사업이다.

갖는다. 즉, 남해군은 2003년 지역특화발전특구법이 제정되자 기존에 추진 중인 독일마을의 취지를 미국, 일본 등지의 재외교포들이 한국으로 다시 돌아와 정착할 수 있도록 '남해귀향마을특구'를 조성한다는 기획안을 마련해 독일, 미국, 일본마을로 이어지는 마을 시리즈가 본격화되었다. 나아가 남해군은 가천다랭이마을을 대상으로 1.5차 산업 활성화를 추진했다. 1.5차 산업 활성화사업은 약 10억 원의 사업비(기금)를 투입하여 마을 주민들을 대상으로 관광 가이드 교육 등의 전문 인력 육성과 사업 역량 강화를 위한 다양한 주민교육을 실시하는 한편 전문가의 현장 컨설팅을 통해 남해군이 가지고 있는 관광자원을 개발할 수 있는 소프트웨어 중심의 관광 프로그램을 개발하고자 하는 사업이다.

이처럼 독일마을 조성사업은 녹색산업 육성산업에서부터 시작되어 미국, 일본마을, 그리고 가천다랭이마을 조성 등 다른 사업으로 진화를 지속하고 있다.

제 4 절 남해군 녹색성장정책별 과정과 평가

1 스포츠 경관농업

1) 정책의제 설정 단계

소득 증대는 물론 경관 창출에도 유리한 롤잔디가 남해군에 본격적으로 도입된 계기는 스포츠파크와 힐튼리조트 사업과 밀접한 관련성을 지니고 있다. 스포츠 경관농업은 정책의제 설정과 관련하여 전략기획적 측면과 유사 사례의 부재(不在)와 관련된다.

먼저, 전략기획적 측면에서 스포츠 경관농업은 김두관 군수의 '남해 그린플랜'에 포함되어 있었다. 이것은 남해군의 환경, 내부 역량, 지리적 특성을 고려한 전략적이고 상황적응적(strategy & contingency)인 선택이라는 점에서 전략기획적 측면이 강하다고 할 수 있다. 특히 소득 증대나 지역경제 활성화라고 한다면 개발에 방점이 찍혀야 함에도 과감히 환경 쪽을 선택했다는 것은 가치 충돌의 문제를 녹색산업이라는 새로운 전략으로 융합하면서 해소했기 때문에 전략기획적 의제설정이라고 할 수 있다.

두 번째 유사 사례의 부재는 정책의제 설정을 어렵게 하는 요소 중에 하나다. 남해군이 추진했던 '남해잔디'는 유사 사례가 없는, 처음 시도한 사업이라는 점에서 쉽지 않은 결정이었다. 그러나 남해군이 이러한 사업을 추진할 수 있었던 것은 2002년 월드컵이 중요한 역할을 했다고 볼 수 있다.[18)]

녹색산업 발굴정책인 스포츠 경관농업정책은 정책의제 설정 단계가 무엇보다 중요하다. 왜냐하면 유사 사례나 벤치마킹할 선례가 전무한 정책이었기 때문이다. 그런 면에서 정책을 기획하고 추진·집행할 조직의 내부 역량과 환경 변화를 고려하지 않을 수 없는 상황이었다. 또한 녹색성장이라는 용어가 갖는 태생적 모순점도 극복해야 할 과제였다고 할 수 있다. 즉, 녹색과 성장이라는 상충되는 가치를 조화시켜야 한다는 점에서 정책의제의 설정은 매우 어려운 과정을 겪을 수밖에 없는 것이다.

정책의제 설정 단계에서는 정책 초기 군수의 역할이 중요했다고 할 수 있다.[19)] 민선 초기의 정책의제 설정이 지금까지도 안정적으로 유지되고 있는 원인은 첫째, 남해군의 환경(기회와 제약)과 역량(강점과 약점)을 종합적으로 고려하는 SWOT 분석을 토대로 비교적 충실한 전략기획안을 마련했다는 점이다. 남해대교 완공을 계기로 새로운 관광지로 부상한 남해군의 기회 요인, 자연환경을 제외하고 관광시설이 전무했던 제약 요인, 민선 시대의 개막으로 군정의 활력이 증대했다는 강점, 자율적인 사업 추진과 성공 경험이 전무하다는 약점 등이 결부되어 남해군이 녹색성장의 선진 사례로 나아가는 주요 계기를 마련했던 것이다.

두 번째로 사업의 성패와 직결된 초기 단계의 실패와 제약을 군수의 변혁적 리더십과 담당공무원들의 헌신을 통해 극복했다는 점이다. 일례로 독일에서 수입한 잔디의 품종개량사업이 시행 초기 몇 년간 실패했지만 자치단체장과 담당공무원들의 집

---

18) 이러한 사실은 남해군청 관계자와의 인터뷰를 통해 확인할 수 있다. "사실 남해군의 잔디사업의 추진과 '남해잔디'의 개발은 당시 박동완 비서실장의 역할도 컸습니다. 그 당시 잔디 개발도 월드컵을 대비한 것이었거든요. 김 군수님이 박실장의 의견을 많이 수용하는 편이었습니다. 오랫동안 같이 일을 했으니까요. 그리고 실제로 2001년에는 월드컵을 대비한 덴마크팀의 월드컵 캠프를 호텔 하나 없는 남해군이 유치했으니까 계획이 성공한 것이라고 볼 수 있습니다."

19) 민선 1기 군수로 취임한 김두관 군수의 '남해 그린플랜'은 녹색성장 정책의제 설정에 매우 중요한 역할을 했다. 김두관 군수는 중앙무대에서 활동한 공무원도, 정치인도 아니었으며 남해군 고현면 이어리 이장 출신이었다. 특히 '남해농민회' 사무국장, '남해신문' 운영 등 현장에서의 경험은 남해군의 발전 방향을 개발보다 환경을 전면에 내세우는 데 중요한 역할을 했다. 현장에서 직접 경험하고 고민한 것을 기반으로 했다는 점에서 정책 방향의 타당성이 높았다고 할 수 있다. 남해군의 환경과 내부 역량을 실제적으로 파악한 상태에서 설정된 의제라는 점에서 현실 적합성이 높았다고 할 수 있다.

념이 결합되어 2000년 이후 결실을 보게 되었다.

정책의제 설정에서 중요하게 대두되는 자치단체장(군수)의 역할은 정책변수라고 할 수 있는데 사바티어와 매즈매니언(Sabatier & Mazmanian, 1980)이 제시한 정책변수 중 '정책 목표의 명확성'이라고 할 수 있다. 스포츠 경관농업은 민선 초대 군수의 평소 의지가 반영된 것으로 정책의제를 설정할 단계부터 환경보전적 산업의 육성이라는 명확한 목표를 갖고 있었다. 그 이후의 과정은 군수가 제시한 정책의제를 구현하는 과정에서 나타난 성과라고 할 수 있다.

2) 정책결정 단계

남해군은 롤잔디 재배 경험을 토대로 스포츠 경관농업이라는 명칭으로 2008년을 전후해 본격적인 상업화를 검토하기 시작했다. 이를 위해 롤잔디 활성화를 위한 전략분석 모형을 사전에 치밀하게 기획했고, 스포츠 경관농업에 대한 SWOT 분석을 통해 남해군의 추진전략을 제시했다. 이러한 기획 및 향후 추진전략의 구비는 정책결정 단계의 성공을 좌우하는 중요한 요인이다. 즉, 구체성과 실현 가능성을 확보한 계획을 마련해 추진했다는 점에서 남해군의 스포츠 경관농업의 정책결정은 성공적이라 평가할 수 있다. 그리고 제시된 전략기획안의 성공적 수행을 위해 남해군은 정책결정 단계의 요소요소에서 다양한 노력을 경주했다.[20]

3) 정책집행 단계

남해군은 스포츠 경관농업을 통해 롤잔디사업을 추진하는 정책집행 과정에서 성공을 위한 다양한 노력을 기울였다. 먼저 본격적인 사업 확대에 앞서 발생 가능한 위험요인을 통제하기 위해 시범포 조성을 우선하는 점진적 대응전략을 채택했고 시범포 부지도 휴경지와 창선 건설폐기물 매립장을 선택하여 추진해 비용을 최소화했다.

다음으로 사업 추진에 대한 대내외 관심도 제고를 위한 다양한 전략을 추진했는데 '보물섬 잔디아카데미', '브랜드 홍보위원회 구성', '잔디 포럼' 등을 들 수 있다. 보물섬 잔디아카데미는 잔디용품 판매상, 조경업자, 농민을 대상으로 잔디 재배 방법, 잔

---

20) 먼저 사업 성공의 기반을 구축하기 위해 대학과의 파트너십을 구축하는 한편 연구용역의 수행을 통해 스포츠 경관농업을 활성화시키는 방안을 다각적으로 고민했다. 그 밖에 한국잔디연구회, 남해 쌀전문농업인협회, 남해 환경농업인협회 등과 같은 NGO 및 민간단체와의 협력을 통해 롤잔디의 상용화에 주력하는 한편 롤잔디 재배 농민의 확보 및 남해군과의 지원 방안에 대한 협의를 활성화하고 있다.

디의 시장성, 잔디 재배의 이점, 남해군 환경과의 접합성, 행정의 지원계획 등을 강의하여 사업화를 위한 저변 확대를 시도하기 위한 것이고, 브랜드 홍보위원회는 판매 마케팅 지원 및 브랜드 개발을 위한 것이다. 잔디포럼은 잔디도시 남해의 싱크탱크로서 잔디에 관한 타당성 조사, 계획 수립, 기술 지도, 사후관리 등 전반적인 사항에 대한 남해군 보조 역할을 위해 구성한 것이다. 한편, 해외 기술 협력 네트워크 구축을 위해 잔디 기술 선진국인 독일 하이델부르크 Buechner-Fertigrasen과의 네트워크를 구축한 것도 잔디사업의 성공을 위한 중요한 요소였다.

마지막으로 잔디산업의 성공에 중요한 요소는 남해군의 적극적인 재정 및 행정 지원을 들 수 있다. '스포츠 메카' 이벤트, 잔디 생산시설, 잔디 관광시설, 잔디 테마공원, 사파리 조성, 잔디박물관, 국립잔디연구소 등 각종 사업에 군비를 포함한 재정적·행정적 지원이 잔디산업 성공의 중요한 요인이라고 할 수 있다.[21] 잔디산업과 관련하여 남해군 담당 공무원의 열의와 노력도 빼놓을 수 없는 중요한 성공 요인이다.[22]

4) 정책평가 및 환류 단계

남해군은 스포츠 경관농업을 통해 녹색성장의 활성화 측면에서 다양한 정책 효과를 산출했다. 먼저 환경적 측면의 효과는 첫째, 경관의 보전 효과다. 휴경지나 나대지, 사용 종료된 매립장 부지 등 쓸모없이 방치된 토지를 이용해 롤잔디를 재배함에 따라 경관 보전적 가치가 크다. 둘째, 빗물 저장의 효과다. 롤잔디 재배층 위로 비가 오면 바로 지하 토양으로 스며들어 빗물 보전의 효과가 높다. 셋째, 토사 유실의 방지 효과다. 나대지를 그대로 방치하면 토사가 유실되어 수해의 원인이 되고 수계의

21) 위 사업들의 전체 예산은 177억 원 정도이며 이 중에서 군비는 23억 정도다.

22) 남해군 공무원의 열의와 노력은 다음의 일화를 통해 확인할 수 있다. "남해군청에서 남해스포츠파크와 관내 10개 학교 잔디 운동장 관리를 맡은 류병무(44) 씨는 잔디관리의 전문가였지만 별명이 '잔디 박사'가 아니라 '허게'였다고 한다. 스포츠파크 잔디공사를 하는 공공 근로자들이 조금이라도 쉬려고 하면 언제나 '일허게'라고 외쳐 류씨에게 이름이나 직책 대신 '허게'라고 부르면서 자연스레 별명이 되었다고 한다. 배씨는 김두관 군수가 추진하던 '남해 그린플랜' 중 하나의 사업이었던 학교에 독일 한지형 복합잔디를 시공·관리하던 업무를 했으며, 그가 관리한 학교만이 유일하게 싱싱한 파란 빛깔의 잔디가 자라고 있었다. '식물은 사람의 발걸음 소리를 듣고 자란다'는 진리에 따라 밤낮으로 잔디를 보살폈으며 무엇이 잔디 생육에 중요할까 고민하고 연구한 끝에 배수가 무엇보다 중요하다는 것을 알고 물 빠짐에 주력했다. 매일 새벽에 출근하고 자정을 넘어 퇴근하는 날이 일상이 되었고, 스포츠파크에서 새우잠 자는 날도 허다했다 (http://blog.naver.com/jangcoog?Redirect=Log&logNo=100081537564)

부영양화되는데 이러한 문제를 해소할 수 있게 된다.

경제적 측면의 효과로는 첫째, 롤잔디의 재배에 따른 단위 면적당 수익은 보리나 마늘을 능가한다.[23] 둘째, 각종 스포츠 행사나 레저활동에 수반되는 인프라의 대체 효과다. 롤잔디 재배지 개방을 통해 각종 스포츠나 레저활동이 가능하여 인프라 대처에 따른 경제적 효과를 기대할 수 있다. 셋째, 롤잔디는 쌀 농업 대체 효과를 기대할 수 있다. 앞으로 갈수록 쌀의 생산량은 증가할 것이고 이를 소비하는 인구는 감소하게 될 것이다. 이점에서 롤잔디 재배는 경쟁력 있는 소득원으로 대체할 수 있는 기회를 제공한다. 그 밖에 일자리 창출 효과, 관광 수익 증대 효과를 기대할 수 있다. 그리고 롤잔디 재배를 위해서는 초기 시설의 투자가 필요한데 이런 기초 설비공사에서 고용이 창출될 수 있고 그린 투어리즘과 연계하여 잔디 재배 농민이 자신의 집을 민박으로 활용하고 관광객은 더 넓은 잔디밭에서 각종 놀이와 스포츠를 즐긴다면 외적인 부가소득을 올릴 수 있고, 이와 같은 시설들이 관광 인프라로 작용하게 될 것으로 기대할 수 있다.

스포츠 경관산업과 관련해서는 평가 결과의 활용에 주목하는 것이 필요하다. 롤잔디사업의 추진은 남해군의 환경과 월드컵 유치, 그리고 군수의 리더십과 공무원의 실행력 등이 조화된 결과로써 충분한 사업성과 발전가능성 그리고 지역경제 활성화 효과 등을 확인할 수 있다. 그리고 잔디사업의 성공적 추진은 스포츠파크 조성이라는 새로운 정책으로 진화될 수 있는 기반을 마련했다는 점에서 중요한 의미가 있다.

2 자원순환 강화시설(MBT) 도입

1) 정책의제 설정 단계

환경기초시설의 정비는 오늘날 도시와 농촌이 직면한 공통의 문제이자 차세대 공공 서비스 관리의 주요한 이슈다. 특히 청정 관광도시를 지향하는 자치단체의 경우에는 환경기초시설의 중요성은 여타 시설에 비해 배가된다고 할 수 있다.

남해군은 1990년대 중반 이후 폐기물의 적정관리 및 처리문제가 국가적 현안으로 부각되면서 환경직 공무원들이 남해군에 배치된 일이 주요한 기회 요인으로 작용했

23) 재배 면적 1,000㎡당 예상 수입은 5,400천 원~12,400천 원 수준이다. 쌀이 동일 면적에 약 750천 원의 수입을 감안한다면 약 10배 정도의 차이가 발생한다.

다. 현재 남해군청 녹색성장팀장 등 환경직 공무원들의 전문성과 교섭력이 당시 국내에서는 생소하던 MBT 시설 도입을 정책의제로 설정하는 데 크게 기여했다. 그리고 MBT 시설의 도입은 민선 시대의 개막 이후 급격하게 분출된 주민들의 다양한 요구 사항을 수렴하는 방식으로 추진된 정책이었다. 즉, 주민들의 민원과 직결된 환경기초 시설의 집적단지화 구상을 실현하기 위해 주민들의 요구 사항을 적극적으로 수렴한 점에서 그러하다.

남해군이 시범적으로 추진한 MBT 시설은 당시로서는 국내 최초의 시도였다. MBT 공법으로 쓰레기를 처리하는 방법은 당시 검증되지 않은 기술이었고 남해군 역시 처음에는 소각시설의 설치로 방향을 잡고 있었으나 군수의 의지와 환경직 공무원들의 결단으로 당시로서는 모험에 가까운 MBT시설을 설치할 수 있었다. 그리고 환경단체와 주민들이 소각시설을 반대와 그에 대한 군(郡)의 수용이 있었기 때문에 가능했다.[24)]

2) 정책결정 단계

남해군이 2002년 벤처기업인 바이오컨(주)의 사업 제안에 대한 수용 여부를 결정할 당시 국내에서는 생소했던 유럽형 MBT 처리시설을 채택하게 된 주요 계기는 해당 시설의 높은 처리 효율에 기인한다. 남해군의 MBT 처리시설이 지니고 있는 주요 장점은 "고열량의 RPF(폐플라스틱 고형연료) 생산, 폐기물의 사전 전처리가 불필요, 회전 드럼에서 파쇄, 파봉, 건조 및 생물학적 반응이 동시에 발생, 회전 드럼 내에서 유기물의 발효열에 의해 건조되므로 별도의 건조 연료비가 소요되지 않음, 고발열 양질의 고형연료(RDF) 생산이 가능" 등이다.

국내의 비교 대상 시설들에 비해 이미 몇 년 앞서 2003년 가동을 시작한 남해군 MBT 처리시설은 상대적 비교 우위를 확보할 정도로 우수한 기술력을 지닌 것으로 평가된다. 또한 남해군은 기술력에 대한 검증 작업과 병행하여 남해환경운동연합이나 중앙정부의 협력을 유도하는 방식으로 정책결정의 합리성을 제고했다.

---

24) 이러한 사실은 당시 남해군의회 회의록을 통해 간접적으로 확인할 수 있다. 당시 환경도시과장이 의회에 예산안 설명을 하는 과정에서 환경단체나 주민들의 입장을 확인할 수 있다. "환경도시과장 고광훈입니다 …… (중략) …… 생활폐기물 소각시설 설치는 28억이 되어 있는데 주민공청회와 설명회를 통해서 하도록 하겠습니다. 이것은 환경단체나 주민들이 소각시설을 반대하기 때문에 퇴비화 시설로 바꾸는 방법으로 시범사업으로 바이오컨에서 하고 있습니다. 1년 정도 해서 퇴비화 시설이 되면 그쪽으로 방향을 바꾸도록 하겠습니다"(2001년 12월 12일, 제3대 제84회 제5차 예산결산특별위원회 회의록).

MBT 시설 건설정책은 정책결정 과정에서 나타난 거버넌스와 관계 부처와의 협의가 중요한 사항이라고 할 수 있다. 먼저, 애초에 계획되어 있었던 소각시설은 다이옥신 배출과 같은 비환경적 문제 때문에 지역 환경단체들과 주민들의 반대가 있었다. 군(郡)은 기존의 소각시설 건축계획을 밀어붙이기로 추진하지 않고 이해관계자들과의 협의를 통해 갈등을 최소화하고 합리적 대안을 모색했다. MBT 시설이 최초로 시도된다는 위험 부담은 공무원들의 전문적 판단과 시운전(모의실험)을 통한 검증 과정을 거치도록 함으로써 최소화하도록 했다. 이러한 일련의 거버넌스적 접근은 기피시설 및 혐오시설 건립에 따른 지역 내 갈등을 최소화하는 중요한 함의를 제공하고 있다.

한편, 관계 부처와의 협의도 중요한 과정이라고 할 수 있는데 당시 MBT 시설이 갖는 법적 구분이 명확하지 않아 업무 추진에 어려움이 있었다. 그러나 환경부는 용역을 통해 MBT를 '폐기물 전처리시설'로 정해 줌으로써 법적 구분의 문제를 해소해 주었다.

이러한 중앙정부와의 네트워크를 구축해 법적인 갈등을 해결한 것이나 NGO 단체와 네트워크를 형성하여 주민 갈등을 해결하는 과정은 정책결정의 절차적 합리성을 높이는 기제로 작용했다고 할 수 있다.[25]

MBT 시설의 도입은 사바티어와 매즈매니언(Sabatier & Mazmanian, 1980)이 제시한 정책변수 중 정책결정 과정에서 나타나는 환경 및 맥락변수들이 매우 중요한 영향 요인이라고 할 수 있다. 즉, 정책을 둘러싼 관련 집단들의 적극성과 자원, 그리고 대중의 지지와 관심 등이 중요한 영향 요인이었다. 정책결정의 실현 가능성을 제고하기 위해서는 사업타당성 검토와 직결된 실행계획의 구체성이 전제되어야 한다.[26] 또한 추진 절차의 준수와 파트너십의 구축도 결정 단계에서 고려할 수 있어야 한다. 나아가 공공 마케팅의 견지에서 정책결정에 반대하는 비판 논리나 부작용도 최

---

25) MBT사업의 추진 과정을 보면 단시일 내에 이뤄진 것이 아니라 긴 시간 동안 꾸준히 협력하고 노력한 결과라고 할 수 있다. 2001년 9월 사업의 제안에서부터→시험시설 운영 및 시연회 등 주민 여론 형성 단계→시운전의 문제점 도출 및 갈등 표면화 단계→중앙정부, NGO, 전문가 등 연계 협력을 통한 갈등 해결 단계→본격 운영 단계에 이르기까지 약 8년이라는 시간이 소요된 것을 볼 때, 정책결정의 절차와 내용의 합리성을 확보하려는 노력을 확인할 수 있다.

26) 거시적인 정책 목표의 구체화 과정으로서 자치단체의 정책결정은 실행계획의 성격을 지니고 있다. 따라서 목표 달성을 위한 전략 수행에 필요한 인적·물적 자원을 배분하는 전략적 판단과 장기적 시간 스케줄을 포함하는 포괄적 성격을 지닌다. 더불어 상황에 따라 변화하는 연동계획이자, 미래 예측의 결과를 토대로 몇 가지 핵심적인 문제에 대비하는 시나리오 계획도 포괄한다.

대한 흡수할 수 있어야 한다. MBT 시설의 도입은 이러한 반대 논리와 비판를 수용한 군청 및 공무원의 입장, 그리고 환경기초시설의 도입을 동의한 주민들의 입장이 적절히 조화된 결과로서 정책결정 단계에서 나타난 환경 및 맥락변수의 영향력이 중요한 의미를 지닌다.

3) 정책집행 단계

남해군 MBT 시설 도입의 정책집행 단계에서는 MBT 시설 도입 과정에서 나타난 문제점 및 대응 방안과 관련된 내용에 주목할 필요가 있다. 신규사업의 초기 정착은 매우 어려운 문제이나 시민단체들과 주민들의 협조 그리고 담당 공무원들의 전문성 등이 원활한 사업 추진의 성공 요인이라고 할 수 있다. 특히 전문성이 높은 분야의 시설을 민간위탁할 때 발생할 수 있는 통제의 한계를 잘 극복한 것은 중요한 함의를 제공한다. 즉, 공무원의 전문성이 확보되어 있었기 때문에 민간위탁의 효과를 거둘 수 있었던 것이다.

민간위탁의 성과를 제고하기 위해서는 민간위탁의 성공을 위한 제반 조건이나 영향 요인에 관한 검토가 필요하다.[27] 민간위탁의 효과로는 업무 효율화, 비용 절감, 민간의 전문성과 기술의 확보, 서비스 향상, 민간의 참여 기회 확대 등을 들 수 있다. 그러나 민간위탁자의 성과를 관리하는 일은 민간위탁 성공의 매우 중요한 요소다. 특히, 경쟁이 존재하지 않을 때는 시장 원리에 의한 통제가 작동되기 어렵기 때문에 책임성 확보 장치에 대해 더 많은 관심을 기울여야 한다. 이런 점에서 민간위탁을 효과적으로 추진하기 위한 요건으로 강조되어야 할 것은 관리적 요소다. 이런 맥락에서 남해군의 담당 공무원들이 전문성을 토대로 다양한 감시활동을 전개한 일은 그래서 더욱 중요성을 갖는다.

요컨대, MBT 시설 도입의 정책집행의 단계에서 민간 부문의 관리, 그리고 문제의 선제적 대응을 위해 공무원들의 전문성이 확보된 것이 성공의 중요한 요인이라고 할 수 있다.

---

27) 민간위탁의 활성화를 위해서는 먼저 행정 서비스 민간위탁에 관한 기본법과 각 부처가 소관하는 법령 사이의 법체계상 구조적 흠결을 제거할 필요가 있다. 또한 효율성 제고를 위해 경쟁입찰 방식 도입을 의무화해 경쟁 가능성을 제고하거나 민간기업에 우선권을 부여하는 방안도 있고, 법정위탁도 해당 사무에 대한 기술 변화나 위탁 방식의 전환을 통해 개방성을 제고하는 방안을 모색해야 한다. 나아가 검사/승인, 제작/공급, 교육/훈련 서비스의 경우는 그 경쟁 가능성을 제고하기 위한 대안으로서 복수위탁 및 경합위탁 방식의 도입도 가능하다. 특히 계약 방식의 다원화 및 계약 기간의 신축성 제고도 필요하다(김정렬·한인섭, 2008: 279-285).

4) 정책평가 및 환류 단계

남해군은 MBT 시설 활용을 통해 다양한 정책 효과를 산출했다. 먼저 환경적 측면에서 선진 공법의 도입으로 인한 환경정책 변화의 신축적 대응, 2차 오염물질의 저감, 부숙토를 통한 농업생산성 증대, 주민 참여형 공정관리, 재활용품 활용, 폐기물을 이용한 경제적 이익 창출 구현 등이 그것이다.

다음으로 경제적 측면에서 환경부 국고보조사업을 활용한 초기 설치 비용 절감 효과, 소각로 대비 41.6%의 경제성 확보, 재활용품 선별에 따른 판매 수입과 소각 비용 절감 등의 효과를 산출했다.

이 밖에 MBT 시설의 파급 효과라 할 수 있는 자원순환 테마랜드와 자원순환 테마마을 조성이 향후 창출한 기대 효과에도 주목할 필요가 있다. 자원순환 테마랜드는 폐기물을 이용한 관광자원화를 이루는 사업으로 환경기초시설을 이용한 체험 중심의 관광단지이고 자원순환 테마마을은 폐기물 에너지의 마을 내 보급, 에너지 제로마을을 조성하는 사업이다.

MBT 시설의 성공은 주민-시민단체-군이 서로 파트너십을 구축하고 거버넌스적 정책 추진에 기인한다. 특히 주민, 시민단체들의 양보와 전문성을 갖춘 공무원들의 노력 등은 성공의 중요한 요인이었다. 그리고 실제 MBT 설비의 성과는 테마랜드 및 테마마을을 조성이라는 새로운 사업으로 확장할 수 있는 계기를 마련해 주었다고 할 수 있다.

3 독일마을 조성사업

1) 정책의제 설정 단계

남해군은 재외동포들을 주요 이주 대상으로 상정해 독일, 미국, 일본 등으로 이어지는 테마형 문화마을 시리즈를 추진하고 있는데, 이 사업은 당초 잔디 품종 개량을 위해 독일과의 교류를 추진하는 과정에서 파악한 독일 동포들의 이주 수요에 착안해 사업의제로 설정된 것이었다. 독일마을 조성사업은 미국과 일본을 테마로 한 전원마을사업이 지속되고 있다는 점에서 가치를 확인할 수 있다.

독일마을 조성사업은 사전에 기획된 것이 아니라 잔디 재배와 관련하여 교류를 추진하는 과정에서 아이디어를 얻어 추진한 사업이다. 독일마을 조성사업은 남해군의 지리적 여건이나 환경에 부합하는 사업이었다는 점과 남해군의 대표적인 관광사업으로 선정하여 추진한 사업이라는 점에서 의제 설정 단계에서 성공 가능성을 높인 요인이다.

2) 정책결정 단계

남해군은 독일과의 교류 과정에서 독일 동포를 대상으로 한 이주민 전원마을의 조성 가능성이 확인되자 동 사업의 중장기적 파급 효과에 착안해 사업 추진을 결정했다. 2000년에서 2006년에 걸쳐 이뤄진 독일마을 조성사업은 총 170억 원(공공 76억 원, 민자 94억 원)이 투자되는 작지 않은 사업이었다.[28]

독일마을 조성의 정책결정 단계에서는 관계 부처와의 협의가 중요한 요인이었다. 독일마을은 단순히 건물만 짓는 것이 아니라 실제 독일에 거주하는 한국 교포들에 대한 이주가 전제되어 있다. 그러므로 관계 부처와의 협의는 매우 중요한 과정이며, 특히 중앙정부와의 협의는 성공 여부를 가늠하는 중요한 조건이었다.[29] 남해군은 독일마을 조성과 관련하여 청와대, 행정자치부, 문화관광부의 지원을 요청했을 뿐만 아니라 독일 대사관, 한국상공회의소 등의 협조도 요청했다. 그리고 독일의 베를린 시 등 5개 도시를 직접 방문하여 투자 유치 설명회를 개최하는 등 매우 적극적으로 관계 기관의 협조와 지원을 요청했다. 또한 광역자치단체인 경상남도는 국토이용계획 변경(제2종 지구단위계획)을 비롯해 남해군의 애로 사항을 중앙 및 관계 기관에 전달하는 창구 역할을 수행했다.

결국, 독일마을 사업의 정책결정 단계에서는 관련 주체들의 협력과 지원이 있었기에 가능한 것이었다. 특히 유기적으로 활발한 의사 소통과 협조는 정책결정을 원활하게 해주는 중요한 기능을 했다.

3) 정책집행 단계

현재 독일마을 조성사업은 초기 해외 교포들을 마을에 정착시킨다는 초기의 주된 정책 목표가 정책을 집행하는 과정에서 '관광'의 목표가 새롭게 추가되어 수정·추진되고 있다.[30] 그러나 독일 교포들의 정착과 관광이라는 다소 충돌되는 가치의 추진

28) 2008년에서 2011년에 걸쳐 190억 원의 사업비가 추가로 투자되어 사업이 진행 중이다.

29) 독일마을 사업을 둘러싼 주요 이해관계자들은 청와대, 행정자치부, 문화체육관광부, 농림부 그리고 독일 대사관과 한국상공회의소 등이며, 행정자치부에서는 독일마을 사업을 위한 특별교부세 7억 원을 지원해 주었고, 농림부에서는 산림의 형질 변경을 위한 허가를 내어 주었다.

30) 물론, 사업 초기에도 관광 부문에 대한 고려가 있었다. 그래서 위치도 남해에서 가장 아름다운 절경

이라는 점에서 몇 가지 문제점을 드러낸 것도 사실이다.31) 그리고 이러한 문제점들을 해결하는 과정이 이 사업의 정책집행 단계에서는 중요성을 갖는다.

남해군은 독일마을 조성사업에서 드러나는 문제를 해결하기 위해 두 가지 차원에서 접근했다. 하나는 남해군의 정책적 지원을 통한 문제 해결이고, 다른 하나는 주민 간 협의를 통한 문제 해결이었다.

먼저, 남해군의 정책적 지원과 관련해서는 호텔, 상가 등의 편의시설 확충과 문화관 등의 문화 교류 시설 제공 등을 들 수 있다. 이것은 독일마을 거주 주민들의 정착이 원활히 이뤄질 수 있도록 하기 위한 대안이라고 할 수 있다. 그뿐만 아니라 독일마을 주민과의 대화를 통해 독일 정서와 한국 정서 간의 상호 이해를 도모하는 한편 독일어 캠프 등을 실시하여 독일 문화와 한국 문화가 잘 융합할 수 있도록 지원책을 마련했던 것이다.

두 번째로 주민 간 협력 및 협의를 통한 문제 해결은 특히 정현태 군수 취임 이후 군이 갈등에 적극적으로 개입하면서 문제 해결을 유도하고 있다.32) 먼저 마을회관의 강화라고 할 수 있다. 마을의 자치 역량을 강화하기 위한 방안으로 마을회관을 강화하고 거기서 자율적인 협의와 협약을 할 수 있도록 유도한다는 것이다. 민박 활성화에 따른 소음문제가 발생했을 때 주민 협의를 통해 인원 수를 제한하는 것의 조치는 대표적인 문제 해결 사례라고 할 수 있다. 그리고 갈등 해결을 위한 마을규칙 제정

이 어우러진 물건항을 한눈에 바라볼 수 있는 곳으로 선정했다.

31) 독일마을 추진하는 과정에서 나타난 문제점들은 담당 공무원의 인터뷰를 통해 확인할 수 있다. "독일마을 조성 과정에서 문제점도 있었던 것이 사실입니다. 시공업체와 주민 간의 갈등이 좀 있었어요. 당시 시공업체는 개인별로 선정하도록 하고 군이 5개 정도를 선택하도록 권유했었거든요. 그리고 5개 동이 착공되고 지붕 자재, 시스템 창호, 블록 등은 독일 현지에서 수입하는 방식으로 진행했는데 이 과정에서 개별 업자들과 주민 간의 계약문제가 좀 나타나기도 했거든요. 소음도 문제가 되었는데 교포들하고 민박사업자들하고 관광객 간의 마찰이 좀 있었어요. 노후를 조용히 보내려고 온 분들인데 민박과 가까이 있으면서 관광객이 소음을 내고 하니까 갈등이 생긴 것이죠. 그래서 주민 협의를 해서 인원 수 제한 등의 조치를 해서 많이 해결되었고요. 다른 소음은 원예예술촌 공사하면서 발생한 소음인데 이제는 준공했으니까 그건 해결된 거죠. 또 다른 하나는 문화적이고 정서적인 것인데요, 독일과의 차이에서 오는 불편함이 있었습니다. 의료, 긴급구호 시스템, 상가 등의 편의시설이 없다 보니까 생활에 불편한 것이 사실이었고요, 독일식 생활 패턴하고 한국식 생활 패턴하고 다르니까 사생활 보호 같은 부분에서도 문제가 발생하기도 했습니다. 낯선 환경에다 시설도 다소 미비한 부분이 있었는데 이런 것들이 복합적으로 작용한 것입니다."

32) 남해군의 사례에서는 자치단체장이 발휘하는 혁신적 리더십의 중요성을 제기해 볼 수 있다. 물론 기업가형 리더십의 존재가 성공적 정책결정을 위한 충분 조건은 아니다. 하지만 미국의 경험을 통해 알 수 있듯이 안정적 제도 기반의 후원을 결여한 기업가형 리더십은 실패한 개혁운동가형이나 소심한 브로커형으로의 전환가능성이 크기 때문이다(Yates, 1980: 164).

등을 유도하는 것도 문제 해결을 위한 방안이라고 할 수 있다.

독일마을 조성정책은 사바티어와 매즈매니언(Sabatier & Mazmanian, 1980)이 제시한 정책변수 중 정책의 재원과 집행기관 책임자의 리더십, 집행기관 상호간의 관계 등이 중요한 영향 요인이라고 할 수 있다. 단순히 유능하고 강한 지도자를 초월해 개혁 과제에 착근된 리더십 체계는 지방의 변화를 유도하는 가장 핵심적 요소라는 점에서 성공적 정책집행의 중요한 요인이 된다. 또한 성공적 정책 추진을 위해서는 자치단체 내부 간 관계를 초월해 중앙정부와의 관계, 주민단체나 전문가 단체와의 파트너십이 지니는 중요성에도 주목할 필요가 있다.

4) 정책평가 및 환류 단계

독일마을 조성을 통해 창출할 수 있는 가장 큰 효과는 관광객 유치를 통한 지역경제 활성화일 것이다. 독일마을 특유의 아름다움과 이국적 풍경, 독일식 주택이 남해의 아름다운 자연 경관과 어우러져 국내외 관광객의 많은 관심을 받고 있는 독일마을은 관광객 외에도 TV 드라마와 영화 촬영지로 각광받고 있어 향후 독일마을을 찾는 관광객을 지속적으로 늘어날 것으로 예상된다. 그뿐만 아니라 독일마을은 원예예술촌의 조성이라는 파급 효과를 낳았다. 원예예술촌은 새로운 형태의 자연 체험 공간으로서 독일마을을 찾는 관광객과 더불어 원예예술촌을 찾는 관광객도 증가하고 있다. 향후 독일 문화 체험 축제의 개발을 통해 미래형 관광전략인 체류·체험형 관광 인프라 구축 및 자연과 지역문화를 연계한 생태 체험문화 관광지가 될 것으로 기대된다.

독일마을 조성사업은 추진 과정에서 몇 가지 문제가 노정되었으며, 이러한 문제와 해결 방안들은 미국마을, 일본마을 등 이후 추진된 마을조성사업의 중요한 정책적 준거가 되고 있다.

제 5 절 결 론

이명박 정부가 강력하게 추진하는 '저탄소 녹색성장'이라는 정책 기조는 형용 모순적 용어라고 할 수 있다.[33] 즉, 녹색과 성장이 상충되는 가치를 함께 포함하고 있다. 그래

33) '형용 모순적 용어'란 '동그란 네모' 등과 같이 서로 양립할 수 없는 단어가 결합된 것을 의미한다.

서 정책을 추진하는 공무원이나 일반 국민들에게 명확한 개념적 정의를 제공하지 못해 관념적인 구호로 전락할 가능성이 있는 것도 사실이다.

이런 맥락에서 이 장에서는 녹색성장의 선구적 사례라고 할 수 있는 남해군의 녹색성장 관련 사례를 검토했다. 검토한 사례는 스포츠 경관농업(롤잔디 재배산업) 사례, MBT 시설 도입 사례, 독일마을 조성 사례 등이다.

먼저, 스포츠 경관산업(롤잔디 재배)은 우리나라에서 처음으로 시도되는 사업으로 초기 시행착오를 겪기도 했지만 결국 스포츠파크 사업 등으로 녹색산업을 확장하는 계기가 되었다. 이 사업의 핵심 성공 요인은 정책의제 설정 과정에서 나타난 리더의 명확한 정책 목표 제시라고 할 수 있다. 물론 다른 요인들도 중요한 영향 요인이라고 할 수 있지만 군수 취임 이전에 준비된 의제와 녹색산업 육성과 관련한 명확한 목표를 제시함으로써 그 이후의 과정들이 원활하게 이뤄질 수 있었다는 점에서 정책변수의 중요성을 확인할 수 있었다.

MBT 시설의 도입은 기존 CO_2 배출 방식인 소각 방식에서 친환경적 방식으로 전환하는 시설로서 CO_2 배출량 저감은 물론이고 자원재활용 측면에서 높은 효율성을 보이고 있는 시설이다. 이 사례가 중요한 의미를 갖는 것은 MBT 시설이 당시 국내에서 처음으로 시도되는 사업이었다는 점과 주민 기피시설인 NYMBY시설의 설치가 주민들과의 협력을 통해 이뤄졌다는 점 때문이다. 즉, 정책결정 단계에서 주민들과 시민단체와 남해군이 협의를 통해 MBT 시설의 도입을 결정했는데 남해군은 기존의 소각시설 계획을 철회했고 주민들은 기피시설의 설치를 수용했다. 일종의 지역 거버넌스(local governance)를 통한 정책결정이었다고 할 수 있으며, 이 과정에서 남해군 환경직 공무원들의 전문성과 설득 노력도 중요한 성공 요인이었다고 할 수 있다. 이러한 요인들은 환경 및 맥락변수가 중요한 성패의 핵심 영향 요인이었음을 확인할 수 있다.

독일마을이 다른 지자체가 추진하는 테마마을 조성과 다른 것은 전국에서 선도적으로 시도된 사업이라는 점과 실제 독일 교포들의 정착을 통한 마을 조성이라는 점이다.[34] 특히 독일마을 조성이 가져온 효과 중에 하나는 관광산업의 활성화라고 할 수 있다. 바로 인접한 원예예술촌 등을 비롯하여 나비박물관, 수목원 등을 결합한 관광 패키지 개발에 결정적인 요인이 되었다는 점에서 중요하다. 정책집행 과정에서 문

녹색성장도 전통적 의미에서는 환경 보전의 '녹색'과 개발을 의미하는 '성장'이 결합된 것으로 이해되지만 이제는 새로운 분야의 가치를 창출하여 발전한다는 새로운 개념으로 정립되고 있다.

34) 집을 건축하는데도 독일에서 직접 재료를 수입해서 건축할 정도로 현지성을 강조한 사업이었다.

제점이 나타나기도 했지만 군의 적극적인 개입과 재정적 지원 그리고 자치 역량 강화를 위한 배려 등을 통해 문제를 해결한 것은 성공의 중요한 요인이었다.

요컨대, 사바티어와 매즈매니언이 분류한 영향 요인 중에서 정책변수와 환경 및 맥락변수가 매우 중요한 변수라고 할 수 있다. 특히 스포츠 경관농업의 경우에는 군수의 결정이 핵심이 변수임을 확인할 수 있는데, 이는 독일마을 조성정책으로 진화되고 있다는 점에서 녹색성장정책에서 의제설정자 혹은 정책결정자의 역할변수가 중요하다. 특히 정책목표를 명확히 제시하는 것은 무엇보다 중요한 핵심 영향 변수라고 할 수 있을 것이다. 환경 및 맥락변수의 중요성은 MBT 시설 도입 사례에서 확인할 수 있었다. 독일마을 조성사업에서는 집행변수의 중요성을 확인할 수 있었으나 그보다는 녹색성장정책이 갖는 진화의 측면을 확인할 수 있다는 점에서 의미를 찾을 수 있을 것이다. 반면 문제변수는 적어도 남해군의 녹색성장 사례에서는 그 중요성과 핵심 영향 요인이라고 하기에는 한계가 있다.

남해군 녹색성장 사례는 다음과 같은 몇 가지 함의를 제공한다.

먼저, 녹색성장정책은 정책의제 설정이 매우 중요하다. 어느 정책이라도 모두 정책의제 설정이 중요한 과정이지만 특히 녹색성장정책의 경우에는 의제설정이 매우 중요한 요인이다. 녹색성장이라는 다소 모호하고 형용 모순적 개념의 정책을 추진하기 위해서는 정책의 명확한 개념 정립이 선행되어야 한다. 이럴 경우에는 지자체장이나 리더의 역할이 매우 중요한데 정책 추진의 강력한 의지와 명확한 목표를 설정하는 것은 정책의제 설정에 대단히 유의미한 일이라고 할 수 있다. 이런 맥락에서 '저탄소 녹색성장'은 지역적 특수성을 반영한다. 산업적 측면과 환경적 측면이 강조되기 때문에 동일한 사업이라고 할지라도 지역적・지리적・기후적 특성에 따라 성패가 달라질 수 있다. 남해군이 녹색성장정책을 추진할 수 있었던 배경에는 관광자원의 확보와 그 기반이 이미 조성되어 있었기 때문에 가능한 것이었다. 그러므로 녹색성장정책은 지역적 특수성을 고려한 사업의 추진이 반드시 필요하다.

두 번째는 녹색성장정책이 갖는 정책 진화적 특성을 들 수 있다. 스포츠 경관산업, MBT시설 도입 정책, 독일마을 조성사업 등은 새로운 정책의 진화를 가져왔다. 그뿐만 아니라 독일마을 조성사업조차도 스포츠 경관산업의 진행 과정에서 나타난 사업으로 녹색성장정책은 단일 사업으로 끝나는 것이 아니라 다른 사업으로의 진화 및 확산되는 특성을 갖는다고 할 수 있다.

세 번째는 기존의 산업에서 발생되는 문제점을 해소하는 방안도 녹색성장이 될 수 있다는 것이다. 즉, 소각 방식에서 MBT 시설로의 전환은 엄청난 부가가치를 창출하지는 않지만 CO_2 감축이라는 성과를 도출하는데 이 또한 녹색성장의 중요한 가치라고 할 수 있다.

마지막으로 '저탄소 녹색성장'에서 공무원의 역할에 주목할 필요가 있다. 새로운 사업에서 오는 위험과 재정 부담은 민간 부문의 참여에 한계로 작용한다. 그러므로 초기에는 공공 부문에서 일종의 '격발 효과(trigger event)'의 역할이 필요하다. 그리고 이를 위해서는 공무원의 전문성 확보가 전제되어야 하며 남해군의 사례가 이를 증명한다.

한편, 저탄소 녹색성장정책은 특정 정책 단계가 중요하다고 단정하기는 어렵다는 것이 사례연구의 결과다. 물론 각 사례별로 정책의제 설정 단계가 갖는 의미를 확인할 수 있었고 각 사례별로 핵심적인 단계가 있었지만 각 핵심적 단계들이 사례별로 다르다는 점에서 어느 특정 정책 단계만이 중요하다고 결론짓는 것은 지나친 단순화라고 판단된다. 중요한 것은 특정 정책 단계가 아니라 정책 과정 전반에 대한 긴장된 관리라고 할 수 있다.

Chapter 11 미국 미디어 규제 거버넌스 개혁*

제1절 서 론

융합으로 상징되는 기술의 혁신과 시장의 발전이 기존에 유지된 규제 거버넌스의 변화를 필연적으로 요구한다는 주장은 기업, 학문 및 정책 커뮤니티에서 광범위한 공감대를 형성해 왔다. 미디어 규제 거버넌스의 개혁 필요성에 대한 합의가 대다수의 이해당사자들에게 의문의 여지없이 당연한 것으로 받아들여져 온 반면, 그러한 개혁의 방향과 내용이 어떠해야 하는가에 대한 논의는 쉽게 합의에 도달하지 못하고 있다. 융합이라는 현상이 단순히 기술적이고 경제적인 차원의 문제가 아니기 때문에 이러한 합의 형성의 어려움은 어찌 보면 당연하다고 할 수 있다.

규제 거버넌스의 방향과 내용의 변화는 다양한 행위자들의 이해관계에 심대한 영향을 미치기 때문에 이들이 규제 거버넌스 변화의 과정에서 자신의 이해관계를 관철시키기 위해 가능한 자원과 노력을 동원해 적극적으로 개입할 것은 불을 보듯 명확하기 때문이다. 즉, 기술 및 시장 융합이 불균등한 권력과 능력을 가진 사회적 행위자들 간의 경쟁과 타협의 산물이라고 상정한다면 기술, 시장 그리고 거버넌스에서 어떠한 변화도 결국에는 정치적이고 권력적인 속성을 지닌다고 봐야 하는 것이다. 따라서 기술과 시장의 변화에 조응할 수 있도록 거버넌스의 내용과 형식이 변화되어야 한다는 당위적 주장은 지나치게 단순하고 기계적인 사고라고 할 수 있다. 만약 거버

---

* 장지호 · 문상현(2008)을 재구성했다.

넌스의 내용과 양식이 기술과 시장의 변화에 종속되어 있는 것이라면 대부분의 국가에서 융합 현상으로 파생된 정책문제들을 해결하기 위한 논의들이 난항을 겪고 있다는 사실을 설명하기가 어렵다.

그러나 지난 20년간의 기술 발전은 미디어 산업의 전통적인 구분을 점점 더 어렵게 만들었으며, 산업 부문 간 경계가 불명확해짐에 따라 기존의 통신과 방송에 각각 상이하게 적용되어 왔던 규제들의 효율성과 적용 가능성에 대한 의문이 제기되어 왔다. 더욱이 디지털 기술의 적용으로 인해 과거 서로 다른 시장으로 간주되었을 뿐만 아니라 사회문화적인 이유로 상대방 시장으로의 진입이 엄격하게 규제되었던 이종 시장 간의 진입과 경쟁이 가능해짐으로써 더욱 복잡한 정책문제를 파생시켜 왔다. 이에 따라 과거의 거버넌스 체계에 근거한 규제의 적용은 특정 사업자에게 특혜를 주는 반면 새로이 시장에 진입한 사업자에게는 불이익을 줄 수 있다는 비판이 제기되었다. 또는 IPTV를 둘러싸고 우리나라에서 벌어지고 있는 논란처럼 기존 규제들의 적용을 받을 수 없는 새로운 서비스 제공자는 사업 자체를 시작하기 어렵게 되거나 아니면 기존 사업자들에 비해 특혜를 받는다는 비판에 직면해 왔다.

이에 따라 기술 및 시장의 융합이 새로운 거버넌스의 내용과 양식을 필요로 한다는 데에는 대부분의 이해당사자들 간에 공감대가 형성되어 왔다. 융합매체 환경에서 바람직한 거버넌스를 도출해 내기 위해 지난 10여 년간 국내 및 국제 수준에서 진행되어 온 수많은 논의는 그 증거라고 할 수 있다. 그럼에도 불구하고 앞에서 언급한 것처럼 거버넌스에서 정부와 시장의 역할이라든가 시민사회나 국제기구 같은 새로운 행위자들의 거버넌스 참여를 어떻게 규정할 것인가, 그리고 지적 재산권이나 프라이버시, 표준 같은 이슈들의 규제를 구체적으로 어떻게 할 것인가, 공익의 책무를 어떤 수준으로 요구할 것이며 어떻게 달성할 것인가 등을 둘러싸고는 첨예한 논쟁과 대립이 존재해 왔다. 이러한 갈등과 논란은 국내 및 국제적 수준에서 쉽게 찾아볼 수 있으며, 일부 국가를 제외하고는 쉽게 합의점을 찾지 못하고 있다. 물론 새로운 기술 및 시장환경에서 과거의 규제 거버넌스가 그 내용과 양식을 그대로 유지해야 한다고 주장할 사람은 없다. 거시적인 수준에서 거버넌스 개혁의 일반적인 추세를 보면 정부의 역할을 축소하고 시장 메커니즘의 역할을 좀더 강조하는 정책으로 변화해 가고 있는 것이 사실이지만, 미시적인 수준에서 보면 개별 국가들은 자국의 정치경제적 상황과 산업 및 시장 발전의 정도에 따라 거버넌스 개혁문제에 대해 서로 상이한 접근을 취해 오고 있다. 그러므로 모든 국가가 융합환경에서 거버넌스 개혁의 필요성을 인식하고 이를 중요한 정책 의제로 다루고 있지만, 개별 국가들은 자신의 옵션을 저울질

하고 점진적이고 순차적인 접근을 취하고 있다고 할 수 있다.

미디어 관련 연구가 드문 정책학 분야와는 달리 커뮤니케이션학 분야에서는 오래 전부터 외국의 신문, 방송 및 통신 정책에 대한 사례연구들이 활발하게 수행되어 왔다. 또한 최근 몇 년 동안 통신방송 융합에 관련된 정책연구들 역시 적지 않게 이뤄져 왔다. 그러나 다소 비판적인 시각으로 평가해 보면, 이들 중 적지 않은 연구들이 외국의 융합 미디어 정책 혹은 규제제도를 단순히 나열하거나 기술적으로 비교 분석하는 데에서 그치는 경우가 많다. 물론 이러한 연구 자체가 아무 의미가 없다는 것은 아니다. 단순한 기술적 비교분석 역시 새롭게 유형화되고 범주화된 정보를 제공해 준다는 점에서 향후 연구의 중요한 출발점을 제시해 준다고 할 수 있다. 다만 이러한 형태의 정책연구 혹은 사례연구들은 특정성을 갖는 외국의 정책과 규제제도를 탈맥락화(decontextualize)시킴으로써 잘못된 정책적 함의를 이끌어내게 만드는 문제점이 있다. 특정 국가에서 성공한 정책이나 법률이 전혀 다른 정치・경제・사회적 특성을 갖는 외국에서 동일한 성과를 거둘 것이라는 가정은 과도하게 단순하고 순진하기 때문이다.

통신방송 융합에 관한 문헌들에서 광범위하게 발견되는 문제점들로서는 두 가지를 지적할 수 있다. 하나는 이러한 문헌들이 통신방송 융합 현상을 기술결정론(technological determinism)적인 시각에서 이해한다는 것이다. 기술결정론적인 시각은 특정 기술을 사회적 맥락으로부터 유리시키고 기술이 사회에 미치는 전일적인 규정력에 대해 의문을 제기하지 않는다. 동시에 기술이 초래하는 사회 변화가 진보적일 뿐만 아니라 필연적이라고 가정함으로써 그러한 변화 과정에 내재하는 복잡한 권력 관계를 간과하는 한계를 갖는다. 이러한 경향은 통신방송 융합에 관한 정책연구들에서 특히 두드러지게 나타난다. 통신방송 융합 현상의 사회적 맥락을 간과함으로써 적지 않은 정책연구들이 기술과 시장의 변화, 그리고 이에 대한 정책적 대응을 기계적이고 단순하게 연관시킨다.

또 하나의 문제점은 외국의 사례에 관한 분석 연구들에서 흔히 나타나는 것이다. 통신방송 융합이 초래한 미디어 규제 거버넌스의 변화에 대한 연구들은 미국 등 선진국의 사례들을 적지 않게 언급하고 있다. 그럼에도 불구하고 대부분의 사례분석 연구들은 이들 국가에서 이루어진 정책결정 과정에 대한 평면적인 기술과 단순 사실의 나열에 머무는 경우가 대부분이다. 분석 수준의 깊이보다도 더 심각한 문제는 이들 사례분석이 전혀 다른 사회적 맥락에서의 정책문제를 해결하는 대안을 도출하는 데 무비판적으로 사용된다는 것이다. 예를 들면 선진국이 이렇게 했으니 우리도 똑같이 따라 하는게 필요하고 효과적일 것이라는 주장이다. 기존 연구들이 노정하는 문제점들을 해결하기 위해서는 통신방송 융합을 기술적이고 경제적인 문제로서만 보려는 시각의 한계를 인식하고 그것을 좀더 사회적인 맥락 속에서 이해하는 것이 필요하다. 그리고 사회적 현상으로서 통신방송 융합은 필연적으로 다양한 사회적 행위자들 간의 권력 관계와 밀접하게 연관될 수밖에 없다는 사실을 인정하는 것이다. 이러한 시각을 취한다면 외국의 사례들도 전혀 다르게 접근할 수 있을 뿐만 아니라 그 결과물을 전혀 다른 정치·경제·사회문화적 배경을 가진 국가들에서 활용하는 것이 얼마나 현실적합성이 있는지를 평가할 수 있을 것이다.

이 연구는 통신 및 방송의 융합으로 야기된 미디어 산업구조 및 시장환경의 변화에 대해 특정 국가가 어떻게 제도적 대응을 했고, 이를 통해 통신 및 방송 관련 규제기구를 포함한 기존 미디어 거버넌스 시스템을 어떤 과정을 통해, 어떤 형태로 재구조화하고 있는지를 살펴보는 데 일차적 목적이 있다. 좀더 구체적으로 이 연구는 미국이 통신방송 융합이라는 거버넌스 환경의 변화에 대응하기 위해 어떻게 규제기구 개혁을 수행했는가에 초점을 맞춘다. 이를 위해 1934년 커뮤니케이션법의 제정을 통한 연방통신위원회(Federal Communications Commission: FCC)의 설립 과정에서부터 1996년 텔레커뮤니케이션법의 제정과 그 이후까지 FCC를 둘러싼 규제기구 개혁 과정을 분석한다. 방법론적으로 이 연구는 미국의 규제기구 개혁 과정 자체에 대해 관심을 두기보다는 규제기구 개혁이라는 정책 의제를 둘러싸고 이뤄진 '논의'(보다 적절한 표현으로는 '담론') 과정에 초점을 맞추는 연구다.

제 2 절 담론과 정책결정 과정에 관한 이론적 논의

1980년대 후반 이후 정책연구에서 주목받게 된 담론분석은 '세계를 이해하고 동시에 변화시키려는 시도'로서 정책결정 과정에서 개별 행위자들이 이해관계에 따른 선택에 주목하는 대신 정책 참여자들의 생각하는 방식에 따른 정책의 변화를 중심으로 고찰했다 (Campbell, 2004; Nelson, 1996). 이는 그 이전의 주류 정책학자들이 관념은 사회 현실을 구성하거나 구조화하지 못하며 단지 물질적 세계를 반영하고 물질적 동인들을 정당화하는 데 복무한다는 입장에 반하는 구성주의의 전통을 계승한다. 구성주의에 따르면 관념과 지식은 사회 현실을 구성하는 핵심적인 요소로서 물질적 이해관계에 의해 결정되거나 그것을 단순히 반영하는 것이 아니다(Adler, 1997: 324). 구성주의자들은 사회적으로 공유되는 관념과 지식이 사회적 행위자들이 어떻게 그들의 물질적 환경을 해석할 것인가를 규정하기 때문에, 이러한 관념과 지식은 행위자들의 사회적 정체성을 규정하고, 나아가서는 그들의 이해관계를 구성하고 행동을 형성한다고 본다(Price & Reus-Smit, 1998: 266). 사회적 행위자들이 관념을 규범구조로 변형하기 때문에, 구성주의자들은 행위자들이 규칙과 제도들이 기반하고 있는 간주관적 의미를 어떻게 창조하는가에 많은 관심을 보여 왔다(Payne, 2001: 38).

이러한 구성주의를 계승한 담론분석에 나타나는 공통점은 정책은 참여자들의 권력관계나 이해관계에 의해 항상 결정되는 것이 아니며, 대신 구성원이 공유하는 담론에 의해 결정될 수 있음을 보여 준다. 피셔(Fischer, 2003)는 관념이 세계를 형성하는 대표적인 사례로 대처리즘과 레이거니즘을 들고 있다. 영국의 대처 총리와 미국의 레이건 대통령이 국가 경제 운용에 새로운 담론을 도입함으로써 40여 년 이상 유지해 온 오래된 정치경제적 궤적을 신자유주의로 완전히 탈바꿈했다는 것이다. 이전의 정치체제가 공익이나 공동선의 이름으로 수행한 기업 규제와 사회보장이 탈규제, 자유시장, 개별 경쟁, 기업가로서 개인 이익의 증대 등으로 대치됨으로써 공공 담론의 지형을 재형성했다. 이런 과정에서 공익이라는 규범적 용어는 개별 사적 이익을 강조하는 것으로 대체되었으며, 그 이후 아무리 전통적인 공익 개념을 앞세운다 하더라도 효율성의 기준으로 정당화되지 않은 정책제안은 논의되기가 힘들게 되었다는 것이다.

사회적 상호작용을 논증이나 토의를 통한 담론의 교환으로 이해하는 담론 이론가들은 정책결정 과정에서 담론의 실천에 주목한다. 담론 학자들은 정치적 행위가 기존의 제도에 깊이 뿌리내리고 있는 지배적 담론과 새로운 담론을 생산해내려는 다른 집단의 대항적인 담론으로 구성된다고 한다(Klandermans, 1984). 공공정책은 특정 집단의 담론에 영향을 받기도 하지만 특정 담론의 실천이 깊이 자리잡는 제도적 과정을 통해 형성되고 지지되면서 그 과정은 별개의 스스로의 삶을 지닐 수 있는 것이다. 담론 학자들에게도 정책결정 과정은 여전히 권력을 획득하고 행사하는 과정을 의미하고 있기는 하지만 그 과정은 권력의 배분을 반영하는, 경쟁하는 담론들(지배적 담론과 도전하는 담론)을 통해 조정된다. 그러기에 담론 학자들은 구체적인 행위 자체를 무시하지 않고 이어지는 정치적 사건과 행위의 의미에 대한 갈등을 중점적으로 분석한다(Schon & Rein, 1994).

전통적으로 정책은 도구적 용어로서 문제를 해결하는 데 도움을 주거나 해결하기 위한 전략적인 개입이라고 묘사되어 왔다. 이런 관점에서 정책은 효율성의 용어로서 객관적으로 분석된다. 이것이 전적으로 틀린 것은 아니나 정책은 그 의미가 특정한 상황과 사회적 시스템, 그리고 무엇보다도 관념적 담론의 표출에 의해 결정되는 상징적 실체인 것이다. 담론 측면에서 정책문제는 인간이 고안해낸 구성물이다(Morss, 2005). 즉, 사람이 어떤 상황을 자기가 바라는 것과 다르다고 지각할 때만이 문제가 되므로 따라서 어떤 문제든지 그 사람의 관점과 가치에 따라 여러 가지로 해석될 수 있다. 공공문제 역시 사회적 구성물로 이해될 수 있다. 공적 문제는 서로 다른 관점과 가치를 지닌, 다시 말하면 다른 문제 정의를 지닌 수많은 행위자를 포함하는 복잡한 공적 영역 안에서 해석되고 제시된다. 이런 점에서 정책문제와 그 해결은 행위자들이 정책 관련 이슈를 어떻게 담론화하여 제시하며, 선호하는 정책을 어떻게 지지하는지에 큰 영향을 받는다고 할 수 있다(Rochefort & Cobb, 1994).

그 과정에서 담론 학자들은 논증, 토의와 설득 같은 담론적 실천들이 사회적 상호작용의 특징적인 양식이라고 보면서, 정책결정 과정에서 담론과 커뮤니케이션의 역할에 주목한다. 이들에게는 심지어 물질적 이해관계도 불안정하고 담론적 실천에 의존하는 것으로 간주된다(Braun, 1999: 22). 이들에 따르면 규칙(rules)과 규칙의 체계로서 제도(institution)는 끊임없이 변하며, 이러한 변화를 야기하는 것은 규칙과 실천 간의 상호작용이다(Sandholtz, 1999: 87). 샌드홀츠(W. Sandholtz)는 규칙과 행동의 의미에 관해 사회적 행위자들 간에 이뤄지는 대화(dialogue)가 규칙과 실천들을 연결시키며, 이들 규칙과 실천들이 함께 변화하게 만든다고 주장한다. 사회적 행위자들과 그들의 행위는 서로에 대한 약속(commitment)과 담론적 실천을 통해 수립한 규칙구조에 의해 제약당하거나 가능케 된다. 그러므로 사회적으로 구성된 제도의 세계에서 중요한 것은 대화적 상호작용(dialogic interactions)과 담론적 실천을 통해 사회적 행위자들은 규칙을 해석, 적용, 협상 및 수정하는 것이다. 또한 이러한 실천과 상호작용이 다양한 관념과 규범들이 서로 치열하게 경쟁하는 상황에서 이뤄진다는 것이다. 기존 규칙에 대한 협상과 이에 따른 변화는 종종 수정되거나 혹은 완전히 새로운 규칙의 등장으로 이어진다. 이러한 수정되거나 혹은 새로운 규칙은 후속 행동들을 위한 논거와 기초가 된다.

스톤(Stone, 2002)은 정책결정 과정에서 문제 정의가 결코 단순히 목표를 정의하고 지금의 상황이 그 목표와 얼마나 멀리 떨어져 있는가를 측정하는 문제가 아니라, 상황에 대한 전략적 재현(representation)의 문제라고 지적한다. 이는 어떤 상황에 대한 모든 기술(description)은 여러 가지 관점 중에서 단지 하나만을 제시하기 때문이다. 문제 정의는 집단, 개인, 정부 부처 등이 자기들이 선호하는 행위의 진행을 촉진하기 위해 숙의적 또는 의식적으로 만들어낸 기술인 것이다(Rein & Schon, 1993: 270). 정책결정은 정책 참여자들이 이렇게 문제를 정의하고, 문제 정의에 대한 여러 가지 다른 방법이나 언어를 활용하는 것이다. 이때 언어의 사용은 문제 정의에 대한 정책분석에서 대단히 중요하다(Jachtenfuchs, 1996: 25). 언어는 이해, 논증 그리고 개별적·집단적 표현에 필수적인 것으로 공공의 주목을 끌기 위해 사회적 문제 정의의 특징을 만들어낸다. 언어는 어떤 정의에는 정당성을, 다른 정의에는 정당성에 침해를 주는 상징을 사용하는 수단이 된다(Payne, 2001).

미디어 거버넌스 이슈와 관련된 정책결정 과정 역시 정책결정자들이 상징적인 언어를 활용하는 담론화 과정으로 설명할 수 있다. 정책결정 과정에 참여하는 모든 이해당사자는 자신의 이익을 추구하고 이를 위해 다양한 상호작용을 하게 되는데, 이들은 각각 자신이 특정 거버넌스 이슈를 바라보는 방식을 정책 논의 과정에서 주장하고 다른 견해를 가진 이해당사자들을 설득해 그들의 동의를 얻어 내게 된다(Hall, 1982). 이 과정을 통해 거버넌스 이슈는 특정 이해당사자들의 관점에서 정의되고 틀 지어지며, 그러한 틀에 근거한 정책 행동과 대안은 특정 방식의 제도화를 낳게 된다.

제 3 절 통신방송 융합 환경에서 미국의 규제기구 개혁

1 통신방송 규제기구로서 FCC의 설립과 1934년 커뮤니케이션법: '공익' 담론 형성

미국의 통신과 방송을 규제하는 단일 규제기구로서의 연방통신위원회(Federal Communications Commission: FCC)의 설립은 '1934년 커뮤니케이션법(the Communication Act of 1934)'에 의해 이뤄졌다. 1934년에 제정된 커뮤니케이션법은 FCC를 설립했으며 위원회에 커뮤니케이션을 규제할 광범위한 재량권을 부여했다. 법안 Section 1에 명시되어 있는 FCC의 목표는 광범위해서 위원회는 그러한 목표들을 가장 잘 성취할 수 있는 방안을 선택하는 데 상당한 자유재량을 갖는다(47 U.S.C. Section 1). 이를 잘 보여 주는 것이 법안 Section 2 조항인데, 이 조항에 따르면 "위원회는 자신의 기능을 수행하는 데 필요하다면 법안과 일관성을 갖는 한, 어떠한 그리고 모든 행위를 수행할 수 있으며, 어떠한 규칙이나 규제도 만들 수 있고, 어떠한 명령도 내릴 수 있다"고 규정하고 있다(47 U.S.C. Section 2). 커뮤니케이션법이 FCC에게 지나치게 광범위한 권한을 부여하고 있다는 지적은 기능적인 측면에서 볼 때 미국의 삼권분립 전통과 상호 견제 기능에 부합하지 않게 FCC가 입법, 사법, 행정의 세 가지 기능을 모두 수행하도록 규정했던 사실에서도 기인한다. 브록(G. Brock)은 FCC를 비롯해 1930년대 설립된 대부분의 규제 기구들은 입법, 사법, 행정부의 세 가지 기능이 모두 혼재했다고 지적했다(Brock, 1994: 52). 퍼치곳-로스(H. Furchtgott-Roth) 역시 1934년 커뮤니케이션법이 FCC에게 지나치게 많은 권한을 부여하고 있다고 비판했다. 그에 따르면, 커뮤니케이션법이 제정되고 FCC가 설립되던 시기는 미국에서 뉴딜정책이 정점에 달하던 때였다. 이 시기는 권력의 분립이나 사적 재산에 대한 정부의 침입 같은 개념에 대한 미국 공중의 관심이나 우려는 거의 찾아볼 수 없었으며 사적 시장의 실패와 이를 고치기 위해서는 정부에 모든 권력을 부여해야 한다고 생각하던 때였다(Furchtgott-Roth, 2006: 16). 이러한 사회적 분위기에서 탄생한 FCC가 강력하고 다양한 권한을 갖게 된 것은 충분히 이해할 만하다고 하겠다.

FCC는 규제집행 기구로서 역할만을 수행한 것이 아니라 면허 신청부터 면허의 이양 등 다양한 이슈들에서 행정심판의 형태로 특정 당사자들에 영향을 미치는 결정을 내리기도 했다(Furchtgott-Roth, 2006: 16). 또한 FCC는 규제 대상 면허권자들과 다른 당사자들 간에 발생하는 분쟁들을 다뤘다. 이에 대해 퍼치곳-로스는 커뮤니케이션법 Section 207에 기술된 것처럼 FCC가 유사 법원 체제가 되었다고 지적했다.

특정 커먼 커리어에 의해 손실을 입었다고 주장하는 개인은 아래에 제시된 방식으로 위원회에 불만을 제기하거나 또는 해당 커먼 커리어가 책임을 질 손실에 대한 보상을 위한 소송을 미국 어느 지방법원에 제기할 수 있다. 그러나 해당 개인은 두 가지 구제절차를 모두 추구할 수 없다(47 U.S.C. Section 207).

1934년 커뮤니케이션법과 FCC의 이념적 토대를 구성하고 있는 핵심 개념들로서는 '공익, 자연독점, 희소성'을 들 수 있다. 상호 밀접하게 연관되어 있는 세 가지 개념은 FCC 설립 이후 미국 미디어 거버넌스를 정향짓는 지침자였을 뿐만 아니라 커뮤니케이션법과 FCC에 대한 개혁 논의 과정에서 논쟁의 중심에 놓이는 의제가 되었다. '공익(public interest), 편익(convenience), 필요(necessity)'는 커뮤니케이션법에 내재되어 있는 광범위한 기준일 뿐 아니라 FCC의 모든 규제행위의 지침이기도 하다. 사실 이 용어는 1927년에 제정된 라디오법에서 취한 것이었는데, 라디오법에서는 방송산업의 규제와 관련해서 사용되었다. 그러나 사실 공익이라는 기준은 철도나 화물 운송산업 같은 커먼 커리어 공공 유틸리티(common carrier public utilities)에 오래전부터 적용되어 왔다.[1] 즉 커뮤니케이션법의 법적 기원은 의회가 철도 규제와 공익 기준에 초점을 맞추던 1800년대 말까지 거슬러 올라갈 수 있다(Read & Weiner, 1999: 5). 공공 유틸리티는 공익적 특성을 갖는 산업으로 이해되었는데, 그 이유는 이들이 생산하는 재화와 상품들이 사회의 복리에 핵심적이어서 비차별적인 방식으로 사회 내 모든 사람에게 이용 가능하게 해야 한다는 것 때문이었다(Zarkin & Zarkin, 2006: 141). 한편 방송의 경우는 기술적으로는 공공 유틸리티가 아니었지만 1920년대 당시 방송이 희소한 공공자원인 주파수를 사용했기 때문에 공익적인 특성을 갖는 산업으로 인식되었다. 주파수라는 희소한 공공자원을 사용하는 대가로 방송사는 지역 공동체의 필요를 충족시키는 다양한 종류의 오락적이고 정보적인 콘텐츠를 제공함으로써 자신들의 편성 결정에서 비차별성(nondiscrimination)을 준수하도록 기대되었다(Zarkin & Zarkin, 2006: 142).

1934년 커뮤니케이션법은 FCC로 하여금 방송설비 건축 허가와 면허의 부여가 공익, 편익과 필요에 복무하는지를 결정할 것을 요구했다(47 U.S.C. Section 309(a)). 또한 커뮤니케이션법은 어떠한 유선 커먼 커리어 사업자도 현재 혹은 미래의 편익과 필요가 해당 건축을 요구하는지에 대해 위원회로부터 확인증을 받지 않으면 새로운 라인의 건축이나 기존 라인의 확충에 착수할 수 없다고 규정했다(47 U.S.C. Section 214(a)). 이처럼 방송사업자와 커먼 커리어에게 서로 상이한 공익 관련 용어가 사용되었지만 공익 기준은 커뮤니케이션법의 적용과 FCC에 의한 방송 및 커먼 커리어 규제에서 가장 핵심적인 원칙으로 간주되었다. 그럼에도 불구하고 공익 개념에 대한 명확한 정의와 구분은 법안을 만든 의회에 의해서도 대법원에 의해서도 만족할 만큼 이뤄지지 않았다. 그 결과 공익 기준을 적용할 때 FCC의 재량권과 탄력성은 상당히 클 수밖에 없었으며 동시에 이러한 모호성은 규제 대상 기업들에게는 FCC의 해석과

---

1) 1800년대 후반 미국 연방정부는 철도, 전신과 전화산업 같은 common carrier는 정부에 의해 규제될 때 가장 잘 운영된다고 믿기 시작했다. 이들 산업에 대한 정부 규제의 필요성은 두 가지 이유에서 비롯되었다. 하나는 이 시기의 경제학자들 대부분이 common carrier가 복수의 기업보다는 단일기업에 의해 재화나 서비스가 가장 효율적으로 제공될 수 있는 산업들이라고 인식했다는 것이다. 이것이 소위 자연독점의 논리다. 두 번째는 이들 산업이 공공유틸리티산업(public utility industries)으로 특징지어질 수 있다는 것이었다. 공공유틸리티산업이란 한 사회의 경제적 운용에 매우 중요해서 차별 없이 적정한 가격에 공중에게 이용 가능할 필요가 있는 산업을 말한다. 현대 공공유틸리티 규제는 이런 두 가지 요인에 대한 고려에서 비롯되었고 요금의 설정과 시장 진입장벽의 설정이라는 두 가지 활동으로 구성되었다. 미국에서 역사적으로 이러한 규제활동을 수행할 수 있는 권한은 독립규제위원회에게 부여되어 왔다. 그리고 이러한 기구는 최소한의 외부 정치 간섭 하에서 매우 기술적인 규제 문제들을 다룰 수 있도록 디자인되었다(Zarkin & Zarkin, 2006: 3).

적용이 자의적으로 느껴질 수밖에 없는 요인이 되었다.

커먼 커리어와 방송 규제 모두에서 1934년 커뮤니케이션법은 독점 개념에 의존하고 있다(Aufderheide, 1999: 14). 독점 개념은 커먼 커리어 규제에서는 자연독점 산업 논리로 구체화되었으며, 방송 규제의 경우는 희소한 공공자원인 무선주파수의 독점적 사용이라는 논리와 연결되었다. 커뮤니케이션법 제정 당시 전신 및 전화 규제와 관련하여 다음과 같은 인식이 광범위하게 공유되었다(Read & Weiner, 1999: 12).

- 유틸리티는 자연독점의 경제적 개념에 근거하여 보호를 받는다.
- 유틸리티 기업은 경쟁으로부터 보호받는다.
- 정부는 유틸리티 기업의 가격, 비즈니스 행위, 그리고 서비스의 조건 등을 철저히 규제한다.

아우프더하이드(Aufderheide, 1999: 16)에 따르면, 1934년 커뮤니케이션법 하에서 전화는 적정 가격에 모든 사람에게 이용 가능한 서비스, 즉 유틸리티로서 운영되었다. 이는 다른 사람들의 네트워크에 대한 접근을 제공하는 비즈니스로 개념화되며 편성이나 콘텐츠를 제공하는 비즈니스가 아닌 것이다. 경제적으로 전화사업은 독점으로 운영되는 것이 효율적이라는 인식이 지배적이었다. 투명하고 신뢰할 만하며 경제적으로도 적절한 네트워크의 목표를 달성하기 위해서는 단일한 세트의 전화선과 관련 설비들을 상호 연결하는 단일한 표준(standard)의 존재가 가장 최적(optimal)인 것으로 간주되었다. 그리고 경쟁 기업들이 경쟁적으로 전국망을 설치하는 것은 중복투자(overbuild)라며 매우 비효율적인 것으로 여겨졌다. 이러한 자연독점 논리는 경쟁 회사들을 인수하고 상호 접속의 프로토콜을 마련하여 궁극적으로 시장을 지배하고자 했던 AT&T에 의해 적극적으로 옹호되었다(Friedlander, 1995). 이러한 맥락에서 AT&T는 자신의 보호자였던 FCC의 강한 권한을 가장 강력하게 지지하는 기업이 되었고, 반대급부로 연방정부는 AT&T를 전국적인 보편적 서비스 발전의 동력이자 커뮤니케이션에서 국가 안보 이익의 수호자로 보았다(Aufderheide, 1999: 16).

공익과 함께 1934년 커뮤니케이션법에서 방송 규제의 이념적 토대가 되었던 것은 희소성(scarcity) 개념이다. 라디오 주파수의 물리적 한계 때문에 주파수 사용을 원하는 모든 사람에게 이용을 제공할 수 없다는 사실은 면허를 부여받은 방송사에게 공적인 의무를 부과하는 토대가 되었다. 이에 따라 1927년 의회는 소수의 특권집단이 라디오 주파수를 독점할 개연성에 대해 우려하면서 공익을 보호하기 위해 라디오법을 제정했다. 이 같은 인식은 커뮤니케이션법에서도 그대로 유지되었다. 그러나 희소성 논리에 따라 라디오에 부여된 공적인 의무와 공익에 근거한 정부의 규제는 이후 많은 논란을 불러일으키게 된다. 특히 공익 기준과 FCC의 규제가 수정헌법 1조에서 보장한 저널리스트의 권리를 침해할 개연성에 대해 많은 사람이 우려를 표했고, 실제로 이후 많은 법적 소송의 원인이 되었다(Bensman, 2000).

이상의 논의에서 보듯이 미국 방송 및 통신산업의 초기 거버넌스의 형태는 공익이라는 다소 불분명한 기준을 토대로 한 FCC의 포괄적인 규제로 특징지어진다. 자연독점이라는 경제적 논리와 주파수의 희소성이라는 기술적 현실에 토대를 둔 초기 미디어 거버넌스의 성격은 커뮤니케이션법의 제정과 FCC의 설립이 이뤄지던 1930년대 미국의 정치적 상황에 의해서도 큰 영향을 받았다고 할 수 있다. 아우프더하이드(P. Aufderheide)에 따르면, 미국에서 진보의 시대(Progressive era)에는 연방기구들이 대기업의 독점적 행동과 관련된 반독점 이슈를 중심으로 성장했다. 이 시기의 연방 규제는 대기업으로부터 중소기업의 이익을 보호하는 것에 초점이 놓였었다. 그러나 FCC가 설립되는 뉴딜 시대(New Deal era)에는 연방기구들에게 특정 산업의 보호와 양성이라는 임무가 부여되었다. 그러한 기구들은 안정적이고, 적정한 가격의 서비스들이 성장할 수 있는 환경을 조성하는 것에 의해 소비자의 이익을 보호하고자 했다 (Aufderheide, 1999: 12).[2] 이러한 정치경제적 문맥에서 독점기업인 AT&T가 주창한 자연독점의 경제 원칙과 방송 주파수의 희소성 원칙을 핵심 요소로 하는 공익 개념은 미국의 통신방송 거버넌스와 FCC의 규제행위를 구조화하는 지배적 담론으로 작용하게 된다.

2 기존 거버넌스에 대한 비판과 개혁 요구의 대두: '탈규제' 담론의 도전

1934년 커뮤니케이션법의 개정 필요성은 법안의 통과 이후 다양한 이해당사자들에 의해 지속적으로 제기되었지만 이러한 노력이 비로소 결실을 맺은 것은 60여 년의 시간이 흐른 후인 1996년이 되어서였다. 커뮤니케이션 기술의 발전과 정치경제적 문맥의 변화 속에서 뉴딜 시기인 1930년대의 규제환경에서 만들어진 커뮤니케이션법과 FCC에 대한 비판이 제기되는 것은 어쩌면 자연스러운 일이었다. 그러나 다양한 이해당사자들이 개혁의 필요성에는 모두 공감하면서도 구체적으로 커뮤니케이션법

2) 그러나 상호 조화와 대기업, 조직화된 노동집단, 그리고 심지어는 소비자들에게도 이득이 되는 이 같은 시스템의 안정성은 급변한 기술적 가능성 때문에 1960년대와 70년대 들어 필연적으로 약화되기 시작했다(Horwitz, 1989: 17).

과 FCC를 어떻게 개혁할 것인가에 대한 방법론에서는 서로 의견이 엇갈렸다. 개혁의 근본적인 동력은 1970년대 이후로 빠르게 진행된 기술의 발전과 경제적 필요였지만 결정적인 모멘텀을 제공한 것은 1980년 레이건 행정부의 등장과 탈규제 정책의 추진이라는 정치적 요인이었다고 할 수 있다. 레이건 정부의 정책은 불필요한 정부의 개입 대신 시장 자체가 비즈니스의 우선순위와 전문적 규준을 만들도록 함으로써 경제적 경쟁을 촉진하도록 디자인되었다(Gershon, 2002: 4).

사실 미국에서 커뮤니케이션 산업에 탈규제 정책을 도입할 필요성을 인식한 것은 카터 행정부에서부터였다. 그러나 이 시기에 주로 관심이 놓였던 부분은 낡은 규칙을 폐지한다거나 불필요하게 복잡한 규칙을 단순화해야 한다는 등 관료주의적 폐해를 없애는 데 중점을 둔, 말하자면 행정의 효율성을 높이자는 요구였다. 그러나 1980년 대선에서 당선된 레이건은 집권하면서부터 경제활동을 시장에 맡겨야 한다는 신자유주의적 접근을 공개적으로 표방했다. 특히 레이건의 집권은 영국의 대처 정권과 함께 양 대륙 모두에서 신자유주의의 패권을 상징하는 것이었다. 이런 맥락에서 볼 때 1980년대 들어 본격화한 탈규제는 정부가 정책 목표를 성취하기 위해 선택할 수 있는 다양한 옵션들 중 하나가 아니라 하나의 시대정신 혹은 이데올로기로 부상하게 된다. 1981년 보수적 싱크탱크인 헤리티지재단이 발간한 『리더십을 위한 위임(*Mandate for Leadership*)』은 레이건 정부의 탈규제 청사진이 제시된 대표적 문헌이라고 할 수 있다. 이 문헌은 비대한 정부의 성장이 사회 전체에 과중한 비용을 부과하고 이는 물가상승 압력, 생산성 하락, 신규 투자의 저해, 일상생활에의 관료주의적 침해의 증가 등을 초래한다고 주장했다(Heatherly, 1981: 697). 규제가 경쟁적 자유시장을 위협하고 있다고 주장한 이 문헌은 특히 커뮤니케이션 산업이 포괄적인 탈규제의 주요 타깃이 되어야 한다고 주장했다(Heatherly, 1981: 705).

커뮤니케이션 산업과 관련하여 탈규제의 옹호자들은 1970년대 이후로 급속하게 진행된 기술 발전이 가져다 줄 정치적, 경제적 및 사회문화적 변화의 가능성에 주목했다. 1934년 커뮤니케이션법의 이념적 토대가 자연독점과 희소성의 논리에 기반을 둔 공익의 구현이라는 점을 고려해 볼 때 이 같은 기술 발전의 함의는 탈규제론자들에게는 커뮤니케이션법의 근간을 허물어뜨릴 수 있는 파괴력을 가진 것이었다. 커뮤니케이션 산업에 경쟁 체제를 도입하고 정부의 개입을 완화하고자 하는 후버(Hoover, 1997)와 퍼치곳-로스(Furchtgott-Roth, 2006)와 같은 탈규제론자들의 주요 비판은 당연히 시장경쟁을 막고 있는 독점기업과 그들의 시장 지배력, 그리고 정부의 과도한 규제를 초래한다고 보는 희소성의 원칙과 공익 의무에 맞춰져 있었다. 이들은 정보통신 기술의 발전으로 인해 통신산업에서 경쟁 체제의 도입이 가능하다고 주장하면서 AT&T의 시장 지배와 정부의 규제를 논리적으로 뒷받침하고 있는 자연독점 주장에 대해 의문을 제기한다. 특히 이들은 통신과 함께 자연독점의 특성을 가지며 공공 유틸리티산업으로 간주되었던 항공과 트럭 운송산업에 1970년대 말 경쟁이 성공적으로 도입된 사례를 내세우며 통신산업에도 경쟁을 도입할 것을 주장했다. 뮬러(Mueller, 1997)는 새로운 커뮤니케이션 기술의 개발이 자연독점에서 주장하는 경제적 비효율성과 중복 투자의 문제를 해결할 수 있다고 주장했다. 특히 좀더 과격한 자유론자(libertarian)들은 규제되지 않는 독점이 설사 시장 지배력을 착취적으로 행사할 때조차도 독점기업과 공조하거나 독점의 이득마저도 왜곡시키는 정치환경에 놓인 규제기구들보다는 더 낫다고 주장했다(Aufderheide, 1999: 23).

방송에 대한 규제를 정당화하는 희소성의 원칙 역시 탈규제론자들의 비판으로부터 자유로울 수 없었다. 해즐릿(T. Hazlett)을 비롯한 이들은 다양한 커뮤니케이션 기술의 발전으로 공중이 방송을 수신하는 소스가 확대되었기 때문에 무선 라디오 기술만이 존재했던 시기에 만들어진 커뮤니케이션법과 희소성의 논리는 시대착오적이라고 비판했다. 이들은 스펙트럼이 희소한 공공자원이기 때문에 사용이 제한되고 정부의 엄격한 규제를 받아야 한다는 주장은 보호주의적 시장환경을 선호하는 거대 방송사들과 주파수에 대한 통제를 독점하고자 하는 정치인들 간의 상호 편의적이고 보상성이 농후한 관계의 인위적 산물이라고 주장했다(Hazlett, 1990).

그러나 커뮤니케이션의 탈규제에 대한 반대론 역시 다양한 집단으로부터 제기되었다. 연방규제기구와 협조 및 경쟁 관계에 있던 각 주의 규제기구는 탈규제정책으로 인해 주의 규제 권한이 약화되는 것에 대해 불만을 품고 있었다. 이 규제기구들은 기존 규제제도의 유효성을 주장하면서 탈규제가 독점기업의 시장 지배력 남용을 야기할 것이라고 주장했다. 각종 소비자단체와 NGO들 역시 통신과 방송의 탈규제에 대해 우려를 나타냈다(Aufderheide, 1999: 31). 이 단체들은 통신의 탈규제가 보편적 서비스의 약화, 사회적 약자 및 경제적으로 여유가 없는 시민과 농촌지역에 대한 서비스 제공의 실패, 서비스 질의 하락 및 요금의 상승, 새로운 서비스에 대한 불평등한 접근 등을 초래할 것이라고 주장했다. 이들은 또한 방송의 탈규제 역시 많은 폐해를 낳을 것이라고 주장했다. 방송사 간의 지나친 경쟁은 프로그램의 다양성과 사회적 약자를 위한 프로그램의 제공에 부정적인 영향을 미칠 것이며, 방송이 여론 형성과 정보의 제공을 통한 건전한 시민의 양성이라는 공익적 임무를 소홀히 하게 될 것이라고 우려를 표명했다.

그러나 새로운 기술의 발전과 정부의 개입주의적 정책에 대해 반감을 갖는 사회적 분위기는 탈규제 반대론자들의 입지를 약화시켰다. 시장과 경쟁이 정부보다 훨씬 효율적이며, 새로운 기술이 새로운 정책을 요구한다는 탈규제론자들의 주장은 1980년대 들어 지배적인 담론으로 헤게모니를 장악했고, 탈규제 반대론자들은 수세적이고 방어적인 입장에 놓이게 되었다. 탈규제론자들은 정부의 규제와 공익적 기준의 중요성을 강조하는 탈규제 반대론자들의 주장을 가부장적이고 기술과 시장의 변화를 이해하지 못하는 시대착오적인 것으로 틀지었다. 아우프더하이드(Aufderheide, 1999: 32)의 표현처럼, 탈규제론자들은 자신들을 정부로부터 자유를 추구하며 기업가 정신과 경쟁을 지지하는 존재들로 제시하는 반면, 공익의 옹호자들은 불운하고 무가치한 특수 이해관계를 추구하는 존재들로 묘사했다.

1980년대 커뮤니케이션 산업에 불어닥친 탈규제의 바람은 미국 양당정치의 변화에서도 그 원인을 찾을 수 있다(Napoli, 2001). 역사적으로 볼 때 1930년대 이후로 미국 민주당은 시장에 대한 정부의 개입을 지지하는 정책을 유지해 왔던 반면, 보수적인 공화당은 작은 정부와 경쟁적 시장에 대한 선호를 명확히 고수해 왔다. 그러나 탈규제 정책을 선도적으로 추진했던 카터 행정부 이후 양당 간의 이런 견해 차이는 점점 사라지게 되었다. 민주당과 공화당 모두 큰 정부의 효율성에 대한 회의와 정부 규제에 대한 반감을 공유하게 되면서, 탈규제는 양당 모두에게 미국 사회와 경제의 번영을 추구하기 위한 핵심적 슬로건이 되었다. 양 정당의 대다수가 탈규제 정책의 당위성을 인정하고 지지하게 됨에 따라 통신산업을 포함한 다양한 이해관계 집단들은 좀더 자유로운 시장으로의 변화가 불가피함을 예견하게 되었다(Shaw, 1998: 37). 이렇게 볼 때 1980년대 이후 가속화된 커뮤니케이션 산업의 탈규제와 경쟁의 확대는 기술, 법, 경제 및 정치적 요인들이 복합적으로 작용한 결과라고 할 수 있다. 레이건 행정부의 탈규제 정책은 FCC의 거버넌스에도 심대한 영향을 미쳤다. 레이건이 임명한 FCC 위원들은 커뮤니케이션 산업의 규제 완화와 경쟁 도입을 적극적으로 추진했다. 특히 레이건 행정부 시절 FCC의 위원장을 역임한 폴러(Mark Fowler)는 재임 시절 미국 커뮤니케이션산업 역사에서 가장 혁신적인 탈규제를 추진한 것으로 평가받고 있다.[3] 그의 리더십 하의 FCC는 『비즈니스 위크(*Business Week*)』의 한 평론

3) 폴러와 그의 수석 보조관이었던 브레너(Daniel Brenner)가 함께 쓴 글에서 폴러는 공동체의 수탁자로서 방송의 개념이 시장 참여자로서의 방송으로 대체되어야 한다고 주장했다. 또한 그는 커뮤니케이션 정책은 공중이 원하는 서비스들을 극대화하는 것에 맞춰져야 하며, 공중의 관심이 공중의 이익을 규정한다고 주장했다(Fowler & Brenner, 1982: 207).

가의 말을 빌리면 레이건 행정부의 반규제이론의 가장 선두적인 실험실이 되었다(*Business Week*, 1985: 48). 이 시기 FCC는 AT&T의 분할과 1984년 케이블 커뮤니케이션 법의 통과 같은 중요한 탈규제 정책을 추진했다. 리드와 와이너(Read & Weiner, 1999: 9)에 따르면, 폴러는 방송 면허의 경제적 효율성과 편성에서의 자유재량권이 규제보다 공익에 복무하는 더 나은 방법이라고 보았으며, FCC의 규제적 판단이 기업의 위험 감수와 혁신을 방해한다고 주장했다. 이러한 탈규제의 기본 정책 방향에서 폴러의 FCC는 방송사의 소유 및 운영에 대한 규제들을 완화하거나 철폐했다. 즉 소유 제한, 방송일지 비치 의무, 어린이 프로그램에서 길이 광고 금지, 공정성 원칙 등을 완화하거나 폐지한 것이다(Bensman, 2000). 한편 통신 규제에서 FCC는 자신의 정책 목표를 사회적 평등으로부터 경제적 효율성에 대한 강조로 급격히 이동시켜 갔고, 경쟁문제들에 대해서는 규제를 삼가는 자세를 취했다(Afderheide, 1999: 27). 이러한 규제 변화는 시장이 공익에 가장 잘 복무할 수 있다는 폴러의 신념을 잘 보여 준다.

레이건 정부에서 비롯된 탈규제와 경쟁체제 도입이 일정 정도 성과를 거두면서 1990년대 접어들어 커뮤니케이션 산업의 완전한 탈규제에 대한 요구가 더욱 높아져 갔다. 특히 컴퓨터, 방송, 통신산업의 융합이 기술적으로 가능해짐에 따라 매체의 기술적 차이에 근거해 만들어진 커뮤니케이션법의 비효율성에 대한 비판이 제기되었고, 변화된 기술 상황에 적합하며 경제적 기회를 극대화할 수 있는 방식으로 커뮤니케이션법을 개정해야 한다는 요구가 높아졌다. 특히 인터넷이라는 새로운 매체의 등장은 기존 커뮤니케이션법이 새로운 기술환경에서 얼마나 무력화될 수 있는가를 여실히 보여 주었다. 또한 커뮤니케이션 산업의 경제적 부가가치와 무역에서의 점증하는 경제적 중요성에 대한 인식이 높아지면서 커뮤니케이션 기업의 자유로운 경제활동과 경쟁의 활성화를 통해 국내외 시장에서 미국 기업의 경쟁력을 높여야 한다는 인식이 의회를 비롯한 정책결정자들 사이에 널리 확산되었다. 클린턴 행정부가 추진한 NII(National Information Infrastructure) 역시 커뮤니케이션 산업의 자유경쟁 체제 확립과 탈규제를 더욱 가속시켰다. 클린턴 정부는 커뮤니케이션 정책에서 정부의 간섭을 최소화하고 정부의 역할을 공정한 경쟁 환경의 조성과 반경쟁적 행위에 대한 엄격한 법집행 등에 국한시키는 한편, 경쟁을 통한 시장 참여자 이익의 극대화와 기업의 자율 규제 등을 적극적으로 추구했다(Mueller, 1997).

1980년대 이후로 기술의 발전, 경쟁의 도입과 탈규제 정책의 추진 등으로 커뮤니케이션 산업의 환경은 커뮤니케이션법이 제정되던 1930년대와는 판이하게 달라졌다

(Robison, 1989). 그러나 커뮤니케이션 산업을 규제하는 거버넌스의 내용과 형식은 이러한 변화에 발빠르게 적응하지 못했다. 1934년 커뮤니케이션법의 이념에 따라 설립된 FCC 역시 그러한 비판으로부터 자유롭지 못했다. 물론 앞에서도 언급한 것처럼 레이건 정부 이후로 FCC가 정책적 변화를 선도하려고 했던 것도 사실이었다. 그럼에도 불구하고 적지 않은 비판자들은 FCC가 많은 문제점을 내포하고 있다고 비판했다. 특히 탈규제론자들은 경쟁법을 적용하고 FCC가 수행하는 기능들을 법무부나 FTC(Federal Trade Commission) 등으로 이관한 후 FCC를 폐지하자고 주장했다. 이들에게 미국 미디어 거버넌스에서 가장 중요한 규제개혁은 바로 경쟁법의 일반적 적용과 FCC의 폐지로 여겨졌다. 퍼치곳-로스(Furchtgott-Roth, 2006: 30)에 따르면, FCC의 지나친 권한이 독재적인 규칙들의 제정과 집행을 결과하지는 않았음에도 불구하고 법 지배의 손상, 민주적 책임성의 약화, 정부의 (그리고 경제적) 비효율성을 초래하는 등 상당한 해악을 결과했다고 주장한다. AT&T라는 독점기업의 시장 지배와 기술적 제약이라는 조건 속에서 제정된 1934년 커뮤니케이션법과 그에 근거해 설립된 FCC는 새로운 기술, 정치, 경제환경을 다루는 데 많은 한계를 가졌다는 주장이다. 의회 역시 새로운 환경에 적합한 법제의 필요성을 절감했고 3년간의 논쟁을 거쳐 마침내 1996년 2월 텔레커뮤니케이션법을 통과시키게 되었다.

3 1996년 텔레커뮤니케이션 법의 제정과 그 이후: '경쟁' 담론의 헤게모니와 FCC의 미래에 대한 담론 갈등

1934년 커뮤니케이션법을 대체하는 새로운 법을 마련하는 과정은 결코 순탄한 일이 아니었다. 과거의 커뮤니케이션법 수정 시도들이 별다른 성과를 거두지 못한 것은 상이한 이해관계를 조정하면서 새로운 규제틀을 마련한다는 것이 얼마나 어려운 일인지를 잘 보여 준다. 그럼에도 불구하고 융합으로 상징되는 기술환경과 새로운 고부가가치 시장을 선점해야 한다는 경제적 동기, 그리고 1980년대 이후로 미국의 이념적 좌표가 되어 온 신자유주의적 정치관은 정부의 개입을 최소화하고 시장 경쟁을 극대화할 수 있는 새로운 미디어 거버넌스를 수립해야 한다는 탈규제론자들의 주장에 강력한 설득력을 부여했다. 레이건 행정부 이래로 민주당 클린턴 행정부에 이르기까지 전통적으로 정부의 규제 역할에 대해 상이한 견해를 가졌던 공화당과 민주당의 이념적 차이도 미국 산업의 탈규제가 필요하다는 주장과 이를 구체화하는 정책 접근에서는 놀라울 정도로 유사했다.

새로운 법안의 제정은 기존 거버넌스 틀의 변화를 의미하며 이는 다양한 이해당사자들의 전략 및 운영에 큰 영향을 미치게 된다. '1996년 텔레커뮤니케이션법(the Telecommunication Act of 1996)'의 논의 과정에 다양한 이해당사자들은 적극적으로 개입해 자신들의 주장을 개진하고 상이한 이해당사자들과 논쟁을 벌였다. 이러한 담론적 실천을 통해 이들이 추구한 것은 자신들의 주장을 정당하고 합리적인 것으로 인식하게 함으로써 자신들의 이해관계에 부합하는 정책을 이끌어내는 것이었다. 정책 이슈에 대한 특정한 문제 정의는 그러한 정의에 상응하는 정책 목표를 이끌어낼 뿐만 아니라 나아가서는 그러한 문제 정의와 정책 목표에 조응하는 구체적인 전략과 정책행동을 결과하게 된다. 정책 과정에서 틀짓기와 같은 담론적 도구들이 중요한 것은 바로 이 때문이다(Schon & Rein, 1994).

기존 법과 규제의 틀에서 보호를 받아 온 독(과)점적 사업자의 경우 새로운 변화는 기업의 운영 환경에 불안정성을 높이게 되므로 현상의 유지를 선호하는 경향이 있다. 동시에 이들은 커뮤니케이션법에 의해 새로운 사업 영역에 진출이 제한되거나 장비 제조같이 기존 사업에서 분할된 영역 등에 다시 참여할 수 있게 되기를 희망했다. 지역 시내전화사업을 독점하고 있던 벨(Bell) 회사들이 이 경우에 해당한다. 이들은 비디오 서비스 같은 새로운 사업에 진출하기를 원했을 뿐만 아니라 사업이 제한되었던 장거리 전화와 장비 제조 등에도 다시 참여하기를 원했다. 반면 기업 같은 대규모 사용자, 장거리 전화사업자 그리고 니치 서비스(niche services) 업자 등은 벨 회사의 시장 확대에 대해 부정적인 입장을 취했다. 이들의 가장 큰 관심은 가능한 한 낮은 가격으로 핵심 네트워크에 접근할 수 있도록 보장을 받는 것이었다(Aufderheide, 1999: 47). 이들의 주장에는 소비자단체들도 함께했는데, 이들은 벨 전화회사들의 반경쟁적 행위로부터 소비자들을 보호해야 한다는 이유로 벨 전화회사들이 새로운 사업 영역에서 교차보조 행위를 못하도록 규제해야 하며 케이블 회사에 대한 소유도 제한해야 한다고 주장했다(Aufderheide, 1999: 48).

FCC와 1992년 케이블법에 의해 가장 심한 규제를 받고 있다고 주장하는 케이블 사업자들은 가격 규제가 불필요하다며 이의 폐지를 원했다. 또한 케이블 사업자들은 전화회사에 대한 교차 소유 금지를 폐지하는 한편, 소비자의 선택에 대한 병목(bottleneck) 통제를 유지하기를 원했다. 지상파 방송사들의 경우는 새로운 경쟁자들로부터의 특별한 보호를 원했을 뿐만 아니라 디지털 방송을 위해 주파수에 대한 자유롭고 배타적인 접근을 허용해 줄 것을 주장했다. 이와 함께 방송사업자들은 소유 집중과 교차 소유에 대한 제한을 폐지해 줄 것을 주장했다. 마지막으로 컴퓨터 산업의 경우는 인터넷 서비스를 텔레커뮤니케이션 서비스로 정의하는 것에 반대했는데, 이는 보편적 서비스의 이슈에 관련될 뿐만 아니라 전화사업자들에 부과되는 의무 조항이 적용될 것을 우려했기 때문이다. 컴퓨터 기업들은 또한 인터넷 검열에 반대했고 커뮤니케이션 네트워크 사용이 필요한 중소기업들과 함께 벨의 독점적 행위에 반대했다(Aufderheide, 1999: 48-49).

1996년 텔레커뮤니케이션법은 스스로 역사상 가장 큰 규제 철폐를 목적으로 하는 법이라고 공개적으로 내세웠듯이, 미국 커뮤니케이션 산업에 경쟁을 도입하는 것을 최우선의 목표로 삼고 있다. 이를 입증하듯이 법안의 전문에서 텔레커뮤니케이션법은 "미국 소비자들에게 낮은 가격과 양질의 서비스를 보장하고 새로운 통신 기술의 빠른 성장을 위해 경쟁을 촉진하고 규제를 완화한다."고 그 목적을 밝히고 있다(May, 2001: 408). 1934년 커뮤니케이션법의 추가 개정(amendment)이라는 형식을 띠고 있는 1996년 법은 다음과 같은 다섯 가지 우선순위를 갖고 제정되었다(Shaw, 1998: 39).

- 전화 서비스의 재정의 및 탈규제
- 인터넷 및 관련 서비스의 발전
- 라디오와 텔레비전 방송에 대한 수정된 절차
- 케이블 방송 서비스
- 텔레커뮤니케이션 장비의 제조와 관련 표준화

이와 함께 텔레커뮤니케이션법은 보편적 서비스와 FCC의 규제 권한 등도 포함하고 있다. 중요한 내용을 살펴보면, 텔레커뮤니케이션법은 전화산업에서 시내전화 및 시외전화 시장에서 경쟁을 막거나 제한하는 모든 주의 법규를 대신하게 되었고, AT&T와의 동의 판결을 제거했다. 또한 반경쟁적인 행위는 명백히 금지되었고, 모든 커뮤니케이션시장에서 경쟁을 보장하기 위한 권한을 FCC에게 부여하고 있다. 따라서 FCC는 모든 산업 영역에서 최적 경쟁의 조정자의 역할을 부여받았다(Shaw, 1998: 39).

앞에서도 언급된 것처럼 1996년 텔레커뮤니케이션법의 경쟁 친화적인 특성은 다양한 법 조항들에서 드러난다. 시내전화 시장을 포함한 모든 시장의 경쟁 촉진, 통신망 전개의 활성화, 보편적 서비스 프로그램의 합리화 및 강화를 목적으로 삼고 있으며 이를 실현하기 위해 시내망의 개방을 조건으로 시내전화 사업자들(LECs)의 장거리전화 시장 진입을 허용한다는 것, 상호 접속, 세분화된 망요소(Unbundled Network

Element: UNE)의 제공, 재판매 등의 비차별적 제공 의무를 부과하여 시내망을 개방한다는 것, 장거리 전화 사업자와 케이블 사업자의 시내전화 시장 진입을 허용한다는 것, 인터넷 등에 의한 외설통신의 규제를 강화한다는 것, FCC는 2년마다 규제를 재검토하여 이를 폐지하거나 수정한다는 것 등의 내용을 담고 있다. 또한 각종 진입장벽을 완화하고 있고, 설비 기반 경쟁뿐만 아니라 세분화된 망요소 제공과 재판매 등을 통해 서비스 기반 경쟁을 도입했으며, 경쟁의 활성화를 위해 기존 시내전화 사업자와 경쟁 시내전화 사업자 등에 대해 비대칭 규제를 실시하고 있다. 7개 Title로 구성되어 있는 텔레커뮤니케이션법의 각 section들 중 특히 중요한 규정은 Section 401의 규제 유보(regulatory forbearance) 조항이다. 이는 특정 커먼 커리어 규제에 대해 FCC가 규제를 행하지 않거나 유보할 수 있는 권한으로서 "만약에 FCC가 규제 유보가 통신 서비스 제공자들 간의 경쟁을 촉진한다면, 그러한 결정은 규제 유보가 공익에 근거하다고 판단할 수 있는 토대가 될 것이다" (Section 401)라고 명문화되어 있다.

텔레커뮤니케이션법의 규제 유보 조항은 의회와 FCC가 경쟁적인 시장 환경을 공익적인 것으로 생각한다는 사실을 잘 보여 준다. 이는 1980년대 레이건 행정부 이후로 FCC가 주도해 온 탈규제 드라이브의 연장선상에서 이해될 수 있는 것이다. 특히 의미심장한 함의는 규제 유보 조항이 결국에는 FCC 자체를 점진적으로 규제 역할로부터 벗어나게 만들고 종국에는 경쟁적 시장이 그 역할을 대체하여 FCC를 폐지하게 만들 수 있다는 점이다.

그러나 아우프더하이드(Aufderheide, 1999: 74)가 지적하듯이, 텔레커뮤니케이션법의 다른 Title들은 여전히 암묵적으로 FCC에게 시장 지배력을 지닌 대형 기업들 간의 경쟁을 포괄적이고 지속적으로 감독하고 유지 관리하는 권한을 부여하고 있다. 이에 대해 퍼치곳-로스는 텔레커뮤니케이션법이 FCC에게 상당한 새로운 권한과 재량권을 부여했다고 주장했다(Furchtgott-Roth, 2006: 35). 그는 FCC가 갖고 있던 입법, 사법, 행정의 권한 중 어느 것도 축소되지 않았으며, 오히려 과거에 개별 주(state)가 가지고 있던 권한까지 FCC에게 부여함으로써 FCC는 1934년 커뮤니케이션법 하에서보다 더 큰 권한을 보유하게 되었다고 비판한다(Furchtgott-Roth, 2006: 35). 콕스(B. Cox)와 크루(W. Crews) 역시 텔레커뮤니케이션법이 경쟁적인 시장이 정부의 규제보다 더 나은 결과를 만들어낸다고 주장하면서도 실제로 FCC의 규제 권한을 더욱 강화해 왔다고 지적했다. 이들은 특히 텔레커뮤니케이션법이 보편적 서비스기금(universal service fund)의 사례에서 보듯이 사회복지 프로그램에서 FCC의 역할도 확대해 왔다고 주장한다(Cox & Crews, 2005: 6).

FCC(1999)는 A New Federal Communications Commission for the 21st Century라는 구조개혁안을 발표했다. 개혁안은 1999년부터 향후 5년 안에 최소한의 규제나 규제가 없는 완전히 경쟁적인 시장이 조성될 것이라고 기대하면서, 매체별로 엄격히 구분되어 있던 조직을 기능별로 재구성하여 효율성을 높이고자 했다(FCC, 1999: 2-3). 기존 5국에 집행국과 소비자정보국을 신설해 7국 체제로 변경했고, 2002년 3월에는 또 한 번의 구조개편을 실시해 케이블서비스국과 매스미디어국을 합쳐 미디어국으로 통합했으며, 공중통신사업국을 유선경쟁국으로, 소비자정보국을 소비자·정부사무국으로 개편했다(김국진, 2007: 257).

그러나 법안 통과 후 10여 년의 시간이 흐른 현재 대부분의 사람들은 미국 커뮤니케이션 시장을 '활기찬' 경쟁시장으로 만들겠다는 1996년 텔레커뮤니케이션법의 약속이 그다지 성공적이지 못하다는 데 동의한다(May, 2001; Sterling, Nuechterlein, & Weiser, 2005; Cox & Crews, 2005). 특히 지역전화사업자인 벨 회사들의 장거리 전화 시장으로의 진출 허가, 광대역통신망 도입의 지체, 그리고 실행 가능한 상호 접속규칙 제정의 어려움 등으로 인해 기존 지역전화 사업자의 시장 지배력은 더욱 강화되어 왔다. 이들이 시내전화와 장거리 시외전화 사업을 모두 할 수 있게 됨으로써 시너지 효과를 극대화한데 반해, 경쟁 업체들은 그러한 효과를 거두는 데 어려움이 많았다. 지역전화 사업자에 의한 AT&T와 MCI WorldCom의 합병은 이를 상징적으로 보여 준다(Sterling et al., 2006: 301). 게다가 2000년 이후 커뮤니케이션 산업에 불어닥친 버블 사태는 커뮤니케이션 산업에 큰 타격을 가했다.

적잖은 FCC의 비판자들은 1996년 텔레커뮤니케이션법이 내세운 약속이 이뤄지지 않고 있는 원인으로 FCC로 상징되는 규제의 문제를 지적한다. 이들은 여전히 FCC의 존재와 지나치게 큰 규제 권한이 전면적인 탈규제를 통한 경쟁시장의 구축을 저해한다고 주장한다. 특히 이들은 1996년 텔레커뮤니케이션법이 FCC의 규제 권한을 약화시키고 애매한 공익 기준을 폐기하지 않은데 대해 비판을 해 왔다. 퍼치곳-로스(Furchtgott-Roth, 2006: 42)는 텔레커뮤니케이션법이 가격 규제를 폐지한다거나 시장 진입장벽을 제거하는 등 기존 법의 오류를 많이 개선했지만 FCC라는 강력한 제도적 구조를 그대로 존속시키는 오류를 범했고, 이것이 모든 문제의 원인이라고 주장한다.

FCC의 비판자들은 단계적으로 혹은 즉각적으로 FCC를 폐지하는 것이 가장 중요한 규제개혁이라고 주장한다(Hoover, 1999). 다소 온건한 주장을 하는 경우도 FCC의 규제 권한을 대폭 축소해야 한다는데 대부분 동의한다(Furchtgott-Roth, 2006;

Cox & Crews, 2005; Vogelsan & Mitchell, 1997). 특히 이들은 커뮤니케이션 시장에서 경쟁을 보호하는데 FCC를 포함한 정부기관보다는 법원이 더 낫다고 주장하면서, 반독점법/경쟁법으로 FCC의 영역별 규제를 대체해야 한다고 제시한다(Hoover, 1999). 같은 맥락에서 이들은 FCC의 규제 기능 중 경제규제를 분리해서 폐지하고 위원회의 기능은 보편적 서비스 같은 사회적 목표를 달성하는 데 국한되어야 한다고 제시한다(Cox & Crews, 2005: 30). 또한 무엇보다도 FCC에게 시급한 것은 시장 촉진자(market facilitator)의 역할이 아니라 산업 탈규제자(industry deregulator)의 역할을 함으로써 전면적인 탈규제를 도입해야 한다고 주장한다(May, 2001: 410).

반면에 이들과는 전혀 다른 시각으로 미국의 커뮤니케이션 산업과 텔레커뮤니케이션법의 문제를 보는 학자들 역시 존재한다. 이들 역시 비판자들이 지적하는 FCC의 문제점들에 대해서는 공감을 표시한다. 예를 들면, 뉴흐털레인과 와이저(Nuechterlein & Weiser, 2005: 709)는 FCC가 자신이 감독하는 업계에 심하게 개입해 자신의 역할을 계속해서 중요하게 유지하려는 경향을 보여 주었다는 후버(P. Hoover)의 지적이 옳다고 인정한다. 이들은 FCC의 이런 경향이 지대추구 행위와 과도한 규제를 초래했고, 그에 따른 부수적 비효율성도 나타나게 되었다고 지적한다. 그럼에도 불구하고 FCC만이 모든 문제의 원인은 아니며 FCC의 폐지나 기능의 대체가 최선책이라는데 대해서는 다른 입장을 취한다. 스털링과 그의 동료들(Sterling, et al., 2006: 350)에 따르면 2000년대 초에 일어난 버블 사태는 더 적은 공공정책이 아니라 더 많은 공공정책이 필요하다는 인식을 광범위하게 확산시켰다. 이들은 과도한 탈규제가 기업으로 하여금 장기적인 성장과 안정성보다는 단기적인 이윤에 매몰되게 만들었고 이것이 위기의 원인이었다고 본다. 또한 이들은 정보통신산업은 국가에 너무 중요한 부문이라 이윤 추구 욕구에만 매몰되는 경영인에게 맡겨놓을 수 없다고 주장하기도 했다. 스털링(C. Sterling)과 그의 동료들은 어느 누구도 통신 서비스를 정부가 직접 운영해야 한다고는 생각하지 않지만 완전한 탈규제가 아닌 다른 대안이 필요하다고 주장한다. 그러면서 마치 금융시장이 SEC(Securities and Exchange Commission)의 규제안에서 운영되는 것처럼, 소비자와 산업 모두를 위해 FCC가 좀더 적극적인 역할을 수행해야 한다고 제안한다.

뉴흐털레인과 와이저(Nuechterlein & Weiser, 2005: 710)는 경쟁법의 적용과 반독점법의 적용을 통해 FCC 규제 기능을 대체하자는 비판자들의 주장에 대해 명확한 반대 입장을 표한다. 이들은 커뮤니케이션 산업을 감독하기 위해 반독점법원에 의존하는 점에 따른 가장 기본적인 문제는 사법 절차가 명확성과 전문성 분야에 취약하다는 점을 지적한다. 이들은 업계 행위자들에게 하루라도 빨리 더 큰 확실성을 제공하기 위해서는 사전 예방적 규제 조치가 사후적 독점금지법 시행보다 더 효과적이라고 본다. 또한 법원은 문제를 해결하기 위해 명령을 내릴 경우 시장에 발생하는 영향에 대해 분별있는 판단을 하기에는 기술적 전문성이 떨어지며, 제너럴리스트인 판사가 수천 개의 일상에서 일어나는 분쟁을 해결할 만한 자원과 기술적 전문성도 부족하다 (Nuechterlein & Weiser, 2005: 711). 반독점법이 가지는 이러한 문제들 때문에 뉴흐털레인과 와이저는 FCC의 역할이 당분간 더 필요하다고 주장한다. 전환기의 FCC에 대한 전망에서 뉴흐털레인과 와이저(Nuechterlein & Weiser, 2005: 717)는 커뮤니케이션 규제기구로서 FCC의 전문성에 더해 명확성(determinacy), 중립성(neutrality), 겸손(regulatory humility)을 지킬 수 있는가의 여부가 미래 FCC 역할의 성패를 결정하게 될 것이라고 주장했다.

이상에서 보듯이 미국은 1980년대 이후로 커뮤니케이션 산업의 탈규제정책을 지속적으로 추진해 왔다. 그 결과 경쟁은 1996년 텔레커뮤니케이션법과 미디어 거버넌스의 핵심적인 이념적 좌표로 자리잡게 되었다. 경쟁이라는 시장 중심적 담론은 미국의 미디어 거버넌스와 산업 전체를 틀짓는 지배적 담론으로서 막강한 영향력을 행사해 왔다. FCC의 개혁 논의 역시 문제의 정의와 방법론적 대안에서 상이한 담론들이 경합하고 있지만, 이러한 경합 역시 경쟁 담론이라는 큰 틀 내에서 이뤄지고 있다. 이는 대립되는 담론들 간의 경합이 시장 경쟁이라는 이념에 대한 도전으로 발전하는 것을 원천적으로 막는 결과를 낳는다. FCC 개혁에 관한 논의가 경쟁의 활성화라는 목표를 달성하기 위해 어떤 대안이 가장 바람직한가라는 주제에 집중되어 있다는 사실은 이를 잘 보여 준다.

제 4 절 결 론

이 장의 목적은 통신방송 융합이라는 새로운 기술환경 속에서 미디어 산업 및 시장의 변화에 대해 미국이 어떠한 제도적 대응을 했고, 이를 통해 통신 및 방송 관련 규제기구를 포함한 기존 미디어 거버넌스 시스템을 어떤 과정을 통해, 어떤 형태로 재구조화했는지를 검토하는 데 있다. 미디어 거버넌스의 내용과 형식은 다양한 방식으로 유형화할 수 있지만 이 연구에서는 통신방송 규제제도, 그 중에서도 규제기구로

그 범위와 대상을 한정했다. 특히 여기에서는 거버넌스의 변화 과정을 검토하면서 기존 연구들과는 달리 미국의 통신방송 규제제도의 구체적인 내용의 변화에 주로 관심을 두기보다는 규제제도에 관한 담론의 변화에 초점을 맞추었다.

이를 위해 1934년 커뮤니케이션법의 제정을 통한 FCC의 설립 과정에서부터 1996년 텔레커뮤니케이션법의 제정과 그 이후까지 FCC를 둘러싼 규제기구 개혁 과정을 분석했다. 방법론적으로 이 연구는 규제기구 개혁에 관한 정책문서들과 관련 내용을 다룬 논문, 서적, 미디어 자료 등의 해석적 담론 분석(interpretive discourse analysis)을 통해 미국의 규제기구 개혁 과정이 어떠한 사회적 맥락에서 이뤄졌으며 그것의 함의가 무엇인지를 검토했다. 특히 분석 방법으로 사용한 프레이밍 분석은 특정 사회적 행위자들이 규제기구 개혁이라는 정책문제를 틀짓는 방식을 보여 줄 뿐만 아니라, 특정 담론과 구체적인 정책행동 및 결과 간의 연관성을 보여 줄 수 있다는 점에서 매우 유용한 정책연구의 방법론이 될 수 있다. 이 연구를 통해 얻은 중요한 이론 및 정책적 결론은 크게 두 가지를 들 수 있다. 첫째는 미디어 거버넌스의 내용과 형식면에서 변화가 기술결정론자들이 흔히 주장하는 것처럼 기술의 변화에 의해 피동적이고 반응적으로 결정되는 것은 아니라는 점이다. 이 연구에서도 여러 차례 언급되었지만 커뮤니케이션 기술의 변화는 거버넌스의 변화에 매우 중요한 추동력을 제공하지만 그 자체가 독립적이고 규정적인 요인은 아니다. 오히려 기술은 좀더 거시적인 사회적 맥락 속에 정치·경제·사회문화적 요인들과의 상호작용 속에서 거버넌스 변화의 내용과 형식을 중층 결정(overdetermine)하는 요소로 이해하는 것이 바람직하다. 기술의 변화에서 시장/산업의 변화, 규제/거버넌스의 변화라는 인과적이고 선형적(linear)인 틀로써는 거버넌스 변화의 역동성을 결코 이해할 수 없다.

미국의 사례에서도 잘 나타나듯이 규제기구 개혁은 단순히 융합이라는 기술적 발전에 의해 추동되고 결정된 것이 아니다. 물론 이러한 주장이 규제개혁 과정에서 기술의 발전이 갖는 영향력을 폄하하는 것은 아니다. 주장의 핵심은 미국의 규제 개혁은 융합이라는 현상을 둘러싸고 다양한 정치·경제·문화적 요소들이 복합적으로 상호 연관되는 과정의 산물이라는 점이다. 통신의 자연독점 주장과 보편적 서비스 개념, 그리고 통신의 공익성이 AT&T의 독립 전화회사들과의 경쟁 회피와 시장 독점의 필요에서 제기되었다는 것은 주지의 사실이다. 1980년대 이후로 미국 텔레커뮤니케이션 산업에서 진행된 탈규제 정책이 레이건 행정부의 신자유주의적 정치관과 카터 이후로 보수화된 민주당의 정치적 변화와 밀접하게 연관되어 있음은 이미 분석에서 밝힌 바 있다. 또한 역사적으로 상업 미디어 제도를 채택해 왔다는 점과 커뮤니케이션 서비스의 국제 무역에서 미국이 차지해 온 위상 등을 고려해 볼 때, 규제기구 개혁 과정에서 탈규제와 경쟁이 강조되는 것은 자연스러운 일이라고 하겠다.

두 번째 결론은 이 연구에서 제안한 이론적 주장과 관련된다. 여기에서는 거버넌스의 변화 과정에서 담론의 역할이 결정적임을 주장했다. 정책문제에 대한 특정한 방식의 틀짓기는 그 문제를 이해하고 해석하는 방식을 규정하게 되며, 이는 나아가 정책문제를 해결하기 위한 전략과 대안의 방식을 규정하게 된다. 프레이밍으로 표현되는 이러한 담론전략의 주요 역할은 정책 과정에서 특정한 담론을 지배적이고 대중적인 것으로 제시하면서 다른 경쟁하는 담론에 대해서는 부차적이고 잔여적인 것으로 보이게 만드는 것이다. 이 과정을 통해 특정한 정책 담론은 헤게모니적인 영향력을 행사하게 된다. 헤게모니적 담론은 실제 정책 과정에서 물리적인 힘과 권력을 보유하고 행사하게 된다. 따라서 상이한 정책 담론을 주장하는 행위자들은 정책 과정에서 자신의 담론을 헤게모니적인 것으로 만들기 위해 치열하게 경쟁한다. 미국의 규제기구 개혁 과정에 대한 분석에서 담론의 역할과 그것이 가지는 권력적 속성이 매우 중요하다는 것이 명확히 드러나고 있다.

우리의 사례에서도 보듯이 융합이라는 기술 발전은 분명히 미국에서 규제개혁의 필요성을 제기하게 만드는 원인이었다. 그러나 미국의 사례에서 보듯이 정책 과정에서 프레이밍의 영향력이 강력하게 드러난다. 시장과 경쟁이 정부보다 훨씬 효율적이며, 새로운 기술이 새로운 정책을 요구한다는 탈규제론자들의 주장이 1980년대 들어 지배적 담론으로 헤게모니를 장악했고, 탈규제 반대론자들은 수세적이고 방어적인 입장에 놓이게 되었다. 탈규제론자들은 정부의 규제와 공익적 기준의 중요성을 강조하는 탈규제 반대론자들의 주장을 가부장적이고 기술과 시장의 변화를 이해하지 못하는 시대착오적인 것으로 틀 지웠고, 그 결과 이들의 담론은 규제기구 개혁 논의 과정에서 영향력을 상실하고 주변화되는 결과를 낳았던 것이다.

Chapter 12

영국 상수도의 민영화와 재규제*

제 1 절 서 론[4)]

최근 국내외적으로 상수도를 비롯해 의료, 교육, 주택, 우편, 공항 등 공공서비스 전반에 민영화 추세가 확산되고 있다. 이는 세계화의 심화 추세와 병행하여 공공서비스가 산업서비스로 전환되는 현상이 가속화되고 있기 때문이다. 하지만 이러한 추세와 패턴을 단순히 보편적인 현상으로 치부하고 안주하기에는 무리가 있다. 각각의 공공서비스에 내재된 본질적 특성이나 정부의 정책 의지에 따라 공공서비스 분야별로 다양한 운영 체제 대안이 산출될 개연성이 크기 때문이다.

전통적으로 높은 수준의 공공성(보편성, 완결성, 대응성, 투명성 등)이 요구되어 온 상수도의 경우 유럽과 미국 모두에서 다소간의 기술적 차이점에도 불구하고 중앙정부가 후원하고 지방자치단체가 주도하는 직영 방식의 운영 체제를 유지해 왔다. 하지만 1970년 중반 이후 상수도 정책의 패러다임이 효율성(경제성, 능률성, 효과성, 전문성 등)을 중시하는 방향으로 급속히 변화하면서 국가별로 다양한 정책대응이 목격되고 있다.[1)] 특히 국가의 재정 능력이 취약한 영국, 이탈리아 등 일부 선진국과 통상

---

* 김정렬(2010a)을 토대로 작성했다.

1) 1970년대 중반 이후 상수도(수자원) 정책 기조는 국가별로 다소의 차이는 있지만 크게 ① 정책 이념이 개발 중심에서 지속 가능한 성장으로, ② 정책결정 과정이 폐쇄적에서 개방적으로, ③ 관리 주체가 국가독점관리에서 공공(민간)관리로, ④ 관리 영역이 전역관리에서 지역(유역별)관리로, ⑤ 정책결정의 중심이 공학전문가에서 행정(경제)전문가로, ⑥ 무게 중심이 생활 및 공업용수 공급에서 환경 및 생태 용수 보존으로, ⑦ 관리 형태가 물의 용도(기능)별 분리관리에서 통합(조정)관리로, ⑧

압력에 취약한 한국, 칠레 등 개발도상국가 전반에서 민영화에 초점이 부여된 급진적 시도가 더욱 활발하게 산출되고 있다.

이에 이 장에서 1970년 중반 이후 상수도 운영 체제 개혁을 선도해 온 영국의 경험과 교훈을 토대로 한국의 상수도가 나아갈 진로를 모색하는 기회를 마련하고자 한다. 비교분석의 방법은 영국과 한국 간에 존재하는 역사제도적 특성 차이에 주목해 간접 비교 방법을 채택하고자 한다. 따라서 이 연구는 국가별 간접 비교에 부가해 영국 상수도 운영 체제 변화에 대한 집중 사례분석의 형식을 취하게 될 것이다. 즉, 구체제(기존의 거버넌스)의 유지와 위기의 심화, 위기(효율성과 공공성)에 대응하는 이해관계자들의 전략적 대응, 국가별·지역별로 특화된 다양한 전략 선택(점진적 대응과 급진적 대응), 합리적 대응의 결과물로서 신체제(새로운 거버넌스)의 구현, 신체제의 등장에 따른 공과(유용성과 한계) 등을 종합적으로 살펴보는 방식으로 사례분석을 진행하고자 한다.

앞서 포괄적으로 제시한 연구 방법과 전략을 좀더 구체적으로 기술하면 다음과 같다. 먼저 한영 간의 국가별 비교와 영국 내의 지역별 비교를 통해 일반화를 추구하기 위해 신제도주의 접근에 주목하고자 한다. 일반적으로 광의의 신제도주의는 크게 역사적, 경제적, 사회적 제도주의로 구분된다. 이때 각각의 신제도주의는 각기 제도의 개념을 정형화된 패턴, 합리적 선택, 보편적 인식 등 다르게 이해하고 있지만 제도 변화의 결과물로서 새로운 운영 체제의 성격을 종합적으로 해석할 수 있는 여지와 가능성을 제공하고 있다.[2)]

관리 체계가 기술적 관리에서 경제(사회)적 관리 등으로 전환되고 있다(박성제, 2004: 44). 한편 한국과 영국을 비롯해 일본, 미국, 프랑스, 네덜란드 등 주요 국가의 상수도 운영 체제와 변화 동향에 대해서는 한국자치경영평가원(2001), 한국물환경학회(2003), 한국수자원공사(2004), 한국환경정책·평가연구원(2004) 등을 참고하기 바란다.

2) 광의의 신제도주의를 구성하는 세 가지 접근은 방법론적 측면에서 통합에 애로가 있지만 이 연구는 각각의 분석 논리를 쟁점별로 연계하여 활용한다는 점에서 통합모형으로서의 가치와 의미를 부여할 수 있다. 참고로 신제도주의는 인간의 행위나 구조 사이에서 상호작용하는 제도에 초점을 두어 접근하는 이론들을 총칭한다. 이러한 제도의 개념과 관련하여 스카치폴(T. Skocpol)과 크래스너(Stephan Krasner)로 대표되는 역사적 제도주의는 제도를 인간 행위의 역사적 맥락으로서 '정형화된 패턴'으로 인식한다. 반면에 노스(Douglas North)와 셉슬(Kenneth A Shepsle)로 대표되는 경제적 제도주의(합리적 선택 제도주의)는 제도란 인간의 행위에 제약을 가하기 위해 고안된 '게임의 규칙'으로 본다. 더불어 메이어(John Meyer)와 로완(Brian Rowan)으로 대표되는 사회적 제도주의의 제도 개념은 상대적으로 가장 포괄적인 것으로서 사회적인 정당성을 확보한 공동체 전반의 '인식의 틀'로 규정이 가능하다. 한편 신제도주의 이론들은 제도적 동형화(역사적 제도주의), 합리적 유인(경제적 제도주의), 규범적 정당화(사회적 제도주의) 등을 통해 제도가 유지된다고 보고 있다(하연

다음으로 영국 내의 지역별 비교는 규모와 차별성 모두에서 대표성이 높은 잉글랜드와 스코틀랜드를 중심으로 진행하고자 한다.[3] 4대 연합국가의 형식을 취하고 있는 영국은 상수도 운영 체제 변화에서도 다양성을 표출해 왔다. 잉글랜드(웨일스)가 중앙정부의 후원하에 상대적으로 급진적인 민영화 방식을 채택했음에 반해 스코틀랜드(북아일랜드)는 지방분권의 토대 위에 상대적으로 점진적인 공사화 방식을 채택해 왔기 때문이다. 이에 이 연구는 잉글랜드와 스코틀랜드를 중심으로 운영 체제 대안 선택의 차이를 유발한 제도적 특성(규칙설계)과 구조개혁 이후의 성과(공공성과 효율성의 조화)를 규명하고자 한다.[4]

또한 이 연구에서 주목하는 핵심적 연구의 범위와 대상은 상수도 운영 체제의 변화다. 하지만 상수도 운영 체제 변화에 대한 논의는 하수도는 물론 총체적인 수자원 관리 체계와 밀접한 관련성을 지니고 있다. 따라서 상수도 운영 체제와 횡적 관련성을 지니는 분야에 대한 간접적 소개도 연구 범위와 대상에 포함하고자 한다. 특히 영국의 경우 한국과는 달리 상하수도를 포괄하는 수자원 관리 체계 전반의 통합이 이미 오래전부터 진행되어 왔다는 점에서 양자를 분리하여 논의하기 어렵기 때문이다.

영국 상수도의 구조개혁 경험과 교훈에 대해서는 그동안 국내에서도 다양한 논의들이 제시되어 왔다. 하지만 구조개혁 결과에 대한 피상적인 소개와 포괄적인 분석에 주력하는 과정에서 한국이 직면한 오늘의 현실에 대한 실질적인 벤치마킹 사례와 대

섭, 2003; Thelen, 2003).

3) 현재의 영국은 잉글랜드를 중심으로 하여 1536년에 웨일스를, 1707년에 스코틀랜드를, 그리고 1801년에 북아일랜드를 각각 흡수하여 형성되었다(이남국, 2001). 이러한 이유로 영국은 4대 지역별로 민족적 정체성은 강하지만 북동(North East), 북서(North West) 등으로 지칭되는 광역 단위별 지역정체성은 약한 편이다. 하지만 뉴캐슬, 버밍엄 등으로 지칭되는 기초 단위별 소속감은 강한 편이다. 한편 1997년 신노동당 집권 이후 강화된 지방분권 기조하에서 자치의회(자치정부)가 구성된 뒤 일괄적으로 지방분권이 시행된 스코틀랜드, 웨일스, 북아일랜드와는 달리, 잉글랜드는 중앙부처의 지역통합사무소(특별지방행정기관)에 해당하는 지역정부청(GO: Government Office of the Regions)과 지역발전청(RDA: Regional Development Agency) 및 자치의회(자치정부는 구성하지 않고 있음)를 토대로 한 점증적 지역분권이어서 중앙-지역(웨일스와 스코틀랜드 및 북아일랜드) -기초 간의 정부간 관계는 물론 정부-시민사회 간 관계가 활발한 편이다.

4) 공공서비스의 운영 체제 변화에 따른 성과는 크게 효율성 측면(재정 안정, 원가 절감, 기술 진보 등)과 공공성 측면(요금 억제, 고객 만족, 고용 안정 등)으로 구분된다. 이때 효율성(efficiency)과 공공성(publicness)을 조화시키는 일은 행정학의 존립 기반이자 정부의 핵심적인 사명이다. 하지만 양대 가치 간의 균형을 확보하는 문제는 이론의 세계는 물론 현실의 세계에서 모두 어려운 과제로 인식되고 있다. 최근 부각된 행정학의 위기나 공공서비스의 위기가 이를 반영하는 대표적 사례다(Haque, 1996). 나아가 상호간에 밀접한 보완 관계를 형성하고 있는 이론과 현실의 동반 위기는 문제의 해결 가능성을 떨어뜨리게 된다.

안으로서의 효과는 물론 이론적 함의 도출도 제한적이었다(이승호 · 이동률, 2004). 이에 여기에서는 행정학의 보편적 관심사인 공공성과 효율성의 조화라는 관점에서 영국 상수도의 변화를 종합적 · 중립적으로 조망하는 한편 광의의 신제도주의 분석 시각을 간접적으로 원용하는 방식으로 다양한 함의를 도출하고자 한다(하연섭, 2003; Mahoney & Rueschemeyer, 2003).

제 2 절 영국 상수도 운영 체제의 역사적 진화 단계와 제도적 특성

영국의 상수도 서비스 개혁은 1970년대 이후 심화된 재정 위기와 밀접한 관련성을 지니고 있다. 따라서 여기에서는 잉글랜드(웨일스)와 스코틀랜드 사례를 중심으로 기존 체제가 노정한 위기의 실체와 직영, 공사, 민영 등으로 이어지는 새로운 체제의 진화 단계를 규명하는 일에 주력하고자 한다.[5]

1 잉글랜드의 수자원 관리 역사와 변화 단계

잉글랜드 상수도의 진화 단계는 핵심적 변수인 운영 주체에 부가해 산업구조, 규제조직 등의 차이에 따라 크게 세 단계로 구분이 가능하다. 그 첫 단계는 직영 체제로 1973년 이전 상수도 업무 전반을 개별 지방자치단체가 직접 관장하던 시기다. 두 번째 단계는 지방공사 체제로 1973년부터 1989년까지 1973년 개정된 수자원법(Water Act)에 기초해 잉글랜드의 수계(水系)를 중심으로 10개의 지역수자원공사(RWAs: Regional Water Authorities)를 신설해 유역별로 광역화된 상하수도 통합관리를 시작한 시기다.[6] 세 번째 단계는 민영화 체제로 1989년 이후 현재까지로 상

5) 지리적 · 경제적 측면에서 잉글랜드와 유사한 웨일스의 경우 1973년 이래 사실상 잉글랜드와 동일한 통합 유역관리 방식을 채택하고 있다. 따라서 이하에서 언급되는 잉글랜드 사례는 웨일스 사례와 동일한 방식으로 간주해도 무방하다. 반면에 영국에서 가장 낙후된 북아일랜드의 경우 잉글랜드보다는 스코틀랜드와 유사점을 많이 지니고 있다.

6) 영국에서 상하수도를 비롯해 공공 서비스를 관장하는 공공기관들을 통칭하는 Authority라는 용어는 한국적인 관점에서 공기업(지방공기업)과 유사하다. 이때 공기업으로서 Authority는 공단과 공사의 성격은 물론 규제집행기관(특별지방행정기구)의 성격까지도 포함하는 경우도 있다. 하지만 여

하수도와 관련된 모든 기능을 10개의 수자원 보급회사(WSCs: Water Service Companies)에 매각했다.

잉글랜드는 1989년 이후 상하수도 업무를 민영화하면서 상하수도 공급 이외에 RWAs가 기존에 수행하던 규제 업무인 공해통제, 수자원관리, 어로자원, 홍수통제, 토사 유출 등을 안정적으로 수행하기 위해 전국하천공사(NRA: National Rivers Authority)와 수자원서비스규제위원회(OFWAT: Office of Water Services)를 신설하는 한편 환경 규제자의 역할을 신설된 환경청(EA: Environment Agency)에 부여했다.

이 점에서 현재 우리가 목격하고 있는 영국 상수도의 주요한 골격은 19세기 초 이후 계속된 광역화와 전문화 노력의 결과로 이해된다. 상수도 관리의 광역화와 전문화를 위한 노력은 18세기 초에 시작되어 19세기 후반 이후 본격화되었다. 또한 20세기 초 일련의 시행착오를 거쳐 중앙수자원자문위원회(CAWC: Central Advisory Water Committee)가 신설되면서 새로운 전기를 맞이하게 된다. CAWC는 1943년의 세 번째 보고서(Milne Report)를 통해 공해 통제, 수자원 보호, 하천 감시를 위한 기구로 하천국의 창설을 주창했다. 나아가 이 보고서는 1944년 발간된 「국가 수자원 정책(National Water Policy)」이라는 백서의 기초가 되었다. 특히 이 백서는 잉글랜드에 32개의 하천국을 신설한 근거로 작용했던 1948년 하천위원회법(Rivers Board Act)과 1945년 수자원법(Water Act)을 통합하자는 주장과 논리를 제시하기도 했다(Parker & Penning-Roswell, 1980).

한편 전후 영국에서 발생한 수자원 관리 체계의 변화는 중앙통제, 합리적 기획, 공공문제의 과학적 관리, 공공선의 추구 등을 요체로 하는 케인지언 복지국가 정책 기조에 기인하는 바가 크다. 즉, 당시 표출된 수자원 관리의 중앙집권화 경향은 수자원 공급 역량의 지속적인 확대, 수자원 순환주기 전반에 관한 포괄적 통제로 나타났다(Taylor, 1999). 나아가 이러한 노력은 1960년대 말 상하수도 통합이라는 중요한 진보로 나타났다. 더불어 1957년 민간 주도로 설립된 수자원조사협회(Water Research Association)는 도시는 물론 농어촌 지역의 상하수도 보급률 향상에 기여했다. 특히 1959년 가뭄을 계기로 수자원 통합관리에 대한 국민적 요구가 더욱 거세지자 CAWC 안에 수자원 수요조사를 목적으로 하는 하부위원회가 신설되기도 했다.

기에서는 용어상의 혼란을 방지하기 위해 공사로 통일해 사용하고자 한다. 즉, 1973~1989년에 잉글랜드에서 존재했던 지역수자원공사와 1995년 스코틀랜드에서 신설된 광역수자원공사는 Authority라는 동일한 명칭을 쓰고 있지만 전자는 공단의 성격을 후자는 공사의 성격을 많이 지니고 있다.

1963년 수자원법(Water Resources Act)은 하천위원회에 더 많은 권위를 부여함으로써 주요 하천을 기반으로 한 29개의 하천공사(RAs: River Authorities)를 신설해 토지 배수, 어도, 수질 오염 및 항해와 관련된 업무를 총괄토록 했다. 그리고 중앙의 수자원 조사기관으로 수자원위원회(WRB: Water Resources Board)를 설치하여 수자원 정책 전반에 걸친 정보 제공, 자문 및 계획 수립 역할을 수행토록 했다. 결국 지방의 29개 하천관리청 및 중앙의 수자원위원회 설립은 잉글랜드의 효과적인 수자원 활용을 위해 통합 유역관리가 필요하다는 인식을 확산시켰다(Okun, 1977; Parker & Penning-Roswell, 1980). 그러나 이러한 노력과 성과에도 불구하고 유역 통합관리를 위한 범국가적인 토대의 확립은 1970년대까지 기다려야 했다.

하천관리청과 수자원위원회 및 지자체별 수자원 관리 체제는 많은 문제점을 내포하고 있었다. 우선 하천관리청과 수자원위원회의 업무가 중복되면서 두 조직 간에 업무상의 미묘한 차이로 인해 알력이 발생했다. 즉, 하천관리청은 포괄적으로 수자원을 보존·개발하며 재분배하는 권한을 가지고 있었지만 자문기구인 수자원위원회가 관련 계획 수립 시 하천관리청과 이견을 보이는 경우가 많았다. 이 두 기관을 관리·감독·통제할 포괄적인 기구가 없었기 때문에 업무의 비효율성을 초래할 수밖에 없었던 것이다. 그리고 법률상 제한된 권한으로 인해 하천관리청은 새로운 프로젝트를 수행할 때마다 건별로 의회의 승인을 받아야 하는 비합리적 요소를 내포하고 있었다. 또한 상하수도 서비스를 각 지역의 수많은 개별 지방자치단체가 관장함으로써 관리 및 기술효율성 저하, 각종 시설의 현대화 지연, 합리적인 요금정책의 부재와 수질 악화 등이 문제점으로 제기되었다.

특히 수질 악화는 규제 체계의 형식화라는 구조적인 문제에 기인했다. 왜냐하면 각 지역하천관리청 위원들을 지방자치단체에서 임명했고, 이들은 지역경제 발전을 위해 하천관리청이 오염 유발 업체에 가벼운 처벌을 내리도록 압력을 행사했기 때문이다. 이와 같은 제도적·구조적 모순점은 주로 강물을 취수해 정수하는 잉글랜드 상수도 기반을 악화시켰고, 현안 해결을 위해 1973년 유역통합 수자원 관리를 표방한 수자원법 개정을 추구하게 되었다.

수자원 관리 체계의 개혁은 잉글랜드 지역에 산재한 지방정부 통폐합과도 밀접한 관련성을 지니고 있다. 1972년 지방정부법(Local Government Act)에 의해 1,424개의 지방정부가 456개로 통합되면서 상하수도 관리 분야의 재조직화도 1973년 수자원법(Water Act)을 통해 이뤄져야 했기 때문이다. 그 결과 29개의 하천국, 개별 자치단체 또는 자치단체 조합 방식으로 운영된 160개의 상수도 공급기관, 약 1,300여 개의 관리

사업소를 통합한 10개의 지역수자원공사(RWAs)가 신설되었다. 이로써 RWAs는 핵심 업무인 상하수도 공급 기능 이외에 공해 방지, 하천과 해안관리, 어족자원 보호, 수변공간 관리 등과 같은 각종 규제 업무까지 총괄하게 되었다(Okun, 1977).

1989년의 수자원법 개정은 1973년 이후 시작된 유역통합 수자원관리 체계의 불완전성, 재정 위기의 심화에 따른 관련 분야의 저조한 투자, 지속적인 수질 악화 등에 대한 해결 방안의 모색과 직결된 문제였다. 1989년 수자원법 개정에 따른 상하수도 공급 기능의 민영화와 규제 기능의 전문화 조치는 국내외적으로 많은 관심과 논쟁을 유발했을 뿐만 아니라 그 성과와 영향에 대해서는 지금까지도 찬반 양론이 팽팽하게 대립하고 있다.

2 스코틀랜드의 수자원 관리 역사와 변화 단계

스코틀랜드의 수자원 관리는 잉글랜드와 달리 강력한 지방분권 기조하에서 최근까지도 공공 부문이 중심이 되어 운영하는 공영관리 체제를 채택해 왔다. 스코틀랜드의 수자원 관리는 광역자치정부(Scottish Executive)에서 총괄하고 있으며, 상하수도 업무는 1995년 이래 3개의 공공수자원공사(PWAs: Public Water Authorities)가 관장해 왔다. 공공수자원공사는 광역자치정부가 소유(출자)한 공공기관(Public owned Authorities)으로 스코틀랜드 지역을 3개 권역(North, East, West)으로 나눠 각각 상수 공급 및 하수 처리 업무를 담당한다. 각 공공수자원공사는 시설 투자 등에 소요되는 재원 마련을 위해 공공과 민간이 함께 참여하는 제3섹터 방식(PPP: Public-Private Partnership)의 활용을 중시하고 있으며, 제한된 범위의 민간 투자(PFI: Private Finance Initiatives)도 허용하고 있다(편집부, 2002: 54).

스코틀랜드 광역자치정부는 2002년 예산 절약과 수자원 관리의 효율성을 제고하기 위해 3개의 공공수자원공사(PWAs)를 공공과 민간이 결합된 단일의 법인체(Scottish Water)로 통합했다. 하지만 효율성을 중시하는 급진적 통합 정책 기조가 수반하는 부작용을 최소화하기 위해 가정 부문의 소비자(Scottish Water)와 기업 또는 공공 부문의 소비자(Scottish Water Business Stream Ltd)를 구분하는 가격차별화 정책 도구를 채택했다.

한편 스코틀랜드 광역자치정부는 1995년 시작된 공사화 체제의 부작용을 다양한 각도에서 규제하기 위해 잉글랜드의 규제 체계를 벤치마킹했다. 부연하면, 먼저 잉글랜드의 OFWAT과 같은 경제 규제기관으로 수자원산업위원회(WIC: Water Industry Commission)를 운영하고 있다. 이 위원회는 각 공공수자원공사(PWA)의 경영 실적을 종합 평가하여 일정한 마진을 인센티브로 차등 지급함으로써 PWA 간의 경쟁을 유도해 왔다. 다음으로 잉글랜드와 유사한 환경 규제기구로는 스코틀랜드 환경보호국(SEPA: Scottish Environment Protection Agency)을 설치했다. 그리고 상수도 수질 규제기구로 스코틀랜드 음용수질규제기구(DWQR: Drinking Water Quality Regulator for Scotland)를 설치했으며, 상수도 전반에 대한 시민들의 감시와 견제는 소비자자문위원회(Water watch Scotland)를 통해 이뤄지고 있다(http://www.water.org.uk).[7)]

스코틀랜드의 상하수도 운영은 전통적으로 공급 기능과 규제 기능이 분리되어 있었다. 제2차 세계대전 직후 스코틀랜드에는 상수도 서비스 제공을 위해 170개의 기초의회(town councils), 32개의 군의회(county councils), 6개의 수자원위원회(water boards) 그리고 2개의 비법정(non-statutory) 수자원회사 등을 망라한 210개의 수자원 유관 기관들이 존재하고 있었다. 스코틀랜드는 1967년 개정된 수자원법을 통해 수자원 기관을 13개의 광역수자원위원회(large regional water boards)로 통합했다. 또한 수자원법은 중앙수자원발전위원회(CSWDB: Central Scotland Water Development Board)의 설립 근거를 마련했을 뿐만 아니라 둘 이상의 지방자치단체 권역을 대상으로 상하수도 통합 운영을 독려했다.

1968년 개정된 하수도법(Water Sewerage Act)은 하수도를 234개의 지방정부들이 운영하도록 규정하고 있었다. 이러한 체제는 1929년 스코틀랜드의 지방정부법이 발효된 이래 지속되어 왔다. 당시 환경 규제는 21개의 하천정화공사(River Purification Authorities)를 통해 이뤄졌다. 그리고 이를 관장하는 지방행정기관으로는 9개의 하천정화위원회(RPBs: River Purification Board)와 12개의 지방정부가 있었다. 또한 경제 규제는 외견상 스코틀랜드 광역자치정부가 관장했지만 상하수도 요금

7) 영국에서 가장 낙후된 북아일랜드의 수자원 관리는 얼마 전까지 공무원들이 주관하는 직영 방식을 채택해 왔다. 상하수도는 지역개발부 산하 북아일랜드 수자원서비스(Northern Ireland Water Service)에서 담당해 왔지만 2007년 4월 1일 지방정부 북소유의 주식회사인 북아일랜드 수자원주식회사(Northern Ireland Water Limited)로 이관되었다. 또한 전통적으로 지방정부의 재정력이 취약한 아일랜드는 과거 상·하수도에 대한 적절한 투자가 이뤄지지 못한 관계로 저조한 성과를 산출했다. 이러한 격차를 줄이기 위해 북아일랜드는 2010년까지 상수도와 하수도 구조개선에 778백만 파운드, 상수도 처리와 저장시설의 개선을 위해 614백만 파운드를 투자하는 한편 장기적으로 2020년까지 30억 파운드를 투자하기로 계획하고 있다(http://www.niwater.com).

결정의 실질적인 주도권은 개별 지방정부들에 부여되어 있었다(Sawkins & Dickie, 2000).

1973년 스코틀랜드의 지방정부법을 토대로 1975년 5월 16일 9개의 지역과 3개의 섬 의회가 설립되어 관할권 내의 상하수도 시설 업무를 관장했다. CSWDB의 역할은 유지되었고, 환경 규제의 역할은 스코틀랜드 본토에 한정된 해변과 내륙의 공해 방지를 막는 책임을 지니는 7개의 하천정화위원회(RPBs)에 양도되었다. 그리고 경제 규제는 1975년 후반까지도 스코틀랜드 광역자치정부에 남아 있었지만 제한된 범위 내에서 규모의 경제를 구현하려는 노력은 계속되었다. 그러나 상대적으로 재정력이 양호한 지역과 섬에 대한 규제 권한은 지방정부에 계속 위임되었다. 그 주된 이유는 지방의회가 지역의 유권자에게 그들의 행동에 대한 책임성을 유지하고자 의도했기 때문이다.

1975년의 구조개혁은 상수도와 하수도를 통합했다는 점에 주목할 필요가 있다. 그러나 RWAs 설립 이래로 통합유역관리의 원칙이 계속된 잉글랜드와는 달리 스코틀랜드는 구조개혁 당시 파편화된 관할권을 통합하는 광역화에는 소극적이었다. 부연하면, 첫째 환경 규제의 효과성은 지역의회와 통제 대상인 하천정화위원회가 밀착된 관계로 그 실효성을 상실했다. 하천정화위원회의 구성원은 구의회나 군의회 또는 스코틀랜드 광역자치의회에서 임명된 사람들로 구성되었기 때문이다. 둘째 경제 규제에 대한 책임성은 발생하는 이익을 둘러싼 잠재적 갈등으로 인해 광역자치정부와 개별지방정부 간에 양분되었다. 따라서 공사는 민간자본의 유입을 배제한 상태에서 경비를 줄인다든지 혹은 비용을 올린다든지 하는 방법으로 투자자금을 조성하는 것이 유일한 희망이었다. 하지만 요금을 올리려고 하면 개별 지방의회 의원들의 견제를 받았다. 또한, 소비자를 위한 장기 투자사업도 편협한 지방정부가 정치적 결정을 하는 경우가 많았다(Sawkins & Dickie, 2000).

스코틀랜드의 수자원 관리 체계에 대한 구조개혁의 본격화는 1994년 지방정부법을 통해 이뤄졌다. 이 조치를 통해 상하수도사업의 책임성은 1996년 4월 1일 9개의 지역과 3개의 섬 의회로부터 3개의 공공수자원공사(PWAs: Public Water Authorities)[8]로 이관되었다. CSWDB는 폐지되었고 새로운 경제규제기관인 스코틀랜드상하수도소비자협회(SWSCC: Scotland Water and Sewerage Customers Council)가 소비자

8) 3개의 통합공사는 북부, 동부, 서부 수자원공사(The North, East and West of Scotland Water Authorities)로 구분된다.

의 이익을 보호하기 위해 설립되었다. 아울러 스코틀랜드 광역자치정부는 모든 PWA와 SWSCC 구성원을 임명하는 책임을 지니게 되었다. 결국 스코틀랜드 광역정부는 처음으로 지방정부의 통제로부터 상하수도 서비스 부문에 대한 책임을 효과적으로 제거했을 뿐만 아니라 잠재적인 정치적 갈등의 근원을 최소화시키게 되었다.

3 잉글랜드와 스코틀랜드의 운영 체제 변화 단계 비교

연합국가 형식을 취하고 있는 영국의 행정 체제는 일반적으로 잉글랜드가 선도하고 여타 지역으로 확산되는 패턴을 표출해 왔다. 이 점에서 대표적 공공서비스인 상수도 분야도 예외가 아니다. 초기 및 단계별 변화를 잉글랜드(웨일스)가 선도했지만 지역적 특성이 상대적으로 강한 스코틀랜드와 북아일랜드는 상당한 시차와 제도적 다양성을 표출하고 있다.

특히 스코틀랜드의 경우 단순히 잉글랜드가 보여준 변화의 궤적을 추종한 것이 아니라 점진적이고 창조적인 관리 방식을 고안했다. 기본적으로 스코틀랜드는 잉글랜드에 비해 공공성을 중시하는 신중한 개혁전략을 채택했지만 3개의 지방공사를 1개의 복합공사(민간투자를 유치한 제3섹터 방식)로 통합해 가정과 법인을 차별화(민간투자자를 법인 대상 상수도 공급자로 활용)한 일은 창조적 진화의 대표적 사례다.

〈표 12-1〉 잉글랜드와 스코틀랜드의 운영 체제 변화

	잉글랜드	스코틀랜드
직영 체제	1973년 이전: 개별 지방자치단체	1995년 이전: 개별 지방자치단체
공사 체제	1973~1989년: 10개의 지방공사	1995~2002년: 3개의 지방공사
민영 체제	1989년 이후: 10개의 민간기업	2002년 이후: 1개의 복합공사

제 3 절 영국 상수도의 구조 개혁에 따른 거버넌스와 성과평가

상수도 서비스의 경쟁력을 제고하기 위한 잉글랜드와 스코틀랜드의 다양한 노력은 거버넌스와 성과평가를 통해 확인이 가능하다. 특히 거버넌스와 성과평과의 공과를

객관적으로 검토하는 일은 영국의 상수도 개혁 성과의 일반화와 직결된 문제다.

1 거버넌스 비교

1) 잉글랜드의 거버넌스 패턴

1973년 이래 계속된 광역화와 전문화 노력이 1989년 민영화로 귀결되면서 잉글랜드의 상하수도는 새로운 거버넌스 패턴을 구축하게 되었다. 변화된 수자원 관리 체계 하에서 행정부와 입법부는 정책의 기본 방향만을 결정하는 대신에 민영화된 상하수도 사업자에 대한 직접적 규제활동은 분야별로 전문화된 독립 규제기관이 수행하게 되었다. 이때 분야별 규제행위는 재정 및 경제 규제(Finance & Economic Regulation)와 환경 규제(Environment Regulation) 및 수질관리 규제(Water Quality Regulation)로 구분된다.

1989년 민영화로 인해 상하수도와 관련된 모든 기능이 10개의 상수도 보급 회사(WSCs)로 매각되었다. 즉, 상수도 보급 회사들을 런던증권시장에 상장하는 방식으로 상수도 서비스의 민영화를 구현한 것이다. 하지만 1974년 개혁 때 살아남았던 29개의 특수상수도 기업(Statutory Water Companies)들은 예외로 했다. 이후 특수상수도기업들은 상수도 전문회사(WoCs: Water only Companies)로 명칭이 변경되었다.

WSCs는 1989년 회사법(Companies Act)에 따라 지주회사(WHCs: Water Holding Companies)의 형식을 취하고 있다. WSCs는 1989년 12월 1일 RWAs를 대체했다. 따라서 수자원 관리 이외에 RWAs가 갖고 있던 여타 기능들은 새로 창설된 공공기관인 전국하천공사(NRA)로 이관되었다. 전국하천공사 설립은 업무 처리의 일관성과 전문성 확보는 물론 거시적인 관점에서 수자원 및 환경의 총체적 관리를 시행하고자 한 것이었다.

이러한 범지역적·범정부간 목적을 달성하기 위해 전국하천공사는 중앙의 어느 부처나 기타 유관 기관에 소속되지 않는 독립적 지위를 부여받았으며 브리스톨의 본청과 더불어 지방사무소를 두었다. 전국하천공사는 치수나 유수 점용 인·허가 업무를 초월해 핵심 현안인 수질 규제를 효과적으로 시행하기 위해 기존의 수자원위원회, 환경오염감시원(HMIP: Her Majesty's Inspectorate of Pollution) 및 83개의 폐기물규

[그림 12-1] 잉글랜드의 상하수도의 거버넌스 구조

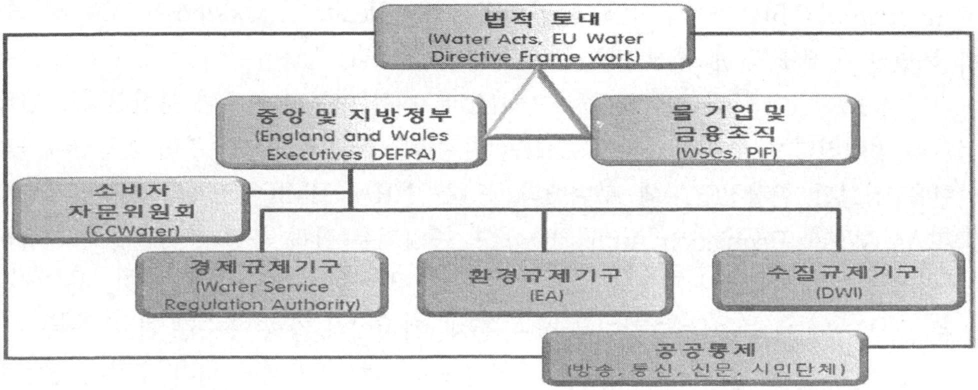

CCWater: Consumer Council for Water
EA: Environment Agency
DWI: Drinking Water Inspectorate.
England and Wales Executives DEFRA : England and Wales Executives Department of Environment, Food, and Rural Affairs
Water Services Regulation Authority: 구 OFWAT의 현재 명칭(2006년 4월 1일).

출처: Wong(2009)를 토대로 재구성.

제공사(WRAs: Waste Regulation Authorities)와 긴밀히 협조했다. 또한 MAFF는 홍수 방제와 어로활동, 면허와 감시, 배출 통제, 해양배출물 등에 관한 책임을 부여받게 되었다.

한편 민영화로 인해 탄생한 민간 사업자들을 규제하기 위해 영국 정부는 총괄 규제 기능을 담당하는 중앙부처인 환경식품자치부(DEFRA: Department of Environment, Food and Rural Affairs) 산하에 3개의 독립규제기구를 신설했다.

먼저 경제규제기구인 수자원서비스규제기구(OFWAT)는 2006년 4월 1일 이후 수자원서비스규제기관(Water Services Regulation Authority)으로 명칭이 변경되었다. 이 기관은 정부로부터 독립된 지위를 부여받았으며, 민간의 상하수도 운영 전반에 대한 감시 기능과 매 5년마다 민간 사업자에 대한 사업평가 결과를 토대로 적절한 요금 인상의 범위를 결정한다.

다음으로 수질 규제기관으로는 음용수감시국(DWI: Drinking Water Inspectorate)을, 소비자 이익을 대변하기 위해 소비자서비스평의회(CSC: Customer Service Council; 추후 Consumer Council for Water로 명칭이 변경되었음)를 설치했다. 나아가 주요한 규제자인 NRA에 부가해 독점 및 합병위원회(Monopolies and Mergers Committee), HMIP, 자치구 산하 보건소(District Health Authorities), 지방정부 등이 특별한 문제에 관한 규제 기능을 보유하게 되었다.

그러나 1990년대 중반 전국하천공사(NRA)에 대한 업무평가 결과 분산관리로 인해 성과가 떨어진다는 결과가 나오자 1995년 환경법을 토대로 1996년부터 환경규제자의 역할을 신설된 환경청(EA)에 부여했다. EA는 NRA, HMIP, 83개의 하수규제공사(WRAs: Waste Regulation Authorities) 및 중앙정부 산하 유관 부서들을 통폐합하는 방식으로 신설되었다. EA의 주요 기능은 위험물질의 배출 한계 규정, 하수처리 기준 설정, 농지에 대한 하수침전물 살포 통제, 하천이나 강의 유수량 확보, 어족자원 보호 등이다. 비록 환경식량농업부의 수자원국이 수자원정책에 대한 포괄적 권리를 행사하지만 유역통합 수자원 관리의 실질적인 정책 주체는 환경청이라고 할 수 있다. 참고로 EA는 브리스톨의 본청과 아울러 8개의 지방국과 잉글랜드와 웨일스에 26개의 지역사무소를 운영하고 있다(Castro, Kaika, & Swyngedouw, 2003).

2) 스코틀랜드의 거버넌스 패턴

1989년 민영화를 선택한 잉글랜드와는 달리 스코틀랜드는 최근까지도 공공이 주도하는 상하수도 관리 체제를 유지해 왔다. 스코틀랜드는 상하수도를 둘러싼 환경 변화에 대응하기 위해 1994년 9개의 지역과 3개의 섬들을 망라하는 3개의 공공수자원공사(PWAs: Public Water Authorities)를 신설했고, 2002년에는 재원 확보와 구조조정을 통한 수자원 관리의 효율성 제고를 위해 3개의 공공수자원공사를 1개로 통합했다. 한편 1994년에 신설된 집행조직을 규제하기 위해 독립조직으로 스코틀랜드 상하수도소비자협회(SWSCC: Scottish Water and Sewerage Customers Council)를 신설했다.

이러한 스코틀랜드의 상하수도 구조개혁은 1997년 블레어 정부의 등장 이후 지방분권 정책 기조가 강화되면서 좀더 새로운 형태로 진화하는 모습을 연출하고 있다. 즉 1999년 11월 1일 3개의 PWAs에 대한 규제를 강화하기 위해 SWSCC를 대치하는 수자원산업위원회(WIC)를 설립한 것이다. 잉글랜드의 경제 규제기구인 OFWAT과 유사한 수자원산업위원회의 주요 임무는 소비자들의 권익을 보호하고 정부에 적정한 요금 수준을 권고하는 일이다.

스코틀랜드 상하수도에 대한 경제규제 책임이 SWSCC에서 WIC로 대치된 주요 이유는 다음과 같다. 첫째, SWSCC는 매년 단기간에 방대한 자료를 검토하여 요금

[그림 12-2] 스코틀랜드 상하수도의 거버넌스 구조

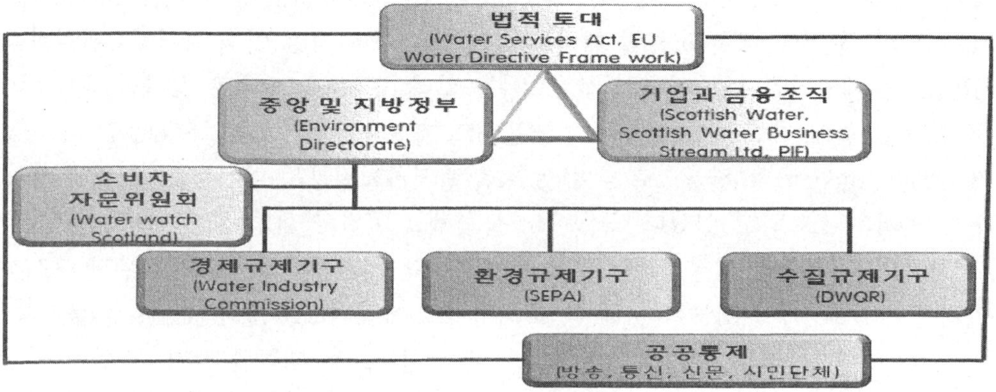

SEPA: Scottish Environment Protection Agency
DWQR: Drinking Water Quality Regulator for Scotland.
Environment Directorate: 구 SEERAD(Scottish Executives Environment and Rural Affairs Department)의 새로운 명칭

수준을 결정했다는 점이다. 이처럼 빈번한 요금 변동과 단기간의 조사활동은 장기적인 수자원산업의 운영계획이나 투자계획을 제약하는 요인으로 작용할 개연성이 크다. 참고로 잉글랜드는 매 5년마다 요금 산정을 수행하고 있다. 둘째, SWSCC와 주정부 간에 경제 규제 책임이 양분되어 있다는 것이다. 전자는 가격 규제를 수행하는 반면에 후자는 PWAs의 효율성과 외부자금 조달 규제에 관한 기능을 수행한다. 더불어 주정부도 요금 인상에 관한 최종 조정 기능을 소유했던 관계로 제도 변화 초기에 요금 인상을 둘러싸고 PWAs와 SWSCC 간에 합의를 도출하는 일은 상당히 험난한 조정 과정을 수반했다. 따라서 SWSCC와 주정부를 통합한 좀더 강력하고 독립적인 경제 규제기구의 필요성이 제기되었다(Sawkins & Dickie, 2000).

1999년 수자원산업법(Water Industry Act)에 따라 SWSCC를 대치한 WIC는 산하조직으로 3개의 자문위원회를 신설했다. WIC 위원장의 주요 기능은 수자원 산업에서의 소비자 권익을 증진시키는 한편 위원장이 의장이 되어 회의를 주관하는 3개 자문위원회의 지원을 유도하는 일이다. 특히 경제 규제에 관한 주요 임무에는 적정한 요금수준을 스코틀랜드 광역자치정부에 권고, 주민만족도 조사, 서비스 수준에 대한 기준설정, RWAs의 내규 승인 등이 포함된다. 따라서 요금 수준을 최종적으로 결정하는 책임은 광역자치정부가 가지고 있다. 하지만 광역자치정부가 WIC 위원장의 요금 관련 자문을 거절할 경우 그 사유를 반드시 공표해야만 한다(Sawkins & Dickie, 2000).

한편, 환경 규제에서 경제 규제에 필적할 만한 변화는 1995년 환경법을 통해 이뤄졌다. 신설된 스코틀랜드 환경보호국(SEPA: Scottish Environment Protection Agency)이 환경에 대한 포괄적 책임을 지게 된 1996년 4월 이후 하천정화위원회들(RPBs)은 폐지되었다. 그러나 잉글랜드와는 달리 SEPA의 역할은 상당히 제한적이었다. 예를 들어 자연 보호 업무는 스코틀랜드 자연유산국(SNHA: Scottish Natural Heritage Agency)의 책임으로 남아 있었고, 광역자치정부는 마시는 물에 대한 규제 권한을 계속 소유하고 있었다. 그럼에도 불구하고 이전의 환경 규제기관인 RPBs보다 더 넓고 광범위한 권한을 행사하게 된 SEPA는 지방정치의 압력으로부터 다소간 거리를 두었고, 이전 기구에 비해 더 공격적이고 독립적으로 운영되었다. 아울러 국토와 공기뿐만 아니라 수자원도 전체 환경에 순환적으로 영향을 미칠 수 있다는 거시적인 시각을 가지고 환경문제에 접근했다. 나아가 SEPA는 수자원산업의 환경규제를 총괄하게 되면서 원스톱 민원 처리(one stop shop)를 구현했다. 환경규제를 주관하는 3개의 수자원 관리기관(SEPA, SNHA, Scottish Office)은 환경 보호, 공적 접근, 상하수도 공급 등에 관한 책임을 완수하기 위해 상호 보완을 추구했다.

더불어 잉글랜드의 수질 규제기관인 DWI와 유사한 기관으로는 DWQR을 신설해 운영하고 있다. 참고로 수질전문 규제조직의 신설은 음용수로서 상수도의 높은 공공성에 부응하는 조치라는 점에서 그 가치를 발견할 수 있다.

나아가 스코틀랜드 상하수도(Scottish Water)는 2006년 11월 1일부터 가정 소비자에 한해 독점적으로 상하수도 서비스를 공급하는 대신에 130,000개에 달하는 기업이나 공공 부문 소비자에게는 신설된 스코틀랜드 상하수도 주식회사(Scottish Water Business Stream Ltd.)가 상하수도 공급을 주관하는 방식으로 부분적인 민영화를 구현했다. 공개 경쟁입찰과 중앙시장국(CMA: Central Market Agency)의 검증을 통해 결정되는 민간공급자로는 Buiseness Stream, Ondeo, Osprey Water, Satec, Aimera 등과 같은 다국적 기업들이 참여하고 있다. 따라서 앞으로 스코틀랜드에서도 경쟁을 통한 효율성 제고 여부가 상하수도 관리의 주된 변수로 확산될 것이다(http://www.watercommission.co.uk).

2 성과평가 비교

1989년 이뤄진 잉글랜드 상수도의 민영화와 1995년 이뤄진 스코틀랜드 상수도의 공사화의 성과에 대해서는 도입을 전후해 치열한 찬반 논쟁이 전개되어 왔다. 따라서 여기에서는 성과평가를 대표하는 공공성과 효율성이라는 두 가지 상이한 가치 기준을 중심으로 양 진영 상호간은 물론 각각의 기준 속에 내재된 양면성을 발견하는 일에 주력하고자 한다. 이러한 노력은 영국 상수도 개혁의 일반화는 물론 한국에 대한 벤치마킹 수준을 가늠하는 척도가 될 수 있다.

1) 잉글랜드의 민영화에 대한 평가

일반적으로 공공서비스의 자치단체 직영에 대한 개혁 대안으로서 민영화는 효율성 제고에 유리한 반면에 공공성 약화를 초래하는 것으로 분석되고 있다. 하지만 현실의 개혁 사례로서 잉글랜드의 민영화는 이러한 일반론과 배치되는 다양한 요인들을 내포하고 있다.

(1) 공공성 측면

민영화된 상수도 산업의 공공성 제고를 위해 정부가 규제 체계와 강도를 강화하는 일은 민간 운영자의 반발을 초래하는 경우가 많다. 민간 운영자들은 단기적 이윤 추구와 진입 장벽의 철폐를 선호하는 반면에 공공성을 대변해야 하는 독립 규제기구들은 산업의 중장기적 생존 역량, 소비자나 환경의 보호 등에 우선순위를 부여하기 때문이다. 일례로 잉글랜드의 경제 규제기구인 OFWAT은 민간기업의 단기적 이윤 추구를 제한하는 한편 상대적으로 소극적인 시설 투자의 목표치를 설정하고자 의도했다.

특히 1997년 5월 집권한 신노동당 정부는 수자원 총회(Water Summit)를 통해 상하수도 분야의 공공성을 제고하기 위해 다양한 노력을 경주했다. 일례로 사회적 형평성을 제고하기 위해 민영화된 상수도 공급 회사에 초과이윤세를 부과하는 한편 일반가정의 요금 체납에 대한 단수 조치를 금지했다. 더불어 향후 5년간 29%의 요금을 인상하겠다는 공급 회사의 요구를 경제 규제기구가 5년간 18% 인상하는 수준으로 조정한 일은 인플레이션 수준을 고려할 때 만족할 만한 성과로 평가된다. 그리고 영국의 경제사회 전반에 만연한 고용 유연화 추세에도 상수도 분야의 고용 안정은 크게 위협받지 않고 있다. 이는 1989년 이후 상하수도 서비스를 제공하게 된 물 보급 회사들이 국내 노후 관로 교체, 해외 신규 사업 등의 분야에서 주식시장을 통한 투자 유치에 성공했을 뿐만 아니라 상수도 사업이 비교적 경기의 부침이 덜한 안정적 분야라는 점에 기인한 것으로 평가된다.

더불어 정부는 잉글랜드의 물 기업들이 누수는 물론 가뭄과 같은 기후 변화의 위협에 효과적으로 대응하도록 유도하기 위해 중장기 계획의 수립을 의무화했다. 일례로 상수도 회사들은 1995년의 가뭄과 1997년의 수자원 총회를 계기로 변화된 정책 기조에 대응하기 위해 2025년을 목표로 다음과 같은 단계별 수자원 확충 계획을 마련했다. 부연하면, 첫 번째 단계(2000~2002)는 단기적으로 사용하지 않는 지하수를 재활용하는 일에 초점을 부여했다. 두 번째 단계(2002~2015)는 지하수 개발 확대와 병행해 중수도 등 대체자원의 비중을 확대하는 일에 주목했다. 세 번째 단계(2015~2025)는 규제기구나 환경단체의 반대에도 불구하고 2015년까지 남옥스퍼드만(South Oxfordshire) 상류에 새로운 댐을 건설한다는 것이다.

나아가 잉글랜드의 물 기업들은 정부의 재규제 추세와 병행하여 다국적물 기업들이 주도하는 양도와 흡수 합병에도 유의해야 했다. 일반적으로 가스, 전기, 통신 분야의 민영화는 서비스 개선이나 요금 인하에 유리하지만 상하수도 서비스의 경우 그렇지 못한 것이 현실이다. 이에 규제자로서 정부는 구조개혁의 효과를 극대화시키기 위해 관세를 인하하는 방식으로 새로운 투자자를 유인했다. 이에 따라 10개의 상하수도 회사들 중 2개는 부분적 또는 전체적으로 전략적 제휴 계획을 세우거나 그들의 활동을 비영리기구로 전환했다.

한편 민영화 이후 수질은 테스트 결과 1990년 99% 수준에서 2000년 99.83%로 약간 상승한 것으로 나타났다. 하지만 시민들이 느끼는 실질적인 수질만족도는 저하된 것으로 나타나고 있다. 또한 고객만족도 조사 결과 고객의 불만 건수는 1996년까지 급속도로 증가하다가 1996년 이후 안정세를 보이며 감소하는 추세로 전환했다. 하지만 아직까지 민영화 이전 수준을 회복하지 못하고 있다는 점에 주목할 필요가 있다.

결국 잉글랜드는 상수도가 지니는 높은 수준의 공공성에도 불구하고 사기업에 특정 지역에 대한 독점적 공급 권한을 주는 대신에 강력한 규제 장치를 부과하는 새로운 관리모형을 정착시켰다고 볼 수 있다. 일례로 정부의 요금 인상 제한 조치는 기업의 이윤 동기를 제한하는 불합리한 요소를 내포하고 있지만 새로운 틀 안에서 기업 간의 생산성 경쟁을 촉진하는 유인 도구를 활용하고 있다는 점에서 정당성을 발견할 수 있다. 나아가 2003년 수자원법은 수자원 보존과 관리 향상을 위한 취수 면허 시스템의 개편, 공중 건강과 환경 보호를 중시하는 방향으로 개정되었다. 따라서 잉글랜드에서 기업 주도로 완전히 시장화된 수자원 관리를 기대하기는 어렵다. 따라서 이러한 과정에서 발생하는 공사 부문 간의 갈등과 협력은 새로운 제도 변화와 경쟁력 강화의 주된 계기로 작용하게 될 것이다.

〈표 12-2〉 가뭄과 누수를 대비한 템즈 상하수도의 중장기 수자원 확충계획

단계(시기)	주요 업무
1단계(2000~2002)	지하수 재활용
2단계(2002~2015)	중수도 활용 비율 확대
3단계(2015~2025)	상류에 새로운 댐 건설

(2) 효율성 측면

잉글랜드의 독립 규제기구들은 공공성 강화에 부가해 수자원 관리의 효율성을 제고하는 방안에 대해서도 다양한 노력을 기울여 왔다. 이때 효율성 제고와 직결된 조치로는 유수율 제고를 비롯해 경쟁 촉진 장려금, 계량의 정확성 등이 포함된다.9) 이는 민영화라는 상수도 구조개혁을 통해 정부 재정의 안정화(보조금 지급 축소), 기술혁신에 따른 원가 절감 등과 같은 효율성 제고 효과가 산출되었음을 의미한다. 하지만 이러한 주장을 정면으로 반박하는 평가 결과가 다수 산출되고 있다는 점에도 주목할 필요가 있다.10)

먼저 상수도 관리의 효율성과 직결된 유수율 제고는 민영화 초기에는 다소의 성과를 산출했지만 1995년을 정점으로 향후 10여 년간 37% 정도나 감소했다. 이러한 결과는 런던을 비롯한 대도시 지역의 상수관망 노화와 신규 시설투자의 부진이 결합해 나타난 현상이다. 이에 OFWAT은 각 회사에 유수율 목표치를 부과하는 방식으로 압력을 행사하는 한편 특별 전담팀을 구성하여 누수 원인을 종합적으로 검토하고 있

9) 잉글랜드가 유럽연합이 정한 기준에 부응하기 위해서는 1986년 이후 향후 10년간 240억 파운드 규모의 투자가 요구되었다. 하지만 당시 정부 재정상 이런 막대한 투자를 감당하기 어려웠고 결국 민영화를 선택하게 되었다. 참고로 민영화 이후 수자원 기업들은 10년간 매년 평균 30억 파운드를 투자해 정부의 기대를 충족시켰다. 나아가 이러한 시설 투자는 가뭄시 제한 급수와 홍수 시 하수 역류의 최소화, 재규제를 통한 법규 준수율 10% 향상(97%), 시설 현대화를 통한 유수율 10% 향상(80%), 요금 인상의 최소화(여타 유럽 국가 대비 양호) 등과 같은 우수한 성과를 산출하여 칠레 등 남미 민영화의 모델 사례로 부상했다(이상돈, 2006: 37).

10) 2007년 11월 「영국 물 산업의 문제(The Problems of Water in England and Wales)」라는 보고서를 낸 영국 런던 그리니치대학 국제공공서비스조사연구소(PSIRU) 스테픈 토머스 교수는 "민영화의 성패는 효율성에 달려 있지만 민영화 이후 물 기업들의 운영비는 줄어들지 않았고 기술력 향상에도 불구하고 생산성은 개선되지 않았다"고 평가했다. 그는 또한 "민영화에 따른 소외계층의 피해도 무시할 수 없다"고 지적했다. 1997년 노동당 집권 이후 가격상한제를 적용하면서 처음에는 수돗물 값이 조금 내려갔지만 투자자본에 대한 이자 등의 이유로 가격이 오르면서 최저 소득층 가정의 3분의 1이 소득의 3% 이상을 물 값으로 내는 물 빈곤 계층으로 전락하게 되었다(매일신문, 2008. 8. 22).

다. 나아가 런던의 물관리를 총괄하는 템즈 상하수도(Thames Water)의 경우 관망 교체 등 기존의 유수율 제고 전략이 경제적으로 효과적이지 않다고 인식함에 따라 앞서 지적한 바와 같이 새로운 수자원 개발을 병행하는 중장기 대응전략을 채택하고 있다.

다음으로 경쟁촉진장려금은 10개 권역별로 독과점 체제를 유지하고 있는 잉글랜드 상하수도 시장의 특성상 실효성을 지니기 어렵다. 하지만 정부가 경쟁촉진장려금과 병행하여 고정 가격을 설정할 경우 사업자들은 높은 이익을 얻기 위해 평균 수준 이하로 비용을 감소시키는 노력을 하게 될 것이다. 즉, 독과점 체제로 인한 시장 내 경쟁의 결여에도 불구하고 경쟁촉진장려금의 지급은 시장 전반의 효율성 제고에 기여할 수 있다는 것이다(Vass, 2002).

참고로 2002년 1월 현재 잉글랜드의 상수도 요금은 톤당 2,600원(0.13 pence/liter) 수준인데 이는 1989년 민영화 이전과 비교해 약 24.8%(물가상승분 제외)가 인상된 수준이다. 또한 민영화 이후 상수도 총괄 원가는 노후관 교체 등 지속적인 신규 투자로 인해 계속 증가하는 추세에 있다. 그리고 민영화 당시 영국 중앙정부는 상하수도 공급 회사에 약 10조(50억 파운드) 원에 해당하는 부채 탕감과 16억 원의 보조금을 지원 방식으로 신규 투자를 유도했다. 하지만 정부의 지원이 약화된 1990년대 말 이후 신규 투자는 감소 추세를 나타내고 있다(편집부, 2002: 54).[11] 이는 민영화 이후 산출된 효율성 제고 효과가 정부의 지원과 밀접한 관련성을 지니고 있음을 시사한다.

한편 유수율 제고(노후 관로 교체와 구역별 관망관리)에 부가해 계량의 정확성 제고(노후 및 신규 계량기 교체)도 미감지 수량 계측이나 가정 내 누수 발견을 통해 효율성 제고에 기여하고 있다. 전통적으로 잉글랜드는 우리나라와 같이 정기적인 사용량 계량에는 둔감한 편이었다. 따라서 과거 수개월 간의 사용량을 평균해 부과하는 요금 방식을 비롯해 권역별 요금 또는 부동산 가치 기준으로 요금을 부과해 왔다. 이러한 이유로 2000년대 초 까지도 일반 가구 중 19%만이 수도계량기를 가지고 있었다. 물론 신축 건물이나 대규모 소비자에는 단독 계량이 적용되었으나 대중적인 계량 작업은 사회적으로 수용하기 어려울 뿐만 아니라 비경제적인 시도로 간주되어 왔다. 그러나 1999년부터 개별 가정에 의무적으로 계량기를 설치하는 자유재량의 권한이 민영화된 수도회사에 부여되었다.

11) 우리나라에서 물의 공공성 확보를 강력히 주장해 온 진보신당은 2008년 9월 5일자 논평을 통해 잉글랜드 민영화의 부작용을 요금 과다 인상, 단수 가정 증대, 유수율 저하, 폐수 불법 방류, 경영진 보수 과다, 산출 이익의 주주 배당 등으로 규정하고 있다.

2) 스코틀랜드의 공사화에 대한 평가

일반적으로 자치단체 직영 방식에 대한 개혁 대안으로서 공사화는 공공성을 중시하는 직영과 효율성을 중시하는 민영화를 절충하는 실용적 대안으로서 의미를 지니고 있다. 따라서 공사화 체제의 안정적인 존속은 공공성과 효율성이라는 상반된 가치의 전략적인 관리와 직결된 문제다. 이러한 스코틀랜드의 공사화는 조직 내부의 요구와 환경이라는 외부의 요구가 결합하는 방식으로 촉진되었다. 이때 개혁을 추동한 주요 외부 요인으로는 정치적 요구와 새로운 입법활동 그리고 이에 부응한 특별위원회(Scottish Affairs Committee)의 조사활동 등을 지적할 수 있다. 나아가 스코틀랜드가 최근 공사화 체제에 부분적으로 민영화 방식을 가미한 일은 우리나라의 공사화 구상과 진로에 유용한 시사점을 제공한다.

(1) 공공성 측면

공사화는 민영화에 비해 상대적으로 공공성을 중시하지만 이를 실체적으로 확보하기 위한 규제 체제의 정비는 단순히 운영 체제 유형을 초월하는 문제다. 이는 직영 방식을 채택하고 있는 우리나라에서도 공공성 확보를 위한 규제 체계의 정비가 요구되고 있음을 시사한다. 실제로 우리나라의 상수도 운영자에 대한 규제장치는 몇몇 광역 자치단체에서 가동 중인 수도수질평가위원회가 고작이고 운영에 대한 감시는 정치적 태도를 띠기 쉬운 의회가 상하수도 요금을 규제하는 정도가 전부다. 이러한 현실과 관련하여 수돗물시민회의 백명수 사무국장은 운영 체제 변화에 앞서 규제 체제의 정비가 선행되어야 한다는 점을 강조한 바 있다.

이 점에서 우리는 공사화를 통제하는 스코틀랜드의 규제 체계가 민영화된 잉글랜드의 규제 체계와 대등한 수준이라는 점에 주목할 필요가 있다. 부연하면, 먼저 공사화와 더불어 설립된 환경 규제기관은 스코틀랜드 전역에서 환경정책의 통합을 통한 완결성 제고라는 긍정적 효과를 산출했다. 환경규제자(SEPA)의 상승된 지위는 RPBs보다 영향력 있는 기관이 탄생했음을 의미한다. 일례로 SEPA의 첫 번째 환경상태보고서(State of the Environment Report, 1996)를 발간한 최고책임자 팰튼(Alasdair Palton)은 SEPA가 60여 개에 달했던 전임기관들보다 더 많은 일을 수행하고 있을 뿐만 아니라 전체적으로 환경의 질을 효과적으로 통제했다고 자평했다(SEPA, 1996).

다음으로 공사화에 전환에 따라 서비스 공급의 보편성이 약화될 우려가 제기되자 빈곤가구를 대상으로 한 탄력적 가격정책 도구를 강구했다. 일례로 상하수도 요금의 산정 시에 생산원가에 상응하는 수준을 초과하도록 요구하는 가격합리화정책은 의심할 여지없이 빈곤가구 밀집지역인 포스밸리(Forth Valley), 테이사이드(Tayside) 등지에서 심각한 문제로 대두되었다.[12] 이에 스코틀랜드 정부와 SWSCC 사이에 분할되었던 경제 규제 기능들을 통합해 1999년 신설한 수자원산업위원회라는 독립 규제기구에 PWAs를 대상으로 한 경상지출 지원과 요금 인상 억제라는 기능을 부여했다. 나아가 이러한 지원과 규제 기능의 활성화는 상하수도를 둘러싼 중장기 변수들에 대한 객관적 평가는 물론 요금 산정의 합리화에도 기여하게 될 것이다.

한편 1996년 이뤄진 스코틀랜드의 상하수도 개혁은 소비자 만족과 더불어 환경의 질도 개선했다. 특히 독립규제기구인 수자원산업위원회를 비롯해 음용수질 규제기구와 소비자자문위원회 등의 안정적인 제도화는 주민들의 신뢰와 지지를 확보하는 주요 계기로 작용했다. 따라서 PWAs는 변화된 규제환경에 적응하기 위해 요금 인상에 의존하지 않은 대체 투자 수단의 발굴하는 한편 환경이나 수질관리에도 다양한 노력을 쏟게 되었다. 이는 다시 말해 스코틀랜드에서 제도화된 경제, 환경, 수질 등 다양한 규제 장치들이 공공성에 대한 주민들의 요구와 기대를 충족시키는 주요 기제로 작용하고 있음을 의미한다(Sawkins & Dickie, 2000).

(2) 효율성 측면

1975년에 이뤄진 스코틀랜드 상하수도의 광역화와 전문화는 상하수도 전반의 관리 역량을 개선시키는 주요 계기로 작용했다. 특히 1996년에 이뤄진 3개 공사 체제로의 전환은 규모의 경제 효과를 활용한 효율성 제고와 직결된 문제다. 일례로 1998년 스코틀랜드 광역자치의회 청문회에 참석한 동부통합공사 사장은 통합공사 발족 이전에 비해 1.1백만 파운드 적은 운영 예산을 가지고 1996년에만 6백만 파운드 이상의 적립금을 조성했을 뿐만 아니라 2001년에는 운영 비용의 26% 삭감이라는 목표를 달성했다고 진술했다. 그리고 이러한 성과는 나머지 북부와 서부통합공사에서도 비슷

---

12) SWSCC는 PWA의 요금 청구를 조사, 분석, 증명하는 일을 한다. 그리고 스코틀랜드 주정부 내에 분쟁이 발생할 경우 판정을 내리는 일을 한다. 지방정부가 가격정책을 유지하는 것보다 오히려 광역정부에서 임명한 구성원으로 이뤄진 사무국에 가격규제 책임을 양도하는 것이 낫다고 보았다. 이로써 스코틀랜드 일부 지역의 소비자들(Forth Valley, Tayside 등)은 사용자 요금(Charge Harmonization) 원칙에 입각해 두 자리 숫자의 가격 상승을 경험하게 되었다. 또한 대규모 자본 투자계획에 소요되는 자금은 연간 외부 자금 조달 한계를 규정한 스코틀랜드 주정부의 통제 아래 남아 있다. 따라서 이러한 경로를 통해 이용할 수 있는 자금은 제한되었고, 공공수자원공사는 민자유치(PFI: Private Finance Initiatives)와 요금 인상을 통해 자금 소요를 해소했다. 결국 스코틀랜드에서 수자원산업의 완전한 민영화는 이뤄지지 않았지만 민간 부문의 개입 범위는 확장되었다.

한 수준으로 나타났으며, 결과적으로 이러한 비용 절감은 민간 투자를 더욱 촉진시키는 효과를 산출했다(House of Common Scottish Affairs Committee, 1st April 1998).

1975년 이전에는 스코틀랜드의 상하수도 관련 기관들이 중앙과 지방으로 파편화되어 효율성과 통합성을 제고하기 어려웠다. 이에 초기 상하수도 개혁을 주도한 보수당 정부는 1989년 잉글랜드의 민영화 성과에 고무된 상태에서 1996년 스코틀랜드에서 3개의 통합공사(PWAs)를 발족시켰다. 새로 출범한 통합공사는 범정부 차원에서 적극 추진된 민자 유치(PFI) 프로젝트의 법적・행정적・재정적 복잡성을 다룰 수 있을 정도로 적정한 규모였다. 이러한 이유로 1997년 집권한 노동당 정부도 PFI의 매력을 포기하지 않았다. 이 점은 전통적으로 민영화에 소극적이었던 노동당 정부가 수자원 산업에 민간자금의 활용을 독려한 사실을 통해 잘 나타난다. 나아가 이러한 노력은 스코틀랜드 수자원산업에 투자 유치를 촉진시켰다.

나아가 2002년에는 3개의 광역상수도공사가 단일의 제3섹터형 공사(Scottish Water)로 통합되면서 공공성과 효율성 제고의 대상이 차별화되었다. 즉, 경쟁의 강화를 통한 효율성 제고는 가정 부문을 배제한 상태에서 기업 또는 공공 부문의 소비자를 대상으로 제한적으로 추진하기 위해 2006년 11월 1일 신설한 스코틀랜드수자원주식회사(Scottish Water Business Stream Ltd.)에 관할권을 부여했다. 이러한 노력의 결과 2007년 이후 스코틀랜드 가정 부문 소비자들은 인플레이션을 감안할 때 오히려 실질 가격이 하락한 요금 수준을 적용받게 되었다. 이는 명목가치 기준 2006에 비해 약 3% 정도 상승한 가격으로 스코틀랜드의 가정 소비자들은 잉글랜드에 비해 상당히 낮은 요금 체계를 부여받게 되었음을 의미한다. 이는 스코틀랜드의 가정 소비자들이 1일당 상하수도 서비스 요금으로 평균 1파운드 이하를 지급하고 있음을 의미한다(http://www.watercommission.co.uk).

결국 효율성의 측면에서 스코틀랜드가 산출한 성과는 잉글랜드에 비해 다소 미진한 편이다. 하지만 상수도 구조개혁에 대한 스코틀랜드 주민들의 평가는 양호한 편이다. 잉글랜드가 경험했던 요금 인상, 수질 악화, 주민 만족 저하 등과 같은 민영화의 부작용을 공사화라는 속도 조절을 통해 해결했기 때문이다. 따라서 우리나라도 스코틀랜드와 마찬가지로 자국의 역사 제도적 특성에 부합하는 개혁 전략을 선택하는 일에 유의해야 한다.

제 4 절 영국의 선구적 경험이 한국의 선택에 주는 교훈

1970년대 중반 영국과 1990년대 중반 한국은 낙후된 상수도 서비스의 경쟁력을 강화시켜야 한다는 유사한 변화 압력에 직면했다. 비록 양국은 상수도 환경이나 문제의 발생 시점에서 차이가 나고 있지만 자치단체 직영으로 요약되는 기존 운영 체제가 효율성은 물론 심지어 공공성 측면에서도 주민들의 요구에 제대로 부응하지 못해 왔다는 점에서 공통점을 지니고 있다. 따라서 우리보다 앞선 영국의 경험을 살펴보는 일은 한국의 선택에 유용한 교훈을 제공할 수 있다.[13] 하지만 이러한 논거에도 불구하고 영국과 한국 간에 존재하는 역사 제도적 특성 차이는 벤치마킹의 폭과 깊이를 제한할 개연성이 매우 크다. 따라서 영국의 경험을 한국의 교훈으로 전환할 때에는 신중하고 깊이 있는 성찰이 요구된다.

1 거시적인 전략 구상과 정책 측면

1) 지역적 특수성을 고려하는 급진적 변화와 점진적 변화의 병행

영국 상수도의 변화 과정에서 목격되는 교훈은 지역별 특수성에 대한 고려를 토대로 급진적 변화와 점진적 변화를 병행했다는 점이다. 진전된 기반시설 투자, 평야지대, 주민의 높은 경제력 등 상수도 운영 여건이 양호하고 통합에 유리한 단층형 자치제도를 소유한 잉글랜드의 경우 민영화라는 급진적 개혁을 추구했다. 반면에 기반시설 투자의 미진, 산악지대, 주민의 낮은 경제력 등 상수도 운영 여건이 열악하고 통합에 불리한 복층형 자치제도를 소유한 스코틀랜드의 경우 공사화라는 점진적 진화 방식을 추구했다.

특히 스코틀랜드의 상수도는 영국 전반의 민영화 추세에도 불구하고 공공성을 중

---

13) 기존 운영 체제에 대한 불만이 새로운 운영 체제의 연착륙을 보장하는 것은 아니다. 기존 운영 체제의 경로 의존과 이해관계 대립은 새로운 제도의 형성과 정착을 저해하는 주된 요인으로 작용하고 있기 때문이다. 이 점에서 운영 체제 대안의 변화는 개혁이나 혁신보다는 진화의 관점에서 이해하는 것이 바람직하다.

시하고 제한된 범위 내에서 민간 투자(PFI)를 허용하는 방식으로 요금 인상 억제와 주민 만족을 제고했다는 점에 착안할 필요가 있다. 그동안 대외적으로 스코틀랜드의 상수도정책은 잉글랜드와 크게 다르지 않은 것으로 인식되어 왔지만 양 지역 간에 존재하는 역사적·지형적·환경적·경제적 특성의 차이는 상수도 구조개혁의 경로 차이를 유발한 것으로 분석된다.

반면에 한국의 환경부와 행정안전부가 주도하고 있는 상수도 구조개혁 대안들은 지역적 특수성에 대한 고려가 약한 편이다. 지방상수도 주관 부처인 행정안전부와 환경부는 1990년대 중반 IMF 구제금융 이래 최근까지 다양한 구조개혁 대안을 제시해 왔다. 또한 양 부처는 구조개혁 압력과 병행하여 지방 상수도에 대한 관할권 강화 차원에서 각기 공사화와 민영화에 초점이 부여된 자신의 개혁 구상을 실현하기 위한 관료정치에 주력하고 있다. 하지만 현실과 괴리된 이상적 개혁 대안의 가시적 성과 창출은 지연되고 있다.

한편 중앙정부의 개혁 압력에 직면하여 한국의 자치단체들은 기존의 점진적 대응전략인 자치단체 내 상하수도 통합, 자치단체 간 상수도 통합, 자치단체별 민간위탁 등을 초월하는 미래의 혁신적 대응전략을 마련하는 일에 부심하고 있다. 현재 자치단체들이 선택 가능한 미래 지향적 개혁대안은 크게 공사화(local public corporate)와 민영화(privatization)로 구분되지만 단기적 또는 현실적으로 한국수자원공사, 환경관리공단, 국내외 민간기업 등을 활용한 전문기관 통합위탁과 특·광역시 상수도를 대상으로 한 지방공사화 구상이 실현 가능성이 높은 것으로 평가된다.[14)]

하지만 상대적으로 점진적인 공사화나 공공위탁 방식의 경우도 국민 일반 또는 공직사회 전반에 폭넓게 자리잡고 있는 변화에 대한 불안 심리를 해소하지 못한 상태에서 조속히 실현되기를 기대하기는 어렵다. 더불어 정책결정권자인 지방자치단체장이나 지방의회의 입장에서는 중요한 자치사무인 상수도가 광역화 또는 시장화 논리에 따라 잠식당하는 것에 대해 별로 반겨하지 않는 눈치다.

14) 공사화와 민영화의 부작용을 최소화시키기 위한 점진적 대응전략이자 시민단체의 반대를 우회하기 위한 대응전략으로 서울특별시상수도사업본부는 2008년 개방형 임용제 도입을 검토한 바 있다. 하지만 본격적인 시행은 현재 무기한 연기된 상태다. 또한 서울특별시는 이미 오래전부터 상수도 검침 업무의 효율화를 위해 관련 분야에 제한적 민간위탁을 추진한 것과 마찬가지로 권역별로 4개의 보수자회사를 설립해 시설물 유지보수 업무에 제한적 경쟁 체제를 도입하자는 방안도 검토한 바 있다(조임곤, 1997).

2) 광역화를 중시하는 운영 체제 전환전략의 채택

상수도의 경쟁력 제고를 위해 광역화와 병행하여 운영 체제 전환이 요구된다는 논리는 일부 선진국에 제한된 현상이라는 시민단체들의 반론에도 불구하고 보편적인 추세로 급속하게 확산되고 있다. 하지만 상수도의 경쟁력 강화를 위한 기초적 구비조건은 광역화에 비해 민영화와 공사화로 대표되는 운영 체제 개혁에 대해서는 자치단체나 주민들의 반대 강도가 심한 편이다. 여기에는 물은 생명과 직결되는 공공성이 강한 부문으로 시장의 논리에 전적으로 의존하기는 어렵다는 일반적 인식이 자리잡고 있다.

따라서 주민들의 인식 전환을 교육홍보 노력과 병행하여 단기적·점진적 개혁대안으로는 기존 직영 체제에 대한 감시와 평가의 강화를 통해 지역개발사업에 편향된 자치단체장의 인식을 필수 공공서비스인 수자원 품질관리에 신경을 쓰도록 유도하는 방안을 고려할 수 있다. 또한 인근 자치단체 간에 상수도 시설의 공동 설치 및 공동 운영을 위한 파트너십 강화, 공동 수원지 개발을 통한 광역상수도 운영 등을 적극 권장하는 방안도 고려할 수 있다. 하지만 전통적으로 자치단체 간의 정체성이 분명히 구별되는 한국의 제도적 특성이나 일본의 시정촌 통폐합 사례가 시사하듯이 제한적인 인센티브 제공만으로 큰 효과를 기대하기는 어렵다.

이 점에서 우리는 영국이 운영 체제 전환의 전 단계로 상수도 운영의 광역화를 추진했다는 점에 주목할 필요가 있다. 상하수도 기능의 통합을 통한 일단계 광역화를 추진하는 한편 직영 체제 하에서 운영 권역의 확대를 지속적으로 추진해 왔다. 나아가 공사화와 민영화 이후에도 지속적으로 관할권 확대를 추진하고 있다. 일례로 스코틀랜드는 1996년 발족한 3개의 통합공사를 최근 1개로 통합했을 뿐만 아니라 잉글랜드의 수자원 관리회사들도 다국적 기업의 인수 합병 시도에 대응하기 위해 전략적 제휴 관계를 강화하고 있다.

반면에 전통적으로 광역행정에 둔감한 한국은 상하수도 통합 성과를 산출하지 못하고 있다. 물론 효율성 제고를 위한 중앙정부 차원의 광역화 노력이 지속적으로 추진되고 있지만 복층형 자치제도와 소지역주의 의식 및 관료이기주의가 결합되면서 실질적 성과 창출이 지연되고 있다. 참고로 제주특별자치도 출범 1년 전에 오랜 기간의 준비 기간을 거쳐 제주도청이 주관하는 광역상수도와 4개 시·군 지방상수도를 통합한 사례나 안양시·군포시·의왕시가 통합정수장을 공동으로 신축해 운영, 안산시와 시흥시가 통합정수장을 공동으로 운영, 마산시, 창원시, 함안군, 창녕군이 광역

상수도(칠서정수장)를 공동으로 이용하고 있는 것이 대표적인 사례다.

특히 상하수도 행정과 관련하여 최초의 대표적인 광역화 시도로 평가되는 자치단체 내부의 상하수도 통합도 IMF 구제금융 직후에는 행정안전부의 강력한 권고하에 소기의 성과를 산출했지만 직제 확대를 추구하는 관료이기주의가 개입하면서 과거로 회귀하는 퇴행적 모습을 연출하고 있다. 또한 최근에는 행정안전부와 환경부가 권역별 전문기관 통합위탁을 장려하기 위한 유인 도구의 일환으로 2010에서 2014년까지 2,239억 원이라는 특별보조금을 마련했지만 경남남부권(사천·고성·통영·거제)을 제외하고는 가시적 성과를 산출하지 못하고 있다.[15)]

2 미시적인 제도설계와 관리 측면

1) 독립규제기구의 전문성과 연계성

잉글랜드와 스코틀랜드는 민영화와 공사화로 초래된 수자원 사업자의 독점력으로부터 소비자들을 보호하기 위해 매우 다양한 재규제 도구들을 고안해 왔다. 이 점에서 경제, 환경, 수질 등으로 전문화된 독립 규제기구들의 배열은 전문성과 연계성을 촉진시키는 제도설계 방안이라는 점에서 의미를 부여할 수 있다.

반면에 우리나라의 상수도는 직영 체제에 안주하는 과정에서 운영자와 규제자가 해당 자치단체로 동일한 문제점을 좀처럼 개선하지 못하고 있다. 이는 다시 말해 과거 영국의 구조개혁 과정에서 문제점으로 지적되었던 중앙, 지방, 시민 등 다양한 감시기관의 중복과 혼란과 비교해 좀더 근본적인 문제를 유발할 수 있음을 시사한다.

이론적 측면에서 행태주의 이전에 성행했던 구제도주의와 달리 신제도주의는 제도에 대한 포괄적 견해를 가지고 있었고, 구조와 상호작용하는 행위자를 제약하면서도 달성할 수 있는 규제와 집행제도를 고려했다. 특히 역사적 제도주의에 비해 상대적으로 미래 지향적인 경제적 제도주의는 좋은 수자원 관리라는 목표 달성에 실패하는 것은 비효율적인 규제를 비롯해 부적절한 유인 체계, 정합성이 약한 제도 등에 기인한다고 주장한다. 따라서 경제적 제도주의가 상정하는 해결책은 조직구조를 효과적

15) 상수도 관할구역의 광역화를 위해 환경부(2006)는 26개 권역, 행정안전부(2008)는 31개 권역을 대안으로 제시한 바 있다. 나아가 2009년 6월에는 양 부처 간의 협의를 통해 전국을 '30(시군 3~4개씩 포괄)+9(특·광역시 7개, 제주도, 울릉도)=39개' 권역으로 설정하기로 결정했다(권부현, 2009).

〈표 12-3〉 잉글랜드와 스코틀랜드의 규제 체제 비교

<table>
<tr><td rowspan="5">잉글랜드의 규제제도</td><td rowspan="2">경제규제기구 (OFWAT)</td><td>수자원 관리의 효율성을 증진</td></tr>
<tr><td>수자원 요금 수준에 대한 조사와 통제</td></tr>
<tr><td rowspan="2">환경규제기구(EA)</td><td>수자원 회사의 환경보호 성과를 조사</td></tr>
<tr><td>장기적인 수자원계획을 보증하기 위한 수자원 관리 인허가</td></tr>
<tr><td>수질규제기구(DWI)</td><td>소비자들에게 공급되는 마시는 수자원의 질을 감독</td></tr>
<tr><td rowspan="5">스코틀랜드의 규제제도</td><td rowspan="2">경제규제기구(Water Industry Commission)</td><td>수자원 관리의 효율성을 증진</td></tr>
<tr><td>수자원 요금 수준에 대한 조사와 통제</td></tr>
<tr><td rowspan="2">환경규제기구 (SEPA)</td><td>수자원 공사의 환경관리 역량 조사</td></tr>
<tr><td>장기적인 수자원 계획을 보증하기 위한 수자원 관리 인허가</td></tr>
<tr><td>수질규제기구(DWQR)</td><td>소비자들에게 공급되는 마시는 수자원의 질을 감독</td></tr>
</table>

으로 만들고 제도적 권리를 부여하는 것이 요체다. 이러한 이유로 신제도주의는 효율적인 제도는 거래비용이나 정보의 불균형에 자연스럽게 반응한다는 신고전파 경제학자들의 가정에 의문을 제기했다. 대신에 약한 제도를 강한 제도로 변화시키기 위해서는 합리적 선택이 필요하다고 말한다.

2) 다층적 거버넌스의 활성화

성공적인 수자원 관리 거버넌스의 구현을 위해서는 사업자와 규제조직 간의 상충적 이해관계에 부가하여 집행부(중앙부처와 자치단체)와 입법부(의회와 유럽연합의 입법), 민자 유치를 담당하는 금융제도, 소비자 보호를 담당하는 자문위원회, 여론을 활용한 공공통제(외부통제) 등이 상호 보완적 협력 관계를 구현할 수 있어야 한다.

이 점에서 잉글랜드와 스코틀랜드의 수자원 관리 거버넌스는 사업자와 규제자, 소유권의 전문화, 명백한 조직구조, 건전한 금융 조정 및 갈등의 인식과 해결을 요체로 한다는 점에서 선진적이다. 하지만 제도설계에 부가해 성공적 제도 운영을 위해서는 명확하고 강력한 구조적 권한이 필요하다. 권한은 협동을 보증하고, 신뢰를 일으키고, 무임승차를 처벌하는 데 반드시 필요하기 때문이다. 또한 권한은 신뢰할 수 있는 입법제도나 사회협약에 의해 지지되는 건전한 리더십과 효율적인 업무 수행에 의존한다(Wong, 2009). 이때 제도를 유지하는 공식적인 처벌, 사회적 압력이라는 것은 인간이 이기적이고 지대 추구적인 존재라는 가정 하에 기초하고 있다. 따라서 끊임없는 감독과 통제가 불가피하다.

하지만 경제적 제도주의의 가정에 치우친 이러한 주장은 사회적 제도주의나 역사적 제도주의 관점에서 좀더 확장될 필요가 있다. 수자원 거버넌스라는 틀 안에서 상호작용하는 다양한 행위자들은 합리적인 계획이나 전략적인 결정에만 의존하는 것이 아니라 다른 집단과의 정치적·사회적 관계성을 통해 진화하는 존재이기도 하다. 입법, 기구 등 가시적이고 정형적인 제도 개념에 대한 일방적 집착이나 제도 형성의 계기와 관련하여 의식적이고 전략적인 결정에만 치중한다면 규범, 관행, 습관 등과 같이 의도하지 않은 제도의 중요성을 간과할 개연성이 크다.

따라서 제도에 관한 합리적이고 이성적인 시각을 초월해 좀더 덜 의식적이고, 덜 기능적인 이해를 추구할 필요가 있다. 즉, 제도의 형성과 변화와 관련하여 일상생활의 규범이나 관행과 같이 역사적 또는 사회적으로 체화된 제도(embedded institution)에 주목해야 한다는 것이다. 특히 정형적 제도와 달리 체화된 제도는 인간의 행위를 규정하는 핵심적 독립변수인 문화, 의식, 습관 등과 관련되어 있다(염재호, 1994).

이 점에서 수자원 거버넌스도 예외가 아니다. 정교하게 고안된 수자원 거버넌스는 기본적으로 행위자들 간의 합리적 이해관계를 촉진한다. 하지만 합리적 이해관계를 초월하는 역사적이고 사회적인 제도는 현실의 불합리성과 구조개혁의 부진한 성과를 설명하는 유용한 인식의 틀로 활용할 수 있다.

제5절 결 론

우리나라 상수도는 광역화(권역)와 전문화(방식)로 대표되는 범세계적인 운영 체제 개혁의 추세를 외면하는 과정에서 공공성과 효율성 모두에서 심각한 위기를 산출했다. 특히 상수도는 자치단체장의 임기 동안 성과가 나타나지 않는 중장기 산업의 특성으로 인해 예산편성의 우선순위에서 멀어지고 있다는 점에서 특별한 반전의 계기를 기대하기도 어렵다. 이에 이 장에서는 영국의 선도적 경험이 한국의 선택에 주는 교훈을 발견하는 일에 주력했다.

먼저 민영화로 대표되는 잉글랜드의 경험이 주는 교훈은 권역별로 상하수도를 통합해 운영한다는 점을 통해 알 수 있듯이 규모의 경제와 범위의 경제 간의 조화, 광역화와 전문화의 병행 추진, 공사화의 경험을 토대로 민영화 방식을 채택, 상하수도를 공공서비스라는 시각에서 산업서비스라는 시각으로 전환, 다양한 측면의 재규제 목표를 달성하기 위한 분야별 전문규제기구의 신설, 민간자본 유치와 시장 개방을 통한 경쟁력 강화의 유도, 시민사회의 감시와 조언 등을 들 수 있다.

다음으로 공사화로 대표되는 스코틀랜드의 경험이 주는 교훈은 제도설계의 측면에서는 대체로 잉글랜드와 유사하지만 공공성과 특수성 우선 원칙에 기초해 공공 부문이 주도하는 점진적 개혁 방식을 채택했다는 점이다. 특히 통합 유역관리 정책 기조는 12개 지방기관에 위임된 상하수도 서비스를 스코틀랜드 중앙수자원발전위원회(CSWDB)라는 유역관리 체제로 전환시켰으며, 1994년 3개의 공공수자원공사(PWA) 발족을 통한 통합 유역관리를 거쳐 제3섹터 방식의 통합법인(Scottish Water)으로 일원화시켰다. 또한 유럽 수자원 산업 기준에 맞추기 위해 필요한 시설 투자를 제한적 수준의 민간 참여, 즉 민자 유치(PFI)를 활용해 이룩했다는 점이다.

결국 영국이 이룩한 상하수도 거버넌스는 지역별 특수성을 반영해 제도적 다양성을 확보하고 있을 뿐만 아니라 계속적으로 점진적인 진화 과정을 거치고 있다. 이 점에서 영국의 경험이 오늘의 한국에 주는 교훈을 쟁점별로 정리하면 다음과 같다. 특히 영국이 주는 교훈을 한국에서 구현하는 일은 상수도 운영 체제 연구의 지평 확대는 물론 공공서비스의 경쟁력에 관한 관심을 환기시키는 계기로 작용하게 될 것이다. 또한 이 연구의 사례분석은 공공성과 효율성의 조화로운 발전에 대한 주요 단서를 제공할 수 있을 것으로 기대된다.

첫째, 상하수도 거버넌스의 성과 제고를 위해서는 다양한 이해관계자들의 이기적 선택에 대한 적극적인 재해석이 요구된다. 각각의 행위자가 의도하는 목표를 이해하지 못한 상태에서 모두를 만족시키는 새로운 게임의 규칙을 형성하기는 어렵기 때문이다.

둘째, 이해관계자 간의 합리적 상호 관계를 초월해 상하수도 관리 전반에 대한 포괄적이고 중립적인 시각을 정립해야 한다. 역사적으로 체화된 제도라는 논리를 원용할 때 수자원 문제는 개인적 차원을 초월하는 문제다. 따라서 상수도 구조개혁이 체화된 제도의 특성을 간과하거나 사람들이 수자원에 부여하는 의미를 소홀히 취급한다면 대중의 저항과 반대에 직면할 개연성이 크다.

셋째, 영국에서 제도화된 선진적 제도들이 한국의 상수도 현실에 그대로 적용하기 어렵다는 점이다. 일례로 통신위원회의 설립에서 보듯이 전문적인 독립규제기구의 신설은 행정부의 권한이 강한 우리의 경우에 단순한 조직 팽창만을 불러올 우려가 있다. 또한 도시와 농촌 간의 격차가 심한 우리의 현실에 비추어 낙후지역 상수도에 대한 중앙정부 차원의 적극적 지원이 요구된다. 기업이 주도하는 효율성은 '낮은 생산원가'를 들여 '최대의 이윤을 창출'하는 것이다. 따라서 별도의 지원과 유인이 결부되지 않은 상태에서 보급률과 사용량이 절대적으로 부족한 농어촌 지역에 대한 민간사업자의 투자를 기대하기는 어렵기 때문이다.

나아가 현재 국내외적으로 우리가 목격하고 있는 상수도 구조개혁 논쟁은 다양한 이해관계자들 간의 신뢰와 협력을 훼손하고 있다 (Wong & Sharp, 2009). 따라서 구조개혁의 공공성을 회복하기 위해서는 수자원에 내재된 일반적 가치에 역행하기보다는 응집성을 확보하려는 노력이 강화되어야 한다. 또한 효율성을 극대화하기 위한 구조개혁은 정부(규제자)와 기업(사업자) 및 시민사회 간의 협력 관계를 강화시키는 것이 중요하다. 이 점에서 지속 가능한 수자원 산업의 구조개혁은 상하수도 거버넌스의 안정적 제도화와 직결된 문제다.

결국 잉글랜드가 제도화한 민영화 대안은 한국의 역사 제도적 특성과 상당한 차이가 있다는 점에 유의해야 한다. 전기와 가스를 비롯해 대부분의 네트워크 산업이 그러하듯이 지역 독과점이 불가피한 상하수도의 경우 경쟁을 통한 효율성 제고가 제한적이라는 지적에도 주목할 필요가 있다. 따라서 상수도 분야의 민간위탁이나 사유화는 다양한 수준의 '입찰경쟁'에 그치고 말 개연성이 크다는 점에서 민영화 역량을 배양하기 이전의 상당 기간 동안은 공사화의 미덕을 구현하는 일에 주력해야 한다. 이 점에서 우리는 스코틀랜드가 주는 교훈은 물론 지난 10여 년 동안 특·광역시 상수도를 중심으로 꾸준히 제기된 공사화 논쟁의 공과를 재검토할 필요가 있다.

P·a·r·t 03

정부-기업 관계의 미래상

Chapter 13

정책 도구의 재인식을 통한 산업정책 연구의 강화*

제1절 서 론

산업정책 연구는 이론적·현실적 측면 모두에서 다양한 의미와 중요성을 지니고 있음에도 불구하고 비교적 최근까지 상당히 오랜 기간 동안 침체기를 경험했다. 이러한 결과가 초래된 주요 원인으로는 산업정책이라는 개념 속에 내재된 개입적·기술적 특성이 크게 작용한 것으로 분석된다. 이에 이 장에서는 정책 도구(policy instrument)의 내재적 특성에 부가해 최근에 재조명되고 있는 정책 도구의 유형, 맥락, 조합 등에 관한 논의를 중심으로 산업정책 연구의 강화 방안을 모색하고자 한다(Bemelmans-Videc, 1998; Salamon, 2002; 전영한, 2007; 문명재, 2008).

산업정책의 효과성 평가와 직결된 정책 도구의 선택과 조합 및 맥락에 관한 연구는 다양한 수준의 비교분석이 가능하다. 먼저 종적인 측면에서 특정한 수준의 정부(지방정부, 중앙정부, 연합정부)를 대상으로 시간의 흐름에 따른 양적·질적 분석을 상정할 수 있다. 다음으로 횡적인 측면에서 다양한 수준의 정부를 대상으로 한 특정 시점의 국제 비교가 가능하다. 나아가 종횡과 양질을 결합하는 다양한 형태의 응용연구들을 상정할 수 있다.

특히 지방화와 세계화 및 블록화의 심화로 대표되는 외부적 환경 변화의 추세와 다양한 수준의 정부 간에 촉발된 내부적 대응 역량 강화 노력은 앞서 제시한 비교산

* 한인섭·김정렬·이도형·서상원(2010)을 토대로 작성했다.

업정책 연구에 대한 현실적 수요를 증대시키고 있다. 하지만 비교산업정책 연구의 현실적 중요성에 부합하는 이론적 분석 기반을 강화하기 위해서는 정책 도구의 체계적인 유형화를 비롯해 맥락이나 조합에 관한 논의가 필요하다.

이에 이 연구는 정책 도구의 재인식에 관한 일반론을 토대로 산업정책이라는 하위 정책 분야의 특수성에 부합하는 유형화 체계를 모색하고자 한다. 또한 유형화 논의의 연장선상에서 정책 도구가 적용되는 맥락이나 정책 도구 상호간의 조합이 지니는 의미와 중요성을 탐구하고자 한다. 나아가 앞서 제시한 이론적 논의를 토대로 한국의 산업정책 현실에 초점이 부여된 국내외 비교분석의 방향성을 모색하고자 한다.

결국 이 연구의 주제인 정책 도구와 산업정책은 행정학(정치학)의 고전적 분야임에도 불구하고 최근 새롭게 재조명 과정을 거치고 있다는 점에서 공통점을 지닌다. 따라서 두 가지 연구 주제를 전략적으로 결합한 이 연구의 목표는 이론적·현실적 측면 모두에서 다양한 의미와 파급 효과를 기대할 수 있을 것이다. 먼저 정책 도구를 재조명하는 최근의 관심이 일반론의 구축에 초점이 부여되어 있다는 점에서 산업정책(경제정책)에 초점이 부여된 정책 도구의 재조명 노력은 정책 도구 연구의 중범위화를 촉진하는 계기로 작용할 수 있다. 다음으로 산업정책에 대한 현실적 수요가 폭발적으로 증가하고 있지만 이에 부응하는 이론적 역량이 미약하다는 점에서 정책 도구의 활용은 비교산업정책의 강화에 기여할 것이다.

제 2 절 정책 도구의 재인식에 관한 이론적 논의

정책도구론은 공공정책론의 하위 분야로서 매우 오랜 역사를 지니고 있다. 정부가 설정하는 정책 목표의 효과적 달성을 위해서는 적합한 정책 도구의 선택이 수반되어야 하기 때문이다. 하지만 정부의 합리성을 가정하는 전통적 정책이론의 기풍 속에서 정책 도구의 선택과 활용은 획일적이고 기술적인 합리성을 탈피하기 어려운 한계를 지니고 있었다.

이 점에서 우리는 최근 부각된 정책도구론의 재조명 노력에 주목할 필요가 있다. 정책도구론의 재인식을 주도하고 있는 주요한 논점들이 정책 도구의 내재적 특성을 강조한 획일적 접근에서 맥락적 정합성을 중시하는 상황적 접근으로의 변화, 개별 도구 중심 분석에서 도구조합 분석으로의 변화, 기술적 합리성에서 정치적 합리성으로의 변화, 계층제적 접근에서 거버넌스적 접근으로의 변화, 기획을 중시하는 설계 지향적 관점에서 집행을 중시하는 과정 지향적 관점으로의 변화 등을 추구하고 있기 때문이다(전영한, 2007).

일반적으로 정책 도구란 "정부조직이 지지를 확보하고 사회적 변화를 일으키기 위해서 자기의 권력을 행사하는 일련의 기법들"을 의미한다. 이때 정책 도구는 경제사회 전반에 대한 영향력 행사를 목적으로 하는 외부적 정책 도구와 정부 내부의 조직, 인사, 예산 등 관리를 목적으로 하는 내부적 정책 도구로 구분된다. 따라서 일반적 의미의 정책 도구란 외부적 정책 도구를 지칭하지만 내부적 정책 도구도 간접적으로 경제사회에 영향력을 행사하기 때문에 정책 도구의 범주에 포함시키는 것이 바람직하다. 일례로 내부 관리의 효율성 제고를 위한 공기업 신설이 시장경쟁 구도의 변화를 유발할 수 있기 때문이다.

정책 도구는 규제와 유인 여부와 관계없이 공공기관이 경제사회 전반에 개입하는 형태를 띠고 있다는 점에서 개입의 강도에 따라 다양한 유형 분류가 가능하다. 일례로 규제의 경우 어떤 현상이나 행동을 금지시키는 부정적인 문구로 나타낼 수도 있고, 긍정적 용어를 사용해서 어떻게 해야 한다고 규정할 수도 있다.[1] 또한 각국의 상이한 역사 제도적 특성에 따라 이해관계의 대립이나 정책 스타일의 차이가 발생한다. 일례로 유럽 국가들은 미국과는 달리 정부보조금이라는 정책 도구를 활용한 직접적 개입 방식을 선호해 왔다.

정책 도구의 선택과 집행은 불가피하게 평가의 문제를 수반한다. 일반적인 평가 기준으로는 효과성, 효율성, 적법성, 민주성 등을 들 수 있다. 그리고 이러한 평가 기준들은 피드백을 통해 정책 도구의 선택을 규정하는 설계 또는 조합의 기준으로 작용하고 있다. 나아가 이러한 평가 및 선택의 기준들을 포괄하는 복합 개념으로는 정

1) 규제를 대표하는 금지(proscription)의 경우 무조건적 금지(unconditional or absolute prohibitions), 예외가 인정되는 금지(prohibition with exemptions), 허용하는 경우가 있는 금지(prohibition with permissions), 신고 의무(obligation to notify)를 조건으로 하는 금지 등으로 세분화가 가능하다. 부연하면 첫째, 무조건적 금지는 모든 사람에게 예외없이 적용되며, 기본적 사고는 해당되는 활동이 존재해서는 안 된다는 것이다(예: 살인, 아동 학대, 좌측 운전 등). 둘째, 예외가 허용되는 금지는 금지를 원칙으로 하되, 금지시키는 것이 불합리한 경우에만 예외를 인정하는 것을 말한다. 셋째, 허가에 의한 금지는 금지가 아니라 통제하는 데 근본적인 취지가 있다. 통상적으로 신청자가 해당 활동에 따른 요건을 충족시킬 경우에 허가가 이뤄지며, 허가의 유형으로 허가(permits), 특허(concession), 보증(warrants), 할당(quotas), 자격(certificates), 면허(licenses), 공인(authorizations) 등이 있다(예: 식당에서의 주류 판매 허가, 총기 소지 면허, 건축 허가 등). 넷째, 신고 의무가 있는 금지는 관계 기관에 신고하지 않으면 금지가 되는 행동을 말한다(Vedung, 1998).

당성(legitimacy)이 자주 활용된다. 이때 정당성은 효과적인 정부를 위한 필요 조건이기는 하지만, 충분 조건은 아니다.

한편 정책의 정당성 확보와 직결된 네 가지 기준은 현대 행정의 본질에 대한 세 가지 접근 방법과 관련되어 있다. 즉, 관리적 접근 방법(managerial approach)은 효율성과 효과성 및 경제성을 강조하고, 정치적 접근 방법(political approach)은 선출직 공무원의 시민에 대한 대응성과 대표성 및 책임성을 강조하며, 법적 접근 방법(legal approach)은 정당한 절차(due process)에 관한 절차적 규범, 개인의 실질적 권리, 형평성 등을 강조한다 (Rosenbloom, 1983).

정책 도구라는 개념 속에 내재된 다양성과 복잡성은 불가피하게 체계적인 유형화의 필요성을 제기한다. 그동안 국내외 행정학자들은 이러한 요구에 부응하기 위해 다양한 유형 분류 체계를 고안해 왔다. 일례로 이도형(2006)은 민간의 활동에 대한 개입 방식으로서 정책 도구의 유형을 정부 규제, 정부 지원, 정부 중재, 행정지도, 네트워크의 형성, 공생산 등으로 구분했다. 이 밖에 정책 도구의 재인식을 주도하는 최근의 발표 논문들도 다양한 유형 분류 체계를 소개하고 있다 (Salamon, 2002; 전영한, 2007; 문명재, 2008).

결국 어떤 정책 도구 분류 체계가 바람직한지의 여부는 그 분류 체계가 실증적으로나 이론적으로 얼마나 풍부한가에 달려 있다. 따라서 여기에서는 베덩(Vedung, 1998)의 지적을 중심으로 정책도구론의 재정립을 위해 요구되는 쟁점들을 연구 문제로 정리해 제시하고자 한다.

첫째, 소수의 예외가 있지만, 정책 도구는 대개 일괄적으로(package) 채택된다. 이러한 측면에서 '다양한 정책 도구들을 전반적인 프로그램이나 포괄적인 정책으로 수평적으로나 수직적으로 어떻게 일괄시킬 것인가(packaged)? 정책 도구들을 시간에 따라서 어떻게 순차화시킬 것인가(timesequenced)?' 등이 쟁점으로 부각된다.

둘째, 정책 도구는 몇몇 조직적 장치(organizational arrangements)에 의해 수행된다. 정책 도구의 선택과 제도적 장치의 선택 사이에 정책 도구의 집행을 위한 공통성(covariance)이 있는가?

셋째, 정책 도구를 선택하는 데 어떤 상황적 조건(contingencies)과 동기(motivation)가 작용했는가? 특정한 맥락에서 특정한 목적을 달성하기 위해 어떤 정책 도구가 다른 정책 도구보다 선호되는 이유는 무엇인가?

넷째, 유사한 문제를 해결하는 데 국가마다 선호하는 정책 도구가 상이했는가? 각 국가마다의 정책 스타일이 존재하는가?

다섯째, 정당은 목적은 물론 도구를 가지고서도 상호 대립한다. 도구라는 것은 수용된 정책 목표를 달성하는 데 결코 정치적으로 중립적인 수단적 장치가 아니다. 따라서 정책 도구의 선택에 관한 정당의 차이는 어느 정도인가? 의사결정자들은 고려 대상이 되는 문제와 상관없이 동일한 도구를 선택하는가? 또는 주어진 상황에 부합하기 위해 상이한 정책 도구를 선호하는가?

여섯째, 처음에 채택된 정책 도구를 정책결정자들이 미래에도 반복적으로 사용하도록 할 때 결과(outcomes)는 어느 정도나 성공적인 것으로 간주되는가?

일곱째, 정책 도구가 달라짐에 따라서 정치적 과정은 얼마나 달라지는가? 정책 도구의 선택은 어떤 식으로 정치적 과정에 영향을 미치는가? 정책 도구마다 정책 과정이 달라지는가?

여덟째, 의도했거나 의도하지 않았거나, 혹은 기대했건 기대하지 않았건 간에 정책 도구가 정부사업의 효과성(effectiveness)과 효율성(efficiency)에 어떤 결과(consequences)를 가져왔는가?

아홉째, 의도했거나 의도하지 않았거나, 혹은 기대했건 기대하지 않았건 간에 정책 도구의 선택이 정부사업의 수용성(acceptance)과 정당성(legitimacy)에 어떤 결과(consequences)를 가져왔는가?

열 번째, 다양한 정책 도구의 사후평가에서 어떤 기준(criteria)이나 표준(standards)이 적용되어야 하는가?

열한 번째, 의도했거나 의도하지 않았거나, 혹은 기대했건 기대하지 않았건 간에 정책 도구의 선택이 정부사업의 집행(implementation)에 어떤 결과(consequences)를 가져왔는가?

제 3 절 산업정책 도구의 유형과 맥락 및 조합

1 산업정책 도구의 유형

산업정책의 성과와 직결된 정책 도구의 선택과 조합은 다양한 정책 도구들을 포괄적으로 고려한다는 전제에 기초하고 있다. 이때 산업정책 도구에 대한 포괄적 이해는 각각의 정책 도구들을 단순히 나열하는 방식(maximalist approach)보다는 몇몇 체계적인 유형으로 분류하는 방식(minimalist approach)이 인식의 편의는 물론 비교분석의 활성화에 유리하다.

물론 모든 정책 도구는 포괄하는 보편적인 범주의 틀(universal categorical scheme)을 제시하는 일은 불가능에 가깝다. 이러한 이유로 보편적인 정책 도구의 유형화를 탐색하려는 시도는 특별한 유용성이 없을 뿐만 아니라 비효율적이라는 비판이 존재하고 있다. 하지만 여기에서의 유형화는 모든 정책 분야를 포괄하는 일반론이 아니라 산업정책 분야로 범위를 제한한다는 점에서 도전의 실익이 있다.

정책 도구의 유형화에 관한 기존 논의는 정부가 취할 수 있는 기본적인 선택이라는 관점에서 정책 도구가 분류(개입과 비개입 방식을 포괄)되어야 하는지, 혹은 정부가 주체적으로 이미 무엇을 하기로 결정한 상황에서 정책 도구의 분류가 이뤄져야 하는지(개입 방식만으로 한정)의 여부에 따라 선택 접근 방법(choice approach)과 자원 접근 방법(resource approach)으로 대별된다(Vedung, 1998). 이때 개입 방식은 크게 규제(regulation)와 선택(options)으로 구분되며, 비개입 방식은 시장(market)과 시민사회(civil society)로 구분된다.

앞서 제시한 고전적 분류 체계는 민간 부문의 자율적 문제 해결을 정책 도구의 범주에 포함시킬 것인가의 여부와 정부의 개입 수단인 규제와 선택이 정책 도구 유형화의 기준인 배타성과 망라성을 충족하는가의 문제로 집약된다. 이에 대한 답변으로 이 연구는 먼저 시장과 시민사회로 대표되는 비개입 방식이 엄밀한 의미에서 정부의 정책 도구는 아니지만 정부의 개입적 성격을 완화시키는 맥락적 요인으로 작용한다는 점에 유의하고자 한다. 다음으로 규제와 선택보다는 규제(regulation)와 유인(incentive)이라는 양자 구도가 유형 분류 기준에 더 잘 부합하는 것으로 이해하고자 한다.[2)]

한편 이러한 문제 인식을 반영하는 이 연구의 산업정책 도구 유형은 정책 도구의 기본적 성격(규제와 유인)과 맥락을 고려한 정책 도구의 집행 방식(개입과 자율)에

2) 앤더슨(Charles W. Anderson)은 규제에 부가하여 선택을 구조적 선택(structural options)과 왜곡된 선택(biased options)으로 구분했다. 이때 전자는 개인이 자기에게 맞는 것을 자유롭게 활용하거나 활용하지 않을 수 있는 정부 프로그램을 창안한다는 의미이며, 후자는 개인이 자발적으로 바람직한 정책 목표를 지향하도록 유인이나 억제책을 고안한다는 의미이다. 또한 베덩(E. Vedung)은 에치오니(A. Etzioni)가 제시한 권력의 유형(강제적 권력, 보상적 권력, 규범적 권력)을 원용해 정책 도구 유형을 규제(채찍), 유인(사탕), 정보(설득)로 분류했다(Vedung, 1998).

〈표 13-1〉 산업정책 도구의 유형화

방식 \ 성격	유인	규제
개입	선택적 유인 도구(미시적 산업정책 도구)	재규제 도구(보완적 산업정책 도구)
	- 경제적 유인(정부보조금, 정책금융 등) - 정보적 유인(행정지도, 비전 제시 등) - 조직적 유인(중간조직, 공기업, 협동 등)	- 사회규제 강화(환경, 안전, 노동 등) - 비공식적 규제 정비(규제법정주의) - 국내 기업의 전략적 보호(표준화 등)
자율	시장적 유인 도구(거시적 산업정책 도구)	탈규제 도구(경쟁적 산업정책 도구)
	- 재정정책적 유인(법인세율 조정) - 금융정책적 유인(이자율 조정) - 무역정책적 유인(관세율 조정)	- 경제규제 완화(민영화, 간소화) - 시장경쟁 촉진(공정거래, 장벽 제거) - 규제대안의 적극적 탐색(자율규제)

따라 아래 표에 제시된 네 가지 유형으로 분류하고자 한다.[3] 이때 네 가지 정책 도구 유형은 광의의 산업정책 개념을 구성하는 네 개의 중범위 산업정책 개념에 대한 정의와 직결된 문제다.

선택적 유인 도구는 시장에 대한 정부의 선택적 개입을 요체로 하는 미시적 산업

3) 정책 도구의 내재적 특성을 중시하는 대표적인 유형화 사례로는 규제(채찍), 유인(사탕), 정보(설득)를 들 수 있다(Vedung, 1998). 여기서 규제란 "국민들에게 영향을 미치기 위해 규제 대상자들에게 준수를 요구하는 공식화된 규정이나 명령을 통해 정부기관에 의해 채택된 조치"로 정의된다. 규제를 규정하는 특징은 권위적 관계에 있으며, 이것은 규제기관이 설정한 방식으로 피규제집단이 행동해야 할 의무를 진다는 것을 의미한다. 이러한 개념은 규제를 일반적인 정부개입과 동일시하는 미국식 규제의 정의와 크게 대조된다. 또한 유인은 물질적 자원을 부여하거나 줄이되, 수혜자들에게 그러한 조치가 강제적으로 부여되지는 않는 것을 특징으로 한다. 이러한 지원 도구의 대표적인 예가 보조금(subsidy)이나 양여금(grants)이다. 그리고 정보는 행동 결과에 대한 통찰력을 제공함으로써 잘못된 행동을 억제하거나, 바람직한 행동을 자극하고자 하는 현대적 개입 방법으로써, 최근 들어 각광받고 있는 정책 도구다. 따라서 정보는 지식의 전달, 이성적 논쟁, 설득 등을 통해 사람들에게 영향을 미치려는 시도로 이해된다. 한편 정책 도구의 상황적 맥락을 중시하는 대표적 유형화 사례로는 강제성과 직접성의 고저에 따라 직접규제(direct regulation), 간접규제(indirect regulation), 직접유인(direct incentives), 간접유인(indirect incentives) 등으로 분류하는 방식을 들 수 있다(전영한, 2007). 첫째, 직접규제에 속하는 정책 도구들은 강제성과 직접성이 모두 높다는 정의적 특징을 갖는다. 둘째, 간접규제는 강제성이 높아서 개인이나 집단의 행위를 제약하는 정도는 높지만 정부조직과 공무원에 의해 직접 집행되는 것이 아니라 비정부기관에 속한 민간인에 의해 집행된다는 특성을 갖는다. 셋째, 직접 유인은 개인이나 집단의 행위를 제약하는 정도가 낮고 선택의 여지를 주기 때문에 강제성은 낮지만 정부조직 및 공무원에 의해 직접 운용되는 정책 도구들이 이 범주에 속한다. 넷째, 간접 유인(indirect incentives)은 정책 대상집단의 행위를 제약하는 정도가 낮으며 정부조직 및 공무원이 아닌 비정부조직에 의해 운용된다는 특징을 갖는다.

정책 도구들을 총칭하는 의미다. 이는 전통적으로 동아시아 국가들의 고도 성장 과정에서 자주 활용되어 왔다. 첫째, 경제적 유인이란 정부보조금, 정책금융 등을 활용해 정부가 원하는 방향으로 기업의 성장과 발전을 유도한다는 의미이다. 둘째, 정보적 유인이란 묵시적 압력을 가정하는 행정지도나 국가 차원의 중장기 발전계획에 기초한 비전 제시(신성장 동력 지정)를 통해 기업의 선택을 유도함을 의미한다. 셋째, 조직적 유인이란 정부와 기업을 매개하는 중간조직인 각종 협회나 공기업, 산학협동 등을 활용해 정부의 정책 의지를 구현함을 의미한다.

시장적 유인 도구는 시장에 대한 정부의 파라미터적 개입을 요체로 하는 거시적 산업정책 도구들을 총칭하는 의미다. 이는 경기 조절이나 경쟁력 강화를 위해 정부의 미시적 개입보다는 거시적 개입, 즉 거시경제정책의 기본 원칙에 입각해 정책 효과가 균등하게 배분되는 파라미터적 도구의 활용을 중시하는 영미 국가에서 선호해 왔다. 첫째, 재정정책적 유인이란 법인세율 조정을 통해 기업의 선택을 유도함을 의미한다. 둘째, 금융정책적 유인이란 이자율 조정을 통해 기업의 선택을 유도함을 의미한다. 셋째, 무역정책적 유인이란 관세율 조정을 통해 기업의 선택을 유도함을 의미한다.

재규제(reregulation) 도구는 탈규제의 확산으로 초래된 부작용을 치유하기 위한 보완적 정부개입의 성격을 지니고 있다. 첫째, 사회규제 강화는 지나친 시장 경쟁으로 인한 부작용을 예방하기 위해 정부가 환경, 안전, 노동, 요금 등에 대한 안전장치를 마련함을 의미한다. 둘째, 비공식적 규제 정비는 규제법정주의에 입각하여 자의적 악용의 소지가 큰 각종 법령 미근거 규제들을 정비함을 의미한다. 셋째, 국내 기업의 전략적 보호는 국내 유치기업의 성장을 촉진하기 위해 보호주의 장벽을 전면에 내세우기 어려운 새로운 국제 현실에서 정부가 각종 표준화, 수출입 절차 등을 활용해 전략적으로 대응하는 방식을 의미한다.[4)]

탈규제(deregulation) 도구는 과도한 정부개입이나 간섭에 대한 대항적 의미로 자

---

4) 아이켄베리(Ikenberry, 1986)는 국가 능력에 초점을 부여한 상태에서 개입적인 협의의 산업정책 도구로 조직 도구(공기업), 신용 도구(정책금융), 재정 도구(보조금), 경쟁 도구(반독점) 등을 제시했다. 반면에 보겔(Vogel, 1996)은 광의의 산업정책에 포함되는 규제개혁의 유형 분류와 관련하여 최근의 규제개혁이 단순히 탈규제가 아니라 자유화와 재규제의 조합이라는 점에 착안해 자유화 중시와 재규제 중시, 산업에 대한 정부통제력 약화와 강화를 결합하는 방식으로 친경쟁적 재규제(반독점과 경쟁 촉진), 입법적 재규제(입법화와 공식화), 전략적 재규제(비관세장벽의 전략적 활용), 팽창적 재규제(신설 강화 규제) 등을 제시했다. 이때 친경쟁적 재규제와 전략적 재규제는 자유화에 중점을 둠에 반해서, 입법적 규제와 확장적 규제는 자유화 과정의 보완적 역할을 한다. 한편 친경쟁적 규제와 입법적 규제는 정부의 통제력을 약화시킴에 반해 전략적 규제와 확장적 규제는 통제력을 강화시킨다.

유시장의 이상 실현과 직결된 문제다. 첫째, 경제 규제 완화는 민영화·간소화 등 기업활동의 자유화와 직결된 다양한 조치들을 의미한다. 둘째, 시장 경쟁 촉진은 공정거래 질서(독과점)의 확립이나 신규 진입 장벽(자격 제한)의 제거를 통해 산업 전반의 효율성 제고를 유도하는 조치들을 의미한다. 셋째, 규제대안의 적극적 탐색이란 관 주도의 명령 지시적 방식을 탈피해 민간의 자율적인 문제 해결 역량을 제고함을 의미한다.

2 산업정책 도구의 맥락

산업정책은 경제 발전과 정치 발전을 포괄하는 국가 발전의 핵심적 기제로 자리해 왔다. 국가론 또는 제도론적 관점에 상대적으로 친숙한 산업정책은 발전의 주체로서 특정 국가의 통치구조나 역사문화가 정책의 성과를 좌우하는 핵심 요인이라는 점에 주목해 왔다. 산업정책의 이러한 특징은 전통적으로 거대 발전론의 양대 진영을 점유해 온 근대화론이나 종속이론의 결정론적 사고와는 구별된다.

먼저 근대화론은 서구의 진화론에서 출발해 이후 보편타당성을 갖는 하나의 일반이론으로 체계화되었다(강정인, 2003: 204-211). 여기서 서양의 근대는 중세의 암흑기에 비해 상당히 개명(開明)된 시기로서, '근대적'이라는 표현에는 자연히 반봉건적·진보적이라는 의미가 담기게 된다. 따라서 서구의 자신감을 반영하는 근대화 논리에 기초한 국가 발전이나 사회 변동은 일방향적(uni-directional)·진보적·점진적 성격을 지니며, 또 변동하는 사회는 원시적 단계로부터 진보적 단계를 향해 일말의 뒤돌아봄도 없이 전진하게 마련이고, 그러한 진화 과정 속에서 서로 닮아간다고 본다.[5]

다음으로 종속이론은 주변부 국가의 저발전이 그들의 내부적 책임이 아니며 서구의 발전을 위한 희생의 결과였다고 주장함으로써 서구 사회과학계에 큰 충격을 주었

5) 발전이론으로서 근대화론의 과정적 특성은 다음과 같다. ① 근대화는 단계적 과정(a phased process)으로서, 모든 사회가 거쳐야 할 단계가 있다. ② 근대화는 동질화 과정(a homogenizing process)으로서, 여러 사회가 비슷한 방향으로 수렴한다. ③ 근대화는 유럽화·미국화(Americanization) 과정인데, 이들 국가는 신생국의 모델이다. ④ 근대화는 돌이킬 수 없는(an irreversible process) 과정으로서, 제3세계는 일단 서구와 접촉하면 근대화를 향한 역동성을 억누를 수 없다. ⑤ 근대화는 진보적 과정(a progress process)으로서, 일면 고통이 따르지만 종국엔 바람직스러운 것이다. ⑥ 근대화는 긴 과정(a lengthy process)이다. 따라서 수세기를 거쳐야 완성된다(김웅진 외 편역, 1997: 35-36).

고, 기존의 근대화론이 안이한 이분법적 · 기계론적 사고와 단선적 발전관, 막연한 낙관론에 치중한 점에 대해 근본적인 비판을 제기했다는 점에서 학문적 공적을 인정받았다. 그러나 종속이론은 저발전의 물질적 원인 규명에만 관심을 집중해 발전과 저발전의 인식틀을 그대로 받아들이고 있다. 이런 인식론적 한계는 사회 전체적 발전에 대한 상대적 경시와 다양한 토착적 발전의 길에 대한 검토 미비로 나타난다(임현진, 1998: 173).[6)]

결국 산업정책을 토대로 자생적 발전 성과를 과시한 한국의 사례는 비록 발전의 질과 격을 경시한 양적으로 편향된 왜발전 사례라는 비판에도 불구하고 정부 역할의 중요성과 맥락적 특수성을 환기시켰다는 점에 주목할 필요가 있다(이도형 · 김정렬, 2007). 이 점에서 우리는 한국이 채택해 온 산업정책 도구의 선택과 조합이 산출한 차별적 성과를 국내외적으로 비교해야 할 필요성을 제기해 볼 수 있다.

산업정책 도구의 성과에 대한 비교분석은 근대화론과 문화주의, 조합주의와 국가론 등을 초월해 신제도주의의 활성화로 나타나고 있다. 신제도주의는 근대화론과 문화주의 결정론적 사고를 극복했을 뿐만 아니라 이익단체와 국가자율성에 집착해 온 조합주의와 국가론의 편협한 시야를 확대했다는 점에서 비교 우위를 확보하고 있다.[7)] 이 점에서 역사적 제도주의는 제도적-정치 과정적 관점(institutional-political process perspectives)을 지향한다. 즉, 정책의 주체인 국가의 선도적 역할에 일차적으로 주목한 상태에서 국가 형성 과정의 독특한 역사적 특성, 국가구조와 능력이 다른 사회적 행위자들과 상호작용하는 방식, 정책이 정치적 동맹 관계자에게 미치는 환류 효과, 정당 경쟁 등에 초점을 부여한다.

한편 역사적 제도주의와 더불어 광의의 신제도주의를 구성하는 경제적 제도주의나 사회적 제도주의도 맥락에 초점이 부여된 비교분석의 활성화에 기여할 수 있다. 각기 게임의 규칙으로서 제도설계와 동형화로서 제도 확산에 주목하는 경제적 제도주의나

---

6) 종속이론은 주변부 국가의 개체적 특수성을 무시하고 세계 체제와의 단절을 전제로 한 자력갱생경제(自力更生經濟; autarky) 같은 시대착오적 발전모형이나 사회주의 혁명과 같이 실현 가능성이 희박한 대안만 제시했다는 비판도 적지 않다(이도형 · 김정렬, 2007).

7) 비교정책 연구의 접근 방법으로서 문화주의는 각국의 고유한 역사적 경험에서 나타나는 문화적 사고를 강조한다는 점에서 신제도주의와 유사하지만 문화결정론을 탈피하지 못했다는 점에서 변형된 근대화론으로 평가할 수 있다. 또한 조합주의는 경영자와 노동자 간의 경쟁을 중시하는 정치적 계급투쟁 모형(political class struggle model)을 토대로 이익집단정치를 정교화 하고자 했지만 이익집단의 조직화 강도에 과도하게 몰입했다는 점에서 국가의 자율성 강도에 지나치게 몰입한 초기 국가론의 한계와 유사한 결과를 표출시켰다.

사회적 제도주의도 궁극적으로 제도의 상황 의존과 파급 효과를 중시하기 때문이다.

3 산업정책 도구의 조합

산업정책의 성과 제고를 위해서는 특정한 정책 목표의 달성을 위해 경합하는 정책 도구의 선택이 요구된다. 전통적으로 정책 도구의 선택은 정부의 합리성을 가정하는 정책결정모형에 기초해 왔다. 하지만 정책환경의 불확실성과 복잡성이 증대하면서 정책결정의 합리성 가정이 위협을 받고 있을 뿐만 아니라, 정책문제의 성격이 유순한 문제에서 사악한 문제로 전환되면서 복수의 정책 도구를 병행하여 활용하는 조합(혼합)에 대한 요구가 증대하고 있다.

이 점에서 정책 도구의 조합에 대한 이론적 가정은 합리모형이나 만족모형의 차원보다는 쓰레기통모형이나 딜레마모형의 논리와 밀접한 관련성을 지니고 있다. 먼저 쓰레기통 모형은 정책결정자의 합리성을 가정하지 않기 때문에 우연이나 기회 요인에 의한 정책 도구의 혼합이 발생하게 된다. 다음으로 딜레마모형은 특정한 대안 선택의 애로를 전제한다는 점에서 딜레마 상황을 탈출하기 위한 방법으로 정책 도구의 병렬적·순차적 조합을 채택하거나 결정을 지연시키는 무대응 전략을 구사하기도 한다.

한편 이를 반영하는 정책 도구 조합의 구체적인 방법으로는 먼저 조합의 일반적 방법으로 수직적 조합과 수평적 조합 및 순차적 조합을 들 수 있다(Bemelmans-Videc, Rist & Vedung, 1998). 이때 수직적 조합이란 목표 달성을 위해 단계별로 정책 도구를 부과한다는 의미함에 반해서 수평적 조합이란 병렬적인 정책 도구의 부과를 의미한다. 그리고 순차적 조합은 특정 시간 순서에 따라 정책 도구를 제공함을 의미한다(문명재, 2008: 341). 나아가 이러한 대응 방식은 시차이론과의 접맥을 통해 좀더 다양한 응용의 가능성을 모색할 수 있다. 일례로 정책 도구별 반응 시간이나 정책 유형별 숙성 기간을 조합의 기준으로 고려할 수 있다.

다음으로 정책의 다중 목적을 달성하기 위한 전략의 일환으로 조합을 활용할 수 있다. 일례로 기존의 정책 도구와 부합하는 정책 도구의 선택이 이뤄지지 않을 경우 효과적인 목표 달성을 기대하기 어렵다. 이와 관련하여 훌렛과 레이너(Howlett & Rayner, 2007)는 다중적 정책 목표 간 일관성 수준과 정책 도구 조합의 일관성 수준에 따라 통합(integration), 표류(drift), 전환(conversion), 첩중(layering)과 같은 네 가지 유형으로 구분했다. 이 중 가장 이상적인 조합은 정책 목표의 일관성과 도구 조합의 일관성을 동시에 유지하는 통합이다. 그러나 현실적으로 양자 모두 비일관적인 첩중이나 정책 목표의 일관성만 확보하는 표류 및 도구 조합의 일관성만 확보하는 전환의 경우를 회피하기 어렵다(문명재, 2008: 342).

따라서 앞서 제시한 세 가지 문제 상황을 회피하기 위한 전략을 마련해야 한다. 먼저 기존의 정책 목표나 정책 도구를 포기하지 않은 상태에서 무작정 새로운 정책 목표나 정책 도구를 추가하는 첩중을 회피하기 위해서는 일정 주기별로 형성평가를 강화시켜야 한다. 다음으로 정책 목표를 수정하지 않으면서 새로운 정책 도구를 선택하는 표류를 회피하기 위해서는 대치 또는 경합 관계에 있는 정책 도구 간 비용편익분석을 강화해야 한다. 마지막으로 기존의 정책 도구를 변경하지 않은 상태에서 새로운 정책 목표에 재활용하는 전환은 일몰 규정의 강화를 고려해 볼 수 있다.

제 4 절 정책 도구의 유형과 맥락 및 조합을 응용한 비교산업정책의 강화 방안

1 정책 도구의 유형을 응용한 비교산업정책 연구의 강화 방안

산업정책 도구의 유형(typology)은 비교산업정책의 활성화와 직결된 문제다. 하지만 배타성과 망라성 요건을 제대로 충족하지 못하는 유형 분류 체계는 역으로 비교연구의 심각한 제약 요인으로 작용할 수 있다. 참고로 이 연구에서 채택한 정책 도구 유형 분류의 대표적 기준인 개입과 자율, 규제와 유인은 경계선상의 회색지대가 존재하고 있을 뿐만 아니라 논리상의 혼선도 제기될 수 있다.

가령 특정 행위를 금지하고 그것을 위반했을 때 소액의 벌금을 부과하는 경우(규제)와 동일한 행위를 허용하면서 반대급부로 각종 부담금을 부과하는 경우(유인)가 있다고 하자. 이때 부담금의 금전적 규모가 벌금보다 클 경우 규제보다 유인의 제약성이 더욱 강하다는 주장이 가능하지만, 이것은 논점을 비켜간 것이다. 원칙적으로 규제는 유인에 비해 제약성이 강하다. 그 이유는 규제의 경우 특정한 행위 자체를 원천적으로 금지하는 반면에 유인의 경우 그 행위에 따른 부담금이 다소 크더라도 행위 자체는 허용하기 때문이다.

또 다른 논란은 벌금과 같은 처벌과 세금의 차이다. 양자의 공통점은 물질적 박탈이 이뤄진다는 점이다. 어떤 행위를 하는 데 비용이 수반되도록 한다는 점에서 벌금과 세금을 모두 유인으로 분류하는 것이 타당하지 않은가? 그러나 이러한 인식에는 문제가 있다. 처벌은 의무적인 금지 규정과 관련된 것이다. 벌금은 권위적 규칙을 준수하지 않은데 대한 처벌로서, 기본적으로 규제에 해당된다. 즉, 벌금을 지불하는 것은 권위적 규칙을 위반한 대가에 해당하지만 세금을 납부하는 것은 규칙을 위반한 행위가 아니다.

따라서 유형화를 비교연구에 활용할 경우에는 나열하는 방식(maximalist approach)과 분류하는 방식(minimalist approach) 간의 적소를 선택하는 신축적 응용 능력이 요구된다. 이 점에서 앞서 제시한 이 연구의 산업정책 도구 유형화 체계는 잠정적 시안으로서 성격을 지닌다. 이는 다시 말해 좀더 합리적인 유형화 대안을 마련하기 위한 노력이 앞으로도 계속 이뤄져야 한다. 일례로 각 유형에 포함되는 정책 도구들을 포괄하는 비교와 구체적인 정책 도구별 비교를 고려할 수 있다. 또한 정책 도구의 성격에 따라 양적 비교와 질적 비교로 구분을 시도할 수 있다.

먼저 광의의 산업정책을 가정한 상태에서 이 연구의 네 가지 유형은 중범위 산업정책으로서 의미를 지닌다. 따라서 이러한 방식의 유형화는 상대적으로 포괄적인 국가별 비교나 정권별 비교에 적용하기가 용이하다. 일례로 역사적 제도주의가 중시하는 경로의존성 개념에 기초해 동일한 정책 도구의 활용에도 불구하고 국가 또는 정권별로 산업정책의 성과 차이가 발생하는 이유를 설명할 수 있다.

다음으로 계량화가 용이한 경제적 유인(정부보조금, 정책금융, 정부 구매 등)이나 거시경제정책적 도구(법인세율, 할인율, 관세율 등)는 다양한 수준의 정부 간에 양적 비교가 가능하다. 일례로 "영미 국가는 대륙 국가에 비해 직접적 개입을 선호하지 않는다."는 산업정책의 고전적 명제에 관해 정부보조금의 액수나 정책금융의 비율을 통해 검증이 가능하다.

한편 각각의 정책 도구 유형들이 산업의 차이나 기업의 규모에 따라 어떻게 작용하고 있는가를 비교하는 일은 일국의 국가경쟁력과 직결된 산업정책의 방향 설정에 유용한 정보를 제공할 수 있다. 일례로 산업 또는 기업별 설문조사를 통해 정책 도구 유형별 선호도 조사를 실시할 경우 네 가지 정책 도구 유형에 포함되는 각각의 구체적 정책 도구를 나열하는 방식(maximalist approach)도 고려할 수 있다.

2 정책 도구의 맥락을 응용한 비교산업정책 연구의 강화 방안

산업정책 도구의 제도적 맥락에 관한 연구는 역사적 제도주의 접근의 활성화와 직결된 문제다. 일반적으로 특정한 정책 도구의 성과 또는 정책 스타일의 차이를 유발하는 제도적 맥락(정책적 맥락)은 매우 복잡한 개념이다. 제도적 맥락의 범주에는 분석 대상 국가의 일반 체계적 요인(역사, 물리적 환경 및 정치·경제·사회·문화적 요소)과 정부구조적 요인(해당 분야와 관련된 행위자들의 관계 유형을 의미하는 정책 네트워크, 정책 도구에 관한 협의·선택·집행·평가 등과 관련된 정부간 관계) 그리고 지배적 가치 요소(이념, 패러다임, 신념, 태도 등) 등이 포함되기 때문이다.[8]

통상 각국의 정부는 정책(정책 도구)을 통해 경제사회 문제의 해결을 의도한다. 그러므로 각 국가의 정책들을 비교하는 것은 매우 중요한 함의를 가질 수 있다. 왜냐하면 같은 목표 달성을 위해 다른 정책을 시행할 수 있고 혹은 다른 목표를 위해 같은 정책을 시행할 수도 있기 때문이다. 특히 신제도주의 접근 방법을 통한 국가 간 정책의 비교는 기존과 다른 전혀 새로운 비교론적 패러다임을 제시하고 있다. 즉, 기존에는 거시적인 비교였지만, 신제도주의적 비교는 미시 또는 중범위적인 수준으로 분석 범위가 줄어들었다고 할 수 있다.[9]

역사적 제도주의는 주로 사례연구와 비교연구를 하기 때문에 국가 간 정책들을 비교하는 데 적절한 접근 방법이다. 그리고 역사적 제도주의가 강조하는 것은 '맥락'이라고 할 수 있다. 각 국가들의 정책 형성이 이뤄진 역사적 맥락을 고찰하는 것은 정책을 이해하고 비교하는 데 매우 유용한 방식이다. 일례로 로크와 텔렌(Locke & Thelen, 1995)의 「비교 방법의 재검토: 비교노동정책 분석을 위한 맥락적 접근(Apples and Oranges Revisited: Contextualized Comparisons and the Study of Comparative Labor Politics)」이라는 논문은 역사적 제도주의에서 강조하는 역사적

8) 일반적으로 공공조직들은 각자의 고유한 문화와 가치 체계를 가지고 있으며, 특정한 정책 영역의 개입 과정을 형성하는 임무와 제도적 기억(institutional memory)을 가지고 있다(Linder & Peters, 1989; Bemelmans-Videc, 1998).

9) 여기서는 용어의 정리가 필요하다. 기존의 거시적인 비교를 '비교행정'이라고 한다면 다소 미시적인 수준의 비교를 앞서 지적한 대로 '비교정책'이라고 부를 수 있을 것이다. 그러나 중요한 것은 용어가 아니라 분석의 수준이 구체적인 수준으로 조정된 것이 신제도주의가 갖는 역할이다.

맥락을 이해하는 데 많은 시사점을 준다. 이 논문에서 그들은 전통적 접근법을 대응 비교(matched comparison)라고 규정하면서 이것은 사과와 사과, 혹은 오렌지와 오렌지를 비교하는 방법이라고 설명한다. 그러나 새로운 접근법인 맥락 비교(contextualized comparison)는 사과와 오렌지 혹은 오렌지와 사과를 비교하는 것이 더 적절할 수 있다는 논리를 펴고 있다.[10)]

한편 제도적 맥락에 대한 강조는 정책 영역별 접근 방법(policy-sector approaches)과도 밀접한 관련성을 지닌다. 이때 정책 영역별 접근 방법은 크게 두 가지 의미로 구분된다. 첫째, 한 국가의 고유한 정책결정 스타일이나 정치적 갈등의 본질은 정책 영역에 따라서 크게 달라진다는 점이다. 둘째, 특정 국가가 어떤 정책 스타일을 채택하든지 간에 문제의 처리 방식에서 국가 간에 유사성(crossnational similarities)이 존재해야 한다는 것이다(Freeman, 1985: 485; Bemelmans-Videc, 1998).

더불어 한 국가의 독특한 정책결정 스타일과 국가의 정책은 인과적으로 연계되어 있다고 생각하는 국가적 스타일 접근 방법(national style approach)[11)]에서는 정치가 정책을 결정한다고 주장한다. 이와는 반대로 정책 영역별 접근 방법에서는 문제의 본질이 정책의 결과인 정책 결과(policy outcomes)는 물론 정치의 유형과 근본적으로 연계되어 있다고 본다. 이러한 정책 영역별 접근 방법은 정책에 대한 관심을 정치적 투입에서 정치 체제의 산출로 전환시키는 것이다. 즉, 정책이 정치를 결정한다는 것이다(Bemelmans-Videc, 1998).[12)]

3 정책 도구의 조합을 응용한 비교산업정책 연구의 강화 방안

산업정책 도구의 조합은 앞서 제시한 유형이나 맥락과 비교하여 좀더 구체적인 도

10) 신제도주의 접근은 국제적 압력이 비슷함에도 불구하고 다른 제도적 구성(정책)이 나타나는가에 초점을 두는 접근이며, 반대로 정치적 구성주의는 어떻게 다양한 제도적 조정이 사회적·정치적 그리고 경제적 기초들을 스스로 해명하는지를 그리고 제도 역할의 변화를 강조한다. 예를 들어 미국의 '업무 조정(work reorganization)'은 일종의 관습이나 윤리적인 문제에 영향을 받으나, 독일의 경우에는 미국처럼 가치 있는 일이 아니며 윤리적인 문제도 아니다. 그래서 미국처럼 저항할 이유도 없다. 그리고 스웨덴은 미국이나 독일에 비해 임금 유연성 문제에 관심을 많이 보이고 있어서 중앙집권적인 노동운동과 임금정책에 연계시키는 노동운동을 전개하고 있다.

11) 국가마다 정책 스타일이 다르다는 입장을 의미한다.

12) 국가마다 정책 스타일에 차이가 있는 것인지, 아니면 정책 영역별로 정책 스타일이 달라지는 것인지의 여부가 각 접근 방법의 주된 차이점이다.

구 선택의 혼합과 직결된 문제다. 따라서 연구 대상 정책 분야의 특수성에 따라 좀더 다양한 응용가능성을 지니고 있다. 이에 여기에서는 정책 도구 선택과 조합이라는 견지에서 주요 쟁점별 연구전략을 개관하는 기회를 마련하고자 한다.

산업정책은 제도적 측면에서 크게 세 개의 노선으로 나뉠 수 있다. 즉, 거시적 산업정책과 미시적 산업정책, 그리고 거시적 입장과 미시적 입장의 중간자적 입장을 취하는 중도적 산업정책으로 정의할 수 있다(Wijers, 1982). 이러한 점에서 한국의 산업정책 변화를(거시적/미시적/중도적) 신제도주의의 측면에서(역사적·경제적·사회적) 설명할 수 있을 것이다.

완벽한 자유방임 국가가 아니라면, 실질적으로 현존하는 국가들의 대부분은 자국의 산업정책을 가지고 있으며, 그것은 세금정책과 금리정책, 보조금정책으로 운용되고 있다. 그리고 그러한 정책들은 다름 아닌 정책 도구를 의미하는 것이다. 따라서 국가별로 상이한 정책 도구 차이를 살피는 것과 한 국가에서 정책 도구 변화에 따른 효과를 분석하는 것은 유의미한 연구 성과가 될 수 있을 것이다. 나아가 이러한 큰 연구 질문(Big Question)들은 좀더 구체적인 연구 질문으로 세분화가 가능하다.

첫째, 한국의 산업정책에서 정권별로 정책 도구의 변화 차이를 고찰하는 일이다. 이러한 연구 목표를 달성하기 위해서는 신제도주의 통합모형의 적용을 시도할 수 있다. 한국의 역대 정권들은 특유의 경제적 환경과 정치적 환경을 가졌다. 이러한 가운데, 정권이 교체되면서 산업정책 도구 또한 정권에 따라 변화했는지 아니면 지속되었는지를 살펴보아야 한다. 그리고 어떠한 변화가 있었다면 그것은 역사적 제도주의로 설명될 수 있는지, 아니면 합리적 제도주의 혹은 사회적 제도주의로 설명될 수 있는지를 밝혀야 한다. 이러한 연구는 정부정책 도구 연구 분야에서 가장 기초가 될 만한 것이기 때문이다. 예컨대, 정권이 교체됨에 따라 산업정책의 도구가 정책금융(선택적 금융정책)에서 정부보조금(선택적 재정정책)으로 변화했다면, 어떠한 요인에 의해 변화할 수 있었는지를 밝히는 것은 정책 도구 변화의 성격을 거시적으로 규정하는 일인 것이다. 정책 도구는 역사적 제도주의로 설명되는가 혹은 합리적 제도주의로 설명되는가에 따라 그 첫걸음이 정해지기 때문이다.

둘째, 한국 산업정책의 주요한 대상인 대기업과 중소기업 간에 정책 도구의 차이를 고찰하는 일이다. 사실 위의 연구 분야는 대기업과 중소기업을 향한 정부정책이 무차별함을 가정한 것이다. 하지만 정부정책이, 즉 산업정책의 주요한 정책 도구가 대기업과 중소기업에 따라 상이하다면 그 차이의 원인을 밝혀내는 것 또한 중요한 연구가 된다. 왜 중소기업과 대기업에 따라 정책 도구가 다른가? 그것은 위의 연구

틀에서처럼 역사적 요인에 의한 것인지 아니면, 다른 요인에 의한 것인지를 밝히는 데에서 시작된다.

그리고 이러한 연구는 셋째, 기업의 산업정책 만족도 연구와 연계될 수 있다. 우선, 대기업이 정부정책에 대해 만족도가 높다면 그것은 최소한 정부정책이 기업의 이익에 부합된다. 하지만 중소기업은 대기업처럼 만족도가 높지 않다면 중소기업은 정부정책으로 인해 이익을 얻는 부분이 대기업에 비해 상대적으로 낮다. 이러한 점은 설문조사에 의해 증명될 수 있을 것이다. 더 나아가 어떤 정책 도구에 따라 기업들의 만족도가 높아지는지를 규명할 수도 있을 것이다. 더불어 이러한 논리는 산업 분야별 비교분석에도 원용될 수 있다.

하지만 정책이 목표로 하는 결과가 기업 이익 증대, 기업 만족도 높이기가 아니라면 기업을 위한 정책이 얼마나 많은 사회효용으로 이어졌는가를 살펴보아야 한다. 따라서 네 번째 연구 분야로 기업의 정책만족도와 정책 목표 달성도의 정도를 분석할 필요가 있다. 피셔(Fisher, 1985)에 따르면 미국의 기업을 위한 산업정책들은 모두 기업의 이익만 증대하고 기업의 영향력을 크게 함으로써 건전한 거버넌스에 방해만 될 뿐이라도 지적하고 있다. 따라서 이 연구는 다음과 같은 분석의 틀로써 정책 도구에 따른 대/중소기업의 정책만족도와 정책효과성을 구분하여 분석할 필요성을 제기하고자 한다.

다섯 번째 연구 분야는 좀더 미시적인 측면에서 한국의 산업정책을 살펴보는 것이다. 구체적으로는 한국 중소기업에 대한 산업정책의 적용이다. 파커(Parker, 2002)에 따르면 중소기업도 산업별 특징에 따라 효과적인 정책이 달리 적용되어야 하는데, 과연 한국은 중소기업에 대한 산업정책 선정 시 얼마나 중소기업의 특성을 고려하는지를 살펴보는 것이다. 이를 위해서는 앞서 설명한 분석의 틀의 적용이 유의하다. 산업정책 도구가 중소기업에 끼치는 만족도 차이와 성과 평가로 정리될 수 있다.

중요한 것은 이러한 모델은 계량화를 통해 실증 분석할 수 있다는 점이다. 다만, 계량 모델화를 시도할 때, 가장 유의해야 할 점은 것은 종속변수가 얼마만큼 정책 효과를 대변할 수 있는 대표성을 가지느냐의 문제다. 즉, 각 변수에 대한 조작적 정의가 중요하다. 예컨대, 산업정책을 통해 한국의 지역적 불균형 성장에 대한 문제점을 해결하려고 한다면(그것이 정부의 주요 목표라면), 여기에서의 종속변수는 산업정책으로 인해 어느 정도로 지역의 경제 상황이 좋아졌는지, 혹은 어느 정도로 지역 격차가 커졌는지를 종속변수화시켜야 한다.

이러한 모델들은 하나의 예시일 뿐, 여러 이론에 의해 수정·확대될 수 있는 이점을 가지고 있다. 예를 들어, 중소기업을 지원할 때에 산업정책의 한 형태로 보조금을 지급하는 것은 이미 결정이 내려져 있지만 수직적 전략에 의해 보조금을 지급할 것인지, 수평적 전략에 의한 보조금을 지급해야 할 것인지를 검토해야 한다고 가정해 보자. 게로스키(Geroski, 1992)에 따르면 정부가 혁신산업을 지원하고자 할 때에는 혁신산업을 수직적으로 묶어 줄 수 있는 전략에 의하고 정부 보조금은 컨소시엄을 형성한 기업들에게 제공될 때 가장 좋다고 한다. 그렇다면 이러한 주장을 검증해 보기 위해 회귀식에 컨소시엄 형태에 따른 보조금은 1, 비컨소시엄 형태에 따른 보조금은 0으로 코딩하여 변수 추가를 할 수 있을 것이다.[13] 그 결과 우리는 실증적이라는 의미에서 컨소시엄을 형성하여 보조금을 받고 있는 기업들이 과연 정부의 기대만큼 성과를 내고 있는지를 밝힐 수 있는 것이다. 한 가지 더 추가하자면, 컨소시엄을 구성한 기업들에 대해 법인세를 감면해 주었을 때의 정부 목표는 투자와 고용 증대일 것이다. 그렇다면 종속변수를 중소기업의 투자액과 고용 변화율로써 정의할 수 있다. 이러한 부분은 연구자의 의도에 맞게 변화 가능한 것이기 때문이다.

이러한 연구 분야의 또 다른 기여는 정책 도구의 유형화를 시도할 수 있다는 점이다. 정책금융, 정부보조금, 정부 구매, 행정지도라는 산업정책 도구와 산업별 대(對) 중소기업의 정부정책을 대칭(matching)시켜 봄으로써 어느 정도 유형화가 가능할 것이며, 왜 이런 유형화가 나올 수 있는지에 대한 결정적인 기준을 제시할 기회도 생길 것이다.

마지막으로 세계화의 영향으로 인한 정부 산업정책의 변화를 분석하는 것도 주요한 연구 목표로 고려할 수 있다. 더불어 이러한 연구설계는 지역산업정책의 가능성과 관련하여 지방화의 영향력을 검토하는 일에도 원용될 수 있다.

세계화의 영향력이란 대외무역 자유도 증가 등을 고려하여 정부의 정책이 어떠한 방향으로 변화하고 있는지를 살피는 것이다. 우선, 경성 자료(hard data)들을 이용하여 세계화에 따른 정책 변화를 회귀분석으로 살펴볼 수도 있을 것이다. 정성적인 연구 방법으로는 국제기구 가입이나 조약에 따른 정책 변화를 기술한 뒤 대체적 산업정책 선정이 있었는지를 살펴볼 수 있다. 국제적 기준에 의해 정부의 산업정책에 제재가 가해졌을지라도 또 다른 방식으로 기업들을 지원해 주고 있다면, 세계화의 영향은 표면적인 것이 될 뿐이다. 즉, 아무리 세계화의 영향이 강해 보이더라도 국가 중

13) 물론 이때 정부의 보조금 총액은 같은 것이 좋다. 하지만 다를 경우에는 보조금 액수 또한 회귀분석 모델에 추가를 하여 분석한다면 보조금 액수의 효과를 통제할 수 있을 것이다.

심의 산업정책은 다른 방식으로 숨어 있게 된다. 이러한 점을 찾아내는 것은 인터뷰와 국가 간 비교분석 등을 통한 정부 정책 도구에 대한 정성적 연구 분야가 될 것이다.

제5절 결 론

1980년대 미국을 중심으로 활발하게 진행된 산업정책의 정당성 논쟁은 이후 전 세계적으로 다양한 논의를 촉발시켰다. 물론 21세기의 개막을 전후해 영미 국가들이 세계화와 자유시장을 앞세워 경제 부흥에 성공하면서 산업정책 논의는 국내외적으로 급속히 퇴조했다. 하지만 2007년 말 미국의 비우량 주택담보 대출 파동을 계기로 선진국의 경제가 침체되고 탈규제의 위험성이 부각되면서 산업정책의 새로운 가능성이 주목받고 있다.

이에 이 장에서는 정부의 선도적 역할 또는 정부와 기업 간의 건설적 협력을 중시하는 산업정책의 새로운 수요를 준비한다는 목표로 정책 도구의 재인식을 주도하고 있는 유형, 맥락, 조합 등에 관한 논의를 원용하여 산업정책의 과거와 현재 그리고 미래를 포괄적으로 검토하는 분석 기회를 마련했다. 최근 공공정책의 새로운 이해를 위한 대안적 접근으로 부각된 정책도구론을 활용할 경우 산업정책의 이론적 체계화는 물론 현실적 중요성을 재조명하는 유용한 기회를 마련할 수 있을 것으로 기대되었기 때문이다.

이 점에서 정책도구론을 원용한 산업정책 연구 제안들은 다음과 같은 분석 결과를 가져다 줄 수 있을 것으로 기대된다. 산업정책이 왜 변화하며, 그리고 그러한 산업정책이 왜 대기업과 중소기업에 따라 상이하게 변화해 왔으며, 그 결과 대기업과 중소기업은 정부정책을 얼마나 신뢰하고 선호하는지를 규명할 수 있다. 그리고 무엇보다도 한국의 산업정책이 정부가 의도하는 정책 효과를 가져왔는지를 규명할 수 있다. 나아가 이러한 시도는 정부의 정체성을 재확인하는 주요 계기로 작용할 수 있을 것이다.

Chapter

14 한국 사회의 재벌 담론*

제1절 서 론

이 장은 성공적인 산업화와 민주화에 따른 정부-기업 관계의 변화와 함께 사회적으로 만연된 재벌 담론에 대한 시론적 논의다. 2009년 12월 31일 이명박 정부는 이건희 당시 전 삼성그룹 회장에 대한 특별사면 및 복권을 단행했다. 이 전 회장은 배임과 조세 포탈 등의 혐의로 2009년 8월에 징역 3년과 집행유예 5년이 확정되었으며, 이에 앞서 재판이 진행 중이던 2008년 스스로 국제올림픽위원회(IOC) 위원 자격 정지를 요청해 자격이 정지된 상태였다. 당시 발표를 담당한 법무부 검찰국장은 "이번 조치는 이건희 국제올림픽위원회 위원이 현재 정지 중인 위원 자격을 회복할 수 있는 여건을 마련해 줌으로써 범국민적 염원인 2018년 동계올림픽의 평창 유치를 위한 더 나은 환경을 조성하기 위한 것"이라고 설명했다(한국일보, 2009. 12. 29). 정부가 수행해야 할 역할을 재벌이 분담하게끔 요구하는 모습은 현재의 정부-기업 관계를 상징적으로 보여 주는 것이다. 국제대회를 유치하려는 정부의 업무를 재벌 총수에게 맡기고, 그 편의를 봐주기 위해 편법적인 절차가 동원되는 이러한 모습은 재벌 개혁이라는 용어조차 시대착오적인 것으로까지 착각하게끔 만들고 있다.

우리가 흔히 재벌이라고 통칭하는 용어는 일반적으로 "다수의 독과점적인 거대한 기업이 특정 개인이나 그의 가족 혹은 소수의 사람들에 의해 소유·지배되고, 다양

14) 장지호·김정렬(2011)을 재구성했다.

〈표 14-1〉 재벌에 대한 다양한 정의

구분	내용
공정거래위원회·한국개발연구원(1991)	특정 개인이나 혈족, 이에 직접적 통제 하에 있는 소수인들이 실질적으로 소유·지배하는 다수의 독과점 계열기업들이 여러 시장 내지 산업 분야에 걸쳐 다변화되어 있으면서 다른 독립기업에 비해 우월한 총체적 시장력을 갖는 복합적 기업집단
김대환(1999)	외형적으로는 독립되어 있지만 실질적으로는 1인 또는 그 가족에 의해 소유·지배되어 자금, 인사, 경영 등 모든 면에서 일관된 체계 하에 복수의 시장에서 활동하고 있는 다수의 비관련 대규모 독과점적 기업들의 집단
김기원(1999)	재벌은 급속한 외형 확장(문어발식 확장) 과정에서 교차 및 복선 출자, 우회적 상호 출자 등의 방식 그리고 상호 지급 보증, 내부 거래 시의 상호 지원 방식 등을 이용하여 총수가 법적으로는 독립적인 개별 계열사들을 선단식으로 경영하는 경제 독재 체제
이규억(2000)	동일인이 사업 내용을 지배하는 다수의 기업으로 정의하며 재벌이라는 용어가 부정적인 가치판단이 개입되어 있으므로 대기업집단이라는 용어를 사용한다고 주장

한 시장과 산업 영역에서 다각적인 사업을 펼치고 있는 기업"을 의미한다. 하지만 재벌이라는 용어 자체에는 사회적 가치가 내포되어 있어서, 연구 및 연구자의 방향에 따라 그 정의는 다양하게 나타난다. <표 14-1>은 재벌에 대한 다양한 정의를 나타낸 것이다.

이처럼 정의된 재벌의 의미를 살펴보면 정부가 바라보는 재벌의 문제점이 도출된다. 일반적으로 "경제력 집중은 …… 기업 집중(일반 집중), 시장 집중(산업 집중), … 소유 집중, …… 업종다변화 등 다양한 관점에서 정의된다. 우리나라에의 경제력 집중도 이와 같은 관점을 포괄하고 있으며, 소수 특정인의 혈연을 중심으로 다수의 대기업을 사실상 소유·지배하는 가운데 개별 기업의 독립 경영이 아닌 선단식 그룹 경영으로 계열사를 확장하고 영위 업종을 다변화하여 시장을 독과점으로 지배하고 있는 것"으로 규정하면서 재벌개혁과 관련된 실질적 정책들이 이러한 특징에 초점을 맞추고 있다(공정거래백서, 1997: 142). 정책과 더불어 재벌에 관련된 다양한 연구도 축적되어 왔다. 재벌에 대한 국내의 연구를 살펴보면 재벌의 문제점에 대한 때에 따라 사회적 시각이 동일하지 않음을 알 수 있다. 1987년까지는 경제력 집중이, 1988~1997년에는 노동통제가, 1998~2002년에는 지배구조가 빈번하게 다뤄졌는데, 이러한 기준은 1980년의 공정거래법 제정, 1987년의 민주화, 1998년의 경제 위기로 인한 사외이사제 도입이나 소수 주주권 강화 등을 포함한 개혁 조치의 토대가 되었다. 이러한 연구는 재벌이 대내적으로는 기업 총수가 기업집단을 개인적으로 지배하는 동시에 대외적으로는 그 기업집단이 독점자본으로서 국민경제를 지배하고 있음을 주목하고, 이로 인한 경제·사회적 모순이나 갈등에 초점을 두는 경향을 보인다(이재희, 2004).

반면 해외에서 재벌에 관한 연구는 주로 한국의 경제 성장에 집중하는 경향을 보이면서 그 중심에 재벌이 있음을 강조한다. 한국의 재벌을 독립된 기업집단으로 보는 것이 아니라 국가경제 수행자로서 인식하고, 이러한 한국의 재벌에 대해 동아시아 경제연구 모델의 한 사례로서 이해한다. 이러한 연구의 선구자 격인 암스덴(Amsden, 1989)과 웨이드(Wade, 1990)는 공통적으로 한국의 경제 발전이 성공했다는 점을 높게 평가하면서 이를 가능하게 한 것이 정부의 능동적 산업정책의 선택과 집행이며, 이러한 산업정책의 매개체가 재벌이라는 결론을 냈다.

이처럼 재벌에 대한 정의와 공과가 다양하게 해석됨으로 인해 재벌을 둘러싼 개혁의 필요성과 방향성에 대한 의견이 다양해질 수밖에 없다. 따라서 재벌에 대한 다양한 관점의 연구들을 살펴보고, 재벌을 둘러싼 다층적인 담론의 속성을 파악하여 재벌정책의 형성에 대한 영향을 살펴보는 것이 재벌에 대해 좀더 심도있게 살펴볼 수 있는 관점을 제공하게 될 것이다. 이에 이 장에서는 지난 50년 기간의 정부-기업 관계를 산업화, 민주화, 세계화의 틀 속에서 조망하면서 재벌의 속성을 경제 성장, 정경유착, 지배구조 등으로 각각 나누어 살펴봄으로써 재벌정책의 모순과 사회적 논쟁의 의미를 고찰하고자 한다. 이 과정에서 재벌을 둘러싼 사회적 담론은 층위를 달리하여 논의된다. 각각의 담론적 논의는 평행선을 달리는 듯 대립적인 구도로 전개되는데, 이는 현실에서의 재벌정책에 정치적 상황에 따라 반영되었다. 이러한 기존의 담론 논의를 고찰하여 담론 내에서 모순과 담론과 정책 사이에서의 불일치를 확인할 것이다.

제 2 절 재벌의 성장과 정부의 역할

정부와 재벌의 관계에서 가장 보편적인 견해는 정부는 산업화를 주도하고 재벌은 그 산물로서 보는 것이다. 즉 재벌은 정부의 강력하고 능동적인 산업정책의 모범적인 결과라는 것이다. 이는 후진국에서 출발하여 나름의 경제적 성과를 이룬 한국에 대한 경제적 측면에서의 설명에서 비롯되었으며, 이러한 논의는 국내 학자들보다 발전국가를 주창한 해외 학계에서 먼저 이뤄졌다. 한국의 경제 성장에 대한 특징을 발전국가(developmental state)로 규정한 존슨(Chalmers Johnson)은 정부가 계획합리성(plan rationality) 아래 경제개발계획이라는 목표를 달성하기 위해 시장에 개입한 것에 주목했다(Johnson, 1984: 18-26). 이러한 발전국가가 기업이나 노동 등 사회의 다른 부분에 대해 상대적 자율성(relative autonomy)을 강하게 유지하면서(Johnson, 1987; Choi, 1989), 경제적 자원의 배분에 깊숙이 개입했고(Cumings, 1984), 기업 투자 결정에까지 적극 관여한 것으로 보았다(Amsden, 1989; Haggard & Moon, 1990). 즉 일본을 비롯한 동아시아 경제 발전의 주요 요인을 발전국가 형태로 정의하고, 이에 대한 대표적인 사례로 한국 정부를 들면서 정부의 역할을 경제 성장을 목적으로 한 산업정책의 수립과 추진으로 규정했다. 발전국가는 지배된 시장(governed market)의 틀에 맞춰서 국가대표(national champion) 기업을 육성하고, 그들을 지도(direction)하고 각종 보조(subsidy)를 수혜하며, 긴밀한 협조 관계(collaborative relations)를 가지면서도 기업의 위법을 감시하는 등 나름의 경쟁 질서를 창출했다는 것이다(Onis, 1991; Wade, 1990).

이와 같은 산업화 논리에 따른 현대적 의미의 재벌은 박정희 정부의 산업정책에서 찾아볼 수 있다. 물론 1950년대의 귀속재산과 해외 원조의 특혜적 배분이 특정 기업의 독점을 유도했지만 당시의 성장은 본격적인 재벌의 모습을 갖췄다고 보기 어렵다. 개발 초기의 한국 경제는 현대화된 민간 국내 기업이 거의 없었기 때문이다. 정부는 단시일 내에 많은 산업을 일으키려 했지만 사업을 맡아서 성공적으로 운영할 능력이 있는 기업이 부족했다. 해외 다국적기업들을 국내에 유치하는 것이 하나의 해결책이 될 수 있었지만, 당시 이승만 정부는 국내 토착 기업들을 육성하기로 했다. 이를 위해서는 막대한 자본의 금융시장이 요구되었지만 1950년대의 산업화에 필요한 민간 부문의 투자 자본은 턱없이 부족했다. 이에 정부는 시중은행의 국유화와 차관 유치 시 지급보증이라는 수단을 활용했으며, 이를 통해 민간기업들을 적절히 관리하고 정부 주도의 산업화전략에 순응하도록 유인했다. 산업화 과정에서 정부와 기업과의 관계는 확실한 정부 우위의 수직적, 비대칭적, 계층적 구조에 있었다(Moon, 1994).

하지만 이러한 기업에 대한 정부 우위의 관계는 다음의 몇 가지 상황들에 의해 변하게 된다. 첫째, 기업에 대한 정부 지원이 오히려 기업을 크게 성장시키고, 거대해진 기업은 무작정 정부 지도에 순응하지만은 않았다. 정부의 기업 지원은 국가적 장기 경제 운용 계획 아래서 육성 산업 분야를 선정하여 관련 기업이 빌리는 차관의 상환과 기술료 지급을 정부가 보증하는 것으로부터 시작되었다. 1960년대는 섬유와 신발과 같은 경공업을, 1970년대의 정부는 기계, 조선, 전자, 철강, 석유화학, 섬유, 비철금속 등의 중화학공업을 육성산업 분야로 선정하고 시장 진입, 제품 생산, 사업 확장 등 광범위한 기업활동에 직접 간여했다. 특히 정부가 수출 전략산업과 그의 생산 및 수출 목표를 설정하면, 기업은 정해 놓은 수출 목표량을 달성하는 방식으로 그 성과에 대한 책임을 지게 했다. 정부가 할당한 목표에 뒤처지는 기업은 시장에 앞서 정부에 의해 퇴출되었고, 맡은 사업을 성공적으로 수행한 기업은 다른 산업 분야에서도 정부 지원을 제공받았다(임혜란, 2008). 이러한 정부 지원은 정부의 산업정책을 성공적으로 수행하는 몇몇 소수 기업에 집중되었고, 이들은 곧 수많은 비관련 계열사를 거느린 재벌로 급성장했다. 따라서 기업 간 과열 경쟁이 불가피할 수밖에 없었다. 이에 20년이라는 산업화 기간 동안 정부는 주요 산업에서 기업 간 과당 경쟁을 방지하기 위해 투자 제한, 인허가제도, 관세 및 비관세의 수입 장벽을 유지함으로써 신규 진입을 억제했다. 하지만 이는 기존 기업의 확장에 기여했고, 동시에 정부가 새로운 산업을 육성하려고 할 때마다 재벌들이 기존 자신들의 사업 영역과 동떨어져 있더라도 일단 유망 산업에 진입하고 보자는 식의 소위 문어발 경영을 유도하는 요인으로 작용했다(이상원, 2005).

또한 정부는 낙후된 산업과 부실 및 도산기업을 시장에서 퇴출시키고자 법정관리와 기업합리화 방침을 여러 차례 활용했다. 즉 부실기업이 도산할 경우 채무불이행과 실업 등 경제사회적 부정적 효과를 최소화하기 위해 정부는 남아 있는 다른 재벌이 인수에 참여하는 조건으로 특혜에 가까운 장기 저리의 자금 지원, 출자금과 원금의 상황 유예, 세제 혜택 등을 부여했다(이규억·이재형 1996). 이를 장하준(2004)은 정부를 조정 기제로서의 역할로 빗대어 설명한다. 하지만 결과적으로 이러한 정부의 조정은 의도하든 의도하지 않았든 재벌의 막대한 규모 팽창을 단기간에 가능하게 했다. 이렇게 성장한 재벌의 규모는 더 이상 정부 우위의 수직적인 관계를 용납하지 않는 수준까지 갔다. 1980년대 이후 반도체 산업의 대규모 투자 결정에서처럼 기업 주도에 의한 성공적인 성과가 나타나게 된 것이 그 대표적인 예다(홍성걸, 1993; 김형국, 1993).

수직적 정부-기업 관계가 변화하게 된 두 번째 요인으로는 세계화가 있다. 1973년 도쿄라운드 보조금협약과 1995년 WTO 체제 출범은 특정 목적의 기업보조금을 국제무역을 왜곡시켜 무역 상대국들에게 피해를 준다는 명목으로 금지되었다(임혜란, 2008). 이 때문에 특정성이 없는 일반 보조금, 산업연구, 기초 개발활동, 낙후지역 개발, 환경보조금 등이 기업에게 주는 전부였다. 따라서 그동안 보조금을 활용하여 기업을 통제·관리했던 정부의 입지는 좁아질 수밖에 없게 되었다. 더불어 김영삼 정부에 의한 금융과 외환 부문에서의 자유화는 재벌의 가장 강력한 통제 수단을 상실하게 했다. 재벌들은 해외 금융시장의 낮은 이자율에 의한 융자를 활용하여 사업을 다각도로 확장하려 했다. 더욱이 이전까지 국내 주식시장에서 외국인에 의한 주식 취득은 원천적으로 봉쇄되었으나, 이때부터 특정 기업주식이 20%까지 완화되었다. 또한 김영삼 정부의 세계화는 1997년 외환 위기를 겪으면서 한국형 신자유주의로 귀결되었다. 하연섭(2006)이 언급한 바와 같이 신자유주의의 가장 큰 특징은 자원 배분 메커니즘으로서 시장 효율성에 대한 절대적인 믿음이었으며, 이는 재벌에게는 영미식 '주주 중심 모델(share-holder)'을 잠시나마 강요했다. 즉 정부의 비효율성은 시장의 힘을 빌려 치유하고, 재벌의 비효율성은 주주의 힘으로써 고쳐야 한다는 당위론이 널리 퍼졌다(이찬근, 2003). 이와 같은 신자유주의에 의거한 접근은 경제 성장과 자본 배분에 대해 정부의 역할은 최소화하고 시장의 자율성을 최대한 보장한다는 것이며, 이때부터 더 이상 정부가 과거식의 발전국가형 산업정책을 통한 재벌의 직접적 지원과 간섭을 불가능하게 만들었다.

셋째, 1980년대 말 정치적 민주화가 정부-기업 관계가 변화된 원인이 되었다. 정치적 민주화는 더 이상 정부로 하여금 경제 부문의 권위주의적 통제를 이전처럼 일사불란하게 유지하기 힘들게 했다. 심지어 전두환 정부조차도 이미 기업에 대한 '민간 주도적 경제 체제의 확립'이라는 원칙을 내세웠다. 오히려 재벌에 대한 견제는 민주화로 인해 만개하게 된 시민사회로부터 나왔다. 정치적 민주화가 달성된 이후 '경제 민주화'를 내건 여러 시민단체들이 재벌의 개혁 또는 해체를 주장했다. 이전 산업화의 수혜자로서 문어발식 사업의 다각화로 성장한 재벌을 해체하고 소유와 경영이 분리된 전문기업으로 변화시키는 것이 경제민주화에 부합되는 것으로 주장하는 단체들이 활발한 사회활동을 전개했다. 이는 뒤에 살펴볼 재벌 논쟁의 가장 주요한 행위자로 참여한다. 이들에 따르면 재벌이 차지하는 독과점적 지위는 효율적인 시장을 왜곡시키고 전문기업, 중소기업, 소비자에게 불이익을 초래하면서 불합리한 소유와 경영은 불법과 탈법을 일삼는다는 것이다.

여기에서 논의할 재벌 담론은 <표 14-2>와 같이 쟁점별로 네 가지로 구분할 수 있다. 각각의 쟁점은 독립되어 있지 않고 사회적 이슈와 정책적 방침에 따라 다양하게 표출되어 왔다. 그럼에도 불구하고 재벌 담론의 구분은 재벌의 성장에 따른 사회적 요구에 의해 나뉜다. 즉 경제 발전이 시급하거나 다시금 요구되는 시점에서는 재

〈표 14-2〉 재벌 담론의 수준

	재벌옹호론	재벌개혁론
경제 발전	발전의 주체	경제 발전의 모순
정경 유착	기업가 정신이 우선	자본가의 탐욕
지배구조(소유 경영)	자연스러운 경로	왜곡된 구조
자본의 성격	국적성	무국적

벌의 사회적 담론 역시 이 부분을 중심으로 전개되었으며, 법적 투명성이 미처 공고하게 구축되지 못한 상황에서는 정경 유착에 대한 사회적 담론이 부각되었다. 지배구조와 자본의 국적성에 대한 담론 역시 사회적 필요와 정치적 또는 경제적 요구에 의해 집중되어 왔다.

먼저, 재벌 체제를 옹호하는 측면에서는 무한 경쟁의 세계화 시대에서 효율적인 경쟁 체제를 갖추기 위해서는 기업 규모의 대형화가 필연적으로 요구된다고 보고 있다. 그렇기 때문에 한국의 재벌 체제는 우리가 수용해야 할 현실로서 자본주의 발전에 따른 불가피한 현상임을 인정해야 한다는 것이다. 재벌옹호론의 대부분의 내용은 재벌의 이해를 그대로 반영한다. 재벌에 대한 모든 규제를 배격하며, 국가 발전을 위해 재벌을 규제하기보다는 지원해야 한다고 주장한다. 특히 재벌로 인해 발생하는 모든 문제는 재벌 때문이 아니라 금융·노동·상품시장이 제대로 작동하지 않는다는 전제 하에 현재의 재벌에 대한 규제 노력을 폐기하고 대신 전반적인 시장을 발전시키는 데 노력해야 한다고 주장한다. 한 걸음 더 나아가 은행이나 공기업을 재벌에게 매각하여 책임 경영을 구현하는 것이 바람직한 정책이라고 제안한다. 여기에는 정도의 차이는 있지만 지식경제부 및 산업정책과 관련된 여타 관련 기관들, 전경련과 한국경제연구원, 각 기업 경제연구소의 연구자들이 포함되며, 각종 경제신문사의 논조도 이들과 매우 유사한 경향을 띠고 있다. 대체로 자유주의를 표방하는 이들에 의하면 한국의 경제 및 시장 규모가 확대되고 그 내용도 어느 선진화된 경제 못지않게 복잡·다기화되고 있는 오늘날에는 정부가 시장보다 더 많이 알고 있다는 가정 자체가 성립될 수 없다는 것이다(좌승희, 1998: 10). 즉, 지구촌 경쟁 시대의 도래로 인해 경제적 불확실성이 커지기 때문에, 정부의 직접적인 경제개입 정책들이 효율성을 발휘할 수 없다고 주장한다. 이러한 주장은 정부의 재벌에 대한 개혁의 비판으로 활용되는데, 이는 다양한 재벌 개혁정책이 시장에 대한 강제적인 규제이기 때문에 결국 부작용을 낳는다는 것이다.

이와는 상반되게 재벌 개혁을 주장하는 측에서는 한국 경제가 구조적으로 재벌에 발목잡혀 있으며, 그로부터 많은 문제가 파생된다고 보고 있다. 그러한 점에서 한국 경제는 과거 박정희 정부로터 이어지는 발전국가의 유산을 깨지 못하고 있으며, 결국 시장 논리가 정상적으로 관철되도록 하는 제도 개혁이 당면 과제로 부각된다. 한편, 재벌개혁론은 재벌의 문제가 자체 기업의 문제로 끝나는 것이 아니라 구조적으로 중소기업의 위기, 고용 불안, 소득불균형 심화 등으로 이어지고 이는 경제 양극화 문제로 고착화되는 상황으로 진단한다. 한국의 모든 경제적 문제는 근본적으로 재벌의 경제력 집중이 심화됨으로써 나타나는 결과로 귀결된다(장하성, 2004; 김기원, 2005).

제 3 절 담론 1: 경제 발전에서의 역할

1 재벌옹호론: 재벌은 경제 발전의 견인차다

재벌에 대한 다양한 담론 중 가장 일반적인 것이 경제 발전에서 재벌의 역할에 대한 것이다. 한국의 경제 발전은 1960년대부터 대기업을 중심으로 한 정부정책의 실천에 의해 가능했고, 이는 주로 공공사업, 산업 발전, 수출전략 등에 중심을 두고 장기적으로 추진되어 왔다는 시각이 대표적이다. 대기업이 가지고 있는 장점을 이용하여 거대자금의 확보 및 우수한 인력 활용 등 국가경쟁력을 제고하는 데 재벌의 역할이 두드러졌으며, 대규모 고용 창출 등 경제 발전을 가능하게 한 것도 재벌 때문이라는 것이다. 장하준 외(2005: 73-89)는 재벌 시스템은 기술·자원은 물론 자본도 없는 한국의 상황에서 산업의 고도화와 세계 시장 진출을 위한 불가피한 선택이었다는 논점을 제공한다. 가령, 삼성이 반도체 개발을 위해 제일모직과 제일제당의 이익금을 투자하는 등 다각화전략을 통한 재벌의 기능적 효용성을 바탕으로 혁신을 추구해 왔다는 것이다. 국가 경제 발전에서 재벌이 성공하게 된 요인으로 이규억(2000: 233-235)은 기술의존성과 기업가 정신을 들었다. 재벌에 의한 해외 기술의 도입과 상업화의 성공은 한국이 선진국과의 격차를 좁힐 수 있었던 주요 요인이었으며, 개발도상국가와 같은 경제의 미성숙한 시장에서 재벌은 위험을 감수하고 능동적으로 기업활동에 필요한 투입물을 완비하는 것은 물론, 시장 결함을 보충하는 과정을 통해 성장해 왔다는 것이다.

한편, 김인영(1998: 211-212)은 여기서 더 나아가 한국의 경제 성장이 정부의 지침과 산업계획으로 이뤄졌다는 주장은 과장된 것으로 기업의 주도적 역할을 강조한다. 한국형 발전모델이란 국가의 통제와 개입에도 '불구하고' 사기업이 주도적으로 경제 운용을 해왔다는 것이다. 가령, 현재 우리나라 산업구조의 중심을 이루는 반도체나 자동차산업의 성공을 면밀히 보면, 이 부분의 성공이 공업화를 촉진시키려는 관료들의 통찰력 있는 투자지침 덕택이라는 주장이 옳지 않다고 한다. 왜냐하면 관료들이 계획한 자동차산업 육성계획안이 계획대로 실천된 적이 없으며, 또한 국내 기업이 반도체를 제조하는 것을 반대했기 때문이다. 즉, 이 산업들은 기업의 이니셔티브에 맡겨졌고, 정부로부터 재정적·행정적 지원을 거의 받지 못한 상태에서 이뤄졌다고 보고 있다. 좌승희(2002)는 논점을 달리해 한국 경제 성장의 원동력을 기업진화론적 관점에서 접근하여 기업의 성장은 곧 경제 성장이라는 것을 주장한다. 즉, 기업진화론적 시각에서 볼 때 한국 경제의 성장은 기업 성장의 반영이라는 것이다. 1995년과 2001년의 7개년 평균을 기준으로 『포춘』 500대 기업에 들어가는 한국 기업의 수는 12개에 이르고 국적 분포로 볼 때 6위에 이른다는 점은 한국 경제의 고속 성장은 한국 기업의 성장에 따른 필연적인 결과라는 것이다. 그러므로 오히려 공병호(1996; 1997)와 민경국(2003)은 정부의 불필요한 규제를 없애고 영미식 자유시장 경제를 더욱 확대해야 한다고 주장한다. 재벌의 성장이 곧 한국 경제의 성장이므로 재벌이 해외 시장에서 충분한 경쟁력을 갖추기 위해서라도 정부의 규제와 간섭을 최소화해야 한다는 것이다.

2 재벌개혁론: 재벌은 경제 위기의 주범이다

지난 1997년 우리 경제가 외환 위기를 맞이하여 IMF의 통제 체제로 들어가면서 재벌에 대한 비판이 강하게 제기되었다. 1997년 외환 위기는 그 이전의 순기능적인 정부 역할과 재벌을 근본적으로 재평가했다. 당시 해외의 주류 경제학자들과 국제금융기구(IMF), 세계은행(World Bank) 등 국제기구는 위기의 직접적인 원인을 시장에 대한 과도한 국가 개입과 그로 인해 필연적으로 파생된 정경 유착과 연고자본주의(crony capitalism)라고 파악했다. 또한 그 부산물인 재벌 체제는 높은 기업 부채 비율과 낮은 이익률, 족벌로 구성된 기업 지배구조의 불투명성과 희박한 회계 책임성을 수반한다는 점을 지목했다(Krugman, 1998; Claessens et al., 2000; Corcetti et al., 1998).

강철규(1999)와 윤영관(1999)은 1997년 경제 위기의 가장 큰 원인으로 재벌의 '도덕적 해이'에 의한 방만한 경영을 지적했다. 재벌들의 규모와 국민경제에 미치는 영향력이 커짐에 따라, 대부분의 재벌들이 '기업의 도산을 막는 가장 안전한 길은 그룹 소속 기업의 숫자를 늘리고 그 규모를 키우면서 국민경제와 채권 은행들을 포로로 잡는다'는 도덕적 해이에 빠지게 되었다는 점을 지적한다. 임원혁(2002) 역시 재벌들이 소위 세계 경영 또는 공격 경영을 추구하는 과정에서 발생한 막대한 기업 채무를 위기의 원인으로 제시한다. 특히 한라, 진로, 삼미의 부채 비율(2,000% 이상)을 언급하며 문제의 심각성을 지적한다. 1990년대 초반 재벌들은 경영의 생산성과 효율성이 아닌 정부의 암묵적 보증에 대한 기대를 바탕으로 '공격 경영' 또는 '세계 경영'을 표방하는 전략을 수립했으며, 구체적으로는 다양한 업종에서 신규 사업을 추진하거나 해외 미개척 시장에 진출하고, 매출을 획기적으로 증가하는 등의 성장 지향적인 활동을 수행했다. 물론 시장을 확대하고 사업 기회를 활용하는 것 자체가 문제가 되지는 않지만, 투자 효율이 전제되지 않는 공격 일변도의 경영은 기업의 존립을 위협하고 부실 채권을 양산할 위험성을 내포했고 이러한 투자 효율이 전제되지 않은 무리한 투자의 결과 기업과 금융의 동반 부실화를 초래하여 경제 위기를 맞게 되었다는 주장이 대표적인 경제 위기에 대한 재벌책임론이다.

또한, 1997년 경제 위기의 원인을 재벌의 경직된 의사결정 과정과 같은 구조적 문제에서 찾는 견해도 있다. 이규억(2000)에 의하면, 재벌이 시장의 '내부화'를 통해 얻은 사적 효율성과 총체적 규모 증가에 따른 교섭력을 통한 비용 절감은 이중구조를 심화시키는 부정적 효과를 초래했다는 것이다. 재벌 특유의 경쟁 제한 및 불공정 거래행위는 경제적 기회 불균등을 심화시키고 시장 질서를 교란했고 이는 궁극적으로 경제 위기를 불러왔다는 결론이다. 이와 유사하게 김상조(2006)는 박정희 정부 이래 30여년 간 유지되었던 국가 주도적 재벌 중심의 한국 자본주의 질서의 모순이 폭발하여 1997년 경제 위기가 왔다고 했다. 다만 이때 IMF가 강제하는 영미식 신자유주의적 경제 질서로의 이행은 오히려 재벌의 기득권이 강화되는 계기가 되었다고 지적했다.

그러나 정승일(2006)은 위기의 원인에 대해 다른 논점을 제공한다. 그는 김영삼 정부가 집권 초반부터 이전의 발전국가를 해체하여 과도한 세계화와 시장화를 지향한 결과로서 위기가 왔다고 주장했다. 그에 의한 위기 과정은 아래와 같다. 국가 주도의 경제개발 5개년계획을 폐지하고, 경제기획원을 폐쇄한 결과 재벌에 대한 감시 및 통제의 부재가 나타났다. 이것이 금융 개방과 맞물려 금융기관들이 별다른 규제 없이 막대한 외화 대출을 재벌에 제공했고, 그리하여 재벌기업들의 무모한 과잉 투자를 조장했다. 이런 상황에서 당시 고정환율제를 배경으로 한 원화 절상과 결합된 과잉 투자가 붕괴될 조짐이 보이자 외국 자본이 갑자기 철수함으로써 1997년 외환 위기가 시작되었다는 설명이다.

이러한 경제적 위기 상황 속에서 개혁론적 담론이 우세해지고 동시에 외부 요인도 실천적 재벌개혁을 불러왔다. 당시 IMF가 재벌의 경영활동에 대한 투명성 제고와 재벌 총수의 과다한 권한과 전횡에 대한 대책의 수립을 한국 정부에 강력히 요구했다. 이에 김대중 정부는 재벌의 '기업구조 개혁'과 '부실기업의 정리' 시책을 동시에 진행했고 그 중 기업구조 개혁은 '5+3' 원칙으로 나타났다. 1998년 정부는 기업 경영의 투명성 제고, 상호 지급보증 해소, 재무구조의 획기적 개선, 핵심 부문 설정 및 중소기업과의 협력 강화, 지배 주주와 경영자의 책임성 강화 등을 재벌 개혁의 5대 원칙으로 설정했고, 1999년 산업자본과 금융자본의 분리, 순환출자 억제 및 부당 내부거래 차단, 변칙 상속 · 증여 방지 등 3개 항목이 추가되었다. 또한 부실기업 정리는 빅딜이라는 명목으로 재벌 계열사 간 업종 교환이 대규모로 이뤄졌다.

제 4 절 담론 2: 정경 유착

1 재벌옹호론: 오히려 재벌은 정경 유착의 피해자다

재벌 담론에서 정경 유착의 문제는 가장 자주 거론되는 것이다. 재벌을 옹호하는 측에서는 재벌의 성장이 권위주의적 정부의 각종 특혜를 받은 것은 분명하지만 동시에 재벌의 성장을 정경 유착만으로는 설명할 수 없음을 분명히 하고 있다. 왜 그렇게 많은 기업이 정경 유착을 거쳐 성장했음에도 불구하고 몇 개 소수 기업만이 생존했는지에 대한 답을 찾아야 한다는 것이다. 이한구(1999)는 1945년 해방 이후 과거 일본이 소유한 기업을 불하받고 수입 허가로 엄청난 이익을 누린 기업들과 오늘날의

10대 재벌 사이에는 불연속성이 있음을 지적했다. 김인영(1998: 217-218) 역시 "합리적 기업가 정신과는 거리가 멀고 정치 권력과 결탁하여 축적을 하고 팽창시킨 기업일수록 환경 변화에 적응하지 못하고 사라져 버린다"는 고전적인 경영 원리를 기존 정경 유착에 의해 한국 재벌이 성장했다는 담론에의 반증으로 역설했다. 이런 점에서 삼성의 반도체, 현대의 자동차와 조선업 진출과 성공에 이병철-이건희, 정주영-정세영 등 재벌 총수들의 판단력과 결단력이 큰 역할을 했다는 점이 강조된다. 정경 유착과 특혜에만 의존한 특정 재벌들은 결국 파산한 반면에 성공한 재벌들은 정부의 지원과 더불어 독자적 기술 개발과 자립적 수출시장 개척을 위해 노력을 했다는 것이다. 정승일(2003a)은 삼성전자를 예로 들면서 까다롭기로 이름난 미국 특허 출원에서 비미국계 기업 중 세계 1위를 달릴 정도로 기술 개발에 앞장서고 있는데, 여기에는 삼성그룹의 독특한 기업전략과 경영문화로 인해 가능하다고 보았다. 여기서 한 걸음 더 나아가 김인영(2006: 194-195)은 정부 주도의 정책 지원조차 재벌의 요청에 의한 것이라는 주장을 한다. 예를 들어 삼성의 성장에서 가장 중요한 것은 기업가의 창의력과 도전정신, 사회적 변화에 따른 기업의 변화 노력이며, 시기별로 정부의 정책 지원은 삼성의 적극적인 필요와 요청에 의한 것이었다고 보고 있다. 특히 반도체산업에서 삼성의 성공 사례에서와 같이 정부의 지원보다는 삼성 내의 다른 계열사를 통해 초기 투자 과정에서의 손실을 완화함으로써 장기적 설비 투자가 가능했다고 설명한다.

민경국(2003)은 정경 유착과 부실 금융은 정부의 규제 때문에 생겨난 것이며, IMF 경제 위기의 근본적인 원인도 정부의 간섭에 기인한 정부실패로 보았다. 정경 유착의 문제를 기업의 부도덕성에서 찾고 있는 사람들이 많은데, 그들은 정부가 자신들에게 유리한 방향으로 개입하도록 기업들이 정치인들에게 돈을 갖다 준다고 주장하면서 정치인이나 공무원들은 원래 깨끗한데 기업들이 타락시켰으며 개혁의 대상은 기업들이라는 것으로 이러한 생각이 지금까지 개혁의 바탕이 되어 왔다. 그러나 정치가나 관료도 도덕적으로 깨끗한 것이 아니며, 만약에 정부가 경제에 개입하지 않는다면 기업은 자기의 힘으로 신규 사업을 하지 않을 수 없다는 것이다. 이처럼 부정부패는 경제에 대한 정부의 간섭 정도와 높은 함수 관계에 있으며, 간섭이 많은 경제일수록 그만큼 부정부패가 많고 또한 정부 규제 때문에 기업과 시민의 주도권과 창의력이 약화되고 있다는 전형적인 시장자유주의자의 견해를 따르고 있다.

정부실패의 연장선상에서 정부의 재벌 규제에 대한 문제점을 지적하는 시각도 있다. 조성봉(2004)에 의하면, 정부가 수행하는 경제력 집중 억제정책은 이를 뒷받침할 수 있는 과학적 근거와 실증적인 조사에 의거하지 않고 있으며, 이 때문에 공정거래법은 다수의 예외 사항을 첨가하여 상황 논리에 따라 변화되었다고 주장한다. 이러한 자의성으로 말미암아 공정거래정책은 정경 유착을 위한 '재벌 길들이기'의 수단으로까지 인식되고 있다는 것이다. 공병호(1997)도 상호 지급보증에 관한 재벌 규제를 비판했다. 1993년 당시 정부는 30대 그룹에 속하는 계열기업들은 자기 자본의 200% 내에서만 다른 계열기업들에게 빚보증을 서줄 수 있는 내용을 입법화했다. 공정거래위원회는 상호 지급보증이 기업 도산 시 계열기업의 연쇄 부도를 낳기 때문에 상호 지급보증제도를 철폐하려 했다. 이에 대해 경제정책은 극히 예외적이거나 최악의 경우를 상정해서 만들어져서는 안 되며, 연쇄 부도라는 최악의 상황은 아주 드물게 발생하기 때문에 이는 타당하지 못하다고 비판했다.

2 재벌개혁론: 재벌은 정경 유착의 적극적 주동자다

개벌 개혁을 주장하는 입장에서는 정부가 경제 발전의 초기 단계부터 소수의 기업들을 경제활동의 주된 동인으로 육성하고자 이들에게 각종 특혜성 자금을 공급하고 독점적인 경쟁환경을 제공해 줌으로써 정경 유착 관계가 시작되었다고 본다. 재벌들은 이러한 기회를 놓치지 않고 적극적으로 참여함으로써 정경 유착의 공고한 파트너로서 역할을 해왔다고 파악한다. 유석진 · 한영빈(2006)은 1970년대에는 발전국가의 모습으로, 1980년대에는 규제국가로의 형태로 정부의 법과 금융 수단을 통한 지원과 규율이 재벌의 성장과 산업 발전을 이끈 원동력이 되었다고 보고 있다. 재벌은 해방 이후 일본이 남겨놓고 간 귀속재산과 미국으로부터의 원조를 정부가 분배하는 과정에서 자본 축적이 본격화되었고, 1960년대 이후 재벌을 중심으로 한 경제개발계획 과정에서 수출 지원정책, 외자 도입 배분 정책, 국내 금융 지원, 조세 지원, 보호무역 정책 등에 의해 정부의 특혜와 지원 및 보호를 받아 급속하게 성장했다. 그리고 무리한 중화학 투자정책과 그 후유증으로 발생한 부실기업 정리 과정에서 역시 특혜와 지원이 주어졌다. 이러한 계기를 활용한 재벌들은 생산과 혁신이라는 정상적인 경제활동을 통한 이윤 획득과 더불어 대(對)정부 로비와 투기를 통해 엄청난 지대를 획득했다. 이것이 오늘날 발견되는 정경 유착 관행의 원인이 된 것이다(강철규, 1999: 16).

특히 중화학공업 육성정책은 재벌의 본격화에 결정적인 계기가 되었다. 중화학공업은 대규모 투자를 필요로 하고 자본의 회수 기간이 긴데다 시장 전망도 불투명하기 때문에 중화학공업 육성정책이 발표된 초기의 재벌은 자발적으로 참여하려 하지 않았다. 이에 대해 정부는 총자본으로서의 역할을 충실히 이행하여 재정, 금융, 세제, 행정상의 적극적인 지원을 이행함과 동시에 재벌의 중화학공업 참여를 독려하기 위한 대규모 수요자로서의 역할도 담당했다. 특히 1960년대 정부는 국유화된 은행을 통해 재벌에 대한 통제를 확립하는 한편, 그들이 감수해야 할 투자 위험도 정부가 일정 부분 떠안음으로써 재벌을 도산의 위험에서 보호했다. 재벌은 정부의 대외 지향적 경제개발계획을 이행하는 대리인 역할을 하며 급성장할 수 있었고, 정부는 8·3 사채 동결과 같은 초시장적 조치를 통해 재벌의 팽창 지향적인 투자 행태로 인한 시스템 리스크 증가를 방지해 주었다(임원혁, 2005: 192-193). 또한 정부의 진입 제한 정책 및 퇴출 장벽 역시 재벌의 급속한 성장에 기여했다. 정부는 기업 간 과당 경쟁을 방지하기 위해 특정 산업에 대한 투자 제한, 인허가제도, 관세 및 비관세 수입 장벽을 유지함으로써 경쟁을 제한하고 신규 진입을 억제해 왔는데 이는 결과적으로 기존 기업의 확장에 기여했다. 또한 퇴출 장벽 요인으로서 부실기업에 대해 법정관리제도 및 기업합리화제도가 적극 활용되어 왔으며, 계열기업 간 상호 지급보증 관행이 성행하여 비효율적인 계열기업을 보호함으로써 재벌기업집단이 비대화하는 결과를 가져왔다(이상원, 2005: 10-11).

특히 윤영관(1999)은 정경 유착이 정권별로 다르게 나타난다는 점에 주목했다. 박정희 정부의 정경 유착은 정치자금 모금이 경제 정책결정의 중립성과 자율성에 영향을 미치는 것을 방지하기 위해 의도적으로 노력했기 때문에 그 특성이 노태우 정부와 김영삼 정부와는 다르다고 보았다. 그에 의하면 박정희 정부는 '반대급부가 있는 정경 유착은 하지 않았으며, 다섯 가지 기준에 의해 정치자금을 받았다'는 점에서 나름의 기준이 작용했다고 보고 있다. 반면, 노태우·김영삼 정부는 재벌이 그들의 정치자금 대가로 특혜와 특전을 요구했고, 그 결과 관료들의 정책결정 과정의 자율성이 약화된 것으로 파악했다. 그 대표적인 예로 '한보'를 들고 있다. 1995년 6월 당시 제일은행이 법정관리 중에 있던 유원건설을 매각하는 과정에서 이사회와의 어떠한 상의도 없이 한보를 유원건설의 구매자로 지정했다. 제일은행은 당시 청와대로부터 압력을 받아서 한보로 결정했던 것으로 파악되었고, 그 결과 한보는 10대 재벌로 도약하게 되었다는 것이다(윤영관, 1999: 64-69). 이처럼 재벌은 정경 유착의 적극적 가담자로서 자신의 이득을 극대화하기 위해 비윤리적이고 탈법적인 행위를 일삼아 성장했다고 보는 것이다.

제 5 절 담론 3: 소유와 경영의 지배구조

1997년 이후 재벌을 둘러싼 주된 담론은 지배구조에 관한 것이다. 총수라 일컫는 재벌의 대주주가 경영권을 독점하고, 이를 후손들에게 세습한다는 것이다. 일반적으로 기업의 경영권 세습은 중소기업이나 여타 경제적 선진국의 대기업에서도 종종 볼 수 있는 현상이며, 특히 우리의 전통적 가족주의 문화에서 유래된 장자 위주 상속의 관례로 치부되기도 하지만, 이러한 과정에서 황제 경영과 탈법적 지분구조, 과도한 비관련 다각화 등의 문제가 불거지며, 이에 대한 효용성을 중심으로 논의되었다.

1 재벌옹호론: 재벌구조는 한국적 특수성 또는 기업 성장의 자연스러운 과정이다

유승민(2000: 82-83)은 기업 지배구조 모델에서 소위 글로벌 스탠더드라고 할 만한 모델이 존재하지 않는다고 단언하면서, 그렇기 때문에 한국의 재벌 시스템을 후진적 구조라고 주장하는 것은 적절하지 않다고 주장한다. 외환 위기 당시 한국에서 글로벌 스탠더드로 인식되는 미국식의 주주자본에 근거한 재벌 비판은 미국 경제의 패권주의에 기인하고 있다는 점을 강조하면서, OECD가 제시한 사외이사제도, 감사위원회, 이사의 책임 규정, 소수 주주권 등과 같은 지배구조의 원칙이 모든 기업에게 적합한 것이 아니라고 했다. 또한 일본, 독일, 이탈리아, 스웨덴, 프랑스에서의 대기업들도 대개가 네트워크 방식으로 소유되거나 집중화된 소유구조로 영미식 모델을 추종하지 않는 점을 예로 들면서 오히려 미국식 글로벌 스탠더드는 소수에 불과하다고 했다.

유승민이 재벌 시스템을 한국적 특수성에 기인한 것이라고 보는 반면, 좌승희(1999: 31-33)는 경제 진화론적 관점에서 기업이 경제제도에 적응한 결과라고 해석했다. 좌승희에 따르면 '한국'의 재벌은 정치·경제·사회·문화 등 모든 측면의 주어진 한국적 환경 속에서 이 환경에 가장 적합한 형태로 진화해 온 기업조직이며, 현재의 재벌은 지금까지의 한국적 상황에 적합한 기업조직이라 할 수 있다는 것이다. 재산권이 제대로 보장되지 않는 기형적인 제도적 환경 속에서는 공식적이고 공개적인 경영에 따른 거래비용이 증대하기 때문에 폐쇄적인 친족 경영을 선택했으며, 정치

사회적인 요인에 의해 기업의 안정성이 훼손되는 것에 대비하여 다각화를 선택했다는 것이다. 정부의 산업정책도 다각화의 주요한 원인인데, 정부가 특정 산업을 중심으로 선택된 기업에 대해서는 전폭적 지원을 하거나 후발 주자의 신규 진입을 억제하기 때문에 새로운 사업 기회가 발생할 때마다 모든 재벌이 그 산업으로의 진입을 고려한다는 것이다.

김용기(2006)는 유승민과 좌승희의 견해를 포괄하여 국가별로 고유한 기업 지배구조는 기업이 처해 있는 사회의 여건과 역학 관계에 따라 달라진다고 간주한다. 즉, 국가별로 기업의 내부 주주와 외부 주주, 종업원, 채권은행 및 지역사회와 같은 외부 이해관계자 간의 힘의 균형이 상이하다는 것이다. 또한 기업의 내부 지배구조와 조직 형태는 기본적으로 기업의 전략적 선택으로 간주한다. 따라서 재벌의 기업 지배구조는 한국의 현실을 반영한 가장 효율적 체제로 발전해 왔기 때문에 영미식 기업 지배구조를 본받아야 할 '좋은 관행(best practices)'으로 이해하고, 이를 '개혁'이라는 이름으로 한국에 적용시키려는 것은 근본적인 오류라고 지적했다. 그에 의하면, 각 나라의 기업집단 체제는 그 나라의 자본주의의 독특한 발전 과정과 제도적 환경 속에서 다양한 형태를 띠고 있다는 점을 인지해야 한다고 보고 있다.

이와 유사하게 이규억, 홍성걸, 장하준, 공병호 역시 재벌의 '선단식 경영'과 '소유주에 의한 경영'이 비효율적이며 경제 위기와 같은 상황을 촉발시키는 주요 원인이라는 전제는 잘못되어 있음을 실증적으로 제시했다. 이규억(2000)은 소유의 집중이 개발 초기 열악한 자본시장의 바탕 위에서 고속 성장을 하기 위한 차입과 기업 간 상호 출자에 의한 자본 조달의 가장 효과적인 수단이었음을 밝히며, 계열기업 간의 자원 공유에 따른 상승 효과를 통한 희소자원의 효율적 이용은 결국 긍정적 결과를 가져왔다고 보았다. 장하준(2007)도 기업의 다각화는 위험을 분산하여 적극적인 투자를 가능하게 하고 기존 계열사에서의 보조를 통해 신산업에 진출하는 것을 돕는 장점이 있다고 했다. 동시에 피라미드형 출자 등을 통한 가공자본의 창조 역시 내부자금이 절대적으로 부족한 당시의 재벌들이 적극적인 투자를 가능하게 했다는 것이다. 신장섭·장하준(2003)은 1997년 이후 재벌과 관련된 공정거래 규제의 강화, 새로운 회계기준 도입, 기업과 금융권과의 관계 재설정, 인수합병 관련법 개정, 기업 지배구조 개혁 등의 정책들이 결과적으로는 재벌의 복합그룹 경영이라는 장점을 소멸시킴으로써 재벌 체제의 역동성을 훼손하고 그동안 축적된 국내의 물적 기반을 붕괴한다고 비판했다. 그러므로 재벌 소유자의 안정적인 지분을 보장하기 위해 출자 총액 제한을 풀고 지주회사 설립 요건을 완화하여, 재벌의 계열기업 간의 상호 출자를 용인해서 일본과 같이 관련 기업이나 금융기관의 우호 지분 소유를 장려해야 한다고 주장했다. 조성봉(2004) 역시 출자 총액 제한이나 채무보증 제한과 같은 재벌의 경제력 집중 억제정책이 재벌의 경쟁력을 약화시킨다고 보았다. 기업의 순발력 있고 기민한 투자가 가능하게 하기 위해서는 투자를 제한하고 경쟁을 둔화시키는 시대착오적인 정책의 폐지를 주장했다.

이와 같은 담론을 뒷받침하는 사례로, 홍성걸(2006)은 재벌의 디스플레이 산업 진출을 제시했다. 한국이 디스플레이 산업에 본격 진출하기 시작한 1990년대 중반 일본 기업들이 세계 시장을 지배(90%)하고 있었기에 당시의 재벌들이 디스플레이 시장에 진출하는 것은 무모한 것처럼 보였다. 하지만 한국의 반도체 기업들은 재벌의 여타 다른 계열구조로 인해 이미 대규모 자금의 동원 능력을 갖췄고, 반도체 분야의 막대한 흑자를 통해 충분한 투자자금을 보유함에 따라 장기적 이익의 관점에서 전략적 투자를 단행할 수 있었다. 한편, 공병호(1996)는 현재 재벌의 친족 경영 체제의 기업 소유구조는 기업의 성장 과정의 일부이며, 세대가 지남에 따라 자연스럽게 해소될 것이라고 예견하면서 대개 창업 이후의 4세대를 전후로 소유와 경영이 분리된다는 드러커(Peter Drucker)의 견해를 인용했다.

2 재벌개혁론: 재벌 지배구조는 후진적인 경영 체제다

재벌개혁론은 재벌들의 방만한 과잉 투자와 부실 경영이 1997년 경제 위기를 가져왔고, 이의 본질적 이유는 '왜곡되고 비정상적'인 기업 소유구조로 파악했다. 소유와 경영이 분리되지 않은 재벌의 기업 지배구조는 소수의 대주주에 의한 도덕적 해이(moral hazard)와 과잉 투자 및 과잉 다각화를 막지 못해 기업의 부채가 끊임없이 증가하게 된다는 것이다. 장하성(2001)과 김기원(2002)이 그 대표적 학자인데, 그들은 재벌이 대주주인 총수와 그의 몇몇 가족 구성원에 의해 재벌의 계열사들 간의 상호 지분 소유로 결합되어 있는 것이 기업 지배구조의 왜곡의 시발점이라고 보고 있다. 재벌 총수가 상호 출자와 순환출자와 같이 계열사 간 피라미드 주식 소유를 통해 가공자본(fictitious capital)을 만들어 적은 지분만 소유한 상태에서 이보다 훨씬 많은 의결권을 행사하며 권한을 남용하게 된다. 특히 주가를 떨어뜨린 무능한 지배 주주는 외부의 소주주들이 힘을 합해 몰아낼 수 있도록 해야 하는데, 가공자본이 회사 지배권(적대적 M&A) 시장의 이러한 기능을 막고 있다는 것이다. 이는 기업 경영의 동기를 왜곡하면서 이들 지배 가족과 소액 주주(minority shareholders) 간에 이해관계 충돌(interest conflicts)의 문제, 즉 대리인 문제(agent problems)를 야기한다는 것이다. 정승일(2003a)과 김대환(1999) 역시 재벌 가족의 상속, 증여의 문제, 상호 보유 주식의 형태 등의 문제로 인해 재벌의 구조를 전근대적인 모습이라고 비판했다. 비정상적인 지배구조는 선진국에는 발견되기 어려운 문어발식 비관련 다각화의 원인으로도 지적되었다 (김상조, 2003).

김진방(2004), 한국개발연구원(2003), 이의영(2003)에 의하면, 한국 재벌은 소유와 경영이 분리되어 있지 않고 경영에 책임을 물을 수 없는 대주주가 존재함으로써 '전근대적'이고 '비정상적'인 체제이기 때문에, 소유와 경영을 분리하고 전문경영자에 의해 '근대적'이고 '정상적'인 경영으로 변화되어야 한다는 것이다. 특히 김기원(2000: 215)은 재벌 개혁의 방향성에 대해 선진국 대기업들이 취하고 있는 '책임 전문경영체제'를 바탕으로 '영미식의 주주자본주의'와 '일본 · 독일형의 이해관계자 자본주의' 등의 장점을 취사선택해야 함을 제안했다. 반면 장상환(1999)은 여기서 더 나아가 노동자, 시민의 요구를 충분히 반영하여 재벌 총수와 그 가족 소유권의 강제적 환수를 주장하기도 했다.

이러한 담론적 논의는 다른 담론과는 달리 담론의 실질적 구체화를 위한 시민운동으로 발전했는데, 경제정의실천연합(경실련)과 참여민주주의와 인권을 위한 연대(참여연대) 등 시민단체들의 활발한 활동이 그것이다. 이들 단체들은 계열사 간의 상호 지분 소유를 철폐하는 것은 주주권을 강화시켜 주고, 투명성을 높여 지배구조의 왜곡을 철폐함은 물론, 동시에 기업의 효율성과 경제민주화를 달성할 수 있는 핵심적인 방법이라고 주장한다.

또한 강철규(1999) · 최정표(1999) 같은 경실련 소속의 학자들은 재벌 총수 지배의 선단식 경영을 독립적인 기업 경영으로 바꾸는 것을 재벌 개혁의 핵심으로 보았다. 계열사들의 독립 경영을 위해서는 재벌 총수 산하의 비서실과 기획실 등 암묵적인 기획기구를 해체하고, 계열사끼리의 상호 지급보증과 간접적 상호출자 혹은 순환출자를 금지하며, 부당 내부거래를 규제하도록 요구했다. 또한 궁극적인 독립 경영을 위해서는 외국인 투자를 적극 유치하거나 종업원의 소유 지분을 확대하는 동시에 상속세와 증여세를 강화함으로써 지배 주주의 지분율을 낮출 것을 제안했는데, 이러한 내용은 김대중 정부의 5+3 원칙에 상당 부분 반영되어 실제 정책으로 입안되었다. 또한 장하성(2004)은 우리나라 기업들이 낮은 가치를 평가받는 원인(이른바 Korea Discount의 문제)으로 지배구조의 후진성과 노사 관계의 불안정을 지적하면서 참여

연대 경제개혁센터를 통해 소액주주운동을 벌여 재벌 개혁에 앞장섰다.

하지만 이러한 재벌 개혁활동에 대해 정종권(2001)은 친자본주의적이고 신자유주의적인 운동으로서 결국 자본가의 이익을 보호하자는 운동이므로 노동자의 입장에서는 받아들일 수 없는 것이라고 비판했으며, 장상환(1999) 역시 소액 주주 역시 주주로서 그들의 이익 추구 요구는 노동자의 이익과 대립될 수 있다는 점을 주장하며 비판했다. 오히려 주주행동주의를 앞세우며 적극적으로 회사의 경영권에 간섭하는 헤지펀드들이 재벌의 가공자본에 대항하는 자본시장의 첨병이 될 수 있는지에 대한 의문이 제기되기도 했다. 이러한 시각은 자본의 국적성 담론과도 직결된다.

제 6 절 담론 4: 자본의 국적성

재벌자본의 국적에 관한 담론은 여타 담론과 달리 모호한 구석이 있다. 기존의 재벌 옹호와 재벌 개혁으로 나뉘는 전선은 기존의 3개 담론 영역에서는 동일하다. 즉 경제 개발의 재벌 역할을 인정하는 측이라면 정경 유착과 지배구조에서도 재벌의 긍정성을 강조하는 반면 재벌 개혁을 주장하는 측에서는 모든 담론에서 부정적인 점을 부각한다. 그러나 자본의 국정에 관련된 논의에서만큼은 그 경계가 혼돈되어 있다. 그 대표적 학자가 재벌의 파행적 행태를 지적해 온 대안연대회의의 정승일과 이찬근이다. 이들은 오히려 전 세계적인 투기자본의 문제를 강조하면서 재벌 담론에서는 기업의 국적성, 즉 재벌의 소유가 민족자본이냐 혹은 해외자본이냐의 문제를 중시했다. 1998년 이후 외국인에게 완전 개방된 주식시장과 기업 인수합병 시장은 재벌이 대거 외국 자본에 의해 헐값에 인수당할 위험이 있기 때문에 재벌들이 계열사 상호출자 지분을 강화하지 않는다면 우량 재벌들마저 외국 자본에 헐값에 넘어갈 상황이 발생할 수 있다고 보았다. 이에 대한 사례로서 김위생 외(2006)는 2003년 국제적 사모펀드인 소버린의 SK에 대한 지분 매집과 적대적 M&A의 위협을 집중적으로 분석하면서 '국부'로서 재벌의 의미를 강조한다. 그들에 의하면 해외 투기자본에 의해 재벌의 지배권이 위협받고, 이를 방치할 경우 국민경제의 산업 주권이 크게 위축되고, 그 결과 국가경제의 지속적인 성장을 저해할 수 있음을 강조했다. 이 밖에도 이찬근 외(2005)는 GM대우, 르노-닛산 삼성차, 뉴브릿지의 제일은행, 카알라일의 한미은행 인수 등을 꼽으면서 이는 단순히 외국 자본이 국내 주식시장이나 금융시장에서 차지하는 비중이 크다는 것이 문제가 아니라 재벌 체제를 개혁하려는 정책들이 강도 높게 추진된 결과 주요 기업의 경영권을 외국 자본에 헐값에 넘기게 된 점을 문제로 삼았다. 이들은 1997년 경제 위기를 극복하는 과정에서 수행된 재벌정책의 결과는 이전의 한국 경제구조와는 전혀 다른 양상을 보였는데, 이는 한국 경제의 구조적 모순인 재벌의 문제를 해결하려는 시도 끝에 남은 결과가 해외 투기자본과 초국적 기업에 의한 한국 경제의 독식이라는 점을 강조했다.

이들의 '외국 자본 지배론' 혹은 '국민경제 위기론'으로 통칭되는 담론에 의하면 한국 경제가 경제 위기의 극복 이후 저투자-저성장, 청년 실업, 비정규직 증대, 중소기업 약화, 사회 양극화 등의 구조적인 위기에 처한 이유가 당시의 구조개혁이 외국 자본을 무차별적으로 받아들인데 있는 것으로 파악했다. 해외 자본이 곧 개혁의 파트너라는 외자의 순기능만 강조하여 외국 자본이 한국 경제의 핵심을 장악하게 함으로써, 우량기업은 있지만 투자와 일자리 창출이 멈춘 역설적 상황을 주목했다.

재벌을 국적자본으로 보는 담론은 현재와 같이 아무리 초국적 자본일지라도 결국 그 국적이 있음을 부정할 수 없다는 데에서 시작된다. 한국의 재벌은 여러 가지 파행성에도 불구하고 사회적·국민적 요구를 근본적으로 부정할 수 없다는 측면에서 일정 수준 국적자본의 성격을 가지므로 외국 자본과 구분되어야 한다는 것이다. 국적자본은 외국 자본과 달리 이탈(exit)의 옵션을 자유롭게 구사하지 못함으로써 국민경제 발전에 상대적으로 높은 헌신(loyalty)의 효과를 창출한다는 것이다(이찬근, 2003). 이에 따라서 장(Chang, 2002; 2003)은 기본적으로 한국 경제가 과거 발전국가 형태의 관리주의적 방향으로 돌아가야 한다고 주장한다. 그는 개방된 자본시장과 상품시장을 통해 외국의 투기자본이 우리의 재벌을 인수하여 결국 한국 경제가 세계화라는 허울 속에 공동화될 수 있다고 경고했다. 세계화 또는 자유화라는 공허한 구호에 속지 말고 전략적으로 국내 기업인 재벌을 양성하고 국내의 경제적 잉여를 극대화할 수 있는 국가주의적인 경제정책을 입안하고 수행해야 한다고 강조했다.

이찬근(2003)은 이러한 담론을 지지하는 최선의 경험적 사례로서 '스웨덴 모델'을 거론했다. 그가 밝히는 스웨덴 모델은 스웨덴의 노동조합과 사민당 정부가 발렌베리(Wallenberg) 가문으로 대표되는 거대 금융기업의 소유지배권을 보호해 주고, 그 대가로 금융 가문이 국내 투자와 고용 증대에 주력하고 고율 조세에 기초한 복지국가 형성에 협력함으로써 원활한 경제 성장과 완전 고용, 복지 수준 향상을 동시에 이뤘다는 것이다. 따라서 한국의 경우에도 영미식 주주자본주의 모델을 무비판적으로 추종하여 국민경제의 생산력 기반인 재벌의 장점을 손상시킬 것이 아니라, 스웨덴의 국민적 대타협 경험을 참고하여 재벌 중심의 생산력 기반을 유지하고 이를 통해 경제 성장, 완전 고용, 복지 증진을 달성하는 방향으로 나아가야 한다고 주장했다.

제7절 결 론

이 장에서는 우리 사회 내에서 주로 논의된 재벌 담론을 대표적인 쟁점별로 정리해 그 담론의 다양성에 대해 살펴보았다. 한국에서의 재벌은 그 시작부터 경제·정치·사회에 막대한 영향을 미쳤으며, 따라서 이들을 둘러싼 담론은 사회적으로 광범위하게 퍼져 왔으며, 재벌에 대해 사회 내 구성원이 내리는 평가는 그들의 이해관계 및 사고 방식 등에 따라 상반되어 나타났다. 재벌의 시작부터 정부의 강력한 지원으로 인해 가능했다는 담론부터 정경 유착의 특혜론, 경제 발전에서의 역할론까지 시기별로 한국의 정치경제에서 빠지지 않는 사회적 논쟁의 대상이 되어 왔다. 특히 1997년 외환 위기를 맞이하여 IMF의 통제 체제로 들어갈 당시, 재벌에 대한 비판적 담론은 극에 달했으며 정책적 실천에서도 그 이전에는 볼 수 없었던 이른바 글로벌 스탠더드인 영미형 기업의 지배구조를 따르는 개혁을 추진했다. 그러나 역설적인 것은 그 후 10년이 더 지난 오늘 날 재벌개혁과 관련된 이전과 같이 치열한 논쟁은 찾기 어렵다. 그뿐만 아니라 재벌이라는 용어조차도 어느새 낯설어지고 있으며, 사회적으로 그 어떤 조직보다도 막강해졌다. 중앙일보와 동아시아연구원이 조사한 '2009 파워조직 25곳 영향력: 신뢰도 평가'에 따르면 삼성·현대차·SK 등 주요 재벌들의 영향력과 신뢰도가 모두 검찰, 헌법재판소, 청와대 등보다 앞선 것으로 나타났다. 영향력에서 1위 삼성, 2위 현대차, SK 3위, 검찰 4위, 청와대 6위의 순서로 조사되었으며, 신뢰도 역시 주요 재벌이 1~4위를 차지했다(중앙일보, 2009. 7. 1).

동일한 현상에 대해 어떠한 담론을 견지하느냐에 따라 그 처방 혹은 대처인 정책이 다르게 나타났다는 점에서 이 연구에서 논의된 재벌 담론을 주목할 필요가 있다. 특히 담론 논쟁에서 간과해서는 안 될 모순과 오류가 있다. 그 첫째는 담론 내에서의 모순이며, 둘째는 담론과 정책과의 불일치에서 오는 오해다. 담론 내 모순의 대표적인 것은 정부의 역할에 대한 이중적인 요구다. 재벌의 필연성과 강화를 주장하는 담론 내에서 정부의 후퇴와 시장 원리의 적용이 모순적으로 논의되고 있다. 즉 부분적으로 시장의 원리를 강조하면서도 동시에 정부의 역할을 요구하고 있다. 재벌의 지배구조에 대한 정부의 개혁은 시장에 대한 정부의 과도한 개입을 뜻하기 때문에 폐지되어야 주장하면서도 동시에 과도하게 시장에 재벌을 방치할 경우 개방된 시장 조건하에서 재벌의 지배권이 쉽게 외국 자본에 넘어갈 수 있으므로 정부가 이를 적극적으로 방어해 주어야 한다는 것이다. 이러한 시장과 정부 역할에 대한 담론 내 모순은 재벌 담론이 가지고 있는 이론적 한계를 보여 준다.

그뿐만 아니라 정책적 실천에서는 담론 적용에 대한 오류를 살펴볼 수 있다. 재벌을 실질적으로 육성한 박정희 정부는 재벌을 지원하는 정책을 주로 펼친 것으로 이해되고 있으나, 오히려 적극적인 재벌 규제라고 볼 수 있는 '기업공개촉진법'을 1972년 제정했으며, 그 후 더욱 강력한 '여신관리제도'를 도입했다. 전두환 정부 역시 재벌의 소유구조에 대한 본격적인 제재를 가하기 시작했다. 1980년 경제력 집중 억제를 도모하기 위해 1980년 '독점규제 및 공정거래에 관한 법률'을 제정한 것이 그것이다. 이 법은 재벌의 비주력 계열사를 처분하게 함으로써 재벌의 지배구조에 실질적인 영향을 미쳤다. 재벌 육성 담론이 한창일 때 이러한 규제들이 본격화되었다는 것은 분명 역설적이다. 동시에 재벌 개혁 담론이 사회적 소명으로까지 확대된 김대중 정부와 노무현 정부에서는 오히려 재벌 친화적 경제정책이 양산되었다. 물론 경제 위기 상황 속에서 김대중 정부는 IMF의 요구 사항을 충실히 이행하는 수준에서 재벌의 지배구조에 대한 상당한 변화를 도모했다. 사외이사와 감사위원회제도의 도입, 소수주주권 강화, 회계 및 외부감사 규정의 정비 등 일일이 열거할 수 없을 정도로 수많은 규정이 도입되거나 개정되었다. 소유구조의 면에서는 주주 이익을 중시하는 외국 투자자의 비중이 현저하게 증가하고 있으며, 기관 투자자의 비중도 높아졌다. 그러나 외국 투자자와 기관 투자자의 지분이 늘어나 재벌의 지배구조가 외견상 상당한 변화를 가져온 듯이 보이지만 여전히 재벌 총수의 피라미드식 소유구조를 통한 기업 전체에 대한 경영권은 확고하게 장악되었으며, 총수 일가의 이익을 위해 일반 주주의 이익이 희생되는 사례가 기업의 규모와 관계없이 끊이지 않았다는 것은 주지의 사실이다. 공정한 시장 경쟁과 분배와 복지를 강조하면서 출범한 노무현 정부 역시 이러한 담론적 강조와는 달리 여러 차례에 걸친 법 개정과 시행령 개정을 통해 출자총액제한제도의 적용 대상 집단 및 기업이 대폭 축소되어 정책 유효성 측면에서 사실상 폐기되었다. 또한 지주회사에 대한 규제도 완화되어 지주회사의 부채 비율 한도를 완화하고 자회사에 대한 지주회사의 최소지분율을 하향 조정하는 등 사실상의 지주회사가 장려되었다.

이러한 담론 논쟁에서의 모순과 역설 속에서 과연 이러한 담론에 대한 고찰이 필요한가에 대한 본질적인 고민이 있다. 담론 논의가 가지고 있는 많은 한계에도 불구하고 담론에 대한 논의를 하는 이유는 결국 정책적 접근은 선택의 문제이며, 그러한 선택의 근간이 되는 것은 급조된 미사여구가 아니라 사회 내에서 형성되고 경쟁하는 담론 틀에 준해서 만들어지는 것이기 때문이다. 앞에서 살펴본 바와 같이 층위를 달리한 재벌 담론은 교차가 불가능하게 대립적으로 전개되었으며, 재벌정책에서도 유동적으로 반영되었다. 사회적 담론 내의 모순과 담론과 정책 사이에서의 불일치가 지속되어 왔으며, 이러한 지속적 모순이 기존 재벌 개혁과 관련된 정책의 효과성을 상쇄해 왔음을 쉽게 추리해 볼 수 있다. 향후 재벌이 여전히 한국 경제의 구조적 모순으로 자리할 것이므로 이러한 담론적 논의의 대립도 병행될 것이며, 결국 이를 정책적 방향성에서 어떤 방식으로 담아낼지가 주요한 과제로 남을 것이다. 담론적 생산은 당위론적인 찬반의 문제라기보다는 사회적 동의에 관한 것으로 재벌개혁 역시 이에 따라 그 실천적 결과가 좌우될 것이다.

Chapter 15

전환기 정부-기업 관계의 논리와 전망*

제 1 절 서 론

1990년대 중반 이후 심화된 세계화의 영향력을 반영하는 최근의 경제 위기는 국내외적으로 신자유주의에 대한 반성과 더불어 대안적 정부-기업 관계의 모형을 모색하는 주요 계기로 작용하고 있다. 물론 이러한 노력이 아메리칸 드림을 대신해 유러피언 드림을 주창한 리프킨(Jeremy Rifkin)의 생각처럼 단순히 미국식 신자유주의와 대척점을 형성해 온 유럽식 사회민주주의로의 회귀를 의미하는 것은 아니다(리프킨, 2009).

이에 이 장에서는 정부-기업 관계의 대척점을 형성해 온 신자유주의와 사회민주주의는 물론 각기 불황기와 추격기에 유용한 특수한 이론으로 평가 절하되어 조기에 은퇴한 바 있는 케인스주의와 신중상주의 및 국내외 행정학계의 선도적 노력에 힘입어 사회과학 전반의 새로운 모형으로 급부상한 신제도주의(절충주의와 거버넌스)를 종합적으로 비교하는 기회를 마련하고자 한다.

이처럼 다양한 시각들을 원용해 이뤄지는 우리나라 정부-기업 관계의 추세와 진로 탐색은 이론적 측면은 물론 현실적 측면에서 다양한 효과를 산출할 수 있다. 먼저 이론적 측면에서 학제적 학문 분과로서 정치경제학의 활성화와 재정립을 촉진하게 되고, 다음으로 현실적 측면에서 정부-기업 관계의 미래상을 전문가 설문과 시나리오

* 김정렬 · 장지호 · 이도형 · 함요상(2011)을 재구성했다.

분석에 기초해 제시함으로써 정부정책의 효과성 제고를 위한 유용한 학습 기회를 제공하게 될 것이다.

한편 앞서 제시한 포괄적 문제 인식을 반영하는 이 연구의 구체적 논리와 방법은 다음과 같다.

우선 제2절의 이론적 검토와 분석의 방법을 통해서는 정부-기업 관계를 대표하는 다섯 가지 정치경제학 모형 간의 체계적인 유형화를 시도하고자 한다. 여기에서는 모형 간의 차별성을 확보하기 위해 의미와 키워드, 학문 분과와 방법론 등과 같은 세부 기준들을 고안해 비교하고자 한다. 또한 모형 간의 상대적 차이 규명을 위해 자유주의(효율)와 사회주의(평등)라는 고전적 도식뿐만 아니라 최근에 부각된 기업주의(성장)와 환경주의(보존) 등의 대립 구도를 최대한 활용하고자 한다.[1] 나아가 분석 방법에 관한 논의는 전문가 설문과 시나리오 분석 방법을 결정하는 일에 주력하고자 한다.

제3절의 전문가 설문은 델파이와 명목집단분석을 혼용하는 방식을 채택하고자 한다. 이때 전문가 설문의 대상은 정부, 기업, 학계, 시민단체의 전문가들을 균형있게 할당하고자 한다. 또한 설문 문항의 질문 시점은 추세분석의 효과를 극대화시키기 위해 과거, 현재, 향후 5년, 향후 10년 등으로 구분하고자 한다. 더불어 분석 결과의 도출은 객관적인 조사 결과에 부가해 연구팀의 창의성을 최대한 접목하는 전략을 채택하고자 한다.

제4절의 시나리오 분석은 전환기를 맞이한 한국의 정치경제 현실에 초점을 부여한 상태에서 정치경제학 모형별로 논리와 시나리오를 제시하고자 한다. 정부-기업 관계 모형별 논리에 관한 논의는 한국적 특수성을 발견하는 일에 초점을 부여하고자 하며, 향후 10년 내외의 미래 예측과 관련된 모형별 시나리오를 제시하되 주요 정책 분야별로 세부적인 쟁점을 발견하는 일에 주목하고자 한다. 더불어 정부-기업 관계를 매개하는 주요 정책 분야별 차이분석과 추이분석을 병행하는 방식으로 잠정적인 결론을 도출하고자 한다.

1) 오툴(O'Toole, 1979)은 전환기를 맞이한 1980년대 미국의 정부-기업 관계 추이를 예측하기 위한 분석 기준으로 자유주의(libertarianism)와 평등주의(egalitarianism), 기업주의(corporatism)와 환경주의-인간주의(environmentalism-humanism) 간의 대립 구도에 주목했다. 이때 각각의 사조를 대표하는 논자로 프리드먼(Milton Friedman), 해링턴(Michael Harrington), 드러커(Peter Drucker), 슈마허(E. F. Schmacher) 등을 지목했다.

제 2 절 이론적 검토와 분석의 방법

1 정부기업관계론의 기원과 진화: 다섯 가지 모형 간의 비교를 중심으로

한 국가의 성공적인 성장과 분배관리는 물론 총체적 국가 발전(국부, 국질, 국격)과 직결된 정부(국가)와 기업(시장) 간의 상호 관계에 대한 관심과 논의는 동서양을 막론하고 매우 오랜 역사를 지니고 있다. 하지만 행정학 또는 인접 학문의 학문 분과로서 정부기업관계론의 체계화 노력이 본격화된 것은 비교적 최근의 일이다. 따라서 기존에 관련 논의를 주도해 온 인접 학문들과 차별화된 방식으로 행정학의 분과로서 정부기업관계론의 정체성을 확립하는 일은 결코 용이한 과제가 아니다.

전통적으로 정부와 기업 간의 상호작용에 대한 학술적 분석은 정치학(사회학)과 경제학(경영학)이라는 양대 학문공동체를 중심으로 이뤄져 왔다. 하지만 거시적 접근(구조주의)과 미시적 접근(행위주의), 중앙기획(개입 지향)과 자유시장(방임 지향) 등 이론과 현실 모두에서 극명하게 구분되는 양 진영의 선호 차이와 대립 구도는 정치경제학으로 지칭되는 관련 논의의 조화로운 통합과 발전을 저해하는 주된 요인으로 작용해 왔다.

특히 최근에 부각된 세계화 추세 속에서 득세한 주류 경제학자들은 정부와 기업 간의 상호 관계를 중시해 온 전통적 정치경제학들과 달리 정치와 경제를 분리시키는 연구 경향을 산출했다(류석진 · 한영빈, 2008: 115). 시장의 경쟁 논리를 중시하는 이러한 연구 경향은 정부의 정당성에 대한 도전이자 정치와 사회를 초월하는 경제제일주의 관념의 급속한 확산을 시사한다(폴라니, 2009). 이에 여기에서는 학문 분과 간의 융합과 교류를 중시하는 행정학의 일반적 기풍은 물론 신제도주의의 학제적이고 실용적인 성격에 주목하면서 정부기업관계론의 재정립 방안을 모색하고자 한다.

현대의 정부-기업 관계를 대표하는 모형은 진보적 · 개입적인 사회민주주의와 보수적 · 자율적인 신자유주의라는 양극에 부가해 중도와 통합을 지향하는 신제도주의 및 각기 상대적으로 진보(개입)와 보수(자율)에 가까운 신중상주의와 케인스주의라는 다섯 가지 모형으로 유형화가 가능하다. 이러한 다섯 가지 정부-기업 관계 모형들은 시기적 · 지리적으로 상이한 환경을 토대로 정립되었다는 점에서 단선적인 비교에 무리가 있지만 여기에서는 비교연구의 특성을 고려해 횡적 일반화를 시도하고자 한다.

16, 17세기 근대 국민국가의 탄생 직후에 출현한 정부-기업 관계의 원형은 중상주의였다.[2] 반면에 18, 19세기 산업혁명의 확산은 자유주의(고전주의)를 정립하는 계기로 작용했다. 한편 20세기 이후 중상주의와 자유주의는 새로운 환경 변화에 부응하기 위해 신중상주의와 신자유주의로 재편되었지만 각기 시장실패라는 개입 논리와 정부실패라는 방임 논리를 둘러싸고 치열한 논쟁을 전개했다는 점에서 기본적인 의미와 특성을 유지했다.

20세기 초반을 전후해 발생한 독일과 일본의 압축 성장을 토대로 태동한 신중상주의는 정부 주도의 전략. 기획, 권위 등을 중시했다는 점에서 시장 주도의 균형, 경쟁, 질서 등을 중시한 신자유주의와 대비된다. 신중상주의는 독일 역사학파의 민족주의를 계승한 거셴크론(Gerschenkron, 1962)과 베버(Weber, 1922)의 주도로 이론화되었다. 선발 산업국가에 대한 후진성(backwardness)의 격차가 정부개입의 강도를 결정한다는 거셴크론의 주장은 이후 거셴크로니언 개발경제학으로 이어졌다(Sapiro & Taylor, 1990). 또한 합리적인 정부관료제의 선도적 개입을 중시하는 신중상주의는 1970~80년대 행태주의가 풍미한 미국 학계에서 국가의 부활을 이끌어 낸 스카치폴(Skocpol, 1969), 해거드(Haggard, 1985), 아이켄베리(Ikenberry, 1986) 등과 같은 신베버리언 국가주의자들에 의해서도 계승되고 있다.[3] 반면에 개별 국가의 특수성보다는 시장 원리의 보편성을 중시하는 신자유주의는 20세기 중반 당대를 풍미한 강력한 개입국가의 기풍에 반발한 하이에크(Hayek, 1960)의 주도로 이론화되었다. 1920년대

2) 중상주의는 16, 17세기 보댕(Jean Bodin), 콜베르(Jean Baptiste Colbert) 및 페티(William Petty) 등과 같이 중금주의(重金主義, bullionism)를 신봉하는 학자들에 의해 시작되었다. 국부의 증진과 직결된 금은을 확보하기 위해서는 수출을 장려하는 대신에 수입을 제한하는 보호무역주의 정책을 최선의 방법으로 간주했다. 따라서 관세, 식민지 등 보호무역주의를 구현하기 위한 강력한 국가 개입을 추구했다. 중상주의는 18세기에 들어와 국가에 의한 인위적 질서보다는 자연적 질서의 회복을 추구한 케네(François Quesnay) 등 중농주의자들의 비판에 직면했다. 중농주의는 농업만이 생산적이라고 주장하는 한계를 표출했지만 중상주의와의 논쟁을 통해 18세기 후반 스미스(Adam Smith)가 주도한 자유방임주의(고전주의)로 넘어가는 가교 역할을 수행한 것으로 평가된다(류석진·한영빈, 2008: 121).

3) 베버(Max Weber)를 계승한 신베버리언(neo-Weberian) 국가론은 혁명이론을 연구한 스카치폴(Skocpol, 1969)을 비롯해 국가 주도의 지배연합이론을 창안한 해거드(Haggard, 1985)와 국가자율성 개념의 연장선상에서 국가능력이론을 발전시킨 아이켄베리(Ikenberry, 1986) 등에 의해 활성화되었다.

독일 프라이부르크대학을 중심으로 오이켄(W. Euken), 뢰프케(W. Röpke) 등이 주도한 이론 형성 초기까지만 해도 단순히 자유방임의 이상을 희구하는 재야 학자들의 외로운 목소리에 불과했던 신자유주의는 제2차 세계대전 이후 관련 학자들의 논의 무대가 미국으로 옮아가면서 화려한 부활을 준비하게 된다. 1970년대 양차에 걸친 석유 위기를 계기로 신자유주의를 표방한 프리드먼(Milton Friedman)의 통화주의를 비롯해 펠드스테인(Martin S. Feldstein)의 공급경제학, 루커스(R. Lucas)의 합리적 기대론 등이 제안한 처방책들이 세계 경제 질서를 좌우하는 새로운 기준으로 자리잡았기 때문이다(정운찬·김영식, 2010).

또한 20세기 중반 각기 대공황과 세계대전의 부작용을 치유하기 위해 제시된 케인스주의와 사회민주주의는 보완 또는 상황이론의 성격을 지니고 있다는 점에서 각기 신자유주의, 신중상주의와 선택적인 친화력을 지진다. 더불어 케인스주의와 사회민주주의는 각기 경제 편향과 정치 편향이라는 태생적 차이점에도 불구하고 상대적으로 융합 지향적인 정치경제학을 표방한다는 공통점을 지닌다. 그리고 20세기 중반 인상적인 경제 성과를 창출한 양대 지주라는 점에서도 유사점을 지닌다.[4] 나아가 케인스주의와 사회민주주의가 추구한 복지국가(서유럽)의 이상은 신중상주의가 표방한 발전국가(동아시아)의 이상과도 개입적 경제관리의 측면에서 선택적 친화력을 지니고 있다.[5]

케인스주의로 지칭되는 거시경제학의 틀을 설계한 케인스(Keynes, 1936)는 확장적 재정·금융정책 도구를 활용해 전후 25년간 인상적인 경제 성과를 산출했지만 서

4) 20세기를 대표하는 개입주의 이론은 경기 조절자로서의 정부를 표방한 케인스주의, 복지국가의 건설자로서 정부를 표방한 사회민주주의, 전지전능한 기획가로서의 정부를 표방한 공산주의 등으로 구분이 가능하다. 이때 정부개입의 강도는 시장 순응을 표방한 케인스주의가 가장 약한 반면에 시장 역행을 추구한 공산주의가 가장 강하다. 더불어 정치적 타협과 협상에 의한 시장 조절을 추구한 사회민주주의가 중간 수준에 해당한다. 이 점에서 개입의 최고봉인 공산주의는 방임의 최고봉인 자유주의와 대조가 가능하다.

5) 선진국 중심으로 전개된 개입과 방임 논쟁과 병행하여 상대적으로 높은 수준의 국가자율성을 발휘한 개도국 진영 내부에서도 개입의 양과 질에 관한 논쟁이 제기되었다. 선발 산업국가에 대한 후발성의 수준(degree of backwardness)이 정부개입의 강도를 좌우한다는 거센크론의 산업 추격 논리는 후발 산업국가 전반의 개입적 성격을 설명하기에 유리하다. 하지만 20세기 중반 개입주의를 표방한 라틴아메리카의 실패가 표출되면서 산업정책의 논리는 역사의 전면에서 일시 후퇴하게 된다. 그러나 1960년대 이후 동아시아 국가들의 성공적인 경제 운영은 본격적으로 국가에 대한 관심을 촉진시키는 주요 계기로 작용하게 된다. 이른바 정부개입의 양에 부가해 질이 담보된 새로운 성공 사례가 등장한 것이다.

구의 고도 성장세가 위축된 1970년대 이후 신자유주의를 계승한 통화주의자들에게 자리를 양보했다. 하지만 시장경제의 틀을 유지하는 한도 내에서 정부가 적극적으로 경제에 개입해야 한다는 케인스의 사고는 신고전파 통합을 주도한 새뮤얼슨(Paul A. Samuelson)을 비롯해 전략적 무역정책을 중시한 크루그만(Paul Krugman), 정부 주도 구제금융의 당위성을 설파한 버냉키(Ben Bernanke) 등과 같은 케인지언들로 이어지고 있다. 반면에 사회민주주의로 지칭되는 조합주의적 정책결정모형의 체계화는 슈미터(Schmitter, 1977)의 주도로 이루어졌다. 나아가 노사정을 대표하는 정점조직(peak organization)들 간의 협상을 근간으로 하는 사회조합주의(민주조합주의)는 1980년대 이후 다원화·복잡화된 새로운 정책 현실에 부응하기 위해 산업별로 전문화시킨 중간조합주의를 제안한 코슨(Cawson, 1995), 부문별 정책 네트워크의 활성화를 주창한 로드스와 마치(Rhodes & March, 1992), 사회민주주의를 재편한 제3의 길을 표방한 기든스(Giddens, 1998) 등이 제시한 중범위 지향적인 정책모형들로 진화하고 있다.

이 점에서 상대적으로 중립적인 신제도주의는 적어도 방법론적 측면에서 개입 지향적 정부 주도 논리와 자율 지향적 시장 주도 논리를 매개하는 삼자 비교의 기준점 역할을 수행할 수 있다. 사회민주주의와 신중상주의가 거시적인 구조방법론을 선호하는 반면에 케인스주의와 신자유주의는 행위방법론에 근거하고 있기 때문이다. 한편 구조와 행위를 매개하는 제도 방법론의 체계화는 마치와 올슨(March & Olsen, 1989), 윌리엄슨(Williamson, 1975) 등의 주도로 이뤄졌다. 나아가 중범위 관점을 중시하는 제도방법론의 활성화는 최근들어 신제도주의를 계승한 세 가지 분파인 홀(Peter Hall)의 역사적 제도주의, 노스(Douglass C. North)의 경제적 제도주의, 메이어(John Meyer)와 로완(Brian Rowan)의 사회적 제도주의 등을 중심으로 이뤄지고 있다(하연섭, 2002).

한편 서구라는 현실적인 맥락에서 볼 때 대공황과 세계대전으로 대표되는 20세기 초반과 중반은 케인스주의와 사회민주주의가 주도했지만 1970년대 석유 위기를 계기로 새로운 전환기를 맞이하게 된다. 당시 서구 선진 각국이 경험한 경제위기(스태그플레이션)의 해결책이 케인스가 주창한 총수요관리정책(실업 해소)보다는 프리드먼이 고안한 총공급관리정책(인플레이션 억제)에 부여되면서 그동안 수면하게 잠재되어 있었던 자유시장의 기풍이 신자유주의로 부활했기 때문이다(Chang, 2003). 탈규제, 민영화, 작은 정부 등으로 대표되는 신자유주의 정책 도구들은 1980년대 대처와 레이건의 주도 하에 영미 국가를 풍미했으며, 1990년대 중반 WTO 체제 출범으로

〈표 15-1〉 정치경제학을 활용한 현대의 정부-기업 관계 유형

모형 / 비교 기준	사회민주주의 (조합주의)	신중상주의 (국가주의)	신제도주의 (절충주의)	케인스주의 (수정자본주의)	신자유주의 (시장근본주의)
의미와 키워드	형평, 타협, 환경	전략, 기획, 권위	지속, 규칙, 협력	창출, 혁신, 행동	균형, 경쟁, 질서
학문 분과와 방법론	정치학과 사회학 편향성(구조)		학제성과 행정학(제도)	경제학과 경영학 편향성(행위)	
대표적 구현 사례	중북부 유럽 전반(독일, 스웨덴, 프랑스 등)	동아시아 전반(일본, 한국, 대만 등)	서유럽과 동아시아 강소국(아일랜드, 덴마크, 싱가포르 등)	제2차 세계대전 직후 영국(1950~60년대 선진국으로 확산)	석유위기 이후 미국(세계화에 따라 범지구적 확산)
정책결정 방식	노사정 타협	정부 주도 기획	경로 의존과 거버넌스	제한적 시장 개입	시장의 자율 조정
강화될 정책 분야	복지, 환경정책	산업정책	융합, 실용정책	총수요 관리정책	경쟁정책
정부개입의 강도	매우 강함	다소 강함	보통	다소 약함	매우 약함
시장 자율의 크기	매우 작음	다소 작음	보통	다소 큼	매우 큼
적소와 영향력	보편성과 이념성	추격기에 활용되는 특수한 이론	일반성과 중립성	불황기에 활용되는 특수한 이론	보편성과 이념성
초기 선도자	Schmitter	Gerschenkron, Weber	March & Olsen, Williamson	Keynes	Hayek
후기 계승자	Cawson(중간조합주의), Rhodes(정책 네트워크), Giddens(제3의 길)	Skocpol(국가자율성), Haggard(지배연합), Ikenberry(국가능력)	Hall(역사적 제도주의), North(경제적 제도주의), Meyer & Rowan(사회적 제도주의)	Samuelson(신고전파 통합), Krugman(국가경쟁력), Bernanke(구제금융)	Friedman(통화주의), Feldstein(공급경제학), Lucas(합리적 기대론)
주요 정책 수단	국유화, 재규제, 근로장려수당(ETIC), 지속가능 발전(ESSD), 보호무역, 산업안전 규제, 보편적 서비스(염가의 교육과 의료) 등	정책금융, 선별적 세제 혜택, 정부보조금(무역·고용·기술 장려금), 기관 형성(중앙기획기구, 무역협회), 준보호무역(고시 등 비관세장벽)	협력적 정책 네트워크(분야별 정책공동체), 사회자본, 지역혁신 체제(클러스터), 제3섹터, 형용모순(생산적 복지, 녹색성장)의 조화로운 해결	확장적 재정·금융정책(유효수요 자극과 실업 해소), 준자유무역(GATT) 또는 관리무역(Super 301), 기술혁신, 기업가정신(야성적 충동)	방어적 금융정책(인플레이션의 통제), 신공공관리(기업식 정부), 민영화(사유화와 민간위탁), 탈규제, 자유무역(WTO, FTA 등)

심화된 세계화를 계기로 서유럽은 물론 개발도상국가 전반으로 급속히 확산되었다. 물론 일본과 한국으로 대표되는 동아시아 발전국가들은 1990년대 초반까지 신중상주의 산업정책의 전성기를 구가했다는 점에서 서유럽이나 여타 개발도상국가들과는 구분된다(Wade, 1990).

한편 세계화를 반영하는 신자유주의의 전성기는 1997년 동아시아 금융위기와 2007년 미국의 준우량 주택 담보대출(sub-prime mortgage) 부실 파동을 계기로 또 다른 전환의 기로에 직면한 것으로 평가되고 있다. 이 점은 신자유주의의 맹주를 자처해 온 미국에서조차 확장적 재정·금융정책이 부활한 사실을 통해 잘 나타나고 있다. 나아가 케인스의 부활은 미국의 도요타 때리기 열풍이 시사하듯이 국가경쟁력 강화를 모토로 한 미국식 산업정책의 부활까지도 예상할 수 있다.

정부–기업 관계의 새로운 모형을 추구하는 미국의 도전은 세계 각국으로 하여금 기존의 모형들을 절충하는 신제도주의의 가능성을 탐색하도록 자극할 개연성이 크다. 일례로 아일랜드와 싱가포르로 대표되는 강소국들은 조합주의(국가주의)와 시장주의(수정주의)를 실용주의에 기초해 절충한 성공 신화를 구현한 바 있기 때문이다. 또한 김대중 정부가 표방한 생산적 복지나 이명박 정부가 표방한 녹색성장도 이러한 절충 노력의 일환으로 파악할 수 있다. 물론 신제도주의를 각기 좌와 우를 대표하는 여타 정치경제모형들과 동등한 입장에서 비교하기에는 다소 무리가 있다. 하지만 미래의 변화 추이에 관한 비교연구의 기준점으로서 절충적 현상 유지 시나리오가 요구된다는 점에서 신제도주의의 가치를 발견할 수 있다. 또한 신제도주의 논리와 방법론에 기초한 거버넌스 패러다임이 좌와 우를 절충하는 대안적 논리로 급속히 확산되고 있다는 점에도 유의할 필요가 있다.

2 정부-기업 관계의 미래 분석을 위한 방법

이 연구는 정부–기업 관계에 관한 정치경제모형을 크게 다섯 가지로 구분했다. 따라서 이러한 모형들이 향후 우리의 미래에 어떠한 모습으로 구현될 것인가의 여부를 입체적으로 조망하기 위해서는 미래연구 방법론의 활용이 필수적이다. 이때 미래연구란 이미 알고 있는 과거와 이미 알 수 있는 미래의 정보를 단서로 하여 과학적 근거를 토대로(evidence-based) 전문가적 정확성을 가지고 예측하는 작업을 말한다(권기헌, 2008; 최항섭 외, 2005). 이 점에서 미래연구는 단순히 미래를 예견하는 데 그치는 것이 아니라, 좀더 적극적으로 미래의 창조적 대안들을 기획하고 창출할 수 있어야 한다.

일반적으로 미래 예측은 연속성의 원리(principle of continuity), 인과성의 원리(principle of causality), 창의성의 원리(principle of creativity) 등과 같은 세 가지 원리에 기초하여 이뤄지지만, 특히 창의성의 원리를 중시하는 경향이 있다.[6] 따라서 미래연구의 초점은 미래를 정확하게 예측하는 데 있는 것이 아니라, 미래에 발생할 수 있는 여러 가능성을 찾아내어 각각의 상황에 대해서 좀더 효율적이고 능동적으로 대응하는 데 있음을 인식할 필요가 있다(최항섭 외, 2005).

한편 미래 예측을 위한 방법은 추정법, 패턴분석법, 구조분석법, 직관법, 목표분석법, 추론법 등으로 분류되는데, 미래연구에서 가장 선호하는 방법은 직관법이다. 직관법은 창의성의 원리에 바탕을 둔 것으로, 전문가들의 의견이나 판단을 설문지 형태나 인터뷰 형태로 수집하여 미래를 예측하는 델파이 기법(Delphi surveys), 전문가 집단이 최초의 아이디어를 제공하고 다른 사람들의 아이디어를 평가하여 서열을 매기는 명목집단분석(norminal group analysis), 구조화 및 비구조화 설문지법, 미래의 특정 상황을 컴퓨터로 정교하게 모델링한 다음에 이 모델에 여러 변수를 삽입하여 미래에 일어날 변화들을 예측해 보는 시뮬레이션 기법, 동인 탐색과 교차분석을 활용해 트렌드를 분석하는 시나리오 기법 등이 있다(장종인, 2007; 김준호·홍진환, 2009).

여기에서는 직관법에 기초한 다양한 세부 기법을 절충하는 방법으로 미래분석의 논리를 마련하고자 한다. 먼저 델파이 기법과 명목집단분석을 결합하는 방식으로 구조화 및 비구조화 설문지를 개발하여 1회에 한해 관련 전문가 집단에게 배포하고자 한다. 이때 전문가 설문의 대상은 정부(과장급 이상), 기업(이사급 이상), 학계(박사급 이상)의 시민단체(간사급 이상) 전문가들을 균형있게 할당하고자 한다. 또한 설문 문항의 질문 시점은 추세분석의 효과를 극대화시키기 위해 과거, 현재, 향후 5년, 향

---

6) 미래연구에서 창의성의 원리를 강조하는 이유는 미래 예측에 관한 기존 사회과학적 방법의 한계점 때문이다. 즉, 기존의 과학적 방법들은 독립변수(동인)와 종속변수(현상) 간의 인과적 관계를 토대로 현상이 발생하는 원인과 과정을 설명하려고 한다. 그러나 미래연구에서는 독립변수와 종속변수 간의 관계가 안정적으로 유지될 가능성이 적고, 특히 변수 간의 관계나 모델에 근본적인 변화가 일어날 정도의 장기적인 미래를 기존의 과학적 논리로 예측하는 것은 논리적으로 불가능하다. 또한 기존의 과학적 방법들은 선형성(linearity)과 준선형성(quasi-linearity)을 전제로 하는데, 미래의 변화가 구조적이고 근본적인 경우에는 이러한 전제가 성립되기 어렵다. 더구나 예측해야 할 미래의 시간이 길어질수록 불확실성(uncertainty)과 불확정성(indeterminacy)은 증폭될 수밖에 없기 때문에 기존의 과학적 방법의 적용가능성은 더욱 떨어지게 된다(최항섭 외, 2005).

후 10년 등으로 구분하고자 한다.

다음으로 전문가 설문의 설득력을 제고하기 위해 시나리오 기법의 논리를 간접적으로 원용하고자 한다. 크게 '정부-기업 관계'의 변화 추이 전망, 정부와 기업 간 협력 관계 선호도 조사, 정부의 산업정책 도구 선호도(만족도와 필요도) 조사 등으로 구분되는 전문가 설문의 결과를 종합적으로 재해석하는 방식으로 정치경제 모형별 시나리오를 제시하고자 한다.[7] 이때 시나리오 작성 절차는 준비작업(preparation), 주요 동인 탐색 및 트렌드 분석(tracking the trend), 교차분석 등을 통한 동인들의 조합·배치(analysing), 시나리오 작성 등과 같은 일반적 절차를 준용하고자 한다. 여기서 준비 단계는 질문을 명확히 하고, 알고자 하는 미래의 시간적 지평을 명확히 설정하는 단계를 말한다. 동인 탐색 및 추세 파악 단계는 미래의 결과에 영향을 미치는 미시적 및 거시적 동인들을 찾아내어 그 추세를 파악하는 단계를 말하고, 분석을 통한 동인들의 조합·배치 단계는 동인들이 미래 이슈에 미치는 영향력과 가능성에 따라 동인들 간의 관계를 분류하는 단계다. 이러한 분석을 토대로 최종적으로 선별된 동인들을 토대로 시나리오를 작성하게 된다.

그리고 시나리오를 작성하는 과정에서는 자문 형식을 차용해 관련 전문가집단이나 이해관계자들을 적극 활용하고자 한다. 기존의 과학적 방법은 내적 일관성(internal consistency)을 강조하기 때문에 별도로 인정을 받거나 합의를 해야 할 절차를 필요로 하지 않는다. 이와 달리 미래연구를 위한 시나리오 기법은 내적 일관성을 확보하기 어렵기 때문에 설득 가능성(ability to persuade)을 높이는 것이 매우 중요하기 때문이다. 아울러 시나리오의 설득 가능성을 제고하기 위해 시나리오의 작성 과정에 가능한 한 과학적인 논리 과정을 많이 포함시키고자 한다. 과학적 방법론이 가진 논리적 정합성은 보편적인 신뢰를 받기 때문에 과학적 방법론과 논리적 구조를 사용할수록 시나리오에 대한 신뢰를 제고하는 데 도움이 될 수 있기 때문이다(최항섭 외, 2005).

한편 좀더 효과적인 연구 수행을 위한 전략의 일환으로 최근 정치경제학 패러다임들이 좌와 우라는 이데올로기 경쟁에 주력하는 퇴행적 모습을 연출하고 있다는 점에 주목하고자 한다.[8] 이는 주요 강대국들이 냉전 구도의 출현 이래 비록 강도의 차이

7) 시나리오(scenario)란 미래에 발생 가능한 상황에 관한 '스토리'다. 이는 미래에 있을 법한 여러 가지 상황을 명료하게 이해하고, 각각의 상황에서 가장 적합한 대안을 찾을 수 있게 해 준다(Schwartz, 1996, 김민관·한창희, 2008에서 재인용).

8) 정부-기업 관계의 이론적 토대로서 정치경제학의 원류는 크게 자유주의, 민족주의, 사회주의로 구분된다. 18세기에 세 이론이 등장한 이후로 국부의 증진과 분배에 관한 연구들이 이 중 하나이거나

는 있지만 자국의 체제나 논리를 전파하기 위해 노력해 온 일과도 무관하지 않다. 물론 특정한 발전모형의 전 세계적 확산을 음모론적 시각에서 일방적으로 매도하기는 무리가 있지만 수입국이 직면한 정치경제적 상황, 즉 제도적 특성과의 부합성에 주목할 필요가 있다(Evans, 1991; 박세일, 2006). 이에 이 연구는 다양한 정치경제모형들 간의 통합과 절충을 중시하는 신제도주의 접근의 가능성에 특히 주목하고자 한다.

더불어 중범위 분석을 선호하는 신제도주의의 연장선상에서 출현한 거버너스(governance)라는 시각에도 주목할 필요가 있다. 세계 체제의 영향력이 강하게 작용하는 한국의 특성상 이데올로기 색채가 진한 국가와 시장이라는 기존의 이분법으로 국가공동체의 운영에 영향을 미치는 핵심 정책과 요인들을 포괄하기는 어렵기 때문이다. 따라서 정부와 기업 간의 협력은 물론 시민단체, 노동조합, 언론, 싱크탱크, 국제기구 등 국내외 행위자들과의 연계 관계에 초점을 부여한 상태에서 정책의 본질이나 성과를 좀더 용이하게 규명할 수 있기 때문이다. 더불어 상호 관계와 협력에 대한 관심은 특정한 행위자를 과신하는 과정에서 발생하는 오류의 가능성을 축소할 수 있다.

결국 이러한 인식과 논리를 토대로 이 연구는 정부-기업 관계 시나리오 분석의 유형을 진보와 보수 및 중도를 대표하는 세 가지 시각으로 단순화하고자 한다. 이는 다시 말해 사회민주주의와 신중상주의, 케인스주의와 신자유주의는 각기 정부 주도(정치 논리)와 기업 주도(경제 논리)라는 중범위 유형으로 통합이 가능함을 의미한다. 또한 대비되는 양 진영의 거시적 차이점에 부가하여 각 진영 내부의 세부 모형 간에 미시적 차이점을 발견하기에도 이러한 분류 체계가 유리할 수 있다. 나아가 중도를 대표하는 신제도주의는 절충적 현상 유지 시나리오를 추구하는 것으로 간주한다.

따라서 정부 주도 경제관리의 강화 시나리오(사회민주주의와 신중상주의)는 산업정책을 중심으로 복지와 환경의 추세를 검토하게 될 것이다. 또한 기업 주도 경제관리의 강화 시나리오(케인스주의와 신자유주의)는 경쟁정책을 중심으로 과학기술이나

혼합된 방식을 취하는 경우가 많았기 때문이다. 각기 스미스의 『국부론』(1776), 리스트의 『정치경제학의 민족적 체계』(1841), 마르크스의 『자본론』(1867)을 원류로 하는 각각의 이론들은 기존 체제의 모순과 한계를 극복하기 위한 고유의 대안을 제시해 왔다. 또한 스미스의 자유주의는 고전주의의 단계를 지나 신고전주의, 케인스주의, 통화주의, 신자유주의 등으로 발전했고, 마르크스의 사회주의는 수정주의, 페이비언주의, 러시아 공산주의, 유럽 마르크스주의, 종속이론, 사회민주주의 등으로 진화했다. 더불어 중상주의와 친화력을 지니고 있는 리스트의 민족주의도 전후 냉전 체제 하에서 첨예하게 대립했던 앞의 양 사조에 비해 영향력은 약했지만 독일 역사학파, 국가주의, 보호무역론, 국제체제론, 신중상주의 등으로 발전했다(백종국, 2009).

중소기업의 추세를 검토하게 될 것이다. 그리고 절충적 현상 유지 시나리오(신제도주의)는 경로 의존과 형용 모순(생산적 복지와 녹색성장을 중심으로)의 가능성을 집중적으로 검토하고자 한다. 이는 각각의 정책 정향에 따라서 정책의 우선순위가 차별화될 수밖에 없다는 현실 인식에 기초한 분석전략이다. 나아가 미시적인 정책 분야별 쟁점 분석은 정부-기업 관계를 매개하는 발전정책, 거시경제정책, 산업정책과 경쟁정책, 노동복지정책, 과학기술정책, 지방분권정책 등을 중심으로 진행하고자 한다. 이때 비교분석의 방법은 다섯 가지 시나리오에 대한 정책 분야별 차이분석과 추세분석을 채택하고자 한다. 이때 차이분석과 추세분석은 연구팀의 내부 토론과 합의 결과에 기초하고자 한다.

제 3 절 우리나라 정부-기업 관계의 변화에 관한 전문가 설문조사

1 전문가 설문조사의 개요와 방법론

이 연구에서는 정부-기업 관계의 포괄적 변화 추이에 부가하여 정부와 기업 간 협력 관계 패턴과 산업정책 도구 선호도를 규명하기 위해 전문가 설문조사를 실시했다. 설문조사는 중앙부처 공무원(과장급 이상), 기업 임원(이사급 이상), 학계 전문가(박사급 이상), 시민단체의 전문가들을 대상으로 실시했다. 설문조사는 2009년 11월부터 2010년 7월까지 전문가 설문지를 배포하고 회수하는 방식으로 이뤄졌다. 회수된 설문지 중에서 불성실한 응답과 통계 처리에 부적당한 응답을 제외하고 실제 분석한 설문은 총 79부다.

전체 응답자 79명 가운데 공무원이 42명(53.2%)으로 가장 많고, 학계 전문가가 18명(22.8%), 기업 임원이 15명(19.0%), 시민단체 전문가 4명(5.1%) 순이다. 공무원은 모두 중앙부처 소속의 공무원이고 기업 임원의 경우에는 중소기업이 11명으로 대기업(3명), 중견기업(1명)보다 많았다. 이데올로기를 기준으로 응답자들을 분류하면, 자신을 중도적이라고 응답한 사람이 51명(64.6%)으로 가장 많고, 보수적 13명(16.5%), 진보적 11명(13.9%) 순이었다.

〈표 15-2〉 전문가 설문조사 빈도분석 결과

근무 분야			기업 임원의 기업 규모			이념		
구분	빈도	퍼센트	구분	빈도	퍼센트	구분	빈도	퍼센트
공무원	42	53.2	대기업	3	3.8	진보적	11	13.9
기업	15	19.0	중견기업	1	1.3	보수적	13	16.5
시민단체	4	5.1	중소기업	11	13.9	중도	51	64.6
학계와 연구소	18	22.8	비기업인	64	81.0	무응답	4	5.1
합계	79	100.0	합계	79	100.0	합계	79	100.0

2 분석 결과 종합

1) 정부-기업 관계의 포괄적 변화 추이에 대한 분석 결과

정부-기업 관계의 추세에 관한 전문가 설문조사 결과에 따르면 산업정책을 요체로 하는 신중상주의가 한국 경제의 고도성장기를 통해 가장 큰 영향력을 발휘(1순위 응답 기준 79.7%)한 것으로 나타났을 뿐만 아니라 지금도 신자유주의와 케인스주의에 앞설 정도로 큰 영향력(1순위 응답 기준 36.7%)을 지니고 있는 것으로 나타났다. 하지만 향후 5년과 10년 이후에는 신자유주의의 영향력이 각기 45.6%와 46.8%로 가장 커질 것으로 예측되었다.

한편 신중상주의의 퇴조와 신자유주의의 확산에 부가해 케인스주의의 약화와 신제도주의의 강화 그리고 사회민주주의의 신중한 모색이라는 흐름이 부각될 것으로 나타났다. 먼저 2007년 말 모기지 파동을 계기로 확장적 재정·금융정책을 요체로 하는 케인스주의가 신중상주의의 보완 기제로 부각되었지만 앞으로 전개될 신자유주의 구도 하에서 상대적 비중이 약화될 것으로 예측되었다. 다음으로 현상 유지에 초점이 부여된 신제도주의의 경우 정부-기업 관계의 과도기로 평가되는 현재와 향후 5년 이후까지 상대적 비중이 강화될 것으로 나타났다. 또한 분배 지향적 복지정책을 중시하는 사회민주주의는 앞으로 신자유주의의 강세 속에서도 일정 수준 이상의 영향력을 발휘할 것으로 전망되었다. 즉, 향후 5년 이후 12.7%, 향후 10년 21.5%로 증가 추세를 나타내고 있을 뿐만 아니라 2순위까지 고려한다면 향후 5년 29.2%, 향후 10년 34.2%로 나타나 사회민주주의가 정책결정의 핵심 변수로 고려되어야 한다는 점을

〈표 15-3〉 정부-기업 관계의 과거와 현재 및 미래에 대한 전문가 설문조사 결과

		1순위		2순위		3순위		합계 (%)
		빈도	%	빈도	%	빈도	%	
1. 과거 우리나라의 경제 및 산업정책 결정에 영향력을 행사한 모형은 무엇입니까?	사회민주주의	1	1.3	14	17.7	21	26.6	45.6
	신중상주의	63	79.7	8	10.1	3	3.8	93.6
	신제도주의	1	1.3	25	31.6	22	27.8	60.7
	케인스주의	9	11.4	23	29.1	18	22.8	63.3
	신자유주의	5	6.3	8	10.1	14	17.7	34.1
	합계	**79**	**100**	**78**	**98.7**	**78**	**98.7**	**99.1**
2. 현재 우리나라의 경제 및 산업정책 결정에 영향력을 행사하는 모형은 무엇입니까?	사회민주주의	10	12.7	6	7.6	17	21.5	41.8
	신중상주의	29	36.7	8	10.1	10	12.7	59.5
	신제도주의	10	12.7	20	25.3	16	20.3	58.3
	케인스주의	14	17.7	30	38.0	18	22.8	78.5
	신자유주의	16	20.3	15	19.0	17	21.5	60.8
	합계	**79**	**100**	**79**	**100**	**78**	**98.7**	**99.6**
3. 향후 5년 이후에 우리나라의 경제 및 산업정책 결정에 영향력을 행사할 모형은 무엇입니까?	사회민주주의	10	12.7	13	16.5	15	19.0	48.2
	신중상주의	7	8.9	4	5.1	11	13.9	27.9
	신제도주의	13	16.5	25	31.6	23	29.1	77.2
	케인스주의	13	16.5	22	27.8	18	22.8	67.1
	신자유주의	36	45.6	15	19.0	12	15.2	79.8
	합계	**79**	**100**	**79**	**100**	**79**	**100**	**100**
4. 향후 10년 이후에 우리나라의 경제 및 산업정책 결정에 영향력을 행사할 모형은 무엇입니까?	사회민주주의	17	21.5	10	12.7	12	15.2	49.4
	신중상주의	5	6.3	3	3.8	11	13.9	24
	신제도주의	9	11.4	27	34.2	30	38.0	83.6
	케인스주의	11	13.9	25	31.6	14	17.7	63.2
	신자유주의	37	46.8	14	17.7	11	13.9	78.4
	합계	**79**	**100**	**79**	**100**	**78**	**98.7**	**99.6**

시사한다.

요컨대, 향후 정부-기업 관계의 전망은 한마디로 과도기적 전환기를 거친 이후에 새로운 체제의 방향성을 강화시킬 것으로 보인다. 이 점에서 신자유주의와 사회민주주의라는 상반된 가치와 정책을 효과적으로 절충하는 신제도주의 기반의 강화는 안정적 제도 변화에 기여하게 될 것이다.

2) 정부-기업 간 협력 관계 선호도 분석 결과

먼저 정부기관 중 강화되어야 할 부서로는 지식경제부(중소기업청)가 30.4%로 가장 높았다. 그리고 기획재정부가 21.5%로, 공정거래위원회 15.2% 순이었다. 2순위까지 고려할 때도 지경부 50.7%, 기재부 44.3%, 공정위 34.2%로 동일한 순서로 나타나 역시 전통적인 산업정책 관련 주무부처들의 강화를 지적하고 있으며, 상대적으로 청와대나 지자체의 강화 비중은 높지 않았다.

둘째, 현안 시책 중 우선되어야 할 정책으로는 27.8%가 R&D를 통한 성장잠재력 확충을 꼽았다. 그리고 새로운 투자 기회 창출(20.3%)과 고용 안정(20.3%) 등을 들었고 2순위까지 고려하면 새로운 투자기회 창출(53.2%), R&D를 통한 성장잠재력 확충(45.5%), 고용 안정(33.0%) 등으로 나타나 성장잠재력과 투자 기회 창출이 시급한 현안인 것으로 나타났다.

셋째, 정부-기업의 우선 협력이 필요한 분야로는 에너지·자원산업(48.1%), IT산업(25.3%)이 단연 높은 수준으로 나타났는데, 대규모 투자가 필요하거나 정부의 규제 및 보호가 필요한 분야라는 점에서 정부의 역할이 요청되는 분야라고 할 수 있다.

넷째, 정부-기업 간 협력 방식이 강화되어야 할 분야는 기술 개발(41.8%)인 것으로 나타났고 2순위까지 고려할 경우에는 인력 양성 및 훈련(31.6%)도 협력 강화가 필요한 분야로 나타났다.

다섯째, 정부와 기업과의 정책 협력 과정 중 가장 강화되어야 할 단계로는 의제설정 단계(62.0%)로 나타났다. 정부정책은 의제가 설정된 이후 변경이 쉽지 않다는 점에서 이 단계의 강화가 필요한 것으로 인식한 것은 매우 자연스러운 결과로 판단된다.

여섯째, 정부-기업 간 협력 과정 중 기업의 대표로 기구로는 산업별 협회(49.4%)가 가장 적합한 것으로 나타났다. 노조(3.8%)나 최상급 경제단체(24.1%)보다 산업별 협회가 높은 적합도를 보인 것은 실질적인 정부의 협력을 유도하기 위해서는 이해관계를 잘 대변할 수 있는 주체가 산업별 협회이기 때문인 것으로 판단된다.

마지막으로 협회나 조합 등 중간조직의 유용성은 시장정보 획득(26.6%), 정부에 대한 건의(19.0%), 신기술 동향 파악(16.5%) 등으로 대체로 기업에 필요한 정보의 획득에 유용성이 있는 것으로 나타났다.

요컨대, 정부와 기업 간 협력 관계에서는 산업 관련 주무부처의 강화와 R&D 개발 및 투자 기회 확대, 그리고 에너지·자원 등 정부의 역할이 필요한 분야에서의 협력

〈표 15-4〉 정부-기업 간 협력 관계 선호도에 대한 전문가 설문조사 결과

		1순위		2순위		3순위		합계
		빈도	%	빈도	%	빈도	%	(%)
1. 산업정책에 참여하고 있는 정부기관 중 가장 강화되어야 할 조직은 무엇입니까?	지식경제부(중소기업청)	24	30.4	16	20.3	20	25.3	76
	기획재정부	17	21.5	18	22.8	10	12.7	57
	문화관광부	2	2.5	2	2.5	5	6.3	11.3
	교육과학기술부	9	11.4	2	2.5	6	7.6	21.5
	공정거래위원회	12	15.2	15	19.0	8	10.1	44.3
	규제개혁위원회	4	5.1	11	13.9	9	11.4	30.4
	외교통상부	1	1.3	2	2.5	10	12.7	16.5
	노동부	2	2.5	5	6.3	6	7.6	16.4
	청와대	0	0.0	2	2.5	1	1.3	3.8
	지방자치단체(산하단체)	8	10.1	6	7.6	4	5.1	22.8
	합계	**79**	**100**	**79**	**100**	**79**	**100**	**100**
2. 정부-기업 간 협력이 요구되는 경제 및 산업정책의 현안 시책 중 가장 우선시 되어야 할 것은 무엇입니까?	실물경제(경제 상황) 공동진단	6	7.6	2	2.5	3	3.8	13.9
	해외 수출 지원 체제 가동	0	0.0	2	2.5	10	12.7	15.2
	새로운 투자 기회 창출	16	20.3	26	32.9	6	7.6	60.8
	고용 안정	16	20.3	10	12.7	8	10.1	43.1
	서민 보호를 위한 산업복지 지원 확대	0	0.0	2	2.5	11	13.9	16.4
	유통질서 개선 및 제품안전 강화	4	5.1	6	7.6	5	6.3	19
	기술혁신(R&D)을 통한 성장잠재력 확충	22	27.8	14	17.7	11	13.9	59.4
	노사문제 해결	8	10.1	6	7.6	9	11.4	29.1
	기업 도산 방지 및 자율 구조조정 지원	2	2.5	6	7.6	11	13.9	24
	합계	**79**	**100**	**79**	**100**	**79**	**100**	**100**
3. 우리나라의 세부 산업부문 중 정부와 기업 간 협력이 우선적으로 요구되는 분야는 무엇입니까?	자동차	4	5.1	8	10.1	8	6.3	21.5
	조선	3	3.8	3	3.8	6	10.1	17.7
	소재산업	5	6.3	21	26.6	26	7.6	40.5
	IT산업	20	25.3	28	35.4	14	32.9	93.6
	기계산업	1	1.3	3	3.8	6	17.7	22.8
	섬유산업	2	2.5	1	1.3	0.0	7.6	11.4
	에너지·자원산업	38	48.1	10	12.7	13	16.5	77.3
	합계	**78**	**98.7**	**79**	**100**	**78**	**98.7**	**99.1**
4. 정부와 기업 간 협력의 방식 중 가장 강화되어야 할 분야는 무엇입니까?	기술 개발	33	41.8	9	11.4	5	6.3	59.5
	인력 양성 및 훈련	8	10.1	17	21.5	10	12.7	44.3
	자금조달	4	5.1	9	11.4	5	6.3	22.8
	영업과 수출	2	2.5	2	2.5	12	15.2	20.2
	정보 제공 및 지원	9	11.4	8	10.1	17	21.5	43
	전문 서비스	1	1.3	2	2.5	3	3.8	7.6
	비전 제시	8	10.1	6	7.6	2	2.5	20.2
	네트워크 구축	8	10.1	5	6.3	13	16.5	32.9

	단기 업무 협력	0	0.0	0	0.0	0	0.0	0.0
	기술표준화	3	3.8	5	6.3	4	5.1	15.2
	산·학 연계 지원	2	2.5	15	19.0	7	8.9	30.4
	합계	**78**	**98.7**	**78**	**98.7**	**78**	**98.7**	**98.7**
5. 정부와 기업 간 협력의 정책 단계 중 가장 강화되어야 할 단계는 무엇입니까?	공동 정책의제 설정	49	62.0	12	15.2	10	12.7	89.9
	공동 정책결정	18	22.8	30	38.0	10	12.7	73.5
	공동 정책집행	5	6.3	18	22.8	26	32.9	62
	공동 정책평가	7	8.9	17	21.5	29	36.7	67.1
	합계	**79**	**100**	**77**	**97.5**	**75**	**94.9**	**97.5**
6. 정부와의 협력에 참여하는 기업 측 대표자는 누가 적합하다고 생각합니까?	개별 기업	16	20.3	10	12.7	21	26.6	59.6
	산업별 협회	39	49.4	29	36.7	3	3.8	89.9
	최상급 경제단체	19	24.1	20	25.3	12	15.2	64.6
	노조 등 이해관계자	3	3.8	10	12.7	24	30.4	46.9
	지역상공회의소	2	2.5	9	11.4	18	22.8	36.7
	합계	**79**	**100**	**78**	**98.7**	**78**	**98.7**	**99.1**
7. 정부와 기업을 매개하는 관련 중간조직(협회나 조합)의 유용성은 무엇입니까?	시장정보 획득	21	26.6	15	19.0	14	17.7	63.3
	신기술 동향 파악	13	16.5	16	20.3	9	11.4	48.2
	동종 업계 교류	13	16.5	15	19.0	15	19.0	54.5
	자금 조달	1	1.3	0	0.0	1	1.3	2.6
	기술과 제품 공동 개발	8	10.1	11	13.9	3	3.8	27.8
	제품의 홍보 및 전시	1	1.3	5	6.3	8	10.1	17.7
	전문인력의 채용	0	0.0	2	2.5	3	3.8	6.3
	인력의 교육훈련	7	8.9	4	5.1	7	8.9	22.9
	정부정책에 대한 건의	15	19.0	11	13.9	19	24.1	57
	합계	**79**	**100**	**79**	**100**	**79**	**100**	**100**

을 선호하며, 특히 기술 개발이나 인력 양성·훈련 등의 협력을 요구하고 있고, 정책의제 설정 단계에서 협력 강화를 선호하는 것으로 나타났다. 그리고 산업별 협회의 중재 역할과 경영정보 제공의 필요성을 인식하고 있는 것으로 나타났다.

3) 정부의 산업정책 도구 선호도 분석 결과

이 연구는 산업정책 도구의 유형을 정책 도구의 기본적 성격(규제와 유인)과 맥락을 고려한 정책 도구의 집행 방식(개입과 자율)에 따라 네 가지 유형으로 분류했다. 이를 토대로 한 조사 결과 산업정책 유형 중 만족도는 시장적 유인 도구(38.0%)가 가장 높은 것으로 나타났다. 그 다음은 선택적 유인 도구(27.8%)로 나타났으며, 탈규제(21.5%), 재규제(10.1%)는 상대적으로 만족도가 낮게 나타났다. 이러한 결과를 통해 정책 도구의 성격이 규제보다는 유인적 성격을 갖는 정책의 만족도가 높다는 것을 알 수 있다.

둘째, 향후 필요한 정책 도구로는 시장적 유인 도구가 38.0%로 가장 높았고, 탈규제 도구(35.4%), 재규제 도구(12.7%), 선택적 유인 도구(11.4%)로 나타났다. 즉 향후

〈표 15-5〉 정부의 산업정책 도구 선호도에 대한 전문가 설문조사 결과

		1순위		2순위		3순위		합계
		빈도	%	빈도	%	빈도	%	(%)
1. 산업정책 도구 유형 분류 체계에 제시된 네 가지 정책 도구 유형 중 가장 만족도가 높은 도구는 무엇입니까?	선택적 유인 도구	22	27.8	19	24.1	22	27.8	79.7
	시장적 유인 도구	30	38.0	30	38.0	12	15.2	91.2
	재규제 도구	8	10.1	9	11.4	19	24.1	45.6
	탈규제 도구	17	21.5	19	24.1	24	30.4	76
	합계	**77**	**97.5**	**77**	**97.5**	**77**	**97.5**	**97.5**
2. 산업정책 도구 유형분류 체계에 제시된 네 가지 정책 도구 유형 중 향후 가장 필요도가 높은 도구는 무엇입니까?	선택적 유인 도구	9	11.4	18	22.8	23	29.1	63.3
	시장적 유인 도구	30	38.0	27	34.2	16	20.3	92.5
	재규제 도구	10	12.7	12	15.2	17	21.5	49.4
	탈규제 도구	28	35.4	20	25.3	19	24.1	84.8
	합계	**77**	**97.5**	**77**	**97.5**	**75**	**94.9**	**96.6**
3. '선택적 유인 도구' 중 가장 선호하는 도구는 무엇입니까?	경제적 유인	53	67.1	18	22.8			89.9
	정보적 유인	12	15.2	38	48.1			63.3
	조직적 유인	12	15.2	22	27.8			43
	합계	77	97.5	78	98.7			98.1
4. '시장적 유인도구' 중 가장 선호하는 도구는 무엇입니까?	재정정책적 유인	38	48.1	26	32.9			81
	금융정책적 유인	34	43.0	41	51.9			94.9
	무역정책적 유인	5	6.3	11	13.9			20.2
	합계	**77**	**97.5**	**78**	**98.7**			**98.1**
5. '재규제 도구' 중 가장 선호하는 도구는 무엇입니까?	사회규제 강화	18	22.8	26	32.9			55.7
	비공식적 규제 정비	21	26.6	30	38.0			32.3
	국내기업의 전략적 보호	39	49.4	23	29.1			39.3
	합계	**78**	**98.7**	**79**	**100**			**99.4**
6. '탈규제 도구' 중 가장 선호하는 도구는 무엇입니까?	경제규제 완화	36	45.6	14	17.7			63.3
	시장경쟁 촉진	31	39.2	39	49.4			88.6
	규제대안의 적극적 탐색	11	13.9	26	32.9			46.8
	합계	**78**	**98.7**	**79**	**100**			**99.4**

에는 정부개입 방식인 선택적 유인 도구나 재규제 도구보다는 시장 자율적 방식인 시장적 유인 도구나 탈규제 도구가 필요할 것으로 인식하고 있음을 보여 준다.

한편 각 유형별 유인 도구의 내용 중 구체적인 선호를 분석해 보면 먼저 선택적 유인 도구에서는 경제적 유인 도구인 정부보조금이나 정책금융 등을 가장 선호하는 것으로 나타났다(67.1%). 시장적 유인 도구에서는 법인세율 조정과 같은 재정정책적 유인(48.1%), 이자율 조정과 같은 금융정책적 유인(43.0%)이 비슷하게 선호되는 것으로 나타났다. 재규제 도구에서는 산업표준화 등과 같은 국내 기업의 전략적 보호가 가장 선호(49.4%)되는 것으로 나타났다. 탈규제 도구에서는 민영화와 간소화 같은 경제 규제 완화(45.6%)와 공정거래, 장벽 제거와 같은 시장 경쟁 촉진(39.2%)이 선호되는 것으로 나타났다.

요컨대, 산업정책에 대한 만족도는 유인적 성격이 강한 정책들이 높고, 향후 필요하다고 인식하는 정책은 시장 자율적 방식의 정책을 선호하고 있음을 알 수 있다. 다시 말해 산업정책 중 가장 만족스러운 정책은 법인세율 조정이나 이자율 조정과 같은 재정정책 또는 금융정책이며, 그 다음으로는 정부보조금이나 정책금융과 같은 경제적 유인정책이라고 할 수 있다. 그리고 향후 필요하다고 인식하는 구체적인 산업정책은 재정이나 금융정책, 민영화와 같은 경제 규제 완화 정책인 것으로 분석되었다.

제 4 절 우리나라 정부-기업 관계 변화의 논리와 시나리오 비교

1 정부 주도 경제관리 강화의 논리와 시나리오

1) 논리: 사회민주주의와 신중상주의

일반적으로 행정국가로 지칭되는 정부 주도의 경제관리, 즉 크고 강한 정부는 진보적인 좌파의 전유물로 간주되어 왔다. 하지만 이러한 행정국가의 일반론은 지역적 특수성에 따라 다소의 의미 차이를 지니고 있다. 사회민주주의에 기초한 서유럽 복지국가들과 달리 신중상주의에 기초한 동아시아 발전국가들은 정부의 대소보다는 강약에 초점을 부여하는 과정에서 진보적 색채와 더불어 보수적 특성들이 혼재되어 있기 때문이다.

역사적으로 관 주도 발전의 오랜 경험을 지니고 있는 한국의 현실에서 정부 주도의 경제관리 강화는 고도의 양면성을 지니고 있다. 사회민주주의가 진보의 논리를 대표해 왔음에 반해 신중상주의는 보수의 논리를 대표해 왔기 때문이다. 이는 양 진영 간의 전통적인 갈등 구도가 질적 성장(국질)과 양적 성장(국부), 외부 지향(수출 주도)과 내부 지향(자립경제)에 초점을 부여해 왔기 때문이다.[9]

하지만 신자유주의가 급속히 확산된 새로운 현실에서 양 진영은 적어도 이론적 측면에서 타협의 가능성을 연출하고 있다. 이데올로기의 종언이라는 시대적 요구에 부응하기 위해 사회민주주의는 제3의 길이라는 실용주의 노선을 채택했고, 신중상주의자들은 세계화의 심화라는 새로운 현실에 적응하기 위해 시장 원리를 존중하는 방향으로 정책 전환을 시도하고 있다.

결국 자유시장이라는 경제제일주의 관념이 기업을 넘어 관계와 언론계는 물론 국가 전반으로 확산되면서 공공성 수호를 축으로 한 양 진영 간의 공조는 앞으로도 더욱 강해질 것으로 전망된다. 물론 단기적으로 진보적 색채의 정부가 다시 등장하기는 쉽지 않겠지만 노무현 정부의 집권기를 통해 나타난 다양한 실험들이 향후 지속적으로 정제될 경우 보수 편향적 정책노선에 대한 방파제 역할을 기대할 수 있다. 진보의 목소리를 대변해 온 소장 사회과학자들이나 최근 '진보의 미래'라는 유고집을 출간한 노무현 재단 및 참여연대, 민주노총 등 시민노동단체들의 목소리가 지속적으로 작동하고 있기 때문이다(노무현, 2009).

박정희 정부를 비판하는 과정에서 형성된 한국의 토착적인 진보 연구는 박현채(1978)의 '민족경제론'에 뿌리를 두고 있다. 그는 마르크스의 사회주의와 독일의 민족주의에 근거해 박정희 정부의 경제 성장전략이 비록 경제성장률을 높이고 급속한 산업화를 달성하는 데는 성공했다 하더라도 대외의존적이고 파행적인 경제구조를 시정하기는커녕 이를 심화시켰다고 비판했다(박현채, 1978: 196-207). 따라서 수출보다는 내수, 대기업보다는 중소기업 중심의 경제 성장이 필요하다는 점을 역설하는 한편

9) 양 진영 간의 이론적 갈등과 관련하여 한국식 발전국가의 성과를 강조하고 재벌 체제의 유용성을 역설한 신중상주의자 장하준, 정승일 등의 주장을 과연 진보적 입장으로 수용할 것인가에 대해서 사회민주주의자 진영 내부에서 많은 논란이 제기되었다(김상조, 2004; 이병천, 2005). 하지만 이들은 외환 위기 이후 진행된 시장주의적 개혁을 비판하고, 미국식 경제 체제를 이상적인 것으로 간주하는 경제 부처들의 입장에 정면으로 맞섬으로써 진보적 여론 형성이나 진보 진영의 지평 확대에 기여한 것으로 평가된다.

농업 발전과 계층 간 소득분배 구조를 개선해야 하며 경제계획의 수립과 집행은 민주적 방법을 추구해야 한다는 점을 강조했다.

물론 이러한 목소리는 박정희 정부는 물론 그를 계승한 전두환과 노태우 정부 하에서 철저하게 배제되었다. 또한 문민정부를 표방한 김영삼 정부의 출범 이후에도 진보진영의 소외 현상은 좀처럼 개선되지 못한 것이 사실이다. 이후 김대중 정부의 출범으로 진보 진영은 호기를 맞이했지만 IMF 관리 체제의 영향으로 인해 경제개혁의 본류보다는 노사정위원회와 사회복지정책을 강조하는 수준에서 타협했다.[10] 특히 노무현 정부의 출범으로 진보 진영은 현실의 정책을 실질적으로 주도하는 단계로 도약했다. 물론 이명박 정부의 출범 이후 노무현 정부의 주력사업이었던 지방분권 강화(행정중심 복합도시, 혁신도시, 지역혁신 클러스터), 남북 경제 교류(개성공단, 금강산 관광), 보편적 사회복지 체계 등과 같은 진보적 정책들이 급속히 위축되었지만 미래의 정책대안으로서 부활의 가능성을 배제하기는 어렵다.

2) 시나리오: 핵심 정책 분야별 기조와 정향

이명박 정부의 시장 편향적이고 기업 친화적인 정책 기조에 대한 견제 세력이자 대안 진영으로서 정부 주도 경제관리의 시나리오는 산업정책, 복지정책, 분권정책, 환경정책 등의 강화로 나타나게 될 것이다.

첫째, 산업정책의 강화는 과거의 대기업 편향성을 탈피해 중소기업의 전략적 육성에 초점을 부여하는 방식으로 부활하게 될 것이다. 물론 현재 한국 경제의 대외 경쟁력을 선도하고 있는 주요 대기업들에 대한 정부의 전략적 지원과 파트너십은 지속될 것이다. 하지만 과거와 같은 선택적 유인의 대상에서 탈피해 공정거래정책과 소액주주운동 등 규제적 조치들과 균형을 추구하게 될 것이다. 또한 경제자유화 추진 과정에서 약화된 금융의 산업 지원 기능을 강화하는 방안을 모색하는 일에도 각계의 관심이 제고될 것이다. 하지만 산업자본과 금융자본의 밀착, 즉 대기업의 은행 소유는 상당 기간 동안 규제 대상으로 남아 있게 될 가능성이 크다. 일례로 '삼성을 생각한다'는 내부고발자 김용철(2010)의 도전적 문제 제기는 재벌 체제의 국민경제적 유용

10) IMF의 구조조정 프로그램에 대한 진보 진영의 비판은 외환 위기의 원인을 준내부조직 또는 정실자본주의로 지칭되는 정부-기업 관계의 부작용에 귀인시키는 내인론(內因論)에 초점이 부여되어 있다. 따라서 한국 경제의 내적 취약성뿐 아니라 국제 금융자본의 투기적 행태와 같은 외인론(外因論)에도 주목해야 한다는 것이다(이찬근, 2001). 이는 다시 말해 내인론에 기초해 국제 금융자본과 미국 재무부가 마련한 신자유주의적 구조조정에 문제가 있음을 의미한다.

성에도 불구하고 기업의 도덕성과 자제력이 전제되지 못한 상태에서 중장기적으로 기업 친화적 정책 정향의 정당성을 약화시키게 될 것이다.

둘째, 복지정책은 최근 심화된 양극화 추세를 완화시키는 대안으로서 그 중요성이 더욱 부각될 것이다. 하지만 공공근로, 국민기초생활보장제도 등 직접적 지원 대책보다는 근로장려세제, 일자리 만들기 등과 같이 자립 의지를 강조하는 생산적(일하는) 복지정책에 초점이 부여될 것이다. 물론 단기적 효율성과 성과를 중시하는 재계의 요구로 인해 노동시장의 유연화 추세는 가속화될 것으로 전망되지만 고용 안정이 최고의 복지정책이라는 측면을 고려할 때 인력 절감 중심의 과도한 구조조정에 대한 보완 대책을 강화하는 일에 유의하게 될 것이다. 일례로 정부-재벌-노동운동 간의 사회적 타협을 통해 재벌 총수의 소유지배권을 인정해 주고 그 대가로 재벌 총수와 재벌기업은 투자와 고용 증대에 매진함으로써 성장과 분배 모두에서 좋은 결과를 가져올 수 있도록 해야 한다는 주장에 주목할 필요가 있다(장하준·정승일, 2005). 나아가 서민들이 느끼는 체감 경기가 개선되지 못한 상태에서 노인연금이나 무상급식에 대한 지속적인 확대 요구는 정부의 복지정책을 규정하는 핵심적 변수로 작용하게 될 것이다.

셋째, 분권정책은 노무현 정부의 집권기를 통해 수도권 중심의 기존 성장 패턴의 폐해를 완화한다는 정책 목표 하에 적극적으로 추진된 바 있다. 하지만 최근 범국가적 쟁점으로 부각된 행정중심 복합도시 이전 논쟁이 시사하듯이 기득권 침해와 정치적 고려가 깊이 내재된 관련 문제의 원만한 해결은 그 당위성에도 불구하고 계속 지연될 개연성이 크다. 따라서 직접적 논쟁 대상으로 부각된 행정중심 복합도시와 혁신도시는 물론 각종 클러스터 정책도 딜레마의 함정을 조속히 탈피하기는 어려울 것으로 보인다. 더불어 분권정책의 연장선상에 위치하는 남북 간 경제 교류도 단기적으로 획기적인 변화의 전기를 맞이하기는 어려울 것이다.

넷째, 환경정책은 진보 세력이 중시하는 생태 가치와 밀접한 관련성을 지니고 있다. 하지만 최근 기후 변화 대응 방안을 모색하기 위해 개최된 코펜하겐 회의나 이명박 정부의 녹색성장 패러다임이 시사하듯이 환경문제는 정치적 가치를 초월해 인류 생존의 문제로 부각되고 있다. 따라서 관련 분야에 대한 급진적 정책 변화를 기대할 수 있다. 하지만 환경 규제의 강화가 기업의 이익과 배치된다는 점에서 실질적인 성과 창출에는 다소의 시행착오를 수반하게 될 것이다. 또한 이른바 한국을 대표하는 환경론자들의 주장 속에 내재된 논리의 빈곤과 과잉 동조 현상이 국민 대다수의 공감대를 형성하는 일에 실패하고 있다는 점에도 주목할 필요가 있다.

2 시장 주도 경제관리 강화의 논리와 시나리오

1) 논리: 신자유주의와 케인스주의

중앙기획(central planning)이라는 사회주의의 이상을 사회민주주의와 신중상주의가 수정했듯이 자유시장(free market)이라는 방임주의의 이상은 신자유주의와 케인스주의에 의해 보완 과정을 거치고 있다. 스미스가 제시한 자유시장의 이상은 시장기제의 완전성에 기초하고 있다. 하지만 행동경제학자들의 주장을 통해 알 수 있듯이 계속적으로 합리적 선택에 내몰리는 행위자들은 정보 처리나 인지 능력의 한계로 인해 시장의 완결성에 효과적으로 부응하기 어렵다. 또한 갈수록 가중되고 있는 환경의 복잡성과 제도의 특수성도 시장의 불완전성을 조장하는 주요 요소로 작용한다.

16, 17세기를 풍미한 중상주의의 대항 논리로 제시된 자유방임주의는 프랑스의 중농주의자들이 최초로 주장했으며 이 사상을 경제학적으로 체계화한 학자는 스미스였다. 그는 『국부론』(1776)을 통해 개인의 이익을 추구하는 자유로운 경제활동이야말로 사회적 부(富)를 가져오며, 또 그 활동은 시장 기구에 의해 부의 공정하고 효율적인 배분도 실현하며, 사회적 조화가 실현된다는 것을 이론적으로 제시했다.

이러한 스미스의 주장은 18~19세기를 풍미한 산업혁명의 기풍 속에서 전세계로 급속히 확산되었다. 물론 자유방임을 표방한 영국 경제의 탁월한 성과는 중상주의의 영광에 집착했던 프랑스를 압도했다는 점에서 그 가치를 입증한 바 있다. 하지만 외견상 화려한 자유시장의 이면에는 토머스 모어(Thomas Moore)의 유토피아를 통해 그 실상이 적나라하게 묘사된 바와 같이 수익성이 좋은 양을 키우기 위해 농지에 담을 쌓는 엔클로저(enclosure) 현상을 촉발시켜 결과적으로 농촌공동체의 붕괴는 물론 토지 소유의 집중화와 같은 부작용을 산출했다는 점에 주목할 필요가 있다.

한편 자유방임주의의 이상은 1929년 발생한 대공황을 계기로 정부 주도의 선제적 시장실패 치유를 표방한 케인스주의(수정자본주의)에 의해 수정 보완 과정을 거치게 된다. 케인스주의는 확장적 재정·금융정책을 앞세워 소득평준화와 완전 고용이라는 기대 이상의 성과를 산출했을 뿐만 아니라 대공황이나 세계대전과 같은 혁명적 변화에 직면하여 궤도를 이탈한 시장 질서의 정상화를 위한 또 다른 길을 제시했다.

물론 전후 25년간 지속된 케인스주의의 영광도 1970년대 이후 석유 위기로 촉발된 세계적인 불황에 직면하여 고전적 자유주의의 또 다른 수정 대안인 신자유주의에 자리를 양보하게 된다. 영미 국가를 중심으로 확산된 신자유주의는 자유시장의 이상을 되살리기 위해 탈규제, 민영화, 작은 정부 등을 표방했다. 물론 신자유주의자들도 19세기와 다른 경제환경 하에서 정부의 시장개입을 완전히 부정하지는 않지만 케인스주의의 부작용을 치유하기 위해 '준칙에 의한' 소극적 통화정책과 국제금융의 자유화를 통해 안정된 경제 성장을 추구함을 목표로 한다. 특히 복지 수요에 부응하기 위해 세율 인상과 재정 지출을 확대하는 것은 근로 의욕을 저하시키는 복지병의 원인으로 간주한다.

이상의 논의를 통해 알 수 있듯이 20세기를 풍미한 경제관리의 양대 진영으로서 케인스주의와 신자유주의는 거시경제정책의 추진 범위와 강도를 둘러싼 차이점이 존재하지만 기본적으로 시장의 일반성을 훼손하지 않는 파라미터적 정책 도구의 활용을 전제한다는 점에서 합의를 형성하고 있다. 물론 거시적 맥락에서 사회민주주의와 케인스주의를 동일시하는 일부의 주장과 견해를 무시하기는 어렵지만 사회민주주의는 정부의 시장 파괴적 정책 수단을 선호하는 신중상주의와 선택적 친화력을 지니고 있다고 파악하는 것이 바람직하다.

특히 전통적으로 산업정책을 중시해 온 오늘날 한국의 현실에서 거시경제정책의 추진 방향을 둘러싼 케인스주의와 신자유주의 간의 차이는 전략보다는 전술의 차이로 이해하는 것이 유용하다. 다시 말해 자유시장의 기풍이 강력했던 영미 국가에서는 케인스주의와 신자유주의 간의 차이점이 부각될 수 있지만 한국에서는 의미있는 차이점을 발견하기 어렵다는 것이다. 이 점은 시장 논리를 신봉하는 한국의 경제(경영)학자나 자유주의 관료들이 예외적으로 강력했던 산업정책과의 전선에 집중하는 과정에서 긴밀히 공조하고 협력하는 모습을 보여 왔다는 사실을 통해서도 유추가 가능하다.

특히 남덕우를 비롯해 서강학파로 지칭되는 주류 경제학의 전도사들은 1960~70년대 한국 정부 내에서 오원철, 박태준 등 일본 편향적인 산업정책론자들의 과도한 팽창을 견제하면서 관료사회 내에 자유주의적 기풍을 강화시키는 일에 기여한 것으로 평가할 수 있다.[11] 확장적 재정정책(케인스주의)과 안정적 금융정책(신자유주의)

---

11) 서강대학교 교수 출신 남덕우는 1969년 재무부 장관으로 입각하면서 자유주의 관료로서 선구적인 길을 개척했다. 이후 부총리 겸 경제기획원 장관, 대통령 경제담당 특별보좌관을 지내며 1970년대 개발경제의 주역으로 일했다. 또한 1980년대 초반에는 국무총리로서 경제안정화 정책을 주도했으며, 1983년부터는 한국무역협회 회장으로서 한국무역센터를 건설하는 등 '무역 한국'을 위해 노력했다(남덕우, 2009).

을 포괄하는 거시경제정책을 앞세운 주류 경제학자들의 영향력은 1970년대 초의 석유 위기는 물론 1980년대 초 물가 안정으로 대표되는 시장 친화적 정책 변화를 선도한 사실을 통해 잘 나타나고 있다. 또한 이들은 국책연구기관인 한국개발연구원, 전국경제인연합회 부설기관인 한국경제연구원, 삼성경제연구소 등과 공조하면서 시장 친화적 정책의제를 지속적으로 고안·확산시키는 일에도 기여했다.

2) 시나리오: 핵심 정책 분야별 기조와 정향

이명박 정부는 집권 공약으로 제시한 '747 공약(연 7%의 경제 성장으로 10년 후 1인당 소득은 4만 달러, 국가는 7대 강국 달성)'과 '줄푸세 공약(세금 줄이고, 규제 풀고, 법 바로 세우고)' 및 '한반도 대운하 공약(집권 후 4대강 정비사업으로 축소 조정)'을 통해 알 수 있듯이 주된 정책 목표를 경제 위기 극복과 성장 역량 회복에 부여하고 있다. 따라서 이러한 목표 달성을 위한 핵심적 정책 도구로 신자유주의를 대표하는 감세정책과 탈규제는 물론 4대강 정비사업과 저금리 정책으로 대표되는 케인스주의 정책들이 포함되어 있다.

첫째, 감세정책은 기업가들의 투자 의지를 고양함으로써 조기에 경제활성화를 유도하겠다는 정책 목표가 내재되어 있다. 하지만 감세정책의 대상이 기업은 물론 종합부동산세 논쟁과 직·간접적으로 결부된 부유층 전반으로 확대되는 과정에서 '부자 감세'라는 야당과 혁신 진영의 비판이 제기되었다. 또한 감세정책이 기업들의 실질적인 투자로 연결되지 못하고 있는 현실에서 '부자 기업, 가난한 국민' 등식이 성립되고 있다는 점에도 유의할 필요가 있다.[12] 결국 앞서 제시한 문제 상황의 심각성이나 막대한 재정지출 수요의 시급성을 종합적으로 고려할 때 감세정책의 대폭적인 확대를 기대하기는 어렵다.

둘째, 탈규제는 기업활동에 방해가 되는 각종 인허가 장치들의 완화와 직결된 문제다. 하지만 공기업 민영화나 출자총액 제한제도의 완화 논쟁이 시사하듯이 탈규제의 범위가 기업활동의 편의를 초월해 기업활동에 대한 특혜로 비춰지는 상황에 주목할 필요가 있다. 특히 우리나라의 경우 미국의 월가에 대한 규제 완화 논쟁과 마찬가

---

12) 2009년 말 한국 기업들이 은행에 저축한 현금성 자산은 총 215조 원, GDP 대비 21%에 달하고 있다. 이는 전년 대비 21% 증가한 수치이며, 2000년 이후 최대 증가폭이다. 이처럼 '가계는 부동산 투자를 위해 대출하는 반면에 기업은 투자를 회피하며 저축'하는 이상한 현상은 성장잠재력 약화로 직결된다. 이러한 상황을 탈피하기 위해서는 정부의 확고한 정책일관성 확보를 토대로 자유무역협정(FTA) 체결, 기업 투자 유인 강화 등과 같은 정책 도구를 활용해야 한다.

지로 IMF 관리 체제 하에서 이뤄진 탈규제의 과잉이 경제력 집중은 물론 서민경제 약화(대규모 할인점 골목상권 장악, 중소기업 납품 단가 인하 등)를 초래하고 있다는 점에서 재규제를 활용한 보완 대책의 필요성이 제기되고 있다.[13] 결국 탈규제에 대한 국제 사회의 압력이 약화되고 재규제에 대한 노동 및 시민단체들의 요구가 강화되는 현실에서 기업이익연합체(경제6단체)의 외로운 요구가 정부정책에 대폭적으로 반영되기를 기대하기는 어렵다.

셋째, 4대강 정비사업은 건설산업 활성화와 고용 창출 및 지역경제의 활성화를 유도하는 복합적 경제 활성화정책으로서 성격을 지니고 있다. 물론 4대강 정비사업은 환경 보존과 토건국가의 논리를 앞세운 국민적 반대에 직면하여 당초 선거공약으로 제시된 한반도 대운하 구상이 약화된 것이지만 이미 본격적인 실행 단계로 이행했다는 점에서 향후 상당한 수준의 정책 효과를 산출하게 될 것이다. 물론 4대강 정비가 뉴딜정책(테네시강 유역 개발)과 같은 국제적 브랜드사업으로서의 가치를 창출하기는 어렵겠지만 이명박 정부가 기대하는 청계천이나 버스전용차로제 수준의 국내적 호응은 기대할 수 있다. 개발사업의 특성상 추진 과정에서 위협 요인을 최소화시키고 가시적 정책 효과가 창출되는 시점에서 적절한 정책홍보가 결부될 경우 국민적 지지 확보가 가능할 것이기 때문이다.

넷째, 저금리정책은 대폭적이고 지속적인 적자재정을 기대하기 어려운 현실에서 우리 정부가 선택할 수 있는 최고의 대안으로 간주되고 있다. 저금리로 대표되는 확장적 금융정책의 기조는 우리나라는 물론 미국과 중국으로 대표되는 강대국들과의 국제적 정책 공조 하에 추진되고 있다는 점에서 상당 기간 지속될 것으로 전망된다. 특히 우리나라의 경우 과거 IMF 관리 체제를 통해 경기 침체 하의 고금리 정책 기조가 초래하는 부작용을 충분히 학습했다는 점도 고려 대상이다. 또한 한국 경제가 신진국과 유사한 저성장 기조에 편입되고 있을 뿐만 아니라 가계 부채(부동산 담보 대출)가 임계치에 도달하고 있다는 점도 저금리 정책 기조의 지속성을 담보하는 요인으로 작용하게 될 것이다.[14]

---

13) 시장자율경제를 주장해 왔던 미국이 최근 탈규제로 인한 미국발 금융 위기를 타개하기 위해 시장에 적극 개입하면서 규제를 강화하는 모습을 보이고 있는 것에서도 재규제의 필요성을 발견할 수 있다.

14) 2009년 우리나라 가구의 평균 소득은 4,131만 원으로 전년보다 1.5% 늘어났다. 이에 반해 가계부채는 2009년 말 현재 733조 7,000억 원을 기록, 한 해 전보다 45조 4,000억 원, 즉 6.6%나 증가했다. 그리고 GDP 대비 가계 부채 비율은 2009년 3분기에 86.9%로, 재정 위기를 겪고 있는 남유럽 국가 중 스페인(89.8%)과 비슷하고 그리스(62.0%)와 이탈리아(49.1%)보다 훨씬 높은 수준이다. 물론 가

3 절충적 현상 유지의 논리와 시나리오

1) 논리: 신제도주의(거버넌스)

광의의 신제도주의를 구성하는 연구 프로그램들은 정치학, 행정학, 경제학, 사회학 등 학문적 배경에 따라 역사적 제도주의, 경제적 제도주의, 사회적 제도주의 등으로 다양하게 지칭되고 있지만 이들은 기본적으로 구조와 행위 간의 중범위화를 지향하는 제도 개념에 초점을 부여하고 있다는 점에서 기본적 합의를 형성하고 있다. 이때 제도란 구제도주의가 중시해 온 공식적 제도는 물론 비공식적 제도나 규칙들이 포함된다. 물론 중범위화의 지향이 신제도주의만의 전유물은 아니다. 과거 신중상주의나 케인스주의도 각기 구조와 행위의 영향력을 탈피해 제도로 수렴하려는 경향을 표출해 왔기 때문이다.

특히 한국 경제의 변화관리와 관련하여 신제도주의를 대표하는 세 가지 분파들은 경로 의존과 네트워크(역사적 제도주의), 규칙설계와 인센티브(경제적 제도주의), 동형화와 확산(사회적 제도주의) 등과 같은 핵심적 분석 논리를 제시했다. 특히 패턴, 규범, 관행 등 제도의 비공식적 특성과 독립변수적 역할에 주목하는 역사적 제도주의는 다양한 행위자 간의 지속적·전략적 상호작용의 결과물로서 제도는 한번 형성되기도 어렵지만 좀처럼 변화하지도 않는다는 점에 착안에 경로 의존적인 현상 유지 가설을 제시했다. 또한 최근 강화된 거버넌스 패러다임의 확산을 반영하는 네트워크는 정부와 기업과 같이 상충적인 행위자들 간의 상호 협력을 중시하는 연구 전통을 확립해 왔다는 점에서 생산적 복지나 녹색성장과 같이 형용 모순적인 개념들의 통합에도 기여할 수 있다. 더불어 경제 발전의 새로운 동력과 관련하여 네트워크에 기초해 융복합 산업이 부상하고 있다는 점에도 주목할 필요가 있다.

하지만 앞서 제시한 다양한 정당화 논거에도 불구하고 절충주의와 거버넌스를 요체로 하는 신제도주의 논리는 정부 주도와 시장 주도 논리에 비해 정체성과 차별성이 약하다는 치명적인 한계를 지니고 있다. 양 진영 간의 중재자를 자임하는 통합적이고 현상 유지적인 논거만으로 제3의 대안이라 규정하기도 어렵기 때문이다. 더불

계 부채의 절대량을 차지하는 주택담보 대출의 연체율이 0.4%에 그치고 있어 아직은 건전성 면에서 큰 문제가 없다지만 이는 현재의 저금리를 전제로 한 예측에 불과하다(문화일보, 2010. 3. 26).

어 정부와 시장 간의 가치 대립이 격화될 경우 나름의 정체성 또는 존재감을 발견하기 어려울 것이다. 그러나 논쟁적인 미래연구의 방향을 설정하는 기준점으로서 신제도주의의 실용주의적 특성을 무시하기는 어렵다.[15]

이러란 문제 인식과 관련하여 여기에서는 한국 행정학계의 급속한 성장과 실용주의 정책 기조를 선도해 온 한국 관료사회의 기풍에 주목하고자 한다. 먼저 전 세계적으로 유례를 찾아보기 어려울 정도로 짧은 시간 동안에 급속히 발전한 한국의 행정학은 상대적으로 진보적이고 구조 편향적인 정치학과 사회학, 보수적이고 행위 편향적인 경제학과 경영학을 접목할 수 있는 학제적 분과 학문으로서 가능성을 구현해 왔다. 이는 행정학의 학제적 성격이 이념적 중립성과 방법론적 통합성을 확보하는 주요 계기로 작용할 수 있음을 시사한다. 실제로 한국의 행정학자들은 최근 신제도주의와 거버넌스의 적극적인 수용을 통해 인접 사회과학에 대한 비교 우위를 확보한 바 있다.

다음으로 한국의 행정관료들은 높은 수준의 정치적 중립성을 토대로 효율과 형평이라는 상반된 가치들을 구현하는 일에 높은 수준의 경쟁력을 발휘해 왔다. 물론 한국의 행정관료들은 예외적으로 강력한 정치적 중립성에 대한 요구와 직결된 낮은 수준의 정치적 독립성으로 인해 '영혼이 없는 관료'라는 자조와 한탄에 직면하기도 한다. 하지만 새로운 정권의 정책 방향에 혼연일체가 되어 기민하게 대응하는 한편 과거의 논리와 새로운 논리 간의 활발한 교류를 시도하고 있는 점은 긍정적으로 평가할 수 있다.

2) 시나리오: 핵심 정책 분야별 기조와 정향

신제도주의 논리를 원용할 때 현재 이명박 정부가 직면한 대내외 모순과 딜레마 상황은 현상 유지 정책 기조의 확산, 네트워크의 다원적 활용, 형용 모순을 관리하는 기제의 활성화, 기존 정책유산의 창조적 재활용 등으로 나타나게 될 것이다.

첫째, 현상 유지 정책 기조의 확산이란 현재 우리가 확보한 경제적 위상에 급격한 변화를 유도하려는 급진적 정책 구상의 구현을 당분간 기대하기 어렵다는 의미다. 한국은 지난 50년간 지속적인 변화와 혁신을 통해 세계체제상의 구조 변동을 성취한 예외적 사례다. 하지만 제조업을 중심으로 1단계 산업 추격이 완료된 상태에서 과거

---

15) 실용주의 정책노선을 대표하는 최근의 사례로는 넛지(Nudge)를 들 수 있다. 넛지는 행동경제학의 논리를 수용해 인간들이 비합리적이고 단기적인 의사결정 과정에서 산출하는 휴리스틱의 한계를 극복하기 위한 대안으로 비강제적 방식의 유인적 제도설계에 주력한다(탈러 · 선스타인, 2009).

와 같은 급격한 변화와 성취를 기대하기는 어렵다. 특히 세계체제상 한국은 구조적 안정기에 도달한 상태이기 때문에 급격한 도약과 더불어 추락도 기대하기 어렵다. 이를 반영하는 대표적인 사례가 '샌드위치 가설'이다. 샌드위치 가설은 산업구조상 일본과 중국의 중간지대에 위치한 한국이 위기에 처할 가능성이 크다는 자기 경계적 의미로 활용되어 왔지만 중국 특수로 대표되는 최근의 상황은 우리의 신축적 대응과 국제분업의 강화를 통해 얼마든지 유리하게 활용할 수 있을 것이다.[16]

둘째, 네트워크의 다원적 활용이란 구조와 행위를 매개하는 제도의 현실적 구현으로서 네트워크의 전략적 활용가치가 증가하게 됨을 의미한다. 한국 경제는 자력으로 세계 질서를 형성하기 어려울 뿐만 아니라 세계 질서와 고립해서 생존하기도 어렵다는 점에서 우리나라와 여건이 비슷한 북유럽과 동아시아 강소국들이 선호하고 있는 네트워크의 전략적 활용에 주목하게 될 것이다. 먼저 제도의 다양성이 중시되는 최근의 추세에 맞춰 산업별로 적합한 네트워크를 구축한다면 상당한 파급 효과를 기대할 수 있다. 일례로 '급진적 혁신'이 중요한 첨단산업의 경우에는 '유연성'을 제고하는 제도 클러스터를 형성하고 '점진적 혁신'이 중요한 전통적 제조업의 경우엔 '안정성'을 강화하는 제도 클러스터를 형성하며, 양자 모두의 하부에 북유럽이나 싱가포르식 사회복지 체계를 구축하는 방안을 고려할 수 있다(신정완, 2008: 13-39). 다음으로 최근 심화된 경기 침체 기조를 탈피하기 위한 노력의 일환으로 독일식 일자리 나누기도 응용할 개연성이 크다.[17] 물론 독일식의 '성장 없는 고용'이 경제 위기 상황에서 현안 과제인 실업률 축소에는 유리하지만 중장기적 체질 개선에는 불리하다는 점에서 적절한 보완 대책이 요구된다.

셋째, 형용 모순을 관리하는 기제의 활성화란 성장과 분배, 개발과 보존이라는 모순적 상황을 극복하기 위한 절충과 타협이 강화될 것이라는 점이다. 먼저 성장과 분배 간의 조화로운 타협은 생산적 복지(일하는 복지)를 강조하는 형태로 나타날 것이다. 생산적 복지는 발전정책의 기조를 둘러싸고 이해관계 대립이 심한 한국적 현실에

---

16) 중국은 2009년에 약 1조 2,000억 달러를 수출해서 독일을 제치고 세계의 공장으로 부상했다. 하지만 중국이 수출한 제품의 56%는 중국에 투자하여 공장을 세운 외국 기업들이 만든 물건이다. 그리고 중국에 가장 적극적으로 투자한 나라는 바로 같은 동북아지역에 위치한 한국·일본·대만이다. 이는 다시 말해 동북아라는 거대한 샌드위치가 서로 분업하고 협력하는 방식으로 진화해 나가고 있음을 시사한다(조선일보, 2010. 3. 26).

17) 독일이 2007년 이후 급격한 성장률 하락에도 불구하고 '고용 기적(jobs miracle)'을 이룩한 이면에는 '조업 단축 급여'라는 제도가 크게 기여했다. 조업 단축 급여는 노동 시간을 10% 이상 줄이면서도 회사가 고용을 계속하는 경우 정부가 줄어든 임금의 60%를 보전해 주는 제도다.

서 이전 정부들은 물론 다음 정부들도 피해 가기 어려운 딜레마 관리전략으로서 의미를 지니고 있다. 다음으로 개발과 보존 간의 연계는 녹색성장을 중시하는 방향으로 나타날 것이다. 녹색성장에 대한 현 정부의 관심과 몰입은 앞으로도 계속 강화될 것으로 전망되며 그 응용 범위가 산업과 지역 전반으로 확산될수록 4대강 정비사업에 초점이 부여된 지금의 대치 상태는 약화될 것으로 전망된다.

넷째, 기존 정책유산의 창조적 재활용이란 과거 한국 경제의 성공 신화를 창출한 제일의 동인으로 평가되고 있는 산업정책의 유산이 제조업을 초월해 서비스업 분야를 중심으로 한 신성장 동력의 활성화에 응용될 것이라는 점이다. 갈수록 포화 상태에 도달하고 있는 제조업의 성장 잠재력을 보완하기 위해서는 일자리 창출에 유리한 서비스업에 주목할 필요가 있다. 최근 출간된 한국노동연구원의 보고서에 따르면 제조업의 취업 유발계수는 10억 원당 9.2명에 불과한 반면, 서비스업은 18.1명에 이르는 것으로 조사됐다. 같은 금액의 부가가치를 생산하는 데 서비스업에서 필요한 인력이 제조업의 두 배에 가깝다는 얘기다. 또한 경제 성장에 따른 일자리 창출 능력을 나타내는 고용탄성치 증가율 면에서도 서비스업은 제조업을 압도적으로 능가한다. 2000년 이후 제조업이 1% 성장할 때 고용은 오히려 0.1%씩 줄어든 반면, 서비스업은 1% 성장할 때마다 일자리를 0.66%씩 늘려온 것으로 분석됐다(황수경 외, 2010).

4 시나리오 분석 결과의 비교와 종합

1) 주요 정책 분야별 차이 분석

앞서 제시한 정부 주도 경제관리와 시장 주도 경제관리 및 절충적 현상 유지 시나리오를 토대로 주요 정책 분야별로 공통점과 차이점을 제시하면 다음과 같다.

첫째, 발전정책과 관련하여 비록 정도의 차이는 있지만 다양한 정치경제모형들은 기본적으로 성장과 분배의 선순환구조를 형성할 필요가 있다는 점을 강조하지만, 우선순위의 측면에서는 상당한 차이를 드러낸다. 정부 주도의 진보적 구상들은 분배구조의 개선을 매우 중시하며 이를 통해 경제 성장도 달성할 수 있다는 입장을 취한다. 반면에 시장 주도의 보수적 구상들은 기업 규제 완화나 경제 개방을 통해 경제 성장을 먼저 추구하면 낙수 효과(trickle-down effect)를 통해 분배구조도 개선될 것으로 본다. 나아가 절충적인 신제도주의는 한국이 직면한 역사 제도적 맥락이나 상이한 계층 간의 대립 구도로 인해 급격한 변화가 발생하기 어렵다는 점을 강조한다. 일례로 한국 사회의 고질적 갈등 구도인 노사관계의 불안정은 정부의 정책 변화를 제약하는 요인으로 작용한다.

둘째, 거시경제정책의 추진 방향과 관련하여 신자유주의와 케인스주의는 기본적으로 시장의 자생력을 회복하는 일에 초점을 부여하고 있다. 하지만 사회민주주의와 신중상주의는 경제 위기와 빈민구제를 위한 적극적 재정·금융정책의 필요성에 공감하고 있다. 한편 신제도주의는 우리의 개입 전통이 경로 의존적으로 유지되는 과정에서 시장 친화적인 이명박 정부의 거시경제정책이 보존이나 복지보다는 개발이나 성장에 치중하면서 노동계와 학계를 중심으로 비판이 제기된 사실에 주목한다. 즉, 녹색성장이라는 구호에도 불구하고 실질적인 모순관리가 이뤄지지 못하고 있다는 것이다.

셋째, 산업정책과 경쟁정책의 추진 방향과 관련하여 국가경쟁력 강화를 위한 전략적 정부개입의 필요성에는 모두 공감하고 있지만 정책 대상과 정책 강도를 둘러싸고 이견이 존재한다. 정부 주도의 진보적 구상들은 기존의 대기업 편향성을 탈피해 중소기업 진흥의 필요성을 역설하고 있다. 반면에 시장 주도의 보수적 구상들은 정부가 직접적 개입을 통해 시장의 질서를 교란하기보다는 공정거래정책 등 보완 수준의 간접적 개입을 선호한다. 더불어 신제도주의는 산업 분야별 혁신 네트워크의 활성화와 더불어 대기업과 중소기업은 물론 노동운동의 목소리를 포괄하는 대타협을 통한 문제 해결을 선호한다. 하지만 각 모형들이 제시하는 대안들을 구체성과 현실성이 미약한 것으로 나타났다.

넷째, 노동복지정책의 추진 방향과 관련하여 진보적 견해들은 인적 자본에 대한 투자 강화와 고용안정성 강화 및 기능적 유연성 추구 등을 통해 산출되는 고숙련과 고임금의 당위성을 강조한다. 하지만 상대적으로 단기적 효율성 제고에 초점을 부여하는 보수적 견해들은 노동유연화에 대한 미련을 버리지 못하고 있다. 이 점에서 한국의 제도적 특성에 기초한 실용주의적 타협전략을 대안으로 제시하는 신제도주의자들의 목소리에 귀를 기울여야 한다. 하지만 이러한 전략을 유효성을 담보하기 위해서는 서유럽의 경험이 시사하듯이 대기업 정규직 위주의 기업별 노조 체계와 기업별 단체교섭 구조를 산업별 노조 체계와 산업별 단체교섭 구조로 전환하기 위한 노력이 선행되어야 한다.

다섯째, 과학기술정책의 추진 방향과 관련하여 진보적 견해들은 대체로 '요소 투입형 성장'은 이제 한계에 달했다는 점을 강조하며 '혁신 주도형 성장'의 필요성을 강조한다. 이 점은 김대중 정부의 집권기를 통해 추진된 벤처산업 육성정책의 사례를 통해 잘 나타나고 있다. 반면에 보수적 견해들은 금번 경제 위기를 통해 재확인된 제조업의 중요성에 착안해 굴뚝산업으로 지칭되는 전통 제조업의 재발견에 초점을 부여하고 있다. 나아가 신제도주의는 서비스산업의 보완적 효과에 주목하면서 신성장 동력으로서 서비스산업 분야를 육성하기 위해 산업정책의 창의적 재활용을 주문하고 있다.

여섯째, 정부의 경제사회 발전 역량 제고를 위한 행정개혁의 추진 방향과 관련하여 보수적 견해들은 개입의 양보다는 개입의 질을 확보하는 일에 초점을 부여하고 있다. 반면에 진보적 견해들은 상대적으로 정부개입의 양적 확대에 집착하는 모습을 보이고 있다. 나아가 신제도주의는 양과 질의 적절한 타협이 기존의 정책유산과 밀접한 관련성을 지니고 있음을 강조한다.

2) 주요 정책 분야별 추세분석

정부와 기업을 매개하는 핵심 변수로서 향후 공공정책의 추진 방향은 좌와 우를 매개하는 중도실용주의 정책노선이 지속적으로 강화될 것이다. 화합적 자유주의와 창조적 실용주의를 표방하면서 출범한 이명박 정부는 2008년 광복절 경축사를 통해 녹색성장을 표방한데 이어, 2009년 6월에는 중도실용주의 노선을 강조한다. 창조적 실용주의가 상대적으로 우편향적인 개념이라면 중도실용주의는 이념적 색체를 약화시키는 방향 이동을 감지할 수 있다(권순우·신창묵 외, 2009: 340).

물론 이러한 변화는 광우병 파동과 촛불 시위, 미국발 경기 침체, 한반도 대운하 논쟁, 여당의 재보선 패배, 세종시 수정 논쟁 등과 밀접한 관련성을 지니고 있는 것으로 분석된다. 따라서 이러한 문제 상황의 해결과 직결된 정부정책의 방향은 중산층의 생활비 경감과 경기 회복 체감에 초점이 부여될 것이다. 이는 2010년 이후 추진 예정인 중도 실용정책들이 사교육비 경감, 서민·저소득층 생활 안정, 중소기업 및 자영업 지원, 상생·공영의 남북 관계 정립에 초점을 부여한 사실을 통해서도 잘 나타나고 있다(기획재정부, 2009).

발전정책의 측면에서 이명박 정부의 방향 수정은 지난 50년간 산업화와 민주화 시대를 거치면서 좌와 우, 보수와 진보 간의 대립 구도가 점차 강화되고 있는 한국의 선거 지형에서 중도 노선을 배제한 선거 승리를 기대하기 어렵다는 인식을 반영한다. 이 점에서 향후 집권할 정부들의 정책노선도 이명박 정부와 크게 달라지지 않을 것이다. 특히 전체 인구의 절반 이상이 거주하는 수도권 지역의 정치적 요구가 전통적인 지역 구도를 초월해 중도로 수렴할 가능성이 크다는 점에서 향후 정책 변화의 핵심 변수가 될 것이다. 특히 김대중과 노무현 정부가 연속 10년간 집권한 경험이 있는 민주당의 경우 현재 당내에 팽배한 집권비관론을 극복하기 위해서는 영국의 노동당 개혁을 선도한 블레어(Tony Blair)가 그랬던 것처럼 신중산층(New Middle England)에 호응하는 현대화 노력과 정책공약을 마련해야 한다(Driver & Martell, 1998).

한편 앞서 제시한 중도실용주의 발전정책 노선에 기초해 거시경제정책, 산업정책과 경쟁정책, 지역분권정책, 녹색성장정책 등 분야별 추세분석을 제시하면 다음과 같다.

첫째, 거시경제정책의 초점은 저금리 정책기조가 정착된 금융정책보다는 중산층 확대를 지향하는 재정정책에 부여될 것이다. 우리나라의 소득불균형은 1990년대 중반부터 지속적으로 악화되어 경제 발전과 정치 안정을 위협하는 단계로 진입하고 있다. 하지만 이에 대응하는 재정 역량은 정부의 관심과 열의에도 불구하고 다소 부족하다. 따라서 중산층 강화를 위해 시민사회의 지원을 전략적으로 활용하는 거버넌스 방식이 확산될 것으로 전망된다. 나아가 서민 가계의 대출 부담이 부동산 시장과 밀접한 관련성을 지니고 있다는 점에서 관련 분야의 규제 강도와 건설산업의 지원 방안을 병행하게 될 것이다.

둘째, 산업정책과 경쟁정책의 초점은 이미 상당한 수준의 국제경쟁력을 확보한 대기업보다는 중소기업 활성화에 초점을 부여하게 될 것이다. 따라서 참여정부 이래 지속된 '혁신형 중소기업 3만 개 육성'이 계속 추진될 것으로 보인다. 벤처, 이노비즈(Inno-biz), 경영혁신형을 포괄하는 혁신형 중소기업은 일반 중소기업들과 비교하여 고용 창출 2.6배, 매출 규모 3.2배 등 월등한 성과를 창출해 왔기 때문이다. 한편 이러한 정책 노력은 유럽이나 일본에서도 목격되는 보편적 현상으로 자리잡고 있다(권순우 · 신창묵 외, 2009: 369). 하지만 이명박 정부의 정책 정향이 노무현 정부가 중시해 온 혁신에 다소 소극적이라는 점에서 추진전략과 방법에서 다소의 변화를 예상할 수 있다. 일례로 향후 대기업을 대상으로 한 경쟁정책의 초점은 개입적인 유인 도구보다는 2009년 2월 이뤄진 출자총액제한제도 폐지의 연장선상에서 지주회사나 금산분리 등의 탈규제에 초점이 부여될 것이다(한경비지니스 · MONEY · prosumer 편, 2009: 358). 따라서 대기업의 강화된 자율성이 중소기업의 위축을 초래할 개연성에 대한 신중한 검토가 병행하여 이뤄져야 한다.

셋째, 지역분권정책의 추진은 이명박 정부가 제안한 '세종시 수정'이나 '광역개발 구상'이 시사하듯이 형평보다는 효율을 강조하는 방향으로 급속히 변화될 것이다.[18]

---

18) 이명박 정부가 제안한 3차원 지역발전 체제(4+α 초광역개발권, 5+2 광역개발 구상, 163개 기초생활

수도권에 정치적 기반을 두고 있는 현 정부의 입장에서는 수도권 빼내기 식의 분권 정책을 추진하기보다는 과도하게 분화된 기존 지방자치 단위 간의 통합을 통해 자생적인 발전 역량을 창출하는 방향으로 문제 해결을 의도할 것이기 때문이다. 또한 향후 집권하게 될 정부들도 제로섬 게임과 유사한 지역간 대립 구도가 초래할 부작용을 회피하기 위해 기존과는 차원을 달리하는 새로운 발전 구상을 제안하는 일에 주력할 것이기 때문이다.

넷째, 녹색성장정책의 추진은 단순히 정권 차원의 발전전략을 초월해 전 지구적 정책의제로 부각되고 있다는 점에서 급속한 확산을 기대할 수 있다. 저탄소 녹색성장은 대외적으로 포스트 교토 체제와 탄소배출권 거래제를 대비한다는 의미를 지니고 있을 뿐만 아니라 대내적으로 저탄소 녹색성장기본법이 제정되면서 범정부 차원의 집행 체제를 구축했기 때문이다. 나아가 한국의 과도한 제조업 비중도 에너지 절약형의 신성장 동력을 지향해야 할 압력 요인으로 작용하고 있다.

제 5 절 결 론

정부-기업 관계는 이론과 현실 모두에서 매우 중요한 의미를 지니고 있다. 하지만 이에 부응하는 관련 이론의 체계화 노력과 현실적 응용연구는 미진한 편이다. 이에 이 장에서는 정치경제학적 관점에서 정부-기업 관계를 체계적으로 재정립하는 한편 이를 한국의 정부-기업 관계를 조망하는 전문가 설문과 시나리오 분석에 활용했다. 특히 정부기업관계론의 재정립을 위해 좌와 우를 점하고 있는 신자유주의와 사회민주주의는 물론 각기 불황기와 추격기에 유용한 특수한 이론으로 평가 절하되어 조기에 은퇴한 바 있는 케인스주의와 신중상주의 및 중범위 절충이론으로 급부상한 신제도주의를 포함시켰다.

우선 전문가 설문 결과를 토대로 도출한 정부-기업 관계의 경향과 특징은 다음과 같다. 향후 5년에서 10년을 전후한 한국의 정부-기업 관계는 신중상주의의 퇴조와

권)는 자치단체의 경계를 초월하는 광역경제권의 구현을 통해 자원 투입의 효율성과 산출 성과의 극대화를 추구한다는 점에서 특징을 지니고 있다. 특히 5+2 광역개발권(수도권, 충청권, 호남권, 대경권, 동남권 + 강원특별권, 제주특별권)별로 특화산업을 전략적으로 육성하는 일에 초점이 부여되어 있다.

신자유주의의 확산, 케인스주의의 약화와 신제도주의의 강화 그리고 사회민주주의의 신중한 모색이라는 일종의 과도기적 전환기로 예측되었다. 또한 정부와 기업 간 협력관계 패턴은 산업정책 주무부처의 강화, 에너지·자원 등을 대상으로 한 협력의 중요성, 그리고 의제설정 단계에서의 협력 등을 선호하는 것으로 나타났다. 더불어 산업정책의 만족도는 유인적 성격이 강한 정책들(재정, 금융정책)이 높은 것으로, 그리고 향후 필요하다고 인식하는 정책은 시장 자율적 방식의 정책들(재정, 금융, 민영화)인 것으로 나타났다.

한편 시나리오 분석에 따르면 정부 주도 경제관리 논리(사회민주주의와 신중상주의)와 시장 주도 경제관리 논리(신자유주의와 케인스주의) 및 절충적 현상 유지 논리(신제도주의)는 주요 정책 분야별로 다양한 차이점을 드러냈다. 하지만 한국 경제의 성숙도와 세계체제의 안정성 및 이해관계자 간 타협 구도의 확산 등에 기초한 수렴화 추세도 확인할 수 있었다. 특히 포괄적 협력 관계를 초월해 정책 분야별로 확산되는 정부와 기업 간의 건설적 협력 관계는 이코노믹 거버넌스의 구현과 직결된 문제다.

나아가 전문가 설문과 시나리오 분석을 종합하는 정부-기업 관계의 포괄적 추세와 쟁점은 다음과 같다. 과거 한국은 일본이 정립한 신중상주의 발전국가론에 기초해 정부와 대기업이 주도한 수출 지향 산업화를 성공리에 완수했을 뿐만 아니라 1987년의 6월항쟁을 계기로 민주화에서도 괄목할 만한 진전을 이룩했다. 이는 다시 말해 우리나라가 선진국 도약의 문턱에 도달했음을 의미한다. 하지만 그동안 우리가 이룩한 눈부신 성과에도 불구하고 1997년과 2008년에 경험한 금융 위기의 여파는 신자유주의적 세계화라는 새로운 상황 속에서 성장과 복지 간에 균형 있는 발전을 도모하는 진정한 도약이 얼마나 어려운 과제인가를 깊이 성찰하게 한다.

따라서 국제 비교적 견지에서 향후 우리가 채택해야 할 발전전략은 성장 지향적인 일본과 분배 지향적인 스웨덴 간의 적절한 균형을 거버넌스 방식으로 구현하는 일과 직결된 문제다. 이 점에서 자국의 특성에 적합한 제3의 길을 모색해 온 영국은 물론 네덜란드, 아일랜드, 덴마크 등과 같은 서유럽 강소국들의 경험은 우리에게 유용한 학습 사례임에 분명하다. 하지만 우리나라는 지리, 인구, 계층, 정서, 관습 등의 측면에서 유럽 국가들과 구별된다는 점에서 창조적 발전전략의 모색이 필수적이다. 이 점에서 국내의 다양한 논의를 결합한 강중국(强中國) 소강(小康) 모형의 실질적인 구현 방안을 다각도로 모색할 필요가 있다(임현진, 2009).[19]

19) 남한 인구 4,800만과 북한 인구 2,800만 명을 합쳐 7,000만 명의 규모를 갖게 될 통일 한국은 인구

강중국 소강 모형은 통일(統一)과 선진(先進) 한국을 상정한 미래 지향적 모형의 의미를 지니고 있지만 일본과 중국의 틈바구니에서 독자적인 정체성을 확립해야 우리에게는 지금부터 꼼꼼하게 실행전략을 마련해야 하는 시급한 당면 과제다. 특히 이코노믹 거버넌스의 측면에서 정부와 기업이 상생하는 협력 관계를 토대로 제조업은 물론 첨단산업을 망라하는 범위의 경제를 구현할 수 있어야 한다. 이 점에서 이 연구의 전문가 설문을 통해 제시된 정부와 기업 간의 협력 방안이나 정책 도구의 우선순위에 주목할 필요가 있다.

마지막으로 미래의 불확실성에 도전한 이 연구의 분석 결과는 일반화의 측면에서 제한적이지만 정책 분야별로 다양한 응용 가능성을 지니고 있다는 점에서 시사적이다. 특히 동원 가능한 국내외 유사 분석 결과와 예측자료들을 집중적으로 참고했다는 점에서 나름의 권위도 부여할 수 있다. 하지만 이러한 노력에도 불구하고 분석 방법과 비용의 한계로 인해 결과의 신뢰도와 타당도에 많은 한계를 표출시켰다. 이 점에서 이 연구의 분석 결과는 현실의 정책결정에 대한 직접적인 응용보다는 다양한 모형 간의 차이를 발견하는 간접적 학습자료로서의 성격을 지니고 있음을 밝혀두고자 한다.

2,000만 명 미만의 서유럽 강소국 모형을 직접 적용하기에 무리가 있다. 따라서 매일경제신문이 문제 제기한 바와 같이 세계 정치경제의 실질적인 패권국가는 아니지만 강중국(强中國)의 위상에 걸맞게 외교와 산업 모두에서 일정한 영향력을 행사하는 프랑스와 독일의 경험을 좀더 유용한 벤치마킹 사례로 상정해야 한다(임현진, 2009: 40). 특히 미국, 일본, 중국, 러시아 등과 같은 강대국의 이해관계가 충돌하는 한국의 지정학적 특성상 패권을 추구하거나 패권에 추종하기보다는 환경이나 인성과 같은 제3의 문제를 중심으로 이해관계 국가들의 협력을 유도하는 소강(小康) 선진(善進) 강국을 추구해야 한다(김광웅, 2005).

참고 문헌

동양 문헌

강정인(2003). "서구 중심주의의 세계사적 전개 과정." 계간사상. 가을호.

강철규(1999). 재벌개혁의 경제학. 다산출판사.

건설교통부 국책사업기획단(2006). 고속전철 기술개발 설명 자료.

경남지역개발연구원(1998). 남해군 장기종합개발계획: 1997-2011.

고동희 · 김상수 · 문준연(2001). "중소기업의 경쟁력 강화를 위한 지원정책에 관한 연구: 안산시의 중소기업을 중심으로." 중소기업연구. 23(1): 59-88.

고성삼 · 김기명(2000). "조세지원제도의 유효성에 관한 실증연구: 중소기업을 중심으로." 세무학연구 6: 229-266.

공병호(1996). 시장경제란 무엇인가. 자유기업센터.

———(1997). 시장경제와 그 적들. 자유기업센터.

공정거래위원회(1997). 공정거래백서. 공정거래위원회.

———(2004). 공정거래백서. 공정거래위원회.

공정거래위원회 · 한국개발연구원(1991). 공정거래 10년: 경쟁정책의 운영 성과와 과제. 한국개발연구원.

과학기술부(1997). 과학기술 30년사. 과학기술부.

———(1999). 2025년을 향한 과학기술 발전 장기 비전. 과학기술부.

———(2000). 과학기술연감. 과학기술부.

———(2001). 지역혁신을 위한 지식클러스터 실태분석, 정책연구 2001-08.

———(2002a). 연구개발기업 육성방안 연구기획. 과학기술부.

———(2002b). 과학기술연감. 과학기술부.

———(2004). 과학기술연감. 과학기술부.

———(2005a). 산학협력의 사례분석과 협력 증진을 위한 제도개선 방안. 과학기술부.

———(2005b). 2005 과학기술연구개발 활동조사. 과학기술부.

과학기술자문회의(2004). 동반성장의 잠재력 확충을 위한 과학기술 발전전략. 과학기술자문회의.

과학기술정책연구원(1999). 산학연 공동협력연구 관련 시책의 현황과 과제. 과학기술정책연구원.

곽수근·송혁준(2003). "정책자금을 지원받은 중소기업의 특성 요인 및 경영 성과에 관한 연구: 중소벤처기업을 중심으로." 2003년 한국중소기업학회 추계학술대회 발표논문집.

교육인적자원부(2003). 소득 2만 불 시대 도약을 위한 대학경쟁력 강화 방안. 교육인적자원부.

———(2004) 대학경쟁력 강화를 위한 대학 구조개혁 방안: 대학이 살아야 나라가 산다. 교육인적자원부.

교육인적자원부 외(2005). 제2차 지방과학기술진흥종합계획(2005-2007). 교육인적자원부.

구범모·백종국(1990). "한국의 후발산업화 연구에 관한 문헌비평." 한국정치학회보 24(1): 7-49.

국가과학기술위원회(2004). 2003년도 국가연구개발사업 조사·분석 및 평가 결과. 국가과학기술위원회.

국가균형발전위원회(2004). 세계의 지역혁신체계. 한울.

———(2004). 클러스터의 이해.

———(2004). 혁신 주도형 경제도약을 위한 신 산학협력. 폴리테이아.

국무총리실(2008). 이명박 정부 100대 국정과제.

국토개발연구원(1997). 지역균형발전 시책의 평가와 발전 방향.

권기헌(2004). 정보통신 산업정책과 국가경쟁력. 경희대학교출판국.

———(2008). 미래예측학. 법문사.

권부현(2009). K-water 지방상수도 사업 현황. 제8회 물 산업 공동발전 포럼 발표자료.

권순우·신창묵 외(2009). SERI 전망 2010. 삼성경제연구소.

권용수(1994). 미국의 과학기술체제와 정책. STEPI.

기획재정부(2009). 2010 나라살림: 서민생활 안정과 미래 도약.

길종백·정병걸(2009). "녹색성장과 환경·경제의 통합: 변형과 전환 사이에서." 정부학연구 15(2): 45-70.

김갑수·서정해·한상영(2000). 산학연 공동협력연구 관련 시책의 현황과 과제. 과학기술정책연구원.

김광웅(2005). "소강국이 한국의 미래모델." 신동아 2005년 1월호.

김국진(2007). 방송통신 융합의 이해. 나남출판.

김균(1994). "진화론적 제도론." 사회비평 12.

김근세(2001). "중소기업지원 행정체제의 구조분석과 대안." 한국행정학회 추계학술발표대회 논문집 1-15.

김기원(1999). "재벌체제의 지양과 책임 전문경영체제의 구축." 김균·김대환(공편). 한국재벌개혁론. 나남출판.
———(2000). “재벌개혁을 둘러싼 쟁점.” 윤진호 · 유철규. 구조조정의 정치경제학과 21세기 한국경제. 풀빛.
———(2002). 재벌개혁은 끝났는가. 한울아카데미.
———(2005). 삼성이 흔들리면 나라가 흔들리나. 참여연대 시민경제위원회.
김기현(2001). “기술 아웃소싱의 성공 포인트.” LG주간경제 620.
김대환(1999). 한국재벌개혁론. 나남출판.
김미나(2005). “과학기술행정의 시스템 전환 및 컨텍스트의 변화: 과학기술부의 역사적 형성과정을 중심으로.” 행정논총 43(2): 97-129.
김민관 · 한창희(2008). “IPTV 도입에 따른 온라인 게임 산업의 변화 시나리오 개발 및 경영전략 수립.” *Information Systems Review* 10(2). 한국경영정보학회.
김상조(2003). (주)SK 사건을 빌미로 한 재계의 재벌개혁 저지 의도를 경계하며. 참여연대.
———(2004). “재벌개혁: 이해관계 충돌 및 조정의 현실적 고려 사항.” 시민과 세계. 5호.
———(2006). “고도성장의 종식과 새로운 성장모형의 모색.” 경제와 사회 69: 40-70.
김석준(1990). “제3세계 발전과 국가 능력: 95개 국가간 비교계량분석.” 한국정치학회보 24(1): 201-244.
김선근(1997). “산업기술 개발의 불확실성에 따른 금융지원의 역할 분담에 관한 이론적 고찰.” 기술혁신연구 5(1): 206-222.
———(2002). 공공 연구개발 성과의 기술확산 메커니즘 분석과 정책방안 연구. 과학기술정책연구원.
———(2002). 주요 이슈별 국가연구개발사업의 분석: 기술 이전 및 실용화 지원사업 연구보고. 한국과학기술기획평가원.
———(2004). 대덕 R&D특구 기술사업화 촉진 방안 연구.
김선영(2001). 대학에서의 연구와 벤처회사: 한국에서의 경험. mimeo.
———(2004). Does Korean Biotech Have a Chance?, Case Study of Two Small Bioventure Companies Grown from a University: Lessons and Implications. 과학기술정책 포럼 발표 자료.
김성수(2008). “공공성의 법학적 접근.” 윤수재 · 이민호 · 채종헌 편. 새로운 시대의 공공성 연구. 법문사.
김성준 · 김용운(2003). “지방자치단체의 전략기획-선택인가 필수인가: 미국 지방정부의 교훈.” 한국행정연구 12(4): 189-218.
김세원 외(1996). 산업정책론. 박영사.
김승욱 외(2004). 시장인가? 정부인가?. 부키.

김승일(2010). 독일 중소기업의 경쟁력 실태 분석 및 정책적 시사점 연구. 중소기업연구원.

김시윤(2010). "발전이론과 국가-기업 관계: 지대추구에서 성장 지향으로." 한국비교정부학보 14(1): 101-120.

김시윤 · 김정렬(2002). "한국 경제위기와 정부-기업 관계: 자동차산업과 전자산업의 비교." 한국정치학회보 36(2): 133-152.

김시윤 · 김정렬 · 김성훈(2000). 정부와 기업: 산업정책의 정치경제. 대영문화사.

김영명(1996). 동아시아 발전 모델의 재검토. 소화.

김영배(2005). 혁신형 중소기업: 기업 특성, 기술학습과 경영성과. 과학기술정책관리연구소.

김영호(1988). 동아시아 공업화와 세계자본주의. 동양경제신보사.

김용기(2006). 각국 기업지배구조의 결정 요인 비교: 경로의존성과 정치 · 역사적 특수성. 한국경제연구원.

김용우(2000). "한국 정부의 규제개혁 추진 실태 및 향후 과제." 한국정책과학학회보 4(2): 57-80.

김용철(2010). 삼성을 생각한다. 사회평론.

김용환(2008). 중소기업 지원 재정정책. 중소기업연구회 발제 내부자료.

김욱(1994). "경제성장, 집단행동의 논리, 그리고 세포조직." 한국정치학회보 28(1).

김웅진 외 편역(1997). 비교정치론강의 II. 한울아카데미.

김위생 · 윤혜경 · 하준삼(2006). 소버린의 진실. 홍익출판사.

김은영 · 이유(2005). "강원 영서지역 중소기업 조세지원제도의 문제점과 개선 방안." 중소기업학회 하계학술대회 발표논문집.

김인수(1997). 모방에서 혁신으로. Sigma Insight.

김인숙 · 김종천 · 최선(1999). 독일의 중소기업정책. 미르코.

김인식(2003). "중소기업 조세지원제도의 변천과정에 대한 연구." 세무회계연구 12: 31-54.

김인영(1998). 한국의 경제성장: 국가주도론과 기업주도론. 자유기업센터.

———(2006). "삼성의 성장을 통해서 본 기업과 국가의 역할 변화." 심상민 외. 정보화시대의 신성장국가론. 나남출판.

김재구 · 이의영(2005). "정부조달 생산성 향상을 위한 중소기업 제품 공공구매 대체제도에 관한 연구." 생산성연구 19(2): 61-80.

김재홍(1991). 공기업의 소유구조적 특성과 행동에 관한 연구. 한국경제연구원.

김정렬(1998). "동아시아 발전이론의 비판적 재구성을 위하여." 한국정치학회보 32(3): 117-137.

———(2010a). "상수도 서비스의 위기와 운영체제 대안의 진화: 영국의 경험이 한국에 주는 교훈." 한국지방자치연구 12(3): 111-138.

———(2010b). "정부기업관계론의 연구와 교육: 국내외 연구 논문과 교과서 내용

분석." 정부학연구 16(2): 307-338.

———(2010c). "지방자치단체 녹색성장정책의 추진 과정과 성공 요인: 남해군의 선도적 경험과 교훈을 중심으로." 지방정부연구 14(2): 83-104.

김정렬·장지호·이도형·함요상(2011). "전환기 정부기업 관계의 논리와 전망: 전문가 설문과 시나리오 분석." 한국행정연구 20(1): 151-183.

김정렬·한인섭(2009). 행정개혁론: 국제비교와 실증분석. 박영사.

김종범(1993). 과학기술정책론. 대영문화사.

———(2003). "중소기업정책의 성과와 과제." 한국정책학회 특별세미나 발표논문집, 126-189.

김준기·이영범·이석원·장경호·이민호(2008). "중소기업 정책자금 지원사업의 효과성 평가: 정책자금 지원 방식의 차이를 중심으로." 행정논총 46(1): 1-32.

김준모(1999). "기업 규모와 정부지원정책의 불균형: 중소기업 정책을 중심으로." 한국행정연구 8(3): 79-106.

김준호·홍진환(2009). "시나리오 네트워크 매핑 방법론을 이용한 방송산업의 미래 전략 연구." *Entrue Journal of Information Technology* 8(1). LGCNS 엔트루정보기술연구소.

김진방(2004). "한국 재벌의 소유구조 현황." 기업지배구조연구 11: 14-26. 좋은기업지배구조연구소.

김찬동(1995). 정부와 기업. 법경출판사.

김태윤(1999). 시장유인적 규제 방식의 개발. 한국행정연구원.

———(2000). 규제 준수와 시장 친화. 한국행정연구원.

———(2005). "대구지하철 참사 사례연구." 한국정책학회보 14(4): 275-305.

김태환·송종국(2000). "기술혁신 지향적 정부구매제도의 정책 방향." 기술경영경제학회 하계발표 발표논문집, 123-151.

김한원(1998). 중소기업론. 학문사.

김현욱(2004). "중소기업 정책금융 지원 효과에 관한 연구: 재정자금을 이용한 중소기업 정책금융을 중심으로." 한국개발연구원.

김호진(1996). 한국정치체제론. 박영사.

———(1997). 노동과 민주주의. 박영사.

나태준·김성준·김용운(2004). "새 술을 헌 포대에?: 서울시의 전략기획 도입에 관한 연구." 한국정책학회보 13(3): 63-88.

남덕우(2009). 개발경제의 길목에서. 삼성경제연구소.

남해군(2009). 남해군정 이렇게 펼치겠습니다. 남해군.

노무현(2009). 진보의 미래: 다음 세대를 위한 민주주의 교과서. 동녘.

노현섭·최상렬·김석웅·김정찬·장석오(2005). "중소기업 정책자금 지원의 효율성평가." 경영교육논총 38(4): 529-48.

다산지역발전연구원(2009). 남해군 기후 변화 대응. 그린플랜.
대외경제정책연구원(2004). 일본의 지역경제 활성화 추진에 관한 연구. 재정경제부 특구운영 성과에 관한 용역보고서.
대학교육협의회(2004). "지식기반사회에서의 바람직한 산학협력 방안." 제15회 대학교육 정책포럼.
대한상공회소(2007). 최근 일본의 규제정책 변화와 시사점. 연구보고서.
랜들리, 찰스(2005). 창조도시. 임상오 역. 도서출판 해냄.
류석진 · 한영빈(2008). "국가와 시장의 관계." 한국정치학회 편. 정치학 이해의 길잡이: 정치경제. 법문사.
리프킨, 재레미(2009). 유러피언 드림. 이원기 역. 민음사.
마사유키, 야마모토(2006). 도시와 농촌이 공생하는 마을만들기. 충남발전연구원 역. 한울아카데미.
마인섭(1994). "첨단산업의 국제기술경쟁과 산업정책." 한국정치학회 추계학술대회 논문집.
맨큐, 그레고리(2007). 맨큐의 경제학. 김경환 · 김종석 역. 교보문고.
모바일 표준 플래폼 표준연구반 회의록(2001. 7. - 2002. 5).
———(2002. 1-2002. 9).
무선인터넷표준화포럼(2009). 산업기술개발과제(모바일표준플래폼) 과제관리 최종결과.
문명재(2008). "정책도구 연구의 학문적 좌표와 이론적 연계성: 새로운 분야 아니면 새로운 시각?." 정부학연구 14(4): 321-346.
문정인(1998). 민주화시대의 정부와 기업. 오름.
민경국(2003). 자유주의와 시장경제. 위즈비즈.
박경선 · 과학기술정책관리연구소(1994). 프랑스의 산업기술개발정책 동향. STEPI 조사자료 5.
박경효 · 정윤수(2000). 규제순응(Regulatory Compliance)에 대한 체계적 접근에 관한 연구. 한국정책학회 연구보고서.
박성제(2004). 미국의 수자원정책. 한국수자원학회지 37(6).
박세일(2006). 대한민국 선진화전략. 21세기 북스.
박양호(2001). "지방경제의 진단과 활성화 방안." 지방경제활성화 심포지엄 발표자료집.
박우희 · 배용호(1996). 한국의 기술 발전. 경문사.
박정민(2003). "전북지역 중소기업의 활성화 방안." 서울행정학회 동계학술대회 발표논문집, 103-134.
박준경(1994). 산업구조의 장기 변화와 중소기업의 발전 방향. 한국개발연구원.
박준우 · 윤병섭(2002). "중소기업의 정보화 추이와 지원정책의 발전적 방향." 산업경제연구 15(3): 69-81.

박중구(2002). 연구개발 전문기업 육성 방안. 산업연구원.
박철우(2004). 지역기반의 신산학협력 추진전략 연구.
박춘엽 · 최영록 · 전병찬(2001). "소상공인 자금지원제도의 개선 방안." 중소기업연구 23(3): 77-95.
박태영(2000). 새천년 한국의 신산업정책. 나남출판.
박현채(1978). 민족경제론: 박현채 평론선. 한길사.
배광선(1999). 중소기업 지원체계의 효율화 방안. 산업연구원.
배규한(2000). 미래사회학. 나남.
배석희(2002). "모바일플래폼 표준화 동향 및 향후 발전 방향." ITA 저널 82.
백완기(2008). "공공성에 대한 다양한 시각." 윤수재 · 이민호 · 채종헌 편. 새로운 시대의 공공성 연구. 법문사.
백종국(2009). 한국 자본주의의 선택: 국가공동체의 형성과 전망에 관한 정치경제학적 탐색. 한길사.
복득규 외(2003). 클러스터. 삼성경제연구소.
사공영호 외(2000). "규제개혁의 성과평가: 김대중 정부 2년." 한국사회와 행정연구 11(1): 43-60.
산업기술평가원. 주요 선진국(독/불/영)의 산업기술지원제도(사례조사) 연구.
산업연구원(1998). 21세기를 대비한 산업구조 개편: 지식기반산업을 중심으로. 연구보고서.
———(1999). 규제자유지역 설치 방안. 연구보고서.
———(2001). 문화산업과 클러스터정책.
———(2004). 한국산업의 발전비전 2020. 산업비전 2020 연구팀.
산업자원부(2004a). 국가균형발전 및 지역혁신정책.
———(2004b). 기술자원의 성장동력화 촉진 국가전략 수립. 산업자원부.
산업자원부 · 국가균형발전위원회(2004). 지역기반의 新산학협력 추진전략 연구.
산업자원부 외(2005). 제2차 기술이전 및 사업화 촉진계획(2005-2009). 산업자원부.
상공부(1991). 상공백서. 상공부.
서상혁(2000). 첨단벤처기업의 실용화 실태와 촉진 방안 연구. 과학기술정책연구원.
서상혁 외(1993). 기술개발 결과의 실용화 촉진 방안 연구. 생산기술연구원.
서울경제신문(2008). "홍석우 중소기업청장." 4월 20일.
성태경(2001). "중소기업의 기술 능력 제고를 위한 기술 하부구조 정책: 미국의 MEP와 한국의 중진공을 중심으로 한 사례 비교." 기술혁신연구 8(2): 19-65.
소진광(2004). "특별지방행정기관 정비 방안: 중소기업 지원 · 노동 · 통계 분야." 지방자치학회 발표논문집, 107-139.
송성수(2002). "한국 과학기술정책의 특성에 관한 시론적 고찰." 과학기술학연구 3: 63-83.

송재복(2000). 한국발전행정론: 제도・국가・성장/위기. 대왕사.
송종국 외(2002). 기업의 기술전략 변화와 정책 시사점. 과학기술정책연구원.
송혁준・김이배・오웅락(2006). "중소기업에 대한 정책자금 지원이 경영성과 개선에 미치는 영향." 중소기업연구 28(4): 65-80.
슈만, 하랄트・그레페 크리스아네(2009). 신자유주의의 종언과 세계화의 미래. 김호균 역. 영림카디널.
신장섭・장하준(2003). "한국 금융위기 이후 기업 구조조정에 대한 비판적 평가." 한국경제의 분석 9(3): 255-304. 한국금융연구원.
신정완(2008). 한국 진보진영의 대안적 경제발전전략 구상들에 대한 검토. 성공회대 사회과학부 경제학과.
신진・기술신보(2001). 선진국의 기술이전 시스템과 우리의 과제.
아주대학교(1988-1997). 아주대학교 연보.
———(1992). 90년대 기술혁신과 산학협동 방안: 특수공과대학원 설치 및 운영에 관한 연구 최종보고서. 대우그룹.
———(2003). 아주대학교 30년사.
아주대학교・경희대학교(2004). 산학협력 중심대학 육성사업 선정서.
안문석(2001). 정부와 기업 그리고 시민사회. 박영사.
안문석・최진욱(2005). "정부와 기업: 한국 정부규제 연구의 경향과 현실." 고려대학교 개교 100주년 및 행정학과 창설 50주년 기념 학술대회.
안순권・김필헌(2007). 독일경제의 회복 현황과 시사점. 한국경제연구원.
안현효(2008). "공공성의 경제학적 접근." 윤수재・이민호・채종헌 편. 새로운 시대의 공공성 연구. 법문사.
양현봉(2004). 창업보육정책의 평가 및 발전 방안. 벤처경영연구 7(3): 135-159.
양현봉 외(2003). 창업보육정책의 평가 및 발전 방안. 산업연구원.
염재호(1991). "일본의 첨단산업정책." 일본연구논총 7.
———(1994). "국가정책과 신제도주의." 사회비평 11: 10-33.
———(2002). "정책의 유사성과 제도의 차이: 공동 연구개발의 한일정책평가. 시장, 국가, 국제체제," 문정인, 오코노기 마사오(공편). 아연출판사.
오철호(2003). "중소기업정책의 지원체계 개선 방향." 한국정책학회 특별세미나 발표논문집, 192-250.
와세다대학 비즈니스스쿨(2004). MOT 입문. 산기협 역.
용세중(1999). "중소기업 연구 20년의 성과와 평가." 중소기업연구 21(1): 335-390.
우석훈(2008). 조직의 재발견: 한국 자본주의와 기업이 빠진 조직의 덫. 개마고원.
원종근(2005). EU의 산업 원천기술 지원정책. 한국산업기술재단 기술정책자료집, 5.
유관희・김영・허광복(2005). "중기업과 소기업 간 정책자금 지원의 재무적 성과." 중소기업연구 27(4): 205-23.
유석진・한영빈(2006). "한국경제 및 산업발전 과정의 동학: 1960-1980년대 국가

개입의 형태 변화 분석을 중심으로." 심상민 외 공저. 정보화시대의 신성장 국가론. 나남출판.
유승민(2000). 재벌, 과연 위기의 주범인가. 비봉출판사.
유영철(2008). 정부와 기업: 공공과 민간의 파트너쉽과 경영. 삼영사.
윤견수(2001). "약자의 설득전략: 어느 하위직 지방공무원의 개혁활동에 대한 현상학적 보고서." 한국행정학보 35(1): 143-60.
———(2006). "기초단체장의 변혁적 리더십과 지역축제: 함평 나비축제에 대한 스토리 텔링을 중심으로." 한국행정학보 40(4): 77-100.
———(2008). "사례연구: 분석의 세계와 집필의 세계." 한국정책학회 춘계학술대회 발표 논문.
윤문섭·원용수(2001). 대학산업 연계시스템과 스핀오프. STEPI 정책연구.
윤선희(2002). "일본의 대학기술 이전기관(TLO)의 운영 현황." 지식재산 21, 71.
윤영관(1999). 21세기 한국정치경제모델. 신호서적.
윤정로 외(1999). 과학기술정책 수단의 사회제도화 과정: 새로운 연구문화의 지향. 과학기술정책연구원.
이갑수(2004). 선진국의 주소기업 육성 정책과 시사점. 삼성경제연구소.
———(2007). 글로벌 시대의 산업정책론. 대명.
이경태(1991). 산업정책의 이론과 현실. 산업연구원.
이계우(2005). "중소기업 훈련 컨소시엄사업을 위한 정부정책의 효율성." 중소기업연구 27(2): 175-203.
이규억(2000). 경제 진화와 한국기업의 선택. 삼성경제연구소.
이규억·이재형(1996). 기업집단과 경영연구소. KDI.
이남국(2001). 주요 제국의 행정제도 동향조사: 영국의 중앙정부조직. 한국행정연구원.
이도형(2006). 행정학의 샘물. 선학사.
이도형·김정렬(2007). 비교발전행정론: 세계 각국의 발전경험 비교와 한국의 발전전략. 박영사.
이만우·노상환(2002). "중소기업 조세지원제도의 실효성에 관한 연구." 중소기업연구 24(3): 227-245.
이민호(2008). "중소기업정책자금 중복 지원의 효과성 분석: 기업의 재무적 성과를 중심으로." 한국행정학보 42(2): 401-28.
이병락(1996). "경제개방화와 산업정책: 국내 기업집단 시책을 중심으로." 고려대학교 노동대학원 개원 1주년 기념 학술대회 발표 논문.
이병천(2005). "양극화의 함정과 민주화의 깨어진 약속: 동반성장의 시민경제 대안을 찾아서." 시민과 세계 7호.
이병헌(2002a). 연구개발 육성방안 연구 기획.
———(2002b). 해외 주요국의 연구개발 정책 및 기술혁신 체제 연구.

———(2005). "벤처기업의 성장 단계별 기술혁신 전략과 정부의 R&D 지원 효과." 벤처경영연구 8(2): 127-152.

이병헌 · 장지호(2006a). "우리나라 중소기업 지원 프로그램의 현황과 문제점 고찰: 기술혁신 관점." 정책분석평가학회보 16(1): 107-138.

———(2006b). "유형별 산학협력의 해외사례 분석." 사회과학논집. 23(2): 93-130.

이병헌 · 장지호 · 하성욱(2005). "우리나라 중소기업의 유형별 분석과 차별적 정책 방향설정 연구." 국가과학기술자문회의.

이병헌 · 장지호 · 허현회(2005). "산학협력의 패턴과 정책적 시사점: 기업부설 연구소 설문조사를 중심으로." 정책분석평가학회보 15(3): 85-111.

이상돈(2006). "수도산업 민영화에 대한 고찰." 물산업 동향 7.

이상원(2005). "재벌의 경제력 집중과 규제정책: 공정거래위원회와 재계의 찬반 논의를 중심으로." 평화연구 13(1): 5-34.

이상직 외(2003). 정책목표별 주요 서비스업 분류 및 서비스산업정책 지원 방안. 산업연구원.

이승호 · 이동률(2004). 영국의 수자원정책. 한국수자원학회. 37(6).

이영기(1996). 한국 기업소유 지배구조. 한국개발연구원.

이영종(2009). "우편사업 사례를 통한 시나리오 방법론 소개." 우정정보 78. 우정경영연구소.

이원권(2000). 산업정책의 한계와 경쟁정책의 역할: 빅딜 업종을 중심으로. 한국경제연구원.

이원영 · 박용태 · 정선양(2001). 한국 기술경쟁력의 평가와 전망, 과학기술정책연구원.

이윤보 · 노화봉(2006). "한국 · 미국 · 일본의 중소기업정책 비교." 중소기업연구 28(3): 329-79.

이윤보 · 심충진 · 김문현 · 이동주(2006). "중소기업에 대한 정책자금 지원 성과와 그 영향 요인에 관한 연구." 중소기업연구 28(1): 203-26.

이윤보 · 이동주(2004). "중소기업 고유업종제도의 실효성에 관한 연구." 중소기업연구 26(1): 75-98.

이윤재 · 강달원(2001). "중소기업 지원정책의 거시경제적 효과분석: 단체수의계약 및 중소기업 의무대출을 중심으로." 국제경제연구 7(3): 227-250.

이의영(2003). "참여정부의 개혁과제: 시장경제 원리의 걸림돌, 재벌의 비시장적 구조." 월간 경실련. 5월호: 31-33.

이장재 · 장동훈(1994). 산학연 협동연구의 지원제도 및 성공 요인 분석. 과학기술정책관리연구소.

이재억(1999). "기술금융제도의 실효성 제고 방안: 과학기술진흥기금을 중심으로." 과학기술부 정책연구 16.

이재희(2005). "한국의 재벌 연구: 1945-2002." 사회경제평론 25: 261-292.

이종범(2005). 이스라엘의 산업기술정책. 한국산업기술재단 기술정책자료집. 7.

이종옥(2003). "중소기업정책자금의 효율성 제고 기업의 X-비효율과 정치인 부채." 중소기업연구 25(4): 3-29.

이종찬(1996). "동아시아 정치경제이론들에 대한 비판적 고찰: 신제도주의 이론을 중심으로." 한국정치학회보 29(4): 571-596.

이종한 외(2004). "국민의 정부 규제개혁 성격에 관한 실증연구." 한국정책학회보 13(2): 37-66.

이준구(2004). 시장과 정부: 경쟁과 협력의 관계. 다산출판사.

이지순(2001). "시장경제와 정부개혁." 철학과 현실 48: 38-49.

이찬근(2003). "유럽 소국의 기업지배권 방어기제: 국내 재벌개혁에의 시사점." 사회경제평론 21: 7-51.

이찬근 외(2005). 한국 경제가 사라진다. 21세기북스.

이철원(1994). "공동연구 수행 특성 및 참여기업의 기술 획득 전략 유형에 따른 연구 성과 분석." 한국과학기술원 박사학위 논문.

———(1999). 기술집약형 중소기업의 혁신 능력 제고를 위한 산·학·연 공동연구사업 추진전략. 과학기술정책연구원 정책자료, 4.

이한구(1999). 한국재벌형성사. 비봉출판사.

이홍배(2005). "일본 구조개혁특구의 특징과 시사점." 자치행정 3월호.

일본경제산업성(2001). 일본산업의 연구개발 활동 동향.

임석준(1997). "한국과 대만의 산업질서." 한국정치학회 연례학술대회 발표 논문.

임원혁(2002). 세계화 시대의 기업경영과 정책. 미래전략연구원.

———(2005). "한국경제와 재벌개혁." 시민과 세계 7: 187-205.

임정덕·최병호(1996). 지방화시대의 지역산업정책: 패러다임 변화 속의 지역의 역할과 기능. 비봉출판사.

임혁백(1994). 시장·국가·민주주의: 한국 민주화와 정치경제이론. 나남출판.

———(1998). "공공성의 정치학적 접근." 윤수재·이민호·채종헌 편. 새로운 시대의 공공성 연구. 법문사.

임현진(1998). "근대화를 통해 본 동아시아의 발전: 신화와 현실." 정신문화연구 21(1).

———(2009). "21세기 한국의 발전 모델 모색: 소강(小康) 강중국(强中國) 발전 모델을 향하여." 박삼옥 외. 지속 가능한 한국 발전 모델과 성장 동력. 서울대학교출판문화원.

임혜란(2005). "동아시아 발전국가와 거버넌스." 한국정치학회 추계학술대회 논문집.

———(2008). "한국 산업정책의 변화와 거버넌스." 한국정치연구 17(2): 1-32.

장상환(1999). "재벌 해체와 노동운동." 김균·김대환(공편). 한국재벌개혁론. 나남출판.

장영배(1984). 스웨덴의 과학기술 체제와 정책. STEPI.

장종인(2007). "미래연구 방법론: 사례를 통해 살펴본 시나리오 방법론." 정보통신정책 19(9). 정보통신정책연구원.

장지호(2005). "김대중 정부의 벤처기업 지원정책에 관한 고찰: 산업정책의 부활인가 혹은 촉매적 정부의 새로운 역할인가." 한국행정학회보 39(3): 21-41.

———(2006). "지역경제와 지역혁신 체제: 클러스터 정책을 중심으로." 사회과학논집 24(1): 73-89.

———(2007). "산업정책으로서의 R&D 지원: 유형별 비교분석." 대한정치학회보 14(3): 37-62.

———(2008). "중소기업정책자금의 정합성 고찰: 어느 한 중소기업의 이야기하기를 통해서." 한국국정연구 26(2): 95-117.

장지호·김정렬(2011). "한국 사회에서의 재벌 담론에 관한 소고." 대한정치학회보 18(3).

장지호·문상현(2008). "미국 미디어 규제기구의 담론 변화 연구." 한국행정논집 20(2): 383-406.

장하성(2001). "기업지배구조와 국가경쟁력(上): Korea Discount와 기업지배구조." 기업지배구조연구 1: 55-70.

———(2004). 한국경제 위기인가. 참여연대 시민경제위원회.

장하준(2006). 국가의 역할. 이종태·황해선 역 부키.

———(2007a). 나쁜 사마리아인들: 장하준의 경제학 파노라마. 부키.

———(2007b). "경제'개혁'의 방향을 다시 생각한다." 이병천 역. 세계화 시대 한국자본주의: 진단과 대안. 한울.

———(2010). 그들이 말하지 않은 23가지. 김희정·안세민 역. 부키.

장하준·정승일·이종태(2005). 쾌도난마 한국경제. 부키.

재정경제부 외(2004). 벤처기업 활성화대책.

전규안(2001). "중소기업 조세지원제도의 현황과 개선 방안." 세무학연구 18(2): 201-227.

전영한(2007). "정책도구의 다양성: 도구 유형 분류의 쟁점과 평가." 정부학연구 13(4): 259-295.

전용욱·여경철(2002). "전략적 제휴의 유형과 사업 성과에 관한 연구." 국제경영연구 13(2): 259-287.

전재욱(1999). 기업 간 연구개발 협력에 대한 영향 요인과 신뢰의 효과성에 관한 고찰. 기술경영경제학회 발표 자료.

전형준·박용일(2005). "창업 중소기업에 대한 지방세 비과세, 감면제도의 개선 방안." 한국지방재정논집 10(1): 1-28.

정강정(2002). "행정규제정책의 순응 확보를 위한 전략적 모형 개발에 관한 연구." 정부학연구 8(2).

정보통신부(2002). 무선인터넷 표준화 정책 방안.

정선양(1999). 독일의 과학기술 체제와 정책. STEPI.

정승일(2003a). "재벌독재에서 금융독재로: 대안은 주주 자본주의 비판: 민족적 소유까지 포기할 것인가." 월간 말 201: 140-147.

———(2003b). 주주가치 자본주의 비판과 재벌개혁의 대안. 대안연대회의 토론회.

———(2006). "한미 FTA에 환호하는 재벌들의 착각." 시민의신문 통권 654호.

정운찬 · 김영식(2010). 거시경제학. 율곡출판사.

정종권(2001). "소액주주운동, 그 필요성과 한계." 이대학보 통권 1175호.

조성봉(2004). 경제력 집중 억제정책의 현황과 문제점: 출자규제와 채무보증 제한을 중심으로. 공정거래법 전면 개편 방안(상): 경쟁이론과 공정거래법. 한국경제연구원.

조성한(1997). "현행 규제개혁 과정의 평가: 보건복지부 규제개혁 과정." 한국행정연구 6(4): 161-174.

조영삼(2006). "중소기업의 발전 조건과 정책: 새로운 사회적 합의의 필요성과 과제." 2006 경제학 공동학술대회 중소기업학회 발표논문집, 151-173.

조임곤(1997). 서울시 상수도사업의 경영효율화 방안: 수도시설 보수자회사 설립타당성 검토. 서울시정개발연구원.

조현대 · 임기철(2000). 디지털 기술혁명과 기술경제 패러다임의 변화: 의미, 양상 및 발전과제. 과학기술정책연구원.

좌승희(1998). 진화론적 재벌론. 비봉출판사.

———(2002). 기업의 본질에 대한 새로운 조명. 한국경제연구원.

주현(2002). 현단계 벤처기업 육성정책의 과제: 주요 쟁점 검토를 중심으로. 산업연구원.

중소기업진흥공단(2005). 뿌리깊은 중소기업 바람에 아니 뮐씨: 중소기업정책 성공스토리. 중소기업진흥공단.

중소기업청(2001). 벤처백서. 중소기업청.

중소기업청 · 중소기업진흥공단(2005). 중소기업 정책자금 지원: 성공기업스토리. 중소기업청.

중소기업특별위원회(2004). 2004년도 중소기업 지원사업 평가 · 사전조정 결과보고서.

———(2005). 중기특위 확대회의.

중앙공무원교육원(2007). 정책품질관리 매뉴얼.

———(2008). 행정사례학습 표준교안.

지식경제부(2010). 신성장동력 투자활성화 방안. 위기관리대책회의 안건.

지태홍(1999). 기술이전 및 실용화 추진체 설계연구. 한국산업기술대학교 산업기술연구소.

진창수(1996). "일본 경제정책 결정 과정과 행정제도." 한국정치학회보 30(3): 441-460.

최대용(2003). "규제개혁의 조직화와 협력규칙 연구." 한국행정연구 12(4): 63-90.
최병선(1992). 정부규제론: 규제와 규제 완화의 정치경제. 법문사.
최병선 · 이혜영(2001). "한국의 규제정책 분야 실증연구의 경향과 분석." 행정논총 39(3): 139-166.
최신융 · 강제상 · 김선엽 · 임영제(2005). 행정기획론. 박영사.
최장집(1993). 한국민주주의의 이론. 한길사.
최정표(1999). 재벌시대의 종언. 고원.
최항섭 외(2005). 미래 시나리오 방법론 연구. 경제 · 인문사회연구회 협동연구총서.
타미오, 핫또리(2007). 개발의 경제사회학: 한국의 경제 발전과 사회 변동. 유석춘 · 이사리 역. 전통과 현대.
탈러, 리처드 · 선스타인 캐스(2009). 넛지. 안진환 역. 리더스북.
편집부(2002). 영국의 상하수도 민영화 흐름. 수자원환경 160.
폴라니, 칼(2009). 거대한 전환: 우리 시대의 정치적 · 경제적 기원. 박현수 역. 민음사.
하병기 외(1999). 규제개혁의 경제효과 분석. 산업연구원 연구보고서.
하연섭(2002). "신제도주의의 최근 경향." 한국행정학보 36(4).
———(2003). 제도분석: 이론과 쟁점. 다산출판사.
———(2006). "정책아이디어와 제도 변화: 우리나라에서 신자유주의의 해석과 적용을 중심으로." 행정논총 44(4): 1-27.
한경비지니스 · MONEY · prosumer 편(2009). 대전망 2010. 한국경제신문사.
한경석 · 노미현(2000). "중소기업의 구조혁신 자금 지원을 위한 경쟁력 평가전략에 관한 연구." 중소기업연구 22(2): 19-44.
한국개발연구원(2003). 시장개혁 추진을 위한 평가지표 개발 및 측정. 한국개발연구원.
한국경제신문(2008a). "이기우 중소기업진흥공단 이사장과의 인터뷰." 7월 1일.
———(2008b). "C기업 김모 대표." 한국경제신문. 1월 23일.
한국과학기술정보연구원 외(2003). 국내외 기술이전 기반 구축사업.
한국물환경학회(2003). 물산업 구조개편 방안 연구.
한국산업기술진흥협회(2002). 기업의 산학연 협동연구에 대한 실태조사.
———(2004). 기업연구소 기술경영 실태 및 과제.
한국수자원공사(2004). 수도산업 구조개편 핸드북. 물산업정책팀.
한국자치경영평가원(2001). 지방상수도 발전 방안: 경쟁력있는 지방의 물산업 육성.
한국전자통신연구원(2002). 해외 주요국의 연구개발 정책 및 기술혁신 체제 연구.
한국지방행정연구원(2000). 지방자치단체 민간위탁의 개선 방안. 연구보고서.
한국지적재산관리공단(2009). 남해군 장기종합발전계획: 남해군 종합발전을 위한 315개 시책.

한국철도기술연구원(1999). G7 고속전철기술개발사업 1단계 연구성과 보고회.
———(2003). 고속전철기술개발사업(종료사업평가보고서).
한국환경정책·평가연구원(2004). 수도사업 구조개편 방향.
한인섭·김정렬·이도형·서상원(2010). “정책도구의 재인식을 통한 산업정책 연구의 강화.” 대한정치학회보 18(1): 227-248.
한정화 외(2005). 중소기업진흥공단 사업별 성과분석. 중소기업진흥공단.
행정안전부(2008). 지방상수도 전문기관 통합관리계획.
허범도·김용덕(2006). “중소기업정책의 새로운 정책 모형 및 향후 발전 방향.” 국제지역연구 10(3): 250-271.
현재호(1999). 미국 중소기업혁신 정책 및 시사점. 과학기술평가원.
홍성걸(1993). “발전적 조합주의: 반도체산업에서의 국가-산업의 관계.” 한국행정학보 27(3): 721-736.
———(2005). “한국 행정학계에서의 산업정책 연구: 성과와 전망. 전환기의 행정학: 비판적 성찰과 전망.” 고려대학교 개교 100주년 및 행정학과 창설 50주년 기념 학술대회.
———(2006). “IT 산업 발전과정의 정치경제학.” 심상민 외. 정보화시대의 신성장국가론. 나남출판.
홍성걸 편(2004). 국가와 산업경쟁력: 정보통신산업 발전의 정치경제학. 국민대출판부.
홍지승(2002). 독일의 중소기업 기술 지원정책과 시사점. 산업연구원.
환경부(2006). 지방상수도 통합운영계획.
황수경 외(2010). 고용구조 선진화를 위한 서비스산업의 일자리 창출 역량 제고 방안. 한국노동연구원.
황용수 외(2003). “신기술 변화에 대응한 산학연 연구개발 파트너십의 강화 방안: 산·연, 산·산 파트너십을 중심으로.” 과학기술정책연구원.
황인표·한경석·S. H. Lee(2003). “중소기업 정책자금 지원 효과와 기업조직 요인들과의 관련성 연구.” 중소기업연구 25(4): 113-132.
ETRI(2003). 2003년도 연구기관 성과보고서.
———(2004). 기술이전본부 보고자료.
OECD(1995). 과학과 기술의 경제학. 기술과 진화의 경제학연구회 역. 경문사.
TTA(2001). 모바일 표준플래폼 기술개발과제 계획서.
———(2002). 모바일 표준플래폼 규격(TTAS>KOP-06.0036).
日本政策投資銀行地域企劃チーム(2004). 實踐 地域再生の經營戰略: 全國62の ケース學ぶ “地域經營.” 社團法人 金融財政事情硏究會.

서양 문헌

Adler, E.(1997). Seizing the Middle Ground: Constructivism in World Politics. *European Journal of International Relations* 3(3): 319-363.

Alchian, A.(1965). Some Economics of Property Rights. *Politico* 30.

Alexander, Ernest R.(1985). From Idea to Action: Notes for a Contingency Theory of Policy Implementation Process. *Administration and Society* 16(4): 403-426.

Alic, John A.(1990). Cooperation In R&D. *Technovation* 10(5): 319-332.

Allison, Michael & Kaye Jude(1997). *Strategic Planning for Nonprofit Organizations: A Practical Guide and Workbook*. WILEY.

Amsden, A. H.(1989). *Asia's Next Giant: South Korea and Late Industrialization*. New York: Oxford University Press.

Andernson, Stuart(1995). Organizational Status and Performance: The Case of Swedish Pharmacies. *Public Administration* 73, Summer.

Archibugi, D. & I. Simon(1999). The policy implications of the globalization of innovation. *Research Policy* 28(2): 317-336.

Aufderheide, P.(1999). *Communications Policy and the Public Interest*. New York: Guilford.

Balassa, Bela(1988). The Lessons of East Asian Development: An Overview. *Economic Development and Cultural Change* 36(3): 273-290.

Barzelay, Michael(2002). *The New Public Management*. California: Russell Sage Foundation.

Bass, B. M. & B. J. Avolio(1994). *Improving Organizational Effectiveness through Transformational Leadership*. Sage: Thousand Oaks, CA.

Bemelmans-Videc, Marie-Louise(1998). Introduction: Policy Instrument Choice and Evaluation. In Bemelmans-Videc, Marie-Louise, M. Ray, C. Rist & Evert Vedung (ed). *Carrot, Strick and Sermons: Policy Instruments and Their Evaluation*. New Brunswick and London.

Bemelmans-Videc, Marie-Louise & Evert Vedung(1998). Conclusions: Policy Instruments Types, Packages, Choices & Evaluation. In Bemelmans-Videc, Marie-Louise, M. Ray, C. Rist & Evert Vedung (ed). *Carrot, Strick and Sermons: Policy Instruments and Their Evaluation*. New Brunswick and London.

Bensman, M.(2000). *The Beginning of Broadcast Regulation in the Twentiech Century*. Jefferson, NC: McFarland.

Bhagwati, Jagdish(1988). Export-promoting trade strategy: Issues and evidence. *World Bank Research Observer* 3(1): 27-57.

Boekholt, P. & B. Thuriaux(1999). Public Policies to Facilitate Clusters: Background, Rational, and Policy Practices in International Perspectives. In OECD (ed.). *Boosting Innovation: The Cluster Approach.* 381-412.

Braun, D.(1999). Interests or Ideas? An Overview of Ideational Concepts in Public Policy Research. In *Public Policy and Political Ideas*, ed. D. Braun & A. Busch, 11-29. Northampton, MA: Edward Elgar.

Brock, G.(1994). *Telecommunication Policy for the Information Age.* Boston: Harvard University Press.

Brohman, John(1995). Universalism, Eurocentrism, and ideological bias in development studies: from modernisation to neoliberalism. *Third World Quartely* 16(1): 119-140.

Bruce, M., F. Leverick, D. Littler, & D. Wilson(1995). Success factors for collaborativeproduct development: A study of suppliers of information and communication technology. *R&D Management* 25(1): 33-44.

Burns, J. M.(1978). *Leadership.* New York, NY: Harper & Row.

Campbell, John L.(2004). *Institutional Change and Globalization.* Princeton: Princeton University Press.

Canter, U. & P. Andreas(2001). Classifying technology policy from an evolutionary perspective. *Research Policy* 30(3): 759-775.

Castro, Josė, E. Maria Kaika, & Erik Swyngedouw(2003). Structural Continuities and Institutional Change in Water Management. *European Planning Studies* 11(3).

Cawson, Alan(1985). Varieties of Corporatism: the importance of meso-level of interest intermediation. In Alan Cawson(ed.), *Organized Interests and the State, 1-21.* London: Sage Publications.

Chang, Ha-Joon(1993). The Political Economy of Industrial Policy in Korea. *Cambridge Journal of Economics.* 17.

———(1994). *The Political Economy of Industrial Policy.* New York: St. Martin's Press.

———(2002). *Kicking away the ladder: Development strategy in historical perspective.* London: Anthem Press.

———(2003). *Globalization, Economic Development and the Role of the State.* London: Zed Books Ltd.

Chowdbury, Anis & Iyanatul Islam(1993). *The Newly Industrializing Econo-*

mics of East Asia. London & N.Y.: Routledge.

Claessens, S., S. Djankov, & Larry H. P. Lang(2000). East asian corporations: heroes or villains?. *The World Bank Research Observer* 15(1): 23-46.

Corsetti, G., P. Pesenti, & N. Roubinid(1998). Paper tigers?: A model of the asian crisis. *European Economic Review* 43(7): 1211-1236.

Council on Competitiveness(1996). *Endless Frontier, Limited Resource: US R&D Policy for Competitiveness*. Council on Competitiveness, Washington, DC.

Cox, B. & W. Crews(2005). *Communications without Commissions: A National Plan for Reforming Telecom Regulation*. New York: Competitive Enterprise Institute.

Cox, Robert Henry(2001), The Social Construction of an Imperative: Why Welfare Reform Happened in Denmark and the Netherlands but Not in Germany, *World Politics* 53: 463-498.

Cumings, B.(1984). The Origins and Development of the Northeast Asian Political Economy: Industrial Sectors, Product Cycles, and Political Consequences. *International Organization* 38: 1-40.

Deyo, Frederic C.(1989). *Beneath the Miracle: Labor Subordination in the New Asian Industrialization*. California: California University Press.

Dodgson, M.(1993). Learning, trust, and technological collaboration. *Human Relations* 46(1): 77-95.

Doherty, Tony L. & Terry Horne(2002). *Managing Public Services: Implementing Changes—A Thoughtful Approach to the Practice of Management*. London and New York: Routledge.

Doner, Richard F.(1992). Limits of State Strength: Toward an Institutionalist View of Economic Development. *World Politics* 44(April): 398-431.

Driver, Stephen & Luke Martell(1998). *New Labour: Politics after Thatcherism*. London: The Polity Press.

DTI, UK(1998). *Our Competitive Future: Building the Knowledge Driven Economy: Implementation Plan*. London: Department of Trade and Industry.

Dunning, John D.(1997). *Governments, Globalization, and International Business*. Oxford: Oxford University Press.

Dunsire, A., K. Hartley, D. Parker, & B. Dimitirou(1988). Organizational Status and Performance: A Conceptional Framework for Testing Public Choice Theories. *Public Administration* 66(4).

European Commission(2001). *Building an Innovative Economy in Europe: A review of 12 studies of innovation policy and practice in today's Europe*. Luxembourg: Office for Official Publications of the EC.

Evans, Peter B.(1995). *Embedded Autonomy: States and Industrial Transformation*. Princeton: Princeton University Press.

Farr, C. M. & A. W. Fischer(1992). Managing international high technology cooperative projects. *R&D Management* 22(1): 55-67.

FCC(1999). *A New Federal Communications Commission for the 21st Century*. FCC.

Fischer, F.(2003). *Reframing Public Policy: Discursive Politics and Deliberative Practices*. New York: Oxford University Press.

Fisher, Peter S.(1985). Corporate Tax Incentives: The American Version of Industrial Policy. *Journal of Economic Issues* 19(1): 1-19.

Forrest, J. E. & M. J. C. Martin(1992). Strategic Alliances between Large and Small Research Intensive Organizations: Experiences in the Biotechnology Industry. *R&D Management* 22(1): 41-53.

Friedlander, A.(1995). *Natural Monopoly and Universal Service*. Reston, VA: Corporation for National Research initiatives.

Furchtgott-Roth, H.(2006). *A Tough Act to Follow: The Telecommunications Act of 1996 and the Separation of Powers*. New York: AEI.

Galende, J. & J. M. de la Fluente(2003). Internal factors determining a firm's innovative behavior. *Research Policy* 32: 715-736.

Geroski, P. A.(1992). Vertical Relations Between Firms and Industrial Policy. *The Economic Journal* 102(410): 138-147.

Gerschenkron, Alexander(1962). *Economic Backwardness in Historical Perspective*. Cambridge, MA: Harvard University Press.

Gershon, R.(2002). *The Deregulation Paradox The Telecommunications Industry in Crisis*. Paper presented at the Telecommunications policy Research Conference.

Giddens, Anthony(1998). *The Third Way: The Renewal of Social Democracy*. Polity Press.

Gulati, R.(1995). Does familiarity breed trust? The implications of repeated ties for contractual choice in alliances. *Academy of Management Journal* 38(1): 85-112.

Gyenes, L.(1991). Building the foundation for a successful joint venture. *Journal of Business Strategy* 12(6): 27-32.

Hagedoorn, John, A. Link, & N. Vonortas(2000). Research partnerships. *Research Policy* 29: 567-586.

Haggard, Stephan(1985). The Politics of Adjustment. *International Organization* 39: 505-534.

——(1986). The Newly Industrializing Countries in the International System. *World Politics* 38(January): 343-370.

Haggard, Stephan & Moon Chung-In(1990). Institutions and Economic Policy: Theory and a Korean Case Study. *World Politics* 42(2): 210- 237.

Hall, B. H., A. N. Link & J. T. Scott(2001). Barriers Inhibiting Industry from Partnering with Universities: Evidence from the Advanced Technology Program, University of California at Berkeley, NBER Working Paper.

Hall, Peter(1986). *Governing the Economy*. New York: Oxford University Press.

Hall, S.(1982). The Rediscovery of Ideology: Return to the Repressed in Media Studies. In *Culture, Society and the Media*, ed. M. Gurevitch, T. Benett, J. Couon, & J. Woolacott, 56-90. New York: Methuen; Benford.

Hamel, G., Y. Dox, & C. Prahalad(1989). Collaborate with your competitors and win. *Harvard Business Review* 67(1): 190-196.

Haque, M. Shamsul(1996). The Intellectual Crisis in Public Administration in the Current Epoch of Privatization. *Administration and Society* 27(4).

——(2001). The Diminishing Publicness of Public Service un der the Current Mode of Governance. *Public Administration Review* 61(1).

Hardin, Garrett(1968). Tradegy of the Commons. *Science* 162.

Hayek, Friedrich A. von (1960). *The Constitution of Liberty*. Chicago, IL: University of Chicago Press.

Hazlett, T.(1990). The Rationality of U.S. Regulation of the Broadcast Spectrum. *Journal of Law and Economics* 23(1): 133-176.

Heatherly, C. L.(1981). *Mandate for Leadership Heritage Foundation.*

Heim, Joseph(1995). Urban Service Delivery Option. *Paper Presented at the Annual Meeting of the American Society for Public Administration.* San Antonio: Texas.

Henderson, David(1983). The myth of MITI. *Fortune* 8 Aug: 113-116.

Henrekson, M. & N. Rosenberg(2000). *Incentives for Academic Entrepreneurship and Economic Performance: Sweden and United States*. OECE Working Paper.

Hill, C. T.(1998). New directions in Federal Laboratory Partnerships with Industry. *Science & Public Policy* 25(5).

Hood, Christopher(1998). *The Art of the State: Culture, Rhetoric, and Public Management*, Oxford University Press.

Hoover, P.(1999). *Law and Disorder in Cyberspace: Abolish the FCC and Let Common Law Rule the Telecosm.* Oxford University Press.

Howlett, M. & J. Rayner(2007). Design Principles for Policy Mixes: Cohesion and Coherence in "New Governance Arrangements." Unpublished paper.

Hughes, Owen E.(2003). *Public Management & Administration: An Introduction.* Palgrave Macmillan.

Ikenberry, G. John(1986). The Irony of State Strength: Comparative Responses to the Oil Shocks in the 1970s. *International Organization* 40(1): 105-137.

Isaksen, Arne(1998). *Regionalisation and Regional Clusters as Development Strategies in a Global Economy.* STEP Report #R-01.

Itoh, Motoshige, Kazuharu Kiyono, Masahiro Okuno, & Kotaro Suzumura (1988). Industrial Policy as a Collective to Market Failure. In Ryutaro Komiya, Masahiro Okuno, & Kotaro Suzumura(eds.). *Industrial Policy of Japan.* Tokyo: Academic Press, Inc.

Jachtenfuchs, M.(1997). Conceptualizing European Governance. In K. Jorgensen(ed.), *Reflective Approaches to European Governance* 39-50, New York: Macmillan Press.

Jacob, M., T. Hellstrom, N. Adlre., & F. Norrgren(2000). From Sponsorship to Partnership in Academy-Industry Relations. *R&D Management* 30(3): 255-262.

Jacobs, D.(1998) Innovation policies within the framework of internationalization. *Research Policy* 27(3): 711-724.

Jang, J.(2003). Persistence of interlocking institutions: big business policy under the Kim Dae Jung government. *Asia Pacific: Perspectives* 3(1): 10-16.

Jeon, S. W.(1974). *Science and Technology Development in Korea: Traditional Instruments and Techniques.* Cambridge: MIT Press.

Jerisat, Jamil E.(2002). *Comparative Public Administration and Policy.* Westview Press.

Johnson, C.(1982). *MITI and the Japanese Miracle: The Growth of Industrial Policy, 1925-1975.* Stanford: Stanford University Press.

———(1984). *The Industrial Policy Debate.* San Francisco: ICS Press.

———(1987). Political Institutions and Economic Performance. In F. Deyo. (ed.). *The Political Economy of the New East Asian Industrialism.* Ithaca: Cornell University Press.

Jordan, Grant & Klaus Schubert(1992). A Preliminary ordering of policy network labels. *European Journal of Political Research* 21: 7-27.

Kang, David C.(1995). South Korean and Taiwanese development and the new institutional economics. *International Organization* 49(3): 555-587.

Katzenstein, Peter. J.(1985). *Small States in World Markets: Industrial Policy in Europe*. Ithaca: Cornell University Press.

Keynes, John. M.(1936). *General Theory of Employment, Interest and Money*. New York: Harcourt, Brace and World.

Kim, C. & R. Mauborgne(1997). Fair Process: Managing in the knowledge economy. *Harvard Business Review* 75(4): 65-75.

Kim, Y. B. & B. H. Lee(2002). Patterns of technological learning among the strategic groups in the Korean electronic parts industry. *Research Policy* 31: 543-567.

Klandermans, B.(1984). Mobilization and Participation: Social, Psychological Expansions of Resource Mobilization Theory. *American Sociological Review* 49: 583-600.

Koedijk, K. & J. Kremers(1996). Market Opening, Regulation and Growth in *Europe. Economic Policy*. October.

Kozul-Wright, R.(1995). The myth of Anglo-Saxon capitalism: Reconstructing the history of the American State. *The Role of the State in Economic Change*(ed.). Ha-Joon, Chang & Robert Rowthorn. Oxford: Clarendon Press.

Krugman, Paul(1994). The Myth of Asia's Miracle. *Foreign Affairs*. November/December: 62-78.

———(1998). *What Happened to Asia?*. Mimeo.

Lall, S. & M. Teubal(1998) Market-stimulating technology policies in developing countries: A framework with examples from East Asia. *World Development* 26(4): 1369-85.

Lee, Chung H.(1992). The Government Financial System and Large Private Enterprises in Economic Development of South Korea. *World Development* 20(2): 187-197.

Lemola, T.(2002). Convergence of national science and technology policies. *Research Policy* 31(4): 1481-90.

Lewis, W. Arthur(1954). Economic Development with Unilimited Supplies Labor. *Manchester School of Economic and Social Studies*. 22.

Lim, H.(1998). *Korea's Growth and Industrial Transformation*. New York: St. Martin's Press.

Lim, Hyun-Chin(1985). *Dependent Development in Korea 1963-1979*. Seoul

National University Press.

Link, Albert N.(1999). Public-Private Partnerships in the United States. *Industry & Innovation* 6: 191-217.

Link, Albert N. & G. Tassey(1987). *Strategies for Technology-Based Competition,* Lexington, MA: Lexington Books.

Littler, D., F. Leverick, & M. Bruce(1995). Factors affecting the process of collaborative product development: A study of UK manufacturers of information and communications technology products. *Journal of Product Innovation Management* 12(1): 16-32.

Locke, Richard & Katheleen Thelen(1995). Apples and Oranges Revisited: Contextualized Comparisons and the Study of Comparative Labor Politics. *Politics & Society* 23(3): 337-367.

Lorange, P.(1998). Co-Operative Strategies: Planning and Control considerations. In Hood, N. & J. Vahlne(eds.). *Strategies in Global Competition.* London: Routledge.

Lundvall, B. & S. Borras(2004). Science, technology, and innovation policy. In Jan Fagerberg et al(eds.). *The Oxford Handbook of Innovation.* London: Oxford University Press.

Mahoney, James & Dietrich Rueschemeyer(2003). *Comparative Historical Analysis in the Social Science.* Cambridge: Cambridge University Press.

March, James G. & Johan P. Olsen(1984). The New Institutionalism: Organizational Factors in Political Life. *American Political Science Review* 78(3): 734-749.

———(1989). *Rediscovering Institutions: The Organizational Basis of Politics.* New York: Free Press.

Markusen, Ann(1996). Sticky Places in Slippery Space: A Typology of Industrial Districts. *Economic Geography* 72(3): 293-313.

May, R.(2001). A Reform Agenda for the New FCC. *Info* 3(5): 407-418.

Metcalfe, J. S.(1997). Science policy and technology policy in a competitive economy. *International Journal of Social Economics* 24(7-9): 723-740.

Meyer-Krahmer, F. & R. Guido(1991). New perspectives on the innovation strategies of multinational enterprises: Lessons for technology policy in Europe. *Research Policy* 28(30): 751-766.

Miliband, R.(1969). *The State in Capitalist Society.* London: Weidenfield & Nicolson.

Mitchell, A. R.(1999). Global technology policies for economic growth.

Technological Forecasting and Social Change 60(1): 205-214.

Mohrman, S. L., C. B. Gibson & A. M. Mohrman, Jr.(2001). Doing Research that is Useful to Practice: A Model and Empirical Exploration. *Academy of Management Review* 44(2): 357-375.

Moon, Chung-in(1994). Changing Patterns of Business Government Relations in South Korea. In Andrew MacIntyre(ed.), *Business and Government in Industrializing Asia.* Ithaca: Cornell University Press.

Moran, Micheal(1986). Theories of Regulation and Change in regulation: The Case of Financial Markets. *Political Sciences* 34.

Mowery, D.(1987). *Alliance Politics and Economics: Multinational Joint Venture in US Manufacturing*. Cambridge Mass: Ballinger.

―――(1995). *Handbook of the Economics of Innovation and Technological Change*. Oxford: Blackwell.

Mueller, M.(1997). *Universal Service: Competition, Interconnection and Monopoly in the Making of the American Telephone System.* Washington, D. C.: AEI Press.

Myers, S. & D. G. Marguis(1969). Successful industrial Innovations. *National Science Foundation* 69-17.

Mytelka, Lynn & Fulvia Farinelli(2000). *Local Clusters, Innovation Systems and Sustained Competitiveness.* INTECH Discussion Paper #2005, The United Nations University.

Napoli, P.(2001). *Foundations of Communications Policy*. Cresskill. NJ: Hampton Press.

Nelson, B.(1996). Public Policy and Administration: An Overview. In R. E. Goodin & H. D. Kligmann(eds.). *A New Handbook of Political Science.* New York: Oxford University Press.

Nuechterlein, J. & P. Weiser(2005). *Digital Crossroad: American Telecommunications Policy in the Internet Age*. Boston: MIT Press.

Nutt, Paul C. & R. W. Backoff(1992). *Strategic Management of Public and Third Sector Organizations*. California: Jossey-Bass.

OECD(1997). *The OECD Report on Regulatory Reform.* PUMA.

―――(1998a). *Focus Group on Industrial Clusters.*

―――(1998b). *Public and Private Partnership in Science and Technology.* STI Review.

―――(1999). *Boosting Innovation: The Cluster Approach.*

―――(2000). *Industry-Science Relationships, Interim Report.* DSTI/STP/TIP.

———(2001a). *Innovative Clusters: Drivers of National Innovation Systems.*

———(2001b). *TIP Workshop on Public/Private Partnerships for Innovation.*

———(2002). *Policies for Public-Private Research Partnerships: Framework for Country Notes.* DSTI/STP, 44.

———(2004). Promoting Entrepreneurship and Innovative SMEs in a Global Economy, *Second OECD conference of Ministries responsible for Small and Medium-Sized Enterprises(SMEs),* 3-5 June, 2004, Istanbul, Turkey.

OECD & BMBF(2002). *Benchmarking Industry-Science Relationships.* Joint German OECD Conference.

Okimoto, D.(1989). *Between MITI and the Market.* Stanford: Stanford University Press.

Okun, D. A.(1977). *Regionalization of Water Management: A Revolution in England and Wales.* London: Applied Science Publishers.

Olson, Mancur(1982). *The Rise and Decline of Nations: Economic Growth, Stagflations and Social Rigidities.* New Haven: Yale University Press.

Onida, F. & F. Malerba(1989). R&D Cooperation between Industry: Universities and Research Organization in Europe. *Technovation* 9: 132-195.

Önis, Ziya(1991). The Logic of the Developmental State. *Comparative Politics.* (October): 109-126.

O'Toole, James(1979). What's ahead for the business-government relationship. *Harvard Business Review*(March-April).

Ott, F Attiat & Keith Hartley(1991). *Privatization and Economic Efficiency: A Comparative Analysis of Developed and Developing Countries.* USA: E. Elgar.

Park, Tong Whan(1987). From Dependent Development to Dependency Reversal. In Kyung Dong, Kim(ed.). *In Dependency Issues in Korean Development: Comparative Perspectives.* Seoul National University Press.

Parker, D. J & E. C. Penning-Rowsell(1980). *Water Planning in Britain.* London: George Allen & Unwin.

Parker, Rachel(2002). Coordination and Competition in Small Business Policy: A Comparative Analysis of Australia and Denmark. *Journal of Economic Issues* 36(4): 935-952.

Payne, R.(2001). Persuasion, Frames and Norm Construction. *European Journal of International Relations* 7(1): 37-61.

Pempel, T. J. & Keiichi Tsunekawa(1979). Corporatism Without Labor?: The

Japanese Anomaly. in Schmiter, Philippe C. & Gerhard Lehmbruch (eds.). *Trends Toward Corporatist Intermediation.* London: Sage Publications.

Perlmutter, H. & D. Heenan(1986). Cooperate to compete globally. *Harvard Business Review* 64(2): 136-152.

Peters, Guy B. & John Pierre(1998). Governance without government? Rethinking public administration. *Journal of Public Administration Research* 8(2): 223-244.

Piore, M. & C. Sabel(1984). *The Second Industrial Divide: Possibilities for Prosperity.* New York: Basic Books.

Pollitt, Christopher & Geert Bouckaert(2004). *Public Management Reform: A Comparative Analysis.* Oxford University Press.

Porter, M. E.(1990). *The Competitive Advantage of Nations.* New York: The Free Press.

———(1991). America's Green Strategies. *Scientific American.* April.

———(1998). *On Competition.* Boston: HBS Press.

Powell, J. W.(1990). Business Planning and Progress of Small Firms Engaged in Technology Development through the Advanced Technology Program, NIST, NISTIR No. 6375.

Pressman, J. L. & A. Wildavsky(1973). *Implementation.* Los Angeles: University of California Press, Ltd.

Price, R. & C. Reus-Smit(1998). Dangerous Liaison? Critical International Theory and Constructivism. *European Journal of International Relations* 4(3): 259-294.

Read, W. & R. Weiner(1999). *FCC Reform: Does Governing Require a New Standard? Program on Information Resources Policy.*

Rein, N. & D. Schon(1993). Reframing Policy Discourse. In F. Fisher & J. Forester(eds.). *The Argumentative Turn in Policy Analysis and Planning.* Durham, NC: Duke University Press.

Rhodes, R.A.W. & David Marsh(1992a). Policy Networks in British Politics. In R.A.W. Rhodes & David Marsh(ed.). *Policy Networks In British Government.* Oxford: Clarendon Press.

———(1992b). New Directions in The Study of Policy Networks. *European Journal of Political Research* 21(1, 2): 181-205.

Robinson, G.(1989). The Federal Communications Commissin: An Essay of Origins and Regulatory purpose. In M. D. Paglin(ed.). *A Legislative History of the Communications Act of 1934.* NY: Oxford University

Press.

Rosenberg, N.(1982). *Inside the Black Box: Technology and Economics*. Cambridge University Press.

Rosenbloom, David H.(1983). *Public Administration: Understanding Management, Politics, and Law in the Public Sector*. McGraw-Hill Higher Education.

Sabatier, Paul P.(1986). Top-Down and Bottom-up Approaches to Implementation Research: A Critical Analysis and Suggested Synthesis. *Journal of Public Policy* 6(1).

Sabatier, P. & D. Mazmanian(1980). The Implementation of Public Policy: A Framework of Analysis. *Policy Studies Journal* 8: 538-560.

Salamon, M. Lester(1981). Rethinking Public Management: Third-Party Government & The Changing Forms of Government Action. *Public Policy*. 29(3).

———(2002). *The Tool of Government: A Guide to the New Governance*. Oxford University Press.

Sandholtz, W.(1999). Globalization and the Evolution of Rules. In A. Prakash, & J. Hart(eds.), *Globalization and Governance* 77-102. London: Routledge.

Sapiro, Helen & Lance Taylor(1990). The State and Industrial Policy. *World Development* 18(6): 861-878.

Savas, E. S.(1987). *Privatization: The Key to Better Government*. Chatham, N.J: Chatham House Publishers.

Sawkins, John W & Valerie A. Dickie(2000). Economic and Environmental Regulatory Reform: The Case of the Scottish Water Industry. *Hume Papers On Public Policy* 8(2): 74-100.

Schmitter, Philippe. C.(1977). Modes of Interest Intermediation and Models of Societal Change in Western Europe. In Schmitter(ed.). *Corporatism and Policy Making in Contemporary Western Europe*. special issue of Comparative Political Studies 10(1): 7-38.

Schon, D. & M. Rein(1994). *Frame Reflection: Toward the Resolution of Intractable Policy Controversies*. New York: Basic Books.

Schumpter, Joseph(1934). *The theory of economic development: Harvard Economic Studies*. Cambridge: MA.

Scottish Environment Protection Agency(SEPA)(1996). *State of the Environment Report*. Stirling: SEPA.

Sen, F. & A. H. Rubenstein(1990). An Exploration of Factors Affecting the

Integration of In-House R&D with External Technology Acquisition Strategies of a Firm. *IEEE Trans on Engineer Management* 37(4): 246-257.

Shaw, J.(1998). *Telecommunications Deregulation.* New York: Artech House.

Shleifer, Andrei & Robert W. Vishny(1994). Politicians and Firms. *Quarterly Journal of Economics* 109.

Sigurdson(1986). *Personal Communication.*

Skocpol, Theda(1969). *States and Social Revolutions: A Comparative Analysis of France, Russia and China.* Cambridge and New York: Cambridge University Press.

———(1985). Bringing the State Back In: Strategies of Analysis in Current Research. In Peter B. Evans(eds.). *Bringing the State Back In.* New York: Cambrdge University Press.

Slowinski, G., G. F. Farris, & D. Jones(1993). Strategic Partnering: Process instead of Event. *Research and Technology Management* 36(2): 22-25.

Soh, Changrok(1997). *From Investment to Innovation: The Korean Political Economy and Changes in Industrial Competitiveness.* Seoul: Global Research Institute Korea University.

Souder, W.(1993). Getting together: A state-of-the-art review of the challenges and rewards of consortia. *International Journal of technology Management* 8(6-8). 784-801.

Staniland, Martin(1985). *What Is Political Economy?: A Study of Social Theory and Underdevelopment.* New Haven: Yale University Press.

Staropoli, Carine(1998). Cooperation in R&D in the Pharmaceutical Industry-the Network as an Organizational Innovation Governing Technological Innovation. *Technovation* 18(1): 13-23.

Steiner, George A. & John F. Steiner(1994). *Business, Government, and Society: A Managerial Perspective(Text and Cases).* 7th Edition. New York: McGraw-Hill.

Sterling, C., P. Bernt, & M. Weiss(2006). *Shaping American Telecommunications.* New York: LEA.

Stigler, G.(1975). *The Citzen and the State.* University of Chicago Press.

Stone, D. A.(1997). *Policy Paradox: The Art of Political Decision Making.* New York: W.W. Norton & Company.

Szanto, B.(1996). Science policy vs. technology policy?. *Technovation* 16(8): 411-420.

Taylor, G.(1999). *State Regulation & the Politics of Public Service: The*

Case of the Water Industry. London and New York: Mansell.

Thelen, Kathleen(2003). How Institutions Evolve: Insights from Comparative Historical Analysis. In James Mahoney & Dietrich Rueschemeyer (eds.) (2003). *Comparative Historical Analysis in the Social Science*. Cambridge: Cambridge University Press.

Tittenbrun, Jacek(1994). Privatisation in Poland: People's Capitalism?. In Thomas Clarke (ed.), *International Privatisation: Strategies and Practices*. Walter de Gruyter and Co.

Tyson, Laura D'Andrea(1992). *Who's Bashing Whom?: Trade Conflict in High-Technology Industries*. Washington, D.C.: Institute for International Economics.

Tyson, L. & J. Zysman(1983). American Industry in International Competition. in Zysman & Tyson(eds.). *American Industry in International Competition*. Ithaca: Cornell University Press.

UNCTAD(1998). *Promoting and Sustaining SMEs Clusters and Networks for Development*.

Utterback, James M.(1974). Innovation in Industry and the Diffusion of Technology. *Science* 183(4125): 620-626.

Van Meter, Donald S. & Carl E. Van Horn(1975). The Policy Implementation Process: A Conceptual Framework. *Administration & Society* 6(4): 445-488.

Vass, P.(2002). Competition and restructuring in the UK water industry. *Journal for Network Industries* 3(1): 77-98.

Vedung, Evert(1998). Policy Instrument: Typologies and Theories. In Bemelmans-Videc, Marie-Louise, M. Ray, C. Rist & Evert Vedung (ed). *Carrot, Strick and Sermons: Policy Instruments and Their Evaluation*. New Brunswick and London.

Vickers, John & George Yarrow(1989). *Privatization: An Economic Analysis*. Cambridge: The MIT Press.

Vining, Aidan R. & Anthony E. Boardman(1992). Ownership versus Competition: Efficiency in Public Enterprise. *Public Choice* 73.

Vogel, David(1987). Government-Industry Relations in the United States: An Overview. In Stephen Wilks & Maurice Wright(eds.). *Comparative Government-Industry Relations*. Oxford: Clarendon Press.

Vogel, Steven(1996). *Freer Markets, More Rules*. Cornell University Press.

Vogelsang, I. & B. Mitchell(1997). *Telecommunications Competition: The Last Ten Miles*. Boston: MIT Press.

Vonortas, Nicholas S.(1997). *Cooperation in Research and Development*. Boston: Kluwer Academic Publishers.

Waarden, F. van(1992). Dimensions and types of policy networks. *European Journal of Political Research* 21: 29-52.

Wade, R.(1990). *Governing the market: Economic theory and the role of government in east asian industrialization*. Princeton, N. J.: Princeton University Press.

Weber, M.(1922). *The Theory of Economic and Social Organization*. Berkely, CA: University of California Press.

Wijers, G. J.(1982). Institutional Aspects of Industrial Policy. *Journal of Economic Issues* 16(2): 587-596.

Williamson, Oliver(1975). *Markets and Hierarchy: Analysis and Antitrust Implications*. New York: Free Press.

Winter, S, & P. May(2001). Motivation for compliance with environmental regulations. *Journal of Policy Analysis and Management* 20: 675-698.

Wong, Sam(2009). Institutionalizing Water Governance in England and Wales: Potential and Limitations. *Journal of Natural Resources Research*. 1(4): 307-320.

Wong, S, & L. Sharp(2009). Making power explicit in sustainable water innovation: Re-linking subjectivity institution and structure through environmental citizenship. *Environmental Politics* 18: 37-57.

Woo, J.(1991). *Race to the Swift: State and Finance in Korean Industrialization*. New York: Columbia University Press.

World Bank(1993). *The East Asian Miracle: Economic Growth and Public Policy*. Washington D.C: Oxford University Press.

Wren, Colin(2001). The Industrial Policy of Competitiveness: A Review of Recent Development in the UK. *Regional Studies* 35(9): 847-860.

Youngbae Kim & Lee Kwanghoe(2003). *Technological collaboration in the Korean electronic parts industry: Patterns and key success factors*. 59-74.

Zarkin, K. & M. Zarkin(2006). *The Federal Communications Commission: Front Line in the Culture and Regulation Wars*. New York: Greenwood Press.

Zysman, John(1983). *Government, Market, and Growth: Financial Systems and the Politics of Foreign Economic Politics of Industrial Change*. Ithica: Connell University Press.

찾아보기

ㄹ

ㅁ

ㅂ

ㅅ

ㅇ

저자 소개

김정렬

고려대학교 행정학 박사
규제개혁위원회 전문위원
지방공기업평가원 책임전문위원
행정고시, 7급, 9급 출제와 선정 및 채점위원
미국 플로리다주립대학교 방문교수
현재 대구대학교 도시행정학과 부교수
『비교발전행정론』, 『행정개혁론』 등 저서 외 논문 다수
연락처: jykim@daegu.ac.kr

장지호

미국 미주리대학교(Columbia) 정치학 박사
행정안전부 조직진단자문단 자문위원
서울특별시 책임운영기관종합평가단 단장
행정개혁시민연합 방송통신위원회 공동위원장
국정관리연구소 소장
현재 한국외국어대학교 행정학과 부교수
『자체감사론』, 『지방정부와 혁신정책』 등 저서 외 논문 다수
연락처: jhufs@hufs.ac.kr

정부기업관계론

-이코노믹 거버넌스를 찾아서-

펴낸날 제1판 제1쇄 2011년 6월 10일
제1판 제1쇄 2019년 9월 9일
지은이 김정렬 · 장지호
펴낸이 임춘환
펴낸곳 도서출판 대영문화사
주소 (본사) 사무실: 경기도 고양시 일산서구 주화로 70
우신프라자 307호 (㊄ 10387)
(본사) 물류센터: 경기도 고양시 일산서구 덕산로
107번길 68-50 (㊄ 10205)
등록 1975년 12월 26일 제2018-000201호
전화 (031) 913-3062, (031) 914-3884~5
팩스 (031) 913-3839
홈페이지 http://www.dymbook.co.kr

ISBN 978-89-7644-361-8
값 23,000원